Opel Astra och Zafira
Gör-det-själv-handbok

A K Legg LAE MIMI och Martynn Randall

Modeller som behandlas

(3758-368-8AM4/4912-368)

Astra Halvkombi, Sedan & Kombi och Zafira MPV-modeller med bensinmotorer,
inklusive speciella/begränsade utgåvor
1,4 liter (1389cc), 1,6 liter (1598cc), 1,8 liter (1796cc), 2,0 liter (1998cc) & 2,2 liter (2198cc)

ABCDE
FGHIJ
KLMNO
PQR

© Haynes Publishing 2011

En bok i Haynes serie med Gör-det-själv-handböcker

ISBN 978 0 85733 947 8

Tryckt i USA

Haynes Publishing
Sparkford, Yeovil, Somerset BA22 7JJ, England

Haynes North America, Inc
861 Lawrence Drive, Newbury Park, California 91320, USA

Haynes Publishing Nordiska AB
Box 1504, 751 45 UPPSALA, Sverige

*Printed using 33-lb Resolute Book 65 4.0 from Resolute Forest Products Calhoun, TN mill. Resolute is a member of World Wildlife Fund's Climate
Savers programme committed to significantly reducing GHG emissions. This paper uses 50% less wood fibre than traditional offset. The
Calhoun Mill is certified to the following sustainable forest management and chain of custody standards: SFI, PEFC and FSC Controlled Wood.*

Innehåll

LEVA MED DIN OPEL ASTRA/ZAFIRA

UNDERHÅLL

Rutinunderhåll och Service

Innehåll

REPARATIONER OCH UNDERHÅLL

Modellen Opel Astra-G introducerades i februari 1998 som ersättare för den tidigare Astran, "F-modellen". Den finns som Sedan, Halvkombi och Kombi med 1,4-, 1,6-, 1,8- och 2,0-liters bensinmotorer. 1,6-liters motorerna har antingen åtta eller sexton ventiler, och 1,4-, 1,8- och 2,0-liters motorerna har alla 16 ventiler.

I februari 2000 lanserades en 2,2-liters bensinmotor för både Astra och Zafira, men från oktober 2000 finns Astramodellerna också med en 2,0-liters turboladdad bensinmotor. Denna motor, tillsammans med de olika dieselmotorer som monterats i Astra- och Zafira-serien, gås inte igenom i denna handbok.

Modellerna kan ha en femväxlad manuell växellåda eller en fyrväxlad automatisk växellåda på motorns vänstra sida.

Alla modeller har framhjulsdrift med helt oberoende framvagnsupphängning och semi-oberoende bakvagnsupphängning med en torsionsstav och länkarmar.

Elektrohydraulisk servostyrning (PAS) är standardutrustning för alla modeller, medan låsningsfria bromsar (ABS) kan fås som tillval.

Zafira-serien lanserades i juni 1999 och finns med 1,6- och 1,8-litersbensinmotorer med 16 ventiler och dubbla överliggande kamaxlar. Fastän Zafira har samma drivning och upphängning som Astra har den en kaross som en flexibel (MPV). Zafira har inte bara sju säten i tre rader, den förvandlas snabbt till ett rymligt lastfordon – tack vare "Flex 7-systemet", som gör det möjligt att

Opel Astra Sedan . . .

fälla ner baksätena helt i golvet och skapar ett helt lastutrymme.

Båda modellerna har en krockkudde i full storlek monterad på förarsidan som standard, och sidokrockkuddar kan erhållas som tillval. Krockkudde på passagerarsidan blev standard från januari 1999. Fartkontroll finns

som tillval för vissa modeller.

För hemmamekanikern är Opel Astra/ Zafira en relativt enkel bil att underhålla och reparera eftersom designdetaljerna har byggts in för att sänka den faktiska ägandekostnaden till så lite som möjligt, och de flesta delar som kräver tät tillsyn är lättåtkomliga.

. . . och Kombi

Opel Zafira

Din handbok för Opel Astra och Zafira

Syftet med den här handboken är att hjälpa dig att få så stor glädje av din bil som möjligt. Det kan göras på flera sätt. Det kan hjälpa dig att avgöra vilket arbete som måste utföras (vare sig du gör det, eller överlåter det till en verkstad), ge information om rutinunderhåll och service, och ge en logisk arbetsordning och diagnosprocess när det uppstår slumpmässiga fel. Förhoppningsvis kommer handboken dock att användas till försök att klara av arbetet på egen hand. Vad gäller enklare jobb kan det till och med gå snabbare att ta hand om det själv än att först boka tid på en verkstad och sedan ta sig dit två gånger, en gång för att lämna bilen och en gång för att hämta den. Och kanske viktigast av allt: en hel del pengar kan sparas genom att man undviker de avgifter verkstäder tar ut

för att kunna täcka arbetskraft och chefslöner.

Handboken innehåller teckningar och beskrivningar som förklarar de olika komponenternas funktion och utformning. Arbetsgången är beskriven och fotograferad i tydlig ordningsföljd, steg för steg.

Hänvisningar till 'vänster' eller 'höger' avser vänster eller höger för en person som sitter i förarsätet och tittar framåt.

Tack

Copyright för vissa illustrationer tillhör Vauxhall Motors Limited och används med deras tillstånd. Tack till Draper Tools Limited, som stod för en del av verktygen, samt till alla på Sparkford som hjälpte till att producera den här boken.

Vi strävar efter att ge noggrann information i denna handbok, men tillverkarna gör ibland ändringar i funktion och design under produktionen av en viss modell utan att informera oss. Författarna och förlaget kan inte ta på sig något ansvar för förluster, skador eller personskador till följd av felaktig eller ofullständig information i denna bok.

Projektbilar

Den bil som i huvudsak har använts under arbetet med denna handbok och som förekommer på många av fotografierna, är en Zafira med en 1,8-liters motor. Andra bilar som användes var bland annat 1,6-liters modellerna med enkel överliggande kamaxel och dubbla överliggande kamaxlar.

Att arbeta på din bil kan vara farligt. Den här sidan visar potentiella risker och faror och har som mål att göra dig uppmärksam på och medveten om vikten av säkerhet i ditt arbete.

Allmänna faror

Skållning

• Ta aldrig av kylarens eller expansionskärlets lock när motorn är het.
• Motorolja, automatväxellådsolja och styrservovätska kan också vara farligt varma om motorn just varit igång.

Brännskador

• Var försiktig så att du inte bränner dig på avgassystem och motor. Bromsskivor och -trummor kan också vara heta efter körning.

Lyftning av fordon

• Vid arbete nära eller under ett lyft fordon, använd alltid extra stöd i form av pallbockar eller använd ramper. *Arbeta aldrig under en bil som endast stöds av en domkraft.*

• När muttrar eller skruvar med högt åtdragningsmoment skall lossas eller dras, bör man lossa dem något innan bilen lyfts och göra den slutliga åtdragningen när bilens hjul åter står på marken.

Brand och brännskador

• Bränsle är mycket brandfarligt och bränsleångor är explosiva.
• Spill inte bränsle på en het motor.
• Rök inte och använd inte öppen låga i närheten av en bil under arbete. Undvik också gnistbildning (elektrisk eller från verktyg).
• Bensinångor är tyngre än luft och man bör därför inte arbeta med bränslesystemet med fordonet över en smörjgrop.
• En vanlig brandorsak är kortslutning i eller överbelastning av det elektriska systemet. Var försiktig vid reparationer eller ändringar.
• Ha alltid en brandsläckare till hands, av den typ som är lämplig för bränder i bränsle- och elsystem.

Elektriska stötar

• Högspänningen i tändsystemet kan vara farlig, i synnerhet för personer med hjärtbesvär eller pacemaker. Arbeta inte med eller i närheten av tändsystemet när motorn går, eller när tändningen är på.

• Nätspänning är också farlig. Se till att all nätansluten utrustning är jordad. Man bör skydda sig genom att använda jordfelsbrytare.

Giftiga gaser och ångor

• Avgaser är giftiga. De innehåller koloxid vilket kan vara ytterst farligt vid inandning. Låt aldrig motorn vara igång i ett trångt utrymme, t ex i ett garage, med stängda dörrar.
• Även bensin och vissa lösnings- och rengöringsmedel avger giftiga ångor.

Giftiga och irriterande ämnen

• Undvik hudkontakt med batterisyra, bränsle, smörjmedel och vätskor, speciellt frostskyddsvätska och bromsvätska. Sug aldrig upp dem med munnen. Om någon av dessa ämnen sväljs eller kommer in i ögonen, kontakta läkare.
• Långvarig kontakt med använd motorolja kan orsaka hudcancer. Bär alltid handskar eller använd en skyddande kräm. Byt oljeindränkta kläder och förvara inte oljiga trasor i fickorna.
• Luftkonditioneringens kylmedel omvandlas till giftig gas om den exponeras för öppen låga (inklusive cigaretter). Det kan också orsaka brännskador vid hudkontakt.

Asbest

• Asbestdamm kan ge upphov till cancer vid inandning, eller om man sväljer det. Asbest kan finnas i packningar och i kopplings- och bromsbelägg. Vid hantering av sådana detaljer är det säkrast att alltid behandla dem som om de innehöll asbest.

Speciella faror

Flourvätesyra

• Denna extremt frätande syra bildas när vissa typer av syntetiskt gummi i t ex O-ringar, tätningar och bränsleslangar utsätts för temperaturer över 400 °C. Gummit omvandlas till en sotig eller kladdig substans som innehåller syran. *När syran väl bildats är den farlig i flera år. Om den kommer i kontakt med huden kan det vara tvunget att amputera den utsatta kroppsdelen.*
• Vid arbete med ett fordon, eller delar från ett fordon, som varit utsatt för brand, bär alltid skyddshandskar och kassera dem på ett säkert sätt efteråt.

Batteriet

• Batterier innehåller svavelsyra som angriper kläder, ögon och hud. Var försiktig vid påfyllning eller transport av batteriet.
• Den vätgas som batteriet avger är mycket explosiv. Se till att inte orsaka gnistor eller använda öppen låga i närheten av batteriet. Var försiktig vid anslutning av batteriladdare eller startkablar.

Airbag/krockkudde

• Airbags kan orsaka skada om de utlöses av misstag. Var försiktig vid demontering av ratt och/eller instrumentbräda. Det kan finnas särskilda föreskrifter för förvaring av airbags.

Dieselinsprutning

• Insprutningspumpar för dieselmotorer arbetar med mycket högt tryck. Var försiktig vid arbeten på insprutningsmunstycken och bränsleledningar.

⚠️ *Varning: Exponera aldrig händer eller annan del av kroppen för insprutarstråle; bränslet kan tränga igenom huden med ödesdigra följder*

Kom ihåg...

ATT

• Använda skyddsglasögon vid arbete med borrmaskiner, slipmaskiner etc, samt vid arbete under bilen.

• Använda handskar eller skyddskräm för att skydda händerna.

• Om du arbetar ensam med bilen, se till att någon regelbundet kontrollerar att allt står väl till.

• Se till att inte löst sittande kläder eller långt hår kommer i vägen för rörliga delar.

• Ta av ringar, armbandsur etc innan du börjar arbeta på ett fordon - speciellt med elsystemet.

• Försäkra dig om att lyftanordningar och domkraft klarar av den tyngd de utsätts för.

ATT INTE

• Ensam försöka lyfta för tunga delar - ta hjälp av någon.

• Ha för bråttom eller ta osäkra genvägar.

• Använda dåliga verktyg eller verktyg som inte passar. De kan slinta och orsaka skador.

• Låta verktyg och delar ligga så att någon riskerar att snava över dem. Torka upp olje- och bränslespill omgående.

• Låta barn eller husdjur leka nära en bil under arbetets gång.

Följande sidor är tänkta att vara till hjälp vid hantering av vanligt förekommande problem. Mer detaljerad information om felsökning finns i slutet av boken, och beskrivningar av reparationer finns i bokens olika huvudkapitel.

Om bilen inte startar och startmotorn inte går runt

☐ Om det är en modell med automatisk växellåda, se till att växelväljaren står på P eller N.

☐ Öppna motorhuven och kontrollera att batteripolerna är rena och sitter fast ordentligt.

☐ Slå på strålkastarna och försök starta motorn. Om strålkastarljuset försvagas mycket under startförsöket är batteriet troligen urladdat. Lös problemet genom att använda startkablar (se nästa sida) och en annan bil.

Om bilen inte startar trots att startmotorn går runt som vanligt

☐ Finns det bensin i tanken?

☐ Finns det fukt i elsystemet under motorhuven? Slå av tändningen och torka bort synlig fukt med en torr trasa. Spraya vattenavstötande medel (WD-40 eller liknande) på tändningen och bränslesystemets elektriska kontaktdon av den typ som visas på bilden. Var extra uppmärksam på tändspolarnas kontaktdon.

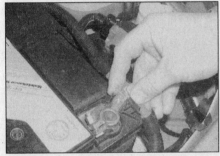

A Kontrollera batterianslutningarnas skick och att de sitter ordentligt.

B Kontrollera motorkablaget baktill på höger sida om motorrummet.

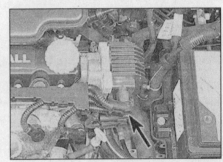

C Kontrollera kablaget till DIS tändningmodulen (1,6 motor).

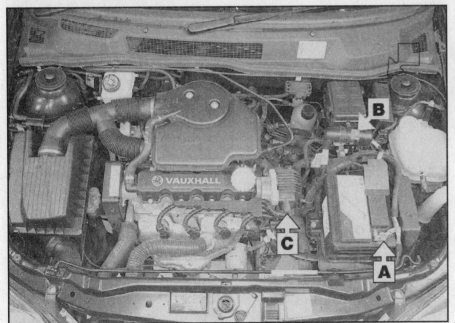

Kontrollera att alla elektriska kopplingar sitter korrekt (med tändningen avstängd) och spraya dem med vattenavstötande medel av typen WD-40 om problemet misstänks bero på fukt.

D Kontrollera kablaget till luftflödesmätaren (1,8 motor).

E Ta bort motorns övre skyddskåpa, och kontrollera tändspolarnas kablage (1,8 motor).

Starthjälp

Vidta följande säkerhetsåtgärder när bilen startas med hjälp av ett laddningsbatteri:

✔ Se till att tändningen är avstängd innan laddningsbatteriet ansluts.

✔ Se till att all elektrisk utrustning (ljus, värmeenhet, torkare etc) är avstängd.

✔ Kontrollera om särskilda säkerhetsanvisningar står tryckta på batterihöljet.

✔ Se till att laddningsbatteriet har samma spänning som det urladdade batteriet i bilen.

✔ Om bilen startas med hjälp av batteriet i en annan bil får de två bilarna INTE VARA I KONTAKT med varandra.

✔ Se till att växellådan står i friläge (eller PARK, om bilen har automatväxellåda).

HAYNES TiPS *Med starthjälp får du igång bilen, men orsaken till att batteriet laddats ur måste fortfarande åtgärdas. Det finns tre möjliga orsaker:*

1 *Batteriet har laddats ur på grund av upprepade startförsök, eller för att lysena har lämnats på.*

2 *Laddningssystemet fungerar inte som det ska (generatorns drivrem är lös eller trasig, eller så är generatorkablaget eller själva generatorn defekt).*

3 *Själva batteriet är defekt (elektrolytnivån är för låg eller batteriet är utslitet).*

1 Lyft upp locket från starthjälpspolen (+) till vänster i motorrummet, framför fjädertornet, och anslut den röda kabeln till polen.

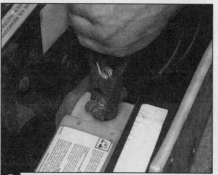

2 Anslut den andra änden av den röda startkabeln till pluspolen (+) på laddningsbatteriet.

3 Anslut ena änden av den svarta startkabeln till minuspolen (-) på det urladdade batteriet.

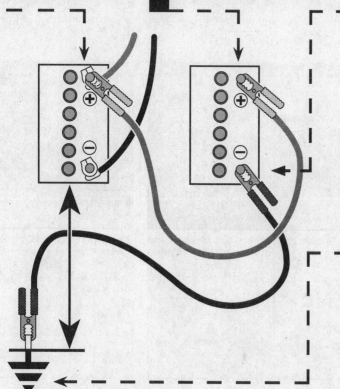

4 Anslut den andra änden av den svarta startkabeln till en bult eller fästbygel på motorblocket på den bil som ska startas.

5 Se till att startkablarna inte kommer i kontakt med fläkten, drivremmarna eller andra rörliga delar.

6 Starta motorn och låt den gå på ett högt tomgångsvarvtal medan du kopplar loss startkablarna i omvänd ordning mot anslutningen.

Byta hjul

Vissa av detaljerna som visas här kan variera beroende på modell. T.ex. sitter inte reservhjulet och domkraften på samma ställa på alla bilar. Oavsett fel finns vissa grundläggande principer.

Förberedelser

- Vid punktering, stanna så snart det är säkert för dig och dina medtrafikanter.
- Parkera om möjligt på plan mark där du inte hamnar i vägen för annan trafik.
- Använd varningsblinkers om det behövs.

Varning: *Byt aldrig hjul om du befinner dig i en situation där du riskerar att bli påkörd av ett annat fordon. Försök att stanna i en parkeringsficka eller på en mindre avtagsväg om du befinner dig på en väg med mycket trafik. Håll uppsikt över passerande trafik när du byter hjul – det är lätt att bli distraherad av arbetet med hjulbytet.*

- Använd en varningstriangel (obligatorisk utrustning) för att göra andra trafikanter uppmärksamma på bilens närvaro.
- Dra åt handbromsen och lägg i ettan eller backen (eller parkeringsläge på modeller med automatisk växellåda).

- Blockera det hjul som är placerat diagonalt sett från det hjul som ska tas bort – använd t.ex. några stora stenar.
- Använd en brädbit för att fördela tyngden under domkraften om marken är mjuk.

Byta hjul

1 På Astra-modeller förvaras domkraften och fälgkorset under reservhjulet under bagageutrymmets golv. På Zafiramodeller sitter de under ett lock på bagagerumsgolvets bakre del.

2 Reservhjulet och verktyg förvaras under bagageutrymmet på Astra modeller. Lyft kåpan, ta bort skruven och lyft ut reservhjulet. Placera delen under tröskeln som skydd om domkraften slutar fungera. På Zafiramodeller sitter reservhjulet under bakvagnen. Lyft upp den bakre delen av bagageutrymmets golv och lossa bulten i golvet med hjälp av fälgkorset. Haka loss spärren, sänk nedre reservenheten och lossa kabeln. Reservdelen kan nu lyftas ut.

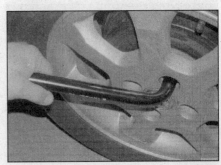

3 På modeller med stålhjul, använd specialverktyget för att dra loss navkapseln från hjulet. På modeller med lättmetallfälgar använder du den skruvmejsel som medföljer på hjulbulthålen för att bända loss fälgen. Om en stöldskyddsenhet har monterats, använd det verktyg som medföljer för att avlägsna klädseln. Lossa alla hjulbultar ett halvt varv.

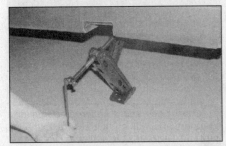

4 Alla modeller har fördjupningar i tröskelns lodräta struktur, vilket indikerar de punkter där domkraftens lyftsadel ska läggas an. På Astramodellerna är urtagen dolda av klaffar tröskelns ytterdel. Bänd ut klaffarna för att komma åt lyftpunkterna. Placera domkraftens lyftsadel under lyftpunkten och kontrollera att spåret i huvudet hakar i tröskelns vertikala ribba. Vrid på handtaget tills domkraftens bas kommer i kontakt med marken och försäkra dig sedan om att basen befinner sig rakt under tröskeln. Höj sedan bilen tills hjulet lyfts från marken. Om däcket är platt måste du lyfta upp bilen tillräckligt högt för att reservhjulet ska kunna monteras.

5 Ta bort bultarna och lyft av hjulet från bilen. Placera delen under tröskeln på reservdelens plats som skydd om domkraften slutar fungera. Montera reservhjulet och dra åt bultarna medelhårt med fälgkorset.

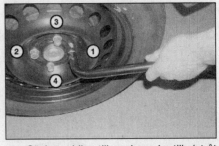

6 Sänk ner bilen till marken, dra till sist åt hjulbultarna i korsvis ordning. Montera tillbaka navkapsel. Observera att hjulbultarna ska dras åt till angivet moment så snart som möjligt.

Slutligen...

- Ta bort hjulblockeringen.
- Lägg domkraften och verktygen på rätt platser i bilen.
- Kontrollera lufttrycket i det nymonterade däcket. Om det är lågt eller om en tryckmätare inte finns tillgänglig, kör långsamt till närmaste bensinstation och kontrollera/justera trycket.
- Se till att det skadade däcket eller hjulet repareras så snart som möjligt.

Hitta läckor

Pölar på garagegolvet (eller där bilen parkeras) eller våta fläckar i motorrummet tyder på läckor som man måste försöka hitta. Det är inte alltid så lätt att se var läckan är, särskilt inte om motorrummet är mycket smutsigt. Olja eller andra vätskor kan spridas av fartvinden under bilen och göra det svårt att avgöra var läckan egentligen finns.

 Varning: De flesta oljor och andra vätskor i en bil är giftiga. Vid spill bör man tvätta huden och byta indränkta kläder så snart som möjligt

 Lukten kan vara till hjälp när det gäller att avgöra varifrån ett läckage kommer och vissa vätskor har en färg som är lätt att känna igen. Det är en bra idé att tvätta bilen ordentligt och ställa den över rent papper över natten för att lättare se var läckan finns. Tänk på att motorn ibland bara läcker när den är igång.

Olja från sumpen

Motorolja kan läcka från avtappnings-pluggen . . .

Olja från oljefiltret

. . . eller från oljefiltrets packning.

Växellådsolja

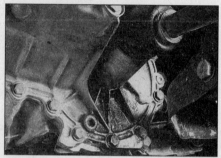

Växellådsolja kan läcka från tätningarna i ändarna på drivaxlarna.

Frostskydd

Läckande frostskyddsvätska lämnar ofta kristallina avlagringar liknande dessa.

Bromsvätska

Läckage vid ett hjul är nästan alltid bromsvätska.

Servostyrningsvätska

Servostyrningsvätska kan läcka från styrväxeln eller dess anslutningar.

Bogsering

När ingenting annat hjälper kan du behöva bli bogserad hem. Eller kanske är det du som får hjälpa någon annan med bogsering. Hur som helst underlättar det om du vet hur man går tillväga. Bogsering längre sträckor bör överlåtas till verkstäder eller bärgningsfirmor. Kortare sträckor går det utmärkt att låta en annan privatbil bogsera, men tänk på följande:

☐ En bogseringsögla finns tillsammans med varningstriangeln i bagageutrymmet.

☐ För att fästa bogseringsöglan, bänd loss kåpan från den främre stötfångaren och skruva sedan i bogseringsöglan moturs så långt som det går att få in den. Använd fälgkorsets handtag för att vrida öglan runt. Observera att bogseringsöglan **är vänstergängad (se bild)**. En bakre bogseringsögla finns under bilens bakvagn.

☐ Använd en riktig bogserlina – de är inte dyra. Fordonet som bogseras måste i vissa länder vara försett med en skylt med texten BOGSERING i bakrutan.

☐ Slå alltid på tändningen när bilen bogseras så att rattlåset släpper och riktningsvisare och bromsljus fungerar.

☐ Lossa handbromsen och lägg växeln i friläge innan bogseringen börjar.

☐ Bogsera bilen enbart i riktning framåt om det är en modell med automatisk växellåda, med lägre hastighet än 80 km/h och inte längre än ca 100 km. Undvik bogsering vid minsta tveksamhet, annars kan växellådan skadas.

☐ Observera att du behöver trycka hårdare än vanligt på bromspedalen när du bromsar eftersom vakuumservon bara fungerar när motorn är igång.

☐ Föraren av den bogserade bilen måste vara noga med att hålla bogserlinan spänd hela tiden för att undvika ryck.

☐ Försäkra er om att båda förarna känner till den planerade färdvägen innan ni startar.

☐ Bogsera aldrig längre sträcka än nödvändigt och håll lämplig hastighet (högsta tillåtna hastighet vid bogsering är 30 km/h). Kör försiktigt och sakta ner mjukt och långsamt före korsningar.

 Varning: För att undvika skador på katalysatorn får en bil inte knuffas igång eller startas genom bogsering om motorn har driftstemperatur. Använd startkablar (se Starthjälp).

Bogseringsöglan är vänstergängad.

Inledning

Det finns ett antal mycket enkla kontroller som endast tar några minuter i anspråk, men som kan bespara dig mycket besvär och stora kostnader.

Dessa veckokontroller kräver inga större kunskaper eller specialverktyg, och den korta tid de tar att utföra kan visa sig vara väl använd:

☐ Att hålla ett öga på däckens skick och lufttryck förebygger inte bara att de slits ut i förtid utan kan också rädda liv.

☐ Många motorhaverier orsakas av elektriska problem. Batterirelaterade fel är särskilt vanliga och genom regelbundna kontroller kan de flesta av dessa förebyggas.

☐ Om det uppstår en läcka i bromssystemet kanske den upptäcks först när bromsarna slutar att fungera. Vid regelbundna kontroller av bromsvätskenivån uppmärksammas sådana fel i god tid.

☐ Om olje- eller kylvätskenivån blir för låg är det betydligt billigare att laga läckan direkt, än att bekosta dyra reparationer av de motorskador som annars kan uppstå.

Kontrollpunkter i motorrummet

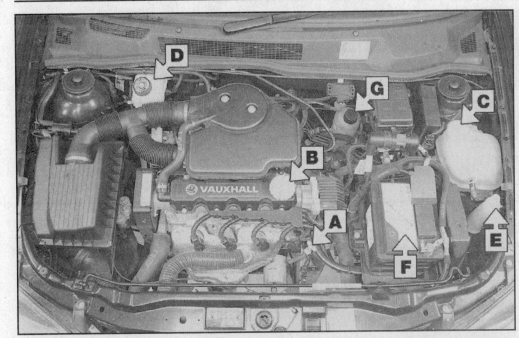

◀ 1,6-liters SOHC

A Oljemätsticka
B Oljepåfyllningslock
C Kylvätskebehållare (expansionskärl)
D Broms- och kopplingsoljebehållare
E Spolarvätskebehållare
F Batteri
G Servooljebehållare

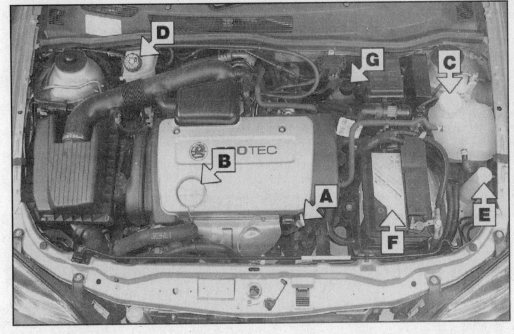

◀ 1,4 & 1,6-liters DOHC

A Oljemätsticka
B Oljepåfyllningslock
C Kylvätskebehållare (expansionskärl)
D Broms- och kopplingsoljebehållare
E Spolarvätskebehållare
F Batteri
G Servooljebehållare

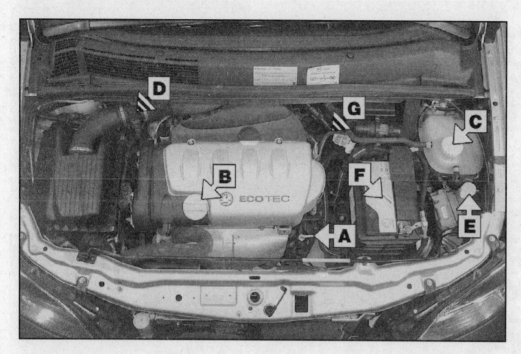

◀ **1,8-liters DOHC**

A *Oljemätsticka*

B *Oljepåfyllningslock*

C *Kylvätskebehållare (expansionskärl)*

D *Broms- och kopplingsoljebehållare*

E *Spolarvätskebehållare*

F *Batteri*

G *Servooljebehållare*

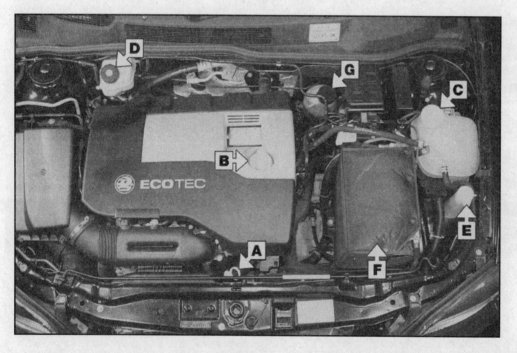

◀ **2,2-liters DOHC**

A *Oljemätsticka*

B *Oljepåfyllningslock*

C *Kylvätskebehållare (expansionskärl)*

D *Broms- och kopplingsoljebehållare*

E *Spolarvätskebehållare*

F *Batteri*

G *Servooljebehållare*

Mätsticka för motorolja

Innan arbetet påbörjas

✔ Se till att bilen står plant.
✔ Oljenivån måste kontrolleras innan bilen körs, eller tidigast 5 minuter efter det att motorn har stängts av.

 HAYNES TiPS *Om oljenivån kontrolleras direkt efter att bilen körts, kommer en del av oljan att vara kvar i den övre delen av motorn. Detta ger felaktig avläsning på mätstickan.*

Rätt olja

● Moderna motorer ställer höga krav på oljekvaliteten. Det är mycket viktigt att man använder en lämplig olja till sin bil (se *Smörjmedel och vätskor*).

Bilvård

● Om oljan behöver fyllas på ofta bör bilen kontrolleras med avseende på oljeläckor. Lägg ett rent papper under motorn över natten och se om det finns fläckar på det på morgonen. Finns det inga läckor kanske motorn bränner olja.
● Oljenivån ska alltid vara någonstans mellan oljestickans övre och nedre markering (se bild 3). Om oljenivån är för låg kan motorn ta allvarlig skada. Oljetätningarna kan gå sönder om man fyller på för mycket olja.

1 Mätstickan sitter i motorns främre del (se *Kontrollpunkter i motorrummet* för exakt placering). Dra upp oljemätstickan.

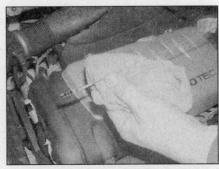

2 Torka av oljan från mätstickan med en ren trasa eller en bit papper. Stick in den rena mätstickan i röret och dra ut den igen.

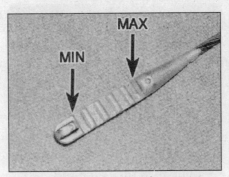

3 Observera oljenivån på mätstickans ände, som ska vara mellan den övre (MAX) och nedre (MIN) markeringen. Det skiljer ungefär en liter olja mellan minimi- och maximinivån.

4 Oljan fylls på genom påfyllningsröret. Rotera kåpan ett kvarts varv moturs och ta bort den. Fyll på. Med en tratt minimeras oljespillet. Häll i oljan långsamt och kontrollera på mätstickan så att behållaren fylls med rätt mängd. Överfyll inte.

Kylvätskenivå

 ⚠ *Varning: Skruva ALDRIG av expansionskärlets lock när motorn är varm på grund av risken för brännskador. Låt inte behållare med kylvätska stå öppna eftersom vätskan är giftig.*

Bilvård

● I ett slutet kylsystem ska det aldrig vara nödvändigt att fylla på kylvätska regelbundet. Om kylvätskan behöver fyllas på ofta har bilen troligen en läcka i kylsystemet. Kontrollera kylaren, alla slangar och fogytor efter stänk och våta märken och åtgärda eventuella problem.

● Det är viktigt att frostskyddsmedel används i kylsystemet året runt, inte bara under vintermånaderna. Fyll inte på med enbart vatten, då sänks koncentrationen av frostskyddsvätska.

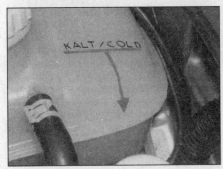

1 Kylvätskenivån varierar med motorns temperatur. När motorn är kall ska kylvätskenivån vara något över märket KALT/COLD på behållarens sida. När motorn är varm stiger nivån.

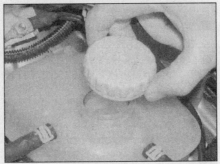

2 Vänta med att fylla på kylvätska, tills motorn är kall. Skruva försiktigt loss locket till expansionskärlet för att släppa ut övertrycket ur kylsystemet, och ta sedan bort det.

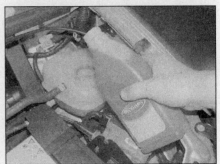

3 Häll en blandning av vatten och frostskyddsvätska i expansionskärlet tills kylvätskan når rätt nivå. Sätt tillbaka locket och dra åt ordentligt

Däckens skick och lufttryck

Det är mycket viktigt att däcken är i bra skick och har korrekt lufttryck – däckhaverier är farliga i alla hastigheter.

Däckslitage påverkas av körstil – hårda inbromsningar och accelerationer eller snabb kurvtagning, samverkar till högt slitage. Generellt sett slits framdäcken ut snabbare än bakdäcken. Axelvis byte mellan fram och bak kan jämna ut slitaget, men om detta är för effektivt kan du komma att behöva byta alla fyra däcken samtidigt.

Ta bort spikar och stenar som bäddats in i mönstret innan dessa går igenom och orsakar punktering. Om borttagandet av en spik avslöjar en punktering, stick tillbaka spiken i hålet som markering, byt omedelbart hjul och låt reparera däcket (eller köp ett nytt).

Kontrollera regelbundet att däcken är fria från sprickor och blåsor, speciellt i sido-väggarna. Ta av hjulen med regelbundna mellanrum och rensa bort all smuts och lera från inte och yttre ytor. Kontrollera att inte fälgarna visar spår av rost, korrosion eller andra skador. Lättmetallfälgar skadas lätt av kontakt med trottoarkanter vid parkering, stålfälgar kan bucklas. En ny fälg är ofta det enda sättet att korrigera allvarliga skador.

Nya däck måste alltid balanseras vid monteringen, men det kan vara nödvändigt att balansera om dem i takt med slitage eller om balansvikterna på fälgkanten lossnar.

Obalanserade däck slits snabbare och de ökar även slitaget på fjädring och styrning. Obalans i hjulen märks normalt av vibrationer, speciellt vid vissa hastigheter, i regel kring 80 km/tim. Om dessa vibrationer bara känns i styrningen är det troligt att enbart framhjulen behöver balanseras. Om istället vibrationerna känns i hela bilen kan bakhjulen vara obalanserade. Hjulbalansering ska utföras av däckverkstad eller annan verkstad med lämplig utrustning.

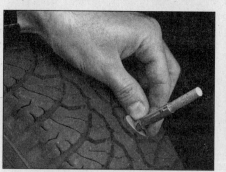

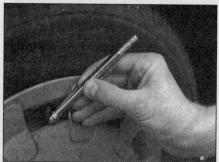

1 Mönsterdjup - visuell kontroll
Originaldäcken har slitageklackar (B) som uppträder när mönsterdjupet slitits ned till ca 1,6 mm. Bandens lägen anges av trianglar på däcksidorna (A).

2 Mönsterdjup - manuell kontroll
Mönsterdjupet kan även avläsas med ett billigt verktyg kallat mönsterdjupsmätare.

3 Lufttryckskontroll
Kontrollera regelbundet lufttrycket i däcken när dessa är kalla. Justera inte luft-trycket omedelbart efter det att bilen har körts, eftersom detta leder till felaktiga värden.

Däckslitage

Slitage på sidorna

Lågt däcktryck (slitage på båda sidorna)
Lågt däcktryck orsakar överhettning i däcket eftersom det ger efter för mycket, och slit-banan ligger inte rätt mot underlaget. Detta orsakar förlust av väggrepp och ökat slitage.
Kontrollera och justera däcktrycket
Felaktig cambervinkel (slitage på en sida)
Reparera eller byt ut fjädringsdetaljer
Hård kurvtagning
Sänk hastigheten!

Slitage i mitten

För högt däcktryck
För högt däcktryck orsakar snabbt slitage i mitten av däckmönstret, samt minskat väg-grepp, stötigare gång och fara för skador i korden.
Kontrollera och justera däcktrycket

Om du ibland måste ändra däcktrycket till högre tryck specificerade för max lastvikt eller ihållande hög hastighet, glöm inte att minska trycket efteråt.

Ojämnt slitage

Framdäcken kan slitas ojämnt som följd av felaktig hjulinställning. De flesta bilåterför-säljare och verkstäder kan kontrollera och justera hjulinställningen för en rimlig summa.
Felaktig camber- eller castervinkel
Reparera eller byt ut fjädringsdetaljer
Defekt fjädring
Reparera eller byt ut fjädringsdetaljer
Obalanserade hjul
Balansera hjulen
Felaktig toe-inställning
Justera framhjulsinställningen
Notera: *Den fransiga ytan i mönstret, ett typiskt tecken på toe-förslitning, kontrolleras bäst genom att man känner med handen över däcket.*

Broms- och kopplingsvätskenivå

Varning:
● Bromsvätska kan skada dina ögon och bilens lack, så var ytterst försiktig när du arbetar med den.
● Använd inte olja ur kärl som har stått öppna en längre tid. Bromsolja drar åt sig fuktighet från luften vilket kan försämra bromsegenskaperna avsevärt.

HAYNES TiPS
● Se till att bilen står plant.
● Oljenivån i behållaren kommer att sjunka något allt eftersom bromsklossarna slits, men nivån får aldrig hamna under MIN-markeringen.

Säkerheten främst!
● Om du måste fylla på behållaren ofta finns en läcka i bromssystemet. Detta måste undersökas omedelbart.
● Vid en misstänkt läcka i systemet får bilen inte köras förrän bromssystemet har kontrollerats. Ta aldrig några risker med bromsarna.

1 Behållaren har MIN- och MAX-markeringar. Oljenivån måste alltid hållas mellan dessa två markeringar.
Observera: På Zafiramodeller, ta först bort vattenavskiljaren av plast från vindrutans framsida.

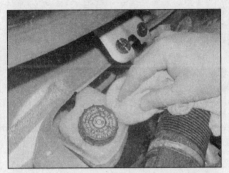

2 Om vätskebehållaren behöver fyllas på bör området runt påfyllningslocket först rengöras för att förhindra att hydraulsystemet förorenas.

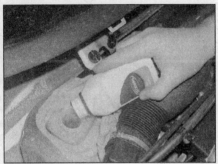

3 Fyll på vätska försiktigt. Var noga med att inte spilla på de omgivande komponenterna. Använd bara bromsolja av angiven typ; Om olika typer blandas kan systemet skadas. Skruva på locket ordentligt när vätskan är påfylld och torka bort eventuellt spill.

Servooljenivå

Innan arbetet påbörjas
✔ Parkera bilen på en plan yta.
✔ Vrid ratten från låsningsläge till låsningsläge två eller tre gånger med motorn på tomgång och ställin de främre hjulen rakt framåt. Stoppa sedan motorn.

HAYNES TiPS
För att kontrollen ska bli exakt får ratten inte vridas efter det att motorn har stängts av.

Säkerheten främst!
● Om servostyrningsoljan ofta behöver fyllas på betyder det att systemet läcker, vilket måste undersökas omedelbart.

1 Servooljebehållaren sitter på högerstyrda fordon på motorrummets vänstra sida mellan växellådan och mellanväggen.
På vänsterstyrda modeller sitter behållaren mellan motorn och mellanväggen i motorrummets högra sida. Kontrollera alltid kylvätskenivån när motorn är kall.
Observera: På Zafiramodeller, ta först bort vattenavskiljaren av plast från vindrutans framsida.

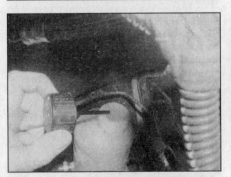

2 Skruva loss påfyllningslocket från behållaren. På TRW-enheter är mätstickan inbyggd i påfyllningslocket, medan enheter från Delphi har mätstickan inbyggd i filtret precis under påfyllningslocket. Torka bort all vätska från mätstickan med en ren trasa. Sätt tillbaka mätstickan, och ta bort den igen. Observera vätskenivån på mätstickan.

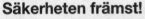
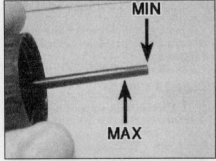

3 När motorn är kall ska vätskenivån ligga mellan den övre och den undre markeringen på mätstickan. Fyll på vätskan med angiven typ (överfyll behållaren aldrig), och montera sedan tillbaka påfyllningslocket.

Spolarvätskenivå

Spolarvätskekoncentrat rengör inte bara rutan utan fungerar även som frostskydd så att spolarvätskan inte fryser under vintern, då den behövs som mest. Fyll inte på med enbart vatten eftersom spolarvätskan då späds ut och kan frysa. *Använd aldrig kylvätska i* spolarsystemet. Det kan missfärga eller skada lacken.

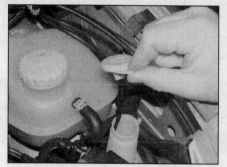

1 Behållaren för vindrute- och bakrutespolningen (där sådan finns) finns framme till vänster om motorrummet. Om det krävs påfyllning måste locket öppnas.

2 Om påfyllning behövs, spolarvätska bör hällas i spolarsystemet i den koncentration som anges på flaskan.

Batteri

Varning: Innan något arbete utförs på batteriet, läs föreskrifterna i "Säkerheten främst!" i början av denna handbok.

✔ Se till att batterilådan är i gott skick och att klämman sitter ordentligt. Rost på plåten, hållaren och batteriet kan avlägsnas med en lösning av vatten och bikarbonat. Skölj noggrant alla rengjorda delar med vatten. Alla rostskadade metalldelar ska först målas med en zinkbaserad grundfärg och därefter lackeras.

✔ Kontrollera regelbundet (ungefär var tredje månad) batteriets laddningstillstånd enligt kapitel 5A.

✔ Om batteriet är tomt och du måste använda startkablar för att starta bilen, se *Reparationer vid vägkanten.*

1 Batteriet är placerat i motorrummets vänstra del. Lossa tygskyddet från batteriets överdel (om sådant finns) för att komma åt polerna. Batteriets utsida bör kontrolleras regelbundet efter skador, som sprickor i höljet eller kåpan.

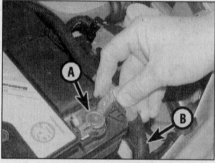

2 Kontrollera att batteriklämmorna (A) sitter ordentligt så att de elektriska anslutningarna fungerar. Det ska inte gå att rubba dem. Kontrollera också varje kabel (B) efter sprickor eller fransade ledare.

HAYNES **TiPS**

Korrosion på batteriet kan minimeras genom att man stryker lite vaselin på batteriklämmorna och polerna när man dragit åt dem.

3 Om synlig korrosion finns (vita porösa avlagringar), ta bort kablarna från batteripolerna och rengör dem med en liten stålborste. Sätt sedan tillbaka dem. I biltillbehörsbutiker kan man köpa ett särskilt verktyg för rengöring av batteripoler . . .

4 . . . och batteriets kabelklämmor

Torkarblad

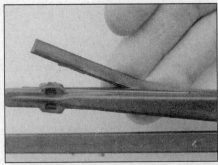 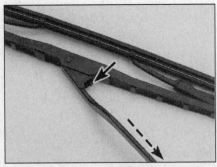

1 Kontrollera torkarbladens skick; Om de är spruckna eller ser slitna ut, eller om rutan inte torkas ordentligt, ska de bytas ut. Torkarbladen ska bytas en gång om året.

2 Ta bort ett torkarblad genom att lyfta upp torkararmen helt från vindrutan tills det tar stopp. Vrid bladet 90°, tryck sedan ihop låsklämman och lossa bladet från armen. När ett nytt blad monteras, se till att bladet låser fast ordentligt i armen och att bladet är korrekt inriktat.

Elsystem

✔ Kontrollera alla yttre lampor samt signalhornet. Se aktuella avsnitt i kapitel 12 för närmare information om någon av kretsarna inte fungerar.

✔ Se över alla tillgängliga kontaktdon, kablar och kabelklämmor så att de sitter ordentligt och inte är skavda eller skadade.

HAYNES TiPS *Om bromsljus och körriktningsvisare behöver kontrolleras när ingen medhjälpare finns till hands, backa upp mot en vägg eller garageport och slå på ljusen. Det reflekterade skenet visar om de fungerar eller inte.*

 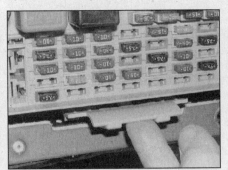 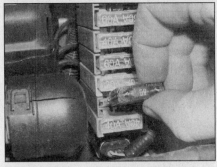

1 Om enstaka körriktningsvisare, bromsljus eller strålkastare inte fungerar beror det troligen på en trasig glödlampa som behöver bytas ut. Se kapitel 12 för mer information. Om båda bromsljusen har slutat fungera, kan det bero på att brytaren har gått sönder (se kapitel 9).

2 Om mer än en blinker eller lampor inte fungerar har troligen en säkring gått eller ett fel uppstått i kretsen (se kapitel 12). På Zafiramodeller sitter huvudsäkringarna bakom en kåpa på förarsidans instrumentbräda, mellan rattstången och förardörren. Ta bort kåpan, och dra bort säkringsdosans nederkant. På Astramodeller sitter huvudsäkringarna bredvid rattstången bakom förvaringsfacket. Öppna facket, tryck ihop tapparna på var sida, dra förvaringsfacket nedåt så långt det går och lossa det. Ta bort fästskruvarna och förvaringsfackets ram. Dra sedan ut säkringsdosans botten. Extra säkringar och reläer är placerade i säkringsdosan i motorrummets vänstra sida.

3 Använd det medföljande plastverktyget för att byta ut en trasig säkring, om sådant finns. Sätt dit en ny säkring av samma typ. Finns i biltillbehörsbutiker. Det är viktigt att du hittar orsaken till att säkringen gick sönder (se *Felsökning av elsystemet* i kapitel 12).

Smörjmedel och vätskor

Motor .... Multigrade motorolja, viskositet SAE 5W/40, 10W/40 eller 15W/40, till ACEA A3 eller bättre

Kylsystem

Fram till årsmodell 2001 .... "Blått" frostskyddsmedel, Opel delnr. 90 297 545

Från årsmodell 2001 .... "Röd" frostskyddsmedel, Opel delnr. 09 194 431

Manuell växellåda.................................... Växellådsolja, Opel delnr. 09 120 541

Automatisk växellåda................................. Automatväxelolja, Opel delnr. 09 117 946

Servostyrningsbehållare .... Speciell servoolja, Opel delnr. 90 544 116

Behållare för broms- och kopplingsvätska .... Hydraulvätska till SAE J1703, DOT 4

Däcktryck (kallt)

Observera: *Tryckvärdena på etiketten gäller de originaldäck som specificeras och kan variera om du använder någon annan typ eller annat märke av däck; Om andra däck monteras, kontrollera tillverkarens rekommendationer. Tryckvärdena anges på insidan av tanklocksluckan.*

Astra	Fram	Bak
Alla modeller utom 2,0- och 2,2-liters motorer (alla däckstorlek):		
Upp tili 3 personer	2,2 bar	1,9 bar
Fullastad..	2,4 bar	2,8 bar
2,0-liters modeller:		
195/60 däck:		
Upp till 3 personer.......................................	2,2 bar	1,9 bar
Fullastad...	2,3 bar	2,8 bar
205/50 däck:		
Upp till 3 personer.......................................	2,3 bar	2,0 bar
Fullastad...	2,5 bar	2,9 bar
2,2-liters modeller (alla däckstorlek):		
Upp till 3 personer	2,4 bar	2,1 bar
Fullastad..	2,5 bar	2,9 bar
Zafira		
Alla däckstorlekar:		
Upp till 3 personer	2,2 bar	2,2 bar
Fullastad..	2,6 bar	3,0 bar

Kapitel 1
Rutinunderhåll och service

Innehåll

Svårighetsgrad

Enkelt, passar novisen med lite erfarenhet	**Ganska enkelt,** passar nybörjaren med viss erfarenhet	**Ganska svårt,** passar kompetent hemmamekaniker	**Svårt,** passar hemmamekaniker med erfarenhet	**Mycket svårt,** för professionell mekaniker

Smörjmedel och vätskor . . . .   Se *Veckokontroller*

Volymer

Motorolja (inklusive filter)
1,4- och 1,6-liters motorer . . . .   3,5 liter
1,8- och 2,0-liters motorer . . . .   4,25 liter
2,2-liters motorer . . . .   5,0 liter
Skillnad mellan MAX- och MIN-markeringarna på mätstickan . . . .   1,0 liter

Kylsystem (ungefärlig)

	Utan luftkonditionering	med luftkonditionering
Astra modeller:		
1,4-liters motorer	6,3 liter	6,6 liter
1,6-liters SOHC motorer	5,9 liter	6,2 liter
1,6-liters DOHC motorer	6,3 liter	6,6 liter
1,8-liters motorer	6,8 liter	7,0 liter
2,0-liters motorer	7,0 liter	7,2 liter
2,2-liters motorer	6,8 liter	7,1 liter
Zafiramodeller:		
1,6-liters motorer	6,3 liter	6,6 liter
1,8-liters motorer	6,5 liter	6,8 liter
2,2-liters motorer	6,8 liter	7,1 liter

Växellåda
Manuell växellåda:
F13 och F17 växellådor . . . .   1,6 liter
F18 växellådor . . . .   1,8 liter
F23 växellådor . . . .   1,75 liter
Automatisk växellåda (vid oljebyte) . . . .   4,0 liter

Spolarvätskebehållare
Utan strålkastarspolare . . . .   2,3 liter
Med strålkastarspolare . . . .   4,5 liter

Bränsletank
Astra modeller . . . .   52 liter
Zafiramodeller . . . .   58 liter

Kylsystem
Frostskyddsblandning
50 % frostskyddsmedel . . . .   Skydd ner till -37°C
55 % frostskyddsmedel . . . .   Skydd ner till -45°C
Observera: *Kontakta tillverkaren av frostskyddsvätska för de senaste rekommendationerna.*

Tändsystem

Tändstift:	Typ	Elektrodavstånd
Alla utom 2,2-liters motorer	Bosch FLR 8 LD+U	1,0 mm
2,2-liters motorer	Bosch HLR 8 STEX	1.1 mm

Bromsar
Friktionsmaterial minimumtjocklek:
Främre och bakre bromsklossar . . . .   2,0 mm
Bakre bromsbackar . . . .   1,0 mm

Åtdragningsmoment

	Nm
Motoroljefilter (av typen påskruvbart kanisterfilter)	15
Motoroljefilter, lock till kapslingen (elementtyp)	15
Motoroljefilter, bult mellan kapsling och block (elementtyp)	45
Tändningsmodulens fästskruvar	8
Hjulbultar	110
Tändstift	25

Sumpens dräneringsplugg:
SOHC motorer:
Modeller utan luftkonditionering (sump av pressad plåt)   55
Modeller med luftkonditionering (aluminium sump)   45
DOHC-motorer:
1,4-, 1,6- och 1,8-liters motorer:
Inre torxtyp (gummitätningsring)   14
Sexkantstyp (metalltätningsring)   45
2,0-liters motorer   10
2,2-liters motorer   25

1 Underhållsintervallen i denna handbok är angivna efter förutsättningen arbetet utförs hemma och inte överlämnas till en verkstad. Detta är minimiintervall för underhåll som vi rekommenderar för fordon som körs varje dag. Om bilen konstant ska hållas i toppskick bör vissa moment utföras oftare. Vi rekommenderar

regelbundet underhåll eftersom det höjer bilens effektivitet, prestanda och andrahandsvärde.

2 Om bilen körs i dammiga områden, används till att bogsera en släpvagn eller ofta körs i låga hastigheter (tomgångskörning i trafik) eller på korta resor, rekommenderas tätare underhållsintervall.

3 Om bilen är ny måste all service utföras av en auktoriserad verkstad för att fabriksgarantin ska gälla.

Observera: *Från och med årsmodell 2001 har serviceintervallet på 15 000 km utökats till 30 000 km. tidsintervallet förblir detsamma efter 12 månader.*

Var 7 500:e km eller var 6:e månad, beroende på vad som kommer först

☐ Byt motoroljan och filtret (avsnitt 4)

Observera: *Opel rekommenderar att motorolja och filter byts var 15 000:e km eller efter 12 månader. Det är bra för motorn att byta olja och filter oftare, så vi rekommenderar att du byter olja och filter tätare, särskilt om bilen används till många kortare resor.*

Var 15 000:e km eller var 12:e månad, beroende på vad som kommer först

☐ Kontrollera drivremmens skick och spänning (avsnitt 5)*
☐ Avgassystem test (avsnitt 6)
☐ Kontrollera funktionen hos alla elsystem (avsnitt 7)
☐ Kontrollera och, om det behövs, justera strålkastarinställningen (avsnitt 8)*
☐ Kontrollera att kaross och underrede är korrosionsskyddade (avsnitt 9)*
☐ Kontrollera de främre bromsbackar och skivor och leta efter tecken på slitage (avsnitt 10)
☐ Kontrollera de bakre bromsklossar och skivor och leta efter tecken på slitage (avsnitt 11)
☐ Kontrollera och, om det behövs, justera handbromsen (avsnitt 12)*
☐ Kontrollera alla komponenter, rör och slangar vad gäller vätske- och oljeläckage (avsnitt 13)*
☐ Se till att alla bultar är ordentligt åtdragna till angivet moment (avsnitt 14)
☐ Kontrollera bakfjädringens nivåkontroll (avsnitt 15)
☐ Byt pollenfiltret (avsnitt 16)

Observera: *Om bilen används under dammiga förhållanden bör pollenfiltret bytas oftare.*

☐ Gör ett landsvägsprov (avsnitt 17)

* *För bilar som avverkar en stor körsträcka (mer än 30 000 km per år), utför de åtgärder som markerats med en asterisk var 30 000:e km).*

Var 30 000:e km eller vartannat år, beroende på vad som kommer först

☐ Smörj alla dörrlås och gångjärn, dörrstoppar, motorhuvens lås och reglage samt bakdörrens lås och gångjärn (avsnitt 18)
☐ Kontrollera de bakre bromsbackar och trummor och leta efter tecken på slitage (avsnitt 19)
☐ Kontrollera att styrnings- och fjädringsdelar är i gott skick, samt att de sitter ordentligt (avsnitt 20)
☐ Kontrollera drivaxeldamaskernas skick (avsnitt 20)
☐ Kontrollera automatväxeloljan (avsnitt 21)

Var 60 000:e km eller vart 4:e år, beroende på vad som kommer först

☐ Byt luftfilterinsatsen (avsnitt 22)
☐ Byt bränslefiltret (avsnitt 23)
☐ Byt tändstiften och kontrollera tändningssystem (avsnitt 24)
☐ Byt kamremmen (avsnitt 25)

Observera: *Tillverkarnas angivna intervall för byte av kamremmen varierar mellan 60 000 km eller fyra år till 120 000 km eller åtta år beroende på motortyp och tillverkningsår. Vi rekommenderar att kamremmen byts ut med ett intervall på 60 000 km eller fyra år på alla modeller och särskilt på de bilar som används intensivt, dvs. oftast kör korta sträckor eller stannar och startar ofta. Det faktiska bytesintervallet för remmen är därför upp till den enskilde ägaren, men tänk på att allvarliga motorskador blir följden om remmen går sönder.*

Vartannat år, oberoende av körsträcka

☐ Byt broms- och kopplingsvätska (avsnitt 26)
☐ Byt fjärrkontrollens batterier (avsnitt 27)
☐ Byt kylvätskan (avsnitt 28)*

* *Bilar som använder rött' Opel-frostskyddsmedel behöver inte byta ut kylvätskan regelbundet.*

1•4 Komponenternas placering

Översikt under motorhuven på en 1,6-liters 8v Astra

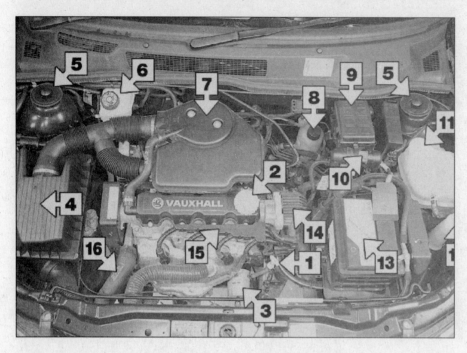

1 Mätsticka för motorolja
2 Oljepåfyllningslock
3 Oljefilter
4 Luftrenare
5 Övre fäste till främre fjäderben
6 Bromsvätskebehållare
7 Luftintagskanal
8 Elektrisk/hydraulisk servooljebehållare
9 Motorrelaterad säkringsdosa
10 Motorkablage anslutning
11 Kylsystemets expansionskärl
12 Vätskebehållare för vindrute-/
   strålkastarspolare
13 Batteri
14 Tändning DIS modul
15 Tändkablar till tändstiften
16 Kylarens övre slang

Översikt över främre underredet på en 1,6-liters 8v Astra

1 Oljefilter
2 Oljedräneringsplugg
3 Manuell växellåda
4 Avgasrörets flexibla del
5 Drivaxel
6 Spolarvätskebehållare
7 Hjälpram
8 Framfjädringens nedre arm
9 Bakre motorfäste
10 Styrinrättning
11 Styrstagsände
12 Signalhornen

Översikt över bakre underredet på en 1,6-liters 8v Astra

1 *Bakre ljuddämpare och avgasrör*
2 *Bakre torsionsstav och länkarmar*
3 *Bromsens utjämningsventil*
4 *Bränsletank*
5 *Handbromsvajrar*
6 *Reservhjulsbalja*
7 *Bakre spiralfjädrar*
8 *Bakre stötdämparens nedre fästen*

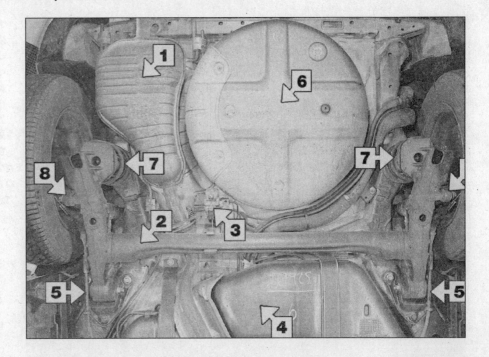

Översikt under motorhuven på en 1,6-liters 16v Astra

1 *Mätsticka för motorolja*
2 *Oljepåfyllningslock*
3 *Kamremskåpa*
4 *Luftrenare*
5 *Övre fäste till främre fjäderben*
6 *Bromsvätskebehållare*
7 *Luftintagskanal*
8 *Elektrisk/hydraulisk servooljebehållare*
9 *Motorrelaterad säkringsdosa*
10 *Motorkablage anslutning*
11 *Kylsystemets expansionskärl*
12 *Vätskebehållare för vindrute-/*
   strålkastarspolare
13 *Batteri*
14 *Tändningsmodul*
15 *Kylarens övre slang*

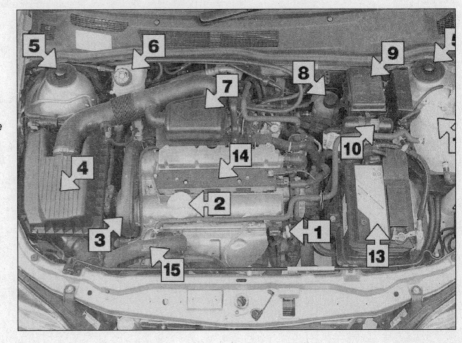

Översikt över främre underredet på en 1,6-liters 16v Astra

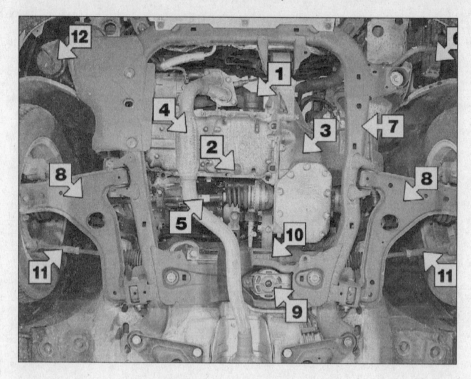

1 Oljefilter
2 Oljedräneringsplugg
3 Manuell växellåda
4 Avgasrörets flexibla del
5 Drivaxel
6 Kylsystemskablagets multipluggar
7 Hjälpram
8 Framfjädringens nedre arm
9 Bakre motorfäste
10 Styrinrättning
11 Styrstagsände
12 Signalhornen

Översikt under motorhuven på en 1,8-liters 16v Zafira

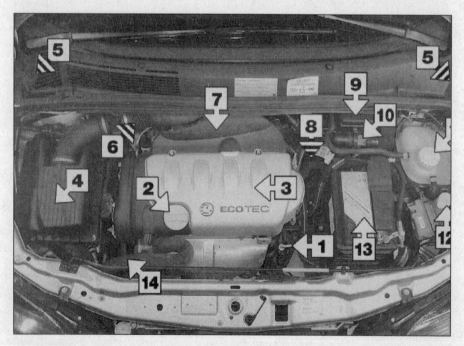

1 Mätsticka för motorolja
2 Oljepåfyllningslock
3 Motorns övre skyddskåpa
4 Luftrenar
5 Övre fäste till främre fjäderben
6 Bromsvätskebehållare
7 Luftintagskanal
8 Elektrisk/hydraulisk servooljebehållare
9 Motorrelaterad säkringsdosa
10 Motorkablage anslutning
11 Kylsystemets expansionskärl
12 Vätskebehållare för vindrute-/strålkastarspolare
13 Batteri
14 Kylarens övre slang

Översikt över främre underredet på en 1,8-liters 16v Zafira

1 Oljefilter
2 Oljedräneringsplugg
3 Manuell växellåda
4 Avgasrörets flexibla del
5 Drivaxel
6 Främre motorfäste
7 Hjälpram
8 Framfjädringens nedre arm
9 Bakre motorfäste
10 Styrinrättning
11 Styrstagsände
12 Främre bromsoken

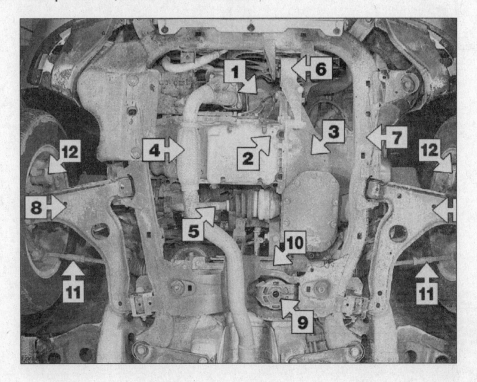

Översikt över bakre underredet på en 1,8-liters 16v Zafira

1 Bakre ljuddämpare och avgasrör
2 Bakre torsionsstav och länkarmar
3 Bakre bromsoken
4 Bränsletank
5 Handbromsvajrar
6 Reservhjul och kåpa
7 Bakre spiralfjädrar
8 Bakre stötdämparens nedre fästen
9 Bränsletankspåfyllning och
   vontiloringorör
10 Mellanrör

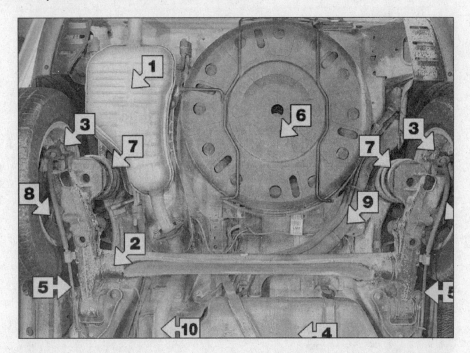

Komponenternas placering

Översikt under motorhuven på en 2,2-liters 16v Astra

1 Mätsticka för motorolja
2 Oljepåfyllningslock
3 Oljefilter
4 Luftrenar
5 Övre fäste till främre fjäderben
6 Bromsvätskebehållare
7 Luftintagskanal
8 Elektrisk/hydraulisk servooljebehållare
9 Motorrelaterad säkringsdosa
10 Motorkablage anslutning
11 Kylsystemets expansionskärl
12 Vätskebehållare för vindrute-/
   strålkastarspolare
13 Batteri
14 Tändningsmodul

Översikt över främre underredet på en 2,2-liters 16v Astra

1 Luftkonditioneringskompressor
2 Oljedräneringsplugg
3 Manuell växellåda
4 Nedre avgasrör
5 Drivaxel
6 Främre motorfäste
7 Hjälpram
8 Framfjädringens nedre arm
9 Bakre motorfäste
10 Styrinrättning
11 Styrstagsände
12 Främre bromsoken

1 Allmän information

1 Informationen i detta kapitel är avsedd att hjälpa hemmamekanikern att underhålla sin bil för att få god säkerhet, driftsekonomi, lång tjänstgöring och toppprestanda.

2 Kapitlet innehåller ett underhållsschema som följs av avsnitt som i detalj tar upp varje post på schemat. Bland annat behandlas användbara saker som kontroller, justeringar och byte av delar. Se de tillhörande bilderna av motorrummet och bottenplattan vad gäller de olika delarnas placering.

3 Underhållsschemat för tid/körsträcka och de följande avsnitten ger dig ett tydligt underhållsprogram som, om du följer det, bidrar till att din bils tjänstgöring blir både lång och säker. Planen är heltäckande så om man väljer att bara underhålla vissa delar, men inte andra, vid angivna tidpunkter går det inte att garantera samma goda resultat.

4 Under arbetet med bilen kommer det att visa sig att många arbeten kan – och bör – utföras samtidigt, antingen på grund av själva åtgärden som ska utföras, eller för att två separata delar råkar finnas nära varandra. Om bilen lyfts av någon orsak kan t.ex. avgassystemet kontrolleras samtidigt som styrningen och fjädringen.

5 Första steget i detta underhållsprogram är förberedelser innan arbetet påbörjas. Läs igenom relevanta avsnitt. Gör sedan upp en lista på vad som behövs och skaffa fram verktyg och delar. Rådfråga en specialist på reservdelar eller vänd dig till återförsäljarens serviceavdelning om problem uppstår.

2 Rutinunderhåll

1 Om underhållsschemat följs noga från det att bilen är ny och om vätske- och oljenivåerna och de delar som är utsatta för stort slitage kontrolleras enligt denna handboks rekommendationer, kommer motorn att hållas i bra skick och behovet av extra arbete minimeras.

2 Ibland går motorn dåligt på grund av bristande underhåll. Risken för detta ökar om bilen är begagnad och inte fått tät och regelbunden service. I sådana fall kan extra arbeten behöva utföras, utöver det normala underhållet.

3 Om motorn misstänks vara sliten ger ett kompressionstest (se kapitel 2A, 2B eller 2C) värdefull information om huvuddelarnas skick. Ett kompressionsprov kan användas för att avgöra omfattningen på det kommande arbetet. Om provet avslöjar allvarligt inre slitage är det slöseri med tid och pengar att utföra underhåll på det sätt som beskrivs i detta kapitel, om inte motorn först renoveras.

4 Följande åtgärder är de som oftast behövs för att förbättra effekten hos en motor som går dåligt:

I första hand

a) Rengör, undersök och testa batteriet (se "Veckokontroller").

b) Kontrollera alla motorrelaterade oljor och vätskor (se Veckokontroller).

c) Kontrollera drivremmens skick och spänning (avsnitt 5).

d) Byt tändstiften (avsnitt 24).

e) Kontrollera luftfiltrets skick och byt vid behov (avsnitt 22).

f) Byt bränslefiltret (avsnitt 23).

g) Kontrollera skick på samtliga slangar och leta efter läckor (avsnitt 13).

5 Om ovanstående åtgärder inte har någon inverkan ska följande åtgärder utföras:

Sekundära åtgärder

Allt som anges under *I första hand*, plus följande:

a) Kontrollera laddningssystemet (se kapitel 5A).

b) Kontrollera tändningssystemet (se kapitel 5B).

c) Kontrollera bränslesystemet (se kapitel 4A).

3 Återställning av serviceintervall

1 Modellerna Astra & Zafira är utrustade med en display för serviceintervall (SID) som sitter i nedre halvan av hastighetsmätaren på instrumentbrädan. LCD-displayen byter till INSP när det är dags för service inom en vecka eller 500 km. Efter att det nödvändiga underhållet utförts kan SID återställas med hjälp av följande tillvägagångssätt.

2 Slå av tändningen och håll in trippmätarens återställningsknapp.

3 Slå på tändningen. Fortsätt att hålla in vägmätarens återställningsknapp under minst tre sekunder.

4 SID blinkar några gånger och återställs. Släpp knappen.

Var 7 500 km eller 6 månader

4 Motorolja och filter – byte

1 Täta byten av olja och filter är det viktigaste förebyggande underhåll en hemmamekaniker kan utföra själv. När motoroljan åldras blir den utspädd och förorenad, vilket leder till förtida motorslitage.

2 Innan arbetet påbörjas, plocka fram alla verktyg och material som behövs. Se även till att ha gott om rena trasor och tidningar

till hands för att torka upp eventuellt spill. Helst ska motoroljan vara varm, eftersom den då rinner ut lättare och mer avlagrat slam följer med. Se dock till att inte vidröra avgassystemet eller andra heta delar vid arbete under bilen. Använd handskar för att undvika skållning och för att skydda huden mot irritationer och skadliga föroreningar i begagnad motorolja.

3 Dra åt handbromsen. Lyft upp framvagnen och ställ den på pallbockar (se *Lyftning och stödpunkter*).

4 Ta bort oljepåfyllningslocket **(se bild)**.

5 Använd en lämplig hylskontakt och

4.4 Oljepåfyllningslock – 1,6 SOHC motor

Dra snabbt bort dräneringspluggen när den släpper från gängorna, så att oljan hamnar i kärlet och inte i tröjärmen!

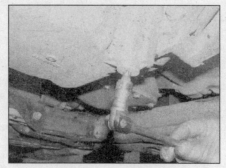

4.7 Dra åt sumppluggen

4.8 Oljefilter – 1,4- och 1,6-liters motorer

förlängningsstång eller ett torxverktyg och lossa avtappningspluggen ungefär ett halvt varv. Placera avtappningskärlet under pluggen och skruva ur pluggen helt **(se Haynes tips)**.

6 Ge den gamla oljan tid att rinna ut, och tänk på att det kan bli nödvändigt att flytta på uppsamlingskärlet när oljeflödet minskar.

7 När all olja har tappats ur, torkar du av avtappningspluggen med en ren trasa och sätter på en ny tätningsbricka. Undersök skicket på tätningsbrickan och byt ut den om den visar tecken på sprickor eller någon annan skada som kan förhindra att tätningen håller mot olja. Rengör området runt öppningen för dräneringspluggen och montera tillbaka

4.9 Oljefilterlockets O-ring – 1,8-liters motor

pluggen, inklusive bricka. Dra åt den till angivet moment **(se bild)**.

8 Flytta behållaren på plats under oljefiltret. På 1,4-, 1,6-, 1,8- och 2,2-liters modeller sitter filtret på motorblockets framsida **(se bild)**, på 2,0-liters motorer sitter det på den högra delen av motorns baksida, där den är fastskruvad på oljepumphuset.

9 På 1,4-, 1,6- och 2,0-liters modeller, lossa filtret med ett oljefilterverktyg om det behövs, och skruva sedan loss det för hand. På 1,8- och 2,2-liters modeller, skruva loss och ta bort oljefilterhusets lock tillsammans med filterinsatsen. Kassera O-ringen **(se bild)**. Töm ut oljan från filtret i behållaren. På 1,4-, 1,6- och 2,0-liters modeller måste du för att säkerställa att all gammal olja är borta, punktera filtrets "kupol" på två ställen och låta oljan rinna ur filtret helt.

10 Torka bort all olja, smuts och slam från filtrets tätningsyta på motorn med en ren trasa. På 1,8-liters modeller kan du ta bort oljefilterhuset från motorblocket genom att skruva loss fästbulten. Huset kan sedan rengöras ordentligt och återmonteras på blocket med en ny tätningsring **(se bild)**. Dra åt fästbulten till angivet moment.

11 På 1,4-, 1,6- och 2,0-liters modeller, lägg ett tunt lager ren motorolja på tätningsringen på det nya filtret, och skruva sedan fast det på motorn. Dra åt filtret ordentligt, men endast för hand – använd **inte** något verktyg. Om du monterar ett äkta filter och har tillgång till det speciella oljefilterverktyget (en hylsa som passar över filteränden) drar du åt filtret

till angivet moment. På 1,8- och 2,2-liters modeller, sätt i en ny filterinsats i locket, skruva locket i huset med en ny O-ring, och dra åt locket till angivet moment **(se bild)**.

12 Ta bort behållaren med gammal olja och verktygen under bilen. Sänk sedan ner bilen.

13 Fyll motorn genom påfyllningshålet, med korrekt grad och typ av olja (se *Veckokontroller* för detaljer om påfyllning). Häll först i hälften av den angivna mängden olja. Vänta sedan några minuter så att oljan hinner rinna ner i sumpen. Fortsätt hälla i olja, lite i taget, tills nivån når upp till mätstickans nedre nivåmarkering. Om ytterligare ungefär 1,0 liter olja fylls på kommer nivån att höjas till stickans maximinivå.

14 Kör motorn i några minuter och leta under tiden efter läckor runt oljefiltertätningen och dräneringspluggen. Observera att det kan ta ett par sekunder innan oljetryckslampan släcks sedan motorn startats första gången efter ett oljebyte. Detta beror på att oljan cirkulerar runt i kanalerna och det nya filtret innan trycket byggs upp.

15 Stäng av motorn och vänta ett par minuter på att oljan ska rinna tillbaka till sumpen. Kontrollera oljenivån igen när den nya oljan har cirkulerat och filtret är fullt. Fyll på mer olja om det behövs.

16 Ta hand om den använda motoroljan på ett säkert sätt och i enlighet med *Allmänna reparationsanvisningar*. Observera att använda oljefilter inte ska kastas i hushållssoporna. De flesta allmänna oljeinsamlingsplatser har också särskilda platser för använda oljefilter.

4.10 Oljefilterhusets bult – 1,8-liters motor

4.11 Sätt i filtret i kåpan – 1,8-liters motor

Var 15 000 km eller var 12:e månad

5 Drivrem – kontroll och byte

Kontroll

1 På grund av drivremmarnas funktion och tillverkningsmaterial tenderar de att bli defekta efter en längre tids användning och måste därför undersökas regelbundet.

2 Med motorn avstängd, undersök hela drivremmen. Kontrollera att den inte är sprucken att remmens lager inte har delats. Du måste snurra motorn (använd en nyckel eller hylsa och ett stag på vevaxelremskivans bult) för att kunna flytta remmen från remskivorna så att den kan undersökas ordentligt. Vrid remmen mellan remskivorna så att du kan granska båda sidorna. Kontrollera också om det finns om remmen har fransats upp eller polerats så att den fått en blank yta. Kontrollera om det finns hack, sprickor, förvridningar eller korrosion på remskivorna.

3 Kontrollera drivremsspännarenhetens arm. Den ska vara mellan stoppen på bromsskölden och kunna röra sig fritt (se bilder).

4 Byt remmen om den visar tecken på slitage eller skador. Om sträckararmen ligger en mot stoppet måste remmen och sträckaren bytas.

Byte

5 Dra åt handbromsen. Lyft upp framvagnen och ställ den på pallbockar (se *Lyftning och stödpunkter*). Ta bort det högra hjul och nedre hjulhusfodret.

6 Ta bort luftrenarhuset enligt beskrivningen i kapitel 4A.

7 Före demonteringen, notera hur remmen är dragen runt de olika remskivorna. Markera remmens rotationsriktning före borttagningen om du ska återanvända den.

8 Bänd loss sträckaren från remmen tills remmen sitter tillräckligt löst för att kunna dras av från remskivorna genom att använda

en lämplig sträckare eller hylsa som monterats på spännarremskivans centralbult. Lossa försiktigt spännarremskivan tills den ligger mot stoppet, avlägsna sedan remmen från bilen.

9 Som det sades i stycke 4, om spännararmen låg an emot stoppet med remmen monterad måste spännare och rem bytas ut. Ta bort och montera tillbaka sträckaren enligt beskrivningen i kapitel 5A.

10 För remmen i läge, notera at den sitter korrekt runt remskivorna; om du ska sätta tillbaka den ursprungliga remmen använder du märket du gjorde före borttagningen så att den hamnar i rätt rotationsriktning.

11 Lyft spännrullen bakåt mot fjädern och placera remmen på remskivorna. Säkerställ att remmen är placerad i mitten på alla remskivor och släpp sedan sakta upp spännarskivan tills remmen har rätt sträckning. **Undvik att** låta sträckaren fjädra tillbaka och spänna bältet.

12 Montera tillbaka luftrenarhuset enligt beskrivningen i kapitel 4A, montera sedan tillbaka det nedre hjulhusfodret och hjul.

6 Avgasutsläppkontroll

1 Opel anger att denna kontroll ska genomföras årligen på bilar med omfattande användning (t.ex. taxibilar och hyrbilar) och vart tredje år på andra bilar. Den här kontrollen som Opel föreskriver innefattar kontroll av motorstyrningssystemet genom att man pluggar in en elektronisk testare i systemets diagnosuttag för att söka igenom den elektronisk styrmodulens (ECU) minne efter fel (se kapitel 4A, avsnitt 7).

2 Om fordonet dock går som det ska och motorhanteringens varningslampa på instrumentbrädan fungerar normalt behöver inte den här kontrollen utföras.

7 Kontroll av elsystem

1 Kontrollera funktionen hos all elektrisk utrustning, dvs. lamporna, körriktningsvisaren, signalhornet, spolnings-/torkningssystemet, osv. Se relevanta avsnitt i kapitel 12 för detaljer om någon krets visar sig var defekt.

2 Se över alla tillgängliga kontaktdon, kablar och kabelklämmor så att de sitter ordentligt och inte är skavda eller skadade. Åtgärda eventuella fel.

8 Strålkastarinställning – kontroll

Se kapitel 12.

9 Korrosion kontroll

Detta arbete bör utföras av en Opel-verkstad för att bilens garanti ska gälla. Arbetet inkluderar en noggrann inspektion av bilens lack och underrede med tanke på skador och korrosion.

10 Kontroll av främre bromskloss och skiva

1 Dra åt handbromsen. Lyft upp framvagnen och ställ den på pallbockar (se *Lyftning och stödpunkter*). Demontera framhjulen.

2 Bromsklossen tjocklek kan snabbt kontrolleras via inspektionsöppningen på bromsokets framsida (se Haynes tips).

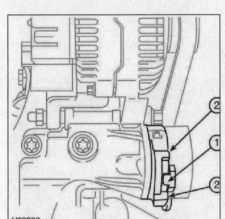

5.3a Drivremsspännararm (1) och stopp (2) – modeller utan luftkonditionering

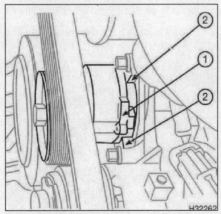

5.3b Drivremsspännararm (1) och stopp (2) – modeller med luftkonditionering

Vid en snabbkontroll kan beläggens tjocklek på varje bromskloss kontrolleras genom hålet i bromsoket.

Använd en stållinjal och mät tjockleken på bromsklossarnas friktionsbelägg. Det måste vara minst så tjockt som anges i Specifikationer.

3 Du kan göra en grov uppskattning av bromsbackarnas skick genom bromsokets inspektionshål. Vid en ingående kontroll ska bromsklossarna demonteras och rengöras. Du kan även kontrollera bromsokets funktion och bromsskivans båda sidor. Kapitel 9 innehåller en detaljerad beskrivning av hur bromsskivan bör kontrolleras avseende slitage och/eller skador.

4 Om belägget på någon back är slitet till eller under specificerat minimum måste alla fyra bromsbackarna bytas som en uppsättning. Se kapitel 9 för mer information.

5 Avsluta med att montera hjulen och sänk ner bilen.

11 Kontroll av bakre bromskloss och skiva
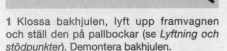

1 Klossa bakhjulen, lyft upp framvagnen och ställ den på pallbockar (se *Lyftning och stödpunkter*). Demontera bakhjulen.

2 Bromsklossen tjocklek kan snabbt kontrolleras via inspektionsöppningen på bromsokets baksida. Använd en stållinjal och mät tjockleken på bromsklossarnas friktionsbelägg. Det måste vara minst så tjockt som anges i Specifikationer.

3 Du kan göra en grov uppskattning av bromsbackarnas skick genom bromsokets inspektionshål. Vid en ingående kontroll ska bromsklossarna demonteras och rengöras. Du kan även kontrollera bromsokets funktion och bromsskivans båda sidor. Kapitel 9 innehåller en detaljerad beskrivning av hur bromsskivan bör kontrolleras avseende slitage och/eller skador.

4 Om belägget på någon back är slitet till eller under specificerat minimum måste *alla fyra bromsbackarna bytas som en uppsättning.* Se kapitel 9 för mer information.

5 Avsluta med att montera hjulen och sänk ner bilen.

12 Handbroms – kontroll och justering

Se kapitel 9.

13 Slangar och vätskeläckage – kontroll

1 Undersök motorns fogytor, packningar och tätningar efter tecken på vatten- eller oljeläckage. Var speciellt uppmärksam på områdena kring topplocket, oljefiltret och sumpfogen. Tänk på att med tiden är ett litet läckage från dessa områden helt normalt, så leta efter tecken på allvarliga läckor. Om ett läckage påträffas, byt den defekta packningen eller tätningen enligt beskrivning i relevant kapitel i denna handbok.

2 Kontrollera även åtdragning och skick på alla rör och slangar som är förbundna med motorn och alla rör och slangar till bromssystemet samt bränsleledningarna. Kontrollera att alla kabelskor eller fästklämmor sitter ordentligt fast, och att de är i god kondition. Trasiga eller saknade klämmor kan leda till skav på slangar, rör eller kablage. Detta kan i sin tur leda till allvarligare fel i framtiden.

3 Undersök noga alla kylar- och värmeslangar utmed hela deras längd. Byt ut alla slangar som är spruckna, svällda eller åldrade. Sprickor är lättare att se om slangen trycks ihop. Var extra uppmärksam på slangklämmorna som håller fast slangarna vid kylsystemets komponenter. Slangklämmor kan punktera slangarna med läckor i kylsystemet som följd. Om du använder veckade slangklämmor kan det vara bra att byta dem mot vanliga klämmor.

4 Undersök kylsystemets alla delar (slangar, fogytor etc.) och leta efter läckor.

5 Om några problem föreligger med någon systemkomponent, byt komponenten eller packningen enligt beskrivningen i kapitel 3.

6 Med bilen upplyft, kontrollera bränsletanken och påfyllningsröret. Sök efter hål, sprickor och andra skador. Anslutningen mellan påfyllningsröret och tanken är speciellt kritisk. Ibland läcker ett påfyllningsrör av gummi eller en slang beroende på att slangklämmorna är för löst åtdragna eller att gummit åldrats.

7 Kontrollera noggrant alla gummislangar och metallrör som leder från bränsletanken. Leta efter lösa anslutningar, åldrade slangar, veckade ledningar och andra skador. Var extra uppmärksam på ventilationsrör och slangar som ofta är lindade runt påfyllningsröret och som kan bli igensatta eller veckade. Följ ledningarna till bilens front och kontrollera dem hela vägen. Byt ut skadade delar vid behov. När bilen är upplyft ska du också kontrollera alla bromsrör och slangar under bilen.

8 I motorrummet kontrollerar du alla anslutningar för bränsle-, vakuum- och bromsslangar och röranslutningar, och att inga alla slangar är veckade, skavda eller åldrade.

9 Kontrollera skicket på servostyrningen och, om tillämpligt, automatisk växellådans rör och slangar.

14 Hjulbult åtdragningskontroll

1 Ta bort navkapslarna och kontrollera att alla hjulbultar sitter fast, använd momentnyckel.

2 Avsluta med att montera tillbaka navkapslarna.

15 Kontroll av bakhjulupphängning nivåkontrollsystem

Om ett sådant monterats på kombimodeller, kontrollera att kontrollsystemet för nivån på bakvagnsupphängningen fungerar korrekt enligt kapitel 10. Låt en Opel-verkstad kontrollera eventuella felkoder i bilens elektroniska styrsystem.

16 Pollenfilter – byte

1 Ta bort handskfacket och den nedre panelen på passagerarsidan enligt beskrivningen i kapitel 11. Ta bort luftkanalen från passagerarsidans fotutrymme (se kapitel 3, avsnitt 10).

2 Pollenfiltret är inbyggt i värmefördelarhuset. Två typer av filterhus ingår i utrustningen: En innehåller en filterkåpa fäst med två låssprintar och den andra innehåller kåpan fäst med två bultar och två klämmor. Lossa klämmorna/ stiften och bultarna om tillämpligt, och öppna locket. Dra bort filtret från huset **(se bilder)**.

3 Montera det nya filtret i omvänd ordningsföljd. Vissa filter har en pilmarkering på filteränden. Kontrollera att den här pilen pekar mot bilens främre del med locket öppet.

16.2a Ta bort kåpan . . .

16.2b . . . och dra bort pollenfiltret

17 Landsvägsprov

Instrument och elektrisk utrustning

1 Kontrollera funktionen hos alla instrument och den elektriska utrustningen.
2 Kontrollera att instrumenten ger korrekta avläsningar och slå på all elektrisk utrustning i tur och ordning för att kontrollera att den fungerar korrekt.

Fjädring och styrning

3 Kontrollera om bilen uppför sig onormalt i styrning, fjädring, köregenskaper och vägkänsla.
4 Kör bilen och var uppmärksam på ovanliga vibrationer eller ljud.
5 Kontrollera att styrningen känns positiv, utan överdrivet fladder eller kärvningar, och lyssna efter fjädringsmissljud vid kurvtagning och gupp.

Drivaggregat

6 Kontrollera motorns, kopplingens, växellådans och drivaxlarnas funktion.
7 Lyssna efter onormala ljud från motorn, kopplingen och växellådan.
8 Kontrollera att motorn går jämnt på tomgång, och att den inte tvekar vid acceleration.
9 Kontrollera att kopplingen, i förekommande fall, fungerar smidigt och progressivt, att drivkraften tas upp mjukt och att pedalvägen inte är för lång. Lyssna även efter missljud när kopplingspedalen är nedtryckt.
10 Kontrollera att alla växlar kan läggas i jämnt och utan missljud, och att växelspakens rörelse inte är onormalt vag eller hackig.
11 På modeller med automatisk växellåda, kontrollera att alla växlingar är ryckfria, mjuka och fria från ökning av motorvarvet mellan växlar. Kontrollera att alla växelpositioner kan väljas när bilen står stilla. Om problem upptäcks ska de överlåtas till en Opel återförsäljare eller specialist.
12 Lyssna efter metalliska klickljud från framvagnen när bilen körs långsamt i en cirkel med fullt rattutslag. Utför kontrollen åt båda hållen. Om ett klickande hörs indikerar detta slitage i en drivaxelled (se kapitel 8).

Bromssystem

13 Kontrollera att bilen inte drar åt ena hållet vid inbromsning, och att hjulen inte låser sig vid hård inbromsning.
14 Kontrollera att ratten inte vibrerar vid inbromsning.
15 Kontrollera att handbromsen fungerar ordentligt, utan för stort spel i spaken, och att den kan hålla bilen stillastående i en backe.
16 Testa bromsservon (om det är tillämpligt) enligt följande. Tryck ner fotbromsen fyra eller fem gånger för att släppa ut vakuumet. Starta sedan motorn. När motorn startar ska pedalen ge efter märkbart medan vakuumet byggs upp. Låt motorn gå i minst två minuter och stäng sedan av den. Om bromspedalen nu trycks ner igen ska det gå att höra ett väsande ljud från servon medan pedalen trycks ner. Efter ungefär fyra eller fem nedtryckningar ska väsandet inte längre höras, och pedalen ska kännas betydligt fastare.

Var 30 000 km eller 2 år

18 Gångjärn och lås – smörjning

1 Arbeta runt bilen och smörj motorhuvens gångjärn, dörrar och bakruta med lätt maskinolja.
2 Smörj motorhuvens låsmekanism och den synliga biten av den inre vajern med lite fett.
3 Undersök säkerheten och funktionen hos alla gångjärn, reglar och lås noga och justera dem om det behövs. Kontrollera centrallåssystemets funktion.
4 Kontrollera skick och funktion hos bakluckans dämpare och byt dem om någon av dem läcker eller inte längre kan hålla upp bakluckan ordentligt.

19 Kontroll av bakre bromskloss och trum

Se kapitel 9.

20 Kontroll av fjädring, styrning och drivaxelns damask

Framfjädring och styrning

1 Lyft upp framvagnen, och ställ den på pallbockar (se *Lyftning och stödpunkter*).
2 Undersök spindelledernas dammskydd samt kuggstångens och kugghjulets damasker. De får inte vara spruckna eller skavda och gummit får inte ha torkat. Slitage på någon av dessa delar gör att smörjmedel läcker ut och att smuts och vatten kan tränga in, vilket snabbt sliter ut spindellederna eller styrinrättningen.
3 Kontrollera servostyrningens oljeslangar och leta efter tecken på skavning och åldrande och undersök rör- och slanganslutning för att se om det finns oljeläckage. Leta även efter läckor under tryck från styrinrättningens gummidamasker, vilket indikerar trasiga tätningar i styrinrättningen.
4 Ta tag i hjulet längst upp och längst ner och försök vicka på det (se bild). Ett ytterst litet spel kan märkas, men om rörelsen är stor krävs en närmare undersökning för att fastställa orsaken. Fortsätt rucka på hjulet medan en medhjälpare trycker på bromspedalen. Om spelet försvinner eller minskar markant är det troligen fråga om ett defekt hjulnavlager. Om spelet finns kvar när bromsen är nedtryckt rör det sig om slitage i fjädringens leder eller fästen.
5 Greppa sedan hjulet på sidorna och försök rucka på det igen. Märkbart spel beror antingen på slitage på hjulnavlager eller styrstagets spindelleder. Om den yttre kulleden är sliten kommer den synliga rörelsen att vara tydlig. Om den inre drivknuten misstänks vara defekt, kan detta kännas genom att man lägger en hand på kuggstångens gummidamask och tar tag i styrstaget. När hjulet ruckas kommer rörelsen att kännas vid den inre spindelleden om den är sliten.
6 Använd en stor skruvmejsel eller ett plattjärn och leta efter glapp i fjädringsfästenas bussningar genom att bända mellan relevant komponent och dess fästpunkt. En viss rörelse är att vänta eftersom bussningarna är av gummi, men eventuellt större slitage visar sig tydligt. Kontrollera även skicket på synliga gummibussningar, leta efter bristningar, sprickor eller föroreningar i gummit.
7 Ställ bilen på marken och låt en medhjälpare vrida ratten fram och tillbaka ungefär en åttondels varv åt vardera hållet. Det ska inte finnas något, eller bara ytterst lite, spel mellan rattens och hjulens rörelser. Om så inte är fallet observerar noggrant du lederna och fästen som beskrevs tidigare. Kontrollera dessutom om rattstångens kardanknutar är slitna och själva kuggstångsstyrningens drev.

20.4 Kontrollera om navlagren är slitna genom att ta tag i hjulet och försöka vicka på det.

20.12 Kontrollera skicket på drivaxel-damaskerna (1) och fästklämmorna (2)

21.3a Mätstickan på den automatiska växellådan sitter mellan motorn och batteriet

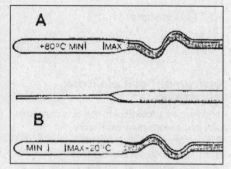

21.3b Nivåmarkeringar på mätstickan på den automatiska växellådan

A Märken som används när vätskan har driftstemperatur
B Märken som används när vätskan är kall

Bakfjädring

8 Klossa bakhjulen, lyft upp framvagnen och ställ den på pallbockar (se *Lyftning och stödpunkter*).
9 Arbeta så som det beskrivits ovan med den främre upphängningen, kontrollera slitaget på de bakre navens lager, upphängningsbussningarna och stötdämparnas fästen.

Stötdämpare

10 Leta efter tecken på oljeläckage kring stötdämparen eller gummidamasken runt kolvstången. Om det finns spår av olja är stötdämparen defekt och ska bytas. **Observera:** *Stötdämpare måste alltid bytas parvis på samma axel.*
11 Stötdämparens effektivitet kan kontrolleras genom att bilen gungas i de båda främre hörnen. I normala fall ska bilen återta planläge och stanna efter en nedtryckning. Om den höjs och återvänder med en studs är troligen stötdämparen defekt. Undersök även om stötdämparens övre och nedre fästen visar tecken på slitage.

Drivaxeldamask

12 Med bilen lyft och stödd ordentligt på pallbockar, vrid ratten helt åt endera hållet och snurra sedan långsamt på hjulet. Undersök konditionen för de yttre drivknutarnas gummidamasker, och tryck på damaskerna så att vecken öppnas **(se bild)**. Leta efter

spår av sprickor, delningar och åldrat gummi som kan släppa ut fett och släppa in vatten och smuts i drivknuten. Kontrollera även damaskernas klamrar vad gäller åtdragning och skick. Upprepa dessa kontroller på de inre drivknutarna. Om skador eller åldrande upptäcks bör damaskerna bytas enligt beskrivningen i kapitel 8.
13 Kontrollera samtidigt drivknutarnas allmänna skick genom att hålla fast drivaxeln och samtidigt försöka vrida hjulet. Håll sedan fast innerknuten och försök vrida på drivaxeln. Varje märkbar rörelse i drivknuten är ett tecken på slitage i drivknutarna, på slitage i drivaxelspårningen eller på att en av drivaxelns fästmuttrar är lös.

21 Automatväxelolja – nivåkontroll

1 Parkera bilen på plant underlag och lägg i handbromsen. Vätskenivån kontrolleras med mätstickan som sitter ovanpå växellådsenheten, mellan batteriet och motorenheten.
2 Starta motorn och låt den gå på tomgång i några minuter med växelväljaren i läget P.
3 Med motorn på tomgång, ta bort mätstickan från röret och torka bort all vätska från änden med en ren trasa eller en pappershandduk.

Stick in den rena mätstickan i röret och dra ut den igen. Observera vätskenivån på mätstickan och se till att den är mellan den övre (MAX) och nedre (MIN) markeringen **(se bilder)**. Om växellådsoljan är kall använder du markeringarna +20 °C på mätstickans sida och om växellådsoljan har arbetstemperatur använder du markeringen +80 °C på mätstickans sida.
4 Om det behövs, fyller du på rätt mängd av den angivna växellådsoljan via oljemätstickans rör. Använd en tratt med ett finmaskigt gastyg för att undvika spill och försäkra dig om att inga främmande partiklar kommer in i växellådan. **Observera:** *Överfyll aldrig växellådan så att vätskenivån ligger ovanför den relevanta övre markeringen (MAX).*
5 När du har fyllt på, kör en kort sträcka med bilen så att den nya oljan fördelas jämnt och kontrollera sedan nivån igen och fyll på om det behövs.
6 Oljenivån ska alltid vara någonstans mellan oljestickans övre och nedre markering. Om nivån får sjunka under den nedre markeringen kan det leda till vätskebrist, vilket kan orsaka allvarliga skador på växellådan.
7 Regelbundet behov av påfyllning indikerar en läcka som måste spåras och åtgärdas innan problemet blir allvarligare.

Var 60 000 km eller 4 år

22 Luftfilter – byte

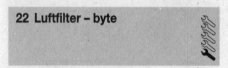

1 Luftrenaren sitter längst fram till höger i motorrummet.

1,4-, 1,6-, 1,8- och 2,0-liters motorer

2 Lossa fästklämmorna eller skruva loss

fästskruvarna (om det är tillämpligt) och lyft upp luftrenarens kåpa tillräckligt för att kunna ta bort filtret **(se bilder)**. Var försiktig så att du inte belastar kablaget till luftflödesmätaren/insugslufttemperaturgivaren (efter tillämplighet) när kåpan lyfts bort.
3 Lyft ut filterinsatsen.
4 Torka av luftrenarhuset och kåpan. Montera det nya filtret, observera att gummiinpassningsflänsen ska vara överst, och fäst kåpan med klämmorna eller skruvarna.

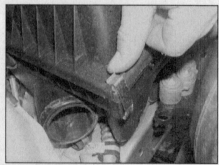

22.2a Lossa fästklämmorna . . .

22.2b . . . och ta bort filterinsatsen – 1,4-, 1,6-, 1,8- och 2,0-liters motorer

22.5a Lossa bränsleångslangens klämmor från luftrenarens kåpa. . .

22.5b . . . och lossa slangen från klämman på kåpans baksida

2,2-liters motorer

5 Lossa klämmorna till slangen för bränsleångor från tapparna på sidan av luftrenarens kåpa och lossa slangen från klämman på baksidan av kåpan **(se bilder)**.
6 Lossa fästklämman som håller fast luftintagsröret till luftrenarkåpan **(se bild)**.
7 Lossa fästklämmorna eller skruva loss fästskruvarna (om det är tillämpligt) som håller fast luftrenarens kåpa vid huset **(se bild)**.
8 Lyft bort kåpan från luftrenarhuset och koppla loss den från huvudinsugsröret **(se bild)**.
9 Lyft ut filterinsatsen och rengör huset och kåpan **(se bild)**. Montera det nya filtret, observera att gummiinpassningsflänsen ska vara överst
10 Montera tillbaka kåpan på insugsröret och luftrenarhuset och fäst kåpan med fästklämmor eller skruvar. Dra åt fästklämman

för insugsröret och fäst slangen för bränsleånga igen.

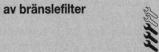

23 Byte av bränslefilter

1 Bränslefiltret sitter under bakvagnen, där den är fastsatt på bränsletankens fästrem med klämmor eller skruv.
2 Tryckutjämna bränslesystemet enligt beskrivningen i kapitel 4A.
3 Klossa framhjulen, lyft upp bakvagnen med hjälp av en domkraft och stötta upp den på pallbockar (se *Lyftning och stödpunkter*).
4 Lossa fästklämman eller skruva loss skruven som håller fast filtrets fästbygel vid bränsletankens rem **(se bild)**. Innan filtret tas

bort, notera riktningen på pilen som visar bränsleflödets riktning.
5 Var beredd på att bränsle kommer att läcka ut och vidta brandförebyggande åtgärder. Placera en behållare under bränslefiltret för att fånga upp bränsle.
6 Lossa kontaktdonen och koppla loss bränsleslangarna från bränslefiltret, och observera var de sitter för att garantera korrekt återmontering. Ett speciellt Opel-verktyg finns för att lossa slangfästena, men om man är försiktig kan fästena lossas med en tång eller en skruvmejsel.
7 Ta bort filtret underifrån bilen.
8 Montering sker i omvänd ordningsföljd, men tänk på följande:
a) *Skjut över bränslerörets kontaktklämmor från det gamla filtret till det nya filtret (se bild)*.

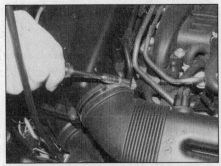

22.6 Lossa klämman som håller fast luftintagsröret mot luftrenarens kåpa

22.7 Lossa klämmorna, eller skruva loss skruvarna som håller fast luftrenarkåpan på huset

22.8 Lyft av luftrenarens kåpa och lossa den från insugsröret

22.9 Lyft ut filterinsatsen och torka av huset och kåpan

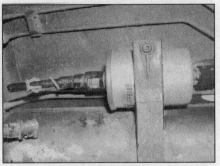

23.4 Skruva loss skruven som håller filtret mot fästet

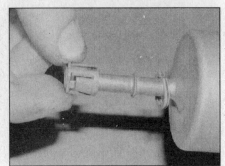

23.8 För över rörklämmorna från det gamla filtret till det nya

b) Säkerställ att filtret är försett med en flödesriktningspil på filterkroppen och att pilen pekar i bränsleflödets riktning.

c) Se till att alla slangar återansluts på sina ursprungliga platser.

d) Avsluta med att starta motorn och kontrollera om det finns läckage. Om läckage upptäcks, stoppa motorn omedelbart och åtgärda problemet utan dröjsmål.

24 Byte av tändstiften och kontroll av tändningssystem

24.2 Skruva loss fästskruvarna och ta bort motorkåpan

24.3 Lyft av tändmodulen från tändstiften

Byte av tändstiften

1 Det är av avgörande betydelse att tändstiften fungerar som de ska för att motorn ska gå jämnt och effektivt. Det är viktigt att sätta dit rätt typ av pluggar för motorn; lämpliga typer anges i början av detta kapitel, eller i bilens instruktionsbok. Om rätt typ används och motorn är i bra skick ska tändstiften inte behöva åtgärdas mellan de schemalagda bytesintervallen. Rengöring av tändstift är sällan nödvändig och ska inte utföras utan specialverktyg, eftersom det är lätt att skada elektrodernas spetsar.

1,4-, 1,6 DOHC, 1,8- och 2,2-liters motorer

2 Ta bort oljepåfyllningslocket, skruva sedan loss fästskruvarna och ta bort kåpan från motorn (se bild). Sätt tillbaka oljepåfyllningslocket.

3 Tändningsmodulen sitter rakt över tändstiften mellan insugnings- och avgaskamaxlarnas kåpor. Lossa tändningsmodulens anslutningskontakt, skruva loss skruvarna som håller fast modulen vid topplocket, lyft upp och ta bort modulen. Om modulen inte vill lossna från tändstiften för du in två stycken 8 mm långa bultar i de gängade hålen ovanpå modulen och drar upp bultarna för att lossa modulen från pluggen (se bild).

2,0-liters motorer

4 Skruva loss fästskruvarna och lyft av tändstiftskåpan från kamaxelkåpan (se bild).

1,6 SOHC och 2,0-liters motorer:

5 Om markeringarna på originaltändstiftens ledningar (högspänning) inte syns, gör markeringar på ledningarna som motsvarar den cylinder där ledningen sitter. Dra bort kablarna från tändstiften genom att ta tag i ändbeslaget, inte själva kabeln, annars kan du skada kabelanslutningen (se bild).

Alla motorer

6 Det är en god idé att avlägsna all smuts från tändstiftsurtagen med en ren borste, med dammsugare eller med tryckluft innan tändstiften skruvas ur för att förhindra att smuts ramlar in i cylindrarna.

7 Skruva loss pluggarna från topplocket med en tändstiftsnyckel, sträckare eller hylsa och förlängningsstång. Håll hylsan rakt riktad mot tändstiftet – om den tvingas åt sidan kan porslinsisolatorn brytas av.

8 En undersökning av tändstiften ger en god indikation av motorns skick. När ett stift skruvats ur ska det undersökas enligt följande: Om isolatorns spets är ren och vit, utan avlagringar indikerar detta en mager bränsleblandning eller ett stift med för högt värmetal (ett stift med högt värmetal överför

värme långsammare från elektroden medan ett med lågt värmetal överför värmen snabbare).

9 Om isolatorns spets är täckt med en hård svartaktig avlagring, indikerar detta att bränsleblandningen är för fet. Om tändstiftet är svart och oljigt är det troligt att motorn är ganska sliten, förutom att bränsleblandningen är för fet.

10 Om isolatorns spets är täckt med en ljusbrun till gråbrun avlagring, är bränsleblandningen korrekt och motorn är troligen i bra skick.

11 Alla motorer är utrustade med flerelektrodstift från Opel som standard (se bild). På dessa pluggar är alla elektrodavstånd förinställda och du ska inte försöka böja elektroderna.

12 Om enskilda ej-standard elektrodstift ska monteras, är tändstiftens elektrodavstånd mycket viktigt. Om avståndet är för stort eller för litet kan gnistans storlek och effektivitet försämras kraftigt och funktionen blir då inte korrekt vid alla motorvarvtal och belastningsförhållanden. Avståndet ska ställas in på det värde som tändstiftstillverkaren anger.

13 Fastställ mellanrummet genom att mäta det med ett bladmått och böj försiktigt den yttre stiftelektroden tills det korrekta mellanrummet har uppnåtts. Centrumelektroden får inte böjas eftersom detta kan spräcka isolatorn och förstöra tändstiftet, om inget värre.

24.4 På 2,0-liters motorer, skruva loss fästskruvarna (se pil) och ta bort tändstiftskåpan

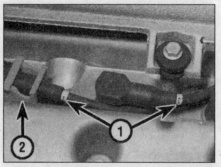

24.5 Tändkablarna ska märkas (1) så att de kan identifieras. Observera verktyget (2) för borttagning av högspänningsledningen, fasthållet av en klämma på kåpan

24.11 Flerelektrodstiften som monteras som standard ska inte justeras

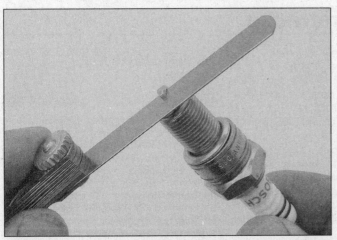

24.13a Använd ett bladmått för att kontrollera avståndet mellan elektroderna när du monterar tändstift . . .

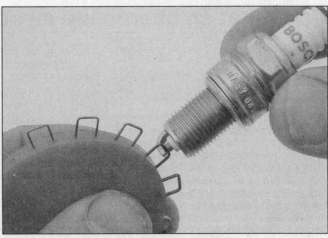

24.13b . . . eller en trådtolk . . .

Använder du bladmått, är avståndet korrekt när bladet precis går att få in **(se bilder)**.

14 Det finns speciella verktyg för justering av tändstiftselektrodavstånd att köpa i de flesta biltillbehörsaffärer, eller från en tändstiftstillverkare **(se bild).**

15 Innan tändstiften monteras tillbaka, kontrollera att de gängade anslutningshylsorna sitter tätt och att tändstiftens utsidor och gängor är rena **(se Haynes tips).**

16 Ta loss gummislangen (om du använt en sådan) och dra åt stiftet till angivet moment med hjälp av en tändstiftshylsa och momentnyckel. Upprepa med de resterande tändstiften **(se bild).**

17 Om tillämpligt, återanslut tändkablarna till deras ursprungliga läge, eller montera tändningsmodulen ovanpå tändstiften. Dra åt tändningsmodulens fästskruvar till angivet moment.

Kontroll av tändsystemet

Observera: Följande gäller enbart för 1,6-liters motorer med enkel överliggande kamaxel och för 2,0-liters-motorer.

> **Varning: Spänningen från ett elektroniskt tändningssystem är mycket högre än den från konventionella tändningssystem.**

Var mycket försiktig vid arbete med systemet då tändningen är påslagen. Personer med pacemaker bör inte vistas i närheten av tändningskretsar, delar och testutrustning.

18 Tändstiftens tändkablar ska alltid kontrolleras när nya tändstift monteras.

19 Se till att numrera ledningarna innan de tas bort så att de inte förväxlas vid monteringen. Dra bort kablarna från tändstiften genom att ta tag i ändbeslaget, inte själva kabeln, annars kan du skada kabelanslutningen.

20 Kontrollera om tändhattens insida visar spår av korrosion, som i så fall liknar ett vitt pulver. Tryck tillbaka tändhatten på stiftet och kontrollera att den sitter ordentligt fast. Om inte, dra av hatten igen och kläm försiktigt ihop metallkontakten i hatten med en tång så att den sitter ordentligt fast på tändstiftets ände.

21 Använd en ren trasa och torka ren hela tändkabeln. När kabeln väl är ren ska du kontrollera om det finns brännskador, sprickor och andra skador. Böj inte kabeln för mycket, och dra inte i den på längden – ledaren inuti är relativt känslig och kan gå sönder.

22 Lossa den andra änden på ledningen från DIS-enheten och kontrollera beträffande korrosion och ordentlig fastsättning på samma sätt som tändstiftsänden. Avsluta med att montera tillbaka ledningen.

23 Kontrollera de återstående ledningarna en åt gången på samma sätt.

24 Om nya tändkablar behövs, köp en uppsättning till din bil.

25 Även om tändningssystemet är i toppskick kan vissa motorer ha problem vid start på grund av fuktiga tändningskomponenter. För att få bort fuktighet kan en vattendispergerande aerosol vara mycket effektiv.

25 Kamrem – byte

1 Se kapitel 2A, 2B eller 2C efter tillämplighet.

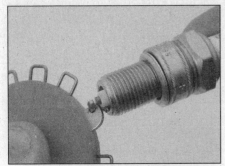

24.14 . . . och justera om nödvändigt avståndet genom att böja elektroden

HAYNES TiPS

Det är ofta svårt att placera tändstift i sina hål utan att felgänga dem. Detta kan undvikas genom att man använder en gummislang över änden på tändstiften. Slangen fungerar som en kardanknut och hjälper till att rikta tändstiftet i hålet. Om tändstiftet håller på att bli felgängat kommer slangen att glida ner över nederdelen och förhindra att gängorna förstörs

24.16 Dra åt tändstiften till angivet moment

Vartannat år, oberoende av körsträcka

26 Broms- och kopplingsvätska – byte

⚠️ *Varning: Hydraulolja kan skada dina ögon och bilens lack, så var ytterst försiktig när du arbetar med den. Använd aldrig olja som stått i ett öppet kärl under någon längre tid eftersom den absorberar fukt från luften. För mycket fukt i bromsoljan kan medföra att bromseffekten minskar, vilket är livsfarligt.*

Observera: *På modeller med manuell växellåda, byt kopplingens hydraulvätska (se kapitel 6).*

1 Beskrivningen är identisk med den för luftning av hydraulsystemet enligt beskrivningen i kapitel 9.
2 Arbeta enligt beskrivningen i kapitel 9 och öppna den första luftningsskruven i ordningen, och pumpa sedan försiktigt på bromspedalen

tills nästan all gammal olja runnit ut ur huvudcylinderbehållaren. Fyll på ny olja till MAX-markeringen och fortsätt pumpa tills det bara finns ny olja i behållaren och ny olja kan ses rinna ut från luftningsskruven. Dra åt skruven och fyll på behållaren upp till MAX-markeringen.
3 Gå igenom de återstående luftningsskruvarna i rätt ordningsföljd tills det kommer ny olja ut ur dem. Var noga med att alltid hålla huvudcylinderbehållarens nivå över MIN-markeringen, annars kan luft tränga in i systemet och då ökar arbetstiden betydligt.
4 Avsluta med att kontrollera att alla luftningsskruvar är ordentligt åtdragna och att deras dammskydd sitter på plats. Tvätta bort allt spill och kontrollera huvudcylinderbehållarens oljenivå en sista gång.
5 Kontrollera att bromsarna fungerar innan bilen körs igen.

27 Fjärrkontroll batteri – byte

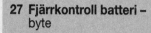

Observera: *Följande tillvägagångssätt måste utföras inom tre minuter, annars måste fjärrstyrningsenheten omprogrammeras.*
1 Sätt in en skruvmejsel som bilden visar och bänd upp nyckeldelen från fjärrkontrollenheten. Bänd upp batterikåpan från fjärrkontrollenheten **(se bilder)**.
2 Observera hur batteriet sitter, ta sedan försiktigt bort den från anslutningarna.
3 Montera det nya batteriet och montera kåpan. Se till att den fästs ordentligt vid sockeln. Montera tillbaka nyckeldelen.

28 Kylvätska – byte

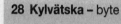

Se kapitel 3.

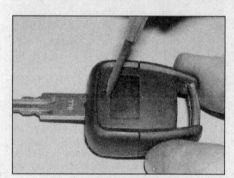

27.1a Bänd loss nyckeldelen...

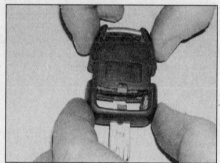

27.1b ...från fjärrkontrollen...

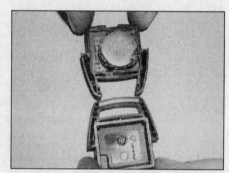

27.1c ...och öppna batterikåpan

Kapitel 2 Del A:
Reparationer med 1,6 liters SOHC motor kvar i bilen

Innehåll

Svårighetsgrad

Enkelt, passar novisen med lite erfarenhet	**Ganska enkelt,** passar nybörjaren med viss erfarenhet	**Ganska svårt,** passar kompetent hemmamekaniker	**Svårt,** passar hemmamekaniker med erfarenhet	**Mycket svårt,** för professionell mekaniker

Specifikationer

Allmänt

Motortyp	Fyra cylindrar, rak, vattenkyld. Enkel överliggande kamaxel, remdriven, som driver hydrauliska ventillyftare
Tillverkarens motorkode:	
Single-point insprutningssystem komponenter	X16SZR
Multi-point insprutningsmotorer.	Z16SE
Lopp	79,0 mm
Slaglängd	81,5 mm
Effekt	1598 cc
Tändföljd	1-3-4-2 (Nr 1 vid kamremssänden)
Vevaxelns rotationsriktning.	Medurs (sett från motorns kamremssida)
Kompressionsförhållande.	9.6:1
Max. effekt:	
X16SZR.	55 kW vid 5200 varv/minut
Z16SE	62 kW vid 5400 varv/minut
Maximalt vridmoment:	
X16SZR.	128 Nm vid 2800 varv/minut
Z16SE	138 Nm vid 2600 varv/minut

Kompressionstryck

Standard	12 till 15 bar
Maximal skillnad mellan två cylindrar.	1 bar

Kamaxel

Axialspel	0,09 till 0,21 mm
Max. tillåtet radiellt kast	0,040 mm
Kamlyftare:	
Intagsventil	5.61 mm
Avgasventil	6,12 mm

Smörjningssystem

Oljepumpstyp	Drevtyp, direktdriven via vevaxeln
Min. tillåtna oljetryck vid tomgångsvarvtal, med motor vid driftstemperaturer (oljetemperatur på minst 80°C)	1,5 bar
Oljepumpens spel:	
Drevkuggarnas spel	0,08 till 0,15 mm
Drevets axialspel	0,10 till 0,20 mm

Åtdragningsmoment

	Nm
Kamaxelkåpans bultar	8
Kamaxeldrevets bult	45
Kamaxelns tryckplatta bultar	8
Kamaxelkåpans ändbultar	8
Vevstakens storändslager, kåpans bult*:	
Steg 1	25
Steg 2	Vinkeldra ytterligare 30°
Kylvätskepumpens bultar	8
Vevaxelremskivans bult*:	
Steg 1	95
Steg 2	Vinkeldra ytterligare 30°
Steg 3	Vinkeldra ytterligare 15°
Bult till vevaxelgivarens fästbygel	8
Topplockets bultar*:	
Steg 1	25
Steg 2	Vinkeldra ytterligare 85°
Steg 3	Vinkeldra ytterligare 85°
Steg 4	Vinkeldra ytterligare 20°
Drivplattans bultar*:	
Steg 1	55
Steg 2	Vinkeldra ytterligare 30°
Steg 3	Vinkeldra ytterligare 15°
Drivplattans täckplåt	8
Motorns/växellådans fästbultar:	
Vänster fäste:	
Bultar mellan fäste och adapter	55
Bultar mellan fäste och fästbygel	55
Bultar mellan fäste och kaross	20
Bultar mellan fäste och adapter	35
Bultar mellan batterifäste och kaross	15
Främre fäste:	
Bultar mellan fäste och motor	60
Bult mellan fäste och kaross	55
Bakre fäste:	
Bultar mellan fäste och fästbygel	55
Bultar mellan fäste och hjälpram	55
Bultar för fästet till växellåda	60
Höger fäste:	
Bultar mellan fäste och fästbygel	55
Bultar mellan fäste och kaross	35
Bultar mellan fäste och topplock	50
Bultar mellan växellåda och motor:	
M12 bultar	60
Svänghjul bultar*:	
Steg 1	35
Steg 2	Vinkeldra ytterligare 30°
Steg 3	Vinkeldra ytterligare 15°
Svänghjulets täckplatta	8
Främre hjälpramens bultar*	
Steg 1	90
Steg 2	Vinkeldra ytterligare 45°
Steg 3	Vinkeldra ytterligare 15°

Åtdragningsmoment (forts.)

	Nm
Ramlageröverfall, bultar*:	
Steg 1	50
Steg 2	Vinkeldra ytterligare 45°
Steg 3	Vinkeldra ytterligare 15°
Oljetrycksbrytare	30
Oljepump:	
Fästbultar	8
Pumpkåpans skruvar	6
Oljeövertrycksventil bult	50
Oljepumpens upptagarrör/sil bultar	8
Sumpbultar:	
Modeller utan luftkonditionering (stålsump):	
Bultar mellan sump och motorblock/oljepump	10
Dräneringsplugg	55
Modeller med luftkonditionering (aluminium sump):	
Bultar mellan sump och motorblock/oljepump	10
Sumpfläns till växellådan, (M10) bultar	40
Dräneringsplugg	45
Hjulbultar	110
Kamremskåpans bultar:	
Övre och nedre kåpor	4
Bakre kåpa	6
Kamremsspännarens bult	20

* Använd nya bultar

1 Allmän information

Vad innehåller detta kapitel

1 Denna del av kapitel 2 ägnas åt motorreparationer med motorn kvar i bilen. Alla tillvägagångssätt vid demontering och montering av motorn och motorblocket/topplocket för renovering finns i kapitel 2D.
2 De flesta åtgärder som beskrivs i det här avsnittet utgår ifrån att motorn sitter kvar i bilen. Om denna information används under en fullständig motorrenovering och motorn redan har monterats ut gäller därför inte en del av de steg som räknas upp här

Motorbeskrivning

3 Den raka motorn har en enkel överliggande kamaxel, fyra cylindrar, är monterad tvärs över framvagnen och har kopplingen och växellådan på vänster sida.
4 Cylinderblocket är tillverkat av en aluminiumlegering och har torra cylinderfoder. Vevaxeln hålls på plats i motorblocket av fem huvudlager av skåltyp. Tryckbrickor sitter monterade på ramlager 3 för att kontrollera vevaxelns axialspel.
5 Vevstakarna är fästa vid vevaxeln med horisontellt delade skålformade vevstakslager och vid kolvarna med presspassade kolvtappar. Aluminiumkolvarna har glidstycken och monteras med tre kolvringar,

bestående av två kompressionsringar och en oljeskrapring.
6 Kamaxeln går direkt in i kamaxelhuset som sitter ovanpå topplocket och drivs av vevaxeln via en kuggad kamrem av gummi (som även driver kylvätskepumpen). Kamaxeln styr ut respektive ventil via en ventillyftare. Varje lyftare svänger i en självjusterande hydraulisk ventillyft som automatiskt justerar ventilspelen.
7 Smörjningen sker med tryckmatning från en oljepump av drevtyp som sitter på höger sida om vevaxeln. Olja sugs genom ett filter i sumpen och tvingas sedan genom ett utvändigt monterat fullflödesfilter av insatstyp. Oljan flödar in i kanaler på huvudlageröverfallets brygganordning och motorblocket/vevhuset, varifrån det fördelas på vevaxeln (huvudlager) och kamaxeln/axlarna. Vevstakslagren förses med olja via inre borrningar i vevaxeln, medan kamaxellagren även förses med olja under tryck. Kamloberna och ventilerna smörjs av oljestänk på samma sätt som övriga motorkomponenter.
8 Vevhusventilationen är ett halvslutet system; Ångor från vevhuset samlas upp från topplocket, och förs via en slang till insugsröret.

Reparationer med motorn kvar i bilen

9 Följande arbeten kan utföras utan att motorn behöver lyftas ur bilen.
a) Demontering och montering av topplocket.

b) Demontering och montering av kamremmen och drev.
c) Byte av kamaxelns oljetätning.
d) Demontering och montering av kamaxelhuset och kamaxeln.
e) Demontering och montering av sumpen.
f) Demontering och montering av vevstakar och kolvar.*
g) Demontering och montering av oljepumpen.
h) Byte av vevaxelns oljetätningar.
i) Byte av motorfästen.
j) Demontering och montering av svänghjulet/drivplattan.
* Även om ett förfarande märkt med en asterisk kan utföras med motorn kvar i bilen efter att sumpen tagits bort, är det bättre om motorn tas ur eftersom arbetet blir renare och åtkomsten bättre. Av detta skäl beskrivs tillvägagångssättet i kapitel 2D.

2 Kompressionstest – beskrivning och tolkning

1 Om motorns prestanda sjunker, eller om misständningar uppstår som inte kan hänföras till tändning eller bränslesystem, kan ett kompressionsprov ge en uppfattning om motorns skick. Om kompressionsprov tas regelbundet kan de ge förvarning om problem innan några andra symptom uppträder.
2 Motorn måste vara uppvärmd till normal arbetstemperatur, batteriet måste vara

2.4 Kompressionstestare monterad på tändstiftshål nr 1

3.5a Placera kamaxeldrevets inställningsmärke mitt för utskärningen på kamremskåpan . . .

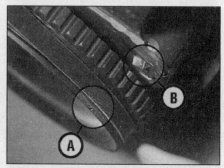

3.5b . . . och rikta in skåran på vevaxelns remskiva (A) med tändinställningsmärket (B) för att ställa första kolven i ÖD under kompressionstakten

fulladdat och tändstift måste vara urskruvade (se kapitel 1). Dessutom behövs en medhjälpare.

3 Avaktivera tändsystemet genom att koppla loss kontaktdonet från tändningsmodulen (se kapitel 5B) och bränslesystemet genom att skruva loss bränslepumpreläet från motorrummets relähus (se kapitel 4A).

4 Montera en kompressionstestare till tändstiftsplatsen för cylinder nr 1. Använd helst en testare som ska skruvas in i tändstiftsgängorna **(se bild)**.

5 Låt en medhjälpare hålla gasspjället helt öppet och dra runt motorn med startmotorn; efter ett eller två varv bör kompressionstrycket byggas upp till maxvärdet och sedan stabiliseras. Anteckna det högsta värdet.

6 Upprepa testet på återstående cylindrar och notera trycket på var och en.

7 Alla cylindrar ska producera ungefär samma tryck. Skillnader som är större än vad som angivits tyder på ett fel. Observera att kompressionen ska byggas upp snabbt i en felfri motor. Om kompressionen är låg i det första kolvslaget och sedan ökar gradvis under följande slag är det ett tecken på slitna kolvringar. Lågt tryck som inte höjs är ett tecken på läckande ventiler eller trasig topplockspackning (eller ett sprucket topplock). Avlagringar på undersidan av ventilhuvudena kan också orsaka dålig kompression.

8 Om trycket i en cylinder minskar till den angivna miniminivån eller underskrider

den ska följande test utföras för att ta reda på orsaken. Häll i en tesked ren olja i cylindern genom tändstiftshålet och upprepa provet.

9 Om tillförsel av olja tillfälligt förbättrar kompressionen är det ett tecken på att det är slitage på kolvringar eller lopp som orsakar tryckfallet. Om ingen förbättring sker tyder det på läckande/brända ventiler eller trasig topplockspackning.

10 Ett lågt värde från två intilliggande cylindrar beror nästan alltid på att topplockspackningen mellan dem är sönder. Om det finns kylvätska i motoroljan bekräftar detta felet.

11 Om en cylinder har omkring 20 % lägre tryck än de andra och motorns tomgång är något ojämn, kan detta orsakas av en sliten kamlob.

12 Om kompressionen är ovanligt hög är förbränningskamrarna troligen täckta med kolavlagringar. I så fall bör topplocket demonteras och sotas.

13 Avsluta testet med att montera tändstiften (se kapitel 1), bränslepumpens relä och återanslut kontaktdonet till tändningsmodulen.

3 Övre dödpunkt (TDC) för kolv 1 – placering

1 Övre dödpunkten (ÖD) är den högsta punkt kolven når under sin rörelse upp och ner när

vevaxeln roterar. Varje kolv når visserligen ÖD i högsta läget av både kompressions- och avgastakten, men vid tändningsinställning menar man läget för kolv (1) i högsta läget av dess kompressionstakt då man refererar till ÖD.

2 Kolv 1 (och cylindern) sitter på motorns högra sida (vid kamremmen) och dess ÖD-läge hittar du på följande sätt. Observera att vevaxeln roterar medurs, betraktad från bilens högra sida.

3 Lossa batteriets jordledning (se *Koppla loss batteriet* i Referens kapitlet). Ta vid behov bort alla tändstift enligt beskrivningen i kapitel 1 för att motorn lätt ska kunna gå.

4 För att komma åt kamaxeldrevets inställningsmärke, ta bort den övre kamremskåpan enligt beskrivningen i avsnitt 6.

5 Använd en hylsnyckel på vevaxelns remskivebult och vrid vevaxeln medan du håller ett öga på kamaxeldrevet. Rotera vevaxelenheten tills tändinställningsmärket på kamaxeldrevet är korrekt linjerat med utskärningen ovanpå kamremmens bakre kåpa och skåran på vevaxelns remskivefälg är korrekt linjerad med markeringen på kamremmens nedre kåpa **(se bilder)**.

6 När vevaxelns remskiva och kamaxeldrevets inställningsmärken är placerade enligt beskrivningen är kolv 1 placerad i ÖD i kompressionstakten.

4 Kamaxelkåpa – demontering och montering

Demontering

1 På motorer med enpunktsinsprutning, ta bort luftintagets kåpa från gasspjällhusets överdel, enligt beskrivningen i kapitel 4A.

2 Lossa fästklämmorna och lossa ventilationsslangen från kamaxelkåpan **(se bilder)**.

3 Skruva loss fästbultarna. Notera hur alla klämmor och fästbyglar som hålls fast av bultarna sitter. Lyft bort ventilkåpan från

4.2a Lossa fästklämmorna och koppla loss den stora . . .

4.2b . . . och de små ventilrör från bakre delen av kamaxelkåpan

kamaxelhuset **(se bild)**. Om locket sitter fast ska du inte försöka bända loss det mellan locket och kamaxelhusets fogytor – knacka vid behov försiktigt locket i sidled för att få loss det. Ta loss packningen; om delen visar tecken på skador eller slitage måste den bytas.

Montering

4 Före återmonteringen, kontrollera att det inte finns oljeslam eller andra föroreningar på insidan av kåpan. Om det behövs, rengör kåpan med fotogen eller ett vattenlösligt lösningsmedel. Undersök skicket på vevhusets ventilationsfilter inuti kamaxelkåpan, och rengör på det sätt som beskrivits för insidan av kåpan om det syns tecken på igentäppning (om så önskas kan filtret tas bort från kåpan efter att fästbultarna avlägsnats). Torka kåpan noggrant före återmontering.

5 Se till att kåpan är ren och torr, sätt packningen i kåpans urholkning och montera sedan tillbaka kåpa på kamaxelhuset. Se till att packningen är i rätt läge **(se bild)**.

6 Montera fästbultarna. Se till att alla aktuella klämmor/fästbyglar sitter på rätt ställe och dra åt dem till angivet moment. Arbeta i diagonal ordningsföljd.

7 Återanslut ventilationsslangen så att den sitter ordentligt på ventilkåpan och montera luftintagskåpan (i förekommande fall).

---

5 Vevaxelremskiva – demontering och montering

Observera: *En ny fästbult för remskivan kommer att behövas efter återmonteringen.*

Demontering

1 Dra åt handbromsen. Lyft upp framvagnen och ställ den på pallbockar (se *Lyftning och stödpunkter*). Demontera det högra hjulet.

2 Ta bort drivremmen enligt beskrivningen i kapitel 1. Innan demonteringen, markera remmens rotationsriktning så att remmen monteras åt rätt håll.

3 Lossa vevaxelremskivans fästbult. På modeller med manuell växellåda, för att

4.3 Ta bort kamaxelkåpan från motorn

förhindra att vevaxeln roterar genom att välja högsta växeln och låta en medhjälpare trycka hårt på bromspedalen. På modeller med automatisk växellåda förhindrar du rotation genom att ta bort en av momentomvandlarnas fästbultar och fästa drivplattan på växellådshuset med hjälp av en metallstång, mellanlägg och lämpliga bultar. Om motorn tas bort från bilen måste du spärra svänghjulet/drivplattan (se avsnitt 15).

4 Skruva loss fästbulten och brickan och ta bort vevaxelns remskiva från vevaxelns ände. Se till att du inte skadar vevaxelgivaren.

Montering

5 Montera vevaxelns remskiva och placera remskivans utskärningar i linje med de upphöjda hacken på kamremmens drev. Montera sedan brickan och den nya fästbulten **(se bild)**.

6 Lås vevaxeln på samma sätt som vid demonteringen. Dra åt fästbultarna till angivet moment för steg 1. Vinkeldra sedan bultarna med angiven vinkel för steg 2, med en hylsa och förlängningsstång, och slutligen med angiven vinkel för steg 3. En vinkelmätare bör användas i det här momentet av åtdragningen för att garantera att bultarna dras åt korrekt **(se bild)**. Om du inte har tillgång till en mätare, använd färg för att göra linjeringsmarkeringar mellan bultskallen och remskivan före åtdragningen. Markeringarna kan sedan användas för att kontrollera att bulten har roterats till rätt vinkel.

7 Ta om det behövs bort metallstången som

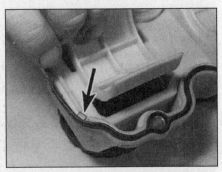

4.5 Se till att packningen sitter korrekt i kamaxelkåpans urholkning (markerad med pil)

håller fast drivplattan vid växellådshuset. Montera drivremmen enligt beskrivningen i kapitel 1. Använd den markering du gjorde före borttagningen så att remmen monteras åt rätt håll.

8 Montera tillbaka hjulet, sänk ner bilen och dra åt hjulbultarna till angivet moment.

---

6 Kamremskåpor – demontering och montering

Övre kåpan

Demontering

1 Ta bort luftrenarhuset enligt beskrivningen i kapitel 4A.

2 Skruva loss fästbultarna, lossa kamremmens övre kåpa och ta bort den från motorn **(se bild)**.

Montering

3 Montera i omvänd ordningsföljd mot demonteringen. Dra åt kåpans fästbultar till angivet moment.

Nedre kåpan

Demontering

4 Ta bort vevaxelremskivan (se avsnitt 5).

5 Enligt beskrivningen i kapitel 5A, ta bort generatorns (extra) drivremsspännare.

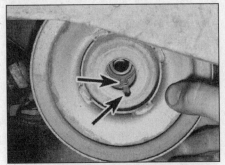

5.5 Montera vevaxelns remskiva och placera utskärningen i linje med det upphöjda hacket på vevaxeldrevet (markerad med pil)

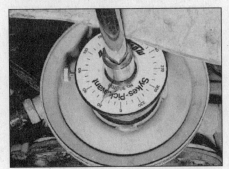

5.6 Montera en ny fästbult och dra åt enligt beskrivningen

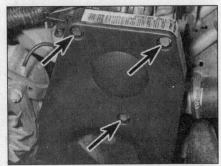

6.2 Övre kamremkåpans fästbultar (markerade med pil)

6 Ta bort den övre kåpan (se stycke 1 och 2), skruva sedan loss fästskruvarna och ta bort den nedre kåpan från motorn **(se bild)**.

Montering

7 Monteringen utförs i omvänd ordningsföljd mot demonteringen, med en ny fästbult till vevaxelns remskiva. Dra åt alla bultar till angivet moment.

Bakre kåpa

Demontering

8 Ta bort kamaxelns och vevaxelns kamremsdrev och kamremsspännaren enligt beskrivningen i avsnitt 8.
9 Stötta upp vikten från motorn med en garagedomkraft med en träbit emellan.
10 Skruva loss de tre bultar som håller fast det högra motorfäste till motorblocket.
11 Skruva loss bultarna som håller fast fästet vid karossen, och ta bort fästbygeln tillsammans med fästet.
12 Observera hur kablarna sitter, och lossa vevaxellägesgivarens kabel från den bakre kåpan.
13 Lossa och ta bort bultarna som håller fast den bakre kåpan mot kamaxelhuset och oljepumphuset. Ta bort kåpan från motorn **(se bild)**.

Montering

14 Monteringen utförs i omvänd ordningsföljd mot demonteringen, dra åt kåpans och motorfästets fästbultar till angivet moment.

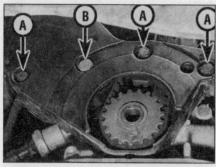

6.6 Nedre kamremkåpans fästbultar (A) och kamremsspännarens bult (B)

7 Kamrem – demontering och montering

Observera: Kamremmen måste tas bort och återmonteras när motorn är kall.

Demontering

1 Ta bort kamremmens övre kåpa enligt beskrivningen i avsnitt 6.
2 Placera cylinderkolv nr 1 i ÖD enligt beskrivningen i avsnitt 3.
3 Ta bort vevaxelns remskiva enligt beskrivningen i avsnitt 5.
4 Stötta upp vikten från motorn med en garagedomkraft med en träbit emellan.
5 Skruva loss de tre bultar som håller fast det högra motorfäste till motorblocket.

6.13 Lossa och ta bort fästbultarna och ta bort kamremmens bakre kåpa

6 Skruva loss bultarna som håller fast fästet vid karossen, och ta bort fästbygeln tillsammans med fästet.
7 Skruva loss den nedre kamremskåpan och ta bort den från motorn (se avsnitt 6).
8 För in ett lämpligt verktyg (till exempel en pinndorn) i hålet i kamremsspännarens arm, bänd sedan armen medurs till stoppläget. Lås den i läge genom att föra in verktyget motsvarande hål i åtdragningsanordningens fästplatta **(se bilder)**. Lämna kvar verktyget på plats för att spärra sträckaren tills remmen är återmonterad.
9 Kontrollera kamaxel- och vevaxeldrevets inställningsmarkeringar är i linje med markeringen på remmens bakre kåpa och oljepumphuset.
10 Lossa kylvätskepumpens fästbultar. Använd sedan en öppen skruvnyckel och vrid försiktigt pumpen för att lätta kamremmens spänning. Adaptrar för montering av pumpen kan fås i de flesta verktygsbutiker och tillåter att pumpen enkelt vrids runt med hjälp av en hylsnyckel eller en förlängningsstång **(se bilder)**.
11 För kamremmen från dreven och ta bort den från motorn **(se bild)**. Markera remmens rotationsriktning med vit färg eller liknande om du ska återanvända den. **Undvik att** rotera vevaxeln innan kamremmen har monterats tillbaka.
12 Kontrollera kamremmen noggrant beträffande tecken på ojämnt slitage, delningar eller oljeföroreningar. Byt den om det finns minsta tvivel om dess skick. Om motorn genomgår renovering och

7.8a För in ett verktyg (till exempel en körnare) i hålet (se pil) i spännararmen ...

7.8b ... lyft sedan armen medurs och lås sträckaren i det läget genom att placera verktyget i stödplattans hål

7.10a Lossa kylvätskepumpens bultar ...

7.10b ... och lätta kamremmens spänning genom att rotera pumpen med en lämplig adapter

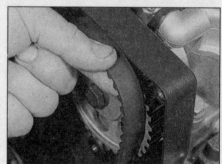

7.11 Ta bort kamremmen från dreven och ta bort den från motorn

7.13 Se till att inställningsmärket på vevaxeldrevet är korrekt placerat i förhållande till markeringen på oljepumphuset

mätarställningen närmar sig 65 000 km bör man byta remmen oavsett dess skick. Om du ser tecken på oljenedsmutsning spårar du källa till läckaget och åtgärdar den. Skölj sedan av motorns kamremsområde och alla tillhörande komponenter för att få bort alla oljespår.

Montering

13 Vid ihopsättningen, rengör noggrant kamremsdreven och kontrollera att kamaxeldrevets tändinställningsmärke fortfarande är i linje med kåpans utskärning och att vevaxeldrevets markering fortfarande är i linje med markeringen på oljepumphuset **(se bild)**.

14 Montera kamremmen över dreven på vevaxeln och kamaxeln, och se till att remmens främre del är spänd (dvs. all slack är på spännarremskivans sida av remmen). Montera sedan remmen över kylvätskepumpens drev och spännarremskivan. Undvik att vrida remmen kraftigt när du sätter tillbaka den. Säkerställ att remmens kuggar befinner sig på rätt plats centralt i dreven och att inställningsmarkeringarna är i linje med varandra. Om du monterar en begagnad rem måste de pilmarkeringar som gjordes vid demonteringen peka i den normala rotationsriktningen, som de gjorde tidigare.

15 Ta försiktigt bort körnaren från kamremsspännaren för att lossa fjäderspännaren.

16 Montera tillbaka motorfästet på karossen

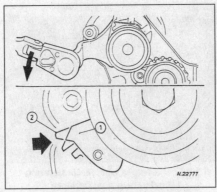

7.20 Vrid kylvätskepumpen tills spännararmens pekare (1) är korrekt justerad efter utskärningen (2) på bromsskölden

och topplocksfästet, dra åt fästbultarna till angivet moment.

17 Kontrollera att drevens inställningsmarkeringar fortfarande är i linje. Om det krävs en justering spärrar du sträckaren i läge igen och lossar sedan remmen från dreven och gör eventuella nödvändiga justeringar.

18 Om märkena fortfarande är korrekt placerade, spänn kamremmen genom att rotera kylvätskepumpen samtidigt som sträckarens arm observeras. Placera pumpen så att spännararmen är helt över sitt stopp utan att utsätta remmen för överdriven belastning, och dra sedan åt kylvätskepumpens fästbultar.

19 Montera bulten på vevaxelns remskiva tillfälligt. Rotera vevaxeln försiktigt två hela varv (720°) i normal rotationsriktning för att få kamremmen i rätt position.

20 Kontrollera att både vevaxelns och vevaxeldrevets inställningsmarkeringar är återriktade och lossa sedan kylvätskepumpens bultar. Justera pumpen så att spännararmens markering är i linje med utskärningen på stödplattan och dra sedan åt kylpumpens bultar till angivet moment **(se bild)**. Rotera vevaxeln mjukt två hela varv till i normal rotationsriktning för att placera drevets inställningsmarkeringar i linje igen. Kontrollera att spännararmens markering fortfarande ligger i linje med skåran i stödplattan.

21 Upprepa proceduren om sträckararmen inte är korrekt inriktad mot stödplattan.

22 När sträckarens arm och stödplattan är korrekt inriktade, se till att kylvätskepumpens bultar är åtdragna till angivet moment. Montera sedan tillbaka kamremskåporna och vevaxelremskivan enligt beskrivningen i avsnitt 5 och 6.

8 Kamremsspännare och drev – demontering och montering

Kamaxeldrev

Demontering

1 Demontera kamremmen enligt beskrivningen i avsnitt 7.

2 Kamaxeln måste hindras från att vridas runt när drevbulten skruvas loss. Detta kan uppnås på två sätt.

a) Ett fasthållningsverktyg som tillverkas av två plattjärn (ett långt och ett kort) och tre muttrar och bultar; en mutter och bult utgör svängtappen i gaffelverktyget och de övriga två muttrarna och bultarna i ändarna är gaffelben som hakar i drevets ekrar **(se bild)**.

b) Ta bort kamaxelkåpan så som det beskrivs i avsnitt 4 och håll fast kamaxeln med en gaffelnyckel på de plana ytor som är avsedda för detta.

3 Skruva loss fästbulten och brickan och ta bort drevet från kamaxeländen.

Montering

4 Före återmonteringen, kontrollera att packboxen inte är skadad eller läcker. Om det behövs, byt den enligt beskrivningen i avsnitt 9.

5 Montera drevet på kamaxelns ände och placera dess utskärning i linje med kamaxelns styrsprint. Montera sedan tillbaka fästbulten och brickan **(se bild)**.

6 Dra åt drevets fästbult till angivet moment och hindra vridning med samma metod som vid demonteringen **(se bild)**.

7 Montera tillbaka kamremmen enligt beskrivningen i avsnitt 7 och (vid behov) montera tillbaka kamaxelkåpan enligt beskrivningen i avsnitt 4.

8.2 Använd ett egentillverkat drevfasthållningsverktyg för att hålla fast kamaxeln medan bulten lossas

8.5 Montera kamaxeldrevet. Se till att styrsprinten (1) hamnar rätt i drevhålet (2)

8.6 Använd en öppen nyckel för att hålla fast kamaxeln medan drevets fästbult dras åt till angivet moment

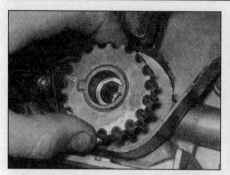

8.11 Montera vevaxeldrevet. Se till att inställningsmärkena är riktade utåt

8.14 Lossa och ta bort fästbulten och ta bort kamremsspännaren

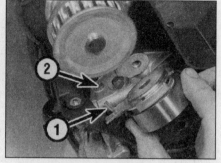

8.15 Med återmonteringen, se till att spännarens bromssköldstapp (1) sitter korrekt i oljepumphusets hål (2)

Vevaxeldrev

Demontering

8 Ta bort kamremmen (se avsnitt 7).
9 Dra av drevet från vevaxelns ände, notera först åt vilket håll den sitter.

Montering

10 Se till att woodruffkilen sitter korrekt monterad på vevaxeln.
11 Rikta in drevets inställningsnyckel mot vevaxelns spår. Skjut sedan drevet till rätt läge och se till att tändinställningsmärket pekar utåt (se bild).
12 Montera tillbaka kamremmen (se avsnitt 7).

Spännarenhet

Demontering

13 Ta bort kamremmen (se avsnitt 7).
14 Lossa och ta bort fästbulten och ta bort spännarenheten från oljepumpen (se bild).

Montering

15 Montera sträckaren på oljepumphuset och kontrollera att tappen på stödplattan placeras korrekt i oljepumphusets hål (se bild). Se till att spännaren är korrekt placerad, montera sedan till baka fästbulten och dra åt den till angivet moment.

9 Kamaxelns oljetätning – byte

1 Demontera kamaxeldrevet enligt beskrivningen i avsnitt 8.
2 Stansa eller borra två hål på var sin sida av oljetätningen. Skruva i självgängande skruvar i hålen och dra i skruvarna med tänger för att få ut tätningen (se bild).
3 Rengör tätningshuset och vevaxeln. Putsa av alla grader eller vassa kanter som kan ha skadat tätningen.
4 Smörj kanterna på den nya tätningen med ren motorolja och tryck den på plats med hjälp av en lämplig rörformig dorn (som t.ex. en hylsa) som enbart belastar den hårda ytterkanten av tätningen (se bild). Var noga

med att inte skada tätningsläpparna under monteringen; Observera att tätningens kanter måste vara riktade inåt.
5 Montera kamaxeldrevet enligt beskrivningen i avsnitt 8.

10 Kamaxelhus och kamaxel – demontering, kontroll och återmontering

Demontering

Använd Opel verktyg MKM 891
Varning: Innan specialverktyget appliceras, rotera vevaxeln medurs 90° förbi ÖD-läget (se avsnitt 3). Detta kommer att placera kolvarna ungefär mitt mellan hålen och hindra att ventilerna kommer i kontakt med dem när verktyget används.
1 Om man kommer åt det speciella serviceverktyget kan kamaxeln tas bort från motorn utan att bry sig om kamaxelkåpan. Verktyget monteras på kamaxelhusets överdel när locket har tagits bort (se avsnitt 4) och trycker ner kamlyftarna. Detta gör det möjligt att ta bort kamaxeln från den vänstra änden av huset när väl kamremmens drev har avlägsnats (se avsnitt 8) och bultarna på kåpan och på tryckplattan har lossats (se stycke 3 till 5).

Utan Opel verktyg
2 Om du inte har tillgång till ett sådant

verktyg kan kamaxeln endast tas loss när kamaxelhuset har tagits bort från motorn. Eftersom kamaxelhuset hålls på plats med hjälp av topplocksbultar kan man inte ta bort kamaxeln utan att ta bort topplocket (se avsnitt 12). **Observera:** *I teorin är det möjligt att ta bort kamaxelhuset när bultarna för cylinderhuvudet tagits bort, och att lämna cylinderhuvudet på plats. Detta förfarande riskerar emellertid att störa topplockspackningen, vilket resulterar i risken att man blåser topplocket när kamaxeln och huset monteras tillbaka. Om du vill försöka med detta, ta bort kamaxelhuset som det beskrivs i avsnitt 12 och tänk på att det inte är nödvändigt att ta bort grenrören etc. Notera emellertid att det efter återmontering kan vara nödvändigt att byta topplockspackningen, vilket betyder att cylinderhuvudet ändå måste tas bort och att det behövs en ny uppsättning bultar till det. Du avgör själv om detta är en risk du vill ta.*
3 Med kamaxelhuset demonterat, skruva loss tändningsmodulen och ta bort den från husets ände.
4 Skruva loss fästbultarna och ta bort kåpan från husets vänstra ände (se bild). Ta loss tätningsringen från kåpan och kassera den, eftersom det behövs en ny vid monteringen.
5 Mät kamaxelns axialspel genom att föra in bladmått mellan tryckplattan och kamaxeln. Om axialspelet inte ligger inom de gränser som anges i specifikationerna måste du byta tryckplattan. Skruva loss de båda fästbultarna

9.2 Ta bort kamaxelns oljetätning

9.4 Montera en ny kamaxel oljetätning

10.4 Ta bort kåpan från kamaxelhusets vänstra ände (tätningsring markerad med pil)

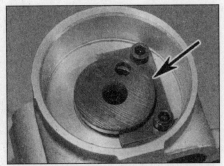

10.5 Skruva loss fästbultarna och ta sedan bort tryckplattan (markerad med pil) . . .

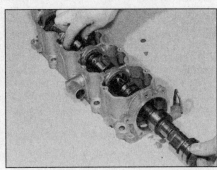

10.6 . . . och ta bort kamaxeln från huset

och för sedan ut kamaxelns tryckplatta. Notera på vilken sida och hur den är fastsatt **(se bild)**.

6 Ta försiktigt bort kamaxeln från husets vänstersida. Se till att lagertapparna inte skadas **(se bild)**.

Kontroll

7 Med kamaxeln demonterad, undersök om lagren i kamaxelhuset visar spår av slitage eller punktkorrosion. Om tydliga tecken på slitage finns måste kamaxelhuset troligen bytas ut. Kontrollera att oljetillförselhålen i kamaxelhuset inte är tilltäppta.

8 Själva kamaxeln ska inte ha några märken eller repor på lagerytan eller på kamaxellobens ytor. Om det behövs kan du byta ut kamaxeln. Om kamloberna visar tecken på slitage ska du också undersöka ventillyftarna (se avsnitt 11).

9 Undersök kamaxelns tryckplatta och leta efter tecken på slitage eller skada. Byt ut det om det behövs.

Montering

10 Bänd försiktigt ut den gamla tätningen från kamaxelhuset med en lämplig skruvmejsel. Säkerställ att huset är rent och tryck sedan in den nya tätningen tills den ligger kant i kant med huset. Se till att tätningläppen är vänd inåt.

11 Smörj kamaxeln, lagren och oljetätningsläppen rikligt med ny motorolja.

12 Sätt försiktigt in kamaxeln i huset. Se till att inte repa lagerytorna eller skada läppen på oljetätningen.

13 För tryckplattan till rätt läge så att den griper in i skåran på kamaxeln. Dra åt

fästbultarna till angivet moment. Kontrollera kamaxelns axialspel (se stycke 5).

14 Montera en ny tätningsring i urholkningen på kåpan. Montera sedan kåpan på kamaxelhuset och dra åt fästbultarna till angivet moment. Montera tillbaka tändningsmodulen på huskåpan.

15 Om arbetet utförs med det särskilda serviceverktyget, ta bort verktyget och montera kamaxeldrevet. Återför vevaxeln till ÖD och sätt tillbaka kamremmen (se avsnitt 7 och 8).

16 Montera kamaxelhuset enligt beskrivningen i avsnitt 12 om verktyget inte används.

11 Kamaxellyftare och hydrauliska ventillyftar – demontering, kontroll och återmontering

Använd Opel verktyg KM-565

Demontering

1 Om specialverktyget (KM-565) är tillgängligt eller ett liknande verktyg finns, kan ventillyftarna tas bort på nedanstående sätt, utan att man behöver röra kamaxeln.

2 Dra åt handbromsen. Lyft sedan upp framvagnen och ställ den på pallbockar. Demontera höger framhjul.

3 Ta bort kamaxelkåpan (se avsnitt 4).

4 Vrid runt vevaxeln med en hylsnyckel i normal rotationsriktning tills kamloben på den första ventilvippan/ventillyftaren som ska tas bort pekar rakt upp.

5 Montera serviceverktyget ovanpå kamaxelhuset. Se till att verktygets ände hakar i ventilens övre del. Skruva fast verktygsstiftet i ett av husets bulthål tills ventilen är tillräckligt nedtryck för att ventillyftaren ska kunna skjutas ut från kamaxelns undersida. Den hydrauliska ventillyftaren kan då också tas bort, liksom tryckbrickan från ventilens ovansida. Undersök komponenterna (se stycke 10 och 11) och byt dem om de är slitna eller skadade.

Montering

6 Smörj ventilvippan och ventillyftaren med ny motorolja och för sedan in ventillyftaren i dess lopp i topplocket. Passa in ventillyftaren på plats, kontrollera att den hakat i lyftaren och ventilskaftet ordentligt. Ta sedan försiktigt bort serviceverktyget.

7 Upprepa förfarandet för de återstående ventilvippor och ventillyftare.

Utan Opel verktyg

Demontering

8 Om inte ett specialverktyg används är det nödvändigt att ta bort kamaxelhuset för att ventilvippor och ventillyftar ska kunna tas ut (se avsnitt 10, stycke 2).

9 När huset är borttaget, skaffa åtta små, rena plastbehållare och numrera dem från 1 till 8; du kan även dela in en större behållare i 8 avdelningar. Lyft ut varje ventillyftare, tryckbricka och hydrauliska ventillyftare för sig och lägg dem i respektive behållare. Förväxla inte kamaxellyftarna, detta leder till ett starkt ökat slitage **(se bilder)**.

11.9a Ta bort varje lyftare . . .

11.9b . . . tryckbricka. . .

11.9c . . . och den hydrauliska ventillyftaren från topplocket

Kontroll

10 Undersök ventillyftarnas lagerytor som kommer i kontakt med kamloberna och leta efter tecken på slitagespår och sprickor. Byt eventuella lyftare som uppvisar dessa fel. Om en ventillyftares lageryta är kraftigt repad ska man även undersöka om motsvarande lob på kamaxeln är sliten eftersom båda förmodligen är slitna. Kontrollera också om tryckbrickan visar tecken på skada eller slitage. Byt ut slitna komponenter.

11 Byt de hydrauliska ventillyftarna om de verkar defekta; det går inte att testa ventillyftarna.

Montering

12 Smörj de hydrauliska ventillyftarna och lopp med ren motorolja. Montera tillbaka ventillyftarna på topplocket, se till att de monteras på sina ursprungliga platser.
13 Montera tryckbrickorna på respektive ventil.
14 Smörj lyftare med ren motoroljan. Montera varje hylsa, se till att de sitter korrekt i förhållande till ventillyftaren och tryckbrickan. Montera sedan kamaxelhuset (se avsnitt 12).

12 Topplock – demontering och montering

Observera: *Motorn måste vara kall när cylinderhuvudet tas bort. Nya topplocksbultar måste användas vid återmonteringen.*

Demontering

1 Tryckutjämna bränslesystemet enligt beskrivningen i kapitel 4A och koppla loss batteriets jordledning (Se *Koppla loss batteriet* i Referens kapitlet).
2 Tappa ur kylsystemet enligt beskrivningen i kapitel 3, och ta bort tändstiften enligt beskrivningen i kapitel 1.
3 Demontera kamremmen enligt beskrivningen i avsnitt 7.

4 Skruva loss fästbultarna, och ta bort motorfästet från topplockets högra ände.
5 Demontera insugnings- och avgasgrenrören enligt beskrivningen i kapitel 4A. Om du inte ska utföra något arbete på topplocket kan du ta bort det tillsammans med grenrören när följande åtgärder har utförts.
a) *Lossa kontaktdonen från gasspjällshuset och grenröret.*
b) *Ta loss bränsleslangarna från gasspjällshuset och de olika vakuum- eller kylmedieslangarna från insugsröret.*
c) *Skruva loss insugsgrenrörets fäste och generatorns övre fäste.*
d) *Koppla loss gasvajern (om en sådan finns).*
e) *Skruva loss det främre avgasröret från grenröret och lossa lambdasondens kontaktdon.*
6 Demontera kamaxelkåpan enligt beskrivningen i avsnitt 4.
7 Demontera kamaxeldrevet enligt beskrivningen i avsnitt 8.
8 Skruva loss fästbultarna som håller fast kamremmens bakre kåpa vid kamaxelhuset.
9 Lossa kontaktdonen från tändningsmodulen, avluftningsventilen och kylvätsketemperaturgivaren på topplockets vänstra ände. Ta bort kabelstyrningen från kamaxelkåpan och lägg den ur vägen för topplocket.
10 Lossa fästklämman och lossa kylvätskeslangen från termostathuset.
11 Gör en slutkontroll och se till att alla relevanta slangar, rör och kablar, osv., har lossats.
12 Lossa stegvis topplocksbultarna **i motsatt ordning** mot vid montering **(se bild 12.30a)**, 1/3 varv i taget, tills alla bultar kan skruvas ur för hand. Ta bort varje bult tillsammans med brickan.
13 Lyft av kamaxelhuset från topplocket **(se bild)**. Knacka vid behov försiktigt på huset med en mjuk klubba för att lossa det från topplocket, men bänd **inte** hävarmen mot

fogytorna. Notera monteringsläge för de två styrstiften och ta bort dem för säker förvaring om de är lösa.
14 Lyft av topplocket från motorblocket och se till så att inte ventillyftarna eller tryckbrickorna skadas **(se bild)**. Knacka vid behov försiktigt på topplocket med en mjuk klubba för att lossa det från blocket, men bänd **inte** hävarmen mot fogytorna. Notera monteringsläge för de två styrstiften och ta bort dem för säker förvaring om de är lösa.
15 Ta loss topplockspackningen, och kassera den.

Förberedelser för montering

16 Topplockets och motorblockets fogytor måste vara helt rena innan topplocket sätts tillbaka. Ta bort alla spår av packning och sot med en avskrapare, och rengör även kolvarnas ovansidor. Var extra försiktig med aluminiumytorna, eftersom den mjuka metallen lätt skadas. Säkerställ också att skräp inte kommer in i olje- och vattenkanalerna – det är särskilt viktigt när det gäller oljeledningarna, eftersom sotpartiklar kan täppa till oljetillförseln till kamaxel- eller vevaxellager. Försegla vattenkanaler, oljekanaler och bulthål i motorblocket med tejp och papper. Lägg lite fett i gapet mellan kolvarna och loppen för att hindra sot från att tränga in. När kolven har gjorts ren, vrid vevaxeln så att kolven rör sig nedåt i loppet och torka sedan bort fett och sot med en tygtrasa. Rengör de övriga kolvkronorna på samma sätt.
17 Undersök motorblocket och topplocket och leta efter hack, djupa repor och andra skador. Mindre skador kan slipas bort försiktigt med en fil. Mer omfattande skador kan repareras med maskinslipning, men det arbetet måste överlåtas till en specialist.
18 Kontrollera topplocket med en stållinjal om den misstänks vara skev. Se kapitel 2D om det behövs.
19 Kontrollera att hålen för topplocksbultarna i vevhuset är rena och fria från olja. Sifonera

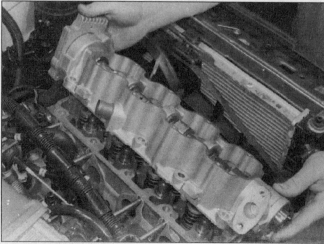

12.13 Ta bort kamaxelhuset

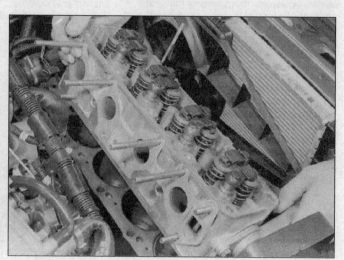

12.14 Ta bort topplocket

12.23a Lägg en ny topplockspackning på blocket och passa in den mot styrstiften (markerad med pil) . . .

12.23b . . . se till att OBEN/TOP-markeringen är överst

12.26 Applicera tätningsmedel på topplockets övre anliggningsyta. Montera sedan tillbaka kamaxelhuset

eller sug upp den olja som finns kvar i bulthålen. Detta är av största vikt för att bultarna ska kunna dras åt till rätt åtdragningsmoment, och för att inte motorblocket ska spricka på grund av hydrauliskt tryck när bultarna dras åt.
20 Byt topplocksbultarna oavsett deras skick.

Montering

21 Sätt kolv nummer 1 vid ÖD, och torka rent på anliggningsytorna på huvudet och blocket.
22 Kontrollera att de två styrstiften sitter på plats i ändarna av motorblockets/vevhusets yta.
23 Montera den nya topplockspackningen på blocket. Se till att den hamnar rätt med markeringen OBEN/TOP uppåt **(se bilder)**.
24 Montera försiktigt tillbaka topplocket, och passa in det på stiften.
25 Se till att kamaxelhusets och topplockets fogytor är rena och torra. Kontrollera att kamaxeln fortfarande har korrekt position genom att tillfälligt montera in kamaxeldrevet och kontrollera att drevets inställningsmärke fortfarande ligger överst.
26 Applicera lämpligt tätningsmedel på topplockets övre anliggningsytor **(se bild)**.
27 Se till att de två styrstiften är på plats och smörj kamaxellyftarna med ren motorolja.
28 Sänk försiktigt ner kamaxelhusenheten i position och placera den på stiften.
29 Montera brickorna på de nya topplocksbultarna och för dem försiktigt på plats **(tappa dem inte)**. Dra åt dem med bara fingrarna på det här stadiet **(se bild)**.
30 Arbeta stegvis och i den ordningsföljd som visas och dra först åt alla topplocksbultar till angivet moment för steg 1 **(se bilder)**.
31 När alla bultar har dragits åt till angivet moment för steg 1, arbeta åter i angiven ordningsföljd och dra åt varje bult till angiven vinkel för steg 2 med en hylsnyckel. En vinkelmätare bör användas i det här momentet av åtdragningen för att garantera att bultarna dras åt korrekt **(se bild)**.
32 Vinkeldra bultarna på nytt i ordningsföljd till angiven vinkel för steg 3.

33 Vinkeldra bultarna på nytt i ordningsföljd till angiven vinkel för steg 4.
34 Montera bultarna som håller fast den bakre kamremskåpan vid kamaxelhuset och dra åt dem till angivet moment.
35 Se till att höger motorfästbygel är korrekt placerad. Dra sedan åt fästbultarna till angivet moment.
36 Montera kamaxeldrevet enligt beskrivningen i avsnitt 8, och montera tillbaka kamremmen enligt beskrivningen i avsnitt 7.
37 Återanslut kontaktdonen till topplockets komponenter. Se till att alla kablage är korrekt dragna och fäst dem på plats med de klämmor som behövs.

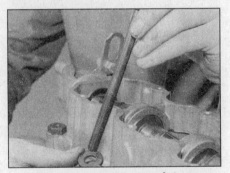

12.29 Montera brickorna på de nya topplocksbultar och skruva fast dem

38 Återanslut kylvätskeslangen till termostathuset och dra åt fästklämman ordentligt.
39 Montera tillbaka/återanslut grenrören enligt beskrivningen i kapitel 4A (efter tillämplighet).
40 Montera tillbaka hjulet, sänk sedan ner bilen och dra åt hjulbultarna till angivet moment.
41 Se till att alla rör och slangar är ordentligt återanslutna och fyll sedan på kylsystemet (kapitel 3) och montera tillbaka tändstiften (kapitel 1).
42 Återanslut batteriet, starta motorn och se efter om det finns något läckage.

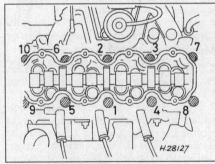

12.30a Ordningsföljd för åtdragning av ventilkåpans bultar

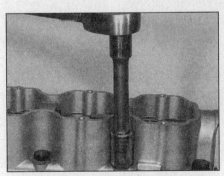

12.30b Arbeta i den ordningsföljd som visas och dra först åt alla topplocksbultar till angivet moment för steg 1 . . .

12.31 . . . och sedan genom de olika angivna vinklarna (se text)

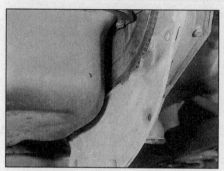

13.6 Ta bort svänghjulet/drivplattans nedre täckplatta – modeller utan luftkonditionering

13.7 Borttagning av sump av pressad plåt – modeller utan luftkonditionering

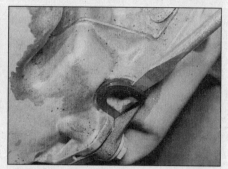

13.10 På modeller med luftkonditionering, ta bort gummipluggarna från sumpens fläns för att komma åt resterande bultar

13 Sump –
demontering och montering

Demontering

1 Lossa batteriets jordledning (se *Koppla loss batteriet* i Referens kapitlet).
2 Dra åt handbromsen. Lyft upp framvagnen och ställ den på pallbockar (se *Lyftning och stödpunkter*).
3 Tappa ur motoroljan enligt beskrivningen i kapitel 1, montera sedan en ny tätningsbricka och montera tillbaka dräneringspluggen, dra åt den till angivet moment.
4 Ta bort avgassystemets främre avgasrör enligt beskrivningen i kapitel 4C.
5 Lossa i förekommande fall kontaktdonet från oljenivågivaren på sumpen.

Modeller utan luftkonditionering

6 Skruva loss fästbultarna från svänghjulets/drivplattans nedre kåpa och ta bort kåpan från växellådsenhetens botten **(se bild)**.
7 Lossa stegvis och ta bort bultarna som håller fast sumpen mot nederdelen av motorblocket/oljepumpen. Lossa sumpen genom att slå på den med handflatan, och dra den sedan nedåt och ta bort den från motorn

(se bild). Ta bort packningen och kasta den.
8 Passa på att kontrollera oljepumpens oljeupptagare/sil efter tecken på igensättning eller sprickor medan sumpen är borttagen. Lossa vid behov oljeupptagaren/silen och ta bort den från oljepumphusets nedre del, tillsammans med dess tätningsring. Silen kan sedan enkelt rengöras i lösningsmedel eller bytas ut.

Modeller med luftkonditionering

9 Lossa och ta bort bultarna som håller fast sumpens fläns mot växellådshuset.
10 Lossa stegvis och ta bort bultarna som håller fast sumpen mot nederdelen av motorblocket/oljepumpen. Observera att bultarna som fäster växellådsänden av sumpen på motorblocket nås via utskärningarna i sumpflänsen när gummipluggarna har tagits bort **(se bild)**. Lossa sumpen genom att slå på den med handflatan, och dra den sedan nedåt och ta bort den från motorn. Ta bort packningen och kasta den. Passa på att kontrollera oljepumpens oljeupptagare/sil efter tecken på igensättning eller sprickor medan sumpen är borttagen. Lossa vid behov oljeupptagaren/silen och ta bort den från oljepumphusets nedre del, tillsammans med dess tätningsring. Silen kan sedan enkelt rengöras i lösningsmedel eller bytas ut.

Montering

Modeller utan luftkonditionering

11 Ta bort alla spår av smuts och olja från sumpens fogytor och motorblocket och (om den har tagits bort) upptagar-/silenheten och oljepumphuset. Ta bort alla spår av låsmedel från pickupbultarna (om den har tagits bort).
12 Vid behov, placera en ny tätningsring ovanpå oljepumpens oljeupptagare/sil och montera silen **(se bild)**. Applicera gänglåsning på fästbultarnas gängor, montera sedan bultarna och dra åt dem till angivet moment.
13 Applicera lämpligt tätningsmedel på motorblockets anliggningsytor mot oljehuset och bakre ramlageröverfallets fogar **(se bild)**.
14 Montera en ny packning på sumpen och passa in sumpen upp mot motorblocket och montera fästbultarna. Arbeta från mitten i diagonal ordningsföljd, dra stegvis åt sumpens fästbultar till angivet moment.
15 Montera tillbaka täckplattan på växellådshuset, dra åt fästbultarna till angivet moment.
16 Montera tillbaka det främre avgasröret (se kapitel 4A) och återanslut oljenivågivarens kontaktdon (om en sådan finns).
17 Sänk ner bilen och fyll motorn med olja enligt beskrivningen i kapitel 1B.

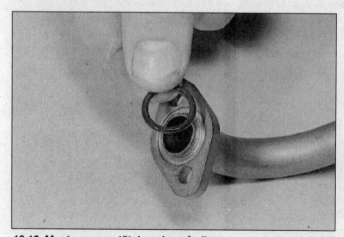

13.12 Montera en ny tätningsring på oljepumpens upptagarrör/sil

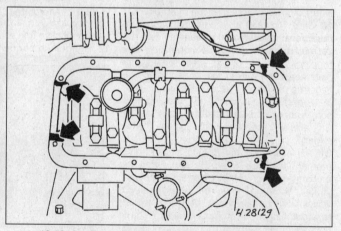

13.13 Applicera tätning på oljepumpen och de bakre ramlageröverfallens fogar (se pil) innan sumpen monteras tillbaka.

14.8 Skruva loss fästskruvarna och ta bort oljepumpskåpa

14.10 Demontering av pumpens yttre drev – utsidans instansade identifieringsmärke markerad med pil

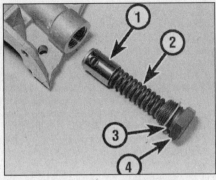

14.11 Oljeövertrycksventil komponenter

1 Tryckkolv   3 Tätningsbricka
2 Fjäder   4 Ventilbult

Modeller med luftkonditionering

18 Vid behov, montera tillbaka oljeupptagare/sil enligt beskrivningen i punkt 11 och 12.
19 Se till att sumpens och motorblockets anliggningsytor är rena och torra och ta bort alla spår av låsmedel från sumpens bultar.
20 Applicera lämpligt tätningsmedel på motorblockets anliggningsytor mot oljehuset och bakre ramlageröverfallets fogar.
21 Montera en ny packning på sumpen och applicera några droppar låsmedel på gängorna på bultarna till motorblocket och oljepumpen.
22 Passa in sumpen, se till att packningen sitter kvar i rätt läge och montera löst alla fästbultar. Arbeta från mitten i diagonal ordningsföljd och dra stegvis åt bultarna som håller delen fast sumpen mot motorblocket/oljepumpen med angivet moment .
23 Dra åt bultarna som håller fast sumpens fläns mot växellådshuset enligt angivna moment. Montera tillbaka gummipluggarna på utskärningarna i sumpflänsen.
24 Montera tillbaka det främre avgasröret (se kapitel 4A) och återanslut oljenivågivarens kontaktdon (om en sådan finns).
25 Sänk ner bilen och fyll motorn med olja enligt beskrivningen i kapitel 1B.

14 Oljepump – demontering, renovering och återmontering

Observera: *Tryckutjämningsventilen kan tas bort med pumpen på plats på motorn.*

Demontering

1 Ta bort kamremmen (se avsnitt 7).
2 Ta bort kamaxelns och vevaxelns kamremsdrev och spännaren enligt beskrivningen i avsnitt 8.
3 Skruva loss kamremmens bakre kåpa från kamaxelhuset och oljepumpen och ta bort den från motorn.
4 Demontera sumpen och oljepumpens oljeupptagare/sil enligt beskrivningen i avsnitt 13.
5 Lossa kontaktdonet från oljetryckskontakten.
6 Skruva loss vevaxelgivarens fäste och placera den på avstånd från oljepumpen.
7 Skruva loss fästbultarna och för sedan av oljepumphusenheten från vevaxelns ände. Se till att du inte lossar styrstiften. Ta bort packningen och kasta den.

Renovering

8 Skruva loss fästskruvarna och lyft av pumpkåpan från husets baksida **(se bild)**.
9 Använd en lämplig märkpenna och märk både pumpens yttre och inre drev; markeringarna kan sedan användas för att säkerställa att rotorerna återmonteras rättvända.
10 Lyft ut de inre och yttre drev från pumphuset **(se bild)**.
11 Skruva loss oljeövertrycksventilens bult från framsidan av huset och ta bort fjädern och tryckkolven från huset, notera åt vilket håll tryckkolven sitter **(se bild)**. Ta bort tätningsbrickan från ventilbulten.
12 Rengör komponenterna och undersök

noggrant dreven, pumphuset och avlastningsventilens tryckkolv beträffande tecken på sprickor eller slitage. Byt eventuella komponenter som visar tecken på slitage eller skador, om drev- eller pumphuset är märkt ska hela pumpenheten bytas.
13 Om komponenterna är funktionsdugliga, mät spelet mellan det inre och det yttre drevet med hjälp av ett bladmått. Mät också drevets axialspel och kontrollera att ändkåpan är platt **(se bilder)**. Om spelen överstiger de angivna toleranserna måste pumpen bytas.
14 Om pumpen är ok, montera alla komponenter i omvänd ordningsföljd mot demonteringen, observera följande.

a) Se till att båda drev är korrekt placerade.
b) Montera en ny tätningsbricka på övertrycksventilens bult och dra åt bulten till angivet moment.
c) Ta bort alla spår av låsmedel från kåpans skruvar. Applicera en droppe ny gänglåsning på varje skruv och dra åt skruvarna till angivet moment.
d) Avsluta med att prima pumpen med ren olja medan du roterar det inre drevet.

Montering

15 Före återmonteringen, bänd försiktigt upp vevaxelns oljetätning med en platt skruvmejsel. Montera den nya packboxen, se till att dess tätningsläpp är vänd inåt, och tryck den rakt in i huset med hjälp av en rörformig dorn som endast ska ligga an mot tätningens hårda ytterläpp **(se bild)**. Tryck tätningen på

14.13a Använd ett bladmått för att kontrollera drevspelet

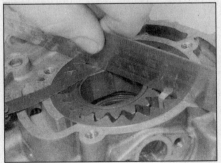

14.13b Använd en ställinjal och ett bladmått för att mäta drevets axialspel

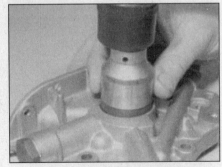

14.15 Montera en ny vevaxel oljetätning i oljepumphuset

plats så att den är jäms med huset och smörj packboxens läpp med ren motorolja.

16 Se till att anliggningsytorna på oljepumpen och motorblocket är rena och torra och att styrstiften sitter på plats.

17 Montera en ny packning på motorblocket.

18 Sätt försiktigt oljepumpen på plats och för in det inre drevet på vevaxelns ände **(se bild)**. Passa in pumpen på stiften, var försiktig så att du inte skadar packboxens läpp.

19 Montera tillbaka pumphusets fästbultar i deras ursprungliga läge och dra åt dem till angivet moment.

20 Montera tillbaka fästet för vevaxelgivaren på pumphuset och dra åt fästbulten till angivet moment. Återanslut oljetryckgivarens kontaktdon.

21 Montera tillbaka oljeupptagare/sil och sumpen enligt beskrivningen i avsnitt 13.

22 Montera tillbaka den bakre kamremskåpan på motorn, dra åt fästbultarna till angivet moment.

23 Montera tillbaka kamremmens drev och sträckare och montera tillbaka remmen enligt beskrivningen i avsnitt 7 och 8.

24 Avsluta med att fylla motorn med olja enligt beskrivningen i kapitel 1.

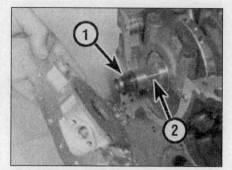

14.18 Var försiktig så att inte oljetätningen på vevaxelns läpp (1) skadas. Placera det inre drevet på vevaxelns plana ytor (2)

svänghjulet. Tappa det inte, det är mycket tungt!

Modeller med automatisk växellåda

4 Ta bort växellådan enligt beskrivningen i kapitel 7B och ta sedan bort drivplatta enligt beskrivningen under punkt 2 och 3. Observera att det finns en spännbricka mellan fästbultarna och drivplattan.

Kontroll

5 På modeller med manuell växellåda, kontrollera att svänghjulet inte har repats av kopplingens yta. Om kopplingsytan är repig kan svänghjulets yta slipas, men det är bättre att byta ut svänghjulet. Kontrollera om krondrevets kuggar är slitna eller skadade. Man kan också byta krondrevet, men detta är inte ett arbete som är lämpligt för en hemmamekaniker, byte kräver att det nya krondrevet värms upp (upp till 230 °C) för att det ska kunna monteras.

6 På modeller med automatisk växellåda, undersök drivplattan och krondrevets kuggar noggrant. Sök efter tecken på slitage och skador och kontrollera att drivplattans yta inte uppvisar tecken på sprickor.

7 Om du är osäker på svänghjulets/ drivplattans skick, kontakta en Opel-verkstad eller annan lämplig motorrenoveringsspecialist för råd. De kan också ge råd om huruvida det är möjligt att renovera eller om ett byte behövs.

Montering

Modeller med manuell växellåda

8 Rengör svänghjulets och vevaxelns fogytor.

9 Passa in svänghjulet och sätt i nya fästbultar med lite låsmedel. Om originaldelen ska återmonteras linjerar du markeringarna som gjordes före demonteringen.

10 Lås svänghjulet på samma sätt som vid demonteringen. Dra åt fästbultarna till angivet moment för steg 1. Vinkeldra sedan bultarna med angiven vinkel för steg 2, med en hylsa och förlängningsstång, och slutligen med angiven vinkel för steg 3 **(se bilder)**. En vinkelmätare rekommenderas till steg 3 för exakthet. Om du inte har tillgång till en mätare, använd färg för att göra linjeringsmarkeringar mellan bultskallen och svänghjulet före åtdragningen. Markeringarna kan sedan användas för att kontrollera att bulten har roterats till rätt vinkel.

11 Montera kopplingen enligt beskrivning i kapitel 6, sedan avlägsna låsredskapet och montera växellådan enligt beskrivning i kapitel 7A.

Modeller med automatisk växellåda

12 Rengör drivplattans och vevaxelns fogytor och ta bort alla spår av låsmedel från drivplattans fästbultar.

13 Applicera en droppe låsmedel på gängorna på varje fästbult. Passa sedan in drivplattan och rikta in den mot markeringar som gjorts tidigare, om den ursprungliga plattan återanvänds. Montera tillbaka spännbrickan och skruva på fästbultarna.

14 Lås drivplattan på samma sätt som vid demonteringen. Dra åt fästbultarna till angivet moment för steg 1. Vinkeldra sedan bultarna med angiven vinkel för steg 2, med en hylsa och förlängningsstång, och slutligen med angiven vinkel för steg 3. En vinkelmätare rekommenderas till steg 3 för exakthet. Om du inte har tillgång till en mätare, använd färg för att göra linjeringsmarkeringar mellan bultskallen och svänghjulet före åtdragningen. Markeringarna kan sedan användas för att kontrollera att bulten har roterats till rätt vinkel.

15 Ta bort låsverktyget och montera växellådan enligt beskrivningen i kapitel 7B.

---

15 Svänghjul/drivplatta – demontering, kontroll och återmontering

Observera: *Nya fästbultar för svänghjulet/ drivplattan krävs vid återmonteringen.*

Demontering

Modeller med manuell växellåda

1 Ta bort växellådan enligt beskrivningen i kapitel 7A och ta sedan bort kopplingsenheten enligt beskrivningen i kapitel 6.

2 Hindra svänghjulet från att vridas genom att låsa krondrevets kuggar **(se bild)**. Alternativt, skruva fast en remsa mellan svänghjulet och motorblocket/vevhuset. Gör linjeringsmarkeringar mellan svänghjulet och vevaxeln med färg eller en lämplig märkpenna.

3 Lossa och ta bort fästbultarna och ta bort

15.2 Lås svänghjulets/drivplattans krondrev med ett lämpligt verktyg

15.10a På modeller med manuell växellåda, dra åt svänghjulsbultarna till angivet moment för steg 1 . . .

15.10b . . . dra sedan åt dem med de angivna vinklarna för steg 2 och 3

16 Vevaxelns oljetätningar – byte

Oljetätningen på kamremssidan

1 Demontera vevaxeldrevet enligt beskrivningen i avsnitt 8.

2 Stansa eller borra två hål på var sin sida av oljetätningen. Skruva i självgängande skruvar i hålen och dra i skruvarna med tänger för att få ut tätningen **(se bild)**.
Varning: Var noga med att inte skada oljepumpen

3 Rengör tätningshuset och vevaxeln. Putsa av alla grader eller vassa kanter som kan ha skadat tätningen.

4 Smörj läpparna på den nya tätningen med ren motorolja och sätt försiktigt dit tätningen i änden av axeln. Tryck tätningen rakt på plats tills den är jäms med huset. Om det behövs kan en rörformig dorn, t.ex. en hylsa, som endast vilar på tätningens hårda yttre kant användas för att knacka tätningen på plats **(se bild)**. Var noga med att inte skada packboxarnas kanter vid monteringen och säkerställ att packboxarnas kanter är vända inåt.

5 Tvätta bort alla spår av olja och montera sedan vevaxeldrevet enligt beskrivningen i avsnitt 8.

Svänghjuls/drivplattändens oljetätning

6 Demontera svänghjulet/drivplattan enligt beskrivningen i avsnitt 15.

7 Byt tätningen enligt beskrivningen i stycke 2 till 4.

8 Montera tillbaka svänghjulet/drivplattan enligt beskrivningen i avsnitt 15.

17 Motorns-/växellådans fästen – kontroll och byte

Kontroll

1 För att komma åt bättre, dra åt handbromsen och lyft sedan upp framvagnen

16.2 Ta bort vevaxelns högra oljetätning

och ställ den på pallbockar (se *Lyftning och stödpunkter*). Om det behövs, skruva loss fästbultarna och ta bort den nedre kåpan underifrån motor/växellådsenheten.

2 Kontrollera om gummifästena är spruckna, förhårdnade eller skilda från metallen på något ställe. Byt fästet om du ser tecken på sådana skador.

3 Kontrollera att fästenas hållare är hårt åtdragna; använd en momentnyckel om möjligt

4 Undersök om fästet är slitet genom att försiktigt bända det med en stor skruvmejsel eller en kofot för att kontrollera eventuellt fritt spel. där detta inte är möjligt, låt en medhjälpare vicka på motorn/växellådan framåt/bakåt och i sidled, medan du studerar fästet. Visst spel finns även hos nya komponenter, men kraftigt slitage märks tydligt. Om för stort spel förekommer, kontrollera först att hållarna är ordentligt åtdragna, och byt sedan slitna komponenter enligt beskrivningen nedan.

Byte

Observera: *Innan några av motorns fästbultar eller -muttrar lossas måste fästenas olika lägen i förhållande till sina fästbyglar märkas, så att de riktas in korrekt vid återmonteringen.*

Höger fäste

5 Ta bort luftrenaren enligt beskrivningen i kapitel 4A.

6 Stötta upp vikten från motorn med en garagedomkraft med en träbit emellan. Ta

16.4 Placera vevaxelns högra oljetätning

bort de tre bultar som håller fast det högra motorfäste på motorblockets fäste **(se bild)**.

7 Skruva loss bultarna som håller fast fästet på karossen, och ta bort fästbygeln tillsammans med fästet **(se bild)**.
Främre fäste

8 Dra åt handbromsen. Lyft upp framvagnen och ställ den på pallbockar (se *Lyftning och stödpunkter*).

9 Stötta upp vikten från motorn/växellådan med en garagedomkraft med en träbit emellan.

10 Lossa och ta bort muttern och brickan som håller fast fästet vid fästbygeln. Ta bort bulten **(se bild)**

11 Skruva loss bultarna som håller fast fästet vid växellådan, och ta bort fästet och fästbygeln. **Observera:** *Var mycket noggrann med att inte lägga onödig belastning på avgassystemet när motorn lyfts upp eller sänks ner. Om det behövs, lossa framröret från grenröret (se kapitel 4A).*

12 Undersök alla komponenter efter tecken på skador eller åldrande och byt dem om de behövs.

13 Vid ihopsättningen, montera fästbygeln och dra åt fästbultarna till angivet moment.

14 Placera fästet i hjälpramen, se till att det monteras åt rätt håll, och för motorn/växellådan till rätt position. Montera tillbaka fästbultarna och nya muttrar. Dra åt dem till angivet moment.

15 Sänk ner bilen.

Bakre fäste:

16 Dra åt handbromsen. Lyft upp framvagnen

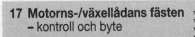

17.6 Ta bort fästbultarna mellan fästet och topplocket

17.7 Ta bort det högra motorfästet

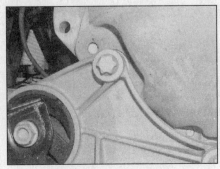

17.10 Främre motorfäste

17.18 Bakre motorfäste och fästbultar (markerad med pil)

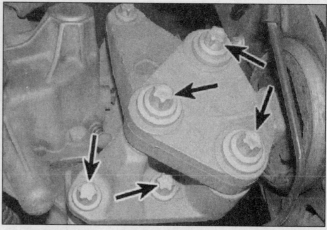

17.25 Skruva loss de fem eller sex (beroende på modell) fästbultarna

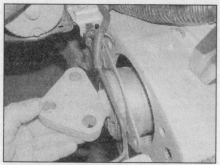

17.26 Skruva loss de fyra torxskruvarna och ta bort det vänstra fästet

17.27 Ta bort torxbulten för att skilja fästelementen

och ställ den på pallbockar (se *Lyftning och stödpunkter*).

17 Stötta upp vikten från motorn/växellådan med en garagedomkraft med en träbit emellan. Placera domkraften under växellådan och höj upp växellådan lite för att ta bort all belastning från det bakre fästet.

18 Lossa och ta bort de två bultarna som håller fast det bakre fästet mot hjälpramen, och muttern som håller fast fästet mot växellådans fäste. Ta sedan ut enheten underifrån bilen **(se bild)**.

19 Vid monteringen, sätt fästet på plats och montera bultarna/muttrarna som håller fast det mot hjälpramen. Säkerställ att fästet griper in korrekt i växellådans fästbygel och montera den nya fästmuttern mellan fäst och fästbygel. Dra åt fästbultarna/muttrarna

till angivet moment. Ta bort domkraften underifrån motorn/växellådan.

20 Sänk ner bilen.

Vänster fäste

21 Stötta upp vikten från växellådan med en garagedomkraft med en träbit emellan.

22 Ta bort batteriet enligt beskrivningen i kapitel 5A.

23 Skruva loss fästbultarna, och ta bort batterifästet från karossen.

24 Ta bort vänster nedre hjulhuspanelen.

25 Skruva loss de sex (automatisk växellåda: fem) fästbultar, och dra bort fästbygeln från fästbygeln **(se bild)**.

26 Lossa och ta bort de fyra torxskruvarna och för bort fästet från innerskärmen **(se bild)**.

27 Om det behövs, ta bort gummielementet från fästet genom att skruva loss fästbulten **(se bild)**.

28 Monteringen sker i omvänd ordningsföljd mot demonteringen. Säkerställ att alla bultar/muttrar är åtdragna till sina angivna moment.

Kapitel 2 Del B:
Reparationer med 1,4-, 1,6-, 1,8- och 2,0-liters DOHC motor kvar i bilen

Innehåll

Svårighetsgrad

| Enkelt, passar novisen med lite erfarenhet | 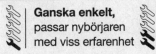 | Ganska enkelt, passar nybörjaren med viss erfarenhet | | Ganska svårt, passar kompetent hemmamekaniker | | Svårt, passar hemmamekaniker med erfarenhet | 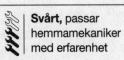 | Mycket svårt, för professionell mekaniker | |

Specifikationer

Allmänt

Motortyp	Fyra cylindrar, rak, vattenkyld. Dubbel överliggande kamaxel, remdriven
Tillverkarens motorkoder:	
1,4 liter	X14XE, Z14XE
1,6 liter	X16XEL, Z16XE
1,8 liter	X18XE1, Z18XE, Z18XEL
2,0 liter	X20XEV
Lopp:	
1,4 liter	77.6 mm
1,6 liter	79.0 mm
1,8 liter	80.5 mm
2,0 liter	86.0 mm
Kolvslag:	
1,4 liter	73.4 mm
1,6 liter	81.5 mm
1,8 liter	88.2 mm
2,0 liter	86.0 mm
Tändföljd	1-3-4-2 (Nr 1 vid kamremssänden)
Vevaxelns rotationsriktning.	Medurs (sett från motorns kamremssida)
Volym:	
1,4 liter	1389 cc
1,6 liter	1598 cc
1,8 liter	1796 cc
2,0 liter	1998 cc
Kompressionsförhållande:	
1,4-, 1,6- och 1,8-liter.	10.5:1
2,0 liter	10.8:1

Allmänt (forts.)

Max. effekt (kW):

1,4 liter	66 vid 6000 varv/minut
1,6 liter	74 vid 6200 varv/minut
1,8 liter:	
X18XE1 och Z18XEL............................	85 vid 5400 varv/minut
Z18XE	92 vid 5600 varv/minut
2,0 liter	100 vid 5600 varv/minut

Maximalt vridmoment (Nm):

1,4 liter	125 vid 4000 varv/minut
1,6 liter	150 vid 3200 varv/minut
1,8 liter	170 vid 3600 varv/minut
2,0 liter	188 vid 3200 varv/minut

Kompressionstryck

Standard	12 till 15 bar
Maximal skillnad mellan två cylindrar..................	1 bar

Kamaxel

Axialspel	0,04 till 0,15 mm	
Max. tillåtet radiellt kast	0,040 mm	
Kamlyftare:	**Insug**	**Avgas**
1,4-, 1,6- och 1,8-liters motorer....................	8,5 mm	8,0 mm
2,0 liters motorer	10,0 mm	10,0 mm

Balansaxelenhet (2,0 DOHC motor)

Tillåtet spelrum..................................	0,02 till 0,06 mm
Mellanläggets kodnummer:	**Mellanläggstjocklek**
55	0,535 till 0,565 mm
58	0,565 till 0,595 mm
61	0,595 till 0,625 mm
64	0,625 till 0,655 mm
67	0,655 till 0,685 mm
70	0,685 till 0,715 mm
73	0,715 till 0,745 mm
76	0,745 till 0,775 mm
79	0,775 till 0,805 mm
82	0,805 till 0,835 mm
85	0,835 till 0,865 mm

Smörjningssystem

Oljepumpstyp.....................................	Drevtyp, direktdriven via vevaxeln
Min. tillåtna oljetryck vid tomgångsvarvtal, med motor vid driftstemperaturer (oljetemperatur på minst 80°C)............	1,5 bar
Oljepumpens spel:	
Spel mellan inre och yttre drevkuggar	0,10 till 0,20 mm
Drevets axialspel	0,03 till 0,10 mm

Åtdragningsmoment

Nm

1,4-, 1,6- och 1,8-liters modeller

Bult mellan drivremspännare och generatorfäste	35
Bultar för skvalpskottet	8
Kamaxellageröverfallets bultar............................	8
Kamaxelkåpans bultar...................................	8
Kamaxelgivarens bultar	8
Kamaxeldrevets bult*:	
Steg 1	50
Steg 2	Vinkeldra ytterligare 60°
Steg 3	Vinkeldra ytterligare 15°
Vevstakens storändslager, kåpans bult*:	
Steg 1	25
Steg 2	Vinkeldra ytterligare 30°
Vevaxelremskivans bult*:	
Steg 1	95
Steg 2	Vinkeldra ytterligare 30°
Steg 3	Vinkeldra ytterligare 15°
Bult till vevaxelgivarens fästbygel	8

Åtdragningsmoment (forts.)

Nm

1,4-, 1,6- och 1,8-liters modeller (forts.)

Topplockets bultar*:
Steg 1	25
Steg 2	Vinkeldra ytterligare 90°
Steg 3	Vinkeldra ytterligare 90°
Steg 4	Vinkeldra ytterligare 90°
Steg 5	Vinkeldra ytterligare 45°

Drivplattans bultar* 60

Motorns/växellådans fästbultar:

Främre fäste:
Bultar mellan fäste och motor	60
Fäste till hjälpram	55

Vänster fäste:
Bultar mellan fäste och kaross	20
Bultar för fästet till växellåda	35
Bultar mellan fäste och fästbygel	55

Bakre fäste:
Bultar mellan fäste och fästbygel	55
Bultar mellan fäste och hjälpram	55
Bultar för fästet till växellåda	60

Höger fäste:
Bultar mellan fäste och motor	50
Muttrar mellan fäste och kaross	45
Bult mellan fäste och adapter	55
Fäste mellan adapter och motorblock	55

Bultar mellan växellåda och motor:
M12 bultar	60

Främre hjälpramens bultar*:
Steg 1	90
Steg 2	Vinkeldra ytterligare 45°
Steg 3	Vinkeldra ytterligare 15°

Svänghjul bultar*:
Steg 1	35
Steg 2	Vinkeldra ytterligare 30°
Steg 3	Vinkeldra ytterligare 15°

Ramlageröverfall, bultar*:
Steg 1	50
Steg 2	Vinkeldra ytterligare 45°
Steg 3	Vinkeldra ytterligare 15°

Oljenivågivarens Torx skruvar 8

Oljepump:
Fästbultar	10
Pumpkåpans skruvar	6
Oljeövertrycksventil bult	50
Oljetrycksbrytare	30

Oljepumpens upptagarrör/sil bultar 8

Hjulbultar 110

Sumpbultar:
Bultar mellan sump och motorblock/oljepump	10
Sumpfläns till växellådan, (M10) bultar	40

Dräneringsplugg:
Inre torxtyp (gummitätningsring)	14
Sexkantstyp (metalltätningsring)	45

Kamremskåpans bultar:
Övre och nedre kåpor	3
Bakre kåpa	6

Bult för kamremmens tomgångsöverföring 25

Kamremsspännarens bult 20

2,0-liters modeller

Drivremspännare-till-generatorfäste:
Modeller utan luftkonditionering	35
Modeller med luftkonditionering	25

Bultar för skvalpskottet 8

Bultar mellan balanseringsenheten och motorblocket:
Steg 1	20
Steg 2	Vinkeldra ytterligare 45°

Åtdragningsmoment (forts.) Nm

2,0-liters modeller (forts.)

Kamaxellageröverfallets bultar 8
Kamaxelkåpans bultar 8
Kamaxelgivarens bultar 6
Kamaxeldrevets bult*:
  Steg 1 50
  Steg 2 . . . . Vinkeldra ytterligare 60°
  Steg 3 . . . . Vinkeldra ytterligare 15°
Vevstakens storändslager, kåpans bult*:
  Steg 1 35
  Steg 2 . . . . Vinkeldra ytterligare 45°
  Steg 3 . . . . Vinkeldra ytterligare 15°
Vevaxelremskivans bultar 20
Vevaxeldrevets bult:
  Steg 1 130
  Steg 2 . . . . Vinkeldra ytterligare 40° till 50°
Topplockets bultar*:
  Steg 1 25
  Steg 2 . . . . Vinkeldra ytterligare 90°
  Steg 3 . . . . Vinkeldra ytterligare 90°
  Steg 4 . . . . Vinkeldra ytterligare 90°
  Steg 5 . . . . Vinkeldra ytterligare 15°
Drivplattans bultar*:
  Steg 1 55
  Steg 2 . . . . Vinkeldra ytterligare 30°
  Steg 3 . . . . Vinkeldra ytterligare 15°
Motorns/växellådans fästbultar:
  Främre fäste:
    Bultar mellan fäste och motor 60
    Fäste till hjälpram 55
  Vänster fäste:
    Bultar mellan fäste och kaross 20
    Bultar för fästet till växellåda 35
    Bultar mellan fäste och fästbygel 55
  Höger fäste:
    Bultar mellan fäste och motor 50
    Muttrar mellan fäste och kaross 45
    Bult mellan fäste och adapter 55
    Fäste mellan adapter och motorblock 55
  Bakre fäste:
    Bultar mellan fäste och fästbygel 55
    Bultar mellan fäste och hjälpram 55
    Bultar för fästet till växellåda 60
Bultar mellan växellåda och motor:
  M12 bultar 60
Svänghjul bultar*:
  Steg 1 65
  Steg 2 . . . . Vinkeldra ytterligare 30°
  Steg 3 . . . . Vinkeldra ytterligare 15°
Huvudlager mellan brygga och motorblock:
  Steg 1 20
  Steg 2 . . . . Vinkeldra ytterligare 45°
Ramlageröverfall, bultar*:
  Steg 1 50
  Steg 2 . . . . Vinkeldra ytterligare 45°
  Steg 3 . . . . Vinkeldra ytterligare 15°
Ramlagerhållarens stombultar 20
Oljenivågivarens Torx skruvar 8
Oljepump:
  Fästbultar 8
  Pumpkåpans skruvar 6
  Tryckutjämningsventilens bult 50
Oljepumpens upptagarrör/sil bultar:
  Pickupenhet och oljepumphus, bultar 8
  Pickup- och huvudlageröverfallet, stombultar 20
Hjulbultar 110

Åtdragningsmoment (forts.)

2,0-liters modeller (forts.)

	Nm
Sumpbultar:	
Sumpbultar:	
Steg 1	8
Steg 2	Vinkeldra ytterligare 30°
Stombultar:	
Bultar mellan sump och motorblock/oljepump	20
Sumpfläns till växellådan, bultar.	40
Dräneringsplugg.	10
Kamremkåpans bultar	6
Kamremmens tomgångsremskiva:	
Remskivans bult.	25
Fästets bultar	25
Kamremsspännarens bult	20

* Använd nya bultar/muttrar

1 Allmän information

Vad innehåller detta kapitel

1 Denna del av kapitel 2 ägnas åt motorreparationer med motorn kvar i bilen. Alla tillvägagångssätt vid demontering och montering av motorn och motorblocket/topplocket för renovering finns i kapitel 2D.
2 De flesta åtgärder som beskrivs i det här avsnittet utgår ifrån att motorn sitter kvar i bilen. Om denna information används under en fullständig motorrenovering och motorn redan har monterats ut gäller därför inte en del av de steg som räknas upp här

Motorbeskrivning

3 Den raka motorn har dubbla överliggande kamaxlar, fyra cylindrar, är monterad tvärs över framvagnen och har kopplingen och växellådan på vänster sida.
4 Cylinderblocket är tillverkat av en aluminiumlegering och har torra cylinderfoder. Vevaxeln hålls på plats i motorblocket av fem huvudlager av skåltyp. Tryckbrickor sitter monterade på ramlager 3 för att kontrollera vevaxelns axialspel.
5 Vevstakarna är fästa vid vevaxeln med horisontellt delade skålformade vevstakslager och vid kolvarna med presspassade kolvtappar. Aluminiumkolvarna har glidstycken och monteras med tre kolvringar, bestående av två kompressionsringar och en oljeskrapring.
6 Kamaxlarna går direkt in i topplocket och drivs av vevaxeln via en kuggad kamrem av gummi (som även driver kylvätskepumpen). Kamaxlarna styr ut respektive ventil via en ventillyftare. Varje lyftare inkorporerar en självjusterande hydraulventil som automatiskt justerar ventilspelen.

7 Smörjningen sker med tryckmatning från en oljepump av drevtyp som sitter på höger sida om vevaxeln. Olja sugs genom ett filter i sumpen och tvingas sedan genom ett utvändigt monterat fullflödesfilter av insatstyp. Oljan flödar in i kanaler på huvudlageröverfallets brygganordning och motorblocket/vevhuset, varifrån det fördelas på vevaxeln (huvudlager) och kamaxeln/axlarna. Vevstakslagren förses med olja via inre borrningar i vevaxeln, medan kamaxellagren även förses med olja under tryck. Kamloberna och ventilerna smörjs av oljestänk på samma sätt som övriga motorkomponenter.
8 Vevhusventilationen är ett halvslutet system; Ångor från vevhuset samlas upp från topplocket, och förs via en slang till insugsröret.

Reparationer med motorn kvar i bilen

9 Följande arbeten kan utföras utan att motorn behöver lyftas ur bilen.
a) Demontering och montering av topplocket.
b) Demontering och montering av kamremmen och drev.
c) Byte av kamaxelns oljetätningar.
d) Demontering och montering av kamaxlarna och lyftare.
e) Demontering och montering av sumpen.
f) Demontering och montering av vevstakar och kolvar*.
g) Demontering och montering av oljepumpen.
h) Byte av vevaxelns oljetätningar.
i) Byte av motorfästen.
j) Demontering och montering av svänghjulet/drivplattan.
* Även om ett förfarande märkt med en asterisk kan utföras med motorn kvar i bilen efter att sumpen tagits bort, är det bättre om motorn tas ur eftersom arbetet blir renare och åtkomsten bättre. Av detta skäl beskrivs tillvägagångssättet i kapitel 2D.

2 Kompressionstest – beskrivning och tolkning

Se kapitel 2A, avsnitt 2.

3 Övre dödpunkt (TDC) för kolv 1 – placering

1 Övre dödpunkten (ÖD) är den högsta punkt kolven når under sin rörelse upp och ner när vevaxeln roterar. Varje kolv når visserligen ÖD i högsta läget av både kompressions- och avgastakten, men vid tändningsinställning menar man läget för kolv (1) i högsta läget av dess kompressionstakt då man refererar till ÖD.
2 Kolv 1 (och cylindern) sitter på motorns högra sida (vid kamremmen) och dess ÖD-läge hittar du på följande sätt. Observera att vevaxeln roterar medurs, betraktad från bilens högra sida.
3 Lossa batteriets jordledning (se *Koppla loss batteriet* i Referens kapitlet). Ta vid behov bort alla tändstift enligt beskrivningen i kapitel 1 för att motorn lätt ska kunna gå.

1,4-, 1,6- och 1,8-liters modeller

4 För att komma åt kamaxeldrevets inställningsmärken, ta bort den övre kamremskåpan enligt beskrivningen i avsnitt 6.
5 Använd en hylsnyckel på vevaxelns remskivebult och vrid vevaxeln tills inställningsmärkena på kamaxeldreven är riktade mot varandra och en tänkt linje kan dras rakt genom kamdrevsbulten och inställningsmärkena. Med inställningsmärkena på kamaxeldreven i korrekt position ska

3.5a Linjera kamaxelns inställningsmarkeringar . . .

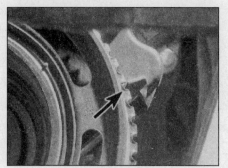

3.5b . . . och vevaxelns kaminställningsmarkering

3.7 På 2,0-liters motorer, placera kamaxeldrevets inställningsmärken mitt för markeringarna (1) på ventilkåpan och inskärningen i vevaxelns remskiva mitt för pekaren (2)

skåran på vevaxelremskivans kant befinna sig i linje med markeringen på den nedre kamkedjekåpan **(se bilder)**. Motorn har nu kolv nr 1 vid ÖD i dess kompressionsslag.

2,0-liters modeller

6 För att komma åt kamaxeldrevets inställningsmärken, ta bort den yttre kamremskåpan enligt beskrivningen i avsnitt 6.

7 Använd en hylsnyckel på vevaxeldrevets bult och rotera vevaxeln tills inställningsmärkena på kamaxeldreven är högst upp och mitt för markeringarna på ventilkåpan. Med inställningsmärkena på kamaxeldreven i korrekt position ska skåran på vevaxelremskivans kant befinna sig i linje med markeringen på kåpan **(se bild)**. Motorn har nu kolv nr 1 vid ÖD i dess kompressionsslag.

4 Kamaxelkåpa – demontering och montering

1,4- och 1,6-liters modeller

Demontering

1 Ta bort oljepåfyllningslocket. Skruva loss fästskruvarna, lossa motorkåpan från fästtapparna på framsidan av kamaxelkåpan och ta bort kåpan från motorrummet **(se bild)**.

2 Lossa anslutningskontakten, skruva loss fästskruvarna, och ta bort tändningsmodulen. Om det behövs, se kapitel 5B.

3 Lossa fästklämmorna och ventilationsslangarna från den bakre vänstra delen av kåpan **(se bild)**.

4 Lossa kamaxelkåpans fästbultar jämnt och stegvis och ta bort dem.

5 Lyft bort ventilkåpan från topplocket och ta loss kåpans tätningar och tätningsringarna som är monterade på alla fästbultarnas hål **(se bild)**. Undersök tätningen och tätningsringarna för att se om de är slitna eller skadade och byt ut dem vid behov.

Montering

6 Se till att kåpans och topplockets ytor är rena och torra och montera sedan kamaxelns tätning ordentligt i kåpans spår. Montera tätningsringarna i urtagen runt vart och ett av fästbultshålen, håll dem på plats med ett lager fett **(se bilder)**.

4.1 Ta bort motorkåpan genom att skruva loss de två skruvarna och lossa styrtapparna

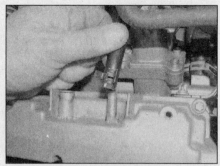

4.3 Lossa ventilationsslang

4.5 Lyft av kamaxelkåpan från motorn

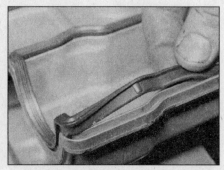

4.6a Se till att tätningarna sitter korrekt i kåpans urholkningar . . .

4.6b . . . och montera tätningsringarna i urholkningarna runt hålen för varje fästbult

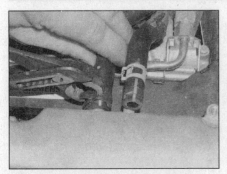

4.13 Lossa ventilationsslangen

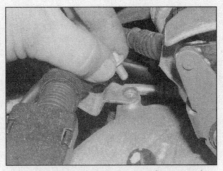

4.16 Ta bort bulten som håller fast kylvätskerören över ventilkåpan

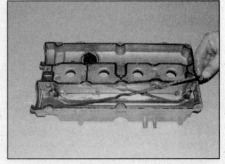

4.19 Montera försiktigt kamaxelkåpans tätning

7 Stryk på lite lämpligt tätningsmedel på topplockets yta runt lageröverfallen för höger insugnings- och avgaskamaxel och även på de halvcirkelformade utskärningarna på topplockets vänstra sida.

8 Sätt kamaxelkåpan försiktigt på plats, var noga så att tätningsringen fortfarande sitter korrekt. Sätt tillbaka kåpans fästbultar och dra åt bultarna jämnt och stegvis till angivet moment. Arbeta från de mittersta bultarna och utåt i en spiral.

9 Återanslut ventilationsslangen, fäst dem på plats med fästklämmorna.

10 Montera tillbaka tändningsmodulen enligt beskrivningen i kapitel 5B.

11 Montera tillbaka motorkåpan.

1,8-liters modeller

Demontering

12 Ta bort motorkåpan enligt beskrivningen i stycke 1.

13 Lossa fästklämmorna och ventilationsslangarna från den bakre vänstra delen av kåpan **(se bild)**.

14 Lossa anslutningskontakten, skruva loss fästskruvarna, och ta bort tändningsmodulen. Se kapitel 5B om det behövs.

15 Lossa anslutningskontakten från kylvätsketemperaturgivaren

16 Lossa kylarröret från termostathuset. Skruva loss fästbygeln från kamaxelkåpan och insugsgrenröret, lossa fästklämman och flytta röret till ena sidan **(se bild)**. Var beredd på att kylvätska läcker ut.

17 Lossa kamaxelkåpans fästbultar jämnt och stegvis och ta bort dem.

18 Lyft av kamaxelkåpan från topplocket och ta loss gummitätningen. Undersök tätningen efter tecken på skada eller slitage, och byt ut om det behövs.

Montering

19 Se till att kåpans och topplockets ytor är rena och torra och montera sedan kamaxelns tätning ordentligt i kåpans spår **(se bild)**.

20 Sätt kamaxelkåpan försiktigt på plats, var noga så att tätningsringen fortfarande sitter korrekt. Sätt tillbaka kåpans fästbultar och dra åt bultarna jämnt och stegvis till angivet

moment. Arbeta från de mittersta bultarna och utåt i en spiral.

21 Återanslut kylvätskeröret till termostathuset och se till att det hålls fast med fästbygeln på kamaxelkåpan och insugsgrenröret **(se bild)**. Fyll på kylvätska enligt beskrivningen i *Veckokontroller*.

22 Sätt tillbaka anslutningskontakten på kylvätsketemperaturgivaren

23 Återanslut ventilationsslangarna, och fäst den med fästklämmorna.

24 Montera tillbaka tändningsmodulen enligt beskrivningen i kapitel 5B.

25 Montera tillbaka motorkåpan.

2,0-liters modeller

Demontering

26 Enligt beskrivningen i kapitel 4A, ta bort luftrenarenheten.

27 Ta bort kamremmens övre kåpa enligt beskrivningen i avsnitt 6.

28 Lossa motorns ventilationsslangar från höger baksida och vänster framsida av kåpan **(se bild)**.

29 Skruva loss fästskruvarna och ta bort tändstiftkåpan. Lossa tändstiftslocken från tändstiften, lossa sedan tändkablarna och placera dem utanför kåpan.

30 Koppla loss anslutningskontakten från kamaxelgivaren. Lossa kabelhärvan från kåpan.

31 Lossa kamaxelkåpans fästbultar jämnt och stegvis och ta bort dem.

32 Lyft bort ventilkåpan från topplocket och ta loss kåpans tätning och tätningsringarna som är monterade på alla fästbultarnas hål. Undersök tätningen och tätningsringarna för att se om de är slitna eller skadade och byt ut dem vid behov.

Montering

33 Se till att kåpans och topplockets ytor är rena och torra och montera sedan kamaxelns tätning ordentligt i kåpans spår. Montera tätningsringarna i urtagen runt vart och ett av fästbultshålen, håll dem på plats med ett lager fett.

34 Stryk på lite lämpligt tätningsmedel på topplockets yta runt lageröverfallen för höger insugnings- och avgaskamaxel och även på de halvcirkelformade utskärningarna på topplockets vänstra sida.

35 Sätt kamaxelkåpan försiktigt på plats, var noga så att tätningsringen fortfarande sitter korrekt. Sätt tillbaka kåpans fästbultar och dra åt bultarna jämnt och stegvis till angivet moment. Arbeta från de mittersta bultarna och utåt i en spiral.

36 Återanslut ventilationsslangarna, och fäst den med fästklämmorna.

37 Montera tändstiftshattarna på tändstiften och sätt tillbaka tändkablarna.

38 Placera tändstiftskåpan mitt i ventilkåpan och dra åt fästskruvarna ordentligt.

39 Montera tillbaka kamremmens övre kåpa enligt beskrivningen i avsnitt 6.

40 Montera tillbaka luftrenarenheten (se kapitel 4A).

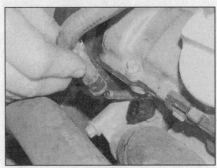

4.21 Återanslut röret till termostathuset

4.28 Lossa ventilationsslangen från kåpan (markerad med pil)

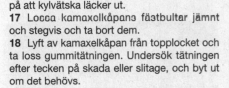

5.5 Placera remskivans utskärning mitt för det upphöjda hacket

5 Vevaxelremskiva – demontering och montering

1,4-, 1,6- och 1,8-liters modeller

Observera: *En ny fästbult för vevaxelremskivan kommer att behövas efter återmonteringen.*

Demontering

1 Dra åt handbromsen. Lyft upp framvagnen och ställ den på pallbockar (se *Lyftning och stödpunkter*). Ta bort det högra hjul och nedre hjulhusfodret.

2 Använd en skruvnyckel och håll fast drivremsspännaren mot fjädertrycket och lyft bort drivremmen från remskivorna. Se kapitel 1 om det behövs. Innan demonteringen, markera remmens rotationsriktning så att remmen monteras åt rätt håll.

3 Lossa vevaxelremskivans fästbult. På modeller med manuell växellåda, för att förhindra att vevaxeln roterar genom att välja högsta växeln och låta en medhjälpare trycka hårt på bromspedalen. På modeller med automatisk växellåda förhindrar du rotation genom att ta bort en av momentomvandlarnas fästbultar och fästa drivplattan på växellådshuset med hjälp av en metallstång, mellanlägg och lämpliga bultar (se kapitel 7B). Om motorn tas bort från bilen måste du spärra svänghjulet/drivplattan (se avsnitt 15).

4 Skruva loss fästbulten och brickan och ta bort vevaxelns remskiva från vevaxelns ände. Se till att du inte skadar vevaxelgivaren (i förekommande fall).

Montering

5 Montera vevaxelns remskiva och placera remskivans utskärningar i linje med de upphöjda hacken på kamremmens drev. Montera sedan brickan och den nya fästbulten **(se bild)**.

6 Lås vevaxeln på samma sätt som vid demonteringen. Dra åt fästbultarna till angivet moment för steg 1. Vinkeldra sedan bultarna med angiven vinkel för steg 2, med en hylsa och förlängningsstång, och slutligen med angiven vinkel för steg 3. En vinkelmätare rekommenderas till steg 3 för exakthet. Om du inte har tillgång till en mätare, använd färg för att göra linjeringsmarkeringar mellan bultskallen och remskivan före åtdragningen. Markeringarna kan sedan användas för att kontrollera att bulten har roterats till rätt vinkel.

7 Montera drivremmen enligt beskrivningen i kapitel 1. Använd den markering du gjorde före borttagningen så att remmen monteras åt rätt håll.

8 Montera tillbaka det nedre hjulhusfodret och hjulet, sänk ner bilen och dra åt hjulbultarna till angivet moment.

2,0-liters modeller

Demontering

9 Utför de åtgärder som beskrivs i punkt 1 och 2.

10 Sätt en hylsa och en förlängningsstång på vevaxeldrevets bult. Vrid vevaxeln tills skåran på remskivan är helt i linje med markeringen på kåpan.

11 Lossa och ta bort de små fästbultarna som håller fast remskivan mot vevaxeldrevet och ta bort remskivan från motorn. Förhindra vid behov vevaxeln från att rotera genom att hålla drevets fästbult med en lämplig hylsa.

Montering

12 Kontrollera att vevaxeldrevets märke

är linje med märket på huset. Sätt sedan vevaxelns remskiva i rätt läge. Rikta in skåran på remskivans kant så att den är i linje med markeringen, placera därefter remskivan på drevet och dra åt dess fästbultar till angivet moment.

13 Utför de åtgärder som beskrivs i punkt 7 och 8.

6 Kamremskåpor – demontering och montering

1,4-, 1,6- och 1,8-liters modeller

Övre kåpan

1 Ta bort luftrenaren enligt beskrivningen i kapitel 4A.

2 Lossa kamaxelgivarens kablage från fästklämman från den toppkåpan. Skruva loss de tre fästskruvarna, lossa sedan toppkåpan från bakkåpan och ta bort den från motorrummet **(se bild)**.

3 Återmonteringen sker i omvänd ordningsföljd mot monteringen, men se till att kamaxelgivarens kablage sitter korrekt, och dra åt fästbultarna till angivet moment **(se bild)**.

Nedre kåpan

4 Ta bort den övre kåpan enligt beskrivningen i punkt 1 och 2.

5 Håll sträckaren mot fjädertrycket och lossa drivremmen från remskivorna (se kapitel 1 om det behövs). Innan demonteringen, markera remmens rotationsriktning så att remmen monteras åt rätt håll.

6 Dra åt handbromsen. Lyft upp framvagnen och ställ den på pallbockar (se *Lyftning och stödpunkter*). Demontera det högra hjulet.

7 Ta bort det högra främre hjulhusfodret enligt beskrivningen i kapitel 11.

8 Skruva loss fästbulten och ta bort multiremspännaren **(se bild)**.

9 Ta bort vevaxelns remskiva enligt beskrivningen i avsnitt 5.

10 Skruva loss fästbulten, lossa sedan kåpan

6.2 Skruva loss kåpans tre övre fästbultar

6.3 Se till att kamaxelgivares kablage sitter korrekt

6.8 Ta bort multiremmens spännare

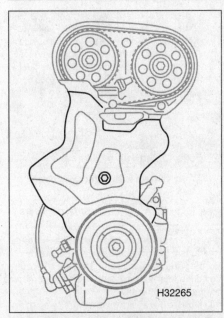

6.10 På 1,4-, 1,6- och 1,8-liters motorer, skruva loss den mittre fästbulten

6.11 Kläm tillbaka kåpan i läge

6.15 Bultar som förbinder motorfästet med motorblockets fästbygel

från den bakre kåpan och flytta sedan bort den (se bild).
11 Återmonteringen sker i omvänd ordningsföljd mot monteringen. Kläm fast kåpan i rätt läge och dra åt kåpans bultar till angivet moment (se bild).

Bakre kåpa
12 Demontera kamremmen enligt beskrivningen i avsnitt 7.
13 Demontera kamaxelkåpan enligt beskrivningen i avsnitt 4.
14 Ta bort kamaxeldrev, vevaxeldrev, kamremsspännaren, främre tomgångsremskiva och bakre tomgångsremskiva enligt beskrivningen i avsnitt 8.
15 Lossa och ta bort de tre fästbultarna, och ta bort motorfästet som är fastbultat på motorblocket (se bild).
16 Skruva loss de fyra fästbultarna och ta bort den bakre kåpan uppåt från motorn (se bild).
17 Återmonteringen sker i omvänd ordningsföljd mot demonteringen. Sätt tillbaka och dra åt kåpans bultar till angivet moment.

2,0-liters modeller
Övre kåpan
18 Ta bort luftrenaren enligt beskrivningen i kapitel 4A.
19 Lossa och ta bort de två övre fästbultarna.
20 Lyft av toppkåpan.
21 Montering sker i omvänd ordningsföljd. Dra åt kåpans fästbultar till angivet moment.

Nedre kåpan
22 Ta bort den övre kåpan enligt beskrivningen i punkt 18 till 20.
23 Håll sträckaren mot fjädertrycket och lossa drivremmen från remskivorna (se kapitel 1 om det behövs). Innan demonteringen, markera remmens rotationsriktning så att remmen monteras åt rätt håll.
24 På modeller med luftkonditionering, dra åt handbromsen och lyft sedan upp framvagnen och ställ den på pallbockar (se Lyftning och stödpunkter). Ta bort höger hjul och sedan höger främre nedre hjulhuspanel, enligt beskrivningen i kapitel 11.
25 Skruva loss fästskruvarna och ta bort drivremmens sträckare från generatorns stödfäste.

26 Ta bort vevaxelns remskiva enligt beskrivningen i avsnitt 5.
27 Lossa och ta bort de två fästbultar, lossa fästklämmorna och ta bort kåpan från motorenheten tillsammans med tätningen (se bild).
28 Återmonteringen utförs i omvänd ordningsföljd mot demonteringen, se till att kåpans tätning sitter korrekt. Dra åt alla bultar till angivet moment.

Bakre kåpa
29 Demontera kamremmen enligt beskrivningen i avsnitt 7.
30 Enligt beskrivningen i avsnitt 4, ta bort kamaxelkåpan.
31 Ta bort kamaxeldreven, vevaxeldrevet, kamremsspännaren och tomgångsremskivorna enligt beskrivningen i avsnitt 8.
32 Skruva loss kamaxelgivaren från topplocket.
33 Skruva loss fästbultarna och ta bort motorfästet från motorblocket.
34 Skruva loss de fyra fästbultarna och ta bort motorenhetens bakre kåpa.
35 Monteringen utförs i omvänd ordningsföljd mot demonteringen, dra åt alla bultar till angivet moment.

7 Kamrem –
demontering och montering

Observera: Kamremmen måste tas bort och återmonteras när motorn är kall.

Demontering
1 Placera cylinderkolv nr 1 i ÖD enligt beskrivningen i avsnitt 3.
2 Ta bort oljepåfyllningslocket, och skruva loss skruvarna som håller fast motorkåpan till kamaxelkåpan. Ta bort kåpan från motorrummet.
3 Skruva loss kamremmens övre och nedre kåporna och ta bort dem från motorn (se avsnitt 6).
4 Stötta upp vikten från motorn med en garagedomkraft med en träbit emellan.
5 Ta bort de tre bultar som håller fast

6.16 Lyft bort den bakre kåpan

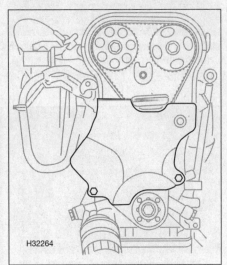

6.27 Nedre kåpans fästbultar – 2,0-liters motorer

7.5 Högra bultar till motorfäste

det högra motorfästet till fästbygeln på motorblocket, och de tre bultar som håller fast fästet på innerskärmen. Ta bort fästet **(se bild)**.

6 På 1,4-, 1,6- och 1,8-liters modeller, kontrollera kamaxeldrevets markeringar är i linje med topplockets yta och vevaxeldrevets markering är i linje med markeringen på kåpan. Skruva loss de två bultarna som säkrar kamaxelns givare till topplocket och placera den så att den inte är i kontakt med motorn **(se bilder)**. Om du har tillgång till Opels verktyg KM852 för att spärra kamaxlarna, använd det.

7 På 2,0-liters modeller, kontrollera kamaxeldrevets inställningsmarkeringar är i linje med kamaxelkåpans markeringar och vevaxeldrevets inställningsmarkeringar är i linje med markeringen på kåpan **(se bild)**. Om

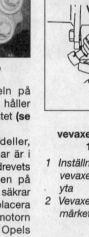

7.6a Kamaxel- och vevaxelinställningsmarkeringar – 1,4-, 1,6- och 1,8-liters motorer

1 Inställningsmarkeringarna för kamaxel och vevaxel i linje med cylinderhuvudets övre yta
2 Vevaxelns inställningsmärke i linje med märket på oljepumpens hus

du har tillgång till Opels verktyg KM852 för att spärra kamaxeldreven, använd det.

8 På alla modeller, lossa kamremsspännarens fästbult. Använd en insexnyckel och rotera sträckararmen medurs tills rullen är så långt borta från remmen som möjligt, så att spänningen i kamremmen minskas, håll den

7.6b Skruva loss kamaxelgivaren

kvar i läger och dra åt fästbulten ordentligt **(se bild)**.

9 För kamremmen från dreven och ta bort den från motorn **(se bild)**. Markera remmens rotationsriktning med vit färg eller liknande om du ska återanvända den. **Undvik att** rotera vevaxeln eller kamaxlarna innan kamremmen har monterats tillbaka.

10 Kontrollera kamremmen noggrant beträffande tecken på ojämnt slitage, delningar eller oljeföroreningar. Byt den om det finns minsta tvivel om dess skick. Om motorn genomgår renovering och mätarställningen närmar sig 60 000 km bör man byta remmen oavsett dess skick. Om du ser tecken på oljenedsmutsning spårar du källa till läckaget och åtgärdar den. Skölj sedan av motorns kamremsområde och alla tillhörande komponenter för att få bort alla oljespår.

Montering

11 Rengör noggrant kamremmens drev och sträckaren/tomgångsöverföringar.

12 Kontrollera att kamaxeldrevets inställningsmärke fortfarande är i linje med topplocksytan (1,4-, 1,6- och 1,8-liters modeller) eller kamaxelkåpans markeringar (2,0-liters modeller) och att vevaxeldrevets inställningsmärke fortfarande är i linje med märket på kåpan **(se bild)**.

13 Montera kamremmen över dreven på vevaxeln och kamaxeln och runt tomgångsremskivorna. Se till att remmens framsida är stram (dvs. all slack är på sträckarens sida av remmen), och montera sedan remmen över kylvätskepumpens drev och sträckarens remskiva **(se bild)**. Undvik

7.7 På 2,0-liters motorer, se till att kamaxeldrevens markeringar är korrekt justerade efter markeringarna på ventilkåpan (se pil)

7.8 Lossa kamremsspännarens bult (1) och vrid åtdragningsanordningen medurs med en insexnyckel i armens utskärning (2)

7.9 Ta bort kamremmen

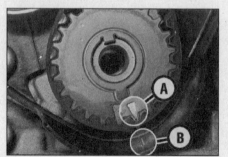

7.12 Vevaxeldrev (A) och remkåpan (B) inställningsmarkeringar – 1,4-, 1,6- och 1,8-liters motorer

7.13 Kamremsdragning – 1,8-liters motorer

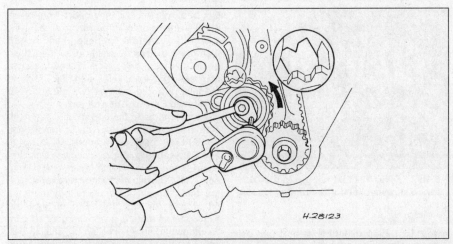

7.14 Spänn remmen genom att vrida spännararmen så långt det går moturs tills pekaren är riktad såsom visas

att vrida remmen kraftigt när du sätter tillbaka den. Säkerställ att remmens kuggar befinner sig på rätt plats centralt i dreven och att inställningsmarkeringarna är i linje med varandra. Om du monterar en begagnad rem måste de pilmarkeringar som gjordes vid demonteringen peka i den normala rotationsriktningen, som de gjorde tidigare.

14 Lossa kamremsspännarens bult för att lossa fjäderspännaren. Rotera spännararmen moturs tills spännarens pekare är helt placerad åt höger, utan att remmen belastas för mycket. Håll sträckaren på plats och dra åt dess fästbult ordentligt **(se bild)**.

15 Kontrollera att drevens inställningsmarkeringar fortfarande är i linje. Om det krävs en justering lossar du sträckaren igen och lossar sedan remmen från dreven och gör eventuella nödvändiga justeringar. Om Opel-verktyget KM852 eller

KM853 har använts, ta bort det för att "låsa upp" kamaxeldreven.

16 Använd en hylsa på vevaxelns remskiva/drevbult (efter tillämplighet) och vrid vevaxeln försiktigt två hela varv (720°) i normal rotationsriktning för att sätta kamremmen i rätt position.

17 Kontrollera att inställningsmärkena för både kamaxeldrevet och vevaxeldrevet är korrekt återinriktade och lossa spännbulten igen.

18 Om en ny kamrem har monterats, justera sträckaren så att markeringen är i linje med utskärningen på stödplattan **(se bild)**. Håll fast sträckaren i korrekt läge, och dra åt fästbulten till angivet moment. Rotera vevaxeln mjukt två hela varv till i normal rotationsriktning för att placera drevets inställningsmarkeringar i linje igen. Kontrollera att spännarmarkeringen fortfarande ligger i linje med skåran i stödplattan.

19 Om den ursprungliga remmen monteras tillbaka på 1,4-, 1,6- och 2,0-liters motorer, justera sträckaren så att markeringen står 4,0 mm till vänster om utskärningen på stödplattan. På 1,8-liters motorer, justera sträckaren så att markeringen är i linje med USED markeringen på stödplattan **(se bild)**. Håll fast sträckaren i korrekt läge, och dra åt fästbulten till angivet moment. Rotera vevaxeln mjukt två hela varv till i normal rotationsriktning för att placera drevets inställningsmarkeringar i linje igen. Kontrollera att spännarmarkeringen fortfarande ligger i linje med skåran i stödplattan.

20 Om sträckarens markering inte står rätt i förhållande till stödplattan, upprepa tillvägagångssättet i stycke 18 (ny rem) eller 19 (ursprunglig rem), efter tillämplighet.

21 När sträckarens markering och stödplattan är korrekt inriktade, sker den återstående demonteringen i omvänd ordningsföljd mot demonteringen. Observera följande:
a) Montera tillbaka höger motorfäste innan återmonteringen av vevaxelremskiva.
b) Dra åt alla muttrar och bultar till angivet moment.
c) Sänk ner bilen och dra åt hjulbultarna till angivet moment.

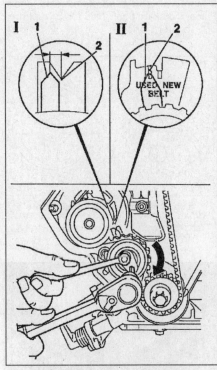

7.18 Kamremsspännarens pekarlägen

I 1,4-, 1,6- och 2,0-liters motorer: Markering (1) och stödplatta (2) för nya remmar

II 1,8-liters motorer: Markering (1) och stödplatta (2) för en ny rem

7.19 Kamremsspännarens pekarlägen

I 1,4-, 1,6- och 2,0-liters motorer: Markering (1) och stödplatta (2) för begagnade remmar

II 1,8-liters motorer: Markering (1) och stödplatta (2) för begagnade remmar

8 Kamremsdrev, spännare och remskivor – demontering och montering

Kamaxeldrev

Observera: *En ny fästbult för drevet kommer att behövas efter återmonteringen.*

1 Demontera kamremmen enligt beskrivningen i avsnitt 7.

2 Vrid vevaxeln 60° moturs från ÖD så att kolvarna rör sig bort från ventilerna i topplocket. Detta är enbart en försiktighetsåtgärd för att förhindra att ventil och kolv kommer i kontakt med varandra om kamaxlarna oavsiktligt roteras under det att man tar bort/återmonterar drevbulten.

8.3a Håll fast kamaxeldrevet med ett egentillverkat verktyg . . .

8.3b . . . eller håll fast kamaxeln med en öppen skruvnyckel när drevbulten lossas

3 Kamaxeln måste hindras från att vridas runt när drevbulten skruvas loss. Detta kan uppnås på två sätt.

a) Ett fasthållningsverktyg som tillverkas av två plattjärn (ett långt och ett kort) och tre muttrar och bultar; en mutter och bult utgör svängtappen i gaffelverktyget och de övriga två muttrarna och bultarna i ändarna är gaffelben som hakar i drevets ekrar (se bild).

b) Ta bort kamaxelkåpan så som det beskrivs i avsnitt 4 och håll fast kamaxeln med en gaffelnyckel på de plana ytor som är avsedda för detta (se bild).

4 Skruva loss fästbulten och brickan och ta bort drevet från kamaxeländen. Om styrstiftet

sitter löst i kamaxeländen, ta bort den och spara den tillsammans med drevet.

5 Om det behövs, ta bort det resterande drev på samma sätt. På 1,4-, 1,6- och 1,8-liters modeller kan du lätt identifiera avgaskamaxelns drev med hjälp av tapparna som aktiverar kamaxelgivaren. På 2,0-liters modeller har avgasdrevet fyra ekrar och är märkt med EXHAUST.

6 Före återmonteringen, kontrollera oljetätningarna efter tecken på skada eller slitage. Om det behövs, byt enligt beskrivningen i avsnitt 9.

7 Se till att styrsprinten är på plats i änden på kamaxeln.

8 Montera drevet på kamaxelns ände. Placera utskärningen mitt för styrsprinten och montera brickan och en ny fästbult.

Om båda dreven har tagits bort, kontrollera att alla drev monteras på rätt axel: på 1,4-, 1,6- och 1,8-liters modeller kan du lätt identifiera avgaskamaxelns drev med hjälp av de upphöjda delarna på drevets ytter yta som aktiverar kamaxelgivaren. På 2,0-liters modeller har avgasdrevet fyra ekrar och är märkt med EXHAUST (se bilder).

9 På alla modeller, lås drevet på samma sätt som vid demonteringen. Dra åt remskivans fästbult till angivet moment för steg 1. Vinkeldra sedan bulten med angiven vinkel för steg 2, med en hylsa och förlängningsstång, och slutligen med angiven vinkel för steg 3 (se bild). En vinkelmätare rekommenderas till steg 3 för exakthet. Om du inte har tillgång till en mätare, använd färg för att göra linjeringsmarkeringar mellan bultskallen och remskivan före åtdragningen. Markeringarna kan sedan användas för att kontrollera att bulten har roterats till rätt vinkel.

10 Vrid försiktigt vevaxeln 60° medurs tills markeringen på vevaxeldrevet är i linje med markeringen på kåpans nederdel (se bild). Montera tillbaka kamremmen enligt beskrivningen i avsnitt 7 och (vid behov) montera tillbaka kamaxelkåpan enligt beskrivningen i avsnitt 4.

Vevaxeldrev

1,4-, 1,6- och 1,8-liters modeller

11 Demontera kamremmen enligt beskrivningen i avsnitt 7.

12 Dra av drevet från vevaxelns ände, notera först åt vilket håll den sitter.

13 Rikta in drevets inställningsnyckel mot vevaxelns spår. Skjut sedan drevet till rätt läge och se till att tändinställningsmärket pekar utåt (se bild).

14 Montera tillbaka kamremmen enligt beskrivningen i avsnitt 7.

2,0-liters modeller

Observera: En ny fästbult för vevaxeldrevet kommer att behövas efter återmonteringen.

15 Demontera kamremmen enligt beskrivningen i avsnitt 7.

16 Lossa vevaxeldrevets fästbult. På modeller med manuell växellåda, för att förhindra att vevaxeln roterar genom att välja högsta

8.8a På 1,4-, 1,6- och 1,8-liters motorer, se till att kamaxeldrevets utskärning (se pil) hakar i styrsprinten

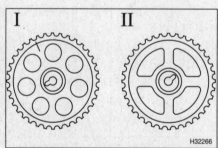

8.8b 2,0-liters motor kamaxeldrev
I Insugskamaxelns drev
II Avgaskamaxelns drev

8.9 Dra åt kamaxeldrevet

8.10 Placera vevaxelns inställningsmärken i linje (markerad med pil)

8.13 Montera vevaxeldrevet med inställningsmärkena utåt

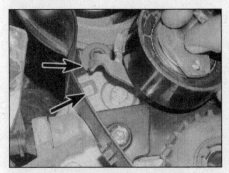

8.23a Haka i spännarens bromssköldstapp i styrhålen i oljepumphuset . . .

8.23b . . . och rotera sträckarens arm medurs tills rullen är så långt från remmen som möjligt

8.26 Tomgångsremskivans fästbult

växeln och låta en medhjälpare trycka hårt på bromspedalen. På modeller med automatisk växellåda förhindrar du rotation genom att ta bort en av momentomvandlarnas fästbultar och fästa drivplattan på växellådshuset med hjälp av en metallstång, mellanlägg och lämpliga bultar (se kapitel 7B). Om motorn tas bort från bilen måste du spärra svänghjulet/drivplattan (se avsnitt 15).

17 Skruva loss fästbulten och brickan och ta bort vevaxeldrevet från vevaxeländen.

18 Rikta in drevets inställningsnyckel mot vevaxelns spår och för in drevet på plats. Se till att tändinställningsmärket pekar utåt. Montera den nya brickan och fästbulten.

19 Lås vevaxeln på samma sätt som vid demonteringen och dra åt drevets fästbult till angivet moment för steg 1. Vinkeldra sedan bulten med vinkeln för steg 2 med en hylsa och förlängningsstång. En vinkelmätare rekommenderas till steg 3 för exakthet. Om du inte har tillgång till en mätare, använd färg för att göra linjeringsmarkeringar mellan bultskallen och drevet före åtdragningen. Markeringarna kan sedan användas för att kontrollera att bulten har roterats till rätt vinkel.

20 Montera tillbaka kamremmen enligt beskrivningen i avsnitt 7.

Spännarenhet

21 Demontera kamremmen enligt beskrivningen i avsnitt 7.

22 Skruva loss fästbulten och ta bort spännarenheten från motorn.

23 Montera sträckaren på motorn och se till att stödplattan placeras rätt i oljepumphusets hål. Se till att spännaren är korrekt placerad och montera tillbaka fästbulten. Använd en insexnyckel och rotera sträckarens arm medurs tills rullen är så långt från remmen som möjligt och dra sedan åt fästbulten ordentligt **(se bilder)**.

24 Montera kamremmen enligt beskrivningen i avsnitt 7.

Överföringsstyrningarna

25 Demontera kamremmen enligt beskrivningen i avsnitt 7.

26 Lossa och ta bort fästbulten(arna) och ta bort tomgångsskivan(orna) från motorn **(se bild)**.

27 Montera tillbaka tomgångsremskiva/remskivor och dra åt fästbulten/bultarna till angivet moment.

28 Montera kamremmen enligt beskrivningen i avsnitt 7.

9 Kamaxelns oljetätningar – byte

1 Demontera relevant kamaxeldrev enligt beskrivningen i avsnitt 8.

2 Stansa eller borra två hål på var sin sida av oljetätningen. Skruva i självgängande skruvar i hålen och dra i skruvarna med tänger för att få ut tätningen **(se bild)**.

3 Rengör tätningshuset och vevaxeln. Putsa av alla grader eller vassa kanter som kan ha skadat tätningen.

4 Smörj kanterna på den nya tätningen med ren motorolja och tryck den på plats med hjälp av en lämplig rörformig dorn (som t.ex. en hylsa) som enbart belastar den hårda ytterkanten av tätningen **(se bild)**. Var noga med att inte skada tätningsläpparna under monteringen; Observera att tätningens kanter måste vara riktade inåt.

5 Montera kamaxeldrevet enligt beskrivningen i avsnitt 8.

10 Kamaxel och ventillyftare – demontering, kontroll och återmontering

Demontering

1 Demontera kamremmen enligt beskrivningen i avsnitt 7. Innan du lossar kamremmens spänning och tar bort remmen, rotera vevaxeln **bakåt** cirka 60°, detta kommer att placera kamaxlarna på ett sådant sätt att ventilfjäderns tryck påverkar hela axelns längd jämnt fördelat och minska risken för att lageröverfallen skadas vid demontering/återmontering **(se bild)**.

9.2 Metod för att ta bort kamaxelns oljetätning

9.4 Montera tillbaka kamaxelns oljetätning med ett verktyg som bara belastar tätningens hårda ytterkant

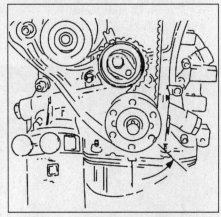

10.1 Vrid vevaxeln 60° bakåt innan kamremmen tas bort så att kamaxlarna är i rätt läge – 2,0-liters motor

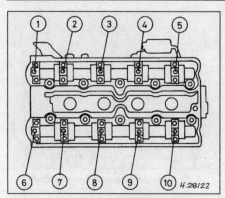

10.3a Ordningsföljd för kamaxellageröverfallens numrering

2 Demontera kamaxeldreven enligt beskrivningen i avsnitt 8.
3 Börja med insugskamaxel och arbeta i ett spiralformat mönster utifrån och in (tvärtom mot bild 10.15). Lossa kamaxellageröverfallets fästbultar ett varv i taget så att trycket på ventilfjädrarna på lageröverfallen lättas gradvis och jämnt. När ventilfjädertrycket har försvunnit kan du skruva loss bultarna helt och ta bort dem tillsammans med kåporna. lageröverfallen och topplocket är numrerade (insugskamaxeln 1 till 5, avgaskamaxeln 6 till 10) för att säkerställa att överfallen placeras rätt vid återmonteringen **(se bilder)**. Var försiktig så att du inte lossar några styrstift (i förekommande fall).

10.3b Identifieringsnumren ska markeras på båda sidorna av lageröverfallen och på topplocket (markerad med pil)

Varning: Om lageröverfallens fästbultar lossas oförsiktigt kan lageröverfallen förstöras. Om ett lageröverfall går sönder måste hela cylinderenhetens överdel bytas ut; lageröverfallen är anpassade till överdelen och kan inte erhållas separat.

4 Lyft ut kamaxeln ur topplocket och ta bort packboxen.
5 Upprepa de åtgärder som beskrivs i punkt 3 och 4 och ta bort avgaskamaxeln.
6 Ta 16 små, rena plastbehållare och numrera dem till 16. Du kan även dela in en större behållare i avdelningar. Lyft ut ventillyftarna från topplocket ovansida och lägg dem på respektive monteringsläge **(se bild)**. **Observera:** *Placera alla lyftare med rätt sida upp för att förhindra att olja läcker från hydraulventilens justeringsmekanismer.*

10.6 Använd ett ventilinslipningsverktyg för att ta bort ventillyftarna

Kontroll

7 Undersök kamaxellagrets yta och kamloberna efter tecken på slitage och repor. Byt kamaxeln om några fel hittas. Undersök lagerytorna både på kamaxeltappen och i topplocket. Om ytorna i topplocket är mycket slitna, måste topplocket bytas.
8 Stötta upp kamaxelns ände på v-block och mät den centrala lagertappens kast med en mätklocka. Om kastet överstiger den angivna gränsen ska du byta kamaxeln.
9 Undersök ventillyftarnas lagerytor som kommer i kontakt med kamloberna och leta efter tecken på slitage och repor. Kontrollera lyftarna och deras lopp i topplocket för att se om de är slitna eller skadade. Om du tror att det fel på någon av ventillyftarna eller om de är tydligt slitna ska de bytas.

Montering

10 Om de har tagits bort, smörj lyftarna med ren motorolja och sätt försiktigt in dem en efter en i deras ursprungliga plats i topplocket.
11 Smörj kamaxellyftare med MoS_2 (molybdendisulfidbaserat fett) och sätt kamaxlarna på plats. På 1,8-liters modeller är insugskamaxeln märkt med C3, och avgaskamaxeln är märkt med T3. Säkerställ att vevaxeln fortfarande är placerad ungefär 60° FÖD och placera varje kamaxel så att loberna på cylinder nr 1 pekar uppåt **(se bilder)**. Sätt provisoriskt tillbaka dreven på kamaxlarna och passa in dem så att dess drevtändinställningsmärke är ungefär på ÖD-linjeringsläget.
12 Se till att anliggningsytorna på lageröverfallen och topplocket är rena och torra och smörj kamaxeltapparna och kamloberna med ren motorolja.
13 Applicera lite tätningsmedel på anliggningsytorna på kamaxelns högra lageröverfall på insug (nr 1) och avgas (nr 6) **(se bild)**.
14 Se till att styrstiften (om en sådan finns) är på riktig plats, montera sedan tillbaka kamaxellageröverfallen och fästbultarna på topplocket **(se bild)**. Överfallen och topplocket är numrerade (insugskamaxeln 1 till 5, avgaskamaxeln 6 till 10) från höge till

10.11a Kamaxel identifieringsmarkeringar – 1,8-liters motor

C3 för insugskamaxel och T3 avgaskamaxel

10.11b Innan återmonteringen av kamaxeln, smörj ventillyftarna med molybdendisulfidbaserat (MoS_2) fett

10.13 Applicera tätningsmedel på de högra lageröverfallen

10.14 Kamaxellageröverfall nummer

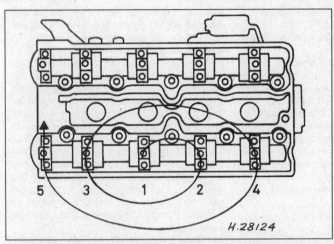

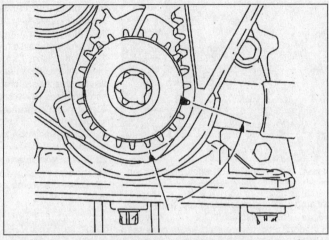

10.15 Ordningsföljd för åtdragning av kamaxellageröverfall (avgaskamaxeln visas – insugskamaxeln likadant)

11.3 Vrid vevaxeln 60° bakåt innan kamremmen tas bort så att kamaxlarna är i rätt läge

vänster och topplockets övre yta är märkt med motsvarande siffror. Alla nummer på lageröverfall ska vara vända uppåt när man tittar på dem från motorns framsida.

15 Arbeta på insugskamaxeln och dra åt lageröverfallens bultar för hand än så länge. Arbeta i ett spiralmönster från mitten och utåt, dra åt bultarna en efter en för att gradvis öka trycket på ventilfjädrarna på lageröverfallen **(se bild)**. Upprepa sekvensen tills alla lageröverfall har kontakt med topplocket. Dra sedan i tur och ordning åt kamaxellageröverfallens bultar till angivet moment.

Varning: Om lageröverfallens fästbultar dras åt oförsiktigt kan lageröverfallen förstöras. Om ett lageröverfall går sönder måste hela cylinderenhetens överdel bytas ut; lageröverfallen är anpassade till överdelen och kan inte erhållas separat.

16 Dra åt avgaskamaxellageröverfallets bultar enligt beskrivningen i punkt 15.

17 Montera nya kamaxel oljetätningar enligt beskrivningen i avsnitt 9.

18 Montera tillbaka kamaxeldreven enligt beskrivningen i avsnitt 8.

19 Rikta in kamaxeldrevets inställningsmarkeringar och sedan vevaxelns inställningsmarkeringar för att få dem tillbaka till ÖD. Montera tillbaka kamremmen enligt beskrivningen i avsnitt 7.

20 Montera tillbaka kamaxelkåpan och kamremskåpan enligt beskrivningen i avsnitt 4 och 6.

11 Topplock – demontering och montering

Observera: Motorn måste vara kall när cylinderhuvudet tas bort. Nya topplocksbultar måste användas vid återmonteringen.

Demontering

1 Tryckutjämna bränslesystemet enligt beskrivningen i kapitel 4A och koppla loss batteriets jordledning (Se *Koppla loss batteriet* i Referens kapitlet).

2 Tappa ur kylsystemet enligt beskrivningen i kapitel 3, och ta bort tändstiften enligt beskrivningen i kapitel 1.

3 Demontera kamremmen enligt beskrivningen i avsnitt 7. Innan du lossar kamremmens spänning och tar bort remmen, rotera vevaxeln **bakåt** cirka 60°, detta kommer att placera kamaxlarna på ett sådant sätt att ventilfjäderns tryck påverkar hela axelns längd, hindra vridning och minska risken för

att ventilerna kommer i kontakt med kolvarna **(se bild)**. Följ sedan beskrivningen under tillämplig underrubrik.

1,4-, 1,6- och 1,8-liters modeller

4 Demontera insugsgrenröret enligt beskrivningen i kapitel 4A. Ta bort avgasgrenröret enligt beskrivningen i kapitel 4A. Om du inte ska utföra något arbete på topplocket kan du ta bort det tillsammans med grenröret när följande åtgärder har utförts (se kapitel 4A).
a) Skruva loss det främre avgasröret från grenröret.
b) Lossa lambdasondens kontaktdon.
c) Koppla loss vevaxellägesgivarens anslutningskontakt.

5 Demontera kamaxelkåpan enligt beskrivningen i avsnitt 4.

6 Ta bort kamaxeldreven och tomgångsremskivorna enligt beskrivningen i avsnitt 8.

7 Skruva loss fästbultarna som håller fast kamremmens bakre kåpa vid topplocket.

8 Om de inte redan har tagits bort, koppla loss kontaktdonen från ECU:n (elektronisk styrmodul) på topplockets vänstra sida.

9 Lossa de två slangar från termostathuset.

10 Lossa slangarna mellan värmepaketet och insugsgrenröret tor att tappa av kylvätskan från motorblocket. När kylvätskeflödet har upphört återansluter du de båda slangarna och torkar upp eventuellt spill. Skruva loss de två torxbultarna, och lossa kylvätskeslangens fläns från topplockets baksida **(se bilder)**.

11 På 1,4- och 1,6-liters modeller, lossa motorns ventilationsrör från styrenhetens fäste på topplockets vänstra ände.

12 På 1,8-liters modeller, ta bort oljemätstickans fästbult och vik stickans styrhylsa åt sidan.

13 Gör en slutkontroll och se till att alla relevanta slangar, rör och kablar, osv., har lossats.

14 Lossa stegvis topplocksbultarna **i motsatt**

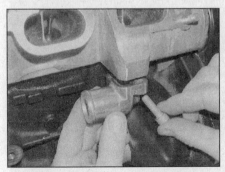

11.10a Kylvätskefläns – 1,8-liters motor

11.10b Kylvätskefläns – 1,4- och 1,6-liters motor

11.14 Ta bort varje bult tillsammans med dess bricka

ordning mot vid montering (se bild 11.42), 1/3 varv i taget, tills alla bultar kan skruvas ur för hand. Ta bort varje bult tillsammans med brickan (se bild).

15 Lyft bort topplocket från motorblocket. Knacka vid behov försiktigt på topplocket med en mjuk klubba för att lossa det från blocket, men bänd **inte** hävarmen mot fogytorna.

16 Notera monteringsläge för de två styrstiften och ta bort dem för säker förvaring om de är lösa. Ta loss topplockspackningen, och kassera den.

2,0-liters modeller

17 Demontera insugnings- och avgasgrenrören enligt beskrivningen i kapitel 4A. Om du inte ska utföra något arbete på topplocket kan du ta bort det tillsammans

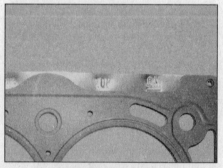

11.39a Montera den nya topplockspackningen med märket OBEN/ TOP överst . . .

med grenrören när alla slangar/kablar har kopplats loss (se kapitel 4A).

18 Demontera kamaxelkåpan enligt beskrivningen i avsnitt 4.

19 Demontera kamaxeldreven enligt beskrivningen i avsnitt 8.

20 Skruva loss fästbultarna som håller fast kamremmens bakre kåpa vid topplocket.

21 Om insugsgrenröret ska sitta kvar på topplocket, ta bort stödfästena för generatorn och grenröret, och sväng bort generatorn bakåt.

22 Lossa gasvajern enligt beskrivningen i kapitel 4A.

23 Lossa the bromsservovakuumslangen från insugsgrenröret.

24 Lossa bränslematnings- och returrören från bränslefördelarröret.

25 Lossa fästklämmorna och ta bort kylvätskeslangarna från värmepaketet och gasspjällshuset.

26 Om det inte redan gjorts, lossa anslutningskontakterna från insprutningsventilerna och sätt kablaget åt sidan.

27 Ta bort avgaskamaxeln, enligt beskrivningen i avsnitt 10.

28 Gör en slutkontroll och se till att alla relevanta slangar, rör och kablar, osv., har lossats.

29 Arbeta i **omvänd** åtdragningsordning (se bild 11.42), och använd ett räfflat T55-verktyg, till exempel en Opel KM2355. Lossa topplocksbultarna stegvis med en tredjedels varv i taget tills alla bultarna kan skruvas loss för hand. Ta bort varje bult tillsammans med brickan.

30 Lyft bort topplocket från motorblocket. Knacka vid behov försiktigt på topplocket med en mjuk klubba för att lossa det från blocket, men bänd **inte** hävarmen mot fogytorna. Notera monteringsläge för de två styrstiften och ta bort dem för säker förvaring om de är lösa.

31 Ta loss topplockspackningen, och kassera den.

Förberedelser för montering

32 Topplockets och motorblockets fogytor måste vara helt rena innan topplocket sätts

tillbaka. Använd en avskrapare av trä eller plast för att ta bort alla spår av packning och sot, och rengör även kolvarnas ovansidor. Var extra försiktig med aluminiumytorna, eftersom den mjuka metallen lätt skadas. Säkerställ också att skräp inte kommer in i olje- och vattenkanalerna – det är särskilt viktigt när det gäller oljeledningarna, eftersom sotpartiklar kan täppa till oljetillförseln till kamaxel- eller vevaxellager. Försegla vattenkanaler, oljekanaler och bulthål i motorblocket med tejp och papper. Lägg lite fett i gapet mellan kolvarna och loppen för att hindra sot från att tränga in. När kolven har gjorts ren, vrid vevaxeln så att kolven rör sig nedåt i loppet och torka sedan bort fett och sot med en tygtrasa. Rengör de övriga kolvkronorna på samma sätt.

33 Undersök motorblocket och topplocket och leta efter hack, djupa repor och andra skador. Mindre skador kan slipas bort försiktigt med en fil. Mer omfattande skador kan repareras med maskinslipning, men det arbetet måste överlåtas till en specialist.

34 Kontrollera topplocket med en stållinjal om den misstänks vara skev. Se kapitel 2D om det behövs.

35 Kontrollera att hålen för topplocksbultarna i vevhuset är rena och fria från olja. Sifonera eller sug upp den olja som finns kvar i bulthålen. Detta är av största vikt för att bultarna ska kunna dras åt till rätt åtdragningsmoment, och för att inte motorblocket ska spricka på grund av hydrauliskt tryck när bultarna dras åt.

36 Byt topplocksbultarna oavsett deras skick.

Montering

37 Se till att vevaxeln är placerad cirka 60° FÖD och torka rent fogytorna mellan topplocket och motorblock.

38 Kontrollera att de två styrstiften sitter på plats i ändarna av motorblockets/vevhusets yta.

39 Montera den nya topplockspackningen på blocket. Se till att den hamnar rätt med markeringen OBEN/TOP uppåt (se bilder).

40 Montera försiktigt tillbaka topplocket, och passa in det på stiften (se bild).

11.39b . . . över styrstiften

11.40 Placera topplocket på styrstiften

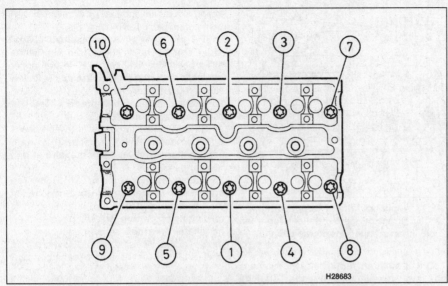

11.42 Topplocksbultar åtdragningsordningsföljd – 2,0-liters motor (1,4-, 1,6- och 1,8-liters motorer är det samme)

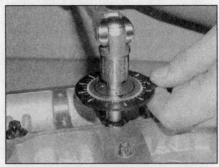

11.43 Dra åt topplocksbultarna genom de olika vinkeldragningsföljderna

41 Montera brickorna på de nya topplocksbultarna och för dem försiktigt på plats (**tappa dem inte**). Dra åt dem med bara fingrarna på det här stadiet. Observera att på vissa modeller levereras de nya bultarna med förmonterade brickor.
42 Arbeta stegvis och i den ordningsföljd som visas och dra först åt alla topplocksbultar till angivet moment för steg 1 **(se bilder)**.
43 När alla bultar har dragits åt till angivet moment för steg 1, arbeta åter i angiven ordningsföljd och dra åt varje bult till angiven vinkel för steg 2 med en hylsnyckel. En vinkelmätare bör användas i det här momentet av åtdragningen för att garantera att bultarna dras åt korrekt **(se bild)**.
44 Vinkeldra bultarna på nytt i ordningsföljd till angiven vinkel för steg 3.
45 Vinkeldra bultarna på nytt i ordningsföljd till angiven vinkel för steg 4.
46 Vinkeldra bultarna på nytt i ordningsföljd till angiven vinkel för steg 5.

1,4-, 1,6- och 1,8-liters modeller

47 Återanslut kylvätskeslangarna, och fäst den med fästklämmorna. Återanslut kylvätskeslangens fläns på topplockets baksida med en ny gummitätning/-packning.
48 Återanslut kontaktdonen på topplocket, och se till att kabelknippet sitter korrekt och hålls fast av alla nödvändiga klämmor.
49 Montera tillbaka kamremkåpans fästbultar och dra åt dem till angivet moment.
50 Montera tillbaka kamaxeldrevet och tomgångsremskivorna enligt beskrivningen i avsnitt 8.
51 Placera alla drevens inställningsmärken i rätt läge så att kamaxlarna och vevaxeln hamnar i ÖD och montera sedan tillbaka kamremmen enligt beskrivningen i avsnitt 7.
52 Montera tillbaka kamaxelkåpan och kamremskåpan enligt beskrivningen i avsnitt 4 och 6.

53 Montera tillbaka/återanslut insugs- och avgasgrenröret (se kapitel 4A).
54 Montera tillbaka hjulet, sänk sedan ner bilen och dra åt hjulbultarna till angivet moment.
55 Se till att alla rör och slangar är ordentligt återanslutna och fyll sedan på kylsystemet och montera tändstiften enligt beskrivningen i kapitel 1 och 3.
56 Montera tillbaka tändningsmodulen, motorkåpan, och luftfilterhuset/rör.
57 Återanslut batteriet, starta motorn och se efter om det finns något läckage.

2,0-liters modeller

58 Montera tillbaka avgaskamaxeln enligt beskrivningen i avsnitt 10.
59 Återanslut kylvätskeslangarna, och fäst den med fästklämmorna.
60 Montera tillbaka kamremkåpans fästbultar och dra åt dem till angivet moment.
61 Montera tillbaka kamaxeldreven enligt beskrivningen i avsnitt 8.
62 Utför de åtgärder som beskrivs i stycke 51 till 57.

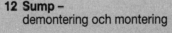

12 Sump –
demontering och montering

1,4-, 1,6- och 1,8-liters modeller

Demontering

1 Lossa batteriets jordledning (se *Koppla loss batteriet* i Referens kapitlet).
2 Dra åt handbromsen. Lyft upp framvagnen och ställ den på pallbockar (se *Lyftning och stödpunkter*). Om det behövs, skruva loss fästskruvarna och ta bort den nedre kåpan underifrån motor/ växellådsenheten.
3 Tappa ur motoroljan enligt beskrivningen i

kapitel 1, montera sedan en ny tätningsbricka och montera tillbaka dräneringspluggen, dra åt den till angivet moment.
4 Ta bort avgassystemets främre avgasrör enligt beskrivningen i kapitel 4C.
5 Lossa kontaktdonet från oljenivågivaren (om en sådan finns).
6 Lossa och ta bort bultarna som håller fast sumpens fläns mot växellådshuset.
7 Ta bort gummipluggarna från växellådssidan av sumpflänsen så att du kommer åt fästbultarna på sumpänden (**se bild**).
8 Lossa stegvis och ta bort bultarna som håller fast sumpen mot nederdelen av motorblocket/oljepumpen. Lossa sumpen genom att slå på den med handflatan, och dra den sedan nedåt och ta bort den från motorn. På 1,4- och 1,6-liters modeller, ta bort packningen och kassera den.
9 Passa på att kontrollera oljepumpens oljeupptagare/sil efter tecken på igensättning eller sprickor medan sumpen är borttagen. Lossa vid behov oljeupptagaren/silen och ta bort den från motorn, tillsammans med dess tätningsring. Silen kan sedan enkelt rengöras i lösningsmedel eller bytas ut.

Montering

10 Ta bort alla spår av smuts och olja från sumpens fogytor och motorblocket och (om den har tagits bort) upptagar-/silenheten. Ta bort alla spår av låsmedel från pickupbultarna (om den har tagits bort).
11 Vid behov, placera en ny packning/tätning ovanpå oljepumpens oljeupptagare/sil och

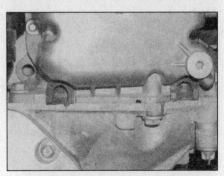

12.7 Ta bort gummipluggarna så att du kommer åt sumpens fästbultar

12.11 Oljeupptagarrör

montera silen. Applicera gänglåsning på fästbultarnas gängor, montera sedan bultarna och dra åt dem till angivet moment (se bild).
12 Se till att sumpens och motorblockets anliggningsytor är rena och torra och ta bort alla spår av låsmedel från sumpens bultar.
13 På 1,4- och 1,6-liters modeller, applicera lämpligt tätningsmedel (säljs genom Opel-verkstäder) på motorblockets anliggningsytor mot oljepumphuset och ramlageröverfallens fogar (se bild).
14 På 1,4-och 1,6-liters modeller, montera en ny packning på sumpen och applicera några droppar låsmedel på gängorna på bultarna mellan sumpen och motorblocket/oljepumpen.
15 På 1,8-liters modeller, applicera en sträng med lämpligt tätningsmedel (finns hos Opelverkstäder) ungefär 2,5 mm tjockt på oljesumpens tätningsyta. I området kring huvudlageröverfall nr 5, öka droppens tjocklek till 3,5 mm (se bild).
16 Passa in sumpen, se till att packningen sitter kvar i rätt läge och montera löst alla fästbultar. Om sumpen återmonteras på ett motorblock när växellådan tas bort ska du använda en ställinjal för att säkerställa att växellådans fläns på sumpen ligger jäms med växellådans fläns på blocket. Arbeta från mitten i diagonal ordningsföljd och dra stegvis åt bultarna som håller delen fast sumpen mot motorblocket/oljepumpen med angivet moment.

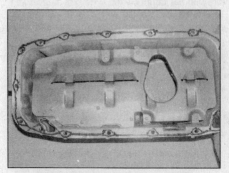

12.15 Applicera en 2,5 mm tjock sträng med tätningsmedel på sumpens tätningsyta – öka tjockleken till 3,5 mm runt ramlageröverfall nr 5 – 1,8-liters motorer

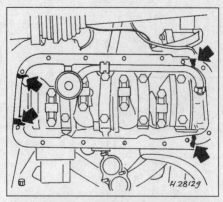

12.13 Applicera tätning på oljepumpen och de bakre ramlageröverfallens fogar (se pil) innan sumpen monteras tillbaka.

17 Dra åt bultarna som håller fast sumpens fläns mot växellådshuset enligt angivna moment. Montera tillbaka gummipluggarna på utskärningarna i sumpflänsen (se bild).
18 Montera tillbaka det främre avgasröret (se kapitel 4A) och återanslut oljenivågivarens kontaktdon (om en sådan finns).
19 Sänk ner bilen och fyll motorn med olja enligt beskrivningen i kapitel 1B.

2,0-liters modeller

Observera: *Nya fästbultar för den nedre sumpen krävs vid återmonteringen.*

Demontering

20 Utför de åtgärder som beskrivs i punkt 1 till 4.
21 Lossa kontaktdonet från oljenivågivaren, ta sedan bort fästklämman och tryck givarens kontaktdon i sumpen.
22 Lossa och ta bort bultarna som håller fast den nedre sumpplåten mot stommen. Lossa sedan sumpplåten från stommen och ta bort den tillsammans med packningen. Var försiktig så att du inte skadar oljenivågivarens kablage när plåten tas bort.
23 Ta bort oljefiltret för att kunna ta bort stommen från motorn (se kapitel 1). Om oljefiltret skadas vid demonteringen (vilket är

12.17 Sumpens fästbultar – fläns på växellådsände

troligt) ska du använda en ny vid monteringen och motorn ska fyllas med ny olja.
24 På modeller med manuell växellåda, lossa den högra drivaxeln från växellådan enligt beskrivningen i kapitel 8. Ta bort höger drivaxels lagerfläns från växellådan för att skapa tillräckligt utrymme.
25 Lossa och ta bort bultarna som håller fast sumpens fläns mot växellådshuset.
26 Ta bort fästbultarna mellan oljepumpens oljeupptagarrör och ramlagerbryggan, samt bultarna mellan oljeupptagarröret och oljepumpen.
27 Lossa stegvis och ta bort bultarna som håller fast stommen mot nederdelen av motorblocket/oljepumpen. Bryt upp förbindelsen genom att slå på den med handflatan, dra den sedan nedåt bort från motorn och ta till sist ut den tillsammans med oljeupptagarröret. Ta bort packningen och kasta den.

Montering

28 Ta bort alla spår av smuts och olja från sumpens fogytor, motorblocket och upptagar-/silenheten. Ta bort alla spår av låsmedel från sumpens gängor.
29 Placera en ny tätningsring ovanpå oljepumpens upptagarrör/sil.
30 Se till att sumpens och motorblockets anliggningsytor är rena och torra och ta bort alla spår av låsmedel från fästbultarna.
31 Applicera lämpligt tätningsmedel (säljs genom Opel-verkstäder) på motorblockets anliggningsytor mot oljepumphuset och ramlageröverfallens fogar.
32 Montera en ny packning på stommen och stryk på några droppar fästmassa på gängorna till bultarna som fäster stommen vid motorblocket/oljepumpen.
33 Passa in stommen med oljeupptagarröret. Se till att packningen är i rätt läge och sätt dit alla fästbultarna utan att dra åt. Arbeta från mitten i diagonal ordningsföljd och dra stegvis åt bultarna som håller delen fast mot motorblocket/oljepumpen med angivet moment . Dra åt bryggan mellan oljeupptagarröret och lagret samt bultarna mellan ledning och oljepump till angivet moment.
34 Dra åt bultarna som håller fast sumpens fläns mot växellådshuset enligt angivna moment.
35 Montera tillbaka det främre avgasröret (se kapitel 4A) och montera tillbaka drivaxellagrets fläns.
36 Enligt beskrivningen i kapitel 8, montera tillbaka höger drivaxel.
37 Se till att sumpplåten och stommens ytor är rena och torra. Placera en ny packning överst på plåten och passa in den upp mot stommen. Montera en ny tätningsring på oljenivågivarens kontaktdon och passa in kontaktdonet i stommen, fäst den på plats med fästklämman innan du passar in sumpen på stommen.
38 Montera den nya sumpplåtens fästbultar.

13.4 Ta bort oljenivågivaren från sumpen – byt tätningen

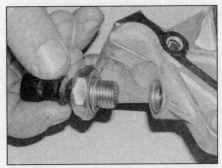

14.4 Lossa och ta bort oljetryckskontakten

14.6 Skruva loss pumpens fästbultar

Dra sedan åt dem i diagonal ordningsföljd till angivet moment för steg 1. När alla bultar har dragits åt gör du ett varv till och vinkeldrar dem till den vinkel som anges för steg 2.
39 Montera ett nytt oljefilter och återanslut oljenivågivarens kontaktdon.
40 Sänk ner bilen och fyll motorn med olja enligt beskrivningen i kapitel 1B.

13 Oljenivågivare – demontering och montering

1,4-, 1,6- och 1,8-liters modeller

Demontering

1 Dra åt handbromsen. Lyft upp framvagnen och ställ den på pallbockar (se *Lyftning och stödpunkter*). Om det behövs, skruva loss fästskruvarna och ta bort den nedre kåpan underifrån motor/ växellådsenheten.
2 Tappa ur motoroljan enligt beskrivningen i kapitel 1, montera sedan en ny tätningsbricka och montera tillbaka dräneringspluggen, dra åt den till angivet moment.
3 Lossa oljenivågivarens anslutningskontakt.
4 Lossa och ta bort de fyra skruvarna, och för bort givaren från sumpen **(se bild)**.

Montering

5 Om originalgivaren ska återanvändas, byt tätningsringen.
6 Montera givaren på sumpen. Stryk på lite

gänglåsningsmedel på fästskruvarna och dra åt skruvarna till angivet moment.
7 Sänk ner bilen och fyll motorn med olja enligt beskrivningen i kapitel 1.

2,0-liters modeller

Demontering

8 Dra åt handbromsen. Lyft upp framvagnen och ställ den på pallbockar (se *Lyftning och stödpunkter*). Om det behövs, skruva loss fästskruvarna och ta bort den nedre kåpan underifrån motor/ växellådsenheten.
9 Tappa ur motoroljan enligt beskrivningen i kapitel 1, montera sedan en ny tätningsbricka och montera tillbaka dräneringspluggen, dra åt den till angivet moment.
10 Lossa kontaktdonet från oljenivågivaren, ta sedan bort fästklämman och tryck givarens kontaktdon i sumpen.
11 Lossa och ta bort bultarna som håller fast den nedre sumpplåten mot stommen. Lossa sedan sumpplåten från stommen och ta bort den tillsammans med packningen. Var försiktig så att du inte skadar oljenivågivarens kablage när plåten tas bort.
12 Skruva loss de två torx skruvarna och ta bort givaren från sumpen.

Montering

13 Sätt dit sensorn i sumpen och dra åt torx skruven till angivet moment.
14 Se till att sumpplåten och stommens ytor är rena och torra. Placera en ny packning överst på plåten och passa in den upp mot stommen. Montera en ny tätningsring på

oljenivågivarens kontaktdon och passa in kontaktdonet i stommen, fäst den på plats med fästklämman innan du passar in sumpen på stommen.
15 Montera den nya sumpplåtens fästbultar. Dra sedan åt dem i diagonal ordningsföljd till angivet moment för steg 1. När alla bultar har dragits åt gör du ett varv till och vinkeldrar dem till den vinkel som anges för steg 2.
16 Sänk ner bilen och fyll motorn med olja enligt beskrivningen i kapitel 1B.

14 Oljepump – demontering, renovering och återmontering

Observera: *Tryckutjämningsventilen kan tas bort med pumpen på sin plats på motorenheten, men på vissa modeller är det nödvändigt att skruva loss fästbygelenheten från blocket för att ventilen ska kunna avlägsnas.*

Demontering

1 Demontera kamremmen enligt beskrivningen i avsnitt 7.
2 Ta bort den bakre kamremskåpan enligt beskrivningen i avsnitt 6.
3 Demontera sumpen och oljepumpens oljeupptagare/sil enligt beskrivningen i avsnitt 12.
4 Lossa kontaktdonet och oljetryckskontakten **(se bild)**.
5 Skruva i förekommande fall loss vevaxelns givare från fästbygeln och placera den på avstånd från oljepumpen.
6 Skruva loss fästbultarna och för sedan av oljepumphusenheten från vevaxelns ände. Se till att du inte lossar styrstiften. Ta bort packningen och kasta den **(se bild)**.

Renovering

7 Skruva loss fästskruvarna och lyft av pumpkåpan från husets baksida **(se bild)**.
8 Observera om några markeringar identifierar pumpdrevens utsidor. Om du inte ser några, använd en lämplig märkpenna och märk både pumpens yttre och inre drev; markeringarna kan sedan användas för att säkerställa att dreven återmonteras rättvända **(se bild)**.

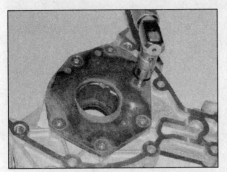

14.7 Oljepumpskåpa skruvar

14.8 Oljepumpdrevets markeringar

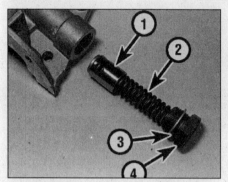

14.10 Oljeövertrycksventil komponenter

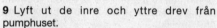

1 Tryckkolv   3 Tätningsbricka
2 Fjäder   4 Ventilbult

14.12a Använd ett bladmått för att kontrollera drevspelet

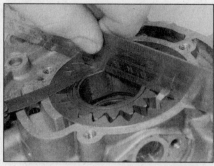

14.12b Använd en ställinjal och ett bladmått för att mäta drevets axialspel

9 Lyft ut de inre och yttre drev från pumphuset.

10 Skruva loss oljeövertrycksventilens bult från framsidan av huset och ta bort fjädern och tryckkolven från huset, notera åt vilket håll tryckkolven sitter. Ta bort tätningsbrickan från ventilbulten **(se bild)**.

11 Rengör komponenterna och undersök noggrant dreven, pumphuset och avlastningsventilens tryckkolv beträffande tecken på sprickor eller slitage. Byt eventuella komponenter som visar tecken på slitage eller skador, om drev- eller pumphuset är märkt ska hela pumpenheten bytas.

12 Om komponenterna är funktionsdugliga, mät spelet mellan inre och yttre dreven med hjälp av ett bladmått. Mät också drevets axialspel och kontrollera att ändkåpan är platt **(se bilder)**. Om spelen överstiger de angivna toleranserna måste pumpen bytas.

13 Om pumpen är ok, montera alla komponenter i omvänd ordningsföljd mot demonteringen, observera följande.

a) Se till att båda drev är korrekt placerade.

b) Montera en ny tätningsring på övertrycksventilens bult och dra åt bulten till angivet moment.

c) Applicera gänglåsning på gängorna, och dra åt pumpkåpans skruvar till angivet moment **(se bild)**.

d) Avsluta med att prima pumpen med ren olja medan du roterar det inre drevet.

Montering

14 Före återmonteringen, bänd försiktigt upp vevaxelns oljetätning med en platt skruvmejsel. Montera den nya packboxen, se till att dess tätningsläpp är vänd inåt, och tryck den rakt in i huset med hjälp av en rörformig dorn som endast ska ligga an mot tätningens hårda ytterläpp **(se bild)**. Tryck tätningen på plats så att den är jäms med huset och smörj packboxens läpp med ren motorolja.

15 Se till att anliggningsytorna på oljepumpen och motorblocket är rena och torra och att styrstiften sitter på plats.

16 Montera en ny packning på motorblocket.

17 Sätt försiktigt oljepumpen på plats och för in det inre drevet på vevaxelns ände **(se bild)**. Passa in pumpen på stiften, var försiktig så att du inte skadar packboxens läpp.

18 Montera tillbaka pumphusets fästbultar i deras ursprungliga läge och dra åt dem till angivet moment.

19 Montera tillbaka fästet för vevaxelgivaren på pumphuset och dra åt fästbulten till angivet moment (om det är tillämpligt).

20 Återanslut oljetryckgivarens kontaktdon.

21 Montera tillbaka oljeupptagare/ sil och sumpen enligt beskrivningen i avsnitt 12.

22 Montera tillbaka den bakre kamremskåpan på motorn, dra åt fästbultarna till angivet moment.

23 Montera tillbaka kamremmens drev, tomgångsskivor och sträckare och montera tillbaka remmen enligt beskrivningen i avsnitt 7 och 8.

24 Avsluta med att montera ett nytt oljefilter och fyll på motorn med ren olja enligt beskrivningen i kapitel 1.

15 Svänghjul/drivplatta – demontering, kontroll och återmontering

Observera: Nya fästbultar för svänghjulet/ drivplattan krävs vid återmonteringen.

Demontering

Modeller med manuell växellåda

1 Ta bort växellådan enligt beskrivningen i kapitel 7A och ta sedan bort kopplingsenheten enligt beskrivningen i kapitel 6.

2 Hindra svänghjulet från att vridas genom att låsa krondrevets kuggar. Alternativt, skruva fast en remsa mellan svänghjulet och motorblocket/vevhuset. Gör linjeringsmarkeringar mellan svänghjulet och

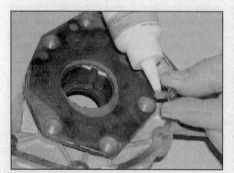

14.13 Applicera en droppe gänglåsning på oljepumpkåpans skruvar

14.14 Montera en ny vevaxel oljetätning i oljepumphuset

14.17 Var försiktig vid återmonteringen så att inte oljetätningen på vevaxelns läpp (1) skadas. Placera det inre drevet på vevaxelns plana ytor (2)

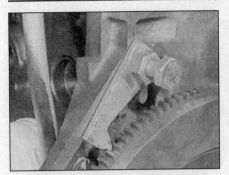

15.2a Lås svänghjulets/drivplattans krondrev med ett lämpligt verktyg

15.2b Gör inriktningsmarkeringar mellan svänghjulet och vevaxeln

15.10 Använd en vinkelmätare för att dra åt bultarna korrekt

vevaxeln med färg eller en lämplig märkpenna **(se bilder)**.

3 Lossa och ta bort fästbultarna och ta bort svänghjulet. Tappa det inte, det är mycket tungt!

Modeller med automatisk växellåda

4 Ta bort växellådan enligt beskrivningen i kapitel 7B och ta sedan bort drivplatta enligt beskrivningen under punkt 2 och 3. Observera att det finns en spännbricka mellan fästbultarna och drivplattan.

Kontroll

5 På modeller med manuell växellåda, kontrollera att svänghjulet inte har repats av kopplingens yta. Om kopplingsytan är repig kan svänghjulets yta slipas, men det är bättre att byta ut svänghjulet. Kontrollera om krondrevets kuggar är slitna eller skadade. Man kan också byta krondrevet, men detta är inte ett arbete som är lämpligt för en hemmamekaniker, byte kräver att det nya krondrevet värms upp (till 230 °C) för att det ska kunna monteras.

6 På modeller med automatisk växellåda, undersök drivplattan och krondrevets kuggar noggrant. Sök efter tecken på slitage och skador och kontrollera att drivplattans yta inte uppvisar tecken på sprickor.

7 Om du är osäker på svänghjulets/ drivplattans skick, kontakta en Opel-verkstad eller annan lämplig motorrenoveringsspecialist för råd. De kan också ge råd om huruvida det är möjligt att renovera eller om ett byte behövs.

Montering

Modeller med manuell växellåda

8 Rengör svänghjulets och vevaxelns fogytor.

9 Passa in svänghjulet och sätt i nya fästbultar med lite låsmedel. Om originaldelen ska återmonteras linjerar du markeringarna som gjordes före demonteringen.

10 Lås svänghjulet på samma sätt som vid demonteringen. Dra åt fästbultarna enligt angivet moment för steg 1. Vinkeldra sedan bultarna med den angivna vinkeln för steg 2 med en hylsa och förlängningsstång. Dra slutligen åt till den angivna vinkeln för steg 3. En vinkelmätare bör användas i det här momentet av åtdragningen för att garantera att bultarna dras åt korrekt **(se bild)**. Om du inte har tillgång till en mätare, använd färg för att göra linjeringsmarkeringar mellan bultskallen och svänghjulet före åtdragningen. Markeringarna kan sedan användas för att kontrollera att bulten har roterats till rätt vinkel.

11 Montera kopplingen enligt beskrivning i kapitel 6, sedan avlägsna låsredskapet och montera växellådan enligt beskrivning i kapitel 7A.

Modeller med automatisk växellåda

12 Rengör drivplattans och vevaxelns fogytor och ta bort alla spår av låsmedel från drivplattans fästbultar.

13 Applicera en droppe låsmedel på gängorna på varje fästbult. Passa sedan in drivplattan och rikta in den mot

markeringar som gjorts tidigare, om den ursprungliga plattan återanvänds. Montera tillbaka spännbrickan och skruva på fästbultarna.

14 Lås drivplattan på samma sätt som vid demonteringen. Dra sedan åt fästbultarna i diagonal ordningsföljd, jämnt och stegvis till angivet moment (och vinkeldra vid behov).

15 Ta bort låsverktyget och montera växellådan enligt beskrivningen i kapitel 7B.

16 Vevaxelns oljetätningar – byte

Oljetätningen på kamremssidan

1 Demontera vevaxeldrevet enligt beskrivningen i avsnitt 8.

2 Stansa eller borra två hål på var sin sida av oljetätningen. Skruva i självgängande skruvar i hålen och dra i skruvarna med tänger för att få ut tätningen **(se bild)**.
Varning: Var noga med att inte skada oljepumpen.

3 Rengör tätningshuset och vevaxeln. Putsa av alla grader eller vassa kanter som kan ha skadat tätningen.

4 Smörj läpparna på den nya tätningen med ren motorolja och sätt försiktigt dit tätningen i änden av axeln. Tryck tätningen rakt på plats tills den är jäms med huset. Om det behövs kan en rörformig dorn, t.ex. en hylsa, som endast vilar på tätningens hårda yttre kant användas för att knacka tätningen på plats **(se bild)**. Var noga med att inte skada packboxarnas kanter vid monteringen och säkerställ att packboxarnas kanter är vända inåt.

5 Tvätta bort alla spår av olja och montera sedan vevaxeldrevet enligt beskrivningen i avsnitt 8.

Svänghjuls/drivplattändens oljetätning

6 Demontera svänghjulet/drivplattan enligt beskrivningen i avsnitt 15.

16.2 Ta bort vevaxelns högra oljetätning

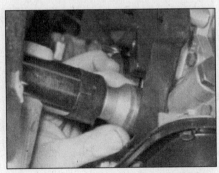

16.4 Placera vevaxelns högra oljetätning

7 Byt tätningen enligt beskrivningen i stycke 2 till 4 **(se bild)**.
8 Montera tillbaka svänghjulet/drivplattan enligt beskrivningen i avsnitt 15.

17 Motorns-/växellådans fästen – kontroll och byte

Se kapitel 2A, avsnitt 17.

18 Balanseringsenhet (2,0-liters motor) – demontering och montering

Demontering

1 En del modeller med 2,0-liters motor med dubbla överliggande kamaxlar är utrustade med en balanseringsenhet som sitter mellan motorblocket och sumpens stomme. Enheten består av två motroterande balansaxlar drivna av vevaxeln **(se bild)**.
2 Ta bort sumpens stomme enligt beskrivningen i avsnitt 12.
3 Lossa fästbultarna, och ta bort balanseringsenheten och mellanlägget.

Montering

4 Om du har utfört åtgärder som kan påverka dödgången mellan balansaxlarna och vevaxeln (byte av vevaxel, lageröverfall eller balanseringsenhet) så måste dödgången mätas och justeras om det behövs. Om ingen av dessa åtgärder har utförts kan du återanvända originalmellanlägget.
5 När du ska utföra mätningen och justeringen måste du använda Opel-verktyget KM 949. Om du inte har tillgång till detta verktyg lämnar du in motorblocket och balanseringsenheten till en Opel-handlare eller annan specialist som mäter och justerar spelrummet. Om du har tillgång till verktyget fortsätter du på följande sätt.

16.7 Vänster vevaxel oljetätning

6 Om det behövs, placera vevaxeln i ÖD för cylinder 1 i slutet av kompressionstakten enligt beskrivningen i avsnitt 3.
7 Placera de två balansaxlarna så att de två platta avfasade ytorna är exakt horisontella när du tittar från motorns högra sida **(se bild)**.
8 Montera de befintliga mellanläggen och balanseringsenheten vid motorblocket. Sätt i och dra åt fästbultarna till angivet åtdragningsmoment.
9 Skruva i den långa, räfflade delen av Opel-verktyget KM949 i änden av balansaxelns ingångssida. Passa in mätarmen så att den pekar på läget "klockan 9" sett från motoränden. Dra åt bulten för hand.
10 Skruva i den räfflade bulten på verktyget KM 949 i balansaxeln på avgassidan. Dra åt bulten för hand.
11 Montera en mätklocka på balanseringsenheten eller motorblocket så att mätarens sond arbetar lodrätt mot mätarmen mellan hacken på den blanka ytan **(se bild)**.
12 Ta reda på spelrummets 'början' och 'slut' genom att vrida den räfflade bulten på avgassidan bakåt och framåt. Passa in den här balansaxeln i "början" av spelrummet och nollställ mätklockan.
13 Vrid balansaxeln på avgassidan till 'slutet' av spelrummet. Läs av måttet på mätklockan.
14 Spelrummet ska mätas vid fyra olika lägen för balansaxeln. Använd vevaxelns drevbult för tändinställning och vrid vevaxeln medurs tills mätarmen på ingångssidans balansaxel pekar i riktning mot klockan sex. Lossa den räfflade bulten och passa in armen i läget "klockan 9" igen. Upprepa mätningen av spelrummet i

detta läge, och gör två mätningar till där du passar in balansaxeln varje gång.
15 Om någon av de fyra avläsningarna ligger utanför värdena som anges i Specifikationer, måste spelrummet justeras. Justeringen åstadkoms genom att man för in mellanlägg av olika tjocklek mellan balanseringsenheten och motorblocket. Varje mellanlägg har ett kodnummer som står för dess tjocklek (se specifikationer). Denna kod är också inpräglad på mellanlägget.
16 När spelrummet har erhållits och tjockleken på det befintliga mellanlägget fastställts (från kodnumret), går det att ta reda på tjockleken (och kodnumret) på mellanlägget som behövs för att justera spelrummet inom de angivna toleranserna. Nästa större eller mindre mellanlägg förändrar spelrummet med cirka 0,02 mm. Till exempel Det uppmätta spelrummet med ett mellanlägg med kodnummer "70" monterat var 0,08 mm. Om detta mellanlägg ersätts av ett med kodnummer "67" minskas spelrummet till 0,06 mm. Endast ett mellanlägg kan monteras i taget.
17 När rätt mellanlägg har valts, och balanseringsenheten och mellanlägget monterats enligt beskrivningen i stycke 6 till 8, upprepa mätproceduren för att säkerställa att spelrummet är inom toleransen.
18 Ta bort mätklockan och de två räfflade bultarna på verktyget KM 949.
19 Montera sumpen enligt beskrivningen i avsnitt 12.

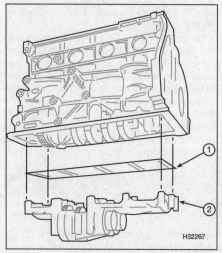

18.1 Balanseringsenhet (2) och mellanlägg (1) – 2,0-liters motor

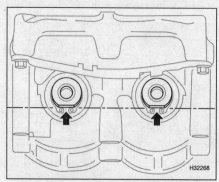

18.7 Placera balansaxlarna så att de två plana slipade ytorna är horisontella

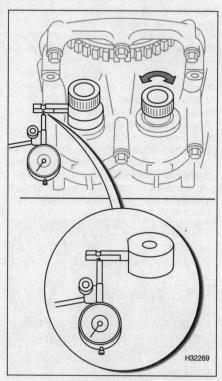

18.11 Placering av mätklockan – justering av spelrummet

Kapitel 2 Del C:
Reparationer med 2,2 liters DOHC motor kvar i bilen

Innehåll

Svårighetsgrad

Enkelt, passar novisen med lite erfarenhet 	Ganska enkelt, passar nybörjaren med viss erfarenhet 	Ganska svårt, passar kompetent hemmamekaniker 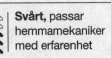	Svårt, passar hemmamekaniker med erfarenhet 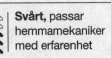	Mycket svårt, för professionell mekaniker 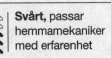

Specifikationer

Allmänt

Motortyp	Fyra cylindrar, rak, vattenkyld. Kedjedriven dubbel överliggande kamaxel som driver hydrauliska ventillyftare, 16 ventiler
Tillverkarens motorkode.	Z22SE
Lopp	86,0 mm
Slaglängd	94,6 mm
Effekt	2198 cc
Insprutningssekvens.	1-3-4-2 (Cylinder nr 1 vid motorns kamkedjeände)
Vevaxelns rotationsriktning.	Medurs (sett från motorns kamkedjesida)
Kompressionsförhållande.	10:1
Max. effekt	108 kW vid 5800 varv/minut
Maximalt vridmoment.	203 Nm vid 4000 varv/minut

Kompressionstryck

Standard	12 till 15 bar
Maximal skillnad mellan två cylindrar.	1 bar
Tryckförlust	Inte mer än 25 % per cylindor

Kamaxel

Axialspel	0,04 till 0,14 mm
Max. tillåtet radiellt kast	0,06 mm
Kamlyftare (intag och avgas)	8,0 mm

Smörjningssystem

Oljepumpstyp.	Rotortyp, driven via vevaxelremskivan/vibrationsdämpare från vevaxeln
Min. tillåtna oljetryck vid tomgångsvarvtal, med motor vid driftstemperaturer (oljetemperatur på minst 80°C).	1,5 bar
Oljepumpens spel:	
Mellan yttre rotor och oljepumphus	0,350 mm (max)
Mellan yttre och inre rotor	0,150 mm (max)
Fördjupning/axialspel (rotor till den övre kanten på tidsinställningskåpan)	0,080 mm (max.)

Atdragningsmoment

	Nm
Drivremmens spännbult	42
Balansaxelfästets bultar	10
Balansaxeldrevets bultar *:	
Steg 1	8
Steg 2	Vinkeldra ytterligare 30°
Kamaxellageröverfallets bultar:	
Lock 1 till 10	8
Lock 11	20
Kamaxelkåpans bultar	10
Kamaxeldrevets bult*:	
Steg 1	85
Steg 2	Vinkeldra ytterligare 30°
Steg 3	Vinkeldra ytterligare 15°
Vevstakens storändslager, kåpans bult*:	
Steg 1	25
Steg 2	Vinkeldra ytterligare 50°
Steg 3	Vinkeldra ytterligare 50°
Kylvätskedräneringsbult i kylvätskepumpen	20
Kylvätskepumpens drev, åtkomstluckans bultar	8
Kylvätskepumpdrevets bultar	10
Bultar mellan kylvätskepump och motorblock	25
Vevaxelremskiva/vibrationsdämparens bult*:	
Steg 1	100
Steg 2	Vinkeldra ytterligare 75°
Steg 3	Vinkeldra ytterligare 15°
Topplock x10 (huvud) bultar*:	
Steg 1	30
Steg 2	Vinkeldra ytterligare 75°
Steg 3	Vinkeldra ytterligare 75°
Steg 4	Vinkeldra ytterligare 15°
Topplock x4 (kamkedjans änd-)bultar*	35
Drivplattans bultar*:	
Steg 1	53
Steg 2	Vinkeldra ytterligare 25°
Motorns/växellådans fästbultar:	
Höger fäste:	
Bultar mellan fäste och fästbygel	55
Bultar mellan fäste och kaross	35
Bultar mellan fäste och topplock	50
Vänster fäste:	
Bultar mellan fäste och kaross	20
Bultar för fästet till växellåda	35
Bultar mellan fäste och fästbygel	55
Bakre fäste:	
Bultar mellan fäste och fästbygel	45
Bultar mellan fäste och hjälpram	60
Bultar för fästet till växellåda	60
Främre fäste:	
Bultar mellan fäste och motor	60
Fäste till hjälpram	55
Svänghjul bultar*:	
Steg 1	53
Steg 2	Vinkeldra ytterligare 25°
Nedre huvudlager på motorblocket:	
M8 bultar	25
M10 bultar (huvudlagerbultar)*:	
Steg 1	20
Steg 2	Vinkeldra ytterligare 70°
Oljemätstickans rör till insugsgrenrör	10
Oljepump:	
Oljetrycksstyrventil	40
Bultar mellan oljepumpskåpan och kamremskåpan	6
Hjulbultar	110
Sumpens dräneringsplugg	25
Sump till motorblockets basplatta	25
Bultar för sump till växellåda	25
Kamkedjekåpans bultar	25

Åtdragningsmoment (forts.)

	Nm
Kamkedjestyrningens bultar	10
Kamkedja munstycke för oljespray	10
Bultar till kamkedjans glidskena*	10
Kamkedjespännare:	
Kamaxel	75
Balansaxlar	10
Styrbulten till kamkedjans spännarskena	10
Bultar mellan växellåda och motorblock	60

Använd nya fästen

1 Allmän information

Vad innehåller detta kapitel

1 Denna del av kapitel 2 ägnas åt motorreparationer med motorn kvar i bilen. Alla tillvägagångssätt vid demontering och montering av motorn och motorblocket/topplocket för renovering finns i kapitel 2D.

2 De flesta åtgärder som beskrivs i det här avsnittet utgår ifrån att motorn sitter kvar i bilen. Om denna information används under en fullständig motorrenovering och motorn redan har monterats ut gäller därför inte en del av de steg som räknas upp här

Motorbeskrivning

3 2,2-liters motorn (2198 cc) är en helt ny motor som utformats av Opel. Den raka motorn har sexton ventiler, dubbla överliggande kamaxlar, fyra cylindrar, är monterad tvärs över framvagnen och har kopplingen och växellådan på vänster sida.

4 Cylinderblocket är tillverkat av en aluminiumlegering och har torra cylinderfoder. Vevaxeln hålls på plats i motorblocket av fem huvudlager av skåltyp. Tryckbrickor sitter monterade på ramlager 2 för att kontrollera vevaxelns axialspel.

5 Vevstakarnas storändar roterar i horisontellt delade lager av skåltyp. Kolvarna är fästa på vevstakarna med kolvbultar som presspassade i vevstakarnas lilländsöglor och hålls av låsringar. Lättmetallkolvarna är monterade med tre kolvringar – två kompressionsringar och en oljeskrapring.

6 Insugs- och avgasventilerna stängs med spiralfjädrar och arbetar i styrningar som trycks in i topplocket.

7 Kamaxlarna drivs av vevaxeln via ett kamkedjesystem; det finns också en undre kamkedja som förbinder vevaxeln med balansaxlarna och kylvätskepumpen. Kamaxeln roterar direkt i topplocket och styr ut de sexton ventilerna via lyftare och hydrauliska ventillyftare. Lyftarna sitter precis under kamaxlarna och var och en styr en egen ventil. Ventilspel justeras automatiskt av de hydrauliska ventillyftarna.

8 Smörjningen sker genom en oljepump som drivs av vevaxelns högra ände. Den drar in olja från sumpen och tvingar den genom ett externt monterat filter till kanaler i motorblocket/vevhuset. Därifrån fördelas oljan till vevaxeln (ramlager) och kamaxeln. Vevstakslagren förses med olja via inre borrningar i vevaxeln, medan kamaxellagren även förses med olja under tryck. Kamloberna och ventilerna smörjs av oljestänk på samma sätt som övriga motorkomponenter. Kamkedjan smörjs med ett munstycke för oljespray.

9 Vevhusventilationen är ett halvslutet system; Ångor från vevhuset samlas upp från topplocket, och förs via en slang till insugsröret.

Reparationer med motorn kvar i bilen

10 Följande arbeten kan utföras utan att motorn behöver lyftas ur bilen.
a) *Kompressionstryck – kontroll.*
b) *Kamaxelkåpa – demontering och montering.*
c) *Kamkedjekåpa – demontering och montering.*
d) *Kamkedjor – demontering och montering.*
e) *Kamkedjespännare, styrningar och drev – demontering och montering.*
f) *Kamaxel och ventillyftare – demontering, kontroll och återmontering.*
g) *Topplock – demontering och montering.*
h) *Vevstakar och kolvar – demontering och montering*.*
i) *Sump – demontering och montering*
j) *Oljepump – demontering, reparation och montering*
k) *Vevaxelns oljetätningar – byte.*
l) *Motor-/växellådsfästen – kontroll och byte.*
m) *Svänghjul – demontering, kontroll och återmontering.*

* *Även om ett förfarande märkt med en asterisk kan utföras med motorn kvar i bilen*

efter att sumpen tagits bort, är det bättre om motorn tas ur eftersom arbetet blir renare och åtkomsten bättre. Av detta skäl beskrivs tillvägagångssättet i kapitel 2D.

2 Kompressionstest – beskrivning och tolkning

Se kapitel 2A, avsnitt 2.

3 Övre dödpunkt (ÖD) för kolv 1 – placering

1 Övre dödpunkten (ÖD) är den högsta punkt kolven når under sin rörelse upp och ner när vevaxeln roterar. Varje kolv når visserligen ÖD i högsta läget av både kompressions- och avgastakten, men vid tändningsinställning menar man läget för kolv (1) i högsta läget av dess kompressionstakt då man refererar till ÖD.

2 Kolv 1 sitter på motorns högra sida (kamkedjan) och dess ÖD-läge hittar du på följande sätt. Observera att vevaxeln roterar medurs, betraktad från bilens högra sida.

3 Lossa batteriets jordledning (se *Koppla loss batteriet* i Referens kapitlet).

4 Dra åt handbromsen. Lyft upp framvagnen och ställ den på pallbockar (se *Lyftning och stödpunkter*). Skruva loss fästklämmorna/skruvarna och ta bort den nedre kåpan och höger hjulhusfodret (om en sådan finns).

5 För att komma åt kamaxeldrevets inställningsmärken, ta bort kamaxelkåpan enligt beskrivningen i avsnitt 5.

6 Använd en hylsnyckel på vevaxeldrevens bult och rotera vevaxeln tills inställningsmärket på kamaxeldreven är i rätt läge (se avsnitt 4). Med inställningsmärkena på kamaxelns fästbyglar i korrekt position ska skåran på kamaxeldrevets kant befinna sig i linje med markeringen på kamkedjekåpan. Motorn har nu kolv nr 1 vid ÖD.

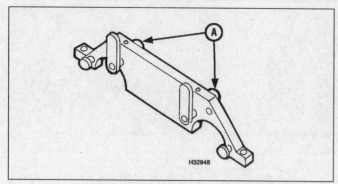

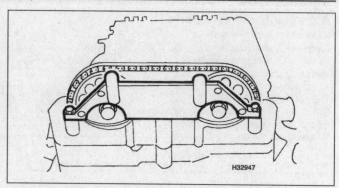

4.0 Kamaxellåsverktyg från Opel (KM-6148)

A Kamaxeldrevets styrsprintar

4.3 Lås kamaxeldrevet på plats med Opel-verktyget KM-6148

4 Ventiltidsinställning – kontroll och justering

Observera: *För att kontrollera ventilens tidsinställning är det nödvändigt att använda följande Opel-specialverktyg (eller ett lämpligt alternativ); kamaxel låsverktyg nummer är KM-6148 (se bild). Om det inte finns någon åtkomst till detta redskap måste uppgiften överlämnas till e Opel-verkstad. Låsverktyget för kamaxeln har styrsprintar som är placerade i hålen i kamaxeldrevet för att garantera att kamaxlarna förblir i korrekt position.*

1 Demontera kamaxelkåpan enligt beskrivningen i avsnitt 5.
2 Placera cylinder 1 i ÖD enligt beskrivningen i avsnitt 3. Se till att inskärningen i vevaxelns remskiva är korrekt justerad efter inställningsmärket på kamkedjekåpan.
3 Med vevaxeln på plats, för kamaxellåsverktyget på plats på höger sida om kamaxeldreven **(se bild)**.
4 Om låsverktyget kan monteras korrekt är ventiltiderna korrekt inställda och ingen justering behövs.
5 Montera tillbaka kamaxelkåpan enligt beskrivningen i avsnitt 5.
6 Om det inte går att föra in kamaxelverktyget korrekt i kamaxeldreven måste synkroniseringen återställas. Se avsnitt 9 för information om demontering, kontroll och återmontering av kamkedjan och drev.

5 Kamaxelkåpa – demontering och montering

Demontering

1 Lossa och ta bort plastkåpan från motorns överdel.
2 Lossa the fästklämman från the anslutningskontakten på tändningsmodulen och lossa pluggen.
3 Skruva loss de fyra fästbultar från tändningsmodulen och lyft av den för att lossa den från tändstiften **(se bild)**.
4 Lossa ventilationsslangen från kamaxelkåpan.
5 Lossa kablaget från ventilkåpans främre kant och vänstra sida.
6 Lossa anslutningskontakten från EGR (återcirkulation av avgaser) ventilen.
7 Lossa bromsservons vakuumrör och slangen till expansionskärlet för kylvätska från kablagefästbyglarna längs med ventilkåpans främre kant och vänstra sida.
8 Skruva loss de två fästmuttrarna och lyft bort kabelskenan längs ventilkåpans framsida **(se bild)**.
9 Skruva loss de två fästmuttrar och ta bort kabelfästet från kamaxelkåpans vänstra sida. Med fästbygeln borttagen, lossa den högra pinnbulten för att ta loss jordremsan.
10 Skruva loss de båda fästbultarna från

kamkedjans ände på kamaxelkåpan för att lossa bränsleledningens stödfäste.
11 Lossa och ta bort kamaxelkåpans fästbultar tillsammans med tätningsbrickorna och lyft av kamaxelkåpan och packningar/tätningar från topplocket. Byt kåpans packning/tätningar och fästbultens tätningsbrickor.

Montering

12 Montering sker i omvänd ordningsföljd. Observera följande:
a) Använd nya kamaxelkåpa packningar/tätningar.
b) När kåpan väl är på plats, dra först åt alla bultarna med handkraft, och gå sedan runt och dra åt dem till angivet moment.
c) Se till att fästklämman är korrekt monterad på anslutningskontakten på tändningsmodulen.

6 Vevaxelremskiva/ vibrationsdämpare – demontering och montering

Observera: *En ny fästbult för remskivan kommer att behövas efter återmonteringen.*

Demontering

1 Dra åt handbromsen. Lyft upp framvagnen och ställ den på pallbockar (se *Lyftning och stödpunkter*). Demontera det högra hjulet.
2 Skruva loss fästskruvarna/klämmorna och ta bort motorns underkåpa och hjulhusfodret om det behövs.
3 Ta bort drivremmen enligt beskrivningen i kapitel 1. Innan demonteringen, markera remmens rotationsriktning så att remmen monteras åt rätt håll.
4 Lossa vevaxelremskivans fästbult. På modeller med manuell växellåda, för att förhindra att vevaxeln roterar genom att välja högsta växeln och låta en medhjälpare trycka hårt på bromspedalen. På modeller med automatisk växellåda förhindrar du rotation genom att ta bort en av momentomvandlarnas fästbultar och fästa drivplattan på

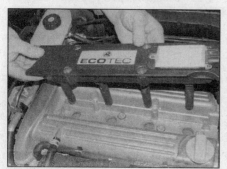

5.3 Ta bort tändningsmodulenheten från tändstiften

5.8 Lossa de två fästmuttrarna (markerad med pil) så att du kan ta bort kabelskenan

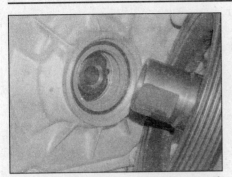

6.6a Vrid remskivan tills den platta ytan på mittnavet är i linje med oljepumpens drev . . .

6.6b . . . sedan montera en ny fästbult till remskivan

6.7 Drar åt vevaxelns remskiva med en vinkelmätare (motorn borttagen för fotot)

växellådshuset med hjälp av en metallstång, mellanlägg och lämpliga bultar. Om motorn tas bort från bilen måste du spärra svänghjulet/drivplattan (se avsnitt 16).

5 Skruva loss fästbulten och brickan och ta bort vevaxelremskivan från vevaxeländen. Kontrollera vevaxelns oljetätning vad gäller tecken på slitage eller skador medan remskivan är demonterad. Vid behov, byt ut den enligt beskrivningen i avsnitt 15.

Montering

6 Placera försiktigt vevaxelns remskiva på vevaxeländen. Rikta in remskivans plana ytor så att de är i linje med oljepumpen och vrid sedan remskivan så att skåran i den är i linje med vevaxelns låsstift. Skjut remskivan helt på plats, var mycket försiktig så att du inte skadar oljetätningen, montera sedan brickan och den nya fästbulten **(se bilder)**.

7 Lås vevaxeln på samma sätt som vid demonteringen. Dra åt fästbultarna till angivet moment för steg 1. Vinkeldra sedan bultarna med angiven vinkel för steg 2, med en hylsa och förlängningsstång, och slutligen med angiven vinkel för steg 3. En vinkelmätare bör användas i det här momentet av åtdragningen för att garantera att bultarna dras åt korrekt **(se bild)**. Om du inte har tillgång till en mätare, använd färg för att göra linjeringsmarkeringar mellan bultskallen och remskivan före åtdragningen. Markeringarna kan sedan

användas för att kontrollera att bulten har roterats till rätt vinkel.

8 Montera drivremmen enligt beskrivningen i kapitel 1. Använd den markering du gjorde före borttagningen så att remmen monteras åt rätt håll.

9 Sätt motorns underkåpa och hjulhusfodret på plats, och montera därefter tillbaka fästklämmorna/-skruvarna.

10 Montera tillbaka hjulet, sänk ner bilen och dra åt hjulbultarna till angivet moment.

7 Kamkedjekåpa – demontering och montering

Demontering

1 Dra åt handbromsen. Lyft upp framvagnen och ställ den på pallbockar (se *Lyftning och stödpunkter*). Om det behövs, skruva loss fästklämmorna/skruvarna och ta bort den nedre kåpan.

2 Stötta upp motor/växellådsenheten och skruva loss det högra fästet från topplocket enligt avsnitt 17.

3 Märk multiremmens löpriktning, lossa sedan spännaren och ta bort remmen enligt beskrivningen i kapitel 1.

4 Skruva loss fästbultarna från drivremsspännaren och ta bort åtdragningsanordningen från motorblocket.

5 För att komma åt bättre, ta bort det främre hjulhusfodret på höger sida och ta sedan bort vevaxelns remskiva/vibrationsdämparen (se avsnitt 6).

6 Tappa ur motoroljan enligt beskrivningen i kapitel 1.

7 Observera hur varje bult är monterad (en bult håller även fast kylvätskepumpen) och skruva sedan loss alla bultar som håller fast kamkedjekåpan vid motorblocket **(se bild)**.

8 Lirka försiktigt ut kamremskåpan rakt bort från motorblocket och för den ur läge. Observera styrstiftens monteringsläge. Om dessa sitter löst, dra ut dem och förvara dem tillsammans med kåpan.

9 Ta bort packningen och kontrollera att anliggningsytorna är rena, byt ut packningen vid behov.

Montering

10 vi rekommenderar verkligen att du byter vevaxelns oljetätning innan du återmonterar kåpan. Bänd försiktigt loss tätningen från kåpan med en flatbladig skruvmejsel. Montera den nya tätningen på kåpan, se till att dess tätningsläpp är vänd inåt. **Tryck tätningen på plats med en rörformig dorn, t.ex. en hylsa tills den är jäms med kåpan (se bilder).**

11 Se till att anliggningsytan mellan kåpan och motorblocket är rena och torra samt att styrstiften sitter rätt.

12 För packningen på plats och passa in den på stiften.

7.7 Observera fästbulten (markerad med pil) på den inre delen av kamkedjekåpans hölje

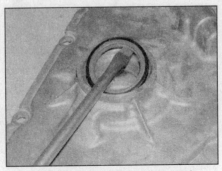

7.10a Bänd försiktigt ut den gamla vevaxelpackboxen ur kåpan . . .

7.10b . . . använd en lämplig dorn och knacka in den nya oljetätningen

7.16 Montera åtdragningsanordningen. Se till att stiften sitter i hålet i höljet

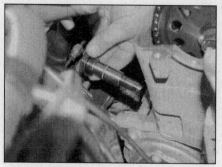

8.2 Ta bort kamkedjespännaren

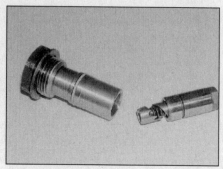

8.3 Inre kolv borttagen för kontroll av slitage och skador

13 För kamremskåpan på plats och passa in den på stiften. Montera tillbaka kåpans fästbultar, se till att alla monteras på sina ursprungliga platser. Dra åt dem jämnt och stegvis till angivet moment.

14 Montera vevaxelns remskiva enligt beskrivningen i avsnitt 6.

15 Montera tillbaka dräneringspluggen med en ny tätningsbricka, och dra åt den till angivet moment.

16 Montera tillbaka drivremmens sträckare, se till att stiftet bak på sträckaren är i linje, dra sedan åt fästbulten till angivet moment **(se bild)**.

17 Montera tillbaka multiremmen (se kapitel 1).

18 Montera tillbaka motorn/växellådans högra fäste (se avsnitt 17).

19 Montera den undre skyddskåpan och sänk ner bilen.

20 Avsluta med att fylla motorn med olja enligt beskrivningen i kapitel 1. Starta motorn och kontrollera om det finns oljeläckage.

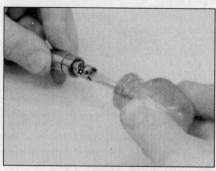

8.4a Vrid den inre kolvens skruv medurs tills den låses i läge . . .

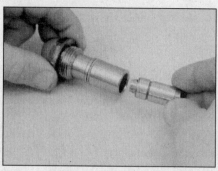

8.4b . . . montera sedan den inre kolven på den yttre spännarenheten

8 Kamkedjespännare – demontering och montering

Kamkedjespännare

Observera: *Om en ny kamkedjespännare monteras bör en ny spännskena monteras på samma gång. Under inga omständigheter får den gamla spännskenan förses med en ny spännare.*

Demontering

1 Demontera kamaxelkåpan enligt beskrivningen i avsnitt 5.

2 Skruva loss kamaxelns kedjespännare från topplockets baksida, och ta bort den inre kolvenheten **(se bild)** Ta loss tätningsringarna och kassera dem – du måste sätta dit nya vid återmonteringen.

Varning: Rotera inte motorn medan sträckaren är borttagen.

3 Ta isär spännaren **(se bild)**, och kontrollera att spännkolven inte är sliten eller skadad och byt den om det behövs.

Montering

4 Förspänn kamkedjespännaren, genom att vrida den inre kolven medurs **(se bilder)**

och låta den låsas i läge. Smörj den inre kolven och återmontera sedan kamkedjans spännare.

5 Byt tätningsringarna, smörj sedan kamkedjespännaren/kolven med ren motorolja och sätt i den i topplocket. **Observera:** *Kontrollera att åtdragningsanordningens*

och cylinderhuvudets gängor är rena före återmontering.

6 Dra åt sträckaren till angivet moment.

7 Lossa spännaren genom att trycka på spännskenan/kamkedjan med en rund stång **(se bild)**. Delen kommer då att trycka mot sträckarens inre kolv för att låsa upp den.

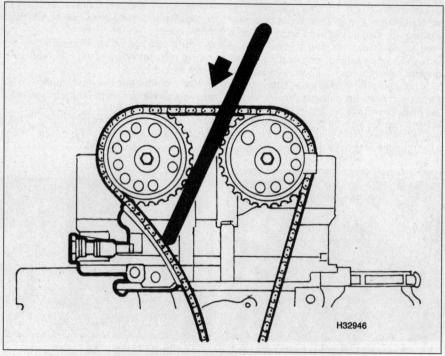

8.7 Tryck stången mot spännskenan för att lossa spännarens inre kolv

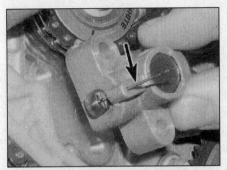

8.13 1.0 mm-borr (se pil) som används för att låsa spännkolven på plats

När den fjäderbelastade kolven släpps loss kommer den att ta upp kamkedjans slack.
Varning: Detta förfarande måste utföras korrekt, annars kan kedjan förbli slapp och hoppa över en tand på dreven. Detta kommer att resultera i maskinskador.
8 Vrid vevaxel två hela varv (720°) i rätt rotationsriktning och kontrollera att alla inställningsmärken ställer sig korrekt i ÖD. Se avsnitt 3.
9 Montera tillbaka kamaxelkåpan enligt beskrivningen i avsnitt 5.

Balansaxelkedjans spännare

Demontering

10 Ta bort kamkedjekåpan enligt beskrivningen i avsnitt 7.

9.0a Rikta in silverlänken (pil) så att den har samma riktning som det trekantiga inställningsmärket på avgassystemets drev . . .

9.0c . . . och den andra silverfärgade länken (markerad med pil) med inställningsmärket (vit prick) på vevaxeldrevet

8.15 Skruva loss låssprinten när du ska lossa spännaren

11 Skruva loss de två fästbultar och ta bort balansaxelkedjespännaren från motorblocket.
Varning: Rotera inte motorn medan sträckaren är borttagen.
12 Undersök spännarkolven och leta efter tecken på slitage eller skada. Byt ut det om det behövs.

Montering

13 Förspänn balansaxelkedjans sträckare genom att vrida kolven medurs ca 45° och tryck tillbaka den i sträckarens hus. Sätt in en låssprint eller ett borrbit på 1,0 mm i hålet i kolvhuset, då låses kolven på plats (se bild).
14 Smörj sträckkolven med ren motorolja, montera den sedan på motorblocket och dra åt bultarna till angivet moment.

9.0b . . . den kopparfärgade länken (se pil) med det rombiska inställningsmärket på insugningsdrevet. . .

9.5 Skruva loss de två fästbultar (markerad med pil) från glidskenan

15 När sträckaren är på plats, ta bort låssprinten för att lossa sträckarens kolv (se bild). Se till att kolven hakar i spännskenan för kamkedjespännaren ordentligt och tar bort eventuellt slack i balansaxelns kamkedja.
Varning: Detta förfarande måste utföras korrekt, annars kan kedjan förbli slapp och hoppa över en tand på dreven. Detta kan resultera i motorvibrationer eller skador.
16 Montera tillbaka kamkedjekåpan enligt beskrivningen i avsnitt 7.

Kedjespännare och styrskenan

17 Demontering och montering av sträckaren och styrskenan är en del av förfarandet vid demontering och montering av kamkedjan och dreven (se avsnitt 9). De måste förnyas om de visar tecken på slitage eller skador på sina kedjeytor.

9 Kamkedjor och drev – demontering, kontroll och återmontering

Observera: *För att sätta ventilernas tidsinställning på rätt värde för ÖD krävs ett särskilt Opel-serviceverktyg (eller ett passande alternativ) (se avsnitt 4). Om kamkedja och drev måste bytas ut eller ommonteras ut helt och hållet, kan arbetet utföras utan redskapet. Tidsinställningen kan ställas om med hjälp av de färgade länkarna i kamkedjan och inställningsmärkena på dreven (se bilder).*
Varning: Innan kamaxeldreven tas bort, kontrollera att de är märkta eftersom de är identiska och kan monteras tillbaka på endera kamaxeln.
Observera: *Om slitage upptäcks på kamkedjan, på spännarskenan, styrningarna eller kamaxeldrevet måste alltid den kompletta komponentenheten bytas ut.*

Demontering

Kamkedja och drev

Observera: *Nya fästbultar för kamaxeldrevet och kamkedjans glidskena måste användas vid återmonteringen.*
1 Lossa batteriets jordledning (se *Koppla loss batteriet* i Referens kapitlet).
2 Placera cylinderkolv nr 1 i ÖD enligt beskrivningen i avsnitt 3. Markeringen på vevaxelns remskiva/vibrationsdämparen ska vara linjerad med markeringen på kamremskåpan.
3 Ta bort kamkedjekåpan enligt beskrivningen i avsnitt 7.
4 Ta bort kamaxelns kamkedjespännaren enligt beskrivningen i avsnitt 8.
5 Skruva loss de två fästbultarna från kamaxelsynkroniseringskedjans glidskena ovanpå topplocket (se bild).
6 Ta bort åtkomstpluggen från topplocket

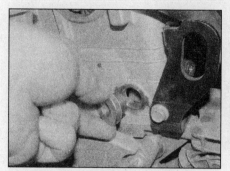

9.6a Ta bort åtkomstpluggen från topplocket . . .

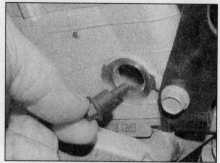

9.6b . . . och ta bort styrskenans övre fästbult

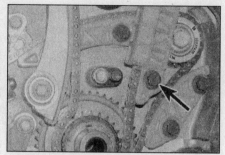

9.7 Skruva loss den nedre styrskenans fästbult (markerad med pil) och ta bort styrskenan nedåt

och skruva loss den övre fästbulten från kamkedjestyrningsskenan **(se bilder)**.
7 Skruva loss den nedre fästbulten till kamkedjestyrningsskenan och ta ut den ur motorn nedåt **(se bild)**.
8 Håll fast kamaxlarna i tur och ordning med en öppen nyckel på de avfasade platta ytorna och skruva sedan loss kamaxeldrevens fästbultar **(se bild)**.
9 Ta bort avgaskamaxelns drev och kontrollera att det är märkt för tillbaka montering eftersom dreven är identiska.
10 Skruva loss den nedre fästbulten från kamkedjans spännskena. Ta sedan bort den nedåt och ut ur motorn **(se bild)**.
11 Lyft av kamkedjan från vevaxeldrevet och ta bort insugskamaxeldrevet komplett med kamkedjan upp ur topplocket.

9.8 Skruva loss kamaxeldrevets fästbultar – använd en öppen nyckel för att hålla emot kamaxeln

12 För ut vevaxelns drivhjul/drev (och fjäderbricka, om sådan finns) från woodruffkilen på vevaxeln. **Observera:** *FRONT (fram) är utmärkt på drevets yttre yta.*

Balansaxelkedja och drev

Observera: *Om slitage upptäcks på balansaxelns kamkedja, på spännarskenan och styrningarna, på balansaxelns kedjespännare eller på drivhjulen/dreven måste alltid den kompletta komponentenheten bytas ut.*
13 Ta bort kamaxelns kamkedja och drev enligt beskrivningen i stycke 1 till 12.
14 Skruva loss de två fästbultar och ta bort balansaxelkedjespännaren från motorblocket.
15 Skruva loss fästbultarna och ta bort spännskenan och de två styrskenorna från motorblocket **(se bild)**.
16 Lyft av balansaxelns kamkedja från dreven och ta bort.
17 Använd en lämplig dorn, lås balanssaxeldreven och lossa fästskruvarna. Ta sedan bort drevet från balansaxeln **(se bild)**. Använd nya bultar.
18 För ut vevaxelns drivhjul/drev (och fjäderbricka, om sådan finns) från woodruffkilen på vevaxeln. **Observera:** *FRONT (fram) är utmärkt på drevets yttre yta.*
19 Lås kylvätskepumpens drivhjul med en skruvmejsel och skruva loss de

tre fästbultarna. Ta bort drivhjulet från kylvätskepumpen.

Kontroll

20 Undersök kuggarna med avseende på slitage och skador såsom hack, böjda eller saknade kuggar. Finns det tecken på slitage eller skador på något av dreven, ska alla drev och kedjan ersättas som en helhet.
21 Undersök kamkedjans länkar med avseende på slitna rullar. Du kan bedöma slitaget genom att kontrollera hur mycket kedjan kan böjas i sidled. En ny kedja kan böjas mycket lite i sidled. Om sidospelet i kamkedjan är för stort måste kedjan bytas.
22 Observera att det är en förnuftig åtgärd att byta kamkedjorna oavsett skick, om motorn har kört många mil, eller om det hörts missljud från kedjan/kedjorna när motorn är igång. Även om det inte är strikt nödvändigt, är det alltid värt att byta kedjan och dreven tillsammans, eftersom det är olönsamt att använda en ny kedja på slitna drev och tvärtom. Om du är osäker på skicket på kamkedjor och drev bör du rådfråga en Opelförsäljare som kan ge dig råd om vad du ska göra, baserat på återförsäljarens tidigare kunskap om motorn.
23 Undersök kedjestyrningen/styrningarna och spännarskenan/skenorna beträffande tecken på slitage eller skador på ytorna som har kontakt med kedjan. Byt om någon är illa repad.

9.10 Skruva loss fästbulten och ta bort spännskenan från motorn

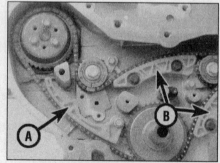

9.15 Skruva loss fästbultarna och ta bort spännskenan och styrskenan

A Kamkedjespännare   B Styrskenor

9.17 Använd en dorn för att lösa balansaxelns drev.

9.26 Montera tillbaka kamkedjans vevaxeldrev, notera märket FRONT på den yttre ytan

9.29 Vrid kamaxeln något genom att använda en skruvnyckel med öppet huvud för att placera drevet i korrekt läge

9.36 Använd nya fästbultar för att montera tillbaka glidskenan

Montering

Kamkedja och drev

24 Överför inställningsmärken från de ursprungliga komponenterna till de nya som ska monteras. Kontrollera att vevaxeln fortfarande er i ÖD-läge

25 Om den inte redan är monterad, montera tillbaka balansaxelns kamkedja och drev enligt beskrivningen i stycke 40 till 47.

26 För på vevaxelns drev (och fjäderbricka, om en sådan finns,) över woodruffkilen på vevaxeln. **Observera:** *FRONT (fram) är utmärkt på drevets yttre yta (se bild).*

27 Montera tillbaka insugskamaxeldrevet komplett med kamkedjan genom topplockets ovansida. Den kopparfärgade länken ska passa ihop med INT-märket på insugsdrevet (du kan använda ett buntband för att hålla kedjan på plats – **se bild 9.0b**). Fäst drevet på kamaxeln med hjälp av en ny fästbult, och dra i detta steg åt den med handkraft.

28 Sätt i kamkedjans spännskena upp genom motorhöljet på plats för sträckaren. (Montera inte den nedre fästbulten förrän kamkedjan är i rätt läge.)

29 Sätt i avgaskamdrevet i kamkedjan. Se till att den silverfärgade länken på kamkedjan ställs in efter markeringen EXH på drevet (du kan använda ett buntband för att hålla kedjan på plats – **se bild 9.0a**). Fäst drevet på kamaxeln med hjälp av en ny fästbult, och dra i detta steg åt den med handkraft. *Observera: En eller båda kamaxlarna kan ha flyttat sig något på grund av ventilfjädertrycket. Det kan*

vara nödvändigt att vrida kamaxeln något för att placera dreven i korrekt läge. Använd en gaffelnyckel på kamaxeln vid behov **(se bild)**. Rotera inte kamaxlarna för långt eftersom motorns är satt till ÖD och ventilerna skulle kunna slå emot kolvarna.

30 Placera kamkedjan på vevaxeldrevet och placera den silverfärgade länken mitt för markeringen på drevet **(se bild 9.0c)**.

31 Den nedre fästbulten kan nu monteras på spännskenan och dras åt till angivet moment.

32 Sätt i styrskenan och montera den nedre fästbulten. Dra åt den till angivet moment.

33 Montera styrskenans övre fästbult och åtkomstbult i topplocket. Dra åt dem till angivet moment.

Varning: Alla inställningsmarkeringar (färgade kedjelänkar) måste passas in så att de motsvarar märkningarna på dreven. detta förfarande måste utföras korrekt, annars kan tidsinställningen förskjutas genom den överhoppade tanden och orsaka motorskador.

34 Montera tillbaka kamkedjekåpan enligt beskrivningen i avsnitt 7.

35 Ta bort kabelklämmorna från kamaxeldrevet. Håll en kamaxel i taget med hjälp av en gaffelnyckel på de berörda ytorna, dra sedan åt de nya fästbultarna till deras angivna moment.

36 Fäst kamkedjans glidskena vid topplockets ovansida. Använd nya fästbultar och dra åt dem till angivet moment (se bild).

37 Montera tillbaka kamaxelns

kamkedjespännaren enligt beskrivningen i avsnitt 8.

38 Vrid vevaxeln två hela varv (720°) i rätt rotationsriktning (så att kolv 1 kommer tillbaka till ÖD i kompressionstakten). Om du har tillgång till specialverktyget kontrollerar du ventilinställningen enligt beskrivningen i avsnitt 4.

39 Montera tillbaka kamaxelkåpan enligt beskrivningen i avsnitt 5, återanslut sedan batteriets jordledning.

Balansaxelkedja och drev

40 Montera tillbaka drivhjulet på kylvätskepumpen, och dra åt de tre fästbultarna till angivet moment.

41 För ut vevaxelns drivhjul/drev (och fjäderbricka, om en sådan finns) från woodruffkilen på vevaxeln. **Observera:** *FRONT (fram) är utmärkt på drevets yttre yta (se bild).* Tändinställningsmärket på drivhjulet ska peka nedåt och vara i linje med den silverfärgade länken i kamkedjan.

42 Montera tillbaka avgasdrevet på balansaxeln, och använd en ny fästbult **(se bild)**. Drevet är märkt med EXHAUST (AVGAS) och har en nedåtpekande pil som ska vara i linje med den silverfärgade länken i kamkedjan. Dra åt bultarna till angivet moment så att balansaxeldreven låses på samma sätt som vid borttagning.

43 Montera insugningsdrevet på balansaxeln med en ny fästbult. Drevet är märkt med INTAKE (INTAG) och har en upåtpekande pil som ska vara i linje med den kopparfärgade länken i kamkedjan **(se bild)**. Dra åt bultarna

9.41 Montera tillbaka balansaxelns vevaxeldrev, notera märket FRONT på den yttre ytan

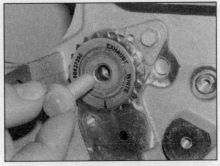

9.42 Montera tillbaka balansaxeldreven med nya fästbultar

9.43 Pilen pekar uppåt mot insugsdrevet

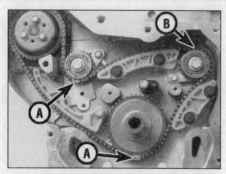

9.44 Utformning balansaxelns kamkedja

A Silverfärgade kedjelänkar i linje med inställningsmarkeringar
B Kopparfärgad kedjelänk i linje med inställningsmärke

till angivet moment så att balansaxeldreven låses på samma sätt som vid borttagning.
44 Montera balansaxelns kamkedja vid dreven/växlarna och placera inställningsmärkena (färgade kedjelänkar) i linje med markeringarna på det aktuella drevet enligt anvisningarna ovan **(se bild)**.
45 Montera spännskenan och två styrskenor på motorblocket. Dra åt fästbultarna till angivet moment.
46 Montera tillbaka balansaxelkedjans sträckare enligt beskrivningen i avsnitt 8.
47 Montera tillbaka kamaxelns kamkedjespännare och drev enligt beskrivningen ovan.

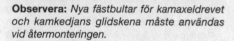

10 Kamaxel och ventillyftare – demontering, kontroll och återmontering

Observera: *Nya fästbultar för kamaxeldrevet och kamkedjans glidskena måste användas vid återmonteringen.*

Demontering

1 Lossa batteriets jordledning (se *Koppla loss batteriet* i Referens kapitlet).
2 Demontera kamaxelkåpan enligt beskrivningen i avsnitt 5.

3 Placera cylinderkolv nr 1 i ÖD enligt beskrivningen i avsnitt 3.
4 Skruva loss de två fästbultarna och ta bort kamaxelsynkroniseringskedjans glidskena ovanpå topplocket **(se bild 9.5)**.
5 Om du inte har tillgång till det specialverktyg som nämndes i avsnitt 4, se till att cylinder 1 är i ÖD och fäst sedan kamkedjan vid kamaxeldrevet med buntband och markera drevens placering i förhållande till topplocket **(se bild)**.
6 Så här förhindrar du att vevaxeln vrids runt på modeller med manuell växellåda: Om bilen fortfarande står på pallbockar, sänk ner den på marken och se till att handbromsen är åtdragen och att ettans växel är ilagd. På modeller med automatisk växellåda förhindrar du rotation genom att ta bort en av momentomvandlarnas fästbultar och fästa drivplattan på växellådshuset med hjälp av en metallstång, mellanlägg och lämpliga bultar.
7 Ta bort kamaxelns kamkedjespännaren enligt beskrivningen i avsnitt 8.
8 Håll fast kamaxlarna med en öppen nyckel på de avfasade platta ytorna och skruva sedan loss kamaxeldrevens fästbultar **(se bild 9.8)**.
Varning: Innan kamaxeldreven tas bort, kontrollera att de är märkta eftersom de är identiska och kan monteras tillbaka på endera kamaxeln.
9 Lossa kamaxeldrevet (komplett med kedja) från kamaxlarna medan kedjan hålls under spänning. Använd en lämplig skruvmejsel, stång eller bult som kan gå igenom dreven och vila på den övre ytan av topplocket för att hindra att kamkedjan faller ner och lossnar från vevaxelns drivhjul/drev.
10 Observera identifieringsmärkena på kamaxellageröverfallen. Överfallen är numrerade mellan 1 och 10 där alla siffror är rättvända sett från förarplatsen, siffrorna 1 till 5 på avgaskamaxeln räknat från motorns kamkedjeände, och siffrorna 6 till 10 på insugskamaxeln räknat från kamkedjeänden.
Observera: *Det finns också en elfte kåpa på insugskamaxeln, på topplockets svänghjulsände. Om markeringarna inte syns tydligt ska du göra identifieringsmarkeringar för att säkerställa att alla lock monteras rätt.*
11 Skruva loss de två bultar och ta bort

täckplattan och packningen från det 11:a lageröverfallet på insugskamaxeln. Lossa kamaxellageröverfallets fästbultar med ett varv i taget genom att arbeta i ett spiralschema från utsidan och inåt, så att ventilfjädrarnas tryck på lageröverfallen minskas gradvis och jämnt. När ventilfjädertrycket har försvunnit kan du skruva loss bultarna helt och ta bort dem tillsammans med kåporna. Var försiktig så att du inte lossar några styrstift som kan finnas på vissa av lageröverfallen och lyft bort kamaxeln från topplocket, notera var loberna är placerade på kamaxlen.
Varning: Om lageröverfallens fästbultar lossas oförsiktigt kan lageröverfallen förstöras. Om ett lageröverfall går sönder måste hela cylinderenhetens överdel bytas ut; lageröverfallen är anpassade till överdelen och kan inte erhållas separat.
12 Ta 16 små, rena plastbehållare och numrera dem till 16. Du kan även dela in en större behållare i avdelningar. Lyft ut ventillyftarna från topplocket ovansida och lägg dem på respektive monteringsläge **(se bild)**.
13 Om de hydrauliska ventillyftarna också ska tas bort, ta bort varje hydraulisk ventillyftare och lägg dem i små behållare med ren motorolja. Detta kommer att hålla dem beredda för återmontering **(se bild)**.

Kontroll

14 Undersök kamaxellagrets yta och kamloberna efter tecken på slitage och repor. Byt kamaxeln om några fel hittas. Undersök lagerytorna både på kamaxeltappen och i topplocket. Om ytorna i topplocket är mycket slitna, måste topplocket bytas.
15 Stötta upp kamaxelns ände på v-block och mät den centrala lagertappens kast med en mätklocka. Om kastet överstiger den angivna gränsen ska du byta kamaxeln.
16 Undersök ventillyftarnas lagerytor som kommer i kontakt med kamloberna och leta efter tecken på slitage och repor. Byt eventuella lyftare som uppvisar dessa fel.
17 Kontrollera de hydrauliska ventillyftarna (om de har tagits bort) och lopp i topplocket

10.5 Inställningsmärken på kamaxeldreven för återmontering

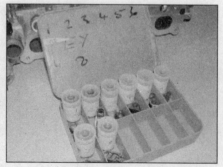
10.12 En behållare för att hålla reda på lyftare och hydrauliska ventillyftare

10.13 Förvara de hydrauliska ventillyftarna i märkta behållare med ren motorolja

10.18 Smörj ventillyftarna med ren motorolja innan återmonteringen

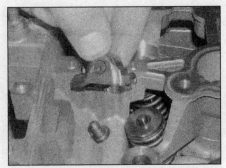

10.19 Montera tillbaka kamaxellyftare på deras ursprungliga platser

10.22 Applicera ett tunt lager silikontätning på ytorna markerade med pil

efter tecken på slitage eller skador. Om du tror att det fel på någon av ventillyftarna ska den bytas ut.

Montering

18 Om de har tagits bort, smörj de hydrauliska ventillyftarna med ren motorolja och sätt försiktigt in dem en efter en i deras ursprungliga plats i topplocket **(se bild)**.
19 Montera tillbaka kamaxellyftarna på topplocket, se till att varje lyftare monteras på sin ursprungliga plats **(se bild)**.
20 Smörj kamaxellyftarna med ren motorolja och sätt kamaxlarna på plats. Säkerställ att vevaxeln fortfarande har korrekt inriktning, och placera kamaxeln så att loberna pekar i den riktning som noterades när den togs bort.
21 Se till att anliggningsytorna på lageröverfallen och topplocket är rena och torra och smörj kamaxeltapparna och kamloberna med ren motorolja.
22 Applicera lite tätningsmedel på topplockets anliggningsyta vid växellådsänden av lageröverfallet på insugskamaxel (nr 11) **(se bild)**. Montera tillbaka kåpans styrstift på kåpan om de har tagits bort.
23 Montera tillbaka kamaxellageröverfallen och fästbultarna i deras ursprungliga lägen på topplocket. Överfallen är numrerade mellan 1 och 10 där alla siffror är rättvända sett från förarplatsen, siffrorna 1 till 5 på avgaskamaxeln räknat från motorns kamkedjeände, och siffrorna 6 till 10 på insugskamaxeln räknat från kamkedjeänden. Det finns också en elfte kåpa på insugskamaxeln, på topplockets växellådsände **(se bild)**.

24 Dra åt alla bultar för hand än så länge, arbeta i ett spiralmönster från mitten och utåt, dra åt bultarna ett varv i taget för att gradvis öka trycket på ventilfjädrarna på lageröverfallen. Upprepa sekvensen tills alla lageröverfall har kontakt med topplocket. Dra sedan i tur och ordning åt kamaxellageröverfallens bultar till angivet moment.
Varning: Om lageröverfallens fästbultar dras åt oförsiktigt kan lageröverfallen förstöras. Om ett lageröverfall går sönder måste hela cylinderenhetens överdel bytas ut; lageröverfallen är anpassade till överdelen och kan inte erhållas separat.
25 Använd markeringarna som gjordes vid demonteringen och se till att kamkedjan fortfarande griper in korrekt i dreven. Montera sedan tillbaka kamaxeldreven på kamaxeln. Passa in dreven på kamaxelns ände och montera nya fästbultarna, dra åt dem för hand på det här stadiet **(se bild)**. Ta bort kabelklämmorna från kamaxelkedjan och dreven.
26 Montera tillbaka kamaxelns kamkedjespännaren enligt beskrivningen i avsnitt 8.
27 Om specialverktyget finns tillgängligt, kontrollera att cylinder nr 1 är korrekt satt till ÖD, enligt beskrivningen i avsnitt 3.
28 Om specialverktyget inte finns tillgängligt, rikta in markeringarna från demonteringen på kamaxeln och dreven. Håll kamaxeln med en gaffelnyckel och dra åt drevbulten till det moment som anges för steg

1. Säkerställ att markeringarna fortsatt är i linje med varandra och dra sedan åt bulten med de vinklar som angivits för steg 2 och steg 3. En vinkelmätare rekommenderas till steg 3 för exakthet. Om du inte har tillgång till en mätare, använd färg för att göra linjeringsmarkeringar före åtdragningen. Markeringarna kan sedan användas för att kontrollera att bulten har roterats till rätt vinkel.
29 Montera kamkedjans glidskena med nya fästbultar och dra åt dem till angivet moment.
30 Använd en ny packning och montera skyddsplåten på det elfte lageröverfall på insugskamaxeln och dra åt de två bultarna ordentligt.
31 Vrid vevaxelns remskiva/vibrationsdämparen två hela varv i rotationsriktningen. Kontrollera att inställningsmarkeringarna på vevaxelns remskiva ligger i linje med markeringen på kapslingen, och att specialverktyget är i linje med vevaxeldreven (eller med markeringarna som anger förhållandet till topplocket, gjorda innan detta togs bort).
32 Montera tillbaka kamaxelkåpan enligt beskrivningen i avsnitt 5.
33 Återanslut batteriets negative jordledning och sänk ner bilen på marken (om tillämpligt).

11 Topplock –
demontering och montering

Varning: Var noga med att inte släppa in smuts i bränsleinsprutningspumpen eller insprutningsventilrören när du utför detta.
Observera: *Nya topplocksbultar, bultar till kamkedjans glidskena och kamaxeldrevets fästbultar måste användas vid återmonteringen.*

Demontering

1 Tappa ur kylsystemet enligt beskrivningen i kapitel 3.
2 Utför de åtgärder som beskrivs i stycke 1 till 8 i avsnitt 10.
3 Tryckutjämna bränslesystemet enligt beskrivningen i kapitel 4A.
4 Torka rent området runt bränsleslanganslutningarna och skruva

10.23 Montera tillbaka lageröverfall nr. 11 på insugskamaxeln

10.25 Skruva nya fästbultar i kamaxeldreven

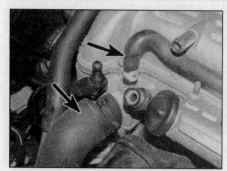

11.7 Ta bort de två kylvätskeslangar (markerad med pil) från topplockets främre del

11.22 Använd en tapp för att rengöra gängorna i motorblocket

sedan loss anslutningsbultarna och tätningsbrickorna. Lossa slangarna från deras fästklämmor och lägg dem åt sidan, ur vägen för topplocket.

5 Demontera insugnings- och avgasgrenrören enligt beskrivningen i kapitel 4A.

6 Ta bort luftrenaren enligt beskrivningen i kapitel 4A.

7 Lossa fästklämmorna och koppla loss kylvätskeslangarna från framsidan av topplockets högra ände **(se bild)**.

8 På fordon med luftkonditionering, lossa slangarna/rören från fästklämmorna och lägg dem åt sidan. Om systemet måste kopplas loss, se kapitel 3 för mer information.

9 Ta bort åtkomstbulten från topplocket och skruva loss den övre fästbulten från kamkedjestyrningsskenan **(se bild 9.6a och 9.6b)**.

Varning: Innan kamaxeldreven tas bort, kontrollera att de är märkta eftersom de är identiska och kan monteras tillbaka på endera kamaxeln.

10 Ta bort kamaxeldreven från kamkedjan. Håll upp kamkedjan för att förhindra att den faller ner i motorblocket, håll kamkedjan på plats på vevaxeldrevet.

11 Lossa och ta bort de fyra fästbultar från topplockets kamkedjeände **(se bild 11.27)**.

12 Lossa stegvis topplocksbultarna **i motsatt ordning** mot vid montering **(se bild 11.27)**, ett

halvt varv i taget, tills alla bultar kan skruvas ur för hand.

13 Lyft ut topplocksbultarna och ta loss brickorna om tillämpligt.

14 Lyft av topplocket; be om hjälp om det är möjligt, eftersom detta är en tung enhet (framförallt om grenrören sitter kvar). Det är också nödvändigt att få hjälp med att styra kamkedjan genom topplocket medan kedjan hålls under spänning.

15 Lyft av packningen från blockets översida, lägg märke till styrstiften. Om dessa sitter löst, dra ut dem och förvara dem tillsammans med topplocket.

Varning: Placera inte överdelen på dess undre anliggningsyta; stötta upp överdelen på träblock eftersom den kan skadas om den placeras direkt på en bänk.

16 Om topplocket ska tas isär för renovering, se del D i detta kapitel.

Förberedelser för montering

17 Fogytorna mellan motorblock och topplock måste vara noggrant rengjorda innan topplocket monteras. Ta bort alla packningsrester och allt sot med en plast- eller treskrapa; och rengör även kolvkronorna. Var extra försiktig eftersom ytorna är känsliga. Se även till att sot inte kommer in i olje- och vattenledningarna. Detta är särskilt viktigt för smörjningssystemet, eftersom sot kan

blockera oljetillförseln till någon av motorns komponenter. Använd tejp och papper till att försegla vatten- och oljekanaler och bulthål i motorblocket/vevhuset. Lägg lite fett i gapet mellan kolvarna och loppen för att hindra sot från att tränga in. När en kolv är rengjord ska alla spår av fett och sot borstas bort från dess öppning med en liten borste och sedan ska öppningen torkas med en ren trasa. Rengör alla kolvarna på samma sätt.

18 Undersök fogytorna på motorblocket/vevhuset och topplocket och se om det finns hack, djupa repor och andra skador. Om de är små kan de försiktigt filas bort, men om de är stora är slipning eller byte den enda lösningen (hör med din lokala specialist).

19 Kontrollera att hålen för topplocksbultarna i vevhuset är rena och fria från olja. Sifonera eller sug upp den olja som finns kvar i bulthålen. Detta är av största vikt för att bultarna ska kunna dras åt till rätt åtdragningsmoment, och för att inte motorblocket ska spricka på grund av hydrauliskt tryck när bultarna dras åt.

20 Topplocksbultarna måste kasseras och bytas ut oavsett deras skick.

21 Kontrollera topplockspackningens yta med en ställinjal om den misstänks vara skev. Se del D i detta kapitel om det behövs.

Montering

22 Använd en tapp och rengör gängorna i de fyra bulthålen vid kamkedjeänden på motorblocket **(se bild)**. Rengör topplockets och motorblockets/vevhusets fogytor.

23 Kontrollera att styrstiften är på plats och montera den nya packningen på motorblocket **(se bilder)**.

24 Se till att vevaxeln står 60° FÖD (detta för att förhindra skador på ventiler och kolvar när topplocket monteras).

25 Ta hjälp av en medhjälpare och montera försiktigt tillbaka ner topplocksenheten på blocket och passa in den på styrstiften. Efter det att topplocket har monterats, för kamkedjan genom topplocket och håll den på plats genom att föra ett lämpligt verktyg/skruvmejsel genom kedjan och lägga det på topplockets övre yta. **Observera:** *Håll kedjan*

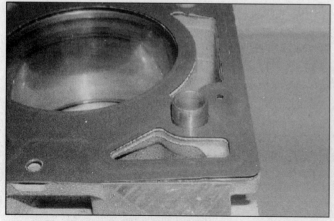

11.23a Kontrollera att stiften är i rätt läge för att placera topplockspackningen . . .

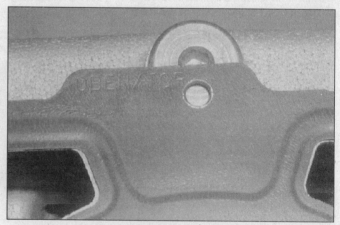

11.23b . . . se till att packningen monteras med märket OBEN/TOP överst

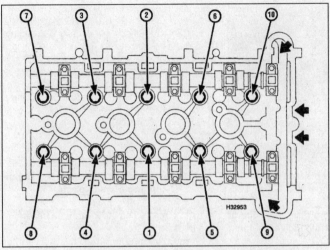

11.27 Ordningsföljd för åtdragning av topplocksbultar

11.28 Dra åt topplocket genom stegen med hjälp av en momentgradskiva

spänd för att undvika att den lossnar från vevaxeldrevet.

26 Applicera olja på gängorna och undersidan av huvudena på de nya topplocksbultarna och sätt försiktigt i varje bult i respektive hål (*de får inte släppas ner*). Skruva in alla bultar, dra åt med bara fingrarna.

27 Arbeta stegvis i visad ordningsföljd och dra åt topplocksbultarna till momentet för steg 1 med momentnyckel och passande hylsa **(se bild)**.

28 När alla bultarna har dragits åt till angivet moment för steg 1, arbeta igen enligt den angivna ordningsföljden, gå runt och dra åt alla bultar till angiven vinkel för steg 2. En vinkelmätare bör användas för att garantera att bultarna dras åt korrekt **(se bild)**. Om du inte har tillgång till en mätare, använd färg för att göra linjeringsmarkeringar före åtdragningen. Markeringarna kan sedan användas för att kontrollera att bulten har roterats till rätt vinkel.

29 Vinkeldra bultarna på nytt i ordningsföljd till angiven vinkel för steg 3.

30 Vinkeldra till sist bultarna i ordningsföljd till angiven vinkel för steg 4.

31 Montera tillbaka de fyra bultarna som håller fast topplockets högra ände på motorblocket (kamkedjeände) och dra åt dem till angivet moment **(se bilder)**.

32 Justera på nytt kamaxeldrevet, vrid sedan vevaxeln försiktigt i motorns rotationsriktning så att cylinder 1 hamnar i ÖD.

33 Montera tillbaka kamaxeldreven på kamaxlarna enligt beskrivningen i avsnitt 10, stycke 25 till 33.

34 Återanslut kylvätskeslangarna till topplocket och fäst dem med fästklämmor.

35 Montera/återanslut insugs- och avgasgrenrören och tillhörande delar enligt beskrivningen i kapitel 4A.

36 Placera en ny tätningsbricka på varje sida av bränsleslangens anslutningar och montera sedan tillbaka anslutningsbultarna och dra åt dem till angivet moment (mer information finns i kapitel 4A).

37 Avsluta med att fylla på kylsystemet (och luftkonditioneringen om det behövs) enligt beskrivningen i kapitel 3.

12 Sump –
demontering och montering

Demontering

1 Lossa batteriets jordledning (se *Koppla loss batteriet* i Referens kapitlet).

2 Dra åt handbromsen. Lyft upp framvagnen och ställ den på pallbockar (se *Lyftning och stödpunkter*). Om det behövs, skruva loss fästklämmorna/skruvarna och ta bort den nedre kåpan och höger hjulhusfodret.

3 Tappa ur motoroljan enligt beskrivningen i kapitel 1, montera sedan en ny tätningsbricka och montera tillbaka dräneringspluggen, dra åt den till angivet moment.

4 Om en sådan finns, lossa kontaktdonet från oljenivågivaren (se kapitel 5A).

5 Märk multiremmens löpriktning, lossa sedan spännaren och ta bort remmen enligt beskrivningen i kapitel 1.

6 Ta bort luftkonditioneringskompressorns nedre fästbult. Lossa (ta inte bort) de båda övre fästbultarna och använd en träbit (eller liknande) för att kila fast kompressorn ur vägen för sumpen. **Observera:** *Var noga med att inte skada bultarna eller den legerade fästpunkten när kilen sätts in; använd inte onödig kraft.*

7 Skruva loss bultarna som håller fast sumpens fläns mot växellådshuset **(se bild)**.

8 Skruva stegvis loss bultarna som håller fast sumpen vid den nedre delen av motorblockets nedre hus (det finns en lång

11.31a Montera nya fästbultar till topplockets kamkedjeände . . .

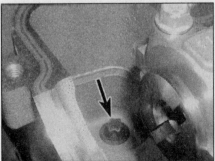

11.31b . . . två av bultarna sitter inuti kamkedjehuset (bulten markerad med pil på avgassidan av huvudet)

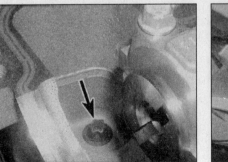

12.7 Skruva loss de två bultar mellan sumpen och växellådan (A) och även bultarna mellan sumpen det nedre motorblocket (B)

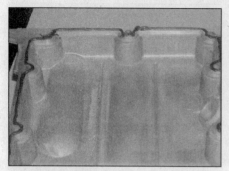

12.11a Applicera en kontinuerlig sträng silikontätning runt sumpen . . .

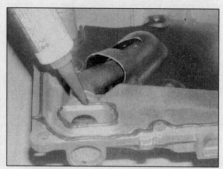

12.11b . . . också i området runt oljeinsugningsröret

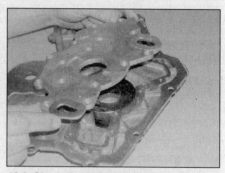

13.2 Skruva loss fästskruvarna och ta bort pumpens täckplatta

bult vid växellådsänden av sumpen) **(se bild 12.7).** För att öppna sumpens led kan det vara nödvändigt att skära upp silikontätningen med en lämplig kniv. Var noga med att inte skada några ytor. Ta bort sumpen från motorn.

9 Passa på att kontrollera oljepumpens oljeupptagare/sil (om möjligt) efter tecken på igensättning eller sprickor medan sumpen är borttagen. **Observera:** *Oljeupptagaren/silen kan inte tas loss från sumpen eftersom den är fastnitad på plats.*

Montering

10 Ta bort alla spår av silikontätningsmedel och olja från sumpens fogytor och motorblocket.

11 Applicera en kontinuerlig sträng tätningsmedel (finns hos din Opel-verkstad) ca 1,0 mm från sumpens innerkant. Droppen tätningsmedel ska vara mellan 2,0 och 2,5 mm i diameter. Applicera också en droppe tätningsmedel (2,0 till 2,5 mm) runt området där oljeinsugsröret på sumpens anliggningsyta finns **(se bilder).**

12 Passa in sumpen mot cylinderblocket och skruva i fästbultarna lätt.

13 Arbeta från mitten i diagonal ordningsföljd, dra stegvis åt bultarna som håller fast sumpen mot motorblockets nedre hus. Dra åt alla bultar till angivet moment.

14 Dra åt bultarna som håller fast sumpens fläns mot växellådshuset enligt angivna moment.

15 Ta bort det kilformade blocket från luftkonditioneringskompressorn och

montera tillbaka den nedre fästbulten. Dra åt kompressorns fästbultar till angivet moment (kapitel 3).

16 Montera tillbaka multiremmen (se kapitel 1).

17 Återanslut oljenivågivarens kontaktdon (efter tillämplighet). Om det behövs, återmontera motorns nedre kåpa och hjulhusets kåpa.

18 Sänk ner bilen och fyll motorn med olja (se kapitel 1).

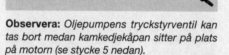

13 Oljepump – demontering, kontroll och återmontering

Observera: *Oljepumpens tryckstyrventil kan tas bort medan kamkedjekåpan sitter på plats på motorn (se stycke 5 nedan).*

Demontering

1 Oljepumpsenheten är inbyggd i kamkedjekåpan. Demontering och montering av kåpan beskrivs i avsnitt 7.

Kontroll

2 Skruva loss fästskruvarna och lyft bort pumpens skyddsplåt från kamkedjekåpans insida **(se bild).**

3 Observera om några markeringar identifierar pumprotorernas utsidor. Om du inte ser några, använd en lämplig märkpenna och märk både pumpens yttre och inre rotorer markeringarna kan sedan användas för att säkerställa att rotorerna återmonteras rättvända.

4 Lyft ut de inre och yttre rotorerna från kåpan **(se bild).**

5 Skruva loss kontakten till styrventilen för oljetryck från kamkedjekåpan och ta bort fjädern och tryckkolven. Notera åt vilket håll tryckkolven är monterad. Ta bort tätningsringen från ventilbulten **(se bilder).**

6 Rengör komponenterna och undersök noggrant rotorerna, pumphuset och ventillyftare beträffande tecken på sprickor eller slitage. Byt eventuella komponenter som visar tecken på slitage eller skador, om rotorerna eller pumphuset är märkta ska hela pumpenheten bytas.

7 Om komponenterna är funktionsdugliga, mät spelet (med bladmått) mellan:
a) Den inre rotor och den yttre rotorn.
b) Den yttre rotorn och oljepumphuset.
c) Rotorns axialspel.
d) Den platta delen av ändkåpan.

Om spelet inte ligger inom det angivna området (se Specifikationerna i början av detta kapitel), måste du byta pumpen **(se bilder).**

8 Om pumpen är ok, montera alla komponenter i omvänd ordningsföljd mot demonteringen, observera följande.
a) Se till att båda rotorer och ventillyftaren är korrekt placerade.
b) Montera nya tätningsringar på övertrycksventilens bult och dra åt bulten till angivet moment.
c) Montera tillbaka pumpkåpan och dra åt skruvarna till angivet moment.
d) Avsluta med att prima pumpen med ren olja medan du roterar den inre rotorn.

13.4 Ta bort de inre och yttre rotorerna

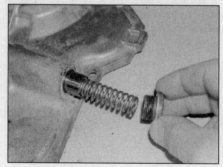

13.5a Skruva loss och ta bort oljetryckstyrventilens plugg . . .

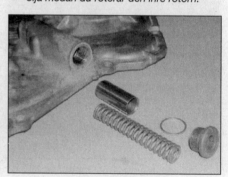

13.5b . . . och ta bort oljetrycksventilfjädern och kolven

Montering

9 Montera tillbaka kamkedjekåpan enligt beskrivningen i avsnitt 7.

14 Balansaxel – demontering och montering

Demontering

1 Ta bort balansaxelns kamkedja och drev enligt beskrivningen i avsnitt 9.
2 Om balansaxelns drev tas bort, markera axlarna så att du kan skilja insugsaxeln från avgasaxeln vid återmonteringen.
3 Skruva loss fästmuttern från balansaxelns fästplatta och för balansaxeln från motorblocket **(se bilder)**.

Montering

4 Montering sker i omvänd arbetsordning, dra åt fästplattans bultar till angivet moment.
5 Montera tillbaka balansaxelns kamkedja och drev enligt beskrivningen i avsnitt 9.

15 Vevaxelns oljetätningar – byte

Oljetätningen på kamkedjesidan

1 Ta bort vevaxelns remskiva enligt beskrivningen i avsnitt 6.
2 Bänd försiktigt loss tätningen från kamkedjekåpan med en flatbladig skruvmejsel.
3 Rengör tätningshuset och vevaxeln. Putsa av alla grader eller vassa kanter som kan ha skadat tätningen.
4 Smörj läpparna på den nya tätningen med ren motorolja och tryck/knacka den rakt in tills den är på plats i urholkningen i kåpan **(se bild)**. Om det behövs kan en rörformig dorn, t.ex. en hylsa, som endast vilar på tätningens hårda yttre kant användas för att knacka tätningen på plats. Var noga med att inte

skada packboxarnas kanter vid monteringen och säkerställ att packboxarnas kanter är vända inåt.
5 Tvätta bort alla spår av olja och montera sedan vevaxelremskivans enligt beskrivningen i avsnitt 6.

Svänghjuls/drivplattändens oljetätning

6 Demontera svänghjulet/drivplattan enligt beskrivningen i avsnitt 16.
7 Stansa eller borra två hål på var sin sida av oljetätningen. Skruva i självgängande skruvar i hålen och dra i skruvarna med tänger för att få ut tätningen **(se bild)**.

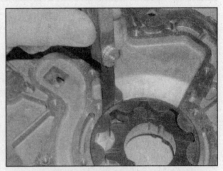

13.7a Kontrollera spelet mellan de inre och yttre rotorer med ett bladmått . . .

13.7b . . . den yttre rotorn till oljepumphuset. . .

13.7c . . . och användning av en stållinjal för att kontrollera axialspelet

14.3a Skruva loss fästbulten (markerad med pil) . . .

14.3b . . . och ta bort balansaxelenheten

15.4 Se till att tätningarna sitter rätt och rakt i kamkedjekåpan

15.7 Ta bort en oljetätning på vevaxelns vänstersida med en tång och en skruv

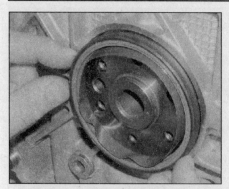

15.9 Skjut försiktigt över oljetätningen på vevaxelns ände och knacka/tryck den vinkelrätt in till dess rätta position

8 Rengör tätningshuset och vevaxeln. Putsa av alla grader eller vassa kanter som kan ha skadat tätningen. **Observera:** *Isoleringstejp kan lindas runt kamaxelflänsen som en hjälp för att montera oljetätningen.*

9 Smörj läpparna på den nya tätningen med ren motorolja och sätt försiktigt dit tätningen i änden av vevaxeln. Tryck tätningen rakt på plats tills den är jäms med lageröverfallet. Om det behövs kan en rörformig dorn, t.ex. en hylsa, som endast vilar på tätningens hårda yttre kant användas för att knacka tätningen på plats. Var noga med att inte skada packboxarnas kanter vid monteringen och säkerställ att packboxarnas kanter är vända inåt **(se bild).**

10 Om det sitter isoleringstejp runt vevaxelns fläns ska den tas bort. Se upp så att inte oljetätningen skadas. Montera tillbaka svänghjulet enligt beskrivningen i avsnitt 16.

16 Svänghjul/drivplatta – demontering, kontroll och återmontering

Se kapitel 2B, avsnitt 15.

17 Motorns-/växellådans fästen – kontroll och byte

Se kapitel 2A, avsnitt 17.

Kapitel 2 Del D:
Motor – demontering och reparationer

Innehåll

Svårighetsgrad

Enkelt, passar novisen med lite erfarenhet		**Ganska enkelt,** passar nybörjaren med viss erfarenhet		**Ganska svårt,** passar kompetent hemmamekaniker		**Svårt,** passar hemmamekaniker med erfarenhet	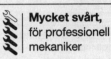	**Mycket svårt,** för professionell mekaniker	

Specifikationer

Observera: *När specifikationer anges med N/A (uppgift saknas) betyder det att ingen information fanns tillgänglig i skrivande stund. Kontakta närmaste Opel-verkstad för den senaste informationen.*

1,6-liters SOHC motorer

Topplock

Maximal skevhet för packningsyta...........................	0,05 mm
Topplockshöjd	95,90 till 96,10 mm
Ventilsätets bredd:	
Intag	1,3 till 1,5 mm
Avgas	1,6 till 1,8 mm

Ventiler och styrningarna

	Intag	Avgas
Ventilstyrningens höjd i topplocket	80,85 till 81,25 mm	
Ventilskaftsdiameter*:	**Intag**	**Avgas**
Standard (K)	6,998 till 7,012 mm	6,978 till 6,992 mm
1:a överstorlek (0,075 mm – K1)	7,073 till 7,087 mm	7,053 till 7,067 mm
2:a överstorlek (0,150 mm – K2)	7,148 till 7,162 mm	7,128 till 7,142 mm
Ventilskaftets kast	Mindre än 0,03 mm	
Diametern för ventilstyrningsloppet*:		
Standard (K)	7,030 till 7,050 mm	
1:a överstorlek (0,075 mm – K1)	7,105 till 7,125	
2:a överstorlek (0,150 mm – K2)	7,180 till 7,200 mm	
Spel mellan skaft och styrning:		
Intag	0,018 till 0,052 mm	
Avgas	0,038 till 0,072 mm	
Ventillängd:		
Intag	99,35 mm	
Avgas	99,65 mm	
Ventilskaftets höjd efter montering.	13,75 till 14,35 mm	
Ventilhuvuddiameter:		
Intag	38 mm	
Avgas	31 mm	

* Identifieringsmärkning inom parenteser

1,6-liters SOHC motorer (forts.)

Motorblock

Maximal skevhet för packningsyta...........................	0,05 mm

Cylinderloppens diameter:
  Standard:

Storleksgrupp 8	78,975 till 78,985 mm
Storleksgrupp 99	78,985 till 78,995 mm
Storleksgrupp 00	78,995 till 79,005 mm
Storleksgrupp 01	79,005 till 79,015 mm
Storleksgrupp 02	79,015 till 79,025 mm
Överdimensionerad (0,5 mm)	79,465 till 79,475 mm
Max. cylinderloppsovalitet	0 013 mm
Max. cylinderloppskoniskhet	0 013 mm

Kolvar och ringar

Kolvdiameter:
  Standard:

Storleksgrupp 8	78,955 till 78,965 mm
Storleksgrupp 9	78,965 till 78,975 mm
Storleksgrupp 00	78,975 till 78,985 mm
Storleksgrupp 01	78,985 till 78,995 mm
Storleksgrupp 02	78,995 till 79,005 mm
Överdimensionerad (0,5 mm) – storleksgrupp 7 + 0.5	79 445 till 79 455 mm
Spel mellan kolv och lopp	0,02 till 0,04 mm

Kolvringens ändgap (monterad i lopp):

Övre och sekundära kompressionsring	0,3 till 0,5 mm
Oljekontrollring	0,4 till 1,4 mm

Kolvringens tjocklek:

Övre kompressionsring...........................	1,2 mm
Sekundär kompressionsring........................	1,5 mm
Oljekontrollring	3,0 mm

Kolvringens spel i spåret:

Övre kompressionsring:	0,02 till 0,04 mm
Andra kompressionsring............................	0,04 till 0,06 mm
Oljekontrollring	0,01 till 0,03 mm

Kolvbultar

Diameter	17,997 till 18 mm
Längd	55 mm
Spel mellan kolvbult och kolv...........................	0,009 till 0,012 mm

Vevstake

Storändslager spel i sidled............................	0,07 till 0,24 mm

Vevaxel

Axialspel	0,1 till 0,2 mm

Ramlagertappens diameter:

Standard...	54,980 till 54,997 mm
1:a (0,25 mm) understorlek............................	54,730 till 54,747 mm
2:a (0,50 mm) understorlek............................	54,482 till 54,495 mm

Vevstakslagertapp (vevstake) diameter:

Standard...	42,971 till 42,987 mm
1:a (0,25 mm) understorlek............................	42,721 till 42,737 mm
2:a (0,50 mm) understorlek............................	42,471 till 42,487 mm
Axeltappens deformation	0,04 mm
Axeltappens kona....................................	ET
Vevaxelns kast	mindre än 0,03 mm
Huvudlagerspel	0,017 till 0,047 mm
Storändslager (vevstake) lagerspel	0,019 till 0,071 mm

Åtdragningsmoment

Se specifikationerna i kapitel 2A

1,4-, 1,6- och 1,8-liters DOHC motorer

Topplock

Maximal skevhet för packningsyta...........................	0,05 mm

Topplockshöjd:

1,4 och 1,6 liter......................................	134,9 till 135,1 mm
1,8 liter	135,85 till 136,0 mm

Ventilsätets bredd:

Intag	1,0 till 1,4 mm
Avgas	1,4 till 1,8 mm

1,4-, 1,6- och 1,8-liters DOHC motorer (forts.)

Ventiler och styrningarna

	Intag	Avgas
Ventilstyrningens höjd i topplocket	10,70 till 11,00 mm	
Ventilskaftsdiameter*:		
1,4- och 1,6-liters motorer:		
Standard (GM)	5,995 till 5,970 mm	5,935 till 5,950 mm
1:a överstorlek (0,075 mm – K1)	6,030 till 6,045 mm	6,010 till 6,025 mm
2:a överstorlek (0,150 mm – K2)	6,105 till 6,120 mm	6,085 till 6,100 mm
1,8-liters motorer:		
Standard (GM)	4,955 till 4,970 mm	4,935 till 4,950 mm
Ventilskaftets kast	Mindre än 0,03 mm	
Diametern för ventilstyrningsloppet*:		
1,4- och 1,6-liters motorer:		
Standard	6,000 till 6,012 mm	
1:a överstorlek (0,075 mm)	6,075 till 6,090 mm	
2:a överstorlek (0,150 mm)	6,150 till 6,165 mm	
1,8-liters motorer:		
Standard	5,000 till 5,012 mm	
1:a överstorlek (0,075 mm)	5,075 till 5,087 mm	
2:a överstorlek (0,15 mm)	5,150 till 5,162 mm	
Skaft till styrning, spel	ET	
Ventillängd:		
1,4- och 1,6-liters motorer:		
Intag	101,51 till 101,93 mm	
Avgas	100,55 till 100,97 mm	
1,8-liters motorer:		
Intag	100,1 till 100,3 mm	
Avgas	99,4 till 99,6 mm	
Ventilhuvuddiameter:		
1,4- och 1,6-liters motorer:		
Intag	31,0 mm	
Avgas	27,5 mm	
1,8-liters motorer:		
Intag	31,2 mm	
Avgas	27,5 mm	

* Identifieringsmärkning inom parenteser

Motorblock

Maximal skevhet för packningsyta	0,05 mm
Cylinderloppens diameter:	
1,4 liters motorer:	
Standard:	
Storleksgrupp 8	77,575 till 77,585 mm
Storleksgrupp 99	77,585 till 77,595 mm
Storleksgrupp 00	77,595 till 77,605 mm
Storleksgrupp 01	77,605 till 77,615 mm
Storleksgrupp 02	77,615 till 77,625 mm
Överdimensionerad:	
Storleksgrupp 7 + 0,5 mm	78,065 till 78,075 mm
1,6-liters motorer:	
Standard:	
Storleksgrupp 8	78,975 till 78,985 mm
Storleksgrupp 99	78,985 till 78,995 mm
Storleksgrupp 00	78,995 till 79,005 mm
Storleksgrupp 01	79,005 till 79,015 mm
Storleksgrupp 02	79,015 till 79,025 mm
Överdimensionerad:	
Storleksgrupp 7 + 0,5 mm	79,465 till 79,475 mm
1,8-liters motorer:	
Standard:	
Storleksgrupp 99	80,485 till 80,495 mm
Storleksgrupp 00	80,495 till 80,505 mm
Storleksgrupp 01	80,505 till 80,515 mm
Storleksgrupp 05	80,545 till 80,555 mm
Överdimensionerad:	
Storleksgrupp 00 + 0,5 mm	80,995 till 81,005 mm
Max. cylinderloppsovalitet och koniskhet	0,013 mm

1,4-, 1,6- och 1,8-liters DOHC motorer (forts.)

Kolvar och ringar
Kolvdiameter:
  1,4 liters motorer:
    Standard:

Storleksgrupp 8	77,555 till 77,565 mm
Storleksgrupp 99	77 565 till 77 575 mm
Storleksgrupp 00	77,575 till 77,585 mm
Storleksgrupp 01	77 585 till 77 595 mm
Storleksgrupp 02	77,595 till 77,605 mm

    Överdimensionerad:

Storleksgrupp 7 + 0,5 mm	78,045 till 78,055 mm

  1,6-liters motorer:
    Standard:

Storleksgrupp 8	78,955 till 78,965 mm
Storleksgrupp 99	78,965 till 78,075 mm
Storleksgrupp 00	78,075 till 78,085 mm
Storleksgrupp 01	78,085 till 78,095 mm
Storleksgrupp 02	78,095 till 79,005 mm

    Överdimensionerad:

Storleksgrupp 7 + 0,5 mm	79,445 till 79,455 mm

  1,8-liters motorer:
    Standard:

Storleksgrupp 99	80,455 till 80,465 mm
Storleksgrupp 00	80,465 till 80,475 mm
Storleksgrupp 01	80,475 till 80,485 mm
Storleksgrupp 05	80,515 till 80,525 mm

    Överdimensionerad:

Storleksgrupp 00 + 0,5 mm	80,965 till 80,975 mm
Spel mellan kolv och lopp	0,02 till 0,04 mm

Kolvringens ändgap (monterad i lopp):

Övre och sekundära kompressionsring	0,3 till 0,5 mm
Oljekontrollring	0,4 till 1,4 mm

Kolvringens tjocklek:
  1,4 liters motorer:

Övre kompressionsring	1,2 mm
Sekundär kompressionsring	1,5 mm
Oljekontrollring	3,0 mm

  1,6-liters motorer:

Övre kompressionsring	1,5 mm
Sekundär kompressionsring	1,5 mm
Oljekontrollring	3,0 mm

  1,8-liters motorer:

Övre kompressionsring	1,2 mm
Sekundär kompressionsring	1,2 mm
Oljekontrollring	2,0 mm

Kolvringens spel i spåret:

Övre kompressionsring	0,02 till 0,04 mm
Andra kompressionsring	0,04 till 0,06 mm
Oljekontrollring	0,01 till 0,03 mm

Kolvbultar

Diameter	17,997 till 18,0 mm
Längd	55 mm
Spel mellan kolvbult och kolv	0,007 till 0,010 mm

Vevstake

Storändslager spel i sidled	0,11 till 0,24 mm

Vevaxel

Axialspel	0,1 till 0,2 mm

Ramlagertappens diameter:

Standard (brun)	54,980 till 54,997 mm
1:a (0,25 mm) understorlek (brun/blå)	54,730 till 54,747 mm
2:a (0,50 mm) understorlek (brun/vit)	54,482 till 54,495 mm

Vevstakslagertapp (vevstake) diameter:

Standard	42,971 till 42,987 mm
1:a (0,25 mm) understorlek	42,721 till 42,737 mm
2:a (0,50 mm) understorlek	42,471 till 42,487 mm

1,4-, 1,6- och 1,8-liters DOHC motorer (forts.)

Vevaxel (forts.)

Axeltappens deformation	0,04 mm
Axeltappens kona	ET
Vevaxelns kast	mindre än 0,03 mm
Huvudlagerspel	0,017 till 0,047 mm
Storändslager (vevstake) lagerspel	0,019 till 0,071 mm

Åtdragningsmoment

Se specifikationerna i kapitel 2B

2,0-liters DOHC motorer

Topplock

Maximal skevhet för packningsyta	0,05 mm
Topplockshöjd	134 mm
Ventilsätets bredd:	
Intag	1,0 till 1,4 mm
Avgas	1,4 till 1,8 mm

Ventiler och styrningarna

	Insugning	Avgas
Ventilstyrningens höjd i topplocket	13,70 till 14,00 mm	
Ventilskaftsdiameter*:		
Standard (GM)	5,955 till 5,970 mm	5,945 till 5,960 mm
1:a överstorlek (0,075 mm – K1)	6,030 till 6,045 mm	6,020 till 6,035 mm
2:a överstorlek (0,150 mm – K2)	6,105 till 6,120 mm	6,095 till 6,110 mm
Ventilskaftets kast	Mindre än 0,03 mm	
Diametern för ventilstyrningsloppet*:		
Standard (GM)	6,000 till 6,012 mm	
1:a överstorlek (0,075 mm – K1)	6,075 till 6,090	
2:a överstorlek (0,150 mm – K2)	6,150 till 6,165 mm	
Spel mellan skaft och styrning:		
Intag	0,030 till 0,057 mm	
Avgas	0,040 till 0,067 mm	
Ventillängd:		
Intag	102,0 till 102,2 mm	
Avgas	92,15 till 92,35 mm	
Ventilhuvuddiameter:		
Intag	31,9 till 32,1 mm	
Avgas	28,9 till 29,1 mm	

* Identifieringsmärkning inom parenteser

Motorblock

Maximal skevhet för packningsyta	0,05 mm
Cylinderloppens diameter:	
Standard:	
Storleksgrupp 8	85,975 till 85,985 mm
Storleksgrupp 99	85,985 till 85,995 mm
Storleksgrupp 00	85,995 till 86,005 mm
Storleksgrupp 01	86,005 till 86,015 mm
Storleksgrupp 02	86,015 till 86,025 mm
Överdimensionerad (0,5 mm)	86,465 till 86,475 mm
Max. cylinderloppsovalitet	0 013 mm
Max. cylinderloppskoniskhet	0 013 mm

Kolvar och ringar

Kolvdiameter:	
Standard:	
Storleksgrupp 8	85,945 till 85,955 mm
Storleksgrupp 99	85,955 till 85,965 mm
Storleksgrupp 00	85,965 till 85,975 mm
Storleksgrupp 01	85,975 till 85,985 mm
Storleksgrupp 02	85,985 till 85,995 mm
Överdimensionerad (0,5 mm) – storleksgrupp 7 + 0.5	86 435 till 86 445 mm
Spel mellan kolv och lopp	0,02 till 0,04 mm
Kolvringens ändgap (monterad i lopp):	
Övre och sekundära kompressionsring	0,3 till 0,5 mm
Oljekontrollring	0,4 till 1,4 mm

2,0-liters DOHC motorer (forts.)

Kolvar och ringar (forts.)

Kolvringens tjocklek:

Övre och sekundära kompressionsring . . . .   1,5 mm

Oljekontrollring . . . .   3,0 mm

Kolvringens spel i spåret:

Övre och sekundära kompressionsring . . . .   0,02 till 0,04 mm

Oljekontrollring . . . .   0,01 till 0,03 mm

Kolvbultar

Diameter . . . .   21 mm

Längd . . . .   57,7 till 58,0 mm

Spel mellan kolvbult och kolv . . . .   0,011 till 0,014 mm

Vevstake

Storändslager spel i sidled . . . .   0,07 till 0,24 mm

Vevaxel

Axialspel . . . .   0,05 till 0,15 mm

Ramlagertappens diameter:

Standard:

    1:a storleksgruppen (vit) . . . .   57,974 till 57,981 mm

    2:a storleksgruppen (grön) . . . .   57,981 till 57,988 mm

    3:a storleksgruppen (brun) . . . .   57,88 till 57,995 mm

    1:a (0,25 mm) understorlek . . . .   57,732 till 57,745 mm

    2:a (0,50 mm) understorlek . . . .   57,482 till 57,495 mm

Vevstakslagertapp (vevstake) diameter:

Standard . . . .   48,970 till 48,988 mm

1:a (0,25 mm) understorlek . . . .   48,720 till 48,738 mm

2:a (0,50 mm) understorlek . . . .   48,470 till 48,488 mm

Axeltappens deformation . . . .   0,04 mm

Axeltappens kona . . . .   ET

Vevaxelns kast . . . .   mindre än 0,03 mm

Huvudlagerspel . . . .   0,015 till 0,040 mm

Storändslager (vevstake) lagerspel . . . .   0,006 till 0,031 mm

Åtdragningsmoment

Se specifikationerna i kapitel 2B

2,2-liters DOHC motorer

Topplock

Maximal skevhet för packningsyta . . . .   0,05 mm

Topplockshöjd (slipning ej tillåten) . . . .   129 mm

Kamlyftare:

Intag . . . .   5,87 mm

Avgas . . . .   5,99 mm

Ventilsätets vinkel i topplocket . . . .   90°

Ventilsätets vinkel vid ventilhuvudet . . . .   90° 40'

Ventilsätets bredd i topplocket:

Intag . . . .   1,1 till 1,3 mm

Avgas . . . .   1,4 till 1,8 mm

Ventiler och styrningar

Ventilstyrningens installationshöjd . . . .   11,20 till 11,50 mm

Ventilernas installationshöjd 40.10

Diametern för ventilstyrningsloppet:

Standard . . . .   6,000 till 6,012 mm

Överdimensionerad . . . .   ET

Ventilstyrningarnas längd . . . .   36 mm

Ventilskaftsdiameter*:	**Intag**	**Avgas**
Standard	5,955 till 5,970 mm	5,945 till 5,960 mm
Överdimensionerad – 0,075 mm (K1)	6,030 till 6,045 mm	6,020 till 6,035 mm

Ventillängd*:	**Intag**	**Avgas**
Standard	101,995 till 102,545	100,685 till 101,235
Överdimensionerad – 0,075 mm (K1)	101,595 till 102,145	100,285 till 100,835

Spel mellan skaft och styrning:

Intag . . . .   0,042 till 0,045 mm

Avgas . . . .   0,052 till 0,055 mm

Ventilskaftets kast . . . .   Mindre än 0,03 mm

Ventilhuvuddiameter:

Intag . . . .   34,95 till 35,25 mm

Avgas . . . .   29,95 till 30,25 mm

2,2-liters DOHC motorer (forts.)

Motorblock

Maximal skevhet för packningsyta	0,05 mm
Cylinderloppens diameter:	
Standard	85,992 till 86,008 mm
Överstorlek	86 117 till 86 133 mm
Max. cylinderloppsovalitet	0 013 mm
Max. cylinderloppskoniskhet	0 013 mm

Kolvar och ringar

Kolvdiameter:	
Standard	85,967 till 85,982 mm
Överstorlek	86 092 till 86 107 mm
Spel mellan kolv och lopp	0,025 till 0,026 mm
Kolvringar:	
Övre (rätvinklig) kompressionsring:	
Höjd (tjocklek)	1,17 till 1,19 mm
Avstånd	0,20 till 0,40 mm
Lodrätt spel	0,06 mm
Mittenkompressionsring (konisk):	
Höjd (tjocklek)	1,471 till 1,490 mm
Avstånd	0,35 till 0,55 mm
Lodrätt spel	0,05 mm
Nedre oljeavskraparring:	
Höjd (tjocklek)	2,348 till 2,477 mm
Avstånd	0,25 till 0,76 mm
Lodrätt spel	0 063 to 0 172 mm
Kolvringens avståndsanordning i cylinder	120°
Kolvringens spel i spåret	Uppgift

Kolvbultar

Diameter	19,995 till 20,000 mm
Längd	62,59 till 63,09 mm
Kolvbultens spel:	
I vevstaken	0,012 till 0,021 mm
I kolv	0,007 mm

Vevaxel

Ramlagertappens diameter:	
Standardstorlek	55,994 till 56,008 mm
1:a understorlek – 0,25 mm	55,744 till 55,758 mm
2:a understorlek – 0,50 mm	55,494 till 55,508 mm
Huvudlagerskålens tjocklek (nr 1, 3, 4 och 5):	
Standard	4,030 till 4,037 mm
1:a understorlek – 0,25 mm	4,155 till 4,162 mm
2:a understorlek – 0,50 mm	4,280 till 4,287 mm
Huvudlager/tryckskåltjocklek (nr 2):	
Standard	4,036 till 4,043 mm
1:a understorlek – 0,25 mm	4,161 till 4,168 mm
2:a understorlek – 0,50 mm	4,268 till 4,293 mm
Huvudlager/tryckskålbredd (nr 2)	26,26 till 26,46 mm
Huvudlagerspel	0,007 till 0,014 mm
Vevstakslagertapp (vevstake) diameter:	
Standard	49,000 till 49,014 mm
1:a understorlek – 0,25 mm	48,750 till 48,764 mm
2:a understorlek – 0,50 mm	48,500 till 48,514 mm
Storändslager axeltappens manteltjocklek:	
Standard	1,539 till 1,545 mm
1:a understorlek – 0,25 mm	1,664 till 1,670 mm
2:a understorlek – 0,50 mm	1,795 till 1,798 mm
Storändslager (vevstake) lagerspel	0,041 till 0,043 mm
Storändslager spel i sidled	0,07 till 0,24 mm
Vevaxelns axialspel	0,09 till 0,24 mm
Vevaxelns kast	mindre än 0,03 mm
Axeltappens deformation	0,04 mm
Axeltappens kona	ET

Åtdragningsmoment

Se specifikationerna i kapitel 2C

1 Allmän information

1 I den här delen av kapitel 2 beskrivs hur man tar bort motorn/växellådan från bilen och hur man renoverar topplocket, motorblocket och andra delar i motorn.

2 Informationen omfattar allt från råd om hur man förbereder en renovering och hur man köper ersättningsdelar, till detaljerade steg för steg procedurer som behandlar demontering, inspektion, renovering och montering av motorns inre komponenter.

3 Från och med avsnitt 8 bygger alla instruktioner på att motorn har tagits bort från bilen. Information om hur man reparerar motorn när den sitter kvar i bilen, och även hur man demonterar och monterar de externa delar som krävs för översynen, finns i relevant del av Reparationer med motor kvar i bilen i del A, B eller C av detta kapitel och i avsnitt 5. Bortse från alla förberedande isärtagningsprocedurer som beskrivs i de aktuella avsnitten om reparationer med motor kvar i bilen som inte längre är relevanta när motorn har tagits ut ur bilen.

4 Förutom åtdragningsmomenten, som anges i början av del A, B och C finns alla specifikationer för motoröversynen i början av den här delen av kapitel 2.

2 Motorrenovering – allmän information

1 Det är inte alltid lätt att avgöra när, eller om, en motor ska genomgå en fullständig renovering, eftersom ett flertal faktorer måste beaktas.

2 En lång körsträcka är inte nödvändigtvis ett tecken på att en renovering behövs, lika lite som att en kort körsträcka garanterar att det inte behövs någon renovering. Förmodligen är servicefrekvensen den viktigaste faktorn. En motor som är föremål för regelbundna och täta olje- och filterbyten, liksom annat nödvändigt underhåll, ska kunna köras driftsäkert i många tusen kilometer. En vanskött motor kan däremot behöva en översyn redan på ett tidigt stadium.

3 Överdriven oljekonsumtion är ett symtom på att kolvringar, ventiltätningar och/eller ventilstyrningar kräver åtgärder. Kontrollera att oljeåtgången inte beror på oljeläckage innan du drar slutsatsen att ringarna och/eller styrningarna är slitna. Utför ett kompressionstest, enligt beskrivningen i relevant del i det här kapitlet, för att avgöra vad som är den troliga orsaken till problemet.

4 Kontrollera oljetrycket med en mätare som sätts in istället för oljetryckskontakten, och jämför trycket med det som anges. Om trycket är mycket lågt är troligen ram-

och vevstakslagren och/eller oljepumpen utslitna.

5 Förlust av motorstyrka, hackig körning, knackningar eller metalliska motorljud, kraftigt ventilregleringsljud och hög bensinkonsumtion kan också vara tecken på att en renovering kan behövas, särskilt om alla dessa symptom visar sig samtidigt. Om en grundlig service inte hjälper, kan en större mekanisk genomgång vara den enda lösningen.

6 En motorrenovering innebär att alla interna delar återställs till de specifikationer som gäller en ny motor. Under en renovering byts alla kolvar och kolvringar ut. Nya ram- och vevlageränder sätts in; Om det behövs kan vevaxeln bytas så att axeltapparna återställs. Även ventilerna måste gås igenom, eftersom de vid det här laget sällan är i perfekt kondition. Medan motorn får en översyn kan man också passa på att göra en översyn på andra delar, t.ex. startmotorn och generatorn. Slutresultatet bör bli en motor som nästan är i nyskick och som kan gå många problemfria mil. **Observera:** *Viktiga kylsystemsdelar, t.ex. slangar, termostat och kylvätskepump, ska också gås igenom i samband med att motor renoveras. Kylaren ska kontrolleras noggrant så att den inte är tilltäppt eller läcker. Det är dessutom lämpligt att byta ut oljepumpen när motorn renoveras.*

7 Innan renoveringen av motorn påbörjas bör hela beskrivningen läsas igenom för att man ska bli bekant med omfattningen och förutsättningarna för arbetet. Det är inte svårt att renovera en motor, förutsatt att alla instruktioner följs noggrant, man har tillgång till de verktyg och den utrustning som behövs, samt att alla specifikationer iakttas noggrant. Däremot kan arbetet ta tid. Räkna med att bilen inte kommer att kunna köras under minst två veckor, särskilt om delar måste tas till en verkstad för reparation eller renovering. Kontrollera att det finns reservdelar tillgängliga och att alla nödvändiga specialverktyg och utrustning kan erhållas i förväg. Större delen av arbetet kan utföras med vanliga handverktyg, även om ett antal precisionsmätverktyg krävs för att avgöra om delar måste bytas ut. Ofta kan en verkstad åta sig att ansvara för kontrollen av delar och ge råd om renovering eller utbyte. **Observera:** *Vänta alltid tills motorn helt demonterats, och tills alla delar (speciellt motorblocket och vevaxeln) har inspekterats, innan du fattar beslut om vilka service- och reparationsåtgärder som måste vidtas av en verkstad. Skicket på dessa delar är avgörande för om man ska renovera den gamla motorn eller köpa en färdigrenoverad motor. Köp därför inga delar och utför inte heller något renoveringsarbete på andra delar, förrän dessa delar noggrant har kontrollerats. Generellt sett är tiden den största utgiften vid en renovering, så det lönar sig inte att betala för att sätta in slitna eller undermåliga delar.*

8 Slutligen måste alla delar sättas samman

med omsorg och i en skinande ren arbetsmiljö för att den renoverade motorn ska få maximal livslängd och ställa till med minsta möjliga problem.

3 Demontering av motor – metoder och rekommendationer

1 Om du bestämt dig för att motorn måste lyftas ut för renovering eller större reparationer måste flera förberedande steg vidtas.

2 Det är mycket viktigt att man har ett lämpligt ställe att arbeta på. Tillräckligt med arbetsutrymme behövs, samt plats för att förvara bilen. Om en verkstad eller ett garage inte finns tillgängligt krävs åtminstone en plan och ren arbetsyta.

3 Rengöring av motorrummet och motorn/växellådan före borttagningen hjälper till att hålla verktygen rena och organiserade.

4 En motorlyft eller en A-ram behövs också. Se till att utrustningen är klassificerad för mer än tyngden från motorn och växellådan tillsammans. Säkerheten är av största vikt. Arbetet med att lyfta ut motorn ur bilen innehåller flera farliga moment.

5 Om detta är första gången du tar bort en motor bör du ta hjälp av en medhjälpare. Råd och hjälp från någon med mer erfarenhet kan också vara till nytta. Det finns många moment under borttagningen av motorn från bilen som en person inte kan utföra ensam på ett säkert sätt.

6 Planera arbetet i förväg. Skaffa alla verktyg och all utrustning som behövs innan arbetet påbörjas. En del av den utrustning som behövs för att demontera och montera motorn/växellådan på ett säkert och förhållandevis enkelt sätt är (tillsammans med en motorhiss) följande: en kraftig garagedomkraft, kompletta uppsättningar skruvnycklar och hylsnycklar, träblock och många trasor och rengöringslösningsmedel för att samla upp spilld olja, kylvätska och bränsle. Se till att vara ute i god tid om motorhissen måste hyras, och utför alla arbeten som går att göra utan den i förväg. Det sparar både pengar och tid.

7 Räkna med att bilen inte kan användas under en längre tid. En verkstad eller motorrenoveringsspecialist behövs för att utföra delar av arbetet som kräver specialutrustning. Verkstäder är ofta fullbokade, så det är lämpligt att fråga hur lång tid som kommer att behövas för att renovera eller reparera de komponenter som ska åtgärdas redan innan motorn demonteras.

8 Var alltid mycket försiktig när du tar bort och återmonterar motorn/växellådan. Oförsiktighet kan leda till allvarliga skador. Planera i förväg och låt arbetet få ta den tid som behövs, då kan även omfattande arbeten utföras framgångsrikt.

4 Motor- och växellådsenhet – demontering, isärtagning och återmontering

Observera: *Motorn kan avlägsnas från bilen enbart som en hel enhet tillsammans med växellådan; de båda delarna tas sedan isär för renovering. Motor- och växellådsenheten sänks ner från sin position och dras ut från under bilen. Med tanke på detta, se till att bilen är lyft tillräckligt högt, så att det finns tillräckligt med utrymme mellan framvagnen och golvet för att en motor-/växellådsenhet ska kunna skjutas ut när den väl har sänkts ner ur sitt läge.*

Demontering

1 Parkera bilen på plant underlag och ta bort motorhuven enligt beskrivningen i kapitel 11.

2 Tryckutjämna bränslesystemet (se kapitel 4A) och ta bort batteriet och fästplattan enligt beskrivningen i kapitel 5A.

3 Dra åt handbromsen ordentligt och lyft upp framvagnen och ställ den på pallbockar. Kom ihåg anmärkningen i början av det här avsnittet (se *Lyftning och stödpunkter*). Demontera framhjulen. Om det behövs, skruva loss fästskruvarna och ta bort den nedre kåpan underifrån motor/ växellådsenheten.

4 Om motorn ska demonteras tömmer du ur motoroljan och tar bort oljefiltret enligt beskrivningen i kapitel 1. Tappa ur kylsystemet (se kapitel 3).

5 Se kapitel 4A, utför följande åtgärder.
a) Ta bort luftrenarenheten och tillhörande komponenter.
b) Ta bort det främre avgasröret.
c) Koppla loss bränsleslangen(arna) från bränslefördelarskenan/gasspjällhuset.
d) Lossa accelerations- och fartkontrollkabeln (om en sådan finns) och placera den på avstånd från motorn.
e) Lossa bromsservoslangen och vakuumslangarna från insugsgrenröret, notera deras placering.
f) Koppla loss slangen till bensintanksventilationens ventil från gasspjällshuset.

6 Demontera den främre stötfångaren enligt beskrivningen i kapitel 11.

7 Se kapitel 3, utför följande åtgärder.
a) Lossa fästklämmorna och lossa kylvätskeslangarna från topplocket och blocket.
b) Koppla loss uppvärmningens kylmedieslangar från motorrummets mellanvägg genom att trycka ner klämman, dra kragen framåt och dra ut slangen från anslutningen.
c) Lossa kylmedie-/luftkonditionerings-slangar eller -rör (efter tillämplighet) från relevanta klämmor och band och placera dem utanför motorenheten.
d) Fäst kylaren/luftkonditionerings-kondensatorn på plats genom att sticka in lämpliga bultar eller stavar genom hålen i kylarens fästbyglar (se bild).

8 Koppla loss motorkablagets flerfunktionskontakt och alla andra kontaktdon mellan motorkablaget och motorrummets kablage (se bilder). Skruva loss relevanta jordledningar från motorblocket/växellådan.

9 På modeller med en manuell växellåda, utför följande åtgärder.
a) Tappa ur växellådsoljan (se kapitel 7A) eller var beredd på oljeutspill när du tar bort motorn/växellådan.
b) Koppla loss kontaktdonet från backljuskontakten.
c) På alla motorer, utom 2,2-liters modeller, arbeta under bilen, skruva loss klämbulten

och lossa väljarstången *(se bild). På 2,2-liters modeller, ta bort växellänksystemet från växellådsenheten (se kapitel 7A).*
d) Kläm av den böjliga slangen intill anslutningen och använd en skruvmejsel för att lossa fästklämmorna till kopplingens trycksslangskontakt på balanshjulskåpan, dra sedan ut trycksslangen med anslutningsdelen från balanshjulskåpan.

10 Gör följande på modeller med automatisk växellåda enligt beskrivningen i kapitel 7B.
a) Tappa ur växellådsoljan.
b) Ta loss växelvajern från växelspaken och stödfästbygeln – placera kabeln utanför växellådan.
c) Koppla ifrån växellådsenhetens kontaktdon genom att dra ut låsmekanismen ur kontaktdonet.
d) Koppla loss vätskekylareslangarna från växellådan.

11 Sätt motorlyften i rätt läge och sätt fast den i lyftbyglarna på motorn/växellådan. Lyft lyften tills den tar upp motorns vikt.

12 Se kapitel 8 och ta bort båda drivaxlar.

13 Med motorn ordentligt stödd, ta bort den främre hjälpramen enligt beskrivningen i kapitel 10.

14 Gör en slutkontroll och se till att alla komponenter har tagits bort som skulle kunna hindra demonteringen av motorn/växellådan ur bilen.

15 Märk upp de relativa positionerna för vänster och höger fäste för motor/växellådan

4.7 Fäst kylaren på plats med två bultar eller stag

4.8a Koppla loss den stora kontakten till motorkabeln. . .

4.8b . . . och det grå kontaktdonet

4.9 Skruva loss väljarstagets klämbult

4.15a Högra bultar till motorfäste

4.15b Skruva loss de tre vänstra fästbultar (markerad med pil)

mot motorblocket/växellådans adapterplatta. Lossa och ta bort de tre bultarna som fäster höger motorfästbygel på topplockets fästbygel, och de tre bultar som fäster fästet på karossen. Lossa och ta bort de tre bultar som fäster vänster växellådsfäste på växellådans adapterplatta **(se bilder)**. På modeller med luftkonditionering, lossa anslutningskontakten, skruva loss kompressorn och placera den på avstånd från motorn. **Öppna inte** kylkretsen.

16 Om en låg domkraft finns tillgänglig ska den placeras under motorn/växellådsenheten, för att underlätta demonteringen från bilens undersida. Sänk ner motor-/växellådsenheten, se till att inget hakar i och var mycket noga med att inte skada kylaren/kylfläktsenheten. Ta hjälp av en medhjälpare under den här åtgärden eftersom det kan vara nödvändigt att tippa och vrida enheten något för att kunna rengöra karosspanelerna. Var noga med att säkerställa att inga komponenter sitter fast och skadas under demonteringen.

17 Lossa lyften och ta bort motor/växellådsenheten från under bilen.

Isärtagning

Modeller med manuell växellåda

18 När du har tagit bort motor-/växellådsenheten stöder du den på lämpliga träbitar på en arbetsbänk (om du inte har tillgång till en bänk placerar du enheten på en ren plats på verkstadsgolvet).

19 På modeller med sump av pressad plåt, skruva loss fästbultarna och ta bort svänghjulets nedre kåpa från växellådan.

20 Skruva loss fästbultarna och ta bort startmotorn från växellådan (se kapitel 5A).

21 Se till att både motorn och växellådan har tillräckligt stöd och lossa därefter och ta bort de resterande bultarna som håller fast växellådshuset på motorn. Notera de korrekta monteringslägena för varje bult (och de relevanta fästena) när du tar bort dem så att du vet var de ska sitta vid återmonteringen.

22 Ta försiktigt bort växellådan från motorn, se till att vikten från växellådan inte hänger på den ingående axeln när den är i ingrepp med kopplingens friktionsplatta.

23 Om de är lösa tar du bort styrstiften från motorn eller växellådan och förvarar dem på en säker plats.

Modeller med automatisk växellåda

24 När du har tagit bort motor-/växellådsenheten stöder du den på lämpliga träbitar på en arbetsbänk (om du inte har tillgång till en bänk placerar du enheten på en ren plats på verkstadsgolvet).

25 Skruva loss fästbultarna och ta bort startmotorn från växellådan (se kapitel 5A).

26 Ta bort gummikåpan från motorblocket/sumpflänsen så att du kommer åt momentomvandlarens fästbultar. Lossa och ta bort den/de synliga bulten/bultarna. Använd sedan en hylsa och en förlängningsstång för att rotera vevaxelns remskiva, lossa de återstående bultarna som fäster momentomvandlaren på drivplattan allteftersom de blir tillgängliga. På 1,4-, 1,6-, 1,8- och 2,2-liters modeller finns det total tre fästbultar, men på 2,0-liters modeller finns det sex. Kasta bultarna, nya måste användas vid monteringen.

27 För att förhindra att momentomvandlaren faller ur när växellådan tas bort, skjut omvandlaren längs axeln och in helt i växellådshuset.

28 Skilj motorn och växellådan enligt beskrivningen i stycke 21 till 23.

Montering

Modeller med manuell växellåda

29 Om motorn och växellådan har separerats utför du nedanstående åtgärder enligt beskrivningen i stycke 30 till 33. Fortsätt i annat fall enligt beskrivningen från och med stycke 34.

30 Se till att styrstiften sitter rätt och flytta försiktigt växellådan till motorn tills styrstiften hamnar i läge **(se bild)**. Se till att växellådans vikt inte hänger på den ingående axeln när den är hopkopplad med kopplingsskivan.

31 Montera tillbaka bultarna mellan växellådshuset och motorn och se till att alla nödvändiga fästen sitter i läge och dra åt dem till angivet moment.

32 Montera tillbaka startmotorn och dra åt fästbultarna till angivet moment (se kapitel 5A).

33 På modeller med sump av pressat stål, montera svänghjulets nedre skyddsplåt vid växellådan och dra åt fästbultarna till angivet moment (kapitel 7A).

34 För enheten motor/växellåda på plats och återanslut lyften och taljan till motorlyftens fästbyglar.

35 Tillsammans med en medhjälpare, lyft försiktigt enheten på plats i motorrummet. Manövrera även med lyften och taljan om det behövs men var försiktig så inga komponenter fastnar.

36 Justera motorn efter motorrummets högersida och montera sedan tillbaka motorfästet och fästbygeln. Dra bara åt bultarna för hand i det här stadiet. Rikta in växellådan så att den är i linje med vänster motorfäste och återmontera de tre bultarna som håller fast fästbygeln på växellådans adapterplatta. På modeller med luftkonditionering passar du in kompressorn på plats. Sätt tillbaka och dra åt kompressorns fästbultar till angivet moment (kapitel 3).

37 Byt drivaxelns oljetätningar (se kapitel 7A) och montera sedan försiktigt tillbaka drivaxlarna (se kapitel 8).

38 Montera tillbaka den främre hjälpramen enligt beskrivningen i kapitel 10.

39 Med hjälpramenheten korrekt monterad, placera markeringarna som du gjorde tidigare i rätt läge och dra åt de högra och vänstra fästbultarna till motorn/växellådan till angivet moment.

40 Resten av återmonteringen sker i omvänd ordningsföljd mot demonteringen, och tänk på följande:

a) Säkerställa att allt kablage har dragits korrekt och hålls på plats med de rätta fästklämmorna och att alla kontaktdon har återanslutits på ett korrekt och säkert sätt.

b) Se till att alla slangar återansluts rätt och hålls fast med sina fästklämmor. Placera värmeslangarna över de upphöjda spåren på värmerören vid motorrummets mellanvägg, och skjut sedan tillbaka låskragarna **(se bild)**.

4.30 Se till att styrstiften sitter korrekt

4.40 Placera värmeslangarna över de upphöjda kanterna och tryck låskragarna bakåt

c) Montera en ny tätningsring på kopplingsvajerns ändinfästning på växellådsenheten och återanslut ändinfästningen. Se till att den hålls säkert på plats av klämman. Avsluta med att lufta hydraulsystemet enligt beskrivningen i kapitel 6.

d) Montera tillbaka väljarspaken eller länksystemet efter tillämplighet, och justera enligt beskrivningen i kapitel 7A.

e) Montera tillbaka den främre stötfångaren och motorhuven enligt beskrivningen i kapitel 11.

f) Justera gasvajern (om tillämpligt) enligt beskrivningen i kapitel 4A.

g) Fyll på växellådan med rätt mängd och rätt olja, enligt beskrivningen i kapitel 7. Om oljan inte har tappats ur, fyll på enligt beskrivningen i kapitel 7A.

h) Fyll på motorn med olja enligt beskrivningen i kapitel 1 och fyll på kylsystemet (kapitel 3).

Modeller med automatisk växellåda

41 Om motorn och växellådan har separerats utför du nedanstående åtgärder enligt beskrivningen i stycke 42 till 46. Fortsätt i annat fall enligt beskrivningen från och med stycke 47.

42 Ta bort alla spår av gammal fästmassa från momentomvandlarens gängor genom att föra en gängtapp med rätt gängdiameter och stigning ner i hålen. I brist på en lämplig kran, använd en av de gamla bultarna och skär skåror i dess gänga.

43 Se till att motorns/växellådans styrstift sitter korrekt och stryk på lite molybdendisulfidfett på momentomvandlarens styrsprint och dess centrumbussning på vevaxelsidan.

44 Passa försiktigt in växellådan i motorn tills styrstiften hamnar i rätt läge. Montera tillbaka bultarna mellan växellådshuset och motorn och se till att alla nödvändiga fästen sitter i läge och dra åt dem till angivet moment.

45 Montera de nya bultarna som förenar momentomvandlaren med drivplattan och dra åt dem något till att börja med och gå sedan runt och dra åt dem till angivet moment i diagonal ordningsföljd (kapitel 7B). Montera tillbaka gummikåporna på växellådans fläns.

46 Montera tillbaka startmotorn och dra åt fästbultarna till angivet moment (se kapitel 5A).

47 För enheten motor/växellåda på plats och återanslut lyften och taljan till motorlyftens fästbyglar.

48 Tillsammans med en medhjälpare, lyft försiktigt enheten på plats i motorrummet. Manövrera även med lyften och taljan om det behövs men var försiktig så inga komponenter fastnar.

49 Justera motorn efter motorrummets högersida och montera sedan tillbaka motorfästet och fästbygeln. Dra bara åt bultarna för hand i det här stadiet. Rikta in växellådan så att den är i linje med vänster motorfäste och återmontera de tre bultarna

som håller fast fästbygeln på växellådans adapterplatta.

50 Byt drivaxelns oljetätningar (se kapitel 7B) och montera sedan försiktigt tillbaka drivaxlarna (se kapitel 8).

51 Montera tillbaka den främre hjälpramen enligt beskrivningen i kapitel 10.

52 Med hjälpramenheten korrekt installerad, dra åt de högra och vänstra fästbultarna till angivet moment.

53 Resten av återmonteringen sker i omvänd ordningsföljd mot demonteringen, och tänk på följande.

a) Säkerställa att allt kablage har dragits korrekt och hålls på plats med de rätta fästklämmorna och att alla kontaktdon har återanslutits på ett korrekt och säkert sätt.

b) Se till att alla slangar återanslutits rätt och hålls fast med sina fästklämmor.

c) Montera nya tätningsringar på växellåds oljekylarens slanganslutningar och se till att båda anslutningarna hålls säkert på plats med sina klämmor.

d) Montera tillbaka den främre stötfångaren och motorhuven enligt beskrivningen i kapitel 11.

e) Justera gasvajern enligt beskrivningen i kapitel 4A.

f) Fyll på växellådan med den angivna typen och mängden av vätska och justera växelvajern som det beskrivs i kapitel 7B.

g) Fyll på motorn med rätt mängd och rätt olja, enligt beskrivningen i kapitel 1.

h) Fyll på kylsystemet enligt beskrivningen i kapitel 3.

5 Motoröversyn – ordningsföljd vid isärtagning

1 Det är mycket enklare att ta isär och arbeta med motorn om den sitter fäst i ett portabelt motorställ. Sådana ställ kan oftast hyras från en verkstad. Innan motorn sätts upp istället ska svänghjulet/drivplattan demonteras så att ställets bultar kan dras fast i änden på motorblocket.

2 Om ett ställ inte finns tillgängligt går det att ta isär motorn på en stabil arbetsbänk eller på golvet. Var noga med att inte välta eller tappa motorn om du jobbar utan ställ.

3 Om en renoverad motor ska införskaffas måste alla hjälpaggregat först demonteras, så att de kan flyttas över till utbytesmotorn (precis som när den befintliga motorn genomgår renovering). Detta inkluderar följande komponenter:

a) Insugsgrenrör och avgasgrenrör (kapitel 4A).

b) Generator/ luftkonditioneringskompressorns fäste(n) (efter tillämplighet).

c) Kylvätskepump (kapitel 3).

d) Bränslesystem komponenter (kapitel 4A).

e) Kabelhärvan och alla elektriska brytare och givare.

f) Oljefilter (kapitel 1).

g) Svänghjul/drivplatta (relevant del av detta kapitel).

Observera: Var noga med att notera detaljer som kan vara till hjälp eller av vikt vid återmonteringen när de externa komponenterna demonteras från motorn. Anteckna hur packningar, tätningar, distanser, stift, brickor, bultar och andra smådelar sitter placerade.

4 Om du får en "kort" motor (som består av motor, motorblock/vevhus, vevaxel, kolvar och vevstakar som är monterade) så måste topplock, sump, oljepump och kamrem också tas bort.

5 Om du planerar en renovering kan motorn demonteras och de inre komponenterna tas bort, i nedanstående ordning. Se relevant del i det här kapitlet om inget annat anges.

a) Insugsgrenrör och avgasgrenrör (kapitel 4A).

b) Kamrem/kedja, drev och spännare.

c) Topplock.

d) Svänghjul/drivplatta.

e) Sump.

f) Balanseringsenhet (om en sådan finns)

g) Oljepump.

h) Kolvar och vevstakar.

i) Vevaxel.

6 Innan isärtagningen och översynen påbörjas, se till att alla verktyg som krävs finns tillgängliga. Se Verktyg och arbetsutrymmen för ytterligare information.

6 Topplock – isärtagning

Observera: Nya och renoverade topplock finns att köpa hos tillverkaren, och från specialister på motorrenoveringar. Kom ihåg att vissa specialverktyg är nödvändiga för isärtagning och kontroller, och att nya komponenter kanske måste beställas i förväg. Det kan därför vara mer praktiskt och ekonomiskt för en hemmamekaniker att köpa ett färdigrenoverat topplock än att ta isär och renovera det ursprungliga topplocket.

1 På 1,6-liters motorer med enkel överliggande kamaxel, se del A i detta kapitel. Ta bort topplocket från motorn och lyft av kamaxellyftarna, tryckbrickorna och de hydrauliska ventillyftarna från topplocket.

2 På 1,4-, 1,6, 1,8 och 2,0-liters DOCH motorer, ta bort kamaxlarna och lyftare enligt beskrivningen i del B av detta kapitel och ta sedan bort topplocket från motorn.

3 På 2,2-liters DOHC motorer, arbetar du enligt beskrivningen i del C av detta kapitel, ta bort kamaxlarna, lyftare och mellanlägg från topplocket, och lyft av topplocket från motorn.

4 På alla modeller, tryck ihop varje ventilfjäder i tur och ordning med en ventilfjäderkompressor tills de delade insatshylsorna kan tas bort. Lossa

6.4a Använd en ventilfjäderkompressor . . .

6.4b . . . tryck ihop ventilfjädern tills knastret kan tas bort från ventilen

6.4c Ta bort kompressorn och lyft sedan bort fjäderkragen . . .

6.4d . . . och ta bort ventilfjädern

6.4e Dra av tätningen från ventilstyrningens övre del . . .

6.4f . . . ta sedan bort fjädersätet

kompressorn och lyft bort fjäderhållaren och fjädern. Använd en tång, och dra försiktigt ut ventilskaftets oljetätning från ventilstyrningens överdel och dra av fjädersätet **(se bilder)**.

5 Om fjäderhållaren vägrar lossna så att man kommer åt knastren när ventilfjäderkompressorn är nedskruvad kan man knacka försiktigt på verktygets överdel, direkt ovanför hållaren, med en lätt hammare. Då lossnar hållaren.

6 Ta bort ventilen från förbränningskammaren. Det är viktigt att alla ventiler lagras tillsammans med respektive insatshylsor, hållare, fjädrar och fjädersäten. Ventilerna bör även förvaras i samma ordning som de är placerade, om de inte är i så dåligt skick att de måste bytas ut.

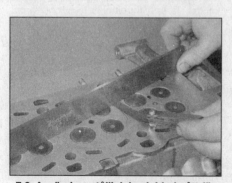

7.6 Använd en stållinjal och bladmått för att kontrollera skevheten i topplockets yta

7 Topplock och ventiler – rengöring och kontroll

1 Om topplock och ventilkomponenter rengörs noga och sedan kontrolleras, går det att avgöra hur mycket arbete som måste läggas ner på ventilerna under motoröversynen. **Observera:** *Om motorn har blivit mycket överhettad har topplocket troligen blivit skevt – kontrollera noggrant om så är fallet.*

Rengöring

2 Skrapa bort alla spår av gamla packningsrester från topplocket.
3 Skrapa bort allt sot från förbränningskammare och portar och tvätta sedan topplocket noggrant med fotogen eller ett lämpligt lösningsmedel.
4 Skrapa bort alla tjocka sotavlagringar som kan ha bildats på ventilerna, och ta sedan bort alla avlagringar från ventilhuvudena och skaften med en motordriven stålborste.

Kontroll

Observera: *Var noga med att utföra hela granskningsproceduren nedan innan beslut fattas om en verkstad behöver anlitas för någon åtgärd. Gör en lista med alla komponenter som behöver åtgärdas.*

Topplock

5 Undersök topplocket mycket noga och leta efter sprickor, tecken på kylvätskeläckage och andra skador. Förekommer sprickor måste topplocket bytas ut.
6 Kontrollera att topplockets yta inte är skev med en stållinjal och ett bladmått **(se bild)**. Om det har deformerats över det angivna tillåtna värdet måste topplocket bytas eftersom Opel anger att man inte tillåter slipning av locket.
7 Undersök ventilsätena i förbränningskamrarna. Om de är mycket gropiga, spruckna eller brända måste de bytas ut eller skäras om av en specialist på motorrenoveringar. Om de bara är lätt gropiga kan detta tas bort genom att ventilhuvudena och sätena slipas in med fint slipmedel enligt beskrivningen nedan.
8 Om ventilstyrningarna är slitna (märks på att ventilerna rör sig från sida till sida och kraftig utveckling av blå rök från avgasröret när motorn är igång) måste nya styrningar monteras. Mät diametern på de befintliga ventilskaften (se nedan) och styrningarnas lopp. Beräkna sedan spelet och jämför resultatet med det angivna värdet. Om spelet inte ligger inom det angivna intervallet, byt ventilerna och/eller styrningarna efter tillämplighet.
9 Bytet av ventilstyrningarna bör överlåtas åt en motorrenovering specialist som har tillgång till de nödvändiga verktygen.
10 Om du ska byta ventilstyrningarna ska ventilsätena slipas om först *efter* att styrningarna har monterats.

7.12 Mät ventilskaftens diameter med en mikrometer

7.15 Slipa in en ventil

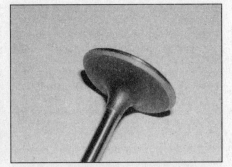

7.16 Slipa ventilen tills du får fram en jämn obruten ring med ljusgrå matt yta

Ventiler

11 Undersök huvudet på varje ventil och leta efter tecken på anfrätning, brännskador, sprickor och allmänt slitage, och undersök ventilskaftet efter tecken på repor och slitage. Vrid ventilen och kontrollera om den verkar böjd. Leta efter gropar och onormalt slitage på spetsen av varje ventilskaft. Byt ut alla ventiler som visar tecken på slitage eller skador.

12 Om ventilen verkar vara i gott skick så här långt, mät ventilskaftets diameter på flera ställen med hjälp av en mikrometer **(se bild)**. Stora skillnader mellan de avlästa värdena indikerar att ventilskaftet är slitet. I båda dessa fall måste ventilen/ventilerna bytas ut.

13 Om ventilernas skick är tillfredsställande ska de slipas (poleras) in i respektive säte för att garantera en smidig, gastät tätning. Om sätet endast är lätt anfrätt, eller om det har gängats om, ska **endast** fin slipningsmassa användas för att få fram den nödvändiga ytan. Grov ventilslipmassa ska **inte** användas, om inte ett säte är svårt bränt eller har djupa gropar; Om så är fallet ska topplocket och ventilerna undersökas av en expert som avgör om ventilsätena ska skäras om eller om ventilen eller sätesinsatsen måste bytas ut.

14 Ventilslipning går till på följande sätt. Placera topplocket upp och ner på en bänk.

15 Smörj en aning ventilslipningsmassa (av lämplig grad) på sätes yta och tryck fast ett sugslipningsverktyg över ventilhuvudet. Slipa ventilhuvudet med en roterande rörelse ner till sätet. Lyft ventilen ibland för att omfördela slipmassan **(se bild)**. Om en lätt fjäder placeras under ventilen går det lättare.

16 Om grov slipmassa används, arbeta tills en matt, jämn yta bildas på både ventilsätet och ventilen. Torka sedan bort den använda slipmassan och upprepa proceduren med fin slipmassa. När en mjuk, obruten ring med ljusgrå matt yta uppstått på både ventilen och sätet är inslipningen färdig. **Slipa inte** in ventilerna längre än vad som är absolut nödvändigt, då kan sätet sjunka i i topplocket för tidigt **(se bild)**.

17 Tvätta noga bort alla spår av slipmassa med fotogen eller lämpligt lösningsmedel när alla ventiler har slipats in. Sätt sedan ihop topplocket.

Ventilkomponenter

18 Undersök ventilfjädrarna med avseende på skador och missfärgning; om möjligt; Jämför också den befintliga fria fjäderlängden med de nya komponenterna.

19 Ställ varje fjäder på en plan yta och kontrollera att den står rakt upp. Om någon fjäder är skadad, skev eller har förlorat spänsten, skaffa en hel uppsättning med nya fjädrar.

20 På 1,6-liters motorer med enkel överliggande kamaxel har avgasventilfjädersätena ett lager; lagret roterar ventilen vilket hjälper till att hålla ventilsätet rent. Om något av fjädersätena visar tecken på slitage eller inte roterar smidigt ska sätet bytas.

8 Topplock – hopsättningen

1 Montera tillbaka fjädersätet på den första ventilen. Doppa den nya ventilskaftstätningen i ny maskinolja och placera den sedan försiktigt på styrningen. Använd en lämplig hylsa eller ett metallrör för att trycka fast tätningen ordentligt på styrningen **(se bilder)**.

2 Smörj ventilskaften och för in dem i sina ursprungliga hål **(se bild)**. Om nya ventiler monteras ska de sättas på de platser där de slipats in. Var försiktig så att du inte skadar styrningstätningen när ventilen förs in.

3 Sätt på fjädern på sätet och montera fjäderkragen.

4 Tryck ihop ventilfjädern och sätt de delade insatshylsorna i fördjupningarna i ventilskaftet **(se bild)**. Lossa kompressorn

8.1a Montera fjädersätet

8.1b . . . och sedan oljetätningen

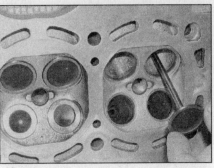

8.2 Sätt dit ventilen på dess ursprungliga plats

8.4 Sätt dit hylsorna i urholkningen i ventilskaftet

och upprepa proceduren på resten av ventilerna.

5 När alla ventiler sitter på plats stöder du topplocket och använder en hammare och en träbit för att knacka på varje ventilskaft för att få dit komponenterna på plats.

6 På 1,6-liters SOHC motorer, arbetar du enligt beskrivningen del A, montera tillbaka de hydrauliska ventillyftarna, tryckbrickor och lyftare på topplocket och montera tillbaka topplocket.

7 På 1,4-, 1,6, 1,8 och 2,0-liters motorer med dubbla överliggande kamaxlar arbetar du enligt beskrivningen i del B. Montera topplocket på motorn samt ventillyftarna och kamaxlarna.

8 På 2,2-liters motorer med dubbla överliggande kamaxlar arbetar du enligt beskrivningen i del C. Montera topplocket på motorn och montera ventilvippor, mellanlägg och kamaxlar.

9 Kolv/vevstake – demontering

Observera: *Nya bultar till vevstakens lageröverfall behövs vid återmonteringen.*

1 På 1,4-, 1,6- och 1,8-liters motorer, ta bort topplocket och sumpen. På 1,4- och 1,6-liters motorer, ta bort skvalpskottet. Skruva loss oljeupptagare/sil från oljepumpens bas och motorblocket. Se del A för information om SOHC motorer och del B för information om DOHC motorer.

2 På 2,0-liters motorer, ta bort topplocket och sumpens nedre del, enligt beskrivningen i del B av detta kapitel Lossa och ta bort bultarna som fäster sumpens övre del. Skruva sedan loss oljeupptagaren/silen från huvudlagerbryggan eller balanseringsenheten (om en sådan finns). Skjut sumpens övre del mot motorns främre del för att komma åt fästbultarna mellan oljeupptagaren/silen till oljepumpen. Skruva loss fästbultarna och ta bort upptagar-/silenheten tillsammans med sumpens övre del. Skruva loss fästskruvarna och ta bort skvalpskottet från motorblocket. Lossa fästbultarna jämnt och stegvis och ta bort ramlagerhållaren eller

balanseringsenheten (om en sådan finns,) från nedre delen av blocket.

3 På 2,2-liters motorer, ta bort topplocket och sumpen och sedan motorblockets nedre del enligt beskrivningen i del C av detta kapitel

4 På alla modeller, om det finns ett tydligt slitagespår högst upp på något lopp: Du kan behöva ta bort delen med en skrapa eller spårbrotsch för att undvika kolvskador vid demonteringen. Ett sådant spår är ett tecken på överdrivet slitage på cylinderloppet.

5 Före demonteringen, använd bladmått för att mäta sidospelet för vevstakens storände på varje vevstake **(se bild)**. Om något stag överstiger det angivna spelet måste det bytas.

6 Använd en hammare, en körnare och färg eller liknande för att markera varje vevstake och dess lageröverfall med respektive cylindernummer på den platta avfasade ytan. om motorn har demonterats tidigare noterar du noggrant eventuella identifieringsmarkeringar som har gjorts tidigare **(se bild)**. Observera att cylinder nr 1 sitter på kamrems/kedjeänden (efter tillämplighet).

7 Vrid vevaxeln för att ställa cylindrarna 1 och 4 i nedre dödläge.

8 Skruva loss bultarna från vevstakslageröverfallet på kolv 1. Ta bort överfallet och ta loss den nedre halvan av lagerskålen. Om lagerskålarna ska återanvändas, tejpa ihop överfallet och skålen med varandra.

Varning: På vissa motorer har anliggningsytorna mellan vevstaken och lageröverfallen inte maskinbearbetats så att de är plana; vevstakslageröverfallen har "brutits loss" från vevstaken under tillverkningen och lämnats orörda för att garanteras att lageröverfall och vevstake passar ihop perfekt. När denna typ av vevstake har installerats måste man vara mycket noggrann med att säkerställa att anliggningsytorna mellan lageröverfall och vevstake inte har några som helst märken eller skador. Skador på anliggningsytorna påverkar vevstakens styrka negativt och kan leda till funktionsförlust i förtid.

9 Använd ett hammarskaft för att skjuta upp kolven genom loppet och ta bort den från motorblocket. Ta loss lagerskålen och tejpa fast den på vevstaken så den inte kommer bort.

10 Montera vevlageröverfallet löst på vevstaken och fäst det med bultar eller muttrar, efter tillämplighet, – då blir det lättare att hålla komponenterna i rätt ordning.

11 Ta bort kolv nr 4 på samma sätt.

12 Vrid vevaxeln 180° för att ställa cylindrarna 2 och 3 i nedre dödläge och demontera dem på samma sätt.

10 Vevaxel – demontering

Observera: *Nya ramlageröverfallets fästbultar krävs vid återmonteringen.*

1,4-, 1,6- och 1,8-liters motorer

1 Ta bort oljepumpen och svänghjulet/drivplattan. Se del A för information om SOHC motorer och del B för information om DOHC motorer.

2 Demontera kolvarna och vevstakarna enligt beskrivningen i avsnitt 9. Om du inte ska utföra något arbete på kolvarna eller vevstakarna skruvar du loss locken och trycker upp kolvarna så långt i loppen att vevstakarna inte är i vägen för vevaxeltapparna.

3 Kontrollera vevaxelns axialspel enligt beskrivningen i avsnitt 13. Fortsätt sedan enligt följande.

4 Ramlageröverfallen ska numreras 1 till 5 från kamremssidan och alla identifieringsnummer ska skrivas upprätt så att de kan läsas från baksidan av motorblocket **(se bild)**. **Observera:** *På vissa motorer kan det hända att lageröverfallet på änden med svänghjulet/drivplattan (nummer 5) inte är numrerat, men det kan ändå lätt identifieras. Om lageröverfallen inte är märkta använder du en hammare och körnare eller en lämplig märkpenna och numrerar överfallen från 1 till 5 från motorns kamremssida. Märk alla överfall för att ange dess korrekta monterade riktning och underlätta återmonteringen.*

5 Arbeta diagonalt och lossa gradvis tio fästbultar ett halvt varv i taget jämnt och stegvis. Ta bort alla bultarna.

9.5 Kontroll av spel för vevstakens storändslager

9.6 Gör identifieringsmärken på vevstakarna och lageröverfallen (inringade) innan de tas bort

Notera att tappen på lageröverfallen är vänd mot den ände av motorn där svänghjulet/drivplattan finns

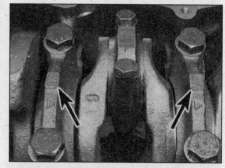

10.4 Huvudlageröverfall identifierings-markeringar (markerad med pil)

6 Ta försiktigt bort alla överfall från motorblocket och se till att den nedre ramlagerskålen sitter kvar i överfallet.

7 Lyft försiktigt ut vevaxeln. Var noga med att inte förflytta de övre lagerskålarna **(se bild)**. Ta bort oljetätningen och kasta den.

8 Ta loss de övre lagerskålarna från motorblocket och tejpa fast dem med respektive överfall för säkert förvar.

2,0-liters motorer

9 Ta bort svänghjulet/drivplattan och oljepumpen enligt beskrivningen i del B i detta kapitel.

10 Skruva loss fästskruvarna och ta bort skvalpskottet från motorblocket. **Observera:** *Oljeskvalpplåten monteras enbart på motorer utan balanseringsenhet.*

11 Lossa fästbultarna jämnt och stegvis och ta bort ramlagerhållaren eller balanseringsenheten (om en sådan finns,) från nedre delen av blocket.

12 Ta bort vevaxeln enligt beskrivningen i stycke 2 till 8.

2,2-liters motorer

13 Genomför arbetet enligt beskrivningen i del C i detta kapitel. Ta bort svänghjulet/drivplattan och skruva loss oljepumpens kåpa från högra sidan av motorblocket.

14 Lossa fästbultarna jämnt och stegvis och skruva loss det nedre motorblockshuset för ramlagren och ta bort det från motorblocket. Om dessa sitter löst, dra ut dem och förvara dem tillsammans med huset.

15 Demontera kolvarna och vevstakarna enligt beskrivningen i avsnitt 9. Om du inte ska utföra något arbete på kolvarna eller vevstakarna skruvar du loss locken och trycker upp kolvarna så långt i loppen att vevstakarna inte är i vägen för vevaxeltapparna.

16 Kontrollera vevaxelns axialspel enligt beskrivningen i avsnitt 13, och demontera vevaxeln och de övre lagerskålar enligt beskrivningen i stycke 7 och 8.

11 Motorblock –
rengöring och kontroll

Rengöring

1 Ta bort alla yttre komponenter och elektriska brytare/givare från motorblocket. För en fullständig rengöring ska hylspluggen helst tas bort. Borra ett litet hål i pluggarna, och skruva sedan i en självgängande skruv. Dra ut pluggen genom att dra i skruven med en tång eller använd draghammare.

2 Skrapa bort alla spår av packningen från motorblocket och från ramlagerhuset (i förekommande fall). Se till att packningens/tätningens ytor inte skadas.

3 Avlägsna alla oljekanalpluggar (om sådana finns). Pluggarna sitter ofta mycket hårt och kan behöva borras ut så att hålen måste

10.7 Ta bort vevaxeln

gängas om. Använd nya pluggar när motorn monteras ihop.

4 Om någon av gjutningarna är extremt nedsmutsad bör alla ångtvättas.

5 När gjutningarna ångtvättats, rengör alla oljehål och oljegallerier en gång till. Spola alla interna passager med varmt vatten till dess att rent vatten rinner ut. Torka noga och lägg på en tunn oljefilm på alla fogytor för att förhindra rost. Smörj även cylinderloppen. Använd tryckluft om det finns tillgängligt, för att skynda på torkningen och blås ur alla oljehål och ledningar.

 Varning: Bär skyddsglasögon vid arbete med tryckluft.

6 Om gjutningarna inte är för smutsiga går det att tvätta tillräckligt rent med hett vatten och en hård borste. Var noggrann vid rengöringen. Oavsett vilken rengöringsmetod som används så är det viktigt att alla hål och ledningar rengörs mycket noggrant och att alla komponenter torkas ordentligt. Skydda cylinderloppen enligt ovan för att förhindra rost.

7 Alla gängade hål måste vara rena för att ge korrekt åtdragningsmoment vid ihopsättningen. Rengör gängorna med en gängtapp i korrekt storlek införd i hålen, ett efter ett, för att avlägsna rost, korrosion, gänglås och slam. Det återställer även eventuella skadade gängor. Använd om möjligt tryckluft för att rengöra hålen från det avfall som uppstår vid detta arbete. Ett fullgott alternativ är att spruta in vattenlösligt smörjmedel i hålen med hjälp av den långa pipen som brukar medfölja.

 Varning: Bär skyddsglasögon om hålen rengörs på detta sätt.

8 Applicera lämpligt tätningsmedel till de nya oljeledningspluggarna, och sätt i dem i hålen i motorblocket. Dra åt ordentligt. Sätt även dit nya hylspluggar.

9 Täck motorn med en stor plastsäck om den inte ska monteras ihop på en gång, för att hålla den ren och förebygga rost; skydda alla fogytor och cylinderloppen för att förhindra rost (enligt beskrivningen ovan)

Kontroll

10 Kontrollera gjutningarna och leta efter sprickor, rost och korrosion. Leta

efter skadade gängor i hålen. Om det har förekommit internt vattenläckage kan det vara värt besväret att låta en renoveringsspecialist kontrollera motorblocket/vevhuset med specialutrustning. Om defekter upptäcks ska de repareras om möjligt, annars ska enheten bytas ut.

11 Kontrollera alla cylinderlopp och leta efter repor.

12 Mät diametern på varje cylinderlopp upptill (precis nedanför slitagespåret), i mitten och nedtill, både parallellt med vevaxeln och i rät vinkel mot den så att totalt sex mått erhålls. Observera att det finns olika storleksgrupper av standardhåldiametrar för att passa olika tillverkningstoleranser, märkena som anger storleksgruppen är inpräglade på motorblocket.

13 Jämför resultatet med specifikationerna i början av detta kapitel; om något mått överskrider den angivna slitagegränsen måste motorblocket borras om ifall detta är möjligt, eller bytas och nya kolvenheter monteras.

14 Motorblocket måste borras ur (om det går) eller bytas tillsammans med nya kolvar om cylinderloppen är svårt repade eller skavda eller om de är mycket slitna (se avsnitt 12), mycket ovala eller koniska, eller om spelet mellan kolv och lopp är för stort. Överdimensionerade kolvar (0,5 mm) finns för alla motorer.

15 Om loppen är i någorlunda gott skick och inte överdrivet slitna kanske det räcker med att byta ut kolvringarna. Om så är fallet bör loppen slipas för att de nya ringarna ska sätta sig korrekt, så att man får bästa möjliga tätning. Den vanliga typen av brynanordning har fjäderbelastade stenar och används tillsammans med en elborr. Du kommer också att behöva lite paraffin (eller heningsolja) och trasor. Brynanordningen ska föras upp och ner i spåret för att skapa ett streckat mönster, och man ska använda rikligt med brynolja. De skuggade linjerna ska helst korsas med en vinkel på cirka 60°. Ta inte bort mer material än vad som behövs för att få önskad ytstruktur. Om du ska montera nya kolvar kanske kolvtillverkaren har angivit en annan sista vinkel och då ska deras instruktioner följas. Dra inte ut slipverktyget från loppet medan det fortfarande roterar – stoppa det först. Efter hening av ett lopp, torka bort alla rester av heningsoljan. Om du inte tillgång till utrustning av den här typen, eller om du är osäker på om du har kompetens nog att utföra arbetet, kan en specialist på motorrenovering utföra arbetet till en rimlig kostnad.

12 Kolv/vevstake – kontroll

1 Innan kontrollen kan fortsätta måste kolvarna/vevstakarna rengöras, och de ursprungliga kolvringarna tas bort från kolvarna.

2 Bänd försiktigt ut de gamla ringarna och

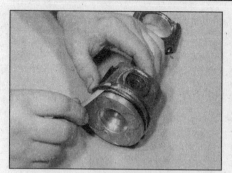

12.2 Använd ett bladmått för att ta bort kolvringen

13.2 Vevaxelns axialspel kontrolleras med mätklocka . .

13.3 . . . eller bladmått

dra upp dem över kolvarna. Använd två eller tre gamla bladmått för att hindra att ringarna ramlar ner i tomma spår **(se bild)**. Var noga med att inte repa kolven med ringkanterna. Ringarna är sköra och går sönder om de töjs för mycket. De är också mycket vassa – skydda händer och fingrar. Observera att den tredje ringen (oljekontroll) består av en distansbricka och två sidoskenor. Ta alltid bort ringarna från kolvens överdel. Förvara uppsättningarna med ringar tillsammans med respektive kolv om de gamla ringarna ska återanvändas.

3 Skrapa bort allt sot från kolvens ovansida. En handhållen stålborste (eller finkornig smärgelduk) kan användas när de flesta avlagringar skrapats bort. Kolvens identifikationsmarkeringar ska ny vara synliga.
4 Ta bort sotet från ringspåren i kolven med hjälp av en gammal ring. Bryt ringen i två delar (var försiktig så du inte skär dig – kolvringar är vassa). Var noga med att bara ta bort sotavlagringarna – ta inte bort någon metall och gör inga hack eller repor i sidorna på ringspåren.
5 När avlagringarna har tagits bort, rengör kolven/vevstaken med fotogen eller annat lämpligt lösningsmedel, och torka ordentligt. Kontrollera att oljereturhålen i ringspåren är rena.
6 Om kolvarna och cylinderloppen inte är skadade eller överdrivet slitna, och om motorblocket inte behöver borras om (se avsnitt 11), kontrollera kolvarna enligt följande.
7 Gör en noggrann granskning av varje kolv beträffande sprickor kring manteln, runt kolvtappens hål och på ytorna mellan ringspåren.
8 Leta efter repor och skav på kolvmanteln och i hålen i kolvkronan, och efter brända områden runt kolvkronans kant. Om manteln är repad eller skavd kan motorn ha varit utsatt för överhettning och/eller onormal förbränning vilket orsakade höga arbetstemperaturer. I dessa fall bör kylnings- och smörjningssystemen kontrolleras noggrant. Brännmärken på kolvsidorna visar att genomblåsning har ägt rum. Ett hål i kolvkronan eller brända områden i kolvkronans kant är tecken på att onormal förbränning (förtändning, tändningsknack

eller detonation) har förekommit. Vid något av ovanstående problem måste orsakerna undersökas och åtgärdas, annars kommer skadan att uppstå igen. Orsakerna kan vara felaktig synkronisering mellan tändningen eller en felaktig insprutningsventil.
9 Korrosion på kolven i form av punktkorrosion är tecken på att kylvätska har läckt in i förbränningskammaren och/eller vevhuset. Även här måste den bakomliggande orsaken åtgärdas, annars kan problemet bestå i den ombyggda motorn.
10 Mät kolvens diameter vinkelrätt mot kolvbultens axel; Jämför resultatet med specifikationerna i början av detta kapitel. Observera att det finns olika storleksgrupper av standardkolvdiametrar för att passa olika tillverkningstoleranser, märkena som anger storleksgruppen är inpräglade på kolvkronan.
11 För att mäta spelet mellan kolv och lopp mäter man antingen lopp (se avsnitt 11) och kolvmantel enligt beskrivningen och drar bort mantelns diameter från loppets diameter, eller sätter man in varje kolv i dess ursprungliga lopp och för in ett bladmått tillsammans med kolven i loppet. Kolven måste vara exakt i linje med sin normalposition och bladmåttet måste hållas mellan kolven och loppet, mot en av tryckytorna, direkt upp från loppets botten. Dividera det uppmätta spelet med två för att få det spel som uppstår närt kolven är mitt i loppet. Om spelet är överdrivet stort måste en ny kolv monteras. Om kolven sitter hårt i den nedre delen av loppet och sitter lösare högre upp mot toppen, är loppet konformigt. Om det tar emot någonstans när kolven och bladmåttet får rotera i loppet, är loppet deformerat.
12 Upprepa mätningarna på återstående kolvar och cylinderloppen. En kolv som är nedsliten under den angivna gränsen måste bytas ut.
13 Undersök varje vevstake noggrant efter tecken på skador, som t.ex. sprickor runt vevlager och lilländslager. Kontrollera att vevstaken inte är böjd eller skev. Skador på vevstaken inträffar mycket sällan, om inte motorn har skurit ihop eller överhettats allvarligt. Detaljerad kontroll av vevstaksenheten kan endast utföras av en Opel-verkstad eller annan motorverkstad med nödvändig utrustning.

14 På alla utom 2,2-liters motorer, är kolvbultarna en presspassning i vevstakens lilländslager. Därför ska byte av kolv och/eller vevstake utföras av en Opel-verkstad eller motorrenoveringsspecialist, som har tillgång till de verktyg som krävs för att ta bort och montera kolvbultarna. Om du ska montera nya kolvar måste du kontrollera att kolvarna som monteras har rätt storlek för loppen. **Observera:** *Opel anser att kolvar- och vevstakenheter inte bör tas isär. Om några komponenter måste bytas ut måste hela enheten bytas.*

13 Vevaxel – kontroll

Kontrollera vevaxelns axialspel

1 Om vevaxelns axialspel skall kontrolleras, måste vevaxeln fortfarande vara monterad i motorblocket, men den skall kunna röra sig fritt (se avsnitt 10).
2 Kontrollera axialspelet med hjälp av en mätklocka med kontakt med vevaxelns ände. Tryck vevaxeln helt åt ena hållet och nollställ mätklockan. Tryck vevaxeln helt åt andra hållet och kontrollera axialspelet **(se bild)**. Resultatet kan jämföras med angiven mängd och ger en indikation på om det krävs nya lagerskålar.
3 Om mätklocka saknas kan bladmått användas. Tryck först vevaxeln helt och hållet mot den ände av motorn där svänghjulet/drivplattan finns och använd sedan bladmått för att mäta avståndet mellan vevstakens vevarm och sidan av tryckbrickan **(se bild)**. Tryckbrickorna är integrerade i ramlagerskål nummer 2 på 2,2-liters motorer och i ramlagerskålar nummer 3 på alla andra motorer.

Kontroll

4 Rengör vevaxeln med fotogen eller lämpligt lösningsmedel och torka den, helst med tryckluft om det är möjligt. Var noga med att rengöra oljehålen med piprensare eller någon liknande sond för att se till att de inte är igentäppta.

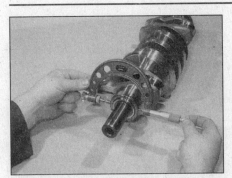

13.10 Mät varje vevaxelaxeltapps diameter med en mikrometer

 Varning: Bär skyddsglasögon vid arbete med tryckluft.

5 Kontrollera ramlagrets och vevstakslagrets axeltappar efter ojämnt slitage, repor, punktkorrosion och sprickbildning.
6 Slitage på vevstakslagret följs av tydliga metalliska knackningar när motorn körs (märks särskilt när motorn drar från låg fart) och viss minskning av oljetrycket.
7 Slitage på ramlagret följs av tydliga motorskakningar och mullrande ljud – som ökar stegvis med hastigheten – och av minskat oljetryck.
8 Kontrollera lagertapparna efter ojämnheter genom att dra ett finger löst över lagerytan. Förekommer ojämnheter (tillsammans med tydligt lagerslitage) är det ett tecken på att vevaxeln måste slipas om (om det är möjligt) eller bytas ut.
9 Kontrollera om det finns borrskägg runt vevaxelns oljehål (hålen är oftast fasade, så borrskägg bör inte vara något problem om inte omborrningen skötts slarvigt). Ta bort eventuella borrskägg med en fin fil eller skrapa och rengör oljehålen noga enligt beskrivningen ovan.
10 Använd en mikrometer och mät diametern på ramlagrets och vevstakslagrets axeltappar, och jämför resultatet med värdena i Specifikationerna **(se bild)**. Genom att mäta diametern på flera ställen runt varje axeltapp kan man avgöra om axeltappen är rund eller inte. Utför mätningen i båda ändarna av axeltappen, nära vevarmarna, för att avgöra om axeltappen är konisk. Jämför mätvärdena med värdena i Specifikationer.
11 Kontrollera oljetätningarnas fogytor i varje ände av vevaxeln efter slitage och skador. Om oljetätningen har slitit ner ett djupt spår på ytan av vevaxeln rådfrågar du en motorrenovering specialist. Reparation kan vara möjlig men annars krävs det en ny vevaxel.
12 Placera vevaxeln på v-block och sätt en mätklocka på vevaxelns första ramlagertapp. Nollställ mätklockan, rotera sedan långsamt vevaxeln genom två fullständiga varv och observera axeltappens kast. Upprepa proceduren på de återstående fyra huvudlagertapparna så att det finns en

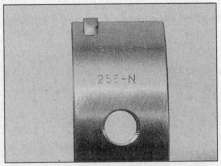

14.1 Typiska identifieringsmärken för ramlageröverfall

kastmätning för alla huvudlagertappar. Om skillnaden mellan kastet på någon av de båda axeltapparna överstiger den slitagegräns som anges i specifikationerna måste vevaxeln bytas.
13 Understorlekar (0,25 mm och 0,50 mm) av storändslager och ramlagerskålar tillverkas av Vauxhall för alla motorer. Om vevaxeltapparna inte redan har borrats om, är det möjligt att renovera vevaxeln och att montera skålar i understorlek.

14 Ramlager och vevstakslager – kontroll

1 Även om ram- och vevlagren ska bytas vid renoveringen ska de gamla lagren behållas för undersökning, eftersom de kan ge värdefull information om motorns skick **(se bild)**.
2 Lagerhaveri kan uppstå på grund av otillräcklig smörjning, förekomst av smuts eller andra främmande partiklar, överbelastning av motorn eller korrosion **(se bild)**. Oavsett vilken orsaken är måste den åtgärdas (om det går) innan motorn sätts ihop, för att förhindra att lagerhaveriet inträffar igen.
3 När lagerskålarna undersöks ska de tas ut ur blocket, liksom ramlagerkåporna, vevstakarna och vevstakslageröverfall. Lägg ut dem på en ren yta i samma positioner som de har i motorn. Därigenom kan man se vilken vevaxeltapp som orsakat lagerproblemen.
4 Smuts och andra partiklar kan komma in i motorn på flera olika sätt. Smuts kan t.ex. finnas kvar i motorn från ihopsättningen, eller komma in genom filter eller vevhusventilationssystemet. Det kan hamna i oljan, och därmed tränga in i lagren. Metallspån från slipning och normalt slitage förekommer ofta. Slipmedel finns ibland kvar i motorn efter en renovering, speciellt om delarna inte rengjorts noga på rätt sätt. Oavsett var de kommer ifrån hamnar dessa främmande föremål ofta som inbäddningar i lagermaterialet och är där lätta att känna igen. Större partiklar bäddas inte in i lagret och orsakar repor på lager och axeltappar.

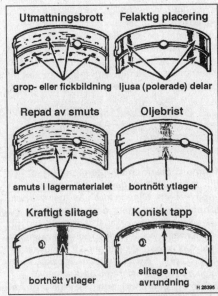

Utmattningsbrott — Felaktig placering
grop- eller fickbildning — ljusa (polerade) delar
Repad av smuts — Oljebrist
smuts i lagermaterialet — bortnött ytlager
Kraftigt slitage — Konisk tapp
bortnött ytlager — slitage mot avrundning

H 28395

14.2 Typiska lagerhaverier

Det bästa sättet att förebygga den här orsaken till lagerhaveri är att rengöra alla delar noggrant och att hålla allting skinande rent vid återmonteringen av motorn. Täta och regelbundna oljebyten är också att rekommendera.
5 Oljebrist har ett antal relaterade orsaker. Överhettning (som tunnar ut oljan), överbelastning (som tränger undan olja från lagerytan) och oljeläckage (på grund av för stora lagerspel, sliten oljepump eller höga motorvarv) kan orsaka problemet. Igentäppta oljepassager, som oftast resulterar ur felinställda oljehål i en lagerskål, leder också till oljebrist, med uttorkade och förstörda lager som följd. Om ett lagerhaveri beror på oljebrist, slits eller pressas lagermaterialet bort från lagrets stålstödplatta. Temperaturen kan stiga så mycket att stålplattan blir blå av överhettning.
6 Körsättet kan påverka lagrens livslängd betydligt. Körning med gasen i botten vid låga varvtal belastar lagren mycket hårt så att oljelagret riskerar att klämmas ut. Dessa belastningar kan få lagren att vika sig, vilket leder till fina sprickor i lagerytorna (utmattningsfel). Till sist kommer lagermaterialet att gå i bitar och slitas bort från stålplattan.
7 Kortdistanskörning leder till korrosion i lagren på grund av att den värme som bildas i motorn inte hinner bli tillräckligt hög för att få bort det kondenserade vattnet och de korrosionsframkallande ångorna. Dessa produkter samlas istället i motoroljan och bildar syra och slam. När oljan sedan leds till motorlagren angriper syran lagermaterialet.
8 Felaktig lagerinställning vid ihopmonteringen av motorn kommer också att leda till lagerhaveri. Tättsittande lager lämnar för lite lagerspel och resulterar i oljebrist. Smuts

eller främmande partiklar som fastnat bakom en lagerskål kan resultera i högre punkter på lagret, som i sin tur leder till haveri.
9 Som nämndes i början av detta avsnitt ska lagerskålarna bytas som rutinåtgärd vid motorrenovering. Att inte göra det är detsamma som dålig ekonomi.

15 Översynsdata för motorn – ordningsföljd vid ihopsättning

1 Innan återmonteringen påbörjas, se till att alla nya delar och nödvändiga verktyg finns tillgängliga. Läs igenom hela arbetsbeskrivningen och kontrollera att allt som behövs verkligen finns tillgängligt. Förutom alla vanliga verktyg och delar kommer även fästmassa för gängor att behövas. En lämplig sorts tätningsmedel krävs också till de fogytor som inte har några packningar.
2 För att spara tid och undvika problem rekommenderas att ihopsättningen av motorn sker i följande ordningsföljd:
a) Vevaxel.
b) Kolvar/vevstakar.
c) Oljepump.
d) Balanseringsenhet (om en sådan finns)
e) Ramlagerhållare
f) Sump.
g) Svänghjul/drivplatta.
h) Topplock.
i) Kamkedjor och drev – 2,2-liters motorer.
j) Kamremsspännaren och drev, och remmar – alla utom 2,2-liters motor.
k) Insugsgrenrör och avgasgrenrör (kapitel 4A).
l) Motorns externa komponenter.
3 På det här stadiet ska alla motorns komponenter vara helt rena och torra och alla fel reparerade. Komponenterna ska läggas ut (eller finnas i individuella behållare) på en fullständigt ren arbetsyta.

16 Kolvringar – återmontering

1 Innan nya kolvringar monteras måste ringarnas ändavstånd kontrolleras enligt följande.

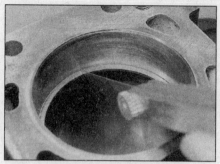

16.4 Kontrollera kolvringens ändgap med ett bladmått

2 Lägg ut kolv-/vevstaksenheterna och de nya kolvringsuppsättningarna så att ringuppsättningarna paras i hop med samma kolv och cylinder vid mätningen av ändgapen samt under efterföljande ihopsättning av motorn.
3 Stoppa in den övre ringen i den första cylindern och tryck ner den i loppet med hjälp av kolvens överdel. Då hålls ringen garanterat vinkelrätt mot cylinderns väggar. Tryck ner ringen i spåret tills den sitter 15 till 20 mm ner från spårets övre kant, och ta sedan bort kolven.
4 Mät ändgapet med bladmått och jämför de uppmätta värdena med siffrorna i Specifikationer (se bild).
5 Om öppningen är för liten (föga troligt om äkta Opel-delar används), måste det förstoras, annars kommer ringändarna att komma i kontakt med varandra medan motorn körs och orsaka omfattande skador. Helst ska nya kolvringar med korrekt ändgap monteras. Som en sista utväg kan ändgapet förstoras genom att ringändarna filas ner försiktigt med en fin fil. Fäst filen i ett skruvstäd med mjuka käftar, dra ringen över filen med ändarna i kontakt med filen och rör ringen långsamt för att slipa ner materialet i ändarna. Var försiktig, kolvringar är vassa och går lätt sönder.
6 På nya ringar är det föga troligt att ändgapet är för stort. Om gapet är för stort, kontrollera att det är rätt sorts ringar för motorn och för den aktuella cylinderloppsstorleken.
7 Upprepa kontrollen på de återstående ringarna i den första cylindern, och sedan

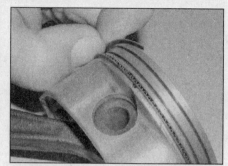

16.9 Montera oljekontrollringens distansbricka och sidoskenor först

på ringarna i de återstående cylindrarna. Kom ihåg att hålla ihop de ringar, kolvar och cylindrar som hör ihop.
8 När ringarnas ändgap har kontrollerats och, om det var nödvändigt, justerats kan ringarna monteras på kolvarna.
9 Montera ringarna med samma teknik som användes vid demonteringen. Montera den undre distansbrickan (oljekontroll) först och montera sedan de båda sidoskenorna. Observera att både brickan och sidoskenorna kan monteras vända i båda riktningarna (se bild).
10 Den andra och den översta kompressionsringen är olika och kan identifieras med hjälp av sina tvärsnittsprofiler; den övre ringen är symmetrisk medan den andra ringen har sned kant. Montera den andra och den övre kompressionsringen, se till att varje ring år monterad rättvänd med ID-märket (TOP) överst (se bilder). Observera: Följ alltid instruktionerna som medföljer de nya uppsättningarna med kolvringar – olika tillverkare kan ange olika tillvägagångssätt. Förväxla inte den övre och den undre kompressionsringen. På vissa motorer har toppringen ingen identifieringsmärkning och kan monteras med endera sidan upp.
11 När kolvringarna är korrekt monterade, kontrollera att varje ring kan rotera lätt i sitt spår. Kontrollera spelet mellan ringen och spåret för varje ring med hjälp av bladmått, och kontrollera att spelet ligger inom det angivna området. Placera sedan ringarnas ändgap på det sätt som visas (se bild).

16.10 Montera den andra och översta kompressionsringen . . .

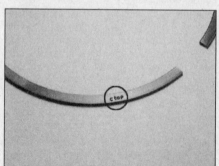

16.10b . . . med markeringen (TOP) uppåt

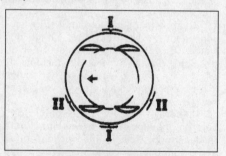

16.11 Kolvringens ändgap

I Andra och översta kompressionsringar
II Oljekontrollring sidoskenor

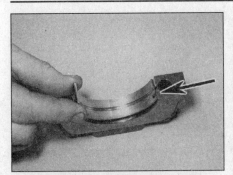

17.3 Montera lagerskålarna och se till att flikarna hamnar rätt i spåren på lageröverfallet/blocket

17.7 Plastigauge på plats på vevaxelns ramlagertapp

17.9 Mät bredden på deformerat Plastigauge med skalan på kortet

17 Vevaxel – återmontering och kontroll av ramlagerspel

Observera: *Vi rekommenderar att nya lagerskålar för huvudlagren monteras oavsett i vilket skick de ursprungliga är.*

Val av lagerskålar

1 De nya lagerskålarna som säljs för alla motorer har samma storlek, även om originallagerskålarna som monterats på fabrik kan vara av olika storlek. Opel tillhandahåller både lagerskålar av standardstorlek och mindre lagerskålar för användning när vevaxeln har slipats om. Storleken på den skål som behövs kan avgöras genom att man mäter vevaxeltapparna (se avsnitt 13).

Kontroll av ramlagerspel

2 Rengör lagerskålarnas baksidor och lagersätena i både motorblocket och ramlageröverfallet.
3 Tryck fast lagerskålarna på deras platser. Se till att fliken på varje skål hamnar i inskärningen i motorblocket eller ramlageröverfallet **(se bild)**. Om du använder de ursprungliga lagerskålarna för kontrollen, se till att de monteras på sina respektive ursprungliga platser. Du kan kontrollera spelet på två sätt.
4 En metod (som är svår att använda utan inbyggda mikrometrar eller inre/yttre expanderande skjutmått) är att montera ramlageröverfallen på motorblocket med lagerskålarna på plats. Med kåpans fästbultar korrekt åtdragen (använd originalbultarna för kontrollen, inte de nya), mät den invändiga diametern för varje monterat par av lagerskålar. Om diametern på varje motsvarande vevaxeltapp mäts och sedan subtraheras från lagrets invändiga diameter blir resultatet ramlagerspelet.
5 Den andra (och bättre) metoden är att använda en produkt som kallas

Plastigauge. Det består av en tunn tråd av helt rund plast, som trycks ihop mellan lagerskålen och axeltappen. När lagerskålen tas bort deformeras plasten och kan mätas med ett särskilt måttkort av plast som följer med satsen. Det lagerspelet bestäms med denna mätare. Plastigauge kan vara svårt att få tag på, men om du frågar en större motorspecialist borde de kunna hjälpa dig med en återförsäljare i ditt område. Så här använder du Plastigauge.
6 Med ramlagrens övre skålar på plats, lägg försiktigt vevaxeln på plats. Använd inte något smörjmedel; vevaxeltapparna och lagerskålarna måste vara helt rena och torra.
7 Skär till flera bitar Plastigauge av rätt storlek (de ska vara något kortare än ramlagrens bredd) och placera en bit på axeln på varje vevaxeltapp **(se bild)**.
8 Med huvudlagrens nedre lagerskålar på rätt plats, montera tillbaka ramlageröverfallen och använd identifieringsmärkena för att säkerställa att vart och ett har monterats korrekt. Montera tillbaka de ursprungliga fästbultarna och dra åt dem till angivet moment och vinklar enligt de steg som anges i specifikationerna (se stycke 22 till 24). Var försiktig så att du inte förstör Plastigauge och rotera **inte** vevaxeln någon gång under arbetets gång. Lossa jämnt och stegvis ramlageröverfallens fästbultar och

ta bort dem och lyft sedan av lageröverfallen igen. Var mycket försiktig så att inte Plastigauge-verktyget rubbas eller vevaxeln roteras.
9 Jämför bredden på den hoptryckta Plastigauge-mättråden på varje axeltapp med skalan som tryckts på Plastigauge-kuvertet för att fastställa huvudlagrets spel vid drift **(se bild)**. Jämför det spel som uppmätts med det som anges i specifikationerna i början av detta kapitel.
10 Om spelet avviker mycket mer än förväntat, kan det bero på att lagerskålarna har fel storlek (eller för slitna om de ursprungliga skålarna har återanvänts). Innan du bestämmer dig för att kamaxeln är sliten, säkerställ att ingen smuts eller olja har fastnat mellan lagerskålarna och kåporna eller blocket när avståndet mättes upp. Om Plastigauge-delen var bredare i ena änden kan vevaxeltappen bli konisk.
11 Rådfråga din Opelhandlare eller annan motorrenoverare innan du dömer ut de aktuella komponenterna. De kan också informera om hur man bäst går till väga, eller om ett utbyte krävs.
12 Vid behov, ta reda på rätt dimension för lagerskålen och upprepa kontrollförfarandet för lagerspel enligt beskrivningen ovan.
13 Avsluta med att noggrant skrapa loss alla spår av Plastigauge från vevaxeln och lagerskålarna med nageln eller annat redskap som inte kan repa lagerytorna.

Slutlig montering av vevaxel

1,4-, 1,6- och 1,8-liters motorer

14 Lyft försiktigt bort vevaxeln från motorblocket.
15 Placera lagerskålarna i sina respektive lägen enligt beskrivningen i stycke 2 och 3 **(se bild)**. Om nya lagerskålar används, kontrollera att alla spår av skyddsfett avlägsnats med fotogen. Torka skålarna och locken med en luddfri trasa.
16 Smörj de övre skålar med ren motorolja

17.15 Sätt lagerskålarna på plats

17.16a Smörj lagerskålarna . . .

17.16b . . . och sänk ner vevaxeln på plats

17.18 Lageröverfall nr 1 monteras på kamremssidan

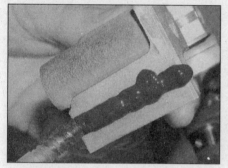

17.19 Fyll spåret på båda sidor om lageröverfall nr 5 med tätningsmedel

17.20 Applicera en kontinuerlig sträng silikon (se pil) runt kanten av motorblocket – 2,2-liters motorer

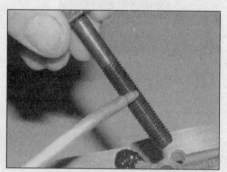

17.21 Smörj de nya bultar

och sänk ner vevaxeln på dess plats (se bilder).

17 Se till att vevaxeln sitter korrekt, kontrollera sedan axialspelet enligt beskrivningen i avsnitt 13.

18 På modeller med separata ramlageröverfall, se till att lagerskålarna placeras korrekt i lageröverfallen och montera lageröverfall nummer 1 till 4 på motorblocket (se bild). Säkerställ att locken är placerade på sina korrekta platser, med lock nr 1 på kamremssidan och att de är monterade med rätt sida upp, så att alla nummer är rättvända när man läser dem från baksidan av topplocket.

19 Se till att vänster (nummer 5) lageröverfall är rent och torrt. Fyll spåret på båda sidor av lageröverfallet med tätningsmedel (Vauxhall rekommenderar tätningsmedlet, art. nr 90485251, finns hos din Vauxhall-verkstad) (se bild). Montera lageröverfallet på motorn, och se till så att det hamnar åt rätt håll.

20 På modeller med nedre motorblockshus för ramlagren, ta bort alla spår av silikontätning och olja från anliggningsytorna på motorblocket och det nedre ramlagerhuset. Applicera och stryk ut en droppe silikontätningsmedel (erhålls från din Vauxhall-verkstad) så att den täcker hela spåret på motorblockets anliggningsyta (se bild). Droppen tätningsmedel ska vara mellan 2,0 och 2,5 mm i diameter. Placera försiktigt kapslingen på rätt ställe på motorblocket.

21 Applicera ren motorolja på gängorna och huvudena på de nya bultarna till ramlageröverfallet. Montera bultarna och dra åt dem för hand (se bild).

22 Arbeta i diagonal ordningsföljd från mitten och utåt, dra åt bultarna (M10) till ramlageröverfallen/det nedre motorblockhuset för ramlageröverfallen till angivet moment för steg 1.

23 När alla bultar dragits åt till angivet moment för steg 1, gå vidare och dra åt alla bultarna till angiven vinkel för steg 2. På modeller med separata ramlageröverfall gör du ett varv till och drar åt alla bultar till den vinkel som anges i steg 3. En vinkelmätare

bör användas i det här momentet av åtdragningen för att garantera att bultarna dras åt korrekt (se bilder). Om du inte har tillgång till en mätare, använd färg för att göra linjeringsmarkeringar mellan bultskallen och kåpan före åtdragningen. Markeringarna kan sedan användas för att kontrollera att bulten har roterats till rätt vinkel.

24 På modeller med ett nedre motorblockshus för ramlagren, dra åt de återstående M8-bultarna till angivet moment. Arbeta i en diagonal ordningsföljd.

25 När alla bultar har dragits åt, spruta in mer tätningsmedel i spåren på ramlageröverfallet tills tätningsmedlet tränger ut genom fogarna.

17.23a Dra åt ramlageröverfallets fästbultar genom de olika vinkeldragningsföljderna

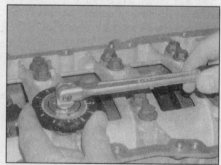

17.23b Dra åt bultarna på det nedre motorblockshuset för ramlagren genom den angivna ordningsföljden för vinkeldragningen – 2,2-liters motorer

17.25 Spruta in mer tätningsmedel i spåren i ramlageröverfallet

När du är säker på att kåpans spår är fulla av tätningsmedel torkar du bort allt överflödigt tätningsmedel med en ren trasa **(se bild)**.

26 Kontrollera att vevaxeln kan rotera fritt och lätt. Om det krävs för mycket kraft för att vrida vevaxeln, undersök vad orsaken kan vara innan du går vidare.

27 Montera tillbaka/återanslut kolvarna och vevstakarna till vevaxeln enligt beskrivningen i avsnitt 18.

28 Se del A (motor med enkel överliggande kamaxel) eller del B (motor med dubbla överliggande kamaxlar), montera en ny oljetätning på vevaxelns vänstersida, montera tillbaka svänghjulet/drivplattan, oljepumpen, skvalpskottet (om sådant finns), topplocket, kamremsdreven och en ny kamrem.

2,0-liters motorer

29 Montera tillbaka vevaxeln enligt beskrivningen i stycke 14 till 25.

30 Se till att lageröverfallet och ramlagerhållarens eller balanseringsenhetens ytor är rena och torra och montera sedan tillbaka dem till motorn. Arbeta från mitten i diagonal ordningsföljd, sätt tillbaka fästbultarna och dra åt dem till angivet moment.

31 Montera skvalpplåten på motorblockets nedre del och dra åt fästbultarna till angivet moment. **Observera:** *Oljeskvalpplåten monteras enbart på motorer utan balanseringsenhet.*

32 Arbeta enligt beskrivningen i del B i detta kapitel. Montera en ny packbox till vänster på vevaxeln och montera sedan tillbaka svänghjulet/drivplattan, oljepumpen, topplocket, kamdreven och montera en ny kamrem.

2,2-liters motorer

33 Montera tillbaka vevaxeln enligt beskrivningen i stycke 14 till 25.

34 Arbeta enligt beskrivningen i del C i detta kapitel. Montera en ny packbox till vänster på vevaxeln och montera sedan tillbaka svänghjulet/drivplattan, oljepumpen, topplocket, kamdreven och montera en ny kamkedja.

18 Kolvar/vevstakar – återmontering och kontroll av vevstakslagrets spelrum

Observera: *Vi rekommenderar att nya kolvringar och lagerskålar för storändslagren monteras oavsett i vilket skick de ursprungliga är.*

Val av lagerskålar

1 De nya lagerskålarna som säljs för alla motorer har samma storlek, även om originallagerskålarna som monterats på fabrik kan vara av olika storlek. Opel tillhandahåller både lagerskålar av standardstorlek och mindre lagerskålar för användning när vevaxeln har slipats om. Storleken på den skål som behövs kan avgöras genom att man mäter vevaxeltapparna (se avsnitt 13).

Kontroll av vevlagerspel

2 Rengör lagerskålarnas baksidor och lagersätena i både vevstaken och överfallet.

3 Tryck in lagerskålarna på sina platser och se till att skålarnas flikar hakar i hacken på vevstaken och överfallet **(se bild)**. Om du använder de ursprungliga lagerskålarna för kontrollen, se till att de monteras på sina respektive ursprungliga platser. Du kan kontrollera spelet på två sätt.

4 En metod är att montera vevstakslageröverfallen på vevstaken, utan lagerskålarna på plats. Med de ursprungliga överfallsfästbultarna/muttrarna (använd de original bultar) korrekt åtdragna, använd en invändig mikrometer eller skjutmått för att mäta den invändiga diametern för varje monterat par lagerskålar. Om diametern på varje motsvarande vevaxeltapp mäts och sedan subtraheras från lagrets invändiga diameter blir resultatet vevlagerspelet.

5 Den andra metoden är att använda en produkt som kallas Plastigauge enligt beskrivningen i avsnitt 17, punkt 5 till 13. Placera en sträng Plastigauge på varje (rengjord) vevstakstapp och återmontera de (rena) kolv-/vevstaksenheterna, skålarna och vevstakslageröverfallen. Bra åt bultarna/muttrarna (vad som är relevant) korrekt och var noggrann med att inte störa Plastigauge-verktyget. Ta isär enheterna utan att rotera vevaxeln. Använd den tryckta skalan på Plastigauge-verktygets omslag för att fastställa storänd lagrets lagerspel. När du har avslutat mätningen skrapar du försiktigt bort alla spår av Plastigauge från tappen och skålarna med hjälp av nageln eller ett annat föremål som inte repar komponenterna.

Kolv-/vevstaksenhet – montering

6 Se till att lagerskålarna sitter korrekt enligt beskrivningen ovan i stycke 2 och 3. Om nya lagerskålar används, kontrollera att alla spår av skyddsfett avlägsnats med fotogen. Torka skålarna och vevstakarna med en luddfri trasa.

7 Smörj in cylinderloppen, kolvarna och kolvringarna. Lägg sedan ut varje kolv/vevstaksenhet på deras respektive plats **(se bild)**.

8 Börja med enhet nr. 1, kontrollera att kolvringarnas ändavstånd fortfarande stämmer med beskrivningen i avsnitt 16 och fäst dem med en kolvringkompressor **(se bild)**.

9 Sätt i kolv-/vevstakenheten i den övre delen av cylinder nr 1, och säkerställ att pilmärket på kolvkronan pekar mot motorns kamrem/kedjeslut. Använd en träkloss eller

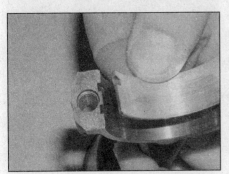

18.3 Se till att fliken på varje storändslager placeras i skåran i vevstaken och överfallet

18.7 Smörj cylinderloppen

18.8 Kolvringklämma

18.9a Pilen på varje kolvkrona måste peka mot motorns kamremände

18.9b Se till att ringklämman hålls mot blockytan, och tryck in kolven

ett hammarskaft på kolvkronan och knacka ner kolven tills kolvkronan är i jämnhöjd med cylinderns överkant **(se bilder)**.

10 Se till att inte repa cylinderloppet, smörj rikligt vevtappen och de båda lagerskålarna. Dra sedan ner kolv-/vevstakenheten ner i loppet mot vevtappen och montera storändslagret med hjälp av markeringarna så att det hamnar åt rätt håll (tappen på lageröverfallets nederdel ska peka mot svänghjulet/drivplattan) och skruva i de nya fästskruvarna **(se bilder)**.

11 På 1,4-, 1,6- och 1,8-liters motorer, dra åt båda lageröverfall bultar till angivet Steg 1 vridmoment och dra sedan åt dem till angivet Steg 2 vinkel. En vinkelmätare bör användas för att garantera att bultarna dras åt korrekt **(se bild)**. Om du inte har tillgång till en mätare, använd färg för att göra linjeringsmarkeringar mellan bultskallen och kåpan före åtdragningen. Markeringarna kan sedan användas för att kontrollera att bulten har roterats till rätt vinkel.

12 På 2,0 och 2,2-liters motorer, dra åt båda lageröverfall bultar till angivet steg 1 vridmoment och dra sedan åt dem till angivet steg 2 vinkel. Dra slutligen åt till den angivna vinkeln för steg 3. En vinkelmätare rekommenderas till steg 3 för exakthet. Om du inte har tillgång till en mätare, använd färg för att göra linjeringsmarkeringar mellan bultskallen och kåpan före åtdragningen. Markeringarna kan sedan användas för att kontrollera att bulten har roterats till rätt vinkel.

13 Montera tillbaka de tre kvarvarande kolvar och vevstakar på samma sätt.

14 Vrid vevaxeln och kontrollera att den roterar fritt, utan att det kärvar eller tar emot.

15 På 2,0- och 2,2-liters motorer, om de har tagits bort, se till att ytorna är rena och torra på lageröverfall och ramlagerhållarens stomme samt det nedre ramlagerhuset, eller balanseringsenheten efter tillämplighet. Montera tillbaka gjutgodset/enheten på motorn och dra åt dess fästbultar till angivet moment, arbeta i diagonal ordningsföljd från mitten och utåt. Montera skvalpplåten på motorblockets nedre del och dra åt fästbultarna till angivet moment.

16 På alla motorer, montera tillbaka oljepumpsilen, sumpen och topplocket enligt beskrivningen in del A, B, eller C av detta kapitel, beroende på motortyp.

första start efter översyn

1 Med motorn återmonterad i bilen, kontrollera motorolje- och kylvätskenivån igen. Kontrollera en sista gång att allt har återanslutits och att det inte ligger några verktyg eller trasor kvar i motorrummet.

2 Avaktivera tändsystemet genom att koppla loss kontaktdonet från tändningsmodulen och bränslesystemet genom att ta bort bränslepumpreläet från motorrummets relähus (se kapitel 4A). Driv motorn med startmotorn tills varningslampan för oljetryck slocknar, stanna sedan, återanslut kontaktdonet och montera tillbaka reläet.

3 Starta motorn. Observera att det kan ta lite längre tid än vanligt eftersom bränslesystemets komponenter måste fyllas.

4 Låt motorn gå på tomgång och undersök om det förekommer läckage av bränsle, vatten eller olja. Bli inte orolig om det luktar konstigt eller ryker från delar som blir varma och bränner bort oljeavlagringar.

5 Under förutsättning att allt är OK, låt motorn gå på tomgång till dess att man kan känna att varmvatten cirkulerar genom övre kylarslangen, slå sedan av motorn.

6 Stanna motorn efter några minuter, kontrollera oljans och kylvätskans nivåer enligt beskrivningen i *Veckokontroller*, och fyll på om det behövs.

7 Om nya kolvar, kolvringar eller vevaxellager monterats ska motorn behandlas som en ny och köras in de första 800 km. *Ge inte full gas och segdra inte på någon växel.* Vi rekommenderar att oljan och oljefiltret byts efter denna period.

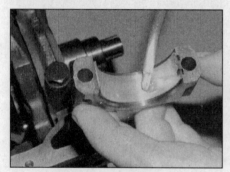

18.10a Smörj lagerskålarna . . .

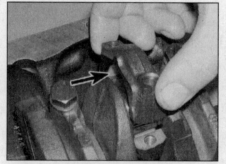

18.10b . . . och montera kåporna med tappen på nederdelen mot svänghjulet/ drivplattan (se pil)

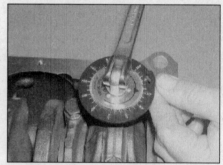

18.11 Vinkeldra storändslagrets bultar

Kapitel 3
Kyl-, värme- och luftkonditioneringssystem

Innehåll

Svårighetsgrad

| **Enkelt,** passar novisen med lite erfarenhet | | **Ganska enkelt,** passar nybörjaren med viss erfarenhet | | **Ganska svårt,** passar kompetent hemmamekaniker | | **Svårt,** passar hemmamekaniker med erfarenhet | 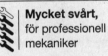 | **Mycket svårt,** för professionell mekaniker | |

Specifikationer

Systemtyp	Trycksatt, med frontmonterad kylare, fjärrmonterat expansionskärl och elektrisk kylfläkt

Termostat

Typ	vax
Börja öppning temperatur:	
2,2-liters motorer	82°C
Alla andra motorer	92°C
Helt öppen temperatur:	
2,2-liters motorer	97°C
Alla andra motorer	107°C

Elektrisk kylfläkt

Stängs på vid	100 °C
Stängs av vid	95 °C

Luftkonditioneringens kompressor

Smörjmedelvolym:	
1,6 och 2,2-liters DOHC motorer	120 cc
Utom 1,6- och 2,2-liters DOHC-motorer	150 cc
Smörjmedelstyp	Opel art. nr 90509933/1949873

Åtdragningsmoment

	Nm
Luftkonditioneringskompressorns fäste:	
1,6-liters SOHC motorer.	25
Utom 1,6-liters SOHC-motorer.	20
Luftkonditioneringens kylmedieslang.	20
Kondensationsavlopp till golvet	5
Kylvätskepump:	
1,4- och 1,6-liters motorer	8
1,8- och 2,0-liters motorer	25
2,2-liters motorer	22
Kylvätskepumpens dräneringsplugg:	
2,2-liters motorer	20
Kylvätskepumpens drev:	
2,2-liters motorer	10
Elektrisk kylfläktsenhet, ram till kylaren	5
Tryckpickup till mottagare-torkare	9
Styrningens tvärbalk till mellanvägg.	25
Temperaturgivare:	
1,4- och 1,6-liters DOHC motorer	14
1,6-liters SOHC motorer.	20
1,8-liters motorer	20
2,0-liters motorer	10
2,2-liters motorer	20
Termostatens nedre hus till topplock/motorblock:	
1,4- och 1,6-liters DOHC motorer	20
2,2-liters motorer	8
Termostatkåpa:	
1,4- och 1,6-liters DOHC motorer	8
1,6-liters SOHC motorer.	10
1,8-liters motorer	20
2,0-liters motorer	15
2,2-liters motorer	8

1 Kylsystem – allmänt

Allmän information

Kylsystemet är av den trycksatta sorten och innehåller en kylvätskepump, en kylare med vattengenomströmning i horisontalled, en elektrisk kylfläkt och en termostat. På 2,2-liters motorer drivs kylvätskepumpen av balansaxelns drivkedja, medan pumpen på alla andra motorer drivs av kamremmen.

Systemet fungerar så här: Kall kylvätska från kylaren passerar genom bottenslangen till kylvätskepumpen, och därifrån pumpas kylvätskan runt i motorblocket och motorns huvudutrymmen. När cylinderloppen, förbränningsytorna och ventilsätena kylts når kylvätskan undersidan av termostaten, som är stängd. Kylvätskan passerar genom värmaren och återvänder till kylvätskepumpen.

När motorn är kall cirkulerar kylvätskan endast genom motorblocket, topplocket och värmaren. När kylvätskan uppnår en angiven temperatur öppnas termostaten och kylarvätskan passerar

genom kylaren. När kylvätskan cirkulerar genom kylaren kyls den ner av den luft som strömmar in när bilen rör sig framåt. Luftflödet förstärks med den elektriska kylfläkten, om det behövs. När kylvätskan har runnit igenom kylaren och har svalnat upprepas cykeln.

Den elektriska kylfläkten, som är fäst på kylaren, styrs av en kylningsmodul som sitter bakom den främre stötdämparens vänstra sida. När kylvätskan når en angiven temperatur slås fläkten i gång.

Ett expansionskärl finns monterat på vänster sida av motorrummet för att fånga upp kylvätska som expanderar då den värms upp. Expansionskärlet är anslutet till kylarens övre del med en liten gummislang.

Föreskrifter

 Varning: Försök inte att ta bort expansionskärlets påfyllningslock eller att hantera någon del av kylsystemet medan motorn är varm; det föreligger stor risk för skållning. Om påfyllningslocket måste tas bort innan motorn och kylaren har svalnat helt (även om detta inte rekommenderas), måste övertrycket i

kylsystemet först släppas ut. Täck locket med ett tjockt lager tyg för att hindra skållning. Skruva sedan långsamt upp påfyllningslocket tills ett svagt väsande hörs. När pysandet har upphört, vilket tyder på att trycket minskat, fortsätt att långsamt skruva loss locket tills det kan tas loss helt. Hörs ytterligare pysljud, vänta tills det försvinner innan locket tas av helt. Stå alltid så långt ifrån öppningen som möjligt.

 Varning: Låt inte frostskyddsmedel komma i kontakt med huden eller lackerade ytor på bilen. Spola omedelbart bort eventuellt spill med stora mängder vatten.

Varning: Om motorn är varm kan den elektriska kylfläkten/ kylfläktarna börja rotera även om motorn inte är igång; var noga med att hålla undan händer, hår och löst sittande kläder från fläkten vid arbete i motorrummet.

 Varning: Se även föreskrifterna för arbete på modeller med luftkonditionering i avsnitt 11.

2.1 Ta bort expansionskärlets påfyllningslock.

2.3a Avtappningspluggen sitter till höger på kylaren

2.3b Anslut en slang till avtappningspluggen för att tappa av kylsystemet

2 Kylsystem – dränering, spolning och påfyllning

⚠️ **Varning: Vänta till dess att motorn är helt kall innan arbetet påbörjas. Låt inte frostskyddsmedel komma i kontakt med huden eller lackerade ytor på bilen. Spola omedelbart bort eventuellt spill med stora mängder vatten.**

Avtappning

1 För att tappa ur kylsystemet, skruva först loss och ta bort expansionskärlets påfyllningslock **(se bild)**. Om motorn inte är helt kall, placera en tygtrasa över locket innan du tar bort det. Ta bort locket långsamt så att eventuellt tryck kan komma ut.

2 Om en sådan finns, ta bort stänkskyddet underifrån kylaren och motorn.

3 Placera en behållare under kylarens högra sida och anslut en kort slang från kylarens dräneringsventil till behållaren. Öppna kranen och låt vätskan rinna ner i behållaren **(se bilder)**.

4 När kylvätskan har trappats ur från kylaren på 2,2-liters motorer, placera behållaren under kylvätskepumpen och skruva loss dräneringspluggen från undersidan av kylvätskepumpens hus **(se bild)**. Alla andra motorer, där motorblocket saknar dräneringsplugg, kan inte tömmas helt. Därför bör man vara noggrann när systemet fylls på, så att man bibehåller styrkan på frostskyddsmedlet.

5 Om kylvätskan har tömts av för något annat syfte än byte och den är ren kan den återanvändas, förutsatt att det är det "röda" frostskyddsmedlet som används i senare modeller. Det tidigare "blå" frostskyddsmedlet kan också användas igen om det är rent och inte äldre än två år. **Observera:** Opel anser att båda typerna av kylvätska bör bytas efter att kylare, topplock, topplockspackning eller motor monterats.

Spolning

6 Om kylvätskebyte inte utförts regelbundet eller om frostskyddet spätts ut, kan kylsystemet med tiden komma att förlora i effektivitet p.g.a. att kylvätskekanalerna sätts igen av rost, kalkavlagringar och annat. Kylsystemets effektivitet kan återställas genom att systemet spolas ur.

7 För att undvika förorening ska kylsystemet spolas oberoende av motorn.

8 Spola kylaren genom att koppla loss den övre och nedre slangen från kylaren och sedan föra in en trädgårdsslang i kylarens övre inlopp. Spola rent vatten genom kylaren och fortsätt spola tills rent vatten kommer ut från kylarens nedre utsläpp. Om det efter en rimlig tid fortfarande inte kommer ut rent vatten kan kylaren spolas ur med kylarrengöringsmedel. Det är viktigt att spolmedelstillverkarens anvisningar följs noga. Om det är riktigt smutsigt, ta bort kylaren, sätt i slangen i kylarens nedre utlopp och backspola kylaren.

9 För att spola motorn, ta bort termostaten enligt beskrivning i avsnitt 5 och koppla loss den nedre slangen från kylaren.

10 Sätt in en slang i termostathuset eller topplocket och spola rent vatten genom motorn tills rent vatten kommer ut ur bottenslangen.

11 När spolningen är avslutad, montera termostaten och anslut slangarna enligt beskrivning i avsnitt 5.

Påfyllning

12 Kontrollera innan påfyllningen inleds att alla slangar och slangklämmor är i gott skick och att klämmorna är väl åtdragna. Stäng kylarens urtappningskran. På 2,2-liters motorer, återmontera urtappningspluggen längst ner på kylpumpens hus. Ett frostskyddsmedel måste användas året om tör att förhindra korrosion på de legerade motorkomponenterna.

13 Skruva loss och ta bort locket på expansionskärlet och fyll på systemet långsamt tills nivån når upp till markeringen KALT (eller COLD). Vid påfyllning, hjälp ibland till att avlägsna luftlås genom att trycka på slangarna till kylarens över- och underdel flera gånger. Om kylvätskan ska bytas börjar du med att hälla i ett par liter vatten, följt av korrekt mängd frostskyddsmedel, och fyller sedan på med mer vatten.

14 Montera tillbaka och dra åt expansionskärlets lock.

15 Starta motorn och låt den gå tills den

2.4 Ta bort kylarens avtappningsplugg som sitter under kylvätskepumphuset – 2,2-liters motorer

kommer upp i normal arbetstemperatur, stanna sedan motorn och låt den kallna.

16 Kontrollera beträffande läckor, speciellt runt berörda komponenter. Fyll på mera vätska om det behövs. Observera att systemet måste vara kallt innan du kan läsa av en korrekt nivå i expansionskärlet. Om expansionskärlets lock tas bort när motorn fortfarande är varm måste locket täckas med en tjock trasa och skruvas loss långsamt för att stegvis sänka systemtrycket (det hörs normalt ett väsande ljud). Vänta tills eventuellt kvarvarande tryck i systemet släppts ut och fortsätt sedan att vrida locket tills det kan tas bort.

17 Montera tillbaka kåpan, montera sedan tillbaka stänkskyddet nedanför kylaren och motorn.

3 Kylsystemets slangar – ifrånkoppling och byte

Observera: *Se föreskrifterna i avsnitt 1 i detta kapitel innan arbetet påbörjas. Försök inte att lossa någon slang medan systemet fortfarande är varmt.*

1 Om de kontroller som beskrivs i kapitel 1 avslöjar en defekt slang, måste den bytas enligt följande.

2 Tappa ur kylsystemet (se avsnitt 2). Om det inte är dags att byta kylvätska kan den återanvändas om den förvaras i ett rent kärl.

3 Innan du kopplar loss en slang, notera först dess dragning i motorrummet och dess monteringsläge. Lossa klämmorna och flytta sedan dem längs med slangen, bort från den berörda inlopps-/utloppsanslutningen (se Verktygstips). Lossa slangen försiktigt.

4 Observera att kylarens in- och utgående anslutningar är känsliga; Ta inte i för hårt för att dra loss slangarna. Om en slang sitter fast kan du pröva att vrida på dess ändar för att få loss den.

5 När en slang ska monteras, trär du först på klämmorna på slangen och lirkar sedan slangen på plats. Om slangen är stel kan lite tvålvatten användas som smörjmedel, eller så kan slangen mjukas upp i ett varmvattenbad.

6 För varje slang längs slangen tills den passerar över den flänsen på den aktuella insugnings-/utloppsanslutningen. Dra därefter åt klämmorna ordentligt.

7 Fyll på kylsystemet enligt beskrivningen i avsnitt 2.

8 Kontrollera alltid kylsystemet noga efter läckor så snart som möjligt efter att någon del av systemet rubbats.

Slangklämmorna som installerats som ursprunglig utrustning är särskilt svåra att ta bort med gripverktyg eller tänger, ett hemmagjort verktyg kan lätt tillverkas av en snäckgängad klämma. Kapa klämman som det visas på bilden och böj den ena änden så att den hakar fast runt den fyrkantiga delen av den ursprungliga klämman. Borra ett hål i den andra änden för att passa in det över den utskjutande änden av den ursprungliga klämman.

4 Kylare – demontering, kontroll och återmontering

Demontering

1 På modeller **utan** luftkonditionering, lossa batteriets minuspol (se *Koppla loss batteriet* i Referens kapitlet).

2 På Astra modeller **med** luftkonditionering, ta bort batteriet enligt beskrivningen i kapitel 5A, och skruva loss batterilådan från innerskärmen. Ta bort luftrenaren och luftkanalerna enligt beskrivningen i kapitel 4A.

3 På Zafira modeller **med** luftkonditionering, skruva loss luftintagets resonator från den främre tvärbalken och lossa den från luftintagsslangen **(se bilder)**.

4 Dra åt handbromsen. Lyft sedan upp framvagnen och ställ den på pallbockar (se *Lyftning och stödpunkter*). Om det behövs, ta bort stänkskyddet från motorrummets nedre del.

5 Tappa ur kylsystemet enligt beskrivningen i avsnitt 2.

6 Ta bort elfläktenheten från kylarens baksida enligt beskrivningen i avsnitt 6.

7 Lossa klämman och lossa den övre slangen från kylarens högra sida **(se bild)**.

8 Lossa klämman och koppla loss den nedre slangen från kylarens vänstra sida.

9 Lossa klämman och koppla loss avluftningsslangen från kylarens vänstra sida **(se bild)**.

10 På modeller med automatisk växellåda, skruva loss anslutningsbultarna och lossa kylvätskeslangarna från kylarens vänstra sida. Ta loss kopparbrickorna. Var förebredd på en viss vätskeförlust och placera ett lämpligt kärl under slangarna. Observera hur slangarna sitter för korrekt återmontering.

11 Ta bort den främre stötfångaren enligt beskrivningen i kapitel 11 **(se bild)**.

12 Sätt i två svetsstänger eller skruvmejslar genom kylarens sidofästen från insidan av motorrummet för att stötta upp kylaren när de nedre fästena tas bort.

13 Skruva loss de nedre fästena från hjälpramen och skjut av fästena med dess gummin från förlängningarna på kylarens nederdel.

14 På modeller **med** luftkonditionering, skruva loss bultarna som håller fast kondensorn mot kylaren. Bind sedan upp kondensorn mot den främre tvärbalken med buntband eller tråd **(se bilder)**.

15 Stötta upp kylaren, ta bort stängerna eller skruvmejslarna från sidofästena (stycke 12), sänk ner kylaren ut från dess fästen och lyft

4.3a Skruva loss bultarna . . .

4.3b . . . och ta bort luftintagsresonatorn från den främre tvärbalken

4.7 Lossa den övre slangen

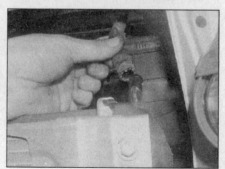

4.9 Lossa avluftningsslangen

4.11 Ta bort den främre stötfångaren

4.14a Skruva loss bultarna som håller fast kondensatorn till kylarens framdel . . .

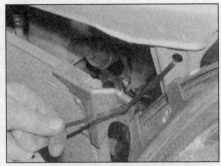

4.14b . . . fäst sedan kondensorn mot den främre tvärbalken med plastfästen

4.15 Lyft kylaren från motorrummet

ur eller ta ut den nedåt ur motorrummet **(se bild)**.

16 Återanvänd relevanta delar från den gamla enheten om en ny kylare ska monteras.

Kontroll

17 Om kylaren har demonterats på grund av misstänkt stopp, ska den backspolas enligt beskrivningen i avsnitt 2. Rensa bort smuts och skräp från kylflänsarna med hjälp av tryckluft (bär skyddsglasögon i så fall) eller en mjuk borste.
Varning: Var försiktig! Flänsarna är vassa och kan lätt skadas.

18 Om det behövs, kan en kylarspecialist utföra ett flödestest på kylaren för att ta reda på om den är blockerad.

19 En läckande kylare måste lagas av en specialist. Försök inte att svetsa eller löda ihop en läckande kylare, eftersom plastdelarna lätt kan skadas.

20 I en nödsituation kan man täta mindre läckor på kylaren med tätningsmedel för kylare (följ tillverkarens instruktioner).

21 Undersök skicket på kylarens fästgummin, och byt dem om det behövs.

Montering

22 Montering sker i omvänd ordningsföljd, men tänk på följande:
a) *Säkerställ att de undre gummifästena sitter på rätt plats i de undre fästbyglarna.*
b) *Se till att alla slangar återansluts rätt och hålls fast med sina fästklämmor.*
c) *Avsluta med att fylla kylsystemet enligt beskrivningen i avsnitt 2 och, på modeller med automatisk växellåda, kontrollera och fyll på växellådsolja enligt beskrivningen i kapitel 1.*

---

5 Termostat – demontering, kontroll och återmontering

1,6-liters SOHC motorer

Demontering

1 Lossa batteriets jordledning (se *Koppla loss batteriet* i Referens kapitlet).

2 Tappa ur kylsystemet enligt beskrivningen i avsnitt 2.

---

3 Ta bort luftrenarenheten och luftkanaler enligt beskrivningen i kapitel 4A.

4 Lossa klämman och lossa den övre slangen från termostatkåpan på höger sida av motorn.

5 Ta bort den bakre kamremskåpan, kamaxeldrevet, och kamremmen och tomgångsrulle enligt beskrivningen i kapitel 2A.

6 Skruva loss fästbultarna och ta bort termostatkåpan från topplocket.

7 Bänd försiktigt upp termostaten från topplocket och ta bort tätningsringen.

Kontroll

8 Termostaten kan grovtestas genom att den hängs upp i ett snöre i en behållare full med vatten. Koka upp vattnet – termostaten måste ha öppnats när vattnet börjar koka. Om inte, byt den **(se bild)**.

9 Öppningstemperaturen ska även finnas angiven på termostaten. En mer exakt metod är att med hjälp av en termometer ta reda på termostatens exakta öppningstemperatur och jämföra med värdena på termostaten.

10 En termostat som inte stängs när vattnet svalnar måste också bytas.

Montering

11 Rengör noggrant topplockets och termostatkåpans fogyta.

12 Placera termostaten i topplocket tillsammans med en ny tätningsring. Kontrollera att fjädern och kapseländen är vänd in i huvudet. Passa in termostaten med den yttre stången lodrätt.

13 Montera tillbaka termostatkåpan och dra åt bultarna till angivet moment.

14 Montera tillbaka den bakre kamremskåpan, kamaxeldrevet, och kamremmen och tomgångsrulle enligt beskrivningen i kapitel 2A.

15 Montera tillbaka luftrenaren luftkanalerna enligt beskrivningen i kapitel 4A.

16 Återanslut den övre slangen till termostatkåpan och dra åt klämman.

17 Återanslut batteriets jordledning.

18 Fyll på kylsystemet enligt beskrivningen i avsnitt 2.

DOHC-motorer (ej 2,2 liter)

Demontering

19 Lossa batteriets jordledning (se *Koppla loss batteriet* i Referens kapitlet).

20 Tappa ur kylsystemet enligt beskrivningen i avsnitt 2.

---

21 Lossa klämman och lossa den övre slangen från termostatkåpan på höger sida av motorn. På 1,4- och 1,6-liters motorer är kåpan fäst på ännu ett hus som är fäst med bultar på motorns högre ände. På 1,8- och 2,0-liters motorer är kåpan skruvad direkt på topplocket och är det nödvändigt att lossa både den lilla och den övre slangen.

22 På 1,8-liters motorer, lossa kablage från temperaturgivaren.

23 Skruva loss bultarna och ta bort termostatkåpan som har en inbyggd termostat. På 1,4- och 1,6-liters motorer, ta bort tätningsringen. På 2,0-liters motorer tar du loss packningen På 1,8-liters motorer är kåpan tätad med tätningsmedel och det finns ingen packning.

24 Om det behövs på 1,4- och 1,6-liters motorer, lossa kablaget från temperaturgivaren och skruva loss termostatens nedre hus från topplocket och ta bort packningen. Om det behövs, skruva loss och ta bort givaren från huset.

25 Om det behövs på 1,8-liters motorer, skruva loss och ta bort temperaturgivaren.

Kontroll

26 Följ punkt 8 till 10 inklusive.

Montering

27 På 1,4- och 1,6-liters motorer, om de har tagits bort, rengör noggrant anliggningsytorna på nederdelen av termostathuset och topplocket. Montera sedan tillbaka huset tillsammans med en ny packning och dra åt fästbultarna till angivet moment. Skruva

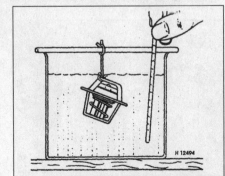

5.8 Kontrollera termostatens öppningstemperatur

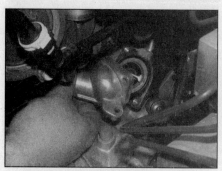

5.38 Ta bort termostathusets kåpa

5.39 Ta bort termostaten från huset

på temperaturgivaren och dra åt till angivet moment (om det är tillämpligt) och återanslut sedan kablaget.

28 Rengör noggrant termostatkåpans och topplockets eller det nedre husets fogyta. På 1,8-liters motorer applicerar du tätningsmedel på kåpans och motorblockets ytor.

29 Montera termostaten och kåpan, tillsammans med en ny tätningsring (1,4- och 1,6-liters motorer) eller packning (2,0-liters motor). Dra åt bultarna till angivet moment.

30 På 1,8-liters motorer, sätt i temperaturgivaren och dra åt den till angivet moment. Återanslut kablaget.

31 Återanslut den övre slangen (och liten slang på 1,8- och 2,0-liters motorer) och termostatkåpa och dra åt klämman(orna).

32 Återanslut batteriets jordledning. Fyll på kylsystemet enligt beskrivningen i avsnitt 2.

2,2-liters DOHC motorer

Demontering

33 Termostaten sitter på topplockets vänstra sida över växellådan.

34 Lossa batteriets jordledning (se *Koppla loss batteriet* i Referens kapitlet).

35 Dra åt handbromsen. Lyft sedan upp framvagnen och ställ den på pallbockar (se *Lyftning och stödpunkter*). Ta bort motorrummets undre skyddskåpa.

36 Tappa ur kylsystemet enligt beskrivningen i avsnitt 2.

37 Lossa klämman och lossa den övre slangen från termostatkåpan. Observera att slangänden har en utskärning som passar ihop

6.1 Kylvätskans styrmodul sitter till vänster på den främre listen

med en tapp på kåpan. Lossa kabelhärvan från klämman på termostatkåpan.

38 Skruva loss de två bultar och ta bort kåpan från termostathuset **(se bild)**.

39 Lyft av termostaten från huset **(se bild)**. Ta bort tätningen från termostatfälgen och kasta den. Införskaffa en ny. Rengör kåpans och husets kontaktytor.

Kontroll

40 Följ punkt 8 till 10 inklusive.

Montering

41 Monteringen utförs i omvänd ordningsföljd mot demonteringen, men montera en ny tätning och dra åt kåpbultarna till angivet moment. Fyll på kylsystemet enligt beskrivningen i avsnitt 2.

6 Elektrisk kylfläkt – kontroll, demontering och montering

⚠ *Varning: Om motorn är varm kan kylfläkten starta när som helst. Var extra försiktig vid arbete i närheten av fläkten.*

Kontroll

1 Kylfläkten försörjs med ström via en säkring, tändningsbrytaren och ett relä (se kapitel 12). Kretsen aktiveras av kylningsmodulens styrenhet, med hjälp av en temperaturgivare för kylvätska. Kylmodulens styrenhet sitter på framlistens vänstra sida, bakom stötfångaren **(se bild)**.

2 Kontrollera elfläkten genom att köra motorn tills den når normal arbetstemperatur och sedan låta den gå på tomgång. Fläkten ska bryta in inom några minuter, och innan temperaturmätaren indikerar överhettning. Om det inte sker, kontrollera att det finns batterispänning i till fläktmotorn och vid reläet (se kapitel 12). Ingen spänning tyder på en trasig säkring, fel i tändningsbrytaren eller ett trasigt relä eller kablage.

3 Om omkopplaren, kablaget och reläet är i gott skick måste felet bero på själva motorn.

Demontering

Astra utan luftkonditionering

4 Lossa batteriets jordledning (se *Koppla loss batteriet* i Referens kapitlet).

5 Lossa kylfläktens anslutningskontakt och lossa kablaget från buntbandet.

6 Skruva loss de övre fästbultar som håller fast fläktenheten vid kylaren.

7 Lyft försiktigt upp fläktenheten från de nedre fästena och ta ut den ur motorrummet.

8 Med enheten på bänken, skruva loss skruven och lossa anslutningskontakten och seriemotståndet från fläktenhetens ram. Skruva loss skruvarna och ta bort motorn och fläkten från ramen, skruva sedan loss skruvarna och ta bort fläkten från motorn.

Zafira utan luftkonditionering

9 Demontera den främre stötfångaren enligt beskrivningen i kapitel 11.

10 Lossa kylfläktens anslutningskontakt och lossa kablaget från buntbandet.

11 Skruva loss sidofästbultarna och sänk försiktigt ner fläktenheten från motorrummet.

12 När enheten är på bänken, lossa och ta bort fläktskyddet. Skruva sedan loss de tre bultarna och ta bort fläkten. Lossa skruven och ta loss anslutningskontakten och serieresistorn från ramen. Skruva loss skruvarna och ta bort motorn.

Astra med luftkonditionering

13 Ta bort batteriet och batterilådan enligt beskrivningen i kapitel 5A.

14 Ta bort luftrenaren och luftkanaler enligt beskrivningen i kapitel 4A.

15 Demontera den främre stötfångaren enligt beskrivningen i kapitel 11.

16 Tappa ur kylsystemet enligt beskrivningen i avsnitt 2.

17 Lossa den elektriska kylfläktens anslutningskontakt, anslutningskontakten till luftkonditioneringens tryckgivare, kompressorns anslutningskontakt och den bakre anslutningskontakten från kylmodulens styrenhet som sitter till vänster om främre listen. Skruva sedan loss muttern och ta bort jordkabeln från innerskärmens panel.

18 Lossa de övre och nedre kylvätskeslangar från kylaren.

19 Skruva loss de övre fästbultar som håller fast fläktenheten vid kylaren.

20 Lyft försiktigt upp fläktenheten från de nedre fästena och ta ut den ur motorrummet.

21 Med enheten på bänken, skruva loss skruven och lossa anslutningskontakten och seriemotståndet från fläktenhetens ram. Skruva loss skruvarna och ta bort motorn och fläkten från ramen, skruva sedan loss skruvarna och ta bort fläkten från motorn.

Zafira med luftkonditionering

22 Ta bort luftrenaren och luftkanalerna, och lossa kablaget från luftflödesmätaren enligt beskrivningen i kapitel 4A.

23 Lossa klämman och koppla loss vevhusventilationens slang från kamaxelkåpan.

24 Ta bort luftintags resonatorn från den främre tvärbalken genom att skruva loss fästbultarna och lossa klämmorna.

25 Demontera den främre stötfångaren enligt beskrivningen i kapitel 11.

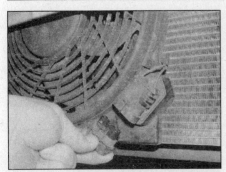

6.26a Lossa kablaget från den elektriska kylfläkten . . .

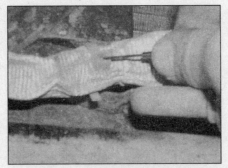

6.26b . . . och lossa kablaget från buntbandet

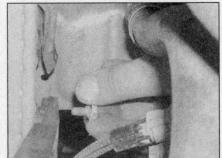

6.27a Skruva loss fästbultarna . . .

6.27b . . . och ta bort fläktenheten

6.28b . . . och ta bort fläkten . . .

(mittre bild, övre rad)

6.28a Skruva loss bultarna . . .

26 Lossa kylfläktens anslutningskontakt och lossa kablaget från buntbandet **(se bilder)**.
27 Skruva loss fästbultarna och ta bort fläktenheten från motorrummet **(se bilder)**.
28 När enheten är på bänken, lossa och ta bort fläktskyddet. Skruva sedan loss skruvarna och ta bort fläkten. Skruva loss skruven och lossa anslutningskontakten och seriemotståndet, skruva sedan loss skruvarna och ta bort motorn **(se bilder)**.

Montering

29 Monteringen sker i omvänd ordningsföljd mot demonteringen.

---

7 Kylsystemets elektriska kontakter och givare – kontroll, demontering och montering

Temperaturgivare – kontroll

1 Kretsen till temperaturgivaren för kylvätskan testas lämpligast av en Opel-verkstad som har den nödvändiga diagnosutrustningen.

Temperaturgivare – demontering

2 Tappa ur kylsystemet enligt beskrivningen i avsnitt 2.

1,6-liters SOHC motorer

3 Ta bort luftrenaren och luftkanalen enligt beskrivningen i kapitel 4A.
4 Koppla loss kablaget från givaren som sitter på insugsgrenröret bakom generatorn.
5 Skruva loss och ta bort givaren från insugsgrenröret. Ta loss tätningsringen, eftersom en ny måste användas vid återmonteringen.

1,4- och 1,6-liters DOHC motorer

6 Ta bort luftrenaren och luftkanalen enligt beskrivningen i kapitel 4A.
7 Koppla loss kablaget från givaren som sitter på termostathuset på motorns högra främre sida.
8 Skruva loss och ta bort givaren från termostathuset.

1,8-liters DOHC motorer

9 Ta bort termostathuset enligt beskrivningen i avsnitt 5.
10 Om kåpan har tagits bort, skruva loss och ta bort temperaturgivaren för kylvätska.

2,0- och 2,2-liters DOHC motorer

11 Ta bort DIS tändningsmodulen enligt beskrivningen i kapitel 5B.
12 Koppla loss anslutningskontakten från kylvätsketemperaturgivaren som sitter på termostathuset på topplockets vänstra ände.
13 Skruva loss och ta bort givaren.

Temperaturgivare – återmontering

14 Monteringen utförs i omvänd ordningsföljd mot demonteringen, men dra åt givaren till angivet moment och fyll på kylsystemet enligt beskrivningen i avsnitt 2.

6.28c . . . ta sedan bort seriemotståndet. . .

6.28d . . . skruva loss motorn. . .

6.28e . . . och koppla loss kablaget

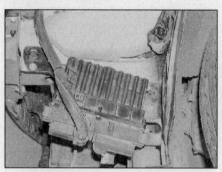

7.21a Kylvätskans styrmodul sitter till vänster på den främre listen

Kylvätskenivå varningskontakt

Demontering

15 Brytaren sitter i expansionskärlet. När motorn är kall tar du bort expansionskärlets påfyllningslock för att få bort eventuellt resterande tryck.
16 Tappa delvis ut kylvätskan ur expansionskärlet tills nivån står under brytaren.
17 Lossa kablaget, skruva sedan loss brytaren från behållaren.

Montering

18 Monteringen sker i omvänd ordningsföljd mot demonteringen.

Kylvätskestyrenhet

Demontering

19 Lossa batteriets jordledning (se *Koppla loss batteriet* i Referens kapitlet).
20 Demontera den främre stötfångaren enligt beskrivningen i kapitel 11.
21 Kylvätskans styrmodul sitter till vänster på den främre listen. Dra ut låsgejderna och haka loss de båda anslutningskontakterna från kylvätskans styrmodul **(se bilder)**.
22 Skruva loss fästbultarna och ta bort modulen från den främre listen.

Montering

23 Monteringen sker i omvänd ordningsföljd mot demonteringen.

---

8 Kylvätskepump – demontering och montering

1,4-, 1,6- och 1,8-liters DOHC motorer

Demontering

1 Lossa batteriets jordledning (se *Koppla loss batteriet* i Referens kapitlet).
2 Tappa ur kylsystemet enligt beskrivningen i avsnitt 2.
3 Ta bort kamremmen, sträckaren och kamremmens bakre kåpa enligt beskrivningen i kapitel 2B.
4 Skruva loss och ta bort de tre kylvätskepump fästbultar **(se bild)**.

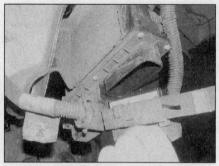

7.21b Koppla loss anslutningskontakten från kylvätskestyrmodulen

5 Ta bort kylvätskepumpen från motorblocket. Observera att det kan bli nödvändigt att knacka lätt på pumpen med en mjuk klubba för att frigöra den från motorblocket.
6 Ta loss pumpens tätningsring, och kassera den; du måste sätta dit en ny vid monteringen.
7 Observera att det inte går att renovera pumpen. Om det blir fel på den, måste hela enheten bytas.

Montering

8 Se till att anliggningsytorna på pumpen och motorblocket är rena och torra, och applicera silikonfett på pumpens anliggningsytor i motorblocket.
9 Montera en ny tätningsring på pumpen och montera pumpen i motorblocket. På 1,4- och 1,6-liters motorer riktar du in markeringen på kanten av kylvätskepumpens fläns så att den är i linje med markeringen på motorblocket. På 1,8-liters motorer kontrollerar du att tapparna på pumpen och motorblocket är linjerade med varandra.
10 Sätt i fästbultarna och dra åt till angivet moment.
11 Montera tillbaka kamremmens bakre kåpa, sträckare och kamremmen enligt beskrivningen i kapitel 2B.
12 Återanslut batteriets jordledning.
13 Fyll på kylsystemet enligt beskrivningen i avsnitt 2.

1,6-liters SOHC motorer

Demontering

14 Lossa batteriets jordledning (se *Koppla loss batteriet* i Referens kapitlet).

8.4 Ta bort kylvätskepumpens tre fästbultar – 1,4-, 1,6- och 1,8-liters DOHC motorer

15 Tappa ur kylsystemet enligt beskrivningen i avsnitt 2.
16 Ta bort kamremmen och spännaren enligt beskrivningen i kapitel 2A.
17 Skruva loss och ta bort de tre kylvätskepump fästbultar.
18 Ta bort kylvätskepumpen från motorblocket. Observera att det kan bli nödvändigt att knacka lätt på pumpen med en mjuk klubba för att frigöra den från motorblocket.
19 Ta loss pumpens tätningsring, och kassera den. Du måste sätta dit en ny vid monteringen.
20 Observera att det inte går att renovera pumpen. Om det blir fel på den, måste hela enheten bytas.

Montering

21 Se till att anliggningsytorna på pumpen och motorblocket är rena och torra, och applicera silikonfett på pumpens anliggningsytor i motorblocket.
22 Montera en ny tätningsring på pumpen och montera pumpen i motorblocket. Rikta in markeringen på kanten av kylvätskepumpens fläns så att den är i linje med markeringen på motorblocket.
23 Sätt i fästbultarna och dra åt till angivet moment.
24 Montera tillbaka kamremmens bakre kåpa och kamremmen enligt beskrivningen i kapitel 2A.
25 Återanslut batteriets jordledning.
26 Fyll på kylsystemet enligt beskrivningen i avsnitt 2.

2,0-liters DOHC motorer

Demontering

27 Lossa batteriets jordledning (se *Koppla loss batteriet* i Referens kapitlet).
28 Tappa ur kylsystemet enligt beskrivningen i avsnitt 2.
29 Ta bort kamremmen och spännaren enligt beskrivningen i kapitel 2B.
30 Skruva loss och ta bort de tre kylvätskepump fästbultar.
31 Ta bort kylvätskepumpen från motorblocket. Observera att det kan bli nödvändigt att knacka lätt på pumpen med en mjuk klubba för att frigöra den från motorblocket.
32 Ta loss pumpens tätningsring, och kassera den. Du måste sätta dit en ny vid monteringen.
33 Observera att det inte går att renovera pumpen. Om det blir fel på den, måste hela enheten bytas.

Montering

34 Se till att anliggningsytorna på pumpen och motorblocket är rena och torra, och applicera silikonfett på pumpens anliggningsytor i motorblocket.
35 Montera en ny tätningsring på pumpen och montera pumpen i motorblocket. Kontrollera att tapparna på pumpen och motorblocket är linjerade med varandra.

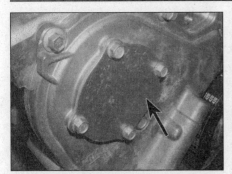

8.46 Åtkomstlucka för kylvätskepumpens drev – 2,2-liters motorer

8.47a Egentillverkat verktyg för att hålla fast kylvätskepumpens drev – 2,2-liters motorer

8.47b Skruva loss de två återstående bultarna som håller fast kylvätskepumpen vid drevet – 2,2-liters motorer

36 Sätt i fästbultarna och dra åt till angivet moment.
37 Montera tillbaka kamremmen och sträckaren enligt beskrivningen i kapitel 2B.
38 Återanslut batteriets jordledning.
39 Fyll på kylsystemet enligt beskrivningen i avsnitt 2.

2,2-liters DOHC motorer

Demontering

40 Dra åt handbromsen. Lyft sedan upp framvagnen och ställ den på pallbockar (se *Lyftning och stödpunkter*). Ta bort motorrummets undre skyddskåpa.
41 Lossa batteriets jordledning (se *Koppla loss batteriet* i Referens kapitlet).
42 Tappa ur kylsystemet enligt beskrivningen i avsnitt 2.
43 Skruva loss höger motorlyftögla från topplocket.
44 Skruva loss det nedre värmeskyddet från avgasgrenröret, följt av det övre värmeskyddet.
45 Lossa lambdasondens kablage från termostathuset, och ta bort kabelhållaren från pinnbultarna.
46 Skruva loss åtkomstluckan till kylvätskepumpens drev från kamremskåpan på höger sida om motorn **(se bild)**.
47 Opel-mekaniker använder ett

specialverktyg (KM-J-43651) för att hålla fast drevet när kylvätskepumpen tas bort. Verktyget består av ett rör med fläns som är fäst med bultar på drevet och på transmissionskåpan, med hål som gör det möjligt att ta bort kylpumpens bultar. Du kan göra ett enkelt egentillverkat redskap av en bit platt metallstång med två gängade stänger fastskruvade i drevet. Skruva först loss en av pumpens fästbultar från drevet, och var försiktig så att den inte faller ner i kamhuset. Föst sedan redskapet på plats så att drevet hålls fast. När verktyget är i rätt position, lossa de två återstående bultarna från fästbygeln **(se bilder)**. För att undvika att tappa bort någon av bultarna, placera under tiden en tygtrasa under drevet i tändinställningslådan.
48 Lossa klämman och lossa slangen från termostathusets kåpa. Koppla även loss värmeslangarna från termostathuset och värmepaketet. Ta bort slangarna.
49 Lossa kablaget till temperaturgivaren för kylvätska från termostathusets kåpa och koppla sedan loss kablaget från givaren.
50 Skruva loss och ta bort kylvätsketemperaturgivaren från termostathuset.
51 Lossa lambdasondens anslutningskontakt från kablagets fästbygel och koppla loss den.
52 Skruva loss bultarna och ta bort termostathuset och kylvätskeröret från

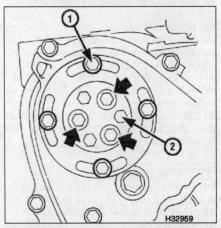

8.47c Vauxhall-verktyg KM-J-43651 som håller fast vattenpumpens drev medan pumpen tas bort – 2,2-liters motorer

1 Bultarna som håller fast verktyget vid transmissionskåpan
2 Bultarna som håller fast drevet vid redskapet
Pilarna indikerar pumpens fästbultar

motorblocket och kylvätskepumpen. Observera att den nedre bulten är en pinnbult och var O-ringstätningen sitter i pumphuset **(se bilder)**.

8.52a Termostathusets fästbultar – 2,2-liters motorer

8.52b Ta bort kylvätskeröret från pumphuset – 2,2-liters motorer

8.53a Skruva loss de bakre bultar . . .

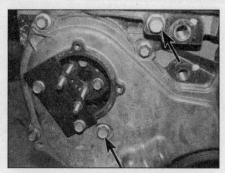

8.53b . . . och de främre bultarna . . .

8.53c . . . och ta bort kylvätskepumpen
från kamhuset – 2,2-liters motorer

53 Skruva loss pumpens fästbultar och observera att om du använder Opel-verktyget kan en av bultarna inte tas bort helt. Det finns två bultar fram och två bultar bak. Ta bort pumpen från transmissionskåpan och dra den uppåt från motorn **(se bilder)**.
54 Ta loss pumpens tätningsring, och kassera den; du måste sätta dit en ny vid monteringen.
55 Observera att det inte går att renovera pumpen. Om det blir fel på den, måste hela enheten bytas.

Montering

56 Se till att pumpen och kamhusets fogytor är rena och torra och stryk sedan på lite silikonfett på pumpens anliggningsytor.
57 Montera en ny tätningsring på spåret i pumpen och placera sedan pumpen i kamhuset. Se till att de tre bulthålen är i linje med hålen i drevet.
58 Sätt dit pumpens fästbultar och två av drevbultarna, först med handkraft, och dra sedan åt dem till angivet moment.
59 Ta bort hållverktyget och montera den sista drevbulten. Dra åt den till angivet moment.
60 Montera åtkomstluckan till kylvätskepumpens drev vid kamremskåpan tillsammans med en ny packning och dra åt bultarna ordentligt.
61 Montera tillbaka kylvätskeröret och termostathuset tillsammans med nya tätningsringar, och dra åt bultarna ordentligt.
62 Återanslut lambdasondens kablage och montera pluggen på kablagets fästbygel.
63 Montera tillbaka kylvätsketemperaturgivaren till termostathuset och dra åt till angivet moment, återanslut sedan kablaget.
64 Montera tillbaka slangarna till termostathusets kåpa och dra åt klämmorna.
65 Montera kabelhållaren och fäst lambdasondens kablage.
66 Montera tillbaka avgasgrenrörets värmesköld och motorns lyftögla.
67 Återanslut batteriets jordledning.
68 Fyll på kylsystemet enligt beskrivningen i avsnitt 2.
69 Montera tillbaka motorrummets undre skyddskåpa och sänk ner bilen.

9 Värme- och ventilationssystem – allmän information

Systemet för värme och ventilation består av en fläkt med fyra hastigheter (bak instrumentbrädan), luftmunstycken i ansiktshöjd, mitt på och på vardera änden av instrumentbrädan samt lufttrummor till främre och bakre fotutrymme. Zafira modeller har också munstycken som sitter centralt på baksidan av mittkonsolen.
Värmereglagen sitter i instrumentbrädan, och kontrollerna styr klaffventiler som riktar och blandar luften som strömmar igenom de olika delarna av värme/ventilationssystemet. Klaffarna är placerade i luftfördelningshuset som fungerar som central fördelningsenhet och leder luften till de olika kanalerna och munstyckena.
Kalluft kommer in i systemet via grillen i bakre delen av motorrummet.
Luftflödet (förstärks av kompressorn) flödar sedan genom de olika lufttrummorna i enlighet med kontrollernas inställningar. Gammal luft pressas ut genom trummor placerade baktill i bilen. Om varmluft önskas passerar den kalla luften genom värmarens element som värms upp av motorns kylvätska.
Man kan stänga av friskluftsintaget med en återcirkulationsbrytare, samtidigt som luften i bilen återcirkuleras. Detta kan användas för att förhindra dålig lukt att komma in i bilen, men bör bara användas korta perioder, eftersom den återcirkulerade luften snabbt försämras.

10 Värme-/ventilationssystemets komponenter – demontering och montering

Observera: *Notera att det finns två olika typer av värmeelement kan erhållas– endera Delphi eller Behr.*

Luftmunstycken

Astra modeller

1 För att ta bort gallret på en luftventil i instrumentbrädans mitt, sätt in en liten skruvmejsel på var sida om gallret och bänd ut det. Demontering av luftfläkthuset innebär att man först måste ta bort instrumentbrädans sargpanel enligt beskrivningen i kapitel 11, och sedan ta bort varningsblinkersbrytaren och försiktigt bända ut fläkthuset.
2 När du ska ta bort luftmunstycket från förarsidan av instrumentbrädan måste du först ta bort ljuskontaktenheten (se kapitel 12). Vrid ner luftmunstycket förbi stoppläget och skruva loss de två övre och den enda nedre fästskruvarna med en skruvmejsel genom gallret. Skruvarna kommer att falla ner inne i huset, men se till att de inte kommer in i det bakre ventilationsröret. Koppla loss kablaget och ta bort ventilatorn.
3 Ta bort luftmunstycket instrumentbrädan på passagerarsidan. Öppna först handskfacket, vrid sedan luftmunstycket förbi stoppläget och skruva loss de två övre och den nedre fästskruven med en skruvmejsel genom gallret. Ta bort munstyckesenheten från instrumentbrädan.
4 Återmonteringen av gallret sker i omvänd ordningsföljd mot demonteringen. För att återmontera sidomunstyckena, använd först en skruvnyckel för att bända ut sidoklämman och fäll sedan ner gallret så att de övre fästhålen syns – det gör det möjligt att sätta i de övre skruvarna utan att tappa dem i huset.

Zafira modeller:

5 För att ta bort ventilatorn på passagerarsiden, ta först ta bort handskfacket enligt beskrivningen i kapitel 11. Dra bort det övre gallret från luftfläkthuset. Skruva loss de övre och nedre skruvar och ta bort ventilatorn.
6 Ta bort luftmunstycket från baksidan av mittkonsolen genom att först ta bort kåpan under handbromsspaken. Lossa sedan spakens damask. För in handen genom öppningen i konsolen och tryck ut ventilen.
7 Mittluftmunstycket sitter ihop med sargen.
8 Monteringen av luftmunstyckena sker i omvänd ordningsföljd mot demonteringen.

Fläktmotorns resistor

9 Ta bort passagerarsidans handskfack enligt beskrivningen i kapitel 11.
10 Ta bort den nedre klädselpanelen från instrumentbrädan på passagerarsidan. Lossa hållaren om det behövs och ta bort varmluftskanalen.
11 Lossa kåpan och ta bort pollenfiltret.

10.12a Tryck resistorn uppåt . . .

10.12b . . . och ta bort den från huset

10.15 Lossa värmarens luftkanal

Observera att det finns två typer av kåpor, där en kräver tätningsmedel för att hålla tätt mot huset. Annars kan du ta bort fläktmotorn enligt beskrivningen senare i detta avsnitt.

12 Tryck försiktigt resistorn uppåt, lossa kablaget och ta bort från huset (se bilder)

13 Monteringen utförs i omvänd ordningsföljd mot demonteringen, men applicera tätningsmedel på pollenfilterkåpan om tillämpligt.

Värmefläktens motor

Delphi typ

14 Ta bort passagerarsidans handskfack enligt beskrivningen i kapitel 11.

15 Ta bort den nedre klädselpanelen under instrumentbrädan på förarsidan. Lossa sedan hållaren och ta bort varmluftskanalen från sidan av värmarhuset (se bild).

16 Slå på tändningen tillfälligt och sätt värmereglagen på läget 'luftcirkulation'. Slå av tändningen och koppla sedan loss länksystemet till recirkulationsspjällets servomotor och servokablaget. Skruva loss skruvarna och ta bort servomotorn (se bilder).

17 Lossa fläktmotorns kablage, skruva sedan loss de tre bultarna och lossa klämmorna. Ta bort motorn från huset (se bilder).

18 Monteringen sker i omvänd ordningsföljd mot demonteringen.

Behr typ

19 Slå på tändningen tillfälligt och sätt värmereglagen på läget 'luftcirkulation'. Slå av tändningen och koppla sedan loss länksystemet till recirkulationsspjällets servomotor och servokablaget. Skruva loss skruvarna och ta bort servomotorn. **Observera:** *Nya servomotorer levereras inställda på återcirkuleringsläge.*

20 Skruva loss de fem bultarna och lossa den enda klämman, ta bort motorn från huset. Observera att tätningsmedel används i husspåret – rengör spåret ordentligt.

21 Monteringen utförs i omvänd ordningsföljd mot demonteringen, men applicera nytt tätningsmedel på spåret i huset. Kontrollera att servomotorns huvuddrev linjeras med huvuddrevet på spjället.

Värmekontrollpanel

Astra Delphi typ

22 Ta bort askkoppen enligt beskrivningen i kapitel 11, lossa sedan och ta bort förvaringsfacket.

23 Ta bort radio-/kassett-/CD-spelaren och fästet enligt beskrivningen i kapitel 12. Om tillämpligt, ta bort navigationsenheten.

24 Bänd försiktigt upp infattningen från instrumentbrädan.

10.16a Lossa länksystemet till återcirkulationsspjällets servomotor . . .

10.16b . . . och lossa servokablaget

10.16c Servomotor demonterad – Astra

10.17a Koppla loss kablaget . . .

10.17b . . . skruva sedan loss bultarna . . .

10.17c . . . och ta bort motorn från huset

10.44a Skruva loss de nedre skruvarna . . .

10.44b . . . och haka loss överdelen på värmekontrollpanelen

10.45a Ta bort brytare . . .

10.45b . . . lossa sedan kablaget

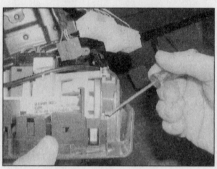

10.46a Lossa klämmorna . . .

10.46b . . . och ta bort reglagen från kontrollpanelen

25 Lossa reglagen och tryck ut ventilerna från infattningen. Ta bort flerfunktionsdisplayet enligt beskrivningen i kapitel 12.
26 Ställ temperaturreglaget lodrätt och lossa styrvajern efter att monteringsläget noterats.
27 Lossa kablaget från reglagen.
28 Lossa de återstående styrvajrarna efter att deras monteringsläge noterats. Ta sedan bort kontrollpanelen från infattningen.
29 Monteringen utförs i omvänd ordningsföljd mot demonteringen, men kontrollera att glödlamporna är korrekt monterade. Observera att den blandade luftkabeln är korrekt justerad om vridreglaget inte hoppar tillbaka från läget för maximal kyla eller maximal värme.

Astra Behr typ

30 Ta bort handskfacket enligt beskrivningen i kapitel 11.

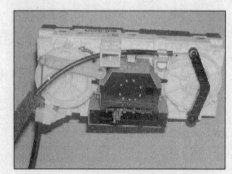

10.47 Vajeranslutningar på baksidan av värmereglagepanelen – Zafira

31 Ta bort klädselpanelen från båda sidorna av instrumentbrädans nederdel.
32 På vänsterstyrda modeller, ta bort luftkanalen från passagerarsiden. Demontera instrumentbrädan enligt beskrivningen i kapitel 12.
33 Koppla loss styrvajrarna från de övre och nedre luftfördelarklaffarna.
34 Lossa vajrarna från fästklämmorna.
35 Ta bort askkoppen enligt beskrivningen i kapitel 11, lossa sedan och ta bort förvaringsfacket.
36 Ta bort radio-/kassett-/CD-spelaren och fästet enligt beskrivningen i kapitel 12. Om tillämpligt, ta bort navigationsenheten.
37 Bänd försiktigt upp infattningen från instrumentbrädan.
38 Lossa kablaget från kontrollpanelen.
39 Notera styrkablarnas placering och koppla sedan loss dem från kontrollpanelen.
40 Monteringen utförs i omvänd ordningsföljd mot demonteringen, men kontrollera att glödlamporna är korrekt monterade.

Zafira

41 Ta bort handskfacket enligt beskrivningen i kapitel 11.
42 Ta bort klädselpanelen från båda sidorna av instrumentbrädans nederdel.
43 Demontera den främre askkoppen enligt beskrivningen i kapitel 11.
44 Lossa de nedre skruvarna och haka loss värmekontrollpanelens övre del Ta bort panelen från instrumentbrädan **(se bilder).**

45 Använd en skruvmejsel och bänd försiktigt ut varningsblinkerbrytaren, antispinnsystemets omkopplare (i förekommande fall) och omkopplaren för stolsvärme (i förekommande fall). Koppla loss kablaget från kontrollpanelen **(se bilder).**
46 Lossa värme- och luftkonditionerings-reglagen från kontrollpanelens baksida, och ta bort panelen **(se bilder).**
47 Notera styrkablarnas placering och koppla sedan loss dem **(se bild).**
48 Monteringen sker i omvänd ordningsföljd mot demonteringen.

Värmehus

Observera: *På modeller med luftkonditionering är det nödvändig att tappa ur kylmediet. Detta arbete **måste** utföras av kvalificerad personal.*
49 På modeller med luftkonditionering ska kylmediet tömmas från systemet av en Opel-verkstad eller luftkonditioneringsspecialist.
50 Demontera askkoppen från mittkonsolen enligt beskrivningen i kapitel 11. På modeller med automatisk växellåda måste du också demontera växellådsstyrenheten.
51 Ta bort det bakre fotutrymmets luftkanal från värmeenhetens hus och lägg sedan trasor på golvet som kan absorbera utspilld kylvätska från värmepaketet.
52 Demontera krockkudden på passagerar-siden enligt beskrivningen i kapitel 12.
53 Med båda framdörrarna öppna, skruva

10.61 Styrvajern på sidan av värmarhuset

10.65 Slanganslutningar till värmepaketets rörstos i motorrummet

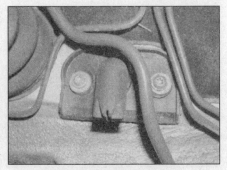

10.67a Luftkonditioneringens kondensavlopp sitter baktill i motorrummet

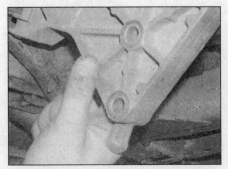

10.67b Ta bort det bakre motorfästet

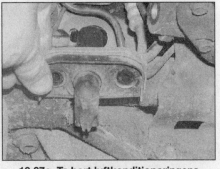

10.67c Ta bort luftkonditioneringens kondensavlopp

10.67d Luftkonditioneringens kondensavlopp demonterad

loss torxbultarna och ta bort styrningens tvärbalk från torpedväggen.

54 På modeller med luftkonditionering, ta bort kondensavloppet från golvet. För att göra detta, klossa bakhjulen och dra åt handbromsen, och lyft sedan upp framvagnen och ställ den på pallbockar (se *Lyftning och stödpunkter*). Om det behövs, ta bort stänkskyddet från motorrummets nedre del. Ta bort det bakre motorfästet (se aktuell del av kapitel 2), skruva sedan loss de båda bultarna och ta bort kondensröret **Observera:** *Åtkomst är möjlig utan att man tar bort det bakre motorfästet, men arbetet är mycket lättare om motorfästet avlägsnas.*

55 Tappa ur kylsystemet enligt beskrivningen i avsnitt 2.

56 Ta bort plastinsatsen från vindrutans klädselpanel och skruva sedan loss och ta bort den nedre täckpanelen.

57 Arbeta i motorrummet och koppla loss slangarna från värmeväxlare. Se till att du kan identifiera varje slang och deras placering inför monteringen. **Observera:** *De ursprungliga slangarna har snabbkopplingar.*

58 På modeller med luftkonditionering, ta bort kylvätskeledningens låsbultsanslutning på expansionsventilen.

59 Skruva loss luftfördelarhuset från mellanväggens överdel.

60 På modeller med luftkonditionering, lossa kablaget från kylvätskeavstängningsventilen

61 Arbeta inuti bilen. Koppla loss kablaget till återcirkuleringsklaffens servomotor och

fläktmotorn. Koppla även loss styrvajrarna från värmehuset **(se bild)**.

62 Ta hjälp av en medhjälpare och ta bort värmeenhetens hus från torpedväggen och ta bort den från bilens insida.

63 Monteringen utförs i omvänd ordningsföljd mot demonteringen, men fyll på kylsystemet enligt beskrivningen i avsnitt 2. På modeller med luftkonditionering ska du låta en specialist fylla på systemet. När styrningens tvärbalk återmonteras, se till att de övre styrningarna är på rätt plats innan bultarna dras åt.

Värmeväxlare

64 Tappa ur kylsystemet enligt beskrivningen i avsnitt 2.

65 Arbeta i motorrummet och koppla loss slangarna från värmeväxlare **(se bild)**. Se till att du kan identifiera varje slang och deras placering inför monteringen. **Observera:** *De ursprungliga slangarna har snabbkopplingar.*

66 Om det på det här stadiet finns en luftkanal tillgänglig, kan man blåsa bort den återstående kylvätskan från värmepaketet så att den inte spills ut på innemattan. Anslut ett urtappningsrör till ett rörstos på värmepaketet och sätt dess fria ände i en lämplig behållare. Blås sedan genom den andra rörstosen. Om du inte har tillgång till en luftledning, plugga igen rörändarna.

67 På modeller med luftkonditionering, ta bort kondensavloppet från golvet. För att göra detta, klossa bakhjulen och dra åt handbromsen, och lyft sedan upp framvagnen

och ställ den på pallbockar (se *Lyftning och stödpunkter*). Om det behövs, ta bort stänkskyddet från motorrummets nedre del. Ta bort det bakre motorfästet (se aktuell del av kapitel 2), skruva sedan loss de båda bultarna och ta bort kondensröret **(se bilder)**. **Observera:** *Åtkomst är möjlig utan att man tar bort det bakre motorfästet, men arbetet är mycket lättare om motorfästet avlägsnas.*

68 Ta bort mittkonsolen enligt beskrivningen i kapitel 11, och dra sedan bort luftfördelarhuset från det bakre fotutrymmet **(se bild)**. På Zafiramodeller lossar du stagen innan du tar bort den bakre fotbrunnens lufthus.

69 På modeller med automatisk växellåda, ta bort växellådans styrenhet enligt beskrivningen i kapitel 7B.

70 Lossa de 9 klämmorna som håller fast kåpan vid värmeenhetens hus och sänk kåpan

10.68 Ta bort luftfördelarhuset i bakre fotutrymmet

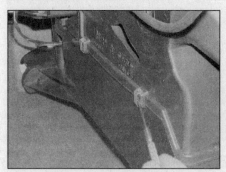
10.70a Lossa klämmorna . . .

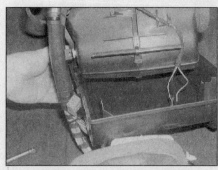
10.70b . . . och sänk ner kåpan

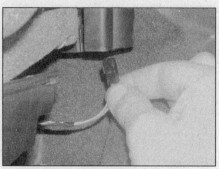
10.71 På modeller med luftkonditionering, lossa kablaget från kylvätskeavstängningsventilen

10.72a Anslutning för avstängningsventil till värmepaketet – modeller med luftkonditionering

10.72b Ta bort värmepaketet

(se bilder). Observera att på vissa modeller finns det också två fästbultar.

71 På modeller med luftkonditionering, lossa kablaget från kylvätskeavstängningsventilen (se bild).

72 Dra ut klämmorna och koppla loss kylvätskerören (modeller utan luftkonditionering) eller avstängningsventilerna (modeller med luftkonditionering) från värmepaketet. Ta bort värmepaketet från huset (se bilder).

73 Ta loss O-ringarna och kassera dem – du måste sätta dit nya vid återmonteringen. Kontrollera snabbkopplingarna och byt ut O-ringstätningarna om det behövs.

74 Monteringen utförs i omvänd ordningsföljd mot demonteringen, men applicera lite silikonfett på nya O-ringarna innan de sätts i. På Zafiramodeller stöttar du anslutningsrören mot mellanväggen med ett lämpligt verktyg (t.ex. hammarskaft) för att säkerställa att värmepaketet hakar i ordentligt. Avsluta med att fylla på kylsystemet enligt beskrivningen i avsnitt 2. Kontrollera att snabbkopplingsslananslutningarna hakar i ordentligt genom att kontrollera att den gröna låsringen lossas.

Värmebrytare

75 Ta bort värmekontrollpanelen enligt beskrivningen tidigare i detta avsnitt.

76 Placera temperaturvridreglaget vertikalt i förhållande till varmluftsinställningen. Passa in luftfördelarens vridreglage på inställningen för huvudhöjd.

77 Dra försiktigt bort värmefläktens hastighetsvridreglage.

78 Lossa klämmorna på baksidan av kontrollpanelen med en skruvmejsel och ta sedan bort brytaren.

79 Monteringen sker i omvänd ordningsföljd mot demonteringen.

11 Luftkonditioneringssystem
– allmän information och föreskrifter

Allmän information

Luftkonditionering finns installerad som standard på vissa modeller och är ett tillval för andra (se bild). Det kan sänka den

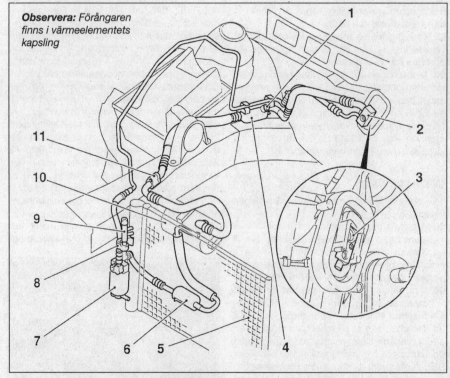

Observera: Förångaren finns i värmeelementets kapsling

11.1 Luftkonditionering komponenter – Zafira

1 Service anslutning med lågt tryck
2 Bultanslutning
3 Expansionsventil
4 Pulseringsdämpare
5 Kondensator
6 Pulseringsdämpare
7 Mottagare/torkar
8 Tryckgivare
9 Serviceanslutning med högt tryck
10 Kompressor
11 Kylmedieslang bultanslutning

inkommande luftens temperatur, och även avfukta luften, vilket ger snabbare avimning och ökad komfort.

Den kylande delen av systemet fungerar på samma sätt som ett vanligt kylskåp. Köldmedia i gasform sugs in i en remdriven kompressor och passerar en kondenserare som är monterad framför kylaren. Vätskan passerar genom en expansionsventil till en förångare där den omvandlas från vätska under högt tryck till gas under lågt tryck. Denna förändring åtföljs av ett temperaturfall som kyler ner förångaren. Kylgasen återvänder till kompressorn och cykeln börjar om.

Luft strömmar genom förångaren till värmeenheten där den blandas med varmluft som passerat värmeelementet så att kupén får önskvärd temperatur.

Värmedelen av systemet fungerar precis som i modeller utan luftkonditionering (se avsnitt 9).

Systemets drift styrs elektroniskt. Vid problem med systemet ska man kontakta en Opel-verkstad, eller annan lämplig specialist.

Föreskrifter

Du måste följa särskilda anvisningar när du hanterar systemets delar, dess tillhörande komponenter och alla delas som kräver att systemet kopplas ifrån.

⚠️ *Varning: Kylkretsen innehåller ett flytande kylmedel (R134a). Kylmedlet kan vara farligt och får hanteras endast av kvalificerade personer. Om det stänker på huden kan det orsaka köldskador. Det är inte giftigt i sig, men utvecklar en giftig gas om den kommer i kontakt med en oskyddad låga; inandning via en tänd cigarrett kan få ödesdigra följder. Gasformiga kylmedel är tyngre än luft och kan koncentreras under vissa arbetsbetingelser (t.ex. i en smörjgrop). Okontrollerat utsläpp av kylmediet är farligt och skadligt för miljön. Det är därför farligt att koppla loss någon del av systemet utan specialkunskap och specialutrustning. Om systemet måste kopplas loss, överlåt detta arbete till en verkstad eller en specialist på luftkonditioneringsanläggningar. Systemet bör låsas av en specialist tills just före förnyad uppstart. Vi rekommenderar att mottagar-torkar-enheten byts ut*

när kylmedieslangarna tryckutjämnas, och enheten bör hållas förseglad tills just för monteringen – den bör vara den sista komponenten som monteras innan systemet startas upp på nytt. Alla O-ringar bör bytas ut, och de måste smörjas med äkta Opel-smörjmedel (del nummer 90001810/1949870) innan de monteras. Utspillt kompressorsmörjmedel måste fyllas på med äkta Opel-smörjmedel (del nummer 90509933/1949873).
Varning: Använd inte luftkonditioneringssystemet om det innehåller för lite kylmedel eftersom det kan skada kompressorn.

12 Luftkonditioneringssystem komponenter – demontering och montering

⚠️ *Varning: Läs föreskrifterna i avsnitt 11 och låt systemet laddas ur av en Opel-verkstad eller en specialist på luftkonditionering. Försök inte att utföra följande om systemet inte först har tömts av en fackman.*

Kompressor

1 Låt en specialist med rätt utrustning tömma ut luftkonditioneringens kylmedium.
2 Dra åt handbromsen. Lyft upp framvagnen och ställ den på pallbockar (se *Lyftning och stödpunkter*). Om det behövs, ta bort stänkskyddet från motorrummets nedre del.
3 Ta bort drivremmen enligt beskrivningen i kapitel 1.
4 Skruva loss bulten och koppla loss den kombinerade ledningsadaptern från kompressorn. Ta loss tätningen. Tejpa över öppningarna i kompressorn och adaptern för att förhindra att det kommer in damm och smuts.
5 Koppla loss anslutningskontakten.
6 På Zafira modeller med 1,6- och 1,8-liters DOHC motorer, ta bort det nedre avgasröret från avgasgrenröret enligt beskrivningen i kapitel 4A. På 1,8-liters motorer måste lambdasonden tas bort enligt beskrivningen i kapitel 4B.
7 Skruva loss fästbultarna och ta bort

kompressorn nedåt från fästbygeln **(se bilder)**. Ta bort den underifrån motorrummet.
8 Monteringen utförs i omvänd ordningsföljd mot demonteringen, men dra åt bultarna till angivet moment och spänn multiremmen enligt beskrivningen i kapitel 1. Avsluta med att låta en kylarspecialist fylla på systemet och montera nya O-ringar på ledningarnas anslutningar. Om du ska montera en ny kompressor måste du se till att fylla på olja till rätt nivå innan den monteras. Observera att den nya kompressorn måste köras in enligt följande:
a) *Öppna alla munstycken på instrumentpanelen och kör sedan motorn på tomgång under fem sekunder.*
b) *Koppla om fläkten till dess maxhastighet.*
c) *Koppla till luftkonditioneringssystemet under minst två minuter vid ett motorvarvtal som ligger under 1500 varv/minut.*

Förångare

Astra modeller

9 Låt en specialist med rätt utrustning tömma ut luftkonditioneringens kylmedium.
10 På 1,6-liters SOHC motorer, ta bort motorlufttrumman från gasspjällshuset (se kapitel 4A, avsnitt 12).
11 I bakre motorrummet, skruva loss kylmedieslangens låsbultanslutning för den termostatstyrda expansionsventilen. Sätt sedan i en bult och ta bort expansionsventilen. Ta också bort tätningen. Plugga igen eller täck över öppningarna **Observera:** *Två styrstavar måste sättas in när ventilen återmonteras och Opel-tekniker använder ett specialverktyg (KM-6012) för att trycka fast anslutningen på ventilen utan att skada rören.*
12 Ta bort handskfacket och instrumentbrädans nedre paneler enligt beskrivningen i kapitel 11.
13 Ta bort värmefläktmotorn enligt beskrivningen i avsnitt 10.
14 Ta bort pollenfiltret (se kapitel 1), och lossa kablaget från defrostergivaren **(se bild)**.
15 Skruva loss skruvarna och ta bort förångarens kåpa. Notera om kåpan har något tätningsmedel; skaffa nytt tätningsmedel om det behövs. **Observera:** *På vissa modeller kan*

12.7a Luftkonditioneringskompressor

12.7b Luftkonditioneringskompressorns bakre fäste

12.14 Ta bort pollenfiltret

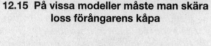

12.15 På vissa modeller måste man skära loss förångarens kåpa

det vara nödvändigt att skära loss kåpan med en kniv längs det inre spåret (se bild).

16 Notera monteringsläget och ta bort defrosterns givare. Dra försiktigt bort förångaren från värmehuset.

17 Monteringen utförs i omvänd ordningsföljd mot demonteringen, men låt en kylarspecialist fylla på systemet och montera nya O-ringar på ledningarnas anslutningar. För att se till att ledningarna inte skadas, be teknikern att också byta ut expansionsventilen. Om förångarens kåpa skars loss är det nödvändigt att skaffa en tätningssats från en Opel-verkstad.

Zafira modeller:

Observera: *Vissa modeller kan också ha en bakre förångare som sitter bakom den bakre klädselpanelen.*

18 Låt en specialist med rätt utrustning tömma ut luftkonditioneringens kylmedium.

19 I bakre motorrummet, skruva loss kylmedieslangens låsbultanslutning för den termostatstyrda expansionsventilen. **(se bild)** Sätt sedan i en bult och ta bort expansionsventilen. Ta bort klämman och

12.21a Ta bort kåpan till pollenfiltret och förångaren

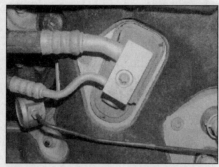

12.19 Låsbulten till kylmedieslangen på luftkonditioneringens förångare sitter baktill i motorrummet

tätningen, observera att den yttre tätningen måste bytas vid återmonteringen. Plugga igen eller täck över öppningarna **Observera:** *Två styrstavar måste sättas in när ventilen återmonteras .*

20 Ta bort pollenfiltret (se kapitel 1), och lossa kablaget från defrostergivaren.

21 Skruva loss kåpan från pollenfiltret och förångaren, och ta bort filtret **(se bilder)**.

22 Notera monteringsläget och ta bort defrosterns givare. Dra försiktigt bort förångaren från värmehuset.

23 Monteringen utförs i omvänd ordningsföljd mot demonteringen, men låt en kylarspecialist fylla på systemet och montera nya O-ringar på ledningarnas anslutningar.

Kondensor

24 Låt en specialist med rätt utrustning tömma ut luftkonditioneringens kylmedium.

25 Med motorhuven öppen, sträck dig ner bakom främre stötfångaren lossa extrakylfläktens anslutningskontakt. Skruva loss de övre fästbultar och ta bort extrakylfläkten.

12.21b Ta bort pollenfiltret från värmehuset

26 Skruva loss bultarna och lossa kylmedieslangarna från kondensorn och behållaren/avfuktaren. Även koppla loss ledningar från systemtrycksensorn.

27 Skruva loss fästbultarna från behållaren/avfuktaren.

28 Skruva loss de övre fästbultarna som håller fast kondensorn vid kylaren, lyft sedan bort den från de nedre fästklämmorna och ta bort den tillsammans med behållaren-avfuktaren.

29 Om det behövs, koppla loss behållaren/avfuktaren från kondensatorn.

30 Monteringen sker i omvänd ordningsföljd mot demonteringen. Avsluta med att låta en kylarspecialist fylla på systemet och montera nya O-ringar på ledningarnas anslutningar.

Mottagare/torkar

31 Låt en specialist med rätt utrustning tömma ut luftkonditioneringens kylmedium.

32 Om tillämpligt, ta bort extrafläkten från kondensatorns framsida enligt beskrivningen senare i detta avsnitt.

33 På modeller utan extrafläkt, ta bort den främre stötfångaren enligt beskrivningen i kapitel 11.

34 Skruva loss bulten och koppla loss kompressorns kylmedieslang från behållaren-avfuktaren.

35 Skruva loss kåpan till behållaren-avfuktaren från kondensorn.

36 Ta bort behållaren/avfuktaren uppåt, lossa sedan anslutningskontakten och ta bort luftkonditioneringens trycksensorpickup.

37 Ta bort behållaren/avfuktaren.

38 Monteringen sker i omvänd ordningsföljd mot demonteringen. Avsluta med att låta en kylarspecialist fylla på systemet och montera nya O-ringar på ledningarnas anslutningar.

Extrafläkt och motor

39 Demontera den främre stötfångaren enligt beskrivningen i kapitel 11.

40 Lossa anslutningskontakten från extrakylfläkten.

41 Skruva loss de övre fästbultarna från tvärbalken och ta bort extrakylfläkten nedåt.

42 Ta bort motorn genom att lossa plastgallret och sedan skruva loss anslutningskontaktens anslutning och seriemotstånd. Skruva loss de tre bultarna och ta bort fläkten från motorn, och skruva loss motorn från huset.

43 Monteringen utförs i omvänd ordningsföljd mot demonteringen.

Kapitel 4 Del A:
Bränsle- och avgassystem

Innehåll

Svårighetsgrad

Enkelt, passar novisen med lite erfarenhet	**Ganska enkelt,** passar nybörjaren med viss erfarenhet	**Ganska svårt,** passar kompetent hemmamekaniker	**Svårt,** passar hemmamekaniker med erfarenhet 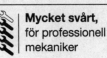	**Mycket svårt,** för professionell mekaniker

Specifikationer

Systemtyp*

1,4-liters DOHC (X14XE och Z14XE) motorer . . . . Multec S flerpunkts insprutning
1,6-liters SOHC (X16SZR) motorer. . . . . Multec enpunkts insprutning montering enpunkts insprutning
1,6-liters SOHC (Z16SE) motorer. . . . . Multec S flerpunkts insprutning
1,6-liters DOHC (X16XEl och Z16XE) motorer . . . . Multec S flerpunkts insprutning
1,8-liters DOHC (X18XE1) motorer . . . . Simtec 70 flerpunkts insprutning
1,8-liters DOHC (Z18XE och Z18XEL) motorer . . . . Simtec 71 flerpunkts insprutning
2,0-liters DOHC (X20XEV) motorer. . . . . Simtec 70 flerpunkts insprutning
2,2-liters DOHC (Z22SE) motorer . . . . GMPT – E15 flerpunkts insprutning
Se avsnitt 7 för mera information

Bränslesystemdata

Bränslepump typ . . . . Elektrisk, nedsänkt i bränsletanken
Bränslepumpens styrda konstanttryck (ungefärlig):
    Enpunkts insprutningssystem . . . . 0,8 bar
    Flerpunkts insprutningssystem. . . . . 3,0 till 3,8 bar
Angivet tomgångsvarvtal . . . . Ej justerbart – styrs av ECU
CO-innehåll vid tomgång . . . . Ej justerbart – styrs av ECU

Rekommenderat bränsle

Min. oktantal. . . . . 95 oktan blyfritt*
* *Blyfri bensin med 91 RON kan användas men en viss kraftförlust kan vara märkbar.*

Aktuella data/givarvärden

Följande värden/data inkluderas med förhoppningen att de kan vara till hjälp för den som försöker sig på en feldiagnos. Värdena registrerades av en professionell felkodsläsare från en bil som körde korrekt på tomgång och ökade tomgångsvarvtalet.

Motortyp . . . . 1,6-liters DOHC

	Tomgång	Ökning tomgång
Batteri	14.2V	14.1V
Gasspjällets lägesgivare.	0.64V	0.86V
MAP sensor	0,25 bar 1,27V	0,16 bar 0.86V
Intagslufttemperatur.	24°C	21°C
Insprutningspuls.	3,2 ms	1,8 ms
Gnistförskjutningsvinkel (FÖD).	5° till 8°	18°
Knackförsening:		
Cylinder nr 1	0,0°	1,1°
Cylinder nr 2	0,0°	0,0°
Cylinder nr 3	0,0°	0,4°
Cylinder nr 4	0,0°	0,0°
Motorhastighet.	750 varv/minut	1980 varv/minut
Bränsleblandning	14.6:1	14.6:1
Lambdasonde	62 till 900 mV	58 till 940 mV
Önskat tomgångsvarvtal	775 varv/minut	1900 varv/minut
Motorlast	9 %	14 %
Kylvätsketemperatur	86°C 2,17 V	89°C 2,05 V

Åtdragningsmoment

	Nm
Gaspedalens muttrar	9
Bromssystem vakuumslang anslutningsmutter	15
Kamaxelgivare:	
1,4-, 1,6-, 1,8- och 2,2-liters DOHC motorer	8
1,6-liters SOHC (Z16SE) motorer	1
2,0-liters DOHC motorer.	6
Vevaxelgivarens bult:	
SOHC motorer	10
DOHC motorer	8
Mellan främre avgasröret och grenröret:	
SOHC motorer – muttrar	45
SOHC motorer – bultar.	35
DOHC-motorer utom 2,2 liter	20
2,2-liters DOHC motorer.	16
Avgasgrenrör muttrar:*	
Alla utom 2,2-liters DOHC-motorer	22
2,2-liters DOHC motorer.	12
Avgasgrenrörets kapslingsbultar:	
Alla utom 2,2-liters DOHC-motorer	8
2,2-liters DOHC motorer:	
Övre kåpa till topplock och grenrör	25
Nedre kåpa till övre kåpa	10
Bränsleslangens anslutningsmuttrar	15
Bränsletrycksregulatorns klämma	5
Bränslefördelarskenans bultar	8
Bränsletankfästremmens bultar	20
Insugsgrenrörets muttrar och bultar:	
SOHC motorer*.	22
1,4- och 1,6-liters DOHC motorer:	
Muttrar och bultar mellan grenröret och grenrörsflänsen	8
Muttrar och bultar mellan grenrörsflänsen och topplocket	20
1,8- och 2,0-liters DOHC motorer*	22
2,2-liters DOHC motorer*	10
Bulten mellan insugsgrenrörets fäste och grenröret	20
Bulten mellan insugsgrenrörets fäste och motorblocket	35
Knackgivarens bult.	20
Tändstiftens värmeskydd – motorer med enkel överliggande kamaxel . . .	30
Gasspjällshus – SOHC (X16SZR) motorer:	
Fästmuttrar.	22
Skruvarna mellan övre kaross och nedre kaross	6
Gasspjällhusets muttrar/bultar	9
Bultar mellan transportbygel och topplock	20

* Använd nya bultar/muttrar

1 Allmän information och föreskrifter

Bränslesystemet består av en bränsletank (som sitter under bilens bakre del och där en elektrisk bränslepump är nedsänkt), ett bränslefilter och bränslematnings- och returledningar. På modeller med enpunkts insprutning matas bränslet av en gasspjällshusenhet som innehåller en enda bränsleinjektor och bränsletrycksregulatorn. På modeller med flerpunkts insprutning tillför bränslepumpen bränsle till bränslefördelarskenan som fungerar som en behållare för de fyra bränsleinsprutarna som sprutar in bränsle i insugssystemet. Det finns dessutom en elektronisk styrmodul (ECU) och diverse givare, elkomponenter och tillhörande kablage.

Se avsnitt 7 för mer information om hur man hanterar bränsleinsprutningssystem, och avsnitt 20 för information om avgassystemet.

⚠️ *Varning: Många av rutinerna i detta kapitel kräver att bränsleslangar och anslutningar kopplas loss, vilket kan resultera i bränslespill. Innan arbetet på bränslesystemet påbörjas, se föreskrifterna i "Säkerheten främst!" i början av denna handbok och följ dem till punkt och pricka. Bensin är en ytterst brandfarlig vätska och säkerhetsföreskrifterna för hantering kan inte nog betonas.*

Observera: *Övertrycket kommer att vara kvar i bränsleledningarna långt efter att bilen senast kördes. Innan du kopplar från några bränsleledningar måste du tryckutjämna bränslesystemet enligt beskrivningen i avsnitt 8.*

2 Luftrenare och luftkanaler – demontering och montering 🔧

Demontering

Astra modeller

1 För att ta bort luftrenarhuset, lossa fästklämman som håller fast inloppsröret mot gasspjällshuset/kåpan. Lossa kanalerna från luftrenarenheten genom att lossa fästklämman eller bända upp klämmans kant efter tillämplighet. Skruva loss fästskruven/muttern och ta bort huset från motorrummet. Lossa slangarna för ånga eller kolkanisterns avluftningsventil från fästbygeln på huset **(se bilder)**. På modeller med enpunkts insprutning, är det nödvändigt att lossa vakuumslangen och varmluftintagsslangen från huset medan det tas bort.
2 De olika kanalerna kan kopplas loss och tas bort när fästklämmorna har lossats. I vissa fall kan man behöva koppla loss ventilationsslangarna och kontaktdonen för att kanalen ska kunna tas bort, kanalen kan också bultas fast på en stödfästbygel **(se bild)**.

Zafira modeller:

3 Ta bort motorrummets tätning och vattenavskiljarens kåpa framför vindrutan.
4 Skruva loss fästmuttrarna och bultarna och ta bort torpedväggens skyddsplåt så att du kommer åt luftintagsröret.
5 Ta bort luftrenarenheten och kanalen enligt beskrivningen i stycke 1 och 2.

Montering

6 Monteringen utförs i omvänd ordningsföljd mot demonteringen. Se till att styrsprinten i husets främre nedre kant hakar i som den ska i motsvarande tapp på innerskärmen och att alla kanaler återansluts ordentligt **(se bild)**.

3 Kontrollsystem för insugsluftens temperatur (enpunktsinsprutning) 🔧

Allmän information

1 Systemet styrs av en värmekänslig brytare som sitter i gasspjällshusets kåpa. När temperaturen på den luft som passerar genom kåpan är kall (under ungefär 35°C) är vakuumbrytaren öppen och tillåter insugsgrenrörets låga tryck att påverka membranet i styrventilen för lufttemperatur. Ventilen sitter i bottnen på luftrenarens hus. Detta vakuum får membranet att höjas upp så att en klaffventil dras över kalluftsintaget och enbart uppvärmd luft från avgasgrenrörets kåpa kan komma in i luftrenaren.
2 När temperaturen på luften som värms av avgaserna ökar och kommer in i gasspjällshuset ökar, ändrar vaxkapseln i vakuumbrytaren form och stänger brytaren och stänger av vakuumtillförseln till lufttemperaturstyrningens ventilenhet. När vakuumtillförseln stryps sänks spjället gradvis ner över hetluftsintaget. När temperaturen på luften i kanalen är helt uppvärmd (ungefär 40°C) stängs styrventilen och låter enbart kall luft från bilens framsida komma in i luftrenaren.

Kontroll

3 Kontrollera systemet genom att låta motorn svalna helt och sedan koppla loss

2.1a Lossa rörets fästklämma med en liten skruvmejsel

2.1b Lossa kolkanisterns avluftningsventil

2.1c Skruva loss luftrenarhusets fästskruv

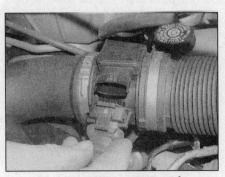
2.2 Lossa alla kontaktdon från luftintagsröret

2.6 Se till att luftrenarhusets stift griper in ordentligt i gummistyrbussningen

4.1 Lossa klämman och ta bort vajerns ändbeslag från gasspjällets arm

4.2 Ta bort justeringsklämman

insugskanalen från luftrenarhusets framsida. Styrventilenhetens klaffventil i huskanalen ska sitta säkert över varmluftsintaget. Starta motorn: klaffen ska omedelbart höjas upp för att stänga till kalluftsintaget, och ska sedan stadigt sänkas ner när motorn värms upp tills den slutligen sitter över varmluftsintaget igen.

4 Kontrollera vakuumbrytaren genom att koppla loss vakuumröret från styrningsventilen när motorn är igång och placera ett finger över rörets ände. När motorn är kall ska fullt vakuum i insugningsgrenröret kännas i röret, och när motorn har normal arbetstemperatur ska inget vakuum finnas i röret.

5 Kontrollera lufttemperaturstyrningsventilen genom att koppla loss inloppskanalen från luftrenarhuset; klaffventilen ska sitta säkert över varmluftsintaget. Lossa vakuumledningen och använd en slang med lämplig längd för att applicera ett kraftigt sug på styrventilens rörstos; klaffen ska höjas upp för att stänga av kalluftsintaget.

6 Om det är fel på någon del måste den bytas. Vakuumbrytaren är en integrerad del av gasspjällshuset och temperaturstyrventilen är en integrerad del av luftrenarhuset. Ingen av komponenterna kan köpas separat.

7 Avsluta med att kontrollera att alla påverkade delar har återanslutits på rätt sätt.

4 Gasvajer – demontering, återmontering och justering

Observera: *På 1,4-liters- (Z14XE), 1,6-liters (Z16SE och Z16XE), 1,8-liters- (Z18XE) och 2,2-liters- (Z22SE) motormodellerna finns ett elektroniskt accelerationssystem monterat (ingen gasvajer). Det består av en gaspedalsmodul och en gasspjällsventilmodul. Gaspedalsmodulen har två potentiometrer (givare) som registrerar pedalens läge och av ger en signal till ECU. Gasspjällsventilens modul består av gasspjällsventilens potentiometer och en servomotor för gasspjällsventilen som aktiverar denna.*

Demontering

1 Arbeta inuti motorrummet och lossa vajerns inre fästklämma, för ut klämman från änden och lossa vajern från gasspjällsarmen **(se bild)**.

2 Lossa gaspedalens vajerhölje från dess fästbygel. Se till att du inte lossar justerklämman **(se bild)**. Arbeta längs kabeln, observera hur den är dragen och ta loss den från alla fästklamrar och fästena. På modeller med automatisk växellåda måste du koppla loss kablaget från kickdown-brytaren som är inbyggd i kabeln.

3 Från insidan av bilen, skruva loss fästanordningarna och ta bort den nedre klädselpanelen under instrumentbrädan på förarsidan så att du kommer åt gaspedalen.

4 För in handen bakom instrumentbrädan och lossa gaspedalens inre kabelgenomföring från gaspedalens övre del **(se bild)**.

5 Återgå till motorrummet och lossa vajerns tätningsmuff från torpedväggen och ta bort vajern och muffen från bilen.

6 Undersök kabeln efter tecken på skada eller slitage, och byt ut om det behövs. Kontrollera att gummigenomföringen inte är sliten eller skadad och byt den om det behövs **(se bild)**.

Montering

7 För in vajern i på plats från motorrummet och placera vajerhöljets muff i torpedväggen.

8 Från bilens insida, kläm den inre kabelgenomföringen på plats i pedaländen och kontrollera att muffen sitter korrekt

i torpedväggen. Kontrollera att kabeln hålls fast ordentligt och sätt sedan tillbaka klädselpanelen på instrumentbrädan.

9 Arbeta inifrån motorrummet och se till att vajerhöljet är korrekt placerat i torpedväggens genomföring. Arbeta sedan längs med vajern, fäst den på plats med fästklämmorna och snörena och se till att vajerdragningen är rätt. På modeller med automatisk växellåda, återanslut kontaktdonet på kickdownkontakten.

10 Anslut den inre vajern till gasspjällsarmen och sätt fast den med fästklämman. Kläm fast den yttre kabeln i dess fästbygel och justera kabeln som det beskrivs nedan.

Justering

11 I motorrummet, för ut justerklämman från den yttre gasvajern **(se bild 4.2)**.

12 Kontrollera när klämman är borttagen att gasspjällets kam är helt mot dess stopp. Dra försiktigt ut vajern från genomföringen tills allt slack har försvunnit från den inre vajern.

13 Med vajeränden i detta läge sätter du tillbaka fjäderklämman på det sista exponerade vajerhöljesspåret framför gummigenomföringen. När klämman sätts tillbaka och vajerhöljet lossas ska det endast finnas kvar ytterst lite slack i den inre vajern.

14 Be en medhjälpare att trycka ner gaspedalen och kontrollera att gasspjällskammen öppnas helt och smidigt återgår till stoppet.

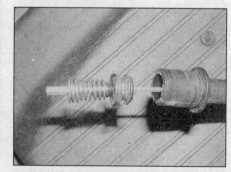

4.4 Dra kabelgenomföringen uppåt och utåt från pedalens ände

4.6 Gasvajerns muff – pedalsidan

5.4 Skruva loss de tre pedalfästets fästbultar

5 Gaspedal – demontering och montering

Observera: *På 1,4-liters- (Z14XE), 1,6 -liters (Z16SE och Z16XE), 1,8-liters- (Z18XE) och 2,2-liters- (Z22SE) motormodellerna finns ett elektroniskt accelerationssystem monterat (ingen gasvajer). Det består av en gaspedalsmodul och en gasspjällsventilmodul. Gaspedalsmodulen har två potentiometrer (givare) som registrerar pedalens läge och av ger en signal till ECU. Gasspjällsventilens modul består av gasspjällsventilens potentiometer och en servomotor för gasspjällsventilen som aktiverar denna.*

Demontering

1 Från insidan av bilen, skruva loss fästanordningarna och ta bort den nedre klädselpanelen under instrumentbrädan på förarsidan så att du kommer åt gaspedalen.

2 På modeller med gasvajer, för upp handen bakom instrumentbrädan och lossa gaspedalens inre kabelgenomföring från gaspedalens överdel **(se bild 4.4)**.

3 På modeller med elektronisk gaspedal (ingen gasvajer), koppla loss kontaktdonet från pedalens lägesgivare genom att föra den i riktning mot bilens bakre del. Skruva loss fästbultarna och ta bort pedalpositionsgivaren från pedalenheten.

4 Skruva loss de tre fästmuttrarna och ta bort pedalenheten från mellanväggen **(se bild)**.

5 Undersök pedalen beträffande tecken på slitage eller skador, kontrollera särskilt bussningarna, och byt slitna komponenter. För att ta isär enheten, haka loss returfjädern och för sedan av fästklämman, ta loss pedalen, fästbygeln, returfjädern och styrbussningarna.

Montering

6 Om enheten har tagits isär, stryk på lite universalfett på pedalens svängtapp och bussningar. Montera bussningarna och returfjädern på fästbygeln och för in pedalen, se till att den går igenom returfjäderloppet. Fäst pedalen på plats med fästklämman och haka fast returfjädern bakom pedalen.

7 Montera tillbaka pedalenheten och dra åt fästmuttrarna till angivet moment.

8 På modeller med elektriskt gasspjäll (ingen gasvajer), montera tillbaka pedalens lägesgivare på pedalenheten och återanslut kontaktdonet.

9 På modeller med gasvajer, kläm fast gasvajern i korrekt läge på pedalen och montera därefter tillbaka klädselpanelen på instrumentbrädan. Avsluta med att justera gasvajern enligt beskrivningen i avsnitt 4.

6 Blyfri bensin – allmän information och användning

Observera: *Informationen i detta kapitel är korrekt i skrivande stund. Om du behöver uppdaterad information, kontakta en Opel-verkstad.*

1 Det bränsle som Öpel rekommenderar anges i Specifikationer i detta kapitel.

2 Samtliga bensinmodeller är avsedda att köras på bränsle med lägsta oktantal på 95. Bränsle med lägre oktan, ner till min. 91 RON, kan användas utan problem eftersom motorstyrningssystemet automatiskt justerar tändningens tidsinställning (med hjälp av informationen från knackgivaren). Det är emellertid troligt att det uppstår en mindre effektförlust om man använder bränsle med lägre oktantal än 95 RON.

3 Samtliga modeller har en katalysator som endast får köras på blyfritt bränsle.

4 Super blyfri bensin (98 oktan) kan också

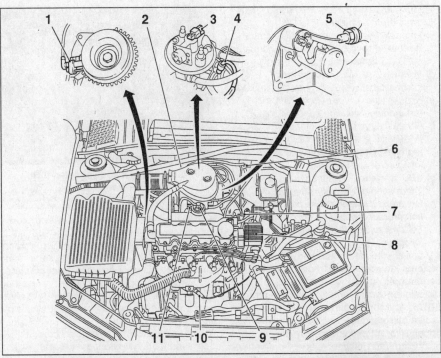

7.1 Multec enpunkts insprutningssystem komponenter – X16SZR motorer

1 Vevaxelgivare	6 Givare för insugsluftens absoluta tryck (MAP)	9 Avgasåterföringsventil (EGR)
2 Gasspjällshus	7 Avgassystemets avluftningsventil	10 Lambdasonde
3 Bränsleinsprutningsventil	8 Tändningsmodul	11 Stegmotorn för styrning av tomgångsvarvtalet
4 Gasspjällets potentiometer		
5 Knackgivare		

användas i alla modeller, men det ger inga fördelar.

7 Bränsleinsprutningssystem – allmän information

Multec enpunkts insprutningssystem

1 Motorstyrningssystemet från Multec (bränsleinsprutning/tändning) **(se bild)** innehåller en sluten katalysator, ett avdunstningsregleringssystem och ett avgasåterföringssystem (EGR), och uppfyller de senaste utsläppsnormerna. Bränsleinsprutningssidan av systemet fungerar enligt följande (se kapitel 5B för information om tändningssystemet).

2 Bränslepumpen som är nedsänkt i bränsletanken pumpar bränsle från bränsletanken till bränsleinsprutare via ett filter som sitter under bakvagnen. Bränslematningstryck styrs av tryckregulatorn i gasspjällshuset. Regulatorn fungerar så att den leder överskottsbränsle tillbaka till tanken.

3 Det elektriska styrsystemet består av ECU:n tillsammans med följande givare.

a) Gasspjällspotentiometer – informerar ECU:n om gasspjällets läge och spjällets öppnings-/stängningstakt.

b) Motorns temperaturgivare för kylvätska

informerar den elektroniska styrenheten om motorns temperatur.

c) Lambdasonde – informerar ECU:n om syrehalten i avgaserna (förklaras närmare i del B i detta kapitel).

d) Vevaxelgivare – förser ECU:n med information om vevaxelns hastighet och läge.

e) Knackgivare – informerar ECU:n när förtändning ('spikning') uppkommer.

f) Givare insugsrörets absoluta tryck (MAP-givare) – informerar ECU:n om motorlast genom att övervaka trycket i insugsröret.

g) ABS styrenhet – förser styrmodulen med information om bilens hastighet.

h) Brytaren till luftkonditioneringssystemets kompressor (om tillämpligt) – informerar ECU när luftkonditioneringssystemet är inkopplat.

4 All ovanstående information analyseras av motorns styrenhet. Utifrån denna information bestämmer styrenheten den lämpligaste tändningen och bränslekraven för motorn. ECU:n styr bränsleinsprutaren genom att variera pulsbredden – den tid insprutaren hålls öppen – för att skapa en fetare eller magrare blandning, efter tillämplighet. ECU:n varierar hela tiden luft-/bränsleblandningen för att skapa bästa möjliga inställningar för igångdragning av motor, start (antingen med varm eller kall motor) och uppvärmning av motorn, tomgång,

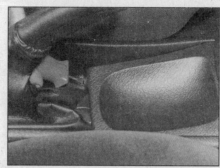

7.8a Lossa klädselpanelen från mittkonsolens överdel. . .

7.8b . . . så att du kommer åt diagnostikkontaktdonet (markerad med pil)

körning på låg hastighet och accelerationer.

5 ECU:n har också full kontroll över motorns tomgångsvarvtal via en stegmotor som sitter på gasspjällshuset. Motorns tryckstång styr öppningen av den luftpassage som förbikopplar gasspjällsventilen. När gasspjället är stängt (gaspedalen uppsläppt) använder ECU:n motorn för att variera den luftvolym som kommer in i motorn, och kontrollerar på så sätt tomgångsvarvtalet.

6 Motorstyrenheten styr även avgassystemet och avdunstningsregleringssystemet, vilket beskrivs i detalj i del B i detta kapitel.

7 Om avvikelser registreras från någon av givarna aktiveras styrmodulens säkerhetsläge. Om detta händer ignorerar styrmodulen

den avvikande signalen från givaren och fortsätter med ett förprogrammerat värde så att motorn kan fortsätta att gå (dock med minskad verkningsgrad). Om styrmodulens säkerhetsläge aktiveras tänds varningslampan på instrumentbrädan och relevant felkod lagras i styrmodulens minne.

8 Om varningslampan tänds ska bilen köras till en Opel-verkstad eller en specialist så snart som möjligt. Då kan motorstyrningssystemet kontrolleras ordentligt med hjälp av en särskild elektronisk testenhet som enkelt kopplas till systemets diagnosuttag. Kontaktdonet sitter under panelen, under handbromsspakens handtag, lossa klädselpanelen som sitter under handbromsspaken för att komma åt **(se bilder)**.

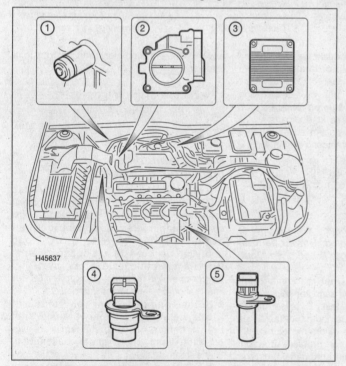

7.9a Multec S flerpunkts insprutningssystem komponenter – Z16SE motorer

1 Knackgivare
2 Gasspjällshus
3 Elektronisk styrmodul (ECU)
4 Kamaxelgivare
5 Vevaxelgivare

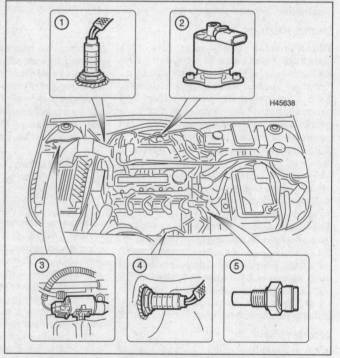

7.9b Multec S flerpunkts insprutningssystem komponenter – Z16SE motorer

1 Lambdasonde – katalysatorkontroll
2 Avgasåterföringsventil (EGR)
3 Avgassystemets avluftningsventil
4 Lambdasonde – bränsleblandning
5 Temperaturgivare för kylvätska

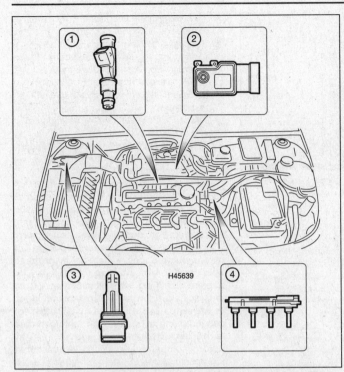

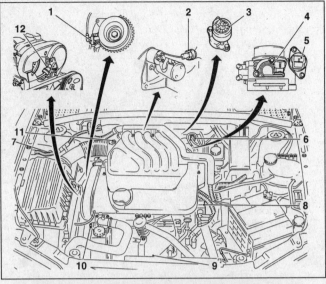

7.9d Multec S flerpunkts insprutningssystem komponenter – X14XE och X16XEL motorer

1 Vevaxelgivare
2 Knackgivare
3 Avgasåterföringsventil (EGR)
4 Gasspjällets potentiometer
5 Stegmotorn för styrning av tomgångsvarvtalet
6 Givare för insugsluftens absoluta tryck (MAP)
7 Avgassystemets avluftningsventil
8 Tändningsmodul
9 Lambdasonde
10 Temperaturgivare för kylvätska
11 Intagslufttemperaturgivare
12 Kamaxelgivare

7.9c Multec S flerpunkts insprutningssystem komponenter – Z16SE motorer

1 Insprutningsventiler
2 Givare för insugsluftens absoluta tryck (MAP)
3 Intagslufttemperaturgivare
4 Tändningsmodul

Multec S flerpunkts insprutningssystem

9 Motorstyrningssystemet från Multec S (bränsleinsprutning/tändning) **(se bilder)** innehåller en sluten katalysator, ett avdunstningsregleringssystem och ett avgasåterföringssystem (EGR), och uppfyller de senaste utsläppsnormerna. Bränsleinsprutningssidan av systemet fungerar enligt följande (se kapitel 5B för information om tändningssystemet).

10 Bränslepumpen som är nedsänkt i bränsletanken pumpar bränsle från bränsletanken till bränslefördelarskenan via ett filter som sitter under bakvagnen. Bränslematningstrycket styrs av tryckregulatorn som tillåter överblivet bränsle att återgå till tanken.

11 Det elektriska styrsystemet består av ECU:n tillsammans med följande givare.

a) Gasspjällspotentiometer – informerar ECU:n om gasspjällets läge och spjällets öppnings-/stängningstakt.

b) Motorns temperaturgivare för kylvätska informerar den elektroniska styrenheten om motorns temperatur.

c) Temperaturgivare för insugsluft – informerar ECU:n om temperaturen på luften som går genom grenröret.

d) Lambdasonde – informerar ECU:n om syrehalten i avgaserna (förklaras närmare i del B i detta kapitel).

e) Vevaxelgivare – förser ECU:n med information om vevaxelns hastighet och läge.

1 Avgassystemets avluftningsventil
2 Lambdasonde – katalysatorkontroll
3 Knackgivare
4 Gasspjällshus
5 Avgasåterföringsventil (EGR)
6 Givare för insugsluftens absoluta tryck (MAP)
7 Elektronisk styrmodul (ECU)
8 Vevaxelgivare
9 Lambdasonde – bränsleblandning
10 Temperaturgivare för kylvätska
11 Temperaturgivare för kylvätska
12 Kamaxelgivare

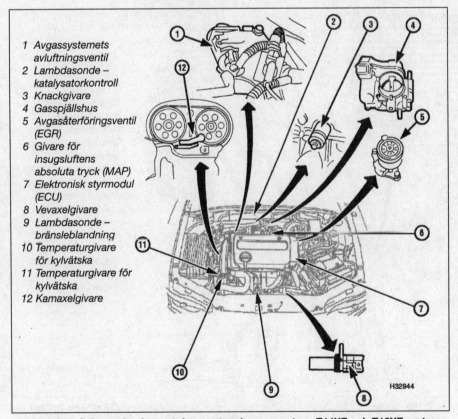

7.9e Multec S flerpunkts insprutningssystem komponenter – Z14XE och Z16XE motorer

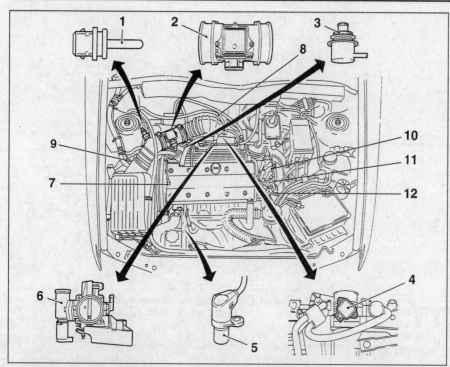

7.18a Simtec 70 flerpunkts insprutningssystem komponenter – X18XE1 och X20XEV motorer

1 Intagslufttemperaturgivare
2 Glödtrådsluftmassflödesmätare
3 Bränsletrycksregulator
4 Gasspjället potentiometer
5 Vevaxelgivare
6 Stegmotorn för styrning av tomgångsvarvtalet
7 Kamaxelgivare
8 Knackgivaren sitter placerad på motorblockets baksida
9 Avgassystemets avluftningsventil
10 Tändningsmodul
11 Temperaturgivare för kylvätska
12 Avgasåterföringsventil (EGR)

1 Kamaxelgivare
2 Glödtrådsluftmass-flödesmätare
3 Tändningsmodul
4 Lambdasonde – katalysatorkontroll
5 Knackgivare
6 Gasspjällshus
7 Elektronisk styrmodul (ECU)
8 Vevaxelgivare
9 Lambdasonde – bränsleblandning
10 Temperaturgivare för kylvätska
11 Temperaturgivare för kylvätska
12 Avgassystemets avluftningsventil

H32943

7.18b Simtec 71 flerpunkts insprutningssystem komponenter – Z18XE och Z18XEL motorer

f) Kamaxelgivare – informerar ECU:n om kamaxelns hastighet och läge.
g) Knackgivare – informerar ECU:n när förtändning ('spikning') uppkommer.
h) Givare insugsrörets absoluta tryck (MAP-givare) – informerar ECU:n om motorlast genom att övervaka trycket i insugsröret.
i) förser styrmodulen med information om bilens hastighet.
j) Brytaren till luftkonditioneringssystemets kompressor (om en sådan finns) – informerar ECU:n när luftkonditioneringssystemet kopplas till.

12 All ovanstående information analyseras av motorns styrenhet. Utifrån denna information bestämmer styrenheten den lämpligaste tändningen och bränslekraven för motorn. ECU:n styr bränsleinsprutaren genom att variera pulsbredden – den tid insprutaren hålls öppen – för att skapa en fetare eller magrare blandning, efter tillämplighet. ECU:n varierar hela tiden luft-/bränsleblandningen för att skapa bästa möjliga inställningar för igångdragning av motor, start (antingen med varm eller kall motor) och uppvärmning av motorn, tomgång, körning på låg hastighet och accelerationer. Systemet Multec S är ett "sekventiellt" bränsleinsprutningssystem. Detta betyder att var och en av de fyra insprutningsventilerna sätts igång var för sig just innan den relevanta cylinderns insugsventil öppnas.

13 På tidigare modeller har ECU:n också full kontroll över motorns tomgångsvarvtal via en stegmotor som sitter på gasspjällshuset. Motorn styr öppningen av den luftpassage som förbikopplar gasspjällsventilen. När gasspjället är stängt (gaspedalen uppsläppt) använder ECU:n motorn för att variera den luftvolym som kommer in i motorn, och kontrollerar på så sätt tomgångsvarvtalet.

14 På nyare modeller är gassystemet elektroniskt (ingen gasvajer), och består av en gaspedalsmodul och en gasspjällsmodul. Gaspedalsmodulen har två potentiometrer (givare) som registrerar pedalens läge och av ger en signal till ECU. Gasspjällsventilens modul består av gasspjällsventilens potentiometer och en servomotor för gasspjällsventilen som aktiverar denna. Vevaxelns givare har dessutom flyttats till motorblocket, där den registrerar signalen från en stegskiva p vevaxeln på (!frekvens nummer åtta!).

15 Motorstyrenheten styr även avgassystemet och avdunstningsregleringssystemet, vilket beskrivs i detalj i del B i detta kapitel.

16 Om avvikelser registreras från någon av givarna aktiveras styrmodulens säkerhetsläge. Om detta händer ignorerar styrmodulen den avvikande signalen från givaren och fortsätter med ett förprogrammerat värde så att motorn kan fortsätta att gå (dock med minskad verkningsgrad). Om styrmodulens säkerhetsläge aktiveras tänds varningslampan på instrumentbrädan och relevant felkod lagras i styrmodulens minne.

17 Om varningslampan tänds ska bilen köras till en Opel-verkstad eller en specialist så snart som möjligt. Då kan motorstyrningssystemet kontrolleras ordentligt med hjälp av en särskild elektronisk testenhet som enkelt kopplas till systemets diagnosuttag. Kontaktdonet sitter under panelen, under handbromsspakens handtag, lossa klädselpanelen som sitter framför handbromsspaken för att komma åt **(se bilder 7.8a och 7.8b)**.

Simtec 70 och 71 flerpunkts insprutningssystem

18 Simtec 70 och 71 motorstyrningssystemet (bränsleinsprutning/tändning) **(se bilder)** fungerar till stor del på samma sätt som Multec S-systemet (se stycke 9 till 17). Den enda större förändringen av systemet är att det monteras en glödtrådsluftmassflödesmätare på den plats där grenrörtrycksgivaren (MAP) satt. Luftflödesmätaren informerar ECU:n om luftmängden som går in i insugsgrenröret

19 En annan extrafunktion hos Simtec-systemet är att det har ett variabelt insugsgrenrör för att kunna öka vridmomentet vid låga motorvarvtal. Varje insugsrörsgren är utrustad med en ventil. Ventilen styrs av ECU:n via en magnetventil och en enhet med vakuummembran.

20 Ventilerna förblir stängda vid låga motorvarvtal (under ca 3600 varv/minut). Den luft som kommer in i motorn tvingas sedan att ta den långa insugsvägen genom grenröret, vilket leder till en ökning av motorns utgående vridmoment.

21 Vid högre motorvarvtal kopplar motorns styrenhet om magnetventilen som då låter vakuum agera på membranenheten. Membranenheten är kopplad till ventilenheterna och öppnar var och en av de fyra ventilerna så att luft kan passera igenom grenröret och ta den kortare vägen, vilket passar bättre för högre motorvarvtal.

GMPT – E15 flerpunkts insprutningssystem

22 GMPT – E15 motorstyrningssystemet (bränsleinsprutning/tändning) **(se bilder)** fungerar till stor del på samma sätt som Multec S-systemet (se stycke 9 to 17).

23 Den enda större förändringen på systemet är att speciella givare har byggts in i tändningsmodulen för att avlägsna behovet av en kamaxelgivare. Givarna avläser insprutningsimpulsen för att bestämma cylinderns läge.

24 Detta system har också ett elektroniskt gassystem (ingen gasvajer), som består av en gaspedalsmodul och en gasspjällsventilmodul. Gaspedalsmodulen har två potentiometrer (givare) som registrerar pedalens läge och av ger en signal till ECU. Gasspjällsventilens modul består av gasspjällsventilens potentiometer och en servomotor för gasspjällsventilen som aktiverar denna.

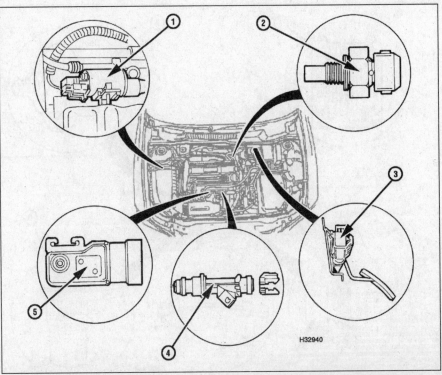

7.22a GMPT – E15 flerpunkts insprutningssystem komponenter – Z22SE motorer

1 Avgassystemets avluftningsventil
2 Temperaturgivare för kylvätska
3 Gaspedal/gaspedalgivare
4 Insprutningsventiler
5 Givare för insugsluftens absoluta tryck (MAP)

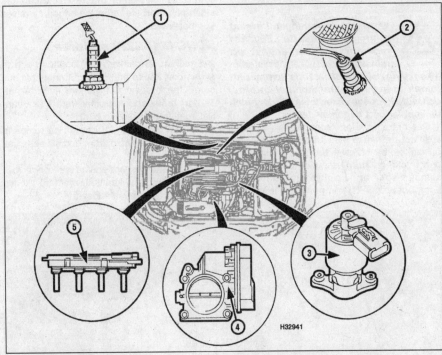

7.22b GMPT – E15 flerpunkts insprutningssystem komponenter – Z22SE motorer

1 Lambdasonde – bränsleblandning
2 Lambdasonde – katalysatorkontroll
3 Avgasåterföringsventil (EGR)
4 Gasspjällshus
5 Tändningsmodul

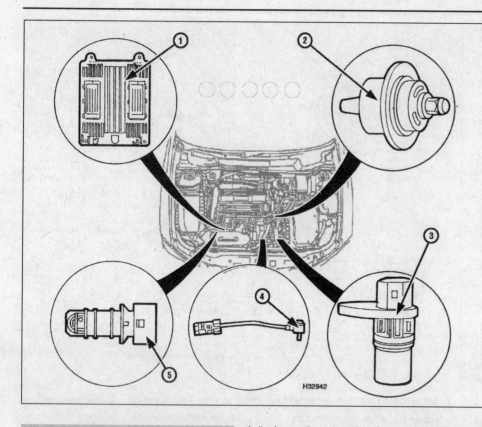

7.22c GMPT – E15 flerpunkts insprutningssystem komponenter – Z22SE motorer

1 Elektronisk styrmodul (ECU)
2 Bränsletrycksregulator
3 Vevaxelgivare
4 Knackgivare
5 Intagslufttemperaturgivare

8 Bränsleinsprutningssystem – tryckutjämning

⚠️ **Varning: Läs varningen i avsnitt 1 innan du fortsätter. Följande moment kommer endast att minska trycket i bränslesystemet – kom ihåg att det fortfarande kommer att finnas bränsle i systemkomponenterna, och vidta lämpliga säkerhetsåtgärder innan du kopplar bort någon av dem.**

1 Det bränslesystem som avses i det här avsnittet definieras som en bränslepump fäst på tanken, ett bränslefilter, bränsleinsprutare och tryckregulatorn, samt de metallrör och slangar som är kopplade mellan dessa komponenter. Alla komponenter innehåller bränsle som är under tryck när motorn är igång och/eller när tändningen är påslagen. Trycket ligger kvar en tid efter det att tändningen slagits av. Systemet måste tryckutjämnas innan något arbete utförs på någon av dessa komponenter.

SOHC (X16SZR) motorer

2 Se till att tändningen är frånslagen och ta sedan bort kåpan från motorrummets relähus som sitter bredvid det vänstra fjädertornet. Ta bort bränslepumpsreläet (reläet ska vara lilafärgat) från boxen **(se bild)**.
3 Starta motorn och låt den gå på tomgång tills motorn börjar gå ojämnt och slå sedan av tändningen.
4 Lossa batteriets jordledning (se *Koppla loss batteriet* i Referens kapitlet), montera tillbaka reläet och kåpan på relädosan.

SOHC (Z16SE) och alla DOHC motorer

5 På dessa motorer kan bränslesystemet antingen tryckavlastas enligt beskrivningen ovan i stycke 2 till 4 eller på följande sätt.
6 Placera ventilenheten som är monterad på bränslefördelarskenan på insugsgrenröret. På 1,4- och 1,6-liters motorer (dubbla överliggande kamaxlar) sitter ventilen på skenans högra ände och 1,6-liters (enkel överliggande kamaxel), 1,8-, 2,0- och 2,2-liters motorer (dubbla överliggande kamaxlar) finns den ovanpå skenan **(se bilder)**.
7 Lossa hatten från ventilen och placerar en behållare under ventilen. Håll en trasa över ventilen och släpp ut trycket i bränslesystemet genom att trycka ner ventilkärnan med en lämplig skruvmejsel. Var beredd på att det

8.2 Ta bort bränslepumpreläet

8.6a Utjämningsventil för bränsletryck – 1,4- och 1,6-liters motorer (med dubbla överliggande kamaxlar)

8.6b Utjämningsventil för bränsletryck – 1,8- och 2,0-liters motorer

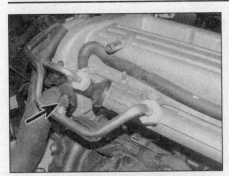

8.6c Utjämningsventil för bränsletryck –
2,2-liters motorer

9.3 Bränslepumpens åtkomstlucka

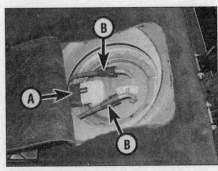

9.4 Bränslepumpens kontaktdon (A) och
bränsleslangar (B)

sprutar ut bränsle när ventilkärnan trycks ner, och fånga upp det med trasan. Håll ner ventilkärnan tills det inte kommer ut mer bränsle från ventilen.

8 När trycket har försvunnit sätter du tillbaka ventilhatten ordentligt.

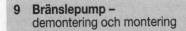

9 Bränslepump –
demontering och montering

⚠️ *Varning: Läs varningen i avsnitt 1 innan du fortsätter.*

Observera 1: *En ny tätningsring till bränslepumpens kåpa krävs vid återmonteringen.*
Observera 2: *På Z14XE-, Z16SE-, Z16XE-, Z18XE-, X18XE1- och Z22SE-modellerna finns bränsletrycksregulatorn i bränsletanken och utgör en del av bränsletankens sändarenhet/pump.*

Demontering

Astra modeller

1 Tryckutjämna bränslesystemet enligt beskrivningen i avsnitt 8 och koppla loss batteriets jordledning (se *Koppla loss batteriet* i Referens kapitel).
2 Vik baksätets sits framåt och lyft upp fliken i mattan så att du frigör bränslepumpens åtkomstlucka.
3 Använd en skruvmejsel, för att bända upp

åtkomstluckan från golvet för att komma åt bränslepumpen **(se bild)**.
4 Koppla loss kontaktdonet från bränslepumpen och tejpa kontaktdonet på bilens kaross för att det inte ska försvinna in bakom tanken **(se bild)**.
5 Märk bränsleslangarna för identifiering. Slangarna har snabbkopplingar för att göra det lättare att ta bort dem. För att lossa varje slang, tryck ihop klämmorna som finns på var sida om fästet och skjut försiktigt av fästet från dess anslutning. Lossa båda slangarna från pumpens ovansida, notera korrekt monteringsposition för tätningsringarna och plugga igen slangarnas ändar för att minimera bränsleförlust.
6 Skruva loss låsringen och ta bort den från tanken. Detta gör du bäst med hjälp av en skruvmejsel på låsringens upphöjda räfflor. Knacka försiktigt på skruvmejseln för att vrida ringen moturs tills den kan skruvas loss för hand **(se bild)**.
7 Lyft försiktigt bort bränslepumpskåpan från tanken tills kontaktdonet kan kopplas loss från undersidan. Gör linjeringsmarkeringar mellan kåpan och slangarna, Lossa sedan fästklämmorna och ta bort kåpan från bilen tillsammans med dess tätningsring. Kasta tätningsringen. Du måste sätta dit en ny vid monteringen.
8 Lossa de tre fästklämmorna genom att trycka dem inåt och lyft ut bränslepumphuset ur bränsletanken. Var försiktig så att du inte tappar bränslefiltret som sitter på pumpens nedre del **(se bild)**. Försök också att inte spilla bränsle inne i bilen.

9 Kontrollera att bränslefiltret inte är sliten eller skadad och byt den om det behövs **(se bild)**.
10 Om det behövs, kan pumphusenheten tas isär och pumpen demonteras. Notera kontaktdonens rätta placering.

Zafiramodeller:

11 Ta bort bränsletanken enligt beskrivningen i avsnitt 11.
12 Om du inte redan har gjort det, lossa kabelhärvans plugg och bränsleledningarna från bränslepumpens åtkomstlucka. Märk bränsleledningarna innan de demonteras för att underlätta monteringen. Plugga igen slangöppningarna för att minimera bränsleförlusten.
13 Fortsätt enligt beskrivningen i stycke 6 till 10.

Montering

Astra modeller

14 Vid behov, sätt ihop pumpen och husets komponenter. Se till att kontaktdonen återansluts korrekt.
15 Se till att filtret är ordentligt monterat i botten på pumpen. Sätt sedan pumpenheten försiktigt på plats, och se till att den kläms fast på plats ordentligt.
16 Montera en ny tätningsring på behållaren.
17 Återanslut bränsleslangarna till pumpkåpan med hänsyn till märkena som gjordes vid demonteringen. Dra åt fästklämmorna ordentligt. Återanslut kontaktdonet och passa sedan in pumpkåpan på tanken.

9.6 Skruva loss låsringen

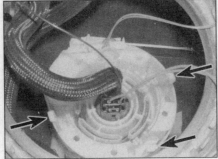

9.8 Tryck fästklämmorna inåt, och lyft av pumpenheten från tanken

9.9 Ett bränslefilter monteras på pumpenhetens bas

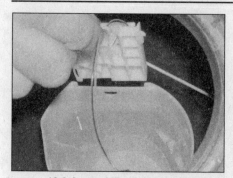

10.2 Lossa klämman och för sändarenheten uppåt

18 Montera tillbaka låsringen på bränsletanken och dra åt den ordentligt.
19 Återanslut bränsleslangarna till pumpkåpan. Se till att varje slang klickar fast ordentligt och återanslut kontaktdonet.
20 Återanslut batteriet, starta motorn och se efter om det läcker bränsle runt filtret. Om allt är som det ska, sätt tillbaka åtkomstluckan och fäll upp sätet igen.

Zafiramodeller:

21 Fortsätt enligt beskrivningen i stycke 14 till 18.
22 Montera tillbaka bränsletanken enligt beskrivningen i avsnitt 11.

10 Bränslemätargivare – demontering och montering

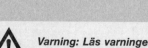

⚠️ **Varning: Läs varningen i avsnitt 1 innan du fortsätter.**

Observera: *En ny tätningsring till bränslepumpens kåpa krävs vid återmonteringen.*

Demontering

1 På Astra-modeller, gör arbetena som beskrivs i stycke 1 till 7 i avsnitt 9 för att ta bort bränslepumpens kåpa. På Zafiramodeller, utför de åtgärder som beskrivs i stycke 11 till 13 i avsnitt 9.
2 Bränslemätargivaren sitter fast vid sidan av bränslepumpens behållare med klämmor. Lossa försiktigt fästklämman och skjut sedan

sändarenheten uppåt för att ta bort den från dess fäste **(se bild)**.
3 För givarenheten genom bränsletankens öppning. Var försiktigt så att du inte skadar flottörarmen.

Montering

4 Återmontera givarenheten genom att försiktigt föra in den genom tankens öppning och föra den i läge på sidan av bränslepumpens behållare.
5 Se till att givarenheten är ordentligt fastklämd på rätt plats och montera sedan tillbaka bränslepumpens kåpa enligt beskrivningen i stycke 14 till 20 (Astra-modeller) eller stycke 21 och 22 (Zafiramodeller) i avsnitt 9.

11 Bränsletank – demontering och montering

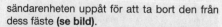

⚠️ **Varning: Läs varningen i avsnitt 1 innan du fortsätter.**

Demontering

1 Tryckutjämna bränslesystemet enligt beskrivningen i avsnitt 8 och koppla loss batteriets jordledning (se *Koppla loss batteriet* i Referens kapitlet).
2 Innan tanken kan demonteras måste den tömmas på så mycket bränsle som möjligt. Eftersom det inte finns någon avtappningsplugg till bränsletanken är det bättre att utföra demonteringen när tanken är nästintill tom. Det återstående bränslet kan sedan sifoneras ut eller handpumpas ut från tanken.
3 Ta bort avgassystemet och relevant värmeskydd(en) enligt beskrivningen i avsnitt 18.
4 Klossa framhjulen och lossa handbromsvajerns justeringsmutter enligt beskrivningen i kapitel 9.
5 På modeller med trumbroms bak, lossa handbromsvajern vid kontaktdonet framför bromstrumman. På modeller med skivbromsar bak, tryck bakbromsokets handbromsspak nedåt, lossa den inre handbromsvajern från spaken, ta bort fästklämman och ta loss den yttre kabeln från fästbygeln på bromsoket. Se kapitel 9 om det behövs.

6 Lossa handbromsvajern från fästklämmorna och fästbyglarna och placera den på avstånd från bränsletanken.
7 På Astra-modeller, koppla loss kontaktdonet från bränslepumpen enligt beskrivningen i stycke 1 till 4 i avsnitt 9. På Zafiramodeller, lossa anslutningskontakten för bränslepumpen **(se bild)**.
8 Öppna tankluckan och ta bort gummikåpan från påfyllningsrörets öppning. Lossa och ta bort fästbulten som håller fast påfyllningsröret vid karossen **(se bild)**.
9 Ta bort det högra bakhjulet, skruva sedan loss fästskruvarna och muttrarna och ta bort plasthjulhusfodret.
10 Gör inställningsmärken mellan de små slangarna och påfyllningsrörets överdel. Lossa fästklämmorna och lossa båda slangarna.
11 Lossa fästklämmorna och lossa huvudslangarna från påfyllningsröret. Skruva loss påfyllningsrörets fästbult och för ut enheten från under bilen.
12 Följ bränslematnings- och returslangarna från tanken till anslutningarna framför tanken. Gör linjeringsmarkeringar mellan slangarna, lossa fästklämmorna och ta bort dem från huset. Om slangarna är utrustade med snabbkopplingar kopplar du loss varje slang genom att trycka ihop klämmorna på var sida om fästet och lirkar loss fästet från röret.
13 Lossa/skruva loss bränslefiltret från bränsletankens fästrem **(se bild)**.
14 Placera en garagedomkraft tillsammans med en träbit under tanken, höj sedan upp domkraften tills den tar upp tankens tyngd.
15 Lossa och ta bort fästbultarna och ta bort fästremmen underifrån bränsletanken.
16 Sänk långsamt ner bränsletanken från dess plats, lossa alla andra relevanta rör när de blir åtkomliga (vid behov), och ta bort tanken underifrån bilen.
17 Om tanken är förorenad med sediment eller vatten tar du bort bränslepumpens kåpa (avsnitt 9) och sköljer ur tanken med rent bränsle. Tanken är gjuten i syntetmaterial, och om den skadas måste den bytas ut. I somliga fall kan det dock vara möjligt att reparera små läckor eller mindre skador. Kontakta en specialist innan några försök görs att reparera bensintanken.

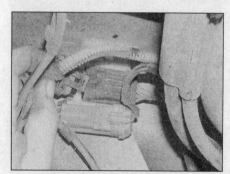

11.7 Lossa bränslepumpens anslutningskontakt

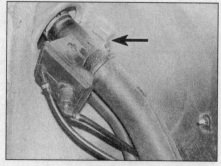

11.8 Ta bort påfyllningsrörets fästbult (markerad med pil)

11.13 Bränslefiltret sitter på tankens fästrem

12.2a Lossa och ta bort fästskruvarna . . .

12.2b . . . och lossa insugskanalen från gasspjällshuset

12.3 Lossa insprutningsventilens kontaktdon och ta bort den från gasspjällshuset

Montering

18 Montera i omvänd ordningsföljd mot demonteringen. Tänk på följande:

a) *Var noga med att se till att inga slangar kommer i kläm mellan tanken och bilens underrede när tanken lyfts tillbaka på sin plats. Montera tillbaka fästremmarna och dra åt bultarna till angivet moment.*

b) *Se till att alla rör, slangar och alla slanganslutningar sitter korrekt.*

c) *Justera handbromsen enligt beskrivningen i kapitel 9.*

d) *När du är färdig, fyll tanken med bränsle och undersök noga förekomsten av eventuella läckor, innan du ger dig ut med bilen i trafiken.*

12 Gasspjäll/hus – demontering och montering

⚠️ **Varning: Läs varningen i avsnitt 1 innan du fortsätter.**

Observera: *På 1,4-liters- (Z14XE), 1,6 -liters (Z16SE och Z16XE), 1,8-liters- (Z18XE) och 2,2-liters- (Z22SE) motormodellerna finns ett elektroniskt accelerationssystem monterat (ingen gasvajer). Gasspjällsventilens potentiometer och servomotorn utgör en del av gasspjällshuset. Enskilda delar av huset kan*

inte fås separat, om det är defekt måste hela huset bytas som en enhet.

SOHC motorer

X16SZR

1 Tryckutjämna bränslesystemet enligt beskrivningen i avsnitt 8 och koppla loss batteriets jordledning (se *Koppla loss batteriet* i Referens kapitlet).

2 Lossa fästklämman och lossa luftintagskanalen från gasspjällshusets kåpa. Koppla loss vakuum- och ventilationsslangarna från kåpan, skruva sedan loss fästskruvarna och ta bort kåpan och tätningsringen från gasspjällshusets överdel **(se bilder)**.

3 Tryck ner fästklämmorna och koppla loss kontaktdonen från gasspjällspotentiometern, tomgångsstyrningens stegmotor och insprutningsventilen. Lossa kablaget från gasspjällshuset **(se bild)**.

4 Lossa bränsleslangarna från gasspjällshuset.

5 Lossa länkstaget till gaspedalens länksystem från kulleden på gasspjällshuset **(se bild)**.

6 Koppla loss ventilations/vakuumslangarna från gasspjällshuset (efter tillämplighet).

7 Skruva loss muttrarna som håller fast gasspjällshusenheten vid insugsgrenröret och ta sedan bort enheten tillsammans med dess packning **(se bild)**. Kasta packningen, en ny måste användas vid montering.

8 Skruva om det behövs loss torxskruvarna och skilj gasspjällshusets övre och nedre delar **(se bild)**. Ta bort packningen och kasta den, eftersom det behövs en ny vid monteringen.

9 Om det behövs, kontrollera att anliggningsytorna är rena och torra, montera sedan en ny packning och förbind gasspjällshusets övre och nedre del. Applicera gänglåsning på fästskruven och dra åt dem stegvis till angivet moment.

10 Se till att gasspjällshusets och grenrörets anliggningsytor är rena och torra och ta bort alla spår av låsmedel från pinnbultar och muttrar.

11 Montera en ny packning på grenröret och montera tillbaka gasspjällshuset. Applicera gänglåsning på fästskruvarna och dra åt dem stegvis till angivet moment.

12 Återanslut vakuum/ventilationsslangarna (efter tillämplighet) och kläm fast gaslänksystemet på dess kulled.

13 Återanslut bränsleslangarna till gasspjällshuset, dra åt anslutningsmuttrara till angivet moment, och återanslut kontaktdonen.

14 Se till att tätningsringen sitter korrekt, och montera tillbaka kåpan gasspjällshuset. Dra åt kåpans fästskruvar och koppla tillbaka insugskanalen och vakuumslangarna.

15 Återanslut batteriet och starta motorn. Kontrollera beträffande tecken på läckor innan bilen körs på vägen.

12.5 Lossa gaslänkstaget (markerad med pil) från gasspjällshusets kulled

12.7 Ta bort gasspjällshuset

12.8 Skruva loss fästskruvarna och skilj de gasspjällshusets övre och nedre delar

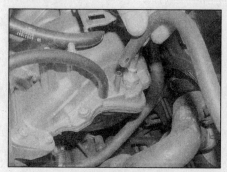

12.26 Lossa avluftningsventilslangen

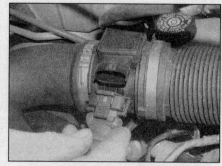

12.34 Koppla från luftflödesmätaren

Z16SE

16 Lossa batteriets jordledning (se *Koppla loss batteriet* i Referens kapitlet).
17 Ta bort luftrenarenheten och insugskanaler enligt beskrivningen i avsnitt 2.
18 Lossa slangen till avdunstningsreglerings-systemets avluftningsventil och motorns ventilationsslang från gasspjällshuset.
19 Fäst kylvätskeslangarna, lossa sedan fästklämmorna och ta bort båda slangar från gasspjällshuset. Plugga igen slangändarna för att minimera kylvätskeförlusten.
20 Lossa kablagets kontaktdon från gasspjällshusets elektroniska gasspjälls-ventilmodul.
21 Lossa och ta bort gasspjällshusets fästbultar och lossa huset från grenröret. Ta loss packningen och kasta den, eftersom en ny måste användas vid monteringen.
22 Montering sker i omvänd ordningsföljd, men tänk på följande:
a) Montera en ny packning och dra åt husets bultar till angivet moment.
b) Se till att alla kontaktdonen och kylvätskeslangar är ordentligt återanslutna.
c) Montera tillbaka luftrenarenheten och insugskanaler enligt beskrivningen i avsnitt 2.
d) Avsluta med att kontrollera kylsystemet och fyll på vid behov enligt beskrivningen i kapitel 3.

DOHC motorer

1,4 och 1,6 liter

23 Lossa batteriets jordledning (se *Koppla loss batteriet* i Referens kapitlet).
24 Ta bort oljepåfyllningslocket, skruva sedan loss fästskruvarna och lyft av motorkåpan. Sätt tillbaka oljepåfyllningslocket.
25 Lossa anslutningskontakten från lufttemperaturgivarenochlossainsugsgrenröret från överdelen på luftrenarhuset och gasspjällshuset. På Zafiramodeller måste du ta bort motorrummets tätning och vattenavvisarkåpan från vindrutans framsida, skruva sedan loss fästmuttrarna och bultarna och ta bort torpedväggens skyddsplåt för att komma åt luftintagskanalen.
26 Lossa slangen till avdunstnings-

regleringssystemets avluftningsventil från grenrörets vänstra sida **(se bild)**.
27 På modeller med en gasvajer, ta bort fästklämman och frigör vajerändens fäste från gasspjällskammen. Dra ut den yttre kabelgenomföringen från fästbygeln och placera kabeln där den inte är i vägen för huset.
28 Lossa och ta bort gasspjällshusets fästbultar och lossa huset från grenröret. Ta loss packningen och kasta den, eftersom en ny måste användas vid monteringen.
29 Vrid gasspjällshuset tills du kommer åt kylslangarna. Gör linjeringsmarkeringar mellan slangarna och huset, lossa fästklämmorna och ta bort dem från huset. Plugga igen slangändarna för att minimera kylvätskeförlusten.
30 På modeller med elektronisk gaspedal, koppla loss kablagets kontaktdon från den elektroniska gasspjällsenheten. På andra modeller, lossa kontaktdonen från gasspjällpotentiometern och stegmotorn för styrning av tomgångsvarvtalet. Ta försiktigt ut enheten med gasspjällshuset från motorrummet.
31 Montering sker i omvänd ordningsföljd, men tänk på följande:
a) Säkerställ att kontaktdonen och kylmedieslangarna har återanslutits på ett korrekt och säkert sätt innan grenrörets kåpa låses fast.
b) Montera en ny packning och dra åt husets bultar till angivet moment.
c) Se till att alla slangar sitter korrekt och säkert.

d) Justera gasvajern enligt beskrivningen i avsnitt 4 (om tillämpligt).
e) Avsluta med att kontrollera kylsystemet och fyll på vid behov enligt beskrivningen i kapitel 3.

1,8-, 2,0- och 2,2-liter

32 Lossa batteriets jordledning (se *Koppla loss batteriet* i Referens kapitlet).
33 Ta bort oljepåfyllningslocket, skruva loss fästskruvarna, och ta bort motorkåpan.
34 Lossa kontaktdonet från luftmassflödesmätaren **(se bild)**.
35 Lossa fästklämmorna och koppla loss hela luftintagsröret, inklusive massluftflödesmätaren av glödtrådstyp från luftrenarhuset och gasspjällshuset. På Zafiramodeller måste du ta bort motorrummets tätning och vattenavvisarkåpan från vindrutans framsida, skruva sedan loss fästmuttrarna och bultarna och ta bort torpedväggens skyddsplåt för att komma åt luftintagskanalen.
36 På modeller med gasvajer, ta bort fästklämman och koppla loss gasvajern från gasspjällsarmens kulled och lossa vajern från fästbygeln. På modeller med farthållare måste du också lossa farthållarkabeln. Farthållarens vajeränd är fäst på gasspjällsarmens kulled med en låsring.
37 På modeller med gasvajer, skruva loss fästbultarna och frigör vajerns fästbygel från gasspjällshuset.
38 Lossa fästklämmorna och ta bort motorns ventilationsslang mellan ventilkåpan och gasspjällshuset.
39 På modeller med gasvajer, kläm fast kylvätskeslangarna som är anslutna till gasspjällshusets baksida och lossa sedan fästklämmorna och koppla loss de båda slangarna. Torka bort eventuell utspilld kylvätska **(se bild)**.
40 Koppla loss slangen till bensintanksventilationens ventil från gasspjällshuset.
41 På modeller med elektronisk gaspedal, koppla loss kablagets kontaktdon från den elektroniska gasspjällsenheten **(se bilder)**. På andra modeller, lossa kontaktdonen från gasspjällpotentiometern och stegmotorn för styrning av tomgångsvarvtalet.

12.39 Gasspjällhusets kylvätskeslangar

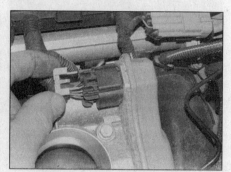

12.41a Lossa fästklämman. . .

12.41b ... och lossa kontaktdonet från gasspjällventilmodulen

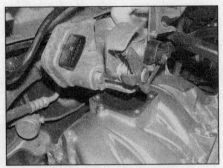

12.42a Ta bort gasspjällhuset ...

12.42b ... och byt packningen

42 Koppla loss alla återstående vakuum-/ventilationsslangar från gasspjällshuset. Notera deras placering och skruva sedan loss torxfästskruvarna och ta bort huset från grenröret. Ta bort packningen och kasta den, eftersom det behövs en ny vid monteringen **(se bilder)**.

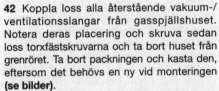

43 Montering sker i omvänd ordningsföljd, men tänk på följande:

a) Se till att anliggningsytorna är rena och torra. Montera en ny packning och dra åt husets skruvar till angivet moment.

b) Se till att alla slangar sitter korrekt och säkert.

c) Justera gasvajern enligt beskrivningen i avsnitt 4 (om tillämpligt).

d) Avsluta med att kontrollera kylsystemet och fyll på vid behov enligt beskrivningen i kapitel 3.

Observera: Om gasspjällshuset har bytts ut måste anpassningsvärdena som lagrats i ECU-motorstyrningen för den gamla enheten raderas med hjälp av speciell diagnostisk utrustning. Kontakta närmaste Opel-verkstad eller lämpligt utrustad specialist.

13 Bränsleinsprutningssystem – test och justering

Kontroll

1 Om ett fel uppstår i bränslein-sprutningssystemet, kontrollera först att alla kontakter är väl anslutna och fria från korrosion. Kontrollera att felet inte beror på bristande underhåll; Det vill säga, kontrollera att luftfiltret är rent, att tändstiften är hela och har korrekt avstånd (om tillämpligt), att cylinderkompressionstryck är korrekt, och att motorns ventilationsslangar är rena och oskadda.

2 Om dessa kontroller inte visar på problemets orsak ska bilen tas till en lämpligt utrustad Opel-verkstad för test. Ett kontaktdon för kablage är integrerat i motorkretsen. En speciell elektronisk testare för diagnos kan pluggas in där (se avsnitt 7). Testverktyget hittar felet snabbt och lätt och minskar behovet av att kontrollera alla

systemkomponenter enskilt, något som är tidskrävande och medför stora risker för att skada styrenheten.

Justering

3 Erfarna hemmamekaniker utrustade med en precisionsvarvräknare och en noggrant kalibrerad avgasanalyserare kan kontrollera avgasernas CO-halt och tomgångens varvtal. Men om dessa behöver justeras måste du lämna in bilen hos en Opel-verkstad eller specialist som har tillgång till den diagnosutrustning som behövs för att testa och justera inställningarna.

14 Multec enpunkts bränslein-sprutningssystem komponenter – demontering och montering

⚠️ **Varning: Läs varningen i avsnitt 1 innan du fortsätter.**

Bränsleinsprutningsventil

Observera: Om en bränsleinsprutare misstänks vara defekt kan det vara idé att försöka rengöra bränsleinsprutaren med en därför avsedd behandling, innan den demonteras.

1 Tryckutjämna bränslesystemet enligt beskrivningen i avsnitt 8 och koppla loss batteriets jordledning (se Koppla loss batteriet i Referens kapitlet).

2 Lossa fästklämman och lossa

luftintagskanalen från gasspjällshusets kåpa. Koppla loss vakuum- och ventilationsslangarna från kåpan, skruva sedan loss fästskruvarna och ta bort kåpan och tätningsringen från gasspjällshusets överdel.

3 Lossa fästklämmorna och lossa kontaktdonet från insprutningsventil **(se bild)**.

4 Skruva loss fästskruven och ta bort insprutningsventilens spännbricka **(se bilder)**.

5 Lirka ut insprutningsventilen från gasspjällshuset tillsammans med dess tätningsringar **(se bild)**. Kassera tätningsringarna, de måste alltid bytas när insprutningsventilen hanteras.

6 Monteringen sker i omvänd ordningsföljd mot demonteringen, använd nya tätningsringar. När fästklämman återmonteras, se till att den hamnar korrekt i förhållande till insprutningsventilen och dra åt dess fästskruv ordentligt.

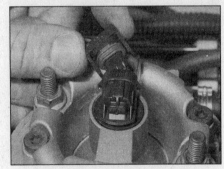

14.3 Lossa kontaktdonet från bränsleinsprutare ...

14.4a ... skruva sedan loss fästskruven ...

14.4b ... och ta bort insprutningsventilens spännbricka

14.5 Ta bort insprutare från gasspjällshuset, observera tätningsringarna (markerad med pil)

14.9 Bränsletrycksregulatorns fästskruvar (markerad med pil)

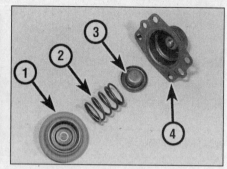

14.10 Bränsletrycksregulator komponenter

1 Membran
2 Fjäder
3 Fjädersäte
4 Kåpa

Bränsletrycksregulator

Observera: *I skrivande stund meddelas att regulatorenheten nu inte finns att få separat; Om den är defekt måste hela gasspjällshuset övre del bytas. Även om enheten kan tas isär för rengöring om det behövs så ska du inte hantera den i onödan.*

7 Tryckutjämna bränslesystemet enligt beskrivningen i avsnitt 8 och koppla loss batteriets jordledning (se *Koppla loss batteriet* i Referens kapitlet).

8 Lossa fästklämman och lossa luftintagskanalen från gasspjällshusets kåpa. Koppla loss vakuum- och ventilationsslangarna från kåpan, skruva sedan loss fästskruvarna och ta bort kåpan och tätningsringen från gasspjällshusets överdel.

9 Använd en märkpenna och gör inställningsmärken för att passa ihop regulatorns kåpa och gasspjällshuset, lossa därefter husets fästskruvar och ta bort dem **(se bild)**.

10 Lyft av kåpan, ta sedan bort fjädersätet och fjädern, ta sedan bort membranet (observera hur det sitter) **(se bild)**. Ta bort alla spår av smuts och undersök om membranet verkar sprucket. Om du hittar skador måste du byta gasspjällshusenheten.

11 Återmonteringen sker i omvänd ordningsföljd mot demonteringen. Se till att membranet och kåpan monteras åt rätt håll och att fästskruvarna dras åt ordentligt.

Stegmotor för styrning av tomgångsvarvtalet

12 Lossa batteriets jordledning (se *Koppla loss batteriet* i Referens kapitlet).

13 För att underlätta åtkomsten till motorn, lossa fästklämman och lossa luftintagskanalen från gasspjällshusets kåpa. Koppla loss vakuum- och ventilationsslangarna från kåpan, skruva sedan loss fästskruvarna och ta bort kåpan och tätningsringen från gasspjällshusets överdel.

14 Lossa fästklämman och lossa kontaktdonet från motorn som sitter framför gasspjällshuset **(se bild)**.

15 Skruva loss fästskruvarna och för försiktigt motorn ur dess plats, var försiktig så att inte motorns tryckkolv skadas. Ta loss tätningsringen från motorn och kassera den. en ny en måste användas vid återmonteringen **(se bild)**.

16 Monteringen sker i omvänd ordningsföljd mot demonteringen, använd en ny tätningsring. För att se till att motorns tryckkolv inte skadas vid återmontering, kontrollera före installationen att tryckkolvens topp inte sticker ut mera än 28 mm från motorns motfläns **(se bild)**. Om det behövs, skjut **försiktigt** in tryckkolven i höljet tills den befinner sig i rätt läge.

Gasspjällets potentiometer

17 Lossa batteriets jordledning (se *Koppla loss batteriet* i Referens kapitlet).

18 Lossa fästklämman och lossa kontaktdonet från gasspjällets potentiometer som sitter på vänster sida av gasspjällshuset. Lossa och ta bort fästskruvarna och ta bort potentiometern **(se bilder)**.

19 Rengör gängorna på fästbultarna

14.14 Lossa stegmotorn för styrning av tomgångsvarvtalet

14.15 Ta bort motorn från gasspjällshuset, observera tätningsringen (markerad med pil)

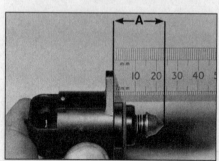

14.16 Se till att tryckkolven inte når längre än det angivna avståndet (A) från den anliggande flänsen (se text)

14.18a Lossa kontaktdonet. . .

14.18b . . . skruva sedan loss fästskruvarna och ta bort potentiometern från gasspjällshuset

före monteringen och applicera en droppe nytt låsmedel på varje bult. Se till att potentiometern är korrekt fastsatt i gasspjällsventilens spindel och dra sedan åt dess fästbultar. Återanslut kontaktdonet.

Temperaturgivare för kylvätska:

20 Kylvätsketemperaturgivaren är fäst på insugsgrenrörets bakre del. Se kapitel 3A för information om demontering och montering.

Givare för insugsluftens absoluta tryck (MAP)

21 MAP-givaren sitter på motorrummets mellanvägg, till vänster om gasspjällshuset **(se bild)**. Se till att tändningen är avstängd. Koppla sedan bort kontaktdonet och vakuumslangen från givaren. MAP givaren kas sedan lossas och tas bort från fästet.
22 Återmonteringen sker i omvänd ordningsföljd mot demonteringen.

Vevaxelgivare

23 Givaren sitter baktill på motorblocket och kan kommas åt från bilens undersida. Dra åt handbromsen. Lyft upp framvagnen och ställ den på pallbockar (se *Lyftning och stödpunkter*).
24 Följ kabeln bakåt från givaren, ta loss den från alla relevanta klamrar och notera hur den är dragen. Koppla loss kontaktdonet så att kablaget fritt kan tas bort tillsammans med givaren.
25 Skruva loss fästbulten och ta bort givaren underifrån bilen **(se bild)**.
26 Monteringen utförs i omvänd ordningsföljd mot demonteringen, dra åt fästbultarna till angivet moment. Se till att kablaget är korrekt draget och hålls fast av de klämmor och buntband som behövs.
27 Avsluta med att kontrollera med ett bladmått att spelet mellan givarens spets och vevaxeldrevets kuggar är 1,0 ± 0,7 mm. Om spelet inte ligger inom det angivna området, byt givarens fäste.

Knacksensor

28 Knackgivaren sitter baktill på motorblocket och kan kommas åt från bilens undersida. Dra åt handbromsen. Lyft upp framvagnen och ställ den på pallbockar (se *Lyftning och stödpunkter*).
29 Spåra kablaget tillbaka från givaren, notera korrekt dragning och lossa det vid kontaktdonet.
30 Skruva loss fästbulten och ta bort givaren från motorn.
31 Se till vid monteringen att anliggningsytorna är rena och torra. Montera givaren och dra åt fästbulten till angivet moment. Se till att kablaget är korrekt draget och återanslutet och sänk ner bilen.

Styrmodul

32 ECU:n sitter bredvid batteriet i motorrummets vänstra del.
33 Lossa batteriets jordledning (se *Koppla loss batteriet* i Referens kapitlet).

14.21 Givare för insugsluftens absoluta tryck (MAP)

34 Demontera vindrutans torkararmar enligt beskrivningen i kapitel 12.
35 Ta bort skyddskåpan från ECU:n och dra sedan enheten uppåt ur fästbygeln. Lossa ECU:ns anslutningskontakter.
Observera: *Innan en ECU byts ut måste säkerhetskoden återställas med hjälp av specifik diagnosutrustning. Kontakta närmaste Opel-verkstad eller lämpligt utrustad specialist.*
36 Monteringen sker i omvänd ordningsföljd mot demonteringen.

Bränslepumprelä

37 Bränslepumpreläet sitter i motorrummets huvudreläboks.
38 Lossa kåpan och ta bort den från relädosan. Identifiera det bränslepumpsrelä som är lilafärgat. Säkerställ att tändningen är avstängd och dra sedan ut reläet.
39 Montera i omvänd ordningsföljd mot demonteringen.

Luftkonditioneringssystem kontakt

40 Luftkonditioneringssystemets omkopplare är fastskruvat i ett av kylmedierören och kan inte tas bort utan att man först tömmer ur kylmediet (se kapitel 3). Byte av brytaren ska därför överlåtas till en verkstad med lämplig utrustning.

> **15 Multec S flerpunkts insprutnings-
> system komponenter –
> demontering och montering**

 Varning: Läs varningen i avsnitt 1 innan du fortsätter.

SOHC motorer

Bränslefördelarskena och bränsleinsprutare

Observera: *Om en bränsleinsprutare misstänks vara defekt kan det vara idé att försöka rengöra bränsleinsprutaren med en därför avsedd behandling, innan den demonteras.*
1 Tryckutjämna bränslesystemet enligt beskrivningen i avsnitt 8 och koppla loss batteriets jordledning (se *Koppla loss batteriet* i Referens kapitlet).

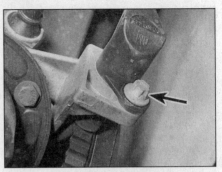

14.25 Vevaxelgivarens fästbult (se pil) – sett underifrån bilen

2 Ta bort luftrenarenheten och insugskanaler enligt beskrivningen i avsnitt 2.
3 Koppla loss kontaktdonet vid lambdasonden, kamaxelgivaren och gasspjällshuset.
4 Koppla loss kontaktdonet på varje bränsleinsprutare och för kablaget åt sidan.
5 Lossa bränslematningsröret från bränslefördelarskenan och lossa det från stödfästet.
6 Skruva loss de båda bultarna och ta bort bränslefördelarskenan med insprutningsventilerna från grenröret.
7 Om det behövs, kan insprutningsventilerna skiljas från bränslefördelarskenan genom att man tar bort den aktuella fästklämman och tar bort insprutningsventilen från bränslefördelarskenan. Ta loss den övre tätningsringen från injektorn och kassera den. Alla tätningsringar som har rörts måste bytas.
8 Monteringen sker i omvänd ordningsföljd mot demonteringen. Tänk på följande.
  a) Förnya alla tätningsringar som har hanterats och applicera litet motorolja på dem för att underlätta installationen.
  b) Skjut försiktigt in insprutningsventilen (-ventilerna) i bränslefördelarskenan och säkerställ att tätningsringen (-ringarna) förblir korrekt placerade. Säkra den på plats med fästklämmorna.
  c) Vid återmontering av bränslefördelarskenan, var noggrann med att inte skada insprutventilerna och säkerställ att alla tätningsringar är kvar på rätt plats. När bränslefördelarskenan sitter korrekt, dra åt dess fästbultar till angivet moment.
  d) Avsluta med att starta motorn och kontrollera om det finns bränsleläckage.

Bränsletrycksregulator

9 Reglering av bränsletrycket är en av funktionerna hos bränsletankens pumpmodul. Regulatorn sitter under bränslepumpens åtkomstlucka. Regulatorn verkar inte finnas som en separat del – hör med din Opel-verkstad. För att lossa regulatorn, följ tillvägagångssättet för byte av bränslepump som det beskrivs i avsnitt 9, och koppla loss regulatorn från bränsleledningarna och kontaktdonet som finns på undersidan av bränslepumpens åtkomstlucka.

Temperaturgivare för kylvätska:

10 Kylvätsketemperaturgivaren är fäst på termostathuset. Se kapitel 3A för information om demontering och montering.

Insugsluftens temperaturgivare:

11 Insugslufttemperaturgivaren sitter på insugskanalen som förbinder luftrenarhuset med gasspjällhuset.
12 Se till att tändningen är avstängd. Koppla sedan bort givarens kontaktdon.
13 Skjut försiktigt ut givaren ur dess läge och ta bort tätningsmuffen från insugskanalen. Om tätningsmuffen visar tecken på skador eller slitage måste den bytas.
14 Återmonteringen sker i omvänd ordningsföljd mot demonteringen. Se till att givaren och genomföringen placeras korrekt i kanalen.

Givare för insugsluftens absoluta tryck (MAP)

15 MAP-givaren är placerat på insugsgrenrörets vänstra del.
16 Lossa tryckgivarens kabelhärva från fästet på motorns styrenhet, koppla sedan loss kontaktdonet från givaren.
17 Vrid givaren 1/4 varv medurs och dra den försiktigt ut ur insugsgrenröret.
18 Monteringen sker i omvänd ordningsföljd mot demonteringen, använd en ny tätningsring.

Vevaxelgivare

19 Givaren sitter fram till vänster på motorblocket och kan kommas åt underifrån bilen. Dra åt handbromsen. Lyft upp framvagnen och ställ den på pallbockar (se *Lyftning och stödpunkter*).
20 Lossa kontaktdonet, skruva sedan loss fästbulten och ta bort givaren underifrån bilen.
21 Monteringen sker i omvänd ordningsföljd mot demonteringen, använd en ny tätningsring. Dra åt givarens bult till angivet moment.

Kamaxelgivare

22 Ta bort luftrenarenheten och insugskanaler enligt beskrivningen i avsnitt 2.
23 Lossa givarens kontaktdon, skruva loss fästbulten och ta bort givaren från topplocket.
24 Monteringen utförs i omvänd ordningsföljd mot demonteringen, dra åt fästbultarna till angivet moment.

Knacksensor

25 Knackgivaren sitter baktill på motorblocket och kan kommas åt från bilens undersida. Dra åt handbromsen. Lyft upp framvagnen och ställ den på pallbockar (se *Lyftning och stödpunkter*).
26 Spåra kablaget tillbaka från givaren, notera korrekt dragning och lossa det vid kontaktdonet.
27 Skruva loss fästbulten och ta bort givaren från motorn.
28 Se till vid monteringen att anliggningsytorna är rena och torra. Montera givaren och dra åt fästbulten till angivet moment. Se till att kablaget är korrekt draget och återanslutet och sänk ner bilen.

Styrmodul

29 ECU:n är placerat på insugsgrenrörets vänstra ände.
30 Lossa batteriets jordledning (se *Koppla loss batteriet* i Referens kapitlet).
31 Lossa låshakarna och koppla loss kontaktdonen från ECU:n.
32 Lossa kabelhärvan till grenrörets absoluttryckgivare från fästet på motorns styrenhet.
33 Skruva loss fästbulten och lossa ECU:ns jordkabel.
34 Koppla loss bränslerörets fästbygel och ta sedan bort ECU:n från insugsgrenröret.
35 Monteringen sker i omvänd ordningsföljd mot demonteringen, och se till att kontaktdonen är ordentligt återanslutet. **Observera:** *Innan en ECU byts ut måste säkerhetskoden återställas med hjälp av specifik diagnosutrustning. Kontakta närmaste Opel-verkstad eller lämpligt utrustad specialist.*

Bränslepumprelä

36 Se avsnitt 14, stycke 37 to 39.

Luftkonditioneringssystem kontakt

37 Se avsnitt 14, stycke 40.

DOHC motorer

Bränslefördelarskena och bränsleinsprutare

Observera: *Om en bränsleinsprutare misstänks vara defekt kan det vara idé att försöka rengöra bränsleinsprutaren med en därför avsedd behandling, innan den demonteras.*

38 Tryckutjämna bränslesystemet enligt beskrivningen i avsnitt 8 och koppla loss batteriets jordledning (se *Koppla loss batteriet* i Referens kapitlet).
39 Ta bort oljepåfyllningslocket, skruva loss fästskruvarna, och ta bort motorkåpan.
40 Lossa anslutningskontakten från lufttemperaturgivaren och lossa huvudinsugsröret från luftrenarhuset och gasspjällhuset. På Zafiramodeller måste du ta bort motorrummets tätning och vattenavvisarkåpan från vindrutans framsida, skruva sedan loss fästmuttrarna och bultarna och ta bort torpedväggens skyddsplåt för att komma åt luftintagskanalen.
41 Lossa motorns ventilationsslang från kamaxelkåpan.
42 Koppla loss alla kontaktdon som är kopplade till kablagets plastbricka som löper över bränslefördelarskenan. Notera hur kablarna sitter **(se bild)**. De delar som ska kopplas loss är:
Kolkanisterns avluftningsventil.
Vevaxellägesgivare.
Ojetryckskontakt.
Stegmotor för styrning av tomgångsvarvtalet.
Kylvätsketemperaturgivare.
Gasspjällets lägesgivare.
Kamaxelgivare.
MAP-givare.
EGR ventil.
Tändningsmodul.
Lambdasonde.
ECU (övre kontaktdon).
Knackgivare.
Interferensundertryckare (på tändningsmodulen).
Jordanslutningar på grenröret (två).
Det grå kontaktdonet framför motorrummets relälåda.
43 På X14XE och X16XEL motorer, lossa vakuumslangen från bränsletrycksregulatorn på bränslefördelarskenans vänstra ände.
44 Koppla loss matningsröret och, på X14XE- och X16XEL-motorer, returröret från bränslefördelarskenan eller bränsletrycksregulatorn **(se bild)**. Observera att anslutningarna har olika storlek.
45 Skruva loss de två fästbultarna och ta bort bränslefördelarskenan med insprutningsventilerna, även kablagebrickan av plast **(se bild)**.

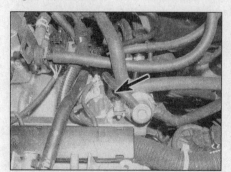

15.42 Jordanslutningar på insugningsröret (markerad med pil)

15.44 Bränsletrycksregulatorns matnings- och returrör

15.45 Bränslefördelarskenans fästbult

15.50 Bränsletrycksregulatorns klämma

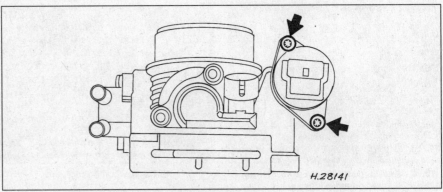

15.56 Fästskruvar till stegmotorn för styrning av tomgångsvarvtal (se pil) – visas med gasspjällshuset borttaget

46 Om det behövs, kan insprutningsventilerna skiljas från bränslefördelarskenan genom att man tar bort den aktuella fästklämman och tar bort insprutningsventilen från bränslefördelarskenan. Ta loss den övre tätningsringen från injektorn och kassera den. Alla tätningsringar som har rörts måste bytas.

47 Monteringen sker i omvänd ordningsföljd mot demonteringen. Tänk på följande.

a) Förnya alla tätningsringar som har hanterats och applicera litet motorolja på dem för att underlätta installationen.

b) Skjut försiktigt in insprutningsventilen (-ventilerna) i bränslefördelarskenan och säkerställ att tätningsringen (-ringarna) förblir korrekt placerade. Säkra den på plats med fästklämmorna.

c) Vid återmontering av bränslefördelarskenan, var noggrann med att inte skada insprutventilerna och säkerställ att alla tätningsringar är kvar på rätt plats. När bränslefördelarskenan sitter korrekt, dra åt dess fästbultar till angivet moment.

d) Avsluta med att starta motorn och kontrollera om det finns bränsleläckage.

Bränsletrycksregulator

Observera: På 1,4-liters (Z14XE) och 1,6-liters- (Z16XE) motorer är bränsletryckregleringen en funktion av bränsletankens pumpmodul. Regulatorn sitter under bränslepumpens åtkomstlucka. Regulatorns verkar inte finnas som en separat

del – hör med din Opel-verkstad. För att lossa regulatorn, följ tillvägagångssättet för byte av bränslepump som det beskrivs i avsnitt 9, och koppla loss regulatorn från bränsleledningarna och kontaktdonet som finns på undersidan av bränslepumpens åtkomstlucka.

48 Skruva loss de två fästskruvarna och oljepåfyllningslocket, och ta bort motorkåpan. Tryckutjämna bränslesystemet enligt beskrivningen i avsnitt 8 och koppla loss batteriets jordledning (se *Koppla loss batteriet* i Referens kapitlet).

49 Lossa vakuumslangen från regulatorn.

50 Skruva loss skruvarna och ta bort regulatorns fästklämma **(se bild)**.

51 Dra försiktigt av regulatorn från bränslefördelarskenan tillsammans med tätningsringarna.

52 Monteringen sker i omvänd ordningsföljd mot demonteringen, använd nya tätningsringar. Avsluta med att starta motorn och kontrollera om det finns bränsleläckage.

Stegmotor för styrning av tomgångsvarvtalet

Observera: På 1,4-liters (Z14XE) och 1,6-liters (Z16XE) motorer, finns det ett elektroniskt gassystem (utan gasvajer). Gasspjällsventilens potentiometer och servomotorn utgör en del av gasspjällshuset. Enskilda delar av huset kan inte fås separat, om det är defekt måste hela

huset bytas som en enhet. Se avsnitt 12 för information om byte av gasspjällhuset.

53 Skruva loss de två fästskruvarna och oljepåfyllningslocket, och ta bort motorkåpan.

54 Lossa lufttemperaturgivaren och ta bort huvudinsugsröret från luftrenarhuset och gasspjällhuset. På Zafiramodeller måste du ta bort motorrummets tätning och vattenavvisarkåpan från vindrutans framsida, skruva sedan loss fästmuttrarna och bultarna och ta bort torpedväggens skyddsplåt för att komma åt luftintagskanalen.

55 Lossa kabelpluggen från stegmotorn.

56 Skruva loss de två skruvarna och ta bort motorn från gasspjällhuset **(se bild)**.

57 Monteringen sker i omvänd ordningsföljd mot demonteringen, och tänk på följande.

a) Före montering, kontrollera att tryckkolvens topp inte skjuter ut mer än 33 mm från motorns anliggningsfläns **(se bild 14.16)**. Om det behövs, skjut **försiktigt** in tryckkolven i höljet tills den befinner sig i rätt läge. Att inte göra detta kan leda till att motorn skadas.

b) Applicera låsmedel till motorskruvarna.

Gasspjällets potentiometer

Observera: På 1,4-liters (Z14XE) och 1,6-liters (Z16XE) motorer, finns det ett elektroniskt gassystem (utan gasvajer). Gasspjällsventilens potentiometer och servomotorn utgör en del av gasspjällshuset. Enskilda delar av huset kan inte fås separat, om det är defekt måste hela huset bytas som en enhet. Se avsnitt 12 för information om byte av gasspjällhuset.

58 Skruva loss de två fästskruvarna och oljepåfyllningslocket, och ta bort motorkåpan.

59 Lossa lufttemperaturgivaren och ta bort huvudinsugsröret från luftrenarhuset och gasspjällhuset. På Zafiramodeller måste du ta bort motorrummets tätning och vattenavvisarkåpan från vindrutans framsida, skruva sedan loss fästmuttrarna och bultarna och ta bort torpedväggens skyddsplåt för att komma åt luftintagskanalen.

60 Lossa kabelhärvans plugg från potentiometern.

61 Skruva loss de två fästskruvar och ta bort potentiometern från gasspjällhuset **(se bild)**.

62 Vid återmonteringen, montera

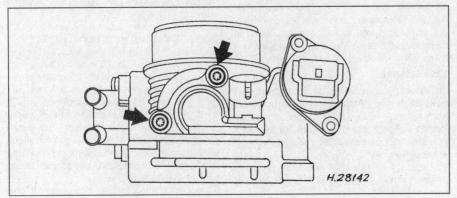

15.61 Gasspjällpotentiometer fästskruvar (markerad med pil) – visas med gasspjällshuset borttaget

15.62 Rikta in gasspjällets potentiometer mot gasspjällets axel

15.73 Vevaxellägesgivare

potentiometern och se till att den är korrekt förbunden med gasspjällets spindel. Applicera gänglåsning på fästskruvarna och dra åt ordentligt. Kontrollera gasspjällsventilens funktion, anslut därefter anslutningskontakten och återmontera luftintagsledningarna **(se bild)**.

Temperaturgivare för kylvätska:

63 Kylvätsketemperaturgivaren är fäst på termostathuset. Se kapitel 3A för information om demontering och montering.

Insugsluftens temperaturgivare:

64 Insugslufttemperaturgivaren sitter i insugsröret som förbinder luftrenarhuset med insugsgrenröret.
65 Se till att tändningen är avstängd. Koppla sedan bort givarens kontaktdon.
66 Skjut försiktigt ut givaren ur dess läge och ta bort tätningsmuffen från insugskanalen. Om tätningsmuffen visar tecken på skador eller slitage måste den bytas.
67 Återmonteringen sker i omvänd ordningsföljd mot demonteringen. Se till att givaren och genomföringen placeras korrekt i kanalen.

Givare för insugsluftens absoluta tryck (MAP)

68 På X14XE och X16XEL motorer, sitter MAP-givaren på motorrummets mellanvägg, till vänster om insugsgrenröret. På Z14XE och Z16XE motorer sitter MAP sensorn på insugsgrenrörets vänstra sida.
69 På X14XE- och X16XEL-motorer, se till att tändningen är frånslagen och koppla sedan loss kontaktdonet och vakuumslangen från givaren. MAP givaren kas sedan lossas och tas bort från fästet. På Z14XE och Z16XE motorer, skruva loss de två fästskruvarna och oljepåfyllningslocket, och ta bort motorkåpan. Se till att tändningen är avstängd. Koppla sedan bort givarens kontaktdon. MAP givaren kas sedan lossas och tas bort från grenröret.
70 Montera i omvänd ordningsföljd mot demonteringen.

Vevaxelgivare

71 På X14XE och X16XEL-motorer sitter givaren på en fästbygel på baksidan av motorblockets högra sida och det går att komma åt den från bilens undersida. Dra

åt handbromsen. Lyft upp framvagnen och ställ den på pallbockar (se *Lyftning och stödpunkter*). På Z14XE och Z16XE motorer sitter sensorn fram på motorblocket under oljefiltret.
72 Följ kabeln bakåt från givaren, ta loss den från alla relevanta klamrar och notera hur den är dragen. Koppla loss kontaktdonet så att kablaget fritt kan tas bort tillsammans med givaren.
73 Skruva loss fästbulten och ta bort givaren underifrån bilen **(se bild)**.
74 Monteringen utförs i omvänd ordningsföljd mot demonteringen, dra åt fästbultarna till angivet moment. Se till att kablaget är korrekt draget och hålls fast av de klämmor och buntband som behövs.
75 På X14XE och X16XEL motorer, kontrollera med ett bladmått att spelet mellan givarens spets och vevaxeldrevets kuggar är 1.0 ± 0.7 mm. Om spelet inte ligger inom det angivna intervallet, kontrollera att fästbygelns fästyta är ren och plan, utan korrosion.

Kamaxelgivare

76 Ta bort kamremmens övre kåpa enligt beskrivningen i kapitel 2B.
77 Följ kabeln bakåt från givaren, ta loss den från alla relevanta klamrar och notera hur den är dragen. Koppla loss kontaktdonet så att kablaget fritt kan tas bort tillsammans med givaren.
78 Skruva loss fästbultarna och ta bort givaren från topplockets ände.
79 Monteringen utförs i omvänd ordningsföljd mot demonteringen, applicera lite låsvätska, och dra åt fästbultarna till angivet moment. Se till att kablaget är korrekt draget och hålls fast av de klämmor och buntband som behövs.

Knacksensor

80 Knackgivaren sitter på motorblockets baksida, strax till höger om startmotorn. Man kommer åt den från bilens undersida. Dra åt handbromsen. Lyft upp framvagnen och ställ den på pallbockar (se *Lyftning och stödpunkter*).
81 Spåra kablaget tillbaka från givaren, notera korrekt dragning och lossa det vid kontaktdonet.
82 Skruva loss fästbulten och ta bort givaren från motorn.

83 Se till vid monteringen att anliggningsytorna är rena och torra. Montera givaren och dra åt fästbulten till angivet moment. Se till att kablaget är korrekt draget och återanslutet och sänk ner bilen.

Styrmodul

84 Lossa batteriets jordledning (se *Koppla loss batteriet* i Referens kapitlet).
85 Skruva loss de två fästskruvarna och oljepåfyllningslocket, och ta bort motorkåpan.
86 Lossa fästklämmorna, lossa sedan kontaktdonen från ECU:n. Skruva loss de tre fästbultar och ta bort ECU:n från bilen.
87 Monteringen sker i omvänd ordningsföljd mot demonteringen, och se till att kontaktdonen är ordentligt återanslutet. **Observera:** *Innan en ECU byts ut måste säkerhetskoden återställas med hjälp av specifik diagnosutrustning. Kontakta närmaste Opel-verkstad eller lämpligt utrustad specialist.*

Bränslepumprelä

88 Se avsnitt 14, stycke 37 till 39.

Luftkonditioneringssystem kontakt

89 Se avsnitt 14, stycke 40.

16 Simtec flerpunkts insprutnings-system komponenter – demontering och montering

⚠ *Varning: Läs varningen i avsnitt 1 innan du fortsätter.*

Bränslefördelarskena och bränsleinsprutare

Observera: *Om en bränsleinsprutare misstänks vara defekt kan det vara idé att försöka rengöra bränsleinsprutaren med en därför avsedd behandling, innan den demonteras.*
1 Ta bort påfyllningslocket, skruva loss fästskruvarna, och ta bort motorkåpan.
2 Tryckutjämna bränslesystemet enligt beskrivningen i avsnitt 8 och koppla loss batteriets jordledning (se *Koppla loss batteriet* i Referens kapitlet).
3 Lossa kontaktdonen från glödtrådsluftmassflödesmätaren.
4 Lossa fästklämmorna, koppla sedan loss inloppskanalen från luftrenaren och gasspjällshuset och ta bort kanalenheten inklusive massluftflödesmätaren av glödtrådstyp från motorrummet, vilket frigör den från kablaget. På Zafiramodeller måste du ta bort motorrummets tätning och vattenavvisarkåpan från vindrutans framsida, skruva sedan loss fästmuttrarna och bultarna och ta bort torpedväggens skyddsplåt för att komma åt luftintagskanalen.
5 Lossa fästklämmorna och koppla loss ventilationsslangarna från kamaxelkåpans baksida och gasspjällhuset.

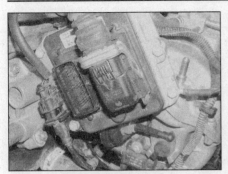

16.7a ECU placering

16.7b Fästbult till kontaktskenan för motorkablaget

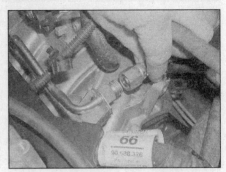

16.8 Bränslematningsrör

6 Koppla loss alla kontaktdon som är anslutna till kontaktskenan som sitter ovanpå insprutningsventilerna. Lossa alla fästklämmor från kontaktskens kablaget.

7 Skruva loss bultarna som håller fast kontaktskenans jordanslutningar vid höger sida av insugsgrenröret och motorns ECU vid grenrörets vänstra sida. Skruva loss kontaktskenans fästbult **(se bilder)**.

8 Skruva loss anslutningsmuttern(arna) och lossa bränsleslangen(arna) från bränslefördelarskenan. Håll bränslefördelarskenans adapter på plats med en gaffelnyckel medan anslutningarna lossas **(se bild)**.

9 Lossa och ta bort de två fästbultarna och lirka sedan försiktigt ut enheten med bränslefördelarskenan och injektorn, inklusive kontaktskenan och kabelknippet från dess plats och ta bort den från grenröret. Ta loss de nedre tätningsringarna från injektorerna och kassera den. De måste bytas när de har lossats **(se bild)**.

10 Lossa fästklämmorna försiktigt och lyft av kontaktskenan från insprutningsventilernas ovansida; kontakdonen är en integrerad del av kontaktskenan **(se bild)**.

11 För av den relevanta fästklämman och ta bort insprutningsventilen från bränslefördelarskenan. Ta loss den övre tätningsringen från injektorn och kassera den. Alla tätningsringar som har rörts måste bytas.

12 Monteringen sker i omvänd ordningsföljd mot demonteringen. Tänk på följande.

a) Förnya alla tätningsringar som har hanterats och applicera litet motorolja på dem för att underlätta installationen.

b) Skjut försiktigt in insprutningsventilen (-ventilerna) i bränslefördelarskenan och säkerställ att tätningsringen (-ringarna) förblir korrekt placerade. Säkra den på plats med fästklämmorna.

c) Vid återmontering av bränslefördelarskenan, var noggrann med att inte skada insprutventilerna och säkerställ att alla tätningsringar är kvar på rätt plats. När bränslefördelarskenan sitter korrekt, dra åt dess fästbultar till angivet moment.

d) När väl bränslefördelarskenan har återmonterats kan kontaktskenan pressas fast ovanpå insprutventilerna. Se till att kontaktskenans kontakter är helt och hållet isatta i insprutventilerna **(se bild)**.

e) Avsluta med att starta motorn och kontrollera om det finns bränsleläckage.

Bränsletrycksregulator

Observera: På alla 1,8-liters motorer är bränsletryckregleringen en funktion av bränsletankens pumpmodul. Regulatorn sitter under bränslepumpens åtkomstlucka. Regulatorns verkar inte finnas som en separat del – hör med din Opel-verkstad. För att lossa regulatorn, följ tillvägagångssättet för byte av bränslepump som det beskrivs i avsnitt 9, och koppla loss regulatorn från bränsleledningarna och kontaktdonet som finns på undersidan av bränslepumpens åtkomstlucka.

13 På 2,0-liters motorer, ta bort motorkåpan, tryckutjämna bränslesystemet enligt beskrivningen i avsnitt 8 och koppla loss batteriets jordledning (se *Koppla loss batteriet* i Referens kapitlet).

14 Lossa vakuumslangen från regulatorn.

Skruva loss skruvarna och ta bort regulatorns fästklämma **(se bild)**.

15 Dra försiktigt av regulatorn från bränslefördelarskenan tillsammans med tätningsringarna.

16 Monteringen sker i omvänd ordningsföljd mot demonteringen, använd nya tätningsringar. Avsluta med att starta motorn och kontrollera om det finns bränsleläckage.

Gasspjällventil justerare

1,8-liters motorer

17 Motorns tomgångsvarvtal (X18XE1-motorer) och gasspjällsventilens position (Z18XE och Z18XEL motorer) styrs av motorns styrenhet via en gasspjällsventiljusterare. Gasspjällets tryckmätare är inbyggd i justeraren som är en del av gasspjällshuset. Enskilda delar av huset kan inte fås separat, om det är fel på gasspjällsventilens justerar måste den bytas som en enhet tillsammans

16.9 Skruva loss bränslefördelarskenans bultar

16.10 Bänd upp fjäderklämman och ta isär kontaktdonet

16.12 Se till att kontaktdonen griper in helt på insprutningsventilerna

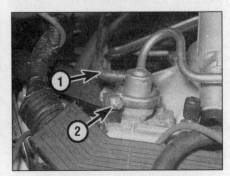

16.14 Bränsletrycksregulatorns vakuumslang (1) och fästklämma (2)

16.19a Lossa kontaktdonet...

16.19b ... skruva sedan loss fästskruvarna (en dold) och ta bort stegmotorn för styrning av tomgångsvarvtal från gasspjällshuset

16.26 Glödtrådsluftmassflödesmätare

med gasspjällshuset. Se avsnitt 12 för information om byte av gasspjällhuset.

Stegmotor för styrning av tomgångsvarvtalet

2,0-liters motorer

18 Lossa kontaktdonen från glödtrådsluftmassflödesmätaren. Lossa fästklämman och koppla loss ventilationsslangen från baksidan av kamaxelkåpan. Lossa sedan fästklämmorna och ta bort insugskanalsenheten från motorrummet. På Zafiramodeller måste du ta bort motorrummets tätning och vattenavvisarkåpan från vindrutans framsida, skruva sedan loss fästmuttrarna och bultarna och ta bort torpedväggens skyddsplåt för att komma åt luftintagskanalen.

19 Lossa kontaktdonet och de två fästskruvarna och ta bort motorenheten från sidan av gasspjällshuset **(se bilder)**. Ta bort packningen och kasta den; du måste sätta dit en ny vid monteringen.

20 Monteringen sker i omvänd ordningsföljd mot demonteringen, använd en ny packning.

Gasspjällets potentiometer

21 På 1,8-liters motorer är funktionen för gasspjällets potentiometer inbyggd i gasspjällsventilens justerare. På 2,0-liters motorer, ta bort gasspjällshuset enligt beskrivningen i avsnitt 12.

22 Lossa och ta bort de två fästskruvarna, ta sedan bort potentiometern från huset.

23 Monteringen utförs i omvänd ordning mot demonteringen, se till att potentiometern hamnar rätt på gasspjällets axel.

Temperaturgivare för kylvätska:

24 Kylvätsketemperaturgivaren sitter i huset mot vänster sida av motorblocket. Se kapitel 3A för information om demontering och montering.

Insugsluftens temperaturgivare:

25 Insugslufttemperaturgivarens funktion är inbyggd i glödtrådluftmassflödesmätaren. Därför finns det ingen demonterings- eller återmonteringsprocess som kan tillämpas.

Glödtrådsluftmassflödesmätare

26 Se till att tändningen är frånslagen

och lossa kontaktdonet från glödtråds-luftmassflödesmätaren **(se bild)**.

27 Lossa fästklämmorna, lossa sedan insugskanalerna och ta bort luftflödesmätaren från bilen. På Zafiramodeller måste du ta bort motorrummets tätning och vattenavvisarkåpan från vindrutans framsida, skruva sedan loss fästmuttrarna och bultarna och ta bort torpedväggens skyddsplåt för att komma åt luftintagskanalen. Undersök mätaren efter tecken på skada, och byt ut dem om det behövs.

28 Återmonteringen utförs i omvänd ordningsföljd mot demonteringen, se till att insugskanalerna hamnar rätt i mätarens urtag.

Vevaxelgivare

1,8-liters motorer

29 På X18XE1-motorer sitter givaren på en fästbygel på baksidan av motorblockets högra sida och det går att komma åt den från bilens undersida. Dra åt handbromsen. Lyft upp framvagnen och ställ den på pallbockar (se *Lyftning och stödpunkter*). På Z18XE och Z18XEL motorer sitter sensorn fram på motorblocket under oljefiltret.

30 Följ kabeln bakåt från givaren, ta loss den från alla relevanta klamrar och notera hur den är dragen. Koppla loss kontaktdonet så att kablaget fritt kan tas bort tillsammans med givaren.

31 Skruva loss fästbulten och ta bort givaren underifrån bilen **(se bild)**.

32 Monteringen utförs i omvänd ordningsföljd

16.31 Vevaxelgivare – 1,8-liters motorer

mot demonteringen, dra åt fästbultarna till angivet moment. Se till att kablaget är korrekt draget och hålls fast av de klämmor och buntband som behövs.

2,0-liters motorer

33 Ta bort luftrenarhuset, enligt beskrivningen i avsnitt 2.

34 På modeller med luftkonditionering, skruva loss fästbulten och ta bort oljemätstickans styrrör från motorblockets framsida.

35 Följ kabeln bakåt från givaren, ta loss den från alla relevanta klämmor och notera hur den är dragen. Vid topplockets baksida, lossa kontaktdonet att kablaget frigörs och kan tas bort tillsammans med givaren.

36 Skruva loss fästskruven och ta bort givaren från motorblocket. Kassera tätningsringen.

37 Montering sker i omvänd ordning. Montera en ny tätningsring på givaren och smörj sedan olja på ringen innan du monterar tillbaka givaren på blocket. Dra åt givarens skruv till angivet moment.

Kamaxelgivare

38 På 1,8-liters motorer, ta bort oljepåfyllningslocket, skruva loss fästskruvarna, och ta bort motorkåpan. På 2,0-liters motorer, skruva loss fästskruvarna och ta bort tändstiftskåpan från kamaxelkåpan.

39 Se till att tändningen är avstängd. Koppla sedan bort kamaxelgivarens kontaktdon.

40 Ta bort kamremmens övre kåpa enligt beskrivningen i kapitel 2B.

41 Skruva loss fästbultarna och ta bort kamaxelgivaren från topplockets överdel **(se bild)**.

16.41 Ta bort kamaxelgivaren – observera styrstiftet

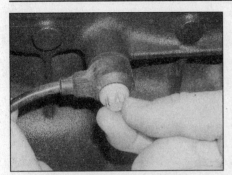

16.46 Knackgivarens fästbult

16.51a ECU fästbultar – 1,8-liters motorer

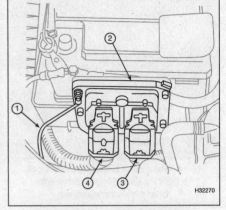

H32270

16.51b ECU – 2,0-liters motorer

1 Jordanslutning   3 ECU kontaktdon
2 ECU   4 ECU kontaktdon

42 Montera i omvänd ordningsföljd mot demonteringen. Applicera en droppe gänglåsning, dra åt givarens fästbultar till angivet moment.

Knacksensor

43 Knackgivaren sitter baktill på motorblocket och kan kommas åt från bilens undersida. Dra åt handbromsen. Lyft upp framvagnen och ställ den på pallbockar (se *Lyftning och stödpunkter*).
44 På 2,0 liters motorer, ta bort startmotorn enligt beskrivningen i kapitel 5A.
45 Följ kabeln bakåt från givaren, ta loss den från alla relevanta klämmor och fästband och notera hur den är dragen. Koppla loss anslutningskontakten.
46 Skruva loss fästbulten och ta bort sensorn från motorn (**se bild**).
47 Se till vid monteringen att anliggningsytorna är rena och torra. Montera givaren och dra åt fästbulten till angivet moment. Se till att kablaget är korrekt draget och återanslutet och fäst kåpan på plats. På 2,0-liters motorer, montera tillbaka startmotorn enligt beskrivningen i kapitel 5A.

Styrmodul

48 Lossa batteriets jordledning (se *Koppla loss batteriet* i Referens kapitlet).
49 På 1,8-liters motorer sitter ECU:n med bultar direkt på vänster sida om insugsgrenröret. På 2,0-liters motorer är ECU:n placerad intill batteriet.
50 Lossa fästklämmorna, lossa sedan kontaktdonen från ECU:n. Ta loss jordanslutningen från ECU-ramen. På 1,8-liters motorer lossar du knackgivarens kabelanslutning från fästbygeln på ECU-ramen, men koppla inte ifrån den.
51 Skruva loss de tre fästbultar och ta bort ECU:n från bilen. Observera att den nedre fästbulten också säkrar ett fäste för en anslutningskontakt (**se bilder**).
52 Monteringen sker i omvänd ordningsföljd mot demonteringen, och se till att kontaktdonen är ordentligt återanslutet.
Observera: *Innan en ECU byts ut måste säkerhetskoden återställas med hjälp av specifik diagnosutrustning. Kontakta närmaste Opel-verkstad eller lämpligt utrustad specialist.*

Bränslepumprelä

53 Se avsnitt 14, stycke 37 till 39.

Luftkonditioneringssystem kontakt

54 Se avsnitt 14, stycke 40.

Insugsgrenrörets ventilväxelsolenoid

55 Den magnetventil som styr insugsgrenrörets ventilenheter sitter på vänster sida om grenröret (**se bild**).
56 Se till att tändningen är avstängd. Koppla sedan bort solenoidens kontaktdon.
57 Koppla loss de båda vakuumslangarna, skruva loss fästskruven och ta sedan bort magnetventilen från grenröret.
58 Montera i omvänd ordningsföljd mot demonteringen.

Insugsgrenrörsventilens vakuummembranenhet

59 Insugsgrenrörsventilens vakuummembranenhet sitter till vänster på grenröret (**se bild 16.55**).
60 På 1,8-liters motorer, ta bort ECU:n enligt beskrivningen i stycke 48 till 51. På 2,0-liters motorer, ta bort insugsgrenröret enligt beskrivningen i avsnitt 18.
61 På 1,8-liters motorer, koppla loss vakuumslangen, lossa membranstaget från kulleden, skruva loss de två fästbultarna och ta bort enheten från grenröret. På 2,0-liters motorer skruvar du loss muttern som fäster membranstaget på ventilens utstyrningsarm, driver ut stiftet som fäster membranhuset

16.55 Insugsgrenrörets ventilväxelsolenoid och membran

på insugningsröret och kopplar loss vakuumslangen.
62 Montera i omvänd ordningsföljd mot demonteringen.

17 GMPT flerpunkts insprutningssystem komponenter – demontering och montering

Varning: Läs varningen i avsnitt 1 innan du fortsätter.

Bränslefördelarskena och bränsleinsprutare

Observera: *Om en bränsleinsprutare misstänks vara defekt kan det vara idé att försöka rengöra bränsleinsprutaren med en därför avsedd behandling, innan den demonteras.*
1 Lossa motorkåpan, tryckutjämna bränslesystemet enligt beskrivningen i avsnitt 8 och koppla loss batteriets jordledning (se *Koppla loss batteriet* i Referens kapitlet).
2 Lossa kontaktdonet från lufttemperaturgivaren i luftintagsröret.
3 Lossa fästklämman och lossa ventilationsslangen från kamaxelkåpan.
4 Lossa fästklämmorna och koppla sedan loss insugsröret från luftrenarenheten och gasspjällshuset och ta bort rörenheten från motorrummet. Koppla loss vakuumrören från insugsröret vid demonteringen.
5 Skruva loss anslutningsmuttrarna, koppla loss bränslerören från bränslefördelarskenan, lossa bränslerören från fästklämmorna och för dem åt sidan.
6 Lossa kabelknippenas kontakter och koppla loss dem från insprutningsventilerna, tändningsmodulen och EGR-ventilen.
7 Lossa kylvätskeslangen från kabelskenans ovansida, skruva loss de två fästmuttrarna och lossa försiktigt kabelskenan och flytta den åt sidan.
8 Skruva loss fästmuttern från kabelskenans fästbygel och bult och flytta fästbygeln och kabelknippet åt sidan.

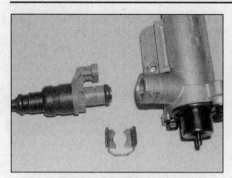

17.10 Skjut bort fästklämmorna och ta bort insprutningsventilen från bränslefördelarskenan

17.14a Lossa vakuumröret, skruva loss bultarna . . .

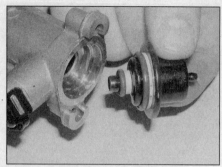

17.14b . . . och ta bort tryckregulatorn från bränslefördelarskenan

9 Lossa och ta bort de två fästbultarna och lirka sedan försiktigt ut enheten med bränslefördelarskenan och injektorn från dess plats och ta bort den från grenröret. Ta loss de nedre tätningsringarna från injektorerna och kassera den. o-ringarna måste bytas om de har rörts.

10 För av den relevanta fästklämman och ta bort insprutningsventilen från bränslefördelarskenan. Ta loss den övre tätningsringen från injektorn och kassera den. alla tätningsringar som har rörts måste bytas **(se bild)**.

11 Monteringen sker i omvänd ordningsföljd mot demonteringen. Tänk på följande.

a) *Förnya alla tätningsringar som har hanterats och applicera litet motorolja på dem för att underlätta installationen.*

b) *Skjut försiktigt in insprutningsventilen (-ventilerna) i bränslefördelarskenan och säkerställ att tätningsringen (-ringarna) förblir korrekt placerade. Säkra den på plats med fästklämmorna.*

c) *Vid återmontering av bränslefördelarskenan, var noggrann med att inte skada insprutventilerna och säkerställ att alla tätningsringar är kvar på rätt plats. När bränslefördelarskenan sitter korrekt, dra åt dess fästbultar till angivet moment.*

d) *Se till att alla kontaktdon är helt isatta för att garantera bra anslutning.*

e) *Avsluta med att starta motorn och kontrollera om det finns bränsleläckage.*

Bränsletrycksregulator

12 Lossa motorkåpan, tryckutjämna bränslesystemet enligt beskrivningen i avsnitt 8 och koppla loss batteriets jordledning (se *Koppla loss batteriet* i Referens kapitlet).

13 Koppla loss vakuumröret från tryckregulatorn och från insugningsgrenröret.

14 Lossa och ta bort de två fästbultarna. Skjut sedan försiktigt av tryckregulatorn från bränslefördelarskenans ände tillsammans med tätningsringarna **(se bilder)**.

15 Monteringen sker i omvänd ordningsföljd mot demonteringen, använd nya tätningsringar. Avsluta med att starta motorn och kontrollera om det finns bränsleläckage.

Gaspedalens lägesgivare

16 Från insidan av bilen, skruva loss

fästanordningarna och ta bort den nedre klädselpanelen under instrumentbrädan på förarsidan så att du kommer åt gaspedalen.

17 Lossa kontaktdonet från pedalens lägesgivare genom att dra det bakåt i bilen.

18 Skruva loss fästbultarna och ta bort pedalpositionsgivaren från pedalenheten.

Gasspjällets servomotor

19 Servomotorn är en kombinerad del av gasspjällshuset. Enskilda delar av huset kan inte fås separat, om det är defekt måste hela huset bytas som en enhet. Se avsnitt 12 för information om byte av gasspjällhuset.

Gasspjällsventilens potentiometer

20 Gasspjällsventilens potentiometer är en kombinerad del av gasspjällshuset. Enskilda delar av huset kan inte fås separat, om det är defekt måste hela huset bytas som en enhet. Se avsnitt 12 för information om byte av gasspjällhuset.

Temperaturgivare för kylvätska:

21 Kylvätsketemperaturgivaren är fäst på termostathuset. Se kapitel 3A för information om demontering och montering.

Insugsluftens temperaturgivare:

22 Insugslufttemperaturgivaren sitter i insugsröret som förbinder luftrenarhuset med insugsgrenröret.

23 Se till att tändningen är avstängd. Koppla sedan bort givarens kontaktdon.

24 Skjut försiktigt ut givaren från dess plats (notera dess läge för återmonteringen) och ta bort tätningsmuffen från insugsröret. Om tätningsmuffen visar tecken på skador eller slitage måste den bytas.

25 Återmonteringen utförs i omvänd ordningsföljd mot demonteringen. Se till att givaren och genomföringen placeras korrekt i insugsröret.

Givare för insugsluftens absoluta tryck (MAP)

26 Lossa motorkåpan, tryckutjämna bränslesystemet enligt beskrivningen i avsnitt 8 och koppla loss batteriets jordledning (se *Koppla loss batteriet* i Referens kapitlet).

27 Lossa kontaktdonet från lufttemperaturgivaren i luftintagsröret.

28 Lossa fästklämman och lossa ventilationsslangen från kamaxelkåpan.

29 Lossa fästklämmorna och koppla sedan loss insugsröret från luftrenarenheten och gasspjällshuset och ta bort rörenheten från motorrummet. Koppla loss vakuumrören från insugsröret vid demonteringen.

30 Koppla loss kontaktdonet från gasspjällshuset, skruva sedan loss fästbultarna/sprintarna och ta bort gasspjällshuset från insugsgrenröret. Observera var kabelfästklämman sitter på fästsprinten.

31 Lossa kontaktdonet från MAP givaren, vrid den 1/4 varv medurs och dra försiktigt bort den från insugsgrenröret **(se bilder)**.

32 Monteringen sker i omvänd ordningsföljd mot demonteringen, använd en ny tätningsring.

17.31a Lossa kontaktdonet från MAP givaren . . .

17.31b . . . och vrid 1/4 varv medurs för att lossa från grenröret

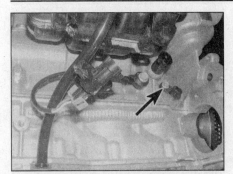

17.35 Skruva loss vevaxelgivaren (markerad med pil) – startmotorn tas bort

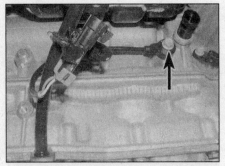

17.39 Skruva loss knackgivaren (markerad med pil) – startmotorn tas bort

17.45 Lossa kabelhärvans pluggar från motorns styrenhet

Vevaxelgivare

33 Givaren sitter på motorblockets framsida över startmotorn. **Observera:** *För att komma åt sensorn måste du ta bort startmotorn (se kapitel 5A).*
34 Följ kabeln bakåt från givaren, ta loss den från alla relevanta klamrar och notera hur den är dragen. Koppla loss kontaktdonet från givaren.
35 Skruva loss fästbulten och ta bort givaren från motorblocket **(se bild).**
36 Monteringen utförs i omvänd ordningsföljd mot demonteringen, dra åt fästbultarna till angivet moment. Se till att kablaget är korrekt draget och hålls fast av de klämmor och buntband som behövs.

Knacksensor

37 Givaren sitter på motorblockets framsida över startmotorn. **Observera:** *För att komma åt sensorn måste du ta bort startmotorn.*
38 Koppla loss kablagets kontaktdon längst ner på oljemätstickans rör så att kablaget frigörs och kan tas bort tillsammans med givaren.
39 Skruva loss fästbulten och ta bort givaren från motorblocket **(se bild).**
40 Se till vid monteringen att anliggningsytorna är rena och torra. Montera givaren och dra åt fästbulten till angivet moment. Se till att kablaget är korrekt draget och hålls fast av de klämmor och buntband som behövs.

Styrmodul

41 Lossa motorkåpan, tryckutjämna bränslesystemet enligt beskrivningen i avsnitt 8 och koppla loss batteriets jordledning (se *Koppla loss batteriet* i Referens kapitlet).
42 Lossa kontaktdonet från lufttemperaturgivaren i luftintagsröret.
43 Lossa fästklämman och lossa ventilationsslangen från kamaxelkåpan.
44 Lossa fästklämmorna och koppla sedan loss insugsröret från luftrenarenheten och gasspjällhuset och ta bort rörenheten från motorrummet. Koppla loss vakuumrören från insugsröret vid demonteringen.
45 Lossa de två kabelknippenas kontakter från ECU:n, och skruva sedan loss fästbultarna och ta bort styrenheten från insugsgrenröret **(se bild).** Observera var jordkabeln sitter på

en av fästbultarna
46 Monteringen sker i omvänd ordningsföljd mot demonteringen, och se till att kontaktdonen är ordentligt återanslutet. **Observera:** *Innan en ECU byts ut måste säkerhetskoden återställas med hjälp av specifik diagnosutrustning. Kontakta närmaste Opel-verkstad eller lämpligt utrustad specialist.*

Bränslepumprelä

47 Se avsnitt 14, stycke 37 to 39.

Luftkonditioneringssystem kontakt

48 Se avsnitt 14, stycke 40.

---

18 Insugsgrenrör – demontering och montering

SOHC motorer – X16SZR

Demontering

Observera: *Nya muttrar för grenröret behövs vid återmonteringen.*
1 Tryckutjämna bränslesystemet enligt beskrivningen i avsnitt 8 och koppla loss batteriets jordledning (se *Koppla loss batteriet* i Referens kapitlet).
2 Ta bort multiremmen och tappa ur kylsystemet enligt beskrivningen i kapitel 1 och 3.
3 Ta bort luftrenarenheten och insugskanalen enligt beskrivningen i avsnitt 2.
4 Koppla loss vakuum- och ventilations-

slangarna från gasspjällshusets kåpa, skruva sedan loss fästskruvarna och ta bort kåpan och tätningsringen från gasspjällshusets överdel.
5 Koppla loss kontaktdonen från gasspjällspotentiometern, stegmotorn för tomgångsstyrning, gasspjällshusets insprutningsventil, kylvätsketemperaturgivaren, avgasåterföringsventilen (EGR), bensintanks-ventilationens ventil och givaren för absolut tryck i grenröret (MAP). Anteckna ledningens korrekta dragning och lossa den från alla klämmor och band. Lossa kablagekanalen från kamaxelkåpan och lägg den ur vägen för insugningsröret.
6 Skruva loss och ta bort bultarna som håller fast generatorns stödfäste mot insugsgrenröret. Lossa generatorn från dess fäste och sväng den mot bilen bakre del.
7 Lossa anslutningsmuttrarna och lossa bränsleslangarna från gasspjällshusets sidokant. Håll gasspjällshusets adaptrar på plats med en gaffelnyckel medan muttrarna lossas.
8 Lossa gasspjällets länksystem vid gasspjällsspindeln, skruva loss de två bultarna och ta bort gasvajerns stödfäste från grenröret, inklusive vajern **(se bild).**
9 Lossa ventilations/vakuumslangarna från gasspjällhuset (efter tillämplighet), notera deras placering Koppla loss vakuumslangen från bränsletankens ventilationsventil.
10 Lossa fästklämman och lossa kylvätskeslangen från grenrörets baksida.
11 Tryck in fästklämman och lossa bromssystemservoenhetens slang från grenröret **(se bild).**

18.8 Ta bort gasvajerns fäste

18.11 Lossa bromsservoslangen

12 Kontrollera att alla nödvändiga vakuum/ventilationsslangar har lossats. Lossa sedan och ta bort grenrörets fästmuttrar.

13 Ta bort grenröret från motorn och ta loss grenrörspackningen, notera åt vilket håll den sitter.

Montering

14 Montering sker i omvänd ordningsföljd, men tänk på följande:

  a) *Före återmontering, kontrollera grenrörets pinnbultar och förnya dem som är slitna eller skadade. Nya fästmuttrar för grenröret måste användas.*

  b) *Se till att grenrörets och cylinderhuvudets anliggningsytor är rena och torra, och montera nya packningar. Montera tillbaka grenröret och dra åt fästmuttrarna till angivet moment.*

  c) *Se till att alla berörda slangar återansluts på sina ursprungliga platser och att de hålls fast ordentligt (om det behövs) av fästklämmorna.*

  d) *Dra åt bränsleslangens och vakuumservoslangens anslutningsmuttrar till angivet moment (om tillämpligt).*

  e) *Montera tillbaka multiremmen och fyll på kylsystemet enligt beskrivningen i kapitel 1 och 3.*

SOHC motorer – Z16SE

Demontering

Observera: *Nya muttrar för grenröret behövs vid återmonteringen.*

15 Tryckutjämna bränslesystemet enligt beskrivningen i avsnitt 8 och koppla loss batteriets jordledning (se *Koppla loss batteriet* i Referens kapitlet).

16 Ta bort multiremmen och tappa ur kylsystemet enligt beskrivningen i kapitel 1 och 3.

17 Ta bort luftrenarenheten och insugskanalen enligt beskrivningen i avsnitt 2.

18 Lossa ventilations/vakuumslangarna från gasspjällhuset (efter tillämplighet), notera deras placering Koppla loss vakuumslangen från bränsletankens ventilations-ventil.

19 Lossa fästklämmorna och lossa kylvätskeslangen från gasspjällhuset.

20 Tryck in fästklämman och lossa bromssystemservoenhetens slang från grenröret.

21 Lossa låshakarna och koppla loss kontaktdonen från motorns styrenhet.

22 Lossa kabelhärvan till grenrörets absoluttryckgivare från fästet på motorns styrenhet.

23 Skruva loss fästbulten och lossa ECU:ns jordkabel.

24 Lossa kontaktdonen från avgasåterföringsventilen (EGR), grenrörets absoluttryckgivare, lambdasonden, kamaxelgivaren, gasspjällhuset och bränsleinsprutarna. Ta loss kabelknippets

18.35 Generatorns nedre fästbult

stödfästbygel från grenröret och flytta kabelknippet åt ena sidan.

25 Skruva loss och ta bort bultarna som håller fast generatorns stödfäste mot insugsgrenröret. Lossa generatorn från dess fäste och sväng den mot bilen bakre del.

26 Lossa fästklämmorna och lossa kylvätskeslangen från insugsgrenröret.

27 Lossa bränslematningsröret från bränslefördelarskenan och lossa det från stödfästet.

28 Kontrollera att alla nödvändiga vakuum/ventilationsslangar har lossats. Lossa sedan och ta bort grenrörets fästmuttrar.

29 Ta bort grenröret från motorn och ta loss grenrörspackningen.

Montering

30 Montering sker i omvänd ordningsföljd, men tänk på följande:

  a) *Före återmontering, kontrollera grenrörets pinnbultar och förnya dem som är slitna eller skadade. Nya fästmuttrar för grenröret måste användas.*

  b) *Se till att grenrörets och cylinderhuvudets anliggningsytor är rena och torra, och montera nya packningar. Montera tillbaka grenröret och dra åt fästmuttrarna till angivet moment.*

  c) *Se till att alla berörda slangar återansluts på sina ursprungliga platser och att de hålls fast ordentligt (om det behövs) av fästklämmorna.*

  d) *Montera tillbaka multiremmen och fyll på kylsystemet enligt beskrivningen i kapitel 1 och 3.*

1,4- och 1,6-liters DOHC motorer

Demontering

Observera: *Om enbart den övre delen av grenröret ska tas bort, utför de förfaranden som beskrivs i stycke 31 till 45.*

31 Ta bort oljepåfyllningslocket skruva sedan loss fästskruvarna och lyft av kåpan från motorns övre del. Sätt tillbaka oljepåfyllningslocket. Tappa ur kylsystemet enligt beskrivningen i kapitel 3.

18.36 Ta bort fäste mellan grenröret och motorblocket

32 Ta bort luftrenarenheten och insugskanalen enligt beskrivningen i avsnitt 2.

33 Sätt en skruvnyckel på mittbulten till drivremsspännarens remskiva, håll spännaren mot fjädertrycket och lossa remmen från remskivorna.

34 Skruva loss fästbultar och ta bort generatorfästet från grenrörets högra ände.

35 Lossa generatorns nedre fästbult och vrid generatorn bakåt **(se bild)**.

36 Ta bort stödfästet mellan insugsgrenröret och motorblocket **(se bild)**.

37 Koppla loss motorns ventilationsslang från ventilkåpan.

38 Ta bort bränsleinjektorerna och bränslefördelarskenan, enligt beskrivningen i avsnitt 15.

39 Frigör i förekommande fall gasvajern från gasspjällhuset och fästbygeln (se avsnitt 4).

40 Lossa kontakdonen från gasspjälljusteraren, eller stegmotorn för tomgångsstyrning och gasspjällspotentiometern, efter tillämplighet.

41 Lossa fästklämman och lossa bromssystemsservoenhetens slang från grenröret.

42 Lossa MAP givarens vakuumslang.

43 Lossa bränsletankens ventilationsslang från gasspjällhuset **(se bild)**.

44 Lossa fästklämmorna och lossa kylvätskerören från gasspjällhuset.

45 Skruva loss de fem fästbultarna som fäster grenröret vid flänsen och ta bort grenröret **(se**

18.43 Bränsletankens ventilationsslang

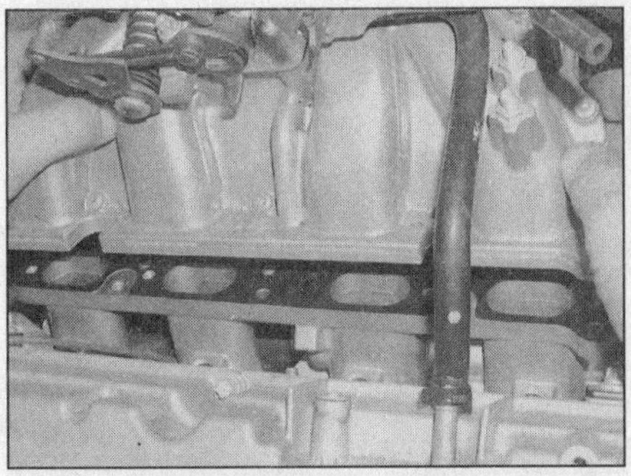

18.45 Skruva loss de fem fästbultarna från grenröret och flänsen

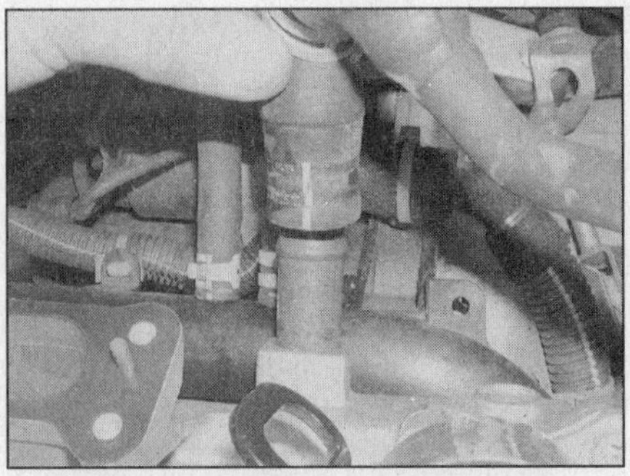

18.46 Lossa kylvätskeröret från grenrörsflänsens vänstra sida

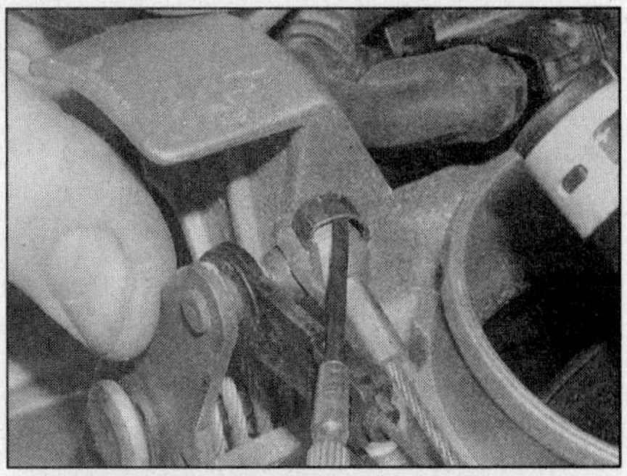

18.54a Gasvajerns fästklämma

bild). Ingen ytterligare isärtagning av grenröret rekommenderas.

46 Ta bort grenrörsflänsen genom att först koppla loss kylvätskeslangen från flänsens vänstra sida **(se bild)**.

47 Skruva loss de nio fästmuttrarna och för sedan bort grenrörsflänsen från topplocket och ut ur motorrummet. Du måste trycka kylvätskeröret på topplockets baksida försiktigt nedåt för att grenrörsflänsen inte ska ta i pinnbultarna.

Montering

48 Montering sker i omvänd ordningsföljd, men tänk på följande:

a) Före återmontering, kontrollera grenrörets pinnbultar och förnya dem som är slitna eller skadade.

b) Se till att grenrörsflänsen och cylinderhuvudets anliggningsytor är rena och torra, och montera nya packningar. Montera grenrörsflänsen och dra åt fästmuttrarna och bultarna och dra åt dem till angivet moment.

c) Montera grenrörets bakre del med en ny packning och dra åt fästbultarna till angivet moment.

d) Se till att alla berörda slangar återansluts på sina ursprungliga platser och att de hålls fast ordentligt (om det behövs) av fästklämmorna.

e) Dra åt bränsleslangens anslutningsmutter till angivet moment.

f) Fyll på kylsystemet enligt beskrivningen i kapitel 3.

g) Avsluta med att justera gasvajern enligt beskrivningen i avsnitt 4 (om tillämpligt).

1,8- och 2,0-liters DOHC motorer

Demontering

Observera: *Nya muttrar för grenröret behövs vid återmonteringen.*

49 Ta bort multiremmen och tappa ur kylsystemet enligt beskrivningen i kapitel 1 och 3.

50 Tryckutjämna bränslesystemet enligt beskrivningen i avsnitt 8 och koppla loss batteriets jordledning (se *Koppla loss batteriet* i Referens kapitlet).

51 Ta bort oljepåfyllningslocket, skruva loss fästskruvarna, och ta bort motorkåpan.

52 Lossa kontaktdonet från glödtrådsluftmassflödesmätaren.

53 Lossa fästklämmorna och koppla loss hela luftintagsröret, inklusive massluftflödesmätaren av glödtrådstyp från luftrenarhuset och gasspjällshuset. På Zafiramodeller måste du ta bort motorrummets tätning och vattenavvisarkåpan från vindrutans framsida, skruva sedan loss fästmuttrarna och bultarna och ta bort torpedväggens skyddsplåt för att komma åt luftintagskanalen.

54 På modeller med gasvajer, ta bort fästklämman, koppla loss vajern från gasspjällsarmens kulled och lossa vajern från fästbygeln. På modeller med farthållare måste du också lossa farthållarkabeln. Farthållarens vajeränd är fäst på gasspjällsarmens kulled med en låsring **(se bilder)**.

55 Skruva loss fästbultarna och frigör vajerns fästbygel från gasspjällshuset.

56 Lossa fästklämmorna och ta bort motorns ventilationsslang mellan ventilkåpan och gasspjällshuset.

57 Lossa kylvätskeslangarna från gasspjällhuset **(se bild)**. Lossa kylvätskeröret från kamaxelkåpan och den vänstra änden av grenröret och lägg det åt sidan.

58 Koppla loss slangen till bensintanksventilationens ventil från gasspjällshuset.

59 På 2,0-liters motorer, lossa kontaktdonen från gasspjällpotentiometern och tomgångsstyrventilen. På 1,8-liters motorer, lossa gasspjäll ventiljusterarens anslutningskontakt.

60 Lossa de resterande vakuum-/ventilationsslangarna från gasspjällhuset, notera deras placering.

61 På 1,8-liters motorer, lossa den nedre generatorns fästbultar, och ta bort den övre fästbulten. Skruva loss fästbultarna och ta bort generatorfäste från insugsgrenröret och topplock **(se bild)**. På 2,0-liters motorer, ta bort generatorfäste från insugsgrenröret, och fäste mellan generator, kylvätskeflänsen och insugsgrenröret. Vrid generatorn bakåt.

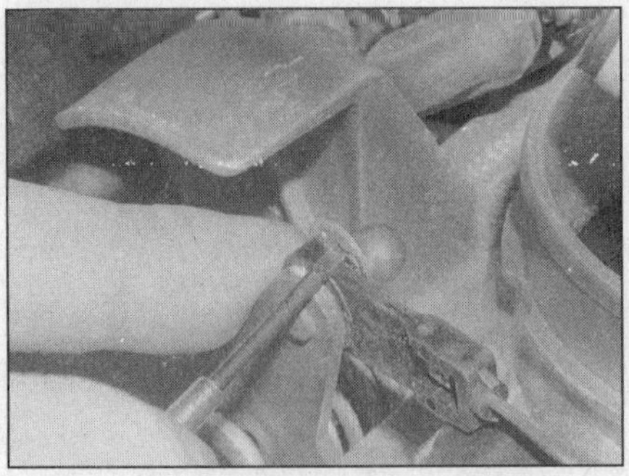

18.54b Farthållarens kabellåsring

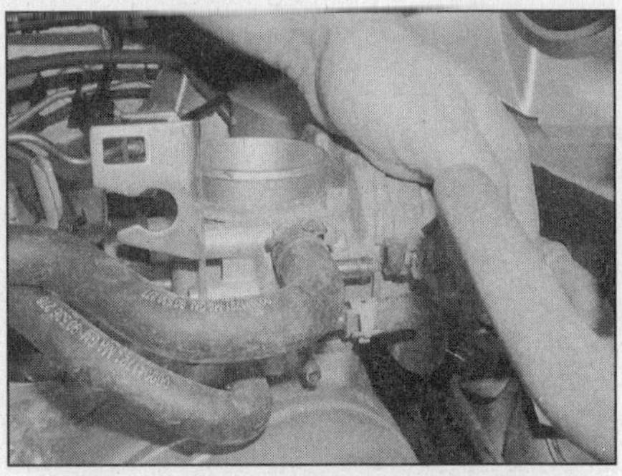

18.57 Lossa kylvätskeslangen från gasspjällhuset

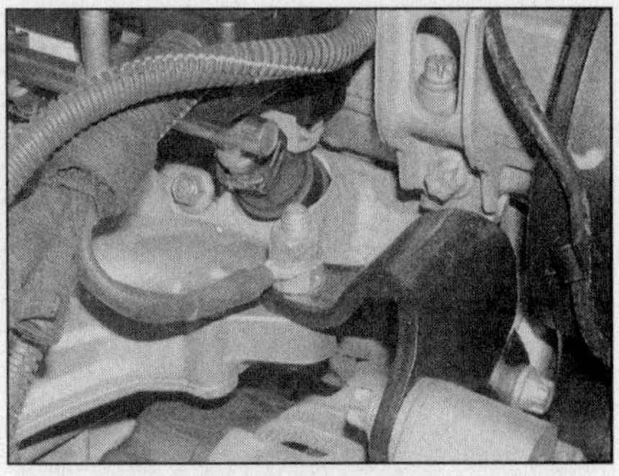

18.61 Generatorfäste – observera jordanslutningen

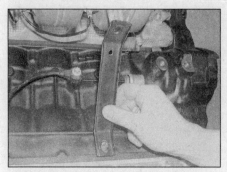

18.62 Skruva loss grenrörets stödfäste

18.65 Ta bort insprutningsventilerna komplett med bränslefördelarskenan och kontaktskenan

18.66 Lossa the bromsservovakuumslangen

62 Skruva loss fästbultarna och ta bort stödfästbygeln från grenröret **(se bild)**.
63 På 1,8-liters motorer, lossa anslutningsmuttern och lossa bränsleslangen från bränslefördelarskenan. Håll bränslefördelarskenans adapter på plats med en gaffelnyckel medan muttern lossas. På 2,0-liters motorer, lossa bränslereturröret från bränsletrycksregulatorn, och matningsröret från bränslefördelarskenan.
64 Koppla loss kontaktdonen från vevaxelgivaren, omkopplingsmagnetventilen till grenrörsventilen och alla anslutningskontakter som är anslutna till kontaktskenan ovanför insprutningsventilerna. Skruva loss kontaktskenans fästbult på vänster sida. På 2,0-liters motorer, ta bort tändstiftskåpan och lossa kabelanslutningen från kamaxelgivaren.
65 Skruva loss bultarna som håller fast bränslefördelarskenan vid insugsgrenröret och ta bort insprutningsventilerna, inklusive bränslefördelarskenan och kontaktskenan **(se bild)**.
66 Tryck in fästklämman och lossa bromssystemsservoenhetens slang från grenröret. Koppla loss alla resterande vakuum/ventilationsslangar från grenröret, notera deras placering **(se bild)**.
67 Lossa värmeslangen från insugsgrenröret.
68 Skruva loss fästbultarna och ta bort motortransportbygeln från topplocket **(se bild)**.

69 Skruva loss torxskruvarna (1,8-liters motorer) eller muttrar (2,0-liters motorer), och ta bort gasspjällhuset från insugsgrenröret.
70 På 2,0-liters motorer med manuell växellåda, lossa fästklämman och koppla loss kopplingens tryckrör från huvudcylindern. På 1,8-liters motorer, lossa det sista kontaktdon, skruva loss de tre fästbultar, och lyft av motorstyrenheten från insugsgrenröret **(se bild 16.51a)**.
71 Skruva loss fästmuttrarna och bultarna och för bort grenrörsenheten från motorn. Ta bort packningen och kasta den **(se bilder)**.
Observera: Grenrörsenheten måste betraktas som en förseglad enhet; Försök inte att ta isär det eftersom inga komponenter utom kopplingsmembranet och solenoiden kan erhållas separat.

Montering

72 Monteringen sker i omvänd ordningsföljd mot demonteringen, och tänk på följande.
  a) Före återmontering, kontrollera grenrörets pinnbultar och förnya dem som är slitna eller skadade. Nya fästbultar för grenröret måste användas.
  b) Se till att grenrörets och cylinderhuvudets anliggningsytor är rena och torra, och montera nya packningar. Montera tillbaka grenröret och dra åt fästmuttrarna och bultarna till angivet moment.
  c) Se till att alla berörda slangar återansluts på sina ursprungliga platser och att de

hålls fast ordentligt (om det behövs) av fästklämmorna.
  d) Kontrollera kopplingens funktion, och lufta vid behov hydraulsystemet enligt beskrivningen i kapitel 6.
  e) Dra åt bränsleslangens och vakuumservoslangens anslutningsmuttrar till angivet moment (om tillämpligt).
  f) Montera tillbaka drivremmen enligt beskrivningen i kapitel 1.
  g) Avsluta med att justera gasvajern enligt beskrivningen i avsnitt 4.

2,2-liters DOHC motorer

Demontering

73 Demontera bränslefördelarskenan och insprutningsventilerna enligt beskrivningen i avsnitt 17.
74 Lossa de två kabelknippenas kontakter från motorns elektroniska styrmodul och skruva sedan loss fästbultarna och ta bort styrenheten från insugsgrenröret. Observera var jordkabeln sitter på en av fästbultarna
75 Koppla loss slangen till bensintanksventilationens ventil från insugsgrenröret.
76 Lossa kontaktdonet från gasspjällhuset och MAP-givaren.
77 Ta bort mätstickan för motorolja, skruva sedan loss bulten som håller fast mätstickans styrrör vid grenröret.

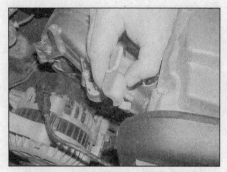

18.68 Lossa motorns transportbygel

18.71a Lyft av insugningsröret . . .

18.71b . . . och byt packningen

18.78 Lossa fästklämman och ta bort avgasåterföringsröret från insugningsröret

18.79 Ta bort fästet och skruva loss pinnbultarna (markerad med pil) för att ta bort EGR-röret från motorn

78 Lossa EGR-rörets fästklämma, och lossa det från insugningsröret **(se bild)**.

79 Lossa bromsens vakuumledning och ta bort fästmuttrarna från fästbygeln på pinnbultarna mellan avgasåterföringsröret och topplocket. Skruva loss de två pinnbultarna och ta bort EGR röret från motorn **(se bild)**.

80 Dra åt handbromsen. Lyft upp framvagnen och ställ den på pallbockar (se *Lyftning och stödpunkter*). Ta bort stänkskyddet från motorrummets nedre del.

81 Stöd upp kylaren och skruva sedan loss de nedre fästbyglarna från hjälpramen. Skjut ut fästbyglarna med gummidelar från förlängningen på kylarens nederkant.

82 Lossa de intilliggande kabelknippena och ta sedan bort styrröret till mätstickan för motorolja från sumpen.

83 Lossa kabelknippet från den nedre delen av insugsgrenröret och knackgivarkablagets kontaktdon från dess fästklämma.

84 På modeller med luftkonditionering, sätt en skruvnyckel på mittbulten till drivremsspännarens remskiva, håll spännaren mot fjädertrycket och lossa remmen från remskivorna. Skruva loss de tre fästbultarna för luftkonditioneringskompressorn och stötta upp kompressorn så att den inte är i kontakt med grenröret. Koppla inte loss kylmedieslangarna.

85 Skruva loss luftintagsresonatorn från den främre tvärbalken och ta bort resonatorn i riktning mot motorns kamkedjesida.

86 Skruva loss fästmuttrarna och bultarna och för bort grenrörsenheten från motorn.

Montering

87 Monteringen sker i omvänd ordningsföljd mot demonteringen, och tänk på följande.

a) *Före återmontering, kontrollera grenrörets pinnbultar och förnya dem som är slitna eller skadade.*

b) *Se till att grenrörets och cylinderhuvudets anliggningsytor är rena och torra, och montera nya packningar. Montera tillbaka grenröret och dra åt fästmuttrarna och bultarna till angivet moment.*

c) *Montera tillbaka bränslefördelarskenan och insprutningsventilerna enligt beskrivningen i avsnitt 17.*

d) *Se till att alla berörda slangar återansluts på sina ursprungliga platser och att de hålls fast ordentligt (om det behövs) av*

fästklämmorna.

e) *Dra åt alla fästen till angivet moment, när sådant finns.*

f) *Montera tillbaka drivremmen (om den har tagits bort) enligt beskrivningen i kapitel 1.*

19 Avgasgrenrör – demontering och montering

Observera: *Nya muttrar för grenröret behövs vid återmonteringen.*

SOHC motorer
Demontering

1 Följ kablaget bakåt från givaren och koppla loss det vid anslutningskontakten. Lossa kablaget från alla nödvändiga klämmor och buntband så att givaren kan följa med grenröret när det tas bort.

2 Ta bort avgassystemets främre avgasrör enligt beskrivningen i avsnitt 20.

3 Dra bort tändstiftshattarna från tändstiften, lossa högspänningskabelstyrningen från ventilkåpan och för ledningarna åt sidan. Skruva loss värmesk[öld]arna för det mittersta tändstiftet och ta bort dem från grenröret (en särskild hylsa, nummer KM-834, finns för att göra det lättare att ta bort värmeskölderna).

4 Koppla loss varmluftslangen (i förekommande fall) från avgasgrenrörets kåpa och skruva sedan loss fästbultarna och ta bort kåpan från grenröret.

5 Skruva loss fästmuttrarna som håller fast grenröret på locket. Ta bort grenröret från motorrummet tillsammans med packningen.

Montering

6 Undersök om det finns tecken på skada eller korrosion på någon av grenrörets pinnbultar. Ta bort alla korrosionsspår och laga eller byt ut alla skadade pinnbultar.

7 Se till att grenrörets och topplockets tätningsyta är rena och plana och montera sedan den nya grenrörspackningen/de nya packningarna.

8 Montera tillbaka grenröret, sätt i nya fästmuttrar och dra åt dem till angivet moment.

9 Montera tillbaka kåpan på grenröret, dra åt fästbultarna till angivet moment, och återanslut varmluftsslangen (om en sådan finns).

10 Applicera högtemperatursfett på gängorna på tändstiftens värmeskydd. Montera värmeskydden och dra åt dem till angivet moment. Återanslut tändstiftslocken och kabelstyrningen.

11 Återanslut lambdasondens kontaktdon, och se till att kablaget sitter korrekt och hålls fast av alla klämmorna.

12 Montera tillbaka framröret enligt beskrivningen i avsnitt 20.

1,4- och 1,6-liters DOHC motorer

Demontering

13 Ta bort påfyllningslocket, skruva loss fästskruvarna, och ta bort motorkåpan. Följ kablaget bakåt från givaren och koppla loss det vid anslutningskontakten. Lossa kablaget från alla nödvändiga klämmor och buntband så att givaren kan följa med grenröret när det tas bort.

14 Lossa och ta bort bultarna som håller fast framröret vid grenröret och ta loss packningen. Skruva loss de tre bultar och ta bort avgasgrenrörets värmeskydd.

15 Skruva loss fästmuttrarna som håller fast grenröret på locket. Ta bort grenröret från motorrummet tillsammans med packningen.

Montering

16 Montera tillbaka grenröret enligt beskrivningen i stycke 6 till 8.

17 Montera en ny packning mellan grenröret och framröret, montera sedan tillbaka framrörets bultar och dra åt dem till angivet moment.

18 Återanslut lambdasondens kontaktdon, och se till att kablaget sitter korrekt och hålls fast av alla klämmorna.

1,8-liters DOHC motorer

Demontering

19 Ta bort påfyllningslocket, skruva loss fästskruvarna, och ta bort motorkåpan. Lossa och ta bort bultarna som håller fast framröret vid grenröret och ta loss packningen.

20 Tappa ur kylsystemet enligt beskrivningen i kapitel 3.

21 Lossa fästklämman och lossa kylvätskeslangen från termostathuset.

22 Skruva loss de tre bultarna och ta bort värmeskyddet från grenröret **(se bild)**.

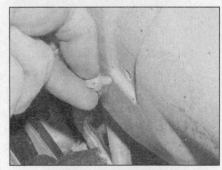

19.22 Skruva loss bultarna till avgassystemets värmeskydd

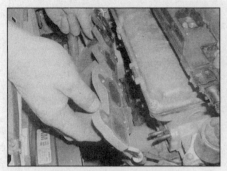

19.24 Ta bort avgasgrenröret

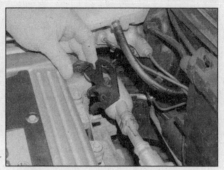

19.40 Skruva loss motorns lyftbygel

23 Skruva loss fästbulten på motoroljemätstickans fäste och vrid mätstickans styrhylsa åt sidan.
24 Lossa och ta bort grenrörets fästmuttrar, ta bort grenröret och ta loss packningen **(se bild)**.

Montering

25 Montera tillbaka grenröret enligt beskrivningen i stycke 6 till 8.
26 Sätt tillbaka mätstickans styrhylsa och dra åt fästskruven ordentligt.
27 Montera tillbaka värmeskyddet på grenröret (observera att den nedre bulten är kortare än de andra tre) och återanslut kylvätskeslangen till termostaten. Fyll på kylsystemet enligt beskrivningen i kapitel 3.
28 Återanslut det främre avgasröret till grenröret tillsammans med en ny packning.
29 Montera tillbaka motorkåpan.

2,0-liters DOHC motorer

Demontering

30 Ta bort de två motortransportbyglarna från topplocket.
31 Lossa den främre kylvätskeslangen från topplocket, men koppla inte ifrån röret.
32 Skruva loss fästskruvarna och ta bort värmeskyddet från grenröret.
33 Ta bort bultarna som fäster grenröret och det främre avgasröret och ta loss packningen. Lossa och ta bort fästmuttrarna, och ta bort grenröret från motorrummet. Ta loss packningen.

19.41 Ta bort det övre värmeskyddet

Montering

34 Montera tillbaka grenröret enligt beskrivningen i stycke 6 till 8.
35 Återanslut det främre avgasröret med en ny packning. Dra åt bultarna till angivet moment.
36 Justera värmeskölden efter grenröret och dra åt skruvarna till angivet moment.
37 Fäst det främre kylvätskeröret till topplocket.
38 Återanslut transportbyglarna på topplocket. Dra åt bultarna ordentligt.

2,2-liters DOHC motorer

Demontering

39 På Zafiramodeller, ta bort motorrummets tätning och vattenavvisarkåpan från vindrutans framsida, skruva sedan loss fästmuttrarna och bultarna och ta bort torpedväggens skyddsplåt.
40 Ta bort motorns transportbygel från topplocket **(se bild)**.
41 Skruva loss fästskruvarna och ta bort det nedre och övre värmeskyddet från grenröret **(se bild)**.
42 Spåra kablaget bakåt från lambdasonden och frigör kablaget från den bakre motorfästenheten.
43 Lossa och ta bort muttrarna som håller fast framröret vid grenröret och ta loss packningen.
44 Lossa och ta bort fästmuttrarna, och för grenröret från motorrummet **(se bild)**. Ta loss packningen.

19.44 Ta bort grenröret från motorn

Montering

45 Montera tillbaka grenröret enligt beskrivningen i stycke 6 till 8.
46 Återanslut det främre avgasröret med en ny packning. Dra åt muttrarna till angivet moment.
47 Justera värmeskölden efter grenröret och dra åt skruvarna till angivet moment.
48 Se till att lambdasondens kablage sitter korrekt och hålls fast av alla klämmorna.
49 På Zafiramodeller återmonterar du torpedväggens skyddsplåt, vattenavvisarens kåpa och motorrumstätningen.

20 Avgassystem – allmän information, demontering och montering

Allmän information

1 Avgassystemet består på alla modeller av tre sektioner: det främre avgasröret, mellanrör och ljuddämparen samt det bakre avgasrör och huvudljuddämparen. Beroende på motortyp är katalysatorn endera integrerad i framröret eller i avgasgrenröret.
2 Alla avgassystemets delar är skarvade med flänsfogar som fästs med bultar. Vissa av kullederna är av den fjäderbelastade kultypen, för att möjliggöra rörelse i avgassystemet. Systemet är upphängt med gummifästen.
3 Varje avgasdel kan tas bort separat. Man kan också ta bort hela systemet som en enda enhet. Även om endast en del av systemet behöver åtgärdas är det ofta lättare att ta bort hela systemet och separera delarna på arbetsbänken.
4 Om någon del av systemet ska demonteras, börja med att lyfta upp fram- eller bakvagnen och ställ den på pallbockar (se *Lyftning och stödpunkter*). Eller så kan bilen ställas över en smörjgrop eller på ramper.

Framrör – demontering

SOHC motorer

5 Om tillämpligt, spåra kablaget bakåt från lambdasonden. Notera korrekt dragning och lossa kontaktdonet. Lossa kablaget från eventuella klämmor så att givaren kan tas bort med det främre röret.
6 Lossa och ta bort bultarna och fjädrarna, eller de tre muttrarna som håller fast framrörets flänsfog mot grenröret.
7 Lossa och ta bort bultarna som håller fast framröret vid mellanröret och ta bort röret underifrån bilen. Ta loss packningen från leden mellan röret och grenröret.

1,4- och 1,6-liters DOHC motorer

8 Om tillämpligt, spåra kablaget bakåt från lambdasonden. Notera korrekt dragning och lossa kontaktdonet. Lossa kablaget från eventuella klämmor så att givaren kan tas bort med det främre röret.

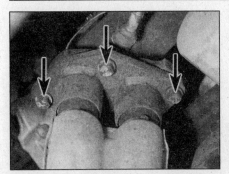

20.9 Bultar mellan främre avgasröret och grenröret (markerad med pil) . . .

20.10 . . . och framrörets fästmutter – 1,4 och 1,6-liters DOHC motorer

9 Lossa och ta bort bultarna som håller fast framrörets flänsled till grenröret **(se bild)**.
10 Skruva loss muttern som håller fast framröret mot fästbygeln och ta bort brickan, distansbrickan och fästgummit **(se bild)**. Lossa och ta bort bultarna som håller fast framröret vid mellanröret och ta bort framröret från bilen. Ta loss packningen från leden mellan framröret och grenröret.

1,8-, 2,0- och 2,2-liters DOHC motorer

11 Spåra kablaget bakåt från lambdasonden. Notera korrekt dragning och lossa kontaktdonet. Lossa kablaget från eventuella klämmor så att givaren kan tas bort med det främre röret.
12 Lossa och ta bort bultarna/muttrarna som håller fast framrörets flänsfog mot grenröret.
13 Om tillämpligt, skruva loss muttrarna som håller fast framröret vid fästet och ta bort spännbrickan.
14 Lossa och ta bort bultarna som håller fast framröret vid mellanröret och ta bort framröret från bilen. Ta loss packningen från leden mellan framröret och grenröret.

Demontering av mellanrör

SOHC motorer

15 Lossa och ta bort bultarna som håller fast mellanröret mot framröret och lossa klämman som håller fast röret mot avgasröret.
16 Lossa mellanröret från dess gummifästen och ta ut den underifrån bilen.

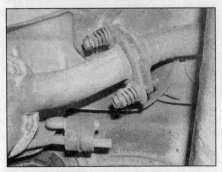

20.17 Fog mellan mellanröret och slutröret

DOHC motorer

17 Lossa och ta bort bultarna som håller fast mellanröret mot framröret och bultarna och fjädrarna som håller fast det mot avgasröret **(se bild)**.
18 Lossa mellanröret från dess gummifästen och ta ut den underifrån bilen. Ta loss packningen från bakrörets led **(se bild)**.

Bakre avgasrör – demontering

19 Lossa och ta bort bultarna och fjädern som håller fast avgasrörleden vid mellanröret.
20 Lossa avgasröret från dess fästgummin och ta bort det tillsammans med packningen.

Demontering av hela systemet

SOHC motorer

21 Om tillämpligt, spåra kablaget bakåt från lambdasonden. Notera korrekt dragning och lossa kontaktdonet. Lossa kablaget från eventuella klämmor så att givaren kan tas bort med det främre röret.
22 Lossa och ta bort bultarna och fjädrarna, eller de tre muttrarna som håller fast framrörets flänsfog mot grenröret.
23 Lossa systemet från alla dess gummifästen och sänk ner det från bilens undersida. Ta loss packningen från det främre avgasrörets fog.

1,4- och 1,6-liters DOHC motorer

24 Om tillämpligt, spåra kablaget bakåt

20.18 Mellanrörets gummifästen

från lambdasonden. Notera korrekt dragning och lossa kontaktdonet. Lossa kablaget från eventuella klämmor så att givaren kan tas bort med det främre röret.
25 Skruva loss muttern/muttrarna som håller fast framröret mot fästet och ta bort spännbrickan eller distansbrickan och fästgummit (efter tillämplighet)
26 Skruva loss bultarna som håller fast framröret mot grenröret, ta isär flänsfogen och lossa packningen.
27 Lossa avgassystemet från alla dess gummifästen och sänk ner det från bilens undersida.

1,8-, 2,0- och 2,2-liters motorer

28 Spåra kablaget bakåt från lambdasonden. Notera korrekt dragning och lossa kontaktdonet. Lossa kablaget från eventuella klämmor så att givaren kan tas bort med det främre röret.
29 Lossa och ta bort bultarna/muttrarna som håller fast framrörets flänsfog mot grenröret och ta loss packningen.
30 Om tillämpligt, skruva loss muttrarna som håller fast framröret vid fästet och ta bort spännbrickan.
31 Lossa avgassystemet från alla dess gummifästen och sänk ner det från bilens undersida.

Värmeskydd – borttagning

32 Värmeskydden är fästa på karossens undersida med hjälp av olika muttrar och bultarna. Varje skärm kan tas bort så fort relevant del av avgasgrenröret har demonterats. Om ett skydd tas bort för att du ska komma åt en komponent som är placerad bakom det, kan det i vissa fall räcka att ta bort fästmuttrarna och/eller bultarna, och helt enkelt sänka ner skyddet, utan att röra avgassystemet.

Montering

33 Varje del monteras i omvänd ordning, och notera följande punkter:
   a) *Se till fram alla spår av korrosion har tagits bort från flänsarna, och att alla packningar bytts.*
   b) *Undersök gummifästena efter tecken på skador eller åldrande och byt ut dem om det behövs.*
   c) *Där ingen packning har installerats för en led, smörj med litet tätningspasta för avgassystem, så att gastät tätning garanteras.*
   d) *Kontrollera innan avgassystemets fästen och klämmor dras åt att alla gummiupphängningar är korrekt placerade och att det finns tillräckligt med mellanrum mellan avgassystemet och underredet.*

Kapitel 4 Del B:
Avgasreningssystem

Innehåll

Svårighetsgrad

Enkelt, passar novisen med lite erfarenhet	Ganska enkelt, passar nybörjaren med viss erfarenhet	Ganska svårt, passar kompetent hemmamekaniker	Svårt, passar hemmamekaniker med erfarenhet	Mycket svårt, för professionell mekaniker

Specifikationer

Åtdragningsmoment	Nm
Avgasåterföringsventil (EGR) bultar	20
Lambdasonde	40

1 Allmän information

1 Alla modeller körs på blyfri bensin och har även många andra inbyggda funktioner i bränslesystemet som hjälper till att minska de skadliga utsläppen. Alla modeller är utrustade med ett styrsystem för vevhusets utsläpp, en katalysator, ett avgasåterföringssystem (EGR) och ett styrsystem för bränsleavdunstningsreglering för att hålla bränsleånga/avgaser nere på ett minimum.
2 Avgasreningssystemen fungerar på följande sätt.

Vevhusventilation

3 För att minska utsläppen av oförbrända kolväten från vevhuset ut i atmosfären tätas motorn, och genomblåsningsgaserna och oljan dras ut från vevhuset och in i insugningssystemet för att förbrännas under den normala förbränningen.
4 Oavsett system så tvingas gaserna ut ur vevhuset av det (relativt) högre vevhustrycket; Om motorn är sliten gör det högre vevhustrycket (p.g.a. ökad genomblåsning) att en viss del av flödet alltid går tillbaka oavsett tryck i grenröret.

Avgasrening

5 För att minimera mängden föroreningar som släpps ut i atmosfären är alla modeller försedda med en katalysator i avgassystemet. Systemet är av typen med sluten slinga, där lambdasonderna i avgassystemet ger konstant feedback till bränsleinsprutningssystemet/tändningssystemets ECU, vilket gör att ECU:n kan justera blandningen och skapa bästa möjliga arbetsförhållanden för katalysatorn.
6 På Z14XE, Z16SE, Z16XE, Z18XE och Z22SE motorer finns det två uppvärmande lambdasonder monterad på avgassystemet **(se bilder)**. Sensorn närmast motorn (framför katalysatorn) registrerar nivån på återstående syre i avgasblandningen för att bränsleblandningen ska kunna korrigeras. Givaren i det främre avgasröret (efter katalysatorn) övervakar katalysatorns funktion, så att föraren kan få en varningssignal om ett fel uppstår.
7 Sondens spets är känslig för syre, och sänder en spänning till styrmodulen som varierar i enlighet med mängden syre i avgaserna. om bränsleblandningen är för fet är avgaserna syrefattiga och sonden sänder då en låg spänning till styrenheten. Signalspänningen stiger när blandningen magrar och syrehalten i avgaserna därmed stiger. Maximal omvandlingseffekt för alla större föroreningar uppstår när bränsleblandningen hålls vid den kemiskt korrekta kvoten för fullständig förbränning av bensin, som är 14,7 delar (vikt) luft till 1 del bensin (den stökiometriska kvoten). Sondens signalspänning ändras ett stort steg vid denna punkt och styrenheten använder detta som referens och korrigerar bränsleblandningen genom att modifiera insprutningens pulsbredd.

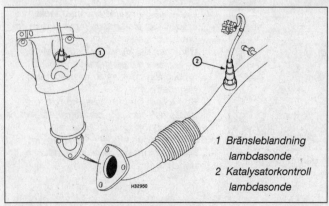

1 Bränsleblandning lambdasonde
2 Katalysatorkontroll lambdasonde

1.6a Placering av lambdasonde (normal) – Z14XE, Z16SE, Z16XE och Z18XE motorer

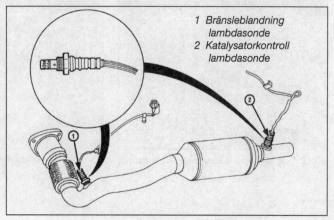

1 Bränsleblandning lambdasonde
2 Katalysatorkontroll lambdasonde

1.6b Placering av lambdasonde – Z22SE motorer

Avdunstningsreglering

8 För att minimera utsläppen av oförbrända kolväten i atmosfären finns även ett system för avdunstningsreglering på alla modeller. Bränsletankens påfyllningslock är tätt och det sitter ett kolfilter bakom högre framskärm. I kanistern samlas de bränsleångor som genereras i tanken och lagras dem tills de kan sugas ut (styrt av bränsleinsprutnings-/tändningssystemets styrmodul) via en rensventil till insuget, där de sedan förbränns av motorn under den vanliga förbränningen.

9 För att motorn ska fungera bra när det är kallt och/eller vid tomgång, samt för att skydda katalysatorn från skador vid en alltför mättad blandning, öppnar inte motorns elektroniska styrsystem rensstyrventilerna förrän motorn är uppvärmd och under belastning; Magnetventilen öppnas och stängs då så att ångorna kan dras in i insugskanalen.

Avgasåterföringsventil (EGR)

10 Systemets syfte är att återcirkulera små avgasmängder till insuget och vidare in i förbränningsprocessen. Denna process minskar nivån på oförbrända kolväten i avgaserna innan de når fram till katalysatorn. Systemet styrs av ECU:n för bränsleinsprutning/tändning och använder via avgasåterföringsventilen informationen från dess olika givare.

11 På 1,4-, 1,6- och tidiga 1,8-liters motorer är avgasåterföringsventilen en elektriskt driven ventil som sitter på insugningsröret eller på topplockets vänstra ände.

12 På senare 1,8-liters motorer och alla 2,0- och 2,2-liters motorer, monteras avgasåterföringsventilsenheten till vänster på topplocket. Ventilenheten innehåller den vakuumstyrda ventilen och den elektriska magnetventilen som används för att slå till och från ventilen.

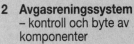

2 Avgasreningssystem – kontroll och byte av komponenter

Vevhusventilation

1 Inga komponenter i det här systemet behöver tillsyn, förutom slangarna som måste kontrolleras regelbundet så att de into är igentäppta eller skadade.

Avdunstningsreglering

Kontroll

2 Om systemet misstänks vara defekt, koppla loss slangarna från kolkanistern och rensventilen och kontrollera att de inte är igentäppta genom att blåsa i dem. Omfattade tester på systemet kan endast utföras med elektronisk specialutrustning som ansluts till motorstyrningssystemets diagnoskontaktdon (se kapitel 4A, avsnitt 7). Om rensventilen eller kolkanistern misstänks vara defekta måste de bytas ut.

2.6 Skruva loss fästmuttern, och lyft av kolfiltret från fästet

Kolfilter – byte

3 Kolfiltret sitter bakom höger framskärm. För att komma åt kolkanistern, lägg i handbromsen ordentligt och lyft sedan upp framvagnen och stöd den på pallbockar.

4 Ta bort fästskruvarna och fästanordningarna och demontera hjulhusfodret så att du kommer åt kolkanistern.

5 Koppla loss kontaktdonet till höger sidoblinkerlampa och ta bort sidoblinkern. Se kapitel 12, avsnitt 7.

6 Lossa och ta bort kolkanisterns fästmutter. Vid arbete i motorrummet, märk slangarna för identifiering, lossa dem sedan och ta bort kolkanistern från bilen **(se bild)**.

7 Återmontering utförs i omvänd ordning mot demonteringen, se till att slangarna är ordentligt återanslutna.

Avluftningsventil – byte

8 Urluftningsventilen sitter på höger sida i motorrummet, bakom luftrenarhuset.

9 För att byta ventilen, se till att tändningen är avstängd, tryck in fästklämman och lossa kontaktdonet från ventilen.

10 Lossa slangarna från ventilen. Notera deras monteringsläge, lossa ventilen från luftrenarhuset och ta bort den från motorn **(se bild)**.

11 Återmonteringen sker i omvänd ordningsföljd mot demonteringen. Se till att ventilen monteras åt rätt håll och att slangarna ansluts ordentligt.

Avgasrening

Kontroll

12 Katalysatorns funktion kan endast kontrolleras genom att man mäter avgaserna

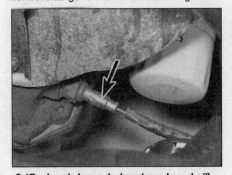

2.17a Lambdasonde (markerad med pil) – X16XEL motorer

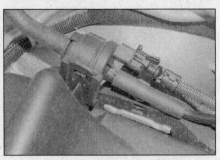

2.10 Lossa avluftningsventilen

med en välkalibrerad avgasanalyserare av bra kvalitet.

13 Om CO-nivån i avgasröret är för hög ska bilen lämnas in till en Opel-verkstad eller annan specialist så att hela bränsleinsprutnings- och tändsystemen, inklusive lambdasonden, kan kontrolleras noggrant med hjälp av den särskilda diagnosutrustningen. När dessa system har kontrollerats och man inte har hittat några fel, måste felet ligga i katalysatorn. Den ska då bytas.

Katalysator – byte

14 Se kapitel 4A, avsnitt 20.

Byte av lambdasonde

Observera 1: *På Z14XE, Z16SE, Z16XE, Z18XE och Z22SE motorer finns det två uppvärmda lambdasonder monterad på avgassystemet. Givaren närmast motorn är för reglering av bränsleblandningen och givaren längst bort från motorn är för att kontrollera funktionen hos katalysatorn (se avsnitt 1).*

Observera 2: *Lambdasonden är ömtålig och går sönder om den tappas i golvet eller stöts till, om dess strömförsörjning bryts eller om den kommer i kontakt med rengöringsmedel.*

15 Värm motorn till normal arbetstemperatur. Stanna sedan motorn och koppla bort batteriets minuspol (se *Koppla loss batteriet* i Referens kapitlet).

16 För givare som monterats i främre avgasröret, dra åt handbromsen ordentligt. Lyft sedan upp framvagnen och stötta upp den ordentligt på pallbockar (se *Lyftning och stödpunkter*).

17 Följ kablaget bakåt till lambdasonden som ska bytas, lossa kontaktdonet och ta loss fästklämmor och buntband. Notera den korrekta dragningen **(se bilder)**.

2.17b Lambdasonde – X18XE och X20XEV motorer

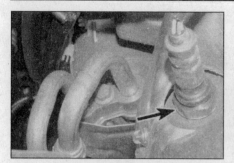

2.17c Bränsleblandningsgivare (se pil)
monterad ovanpå grenröret – Z16XE och
Z18XE motorer

2.21 På 1,6-liters SOHC motorer, lossa
kontaktdonet . . .

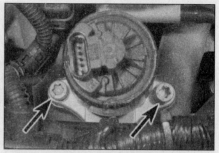

2.22 . . . skruva sedan loss fästskruvarna
(markerade med pil) och ta bort
EGR-ventilen från insugsgrenröret

Varning: Var mycket försiktig, så att du inte bränner dig på den heta grenrörsgivaren.

18 Skruva loss givaren och ta bort den från avgassystemets framrör/grenrör. Om tillämpligt, ta loss tätningsbrickan och kassera den; du måste sätta dit en ny vid monteringen.

19 Monteringen sker i omvänd ordningsföljd mot demonteringen. Använd en ny tätningsbricka (om tillämpligt). Innan du monterar givare ska du applicera ett lager högtemperaturfett på givarens gängor (Opel rekommenderar att man använder specialfettet 19 48 602, art.nr 90 295 397 – finns att köpa hos Opel-handlare). Dra åt givaren till angivet moment och se till att kablaget är rätt draget, och inte riskerar att komma i kontakt med vare sig avgassystemet eller motorn.

Avgasåterföring

Kontroll

20 Omfattade tester på systemet kan endast utföras med elektronisk specialutrustning som ansluts till motorstyrningssystemets diagnoskontaktdon (se kapitel 4A, avsnitt 7). Om du misstänker att det är fel på avgasåterföringsventilen måste den bytas.

Byte av ventiler – 1,4- och 1,6-liters motorer

21 Se till att tändningen är avstängd. Koppla sedan bort givarens kontaktdon. På motorer med enkel överliggande kamaxel sitter ventilen mitt på insugningsröret och på motorer med

dubbla överliggande kamaxlar sitter det på grenrörets vänstra ände (se bild).

22 Skruva loss fästskruvarna och ta bort ventilen och packningen från grenröret (se bild).

23 Monteringen utförs i omvänd ordning mot demonteringen. Använd en ny packning och dra åt ventilbultarna till angivet moment.

Byte av ventiler – 1,8-, 2,0- och 2,2-liters motorer

24 Se till att tändningen är frånslagen och lossa kontaktdonet och vakuumslangen från avgasåterföringsventilen som sitter till vänster på topplocket (se bilder).

25 Skruva loss fästskruvarna och ta bort ventilen och packningen från topplocket.

26 Monteringen utförs i omvänd ordning mot demonteringen. Använd en ny packning och dra åt ventilbultarna till angivet moment (se bild).

3 Katalysator – allmän information och föreskrifter

1 Katalysatorn är en tillförlitlig och enkel anordning som inte kräver något underhåll. Det finns dock några punkter som bör uppmärksammas för att katalysatorn skall fungera ordentligt under hela sin livslängd.

a) ANVÄND INTE blyad bensin (eller alternativ till bly) i bilar med katalysator. Blyet (eller andra tillsatser) täcker

ädelmetallerna vilket minskar deras omvandlingseffekt och förstör katalysatorn på sikt.

b) Underhåll tändning och bränslesystem noga enligt tillverkarens schema.

c) Om motorn börjar misstända ska bilen inte köras alls (eller kortast möjliga sträcka) förrän felet är åtgärdat.

d) STARTA INTE bilen genom att knuffa eller bogsera igång den – då dränks katalysatorn i oförbränt bränsle, vilket leder till att den överhettas då motorn inte startar.

e) SLÅ INTE AV tändningen vid höga motorvarv.

f) Använd INTE tillsatser i olja eller bensin. Dessa kan innehålla ämnen som skadar katalysatorn.

g) Kör INTE bilen om motorn bränner så mycket olja att den av ger synlig blårök.

h) Kom ihåg att katalysatorn arbetar vid mycket höga temperaturer. Parkera INTE bilen i torr undervegetation, över långt gräs eller lövhögar.

i) Kom ihåg att katalysatorn är KÄNSLIG – slå inte på den med verktyg vid underhållsarbetet .

j) I vissa fall kan en svaveldoft (liknande ruttna ägg) märkas från avgasröret. Detta är vanligt med många katalysatorförsedda bilar och bör försvinna efter några hundratal mil.

k) Katalysatorn i en väl underhållen och körd bil ska hålla mellan 80 000 och 150 000 km – om den inte längre är effektiv måste den bytas.

2.24a EGR ventil placering (markerad med pil) – X18XE motor

2.24b Koppla loss kontaktdonet från EGR ventilen – Z22SE motor

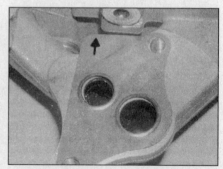

2.26 Montera en ny packning – notera pilens läge för återmonteringen

Kapitel 5 Del A:
Start- och laddningssystem

Innehåll

Svårighetsgrad

Enkelt, passar novisen med lite erfarenhet	Ganska enkelt, passar nybörjaren med viss erfarenhet	Ganska svårt, passar kompetent hemmamekaniker	Svårt, passar hemmamekaniker med erfarenhet	Mycket svårt, för professionell mekaniker

Specifikationer

Systemtyp .... 12 volt, negativ jord

Batteri

Laddningskondition:
Dålig	12,5 volt
Normal	12,6 volt
Bra	12,7 volt

Åtdragningsmoment — **Nm**

Generatorfästen:	
Bultar mellan generator och fäste:	
Utom 2,2-liters motorer	35
2,2-liters motorer	20
Bultar mellan generatorfäste och motorblock:	
Utom 2,2-liters motorer	35
2,2-liters motorer	20
Stödfästbygelns bultar	20
Generator drivremsspännare fästbult(ar):	
Modeller med en fästbult:	
SOHC motorer	25
DOHC motorer	35
Modeller med två fästbultar	25
Knackgivarens fästbult (2,2-liters motorer)	20
Bultar mellan oljenivågivaren och sumpen.	8
Oljetryckkontakt:	
1,4-, 1,6- och 1,8-liters motorer	30
2,0-liters motorer	40
2,2-liters motorer	18
Startmotorns bultar:	
1,4-, 1,6- och 1,8-liters motorer:	
Övre fastbult	40
Nedre fastbult	25
2,0-liters motorer	60
2,2-liters motorer	40

1 Allmän information och föreskrifter

Allmän information

1 Motorns elsystem består i huvudsak av laddnings- och startsystemen. På grund av deras motorrelaterade funktioner behandlas dessa komponenter separat från karossens elektriska enheter, som instrument och belysning etc. (Dessa tas upp i kapitel 12). Se del B för information om tändningssystem.
2 Systemet är ett 12 volts elsystem med negativ jordning.
3 Batteriet är antingen av typen lågunderhåll eller 'underhållsfritt' (livstidsförseglat) och laddas av generatorn, som drivs med en rem från vevaxelns remskiva.
4 Startmotorn är föringreppad med en inbyggd solenoid. Vid start trycker solenoiden kugghjulet mot kuggkransen på svänghjulet innan startmotorn ges ström. När motorn startat förhindrar en envägskoppling att startmotorn drivs av motorn tills drevet släpper från svänghjulet.

Föreskrifter

5 Detaljinformation om de olika systemen ges i relevanta avsnitt i detta kapitel. Även om vissa reparationer beskrivs här, är det normala tillvägagångssättet att byta ut defekta komponenter. Ägare som är intresserade av mer än enbart komponentbyte rekommenderas boken *Bilens elektriska och elektroniska system* från detta förlag.
6 Det är nödvändigt att iakttaga extra försiktighet vid arbete med elsystem för att undvika skador på halvledarenheter (dioder och transistorer) och personskador. Utöver de säkerhetsföreskrifter som anges i *Säkerhet först!* i början av den här handboken, iaktta följande vid arbete med systemet.

- *Ta alltid av ringar, klocka och liknande innan något arbete utförs på elsystemet.* En urladdning kan inträffa även med batteriet urkopplat, om en komponents strömstift jordas genom ett metallföremål. Detta kan ge stötar och allvarliga brännskador.
- *Kasta inte om batteripolerna.* Då kan komponenter som generatorn, elektroniska styrenheter eller andra komponenter med halvledarkretsar skadas så att de inte går att reparera.
- Om motorn startas med hjälp av startkablar och ett laddningsbatteri ska batterierna anslutas *plus till plus* och *minus till minus* (se *Starthjälp*). Detta gäller även vid inkoppling av batteriladdare.
- Koppla aldrig loss batteripolerna, generatorn, elektriska kablar eller några testinstrument med motorn igång.
- Låt aldrig motorn dra runt generatorn när den inte är ansluten.
- Testa aldrig växelströmsgeneratorn genom att "gnistra" strömkabeln mot jord.
- Testa aldrig kretsar eller anslutningar med en ohmmätare av den typ som har en handvevad generator.
- Kontrollera alltid att batteriets jordkabel är urkopplad innan arbete med elsystemet inleds.
- Koppla ur batteriet, generatorn och komponenter som bränsleinsprutningens/ tändningens elektroniska styrenhet för att skydda dem från skador, innan elektrisk bågsvetsningsutrustning används på bilen.
- Flera av de system som installerats i bilen kräver att batteriström alltid finns tillgänglig, endera för att garantera systemens kontinuerliga funktion (gäller t.ex. klockan) eller för att spara styrenhetsminnen eller säkerhetskoder som kan raderas om batteriet kopplas ifrån. För att se till att denna handling inte får oförutsedda konsekvenser, se *Koppla loss batteriet* i Referens kapitlet.

2 Felsökning av elsystemet – allmän information

Se kapitel 12.

3 Batteri – kontroll och laddning

Kontroll

Traditionellt batteri och lågunderhållsbatteri

1 Om bilen inte körs långt under året är det mödan värt att kontrollera batterielektrolytens densitet var tredje månad för att avgöra batteriets laddningsstatus. Använd hydrometer för kontrollen och jämför resultatet med följande tabell. Observera att densitetskontrollen förutsätter att elektrolyttemperaturen är 15°C; för varje 10°C under 15°C dra ifrån 0,007. För varje 10°C över 15°C, lägg till 0,007.

| | Omgivningstemperatur | |
	ovanför 25°C	under 25°C
Fulladdat	1,210 till 1,230	1,270 till 1,290
70% laddat	1,170 till 1,190	1,230 till 1,250
Urladdat	1,050 till 1,070	1,110 till 1,130

2 Om batteriet misstänks vara defekt, kontrollera först elektrolytens densitet i varje cell. En variation över 0,040 mellan celler indikerar förlust av elektrolyt eller nedbrytning av plattor.
3 Om densiteten har en avvikelse på 0,040 eller mer måste batteriet bytas. Om variationen mellan cellerna är tillfredsställande men batteriet är urladdat ska det laddas upp enligt beskrivningen längre fram i detta avsnitt.

Underhållsfritt batteri

4 Om ett 'underhållsfritt' batteri är monterat kan elektrolyten inte testas eller fyllas på. Batteriets skick kan därför bara kontrolleras med en batteriindikator eller en voltmätare.
5 Vissa modeller kan vara utrustade med ett 'Delco-typ' underhållsfritt batteri med inbyggd laddningsindikator. Indikatorn sitter ovanpå batterihöljet och anger batteriets skick genom att ändra färg **(se bild)**. Om indikatorn visar grönt är batteriet i gott skick. Om indikatorn mörknar, möjligen ända till svart, behöver batteriet laddas enligt beskrivning längre fram i detta avsnitt. Om indikatorn är genomskinlig/ gul betyder detta att elektrolytnivån i batteriet är för låg för att det ska kunna användas, och batteriet måste bytas. **Försök inte** ladda eller hjälpstarta ett batteri då indikatorn är ofärgad eller gul.

Alla batterityper

6 Om du testar batteriet med en voltmätare, anslut voltmetern på batteriet och jämför resultatet med de värden som anges i Specifikationer under "laddningsvillkor". För att kontrollen ska ge korrekt utslag får batteriet inte ha laddats på något sätt under de senaste sex timmarna. Om så inte är fallet, tänd strålkastarna under 30 sekunder och vänta 5 minuter innan batteriet kontrolleras. Alla andra kretsar ska vara frånslagna, så kontrollera att dörrar och baklucka verkligen är stängda när kontrollen görs.
7 Om den uppmätta spänningen understiger 12,2 volt är batteriet urladdat, medan en spänning mellan 12,2 och 12,4 volt indikerar delvis urladdning.
8 Om batteriet ska laddas, ta ut det ur bilen (avsnitt 4) och ladda det enligt beskrivningen senare i detta avsnitt.

Laddning

Observera: *Följande är endast avsett som riktlinjer. Följ alltid tillverkarens rekommendationer (finns ofta på en tryckt etikett på batteriet) vid laddning av ett batteri.*

Traditionellt batteri och lågunderhållsbatteri

9 Ladda batteriet vid 3,5 till 4 ampere och fortsätt ladda batteriet tills ingen ytterligare ökning av batteriets tyngd noteras under en fyratimmarsperiod.
10 Alternativt kan en droppladdare som laddar med 1,5 ampere användas över natten.
11 Speciella snabbladdare som påstås kunna ladda batteriet på 1-2 timmar är inte att rekommendera, eftersom de kan orsaka

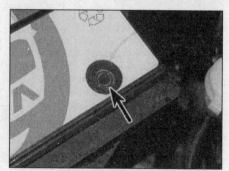
3.5 Batteriladdningsindikator

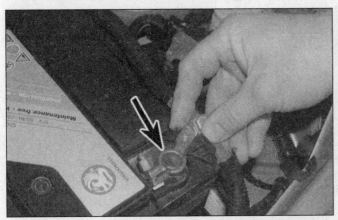

4.2 Koppla loss batteriets minusledning (markerad med pil)

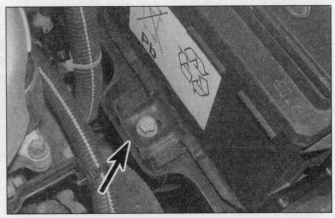

4.4 Batteriklämma (markerad med pil)

allvarliga skador på batteriplattorna genom överhettning.

12 Observera att elektrolytens temperatur aldrig får överskrida 37,8 °C när batteriet laddas.

Underhållsfritt batteri

13 Denna batterityp tar avsevärt längre tid att ladda fullt än standardtypen. Tidsåtgången beror på hur urladdat batteriet är, men det kan ta ända upp till tre dygn.

14 En laddare av konstantspänningstyp krävs, som ska ställas till mellan 13,9 och 14,9 V med en laddström under 25 A. Med denna metod bör batteriet vara användbart inom 3 timmar med en spänning på 12,5 V, men detta gäller ett delvis urladdat batteri. Full laddning kan som sagt ta avsevärt längre tid.

15 Om batteriet ska laddas från fullständig urladdning (under 12,2 volt), låt en Opel-verkstad eller bilelektriker ladda batteriet i och med att laddströmmen är högre och att laddningen kräver konstant övervakning.

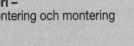

4 Batteri –
demontering och montering

Observera: *Se 'Koppla loss batteriet' i Referens kapitlet innan arbetet påbörjas.*

Demontering

1 Batteriet är placerat i motorrummets vänstra del. På vissa modeller sitter batteriet i ett skyddshölje.

2 Lossa kåpan (om en sådan finns), skruva loss fästmuttern och ta bort klämman från batteriets negative jordledning **(se bild)**. **Observera:** *Batteriet måste kopplas ifrån inom 15 sekunder efter det att tändningsbrytaren slagits ifrån, annars kommer larmsystemet att aktiveras.*

3 Lyft isoleringskåpan och koppla loss pluspolens ledning på samma sätt.

4 Skruva loss bulten och ta bort batteriets fästklämma och lyft av batteriet från motorrummet **(se bild)**.

5 Om det behövs, skruva loss fästplattan och ta bort den från motorrummet. På så sätt frigörs alla relevanta kablage från sina fästklämmor **(se bild)**.

Montering

6 Monteringen utförs i omvänd ordningsföljd mot demonteringen, men smörj in polerna med vaselin innan du återansluter ledningarna. Återanslut minuskabeln först och pluskabeln sist.

5 Laddningssystem –
kontroll

Observera: *Se varningarna i Säkerheten främst! och i avsnitt 1 i detta kapitel innan arbetet påbörjas.*

1 Om laddningslampan inte tänds när tändningen slås på, ska generatorns kabelanslutningar kontrolleras i första hand. Om de är felfria, kontrollera att inte glödlampan har gått sönder och att glödlampssockeln sitter väl fast i instrumentbrädan. Om lampan fortfarande inte tänds, kontrollera att ström går genom ledningen från generatorn till lampan. Om allt är som det ska är det fel på generatorn, som måste bytas eller tas till en bilelektriker för kontroll och reparation.

2 Om tändningens varningslampa tänds när

4.5 Ta bort batterilådans bultar

motorn är igång, stanna bilen och kontrollera att drivremmen är korrekt spänd (se kapitel 1) och att generatorns anslutningar sitter ordentligt. Om allt är som det ska så långt, måste generatorn tas till en bilelektriker för kontroll och reparation.

3 Om generatorns arbetseffekt misstänks vara felaktig även om varningslampan fungerar som den ska, kan regulatorspänningen kontrolleras på följande sätt.

4 Anslut en voltmätare över batteripolerna och starta motorn.

5 Öka motorvarvtalet tills voltmätaren står stadigt på; den bör visa ungefär 12 till 13 volt och inte mer än 14 volt.

6 Slå på alla elektriska funktioner och kontrollera att generatorn upprätthåller reglerad spänning mellan 13 och 14 volt.

7 Om spänningen inte ligger inom dessa värden kan felet vara slitna borstar, svaga borstfjädrar, defekt spänningsregulator, defekt diod, kapad fasledning eller slitna/skadade släpringar. Borstarna kan bytas, men om felet kvarstår måste generatorn bytas eller tas till en bilelektriker för kontroll och reparation.

6 Generatorns drivrem –
demontering, återmontering och spänning

1 Uppgifter om hur du tar bort drivremmen finns i kapitel 1.

7 Generator drivremsspännare
– demontering och montering

Demontering

1 Dra åt handbromsen. Lyft upp framvagnen och ställ den på pallbockar (se *Lyftning och stödpunkter*). Ta bort det högra framhjul och det nedre hjulhusfodret. Om det behövs, se kapitel 11.

7.5 Se till att åtdragningsanordningens styrsprintar hakar i motsvarande hål i fästbygeln

8.12 Ta bort kamaxelgivarens anslutningskontakt från fästbygeln

8.13 Ta bort generatorns övre fästbult

2 Enligt beskrivningen i kapitel 4A, ta bort luftrenarenheten.

3 Håll spännararmen mot fjädertrycket och lyft bort drivremmen från remskivorna. Se kapitel 1 om det behövs.

4 Skruva loss den mittre fästbulten, och ta bort spännarenheten från generatorns fäste. På vissa modeller fästs spännarenheten av två bultar.

Montering

5 Placera spännarenheten i linje med generatorns stödfäste. Säkerställ att styrsprintarna på åtdragningsanordningens fästyta griper in korrekt i de motsvarande hålen i stödfästbygeln. Dra åt sträckarens fästbult till angivet moment **(se bild)**. På modeller där sträckaren är fäst med två bultar finns inga styrsprintar att linjera.

6 Håll sträckaren mot fjädertrycket och placera drivremmen runt remskivorna (se kapitel 1 om det behövs).

7 Montera hjulhuspanelen och hjulet. Sänk ner bilen, och montera tillbaka luftrenarhuset.

8 Generator – demontering och montering

Demontering

1 Dra åt handbromsen. Lyft upp framvagnen och ställ den på pallbockar (se *Lyftning och stödpunkter*). Skruva loss fästbultarna och

ta bort den nedre kåpan underifrån motor/ växellådsenheten.

2 Koppla loss batteriets jordledning (se *Koppla loss batteriet* i Referens kapitlet).

1,6-liters SOHC motorer

3 Ta bort luftrenarenheten och insugskanalen (se kapitel 4A).

4 Lossa multiremmen enligt beskrivningen i kapitel och ta bort den från generatorns remskiva.

5 Lossa och ta bort fästbultarna och ta bort stödfästbygeln mellan generatorn och insugsgrenröret.

6 Skruva loss och ta bort bultarna som håller fast generatorns stödfäste mot topplocket. Vrid generatorn mot bilens bakända.

7 Lossa kabelhärvan från fästet, och ta bort fästet.

8 Ta bort gummikåporna (i förekommande fall) från generatorns poler, skruva sedan loss fästmuttrarna och koppla loss kablaget från generatorns baksida.

9 Skruva loss generatorns nedre fästbult och flytta generatorn ur läge.

1,4-, 1,6- och 1,8-liters DOHC motorer

10 Ta bort luftrenarenheten (se kapitel 4A).

11 Tryck sträckaren mot fjädertrycket och lossa remmen från remskivorna (se kapitel 1 om det behövs).

12 På 1,8-liters modeller, lossa kamaxelgivarens anslutningskontakt och lossa den från fästbygeln **(se bild)**.

13 Ta bort generatorn övre fästbult **(se bild)**.

14 Lossa den nedre generatorbulten, och sväng generatorn bakåt.

15 Skruva loss bulten(arna) och ta bort generatorns drivremsspännare, enligt beskrivningen i avsnitt 7.

16 På 1,8-liters modeller, lossa anslutningskontakterna till vevaxelgivaren och oljetryckskontakten. Lägg kablarna/vajrarna åt sidan.

17 Ta bort gummikåporna (i förekommande fall) från generatorns poler, skruva sedan loss fästmuttrarna och koppla loss kablaget från generatorns baksida **(se bild)**.

18 Lossa och ta bort bultarna som håller fast generatorns fäste mot motorblocket. Ta sedan upp generatorn och dess fästen från dess plats. På modeller med luftkonditionering, för generatorn och fästet nedåt **(se bild)**.

19 Lossa och ta bort bultarna som håller fast generatorn mot fästet och sära på de två komponenterna **(se bild)**.

2,0-liters DOHC motorer

20 Ta bort luftrenarenheten (se kapitel 4A).

21 Tryck sträckaren mot fjädertrycket och lossa remmen från remskivorna (se kapitel 1 om det behövs).

22 På modeller utan luftkonditionering, ta bort generatorns drivremsspännare enligt beskrivningen i avsnitt 7.

23 Skruva loss fästbultarna och ta bort generatorns fästen mellan generatorn och insugsgrenröret och topplocket.

24 Ta bort gummikåporna (i förekommande

8.17 Generatoranslutningar – gummikåpor borttagna

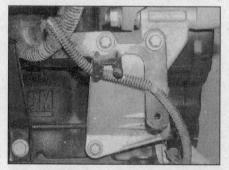

8.18 Generatorfästbygelns bultar

8.19 Ta bort generatorns nedre fästbult

8.32a Skruva loss fästmuttern . . .

8.32b . . . och lossa kabelanslutningen – 2,2-liters motorer

8.33 Generatorfästets bultar (markerad med pil) – 2,2-liters motorer

fall) från generatorns poler, skruva sedan loss fästmuttrarna och koppla loss kablaget från generatorns baksida.

25 Ta bort de tre bultarna som håller fast generatorns fäste mot motorblocket och ta ut generatorn och fästet nedåt ur motorrummet.

26 Lossa och ta bort bultarna som håller fast generatorn mot fästet och sära på de två komponenterna

2,2-liters DOHC motorer

27 Ta bort luftrenarenheten och insugskanalen (se kapitel 4A).

28 Tryck sträckaren mot fjädertrycket och lossa remmen från remskivorna (se kapitel 1 om det behövs).

29 Tappa ur kylsystemet enligt beskrivningen i kapitel 3, och lossa den nedre slangen från kylaren.

30 Lossa de två kabelknippenas kontakter från motorns elektroniska styrmodul och skruva sedan loss fästbultarna och ta bort styrenheten från insugsgrenröret. Observera var jordkabeln sitter på en av fästbultarna

31 Skruva loss bulten och ta bort transportbygeln från generatorns ovansida.

32 Skruva loss fästmuttern och lossa kabelslutningen **(se bilder)**, och koppla loss kontaktdonet från generatorns baksida.

33 Lossa och ta bort de fyra fästbultar, och för bort generatorn **(se bild)**.

Montering

34 Monteringen utförs i omvänd ordningsföljd mot demonteringen, dra åt alla fästbultar till angivet moment (om det är tillämpligt) Säkerställ att drivremmen har återmonterats korrekt och har spänts så som det beskrivs i kapitel 1.

9 Generator – byte av borstar

Observera: Om generatorn misstänks vara defekt måste den demonteras och tas till en bilelektriker för kontroll. De flesta bilverkstäder kan erbjuda och montera borstar till överkomliga priser. Kontrollera dock reparationskostnaderna först, det kan vara

billigare med en ny eller begagnad generator.
Observera: Detta är tillvägagångssättet för en typisk generator

1 Ta bort generatorn enligt beskrivningen i avsnitt 8.

2 Placera generatorn på en ren arbetsyta, med remskivan nedåt.

3 Skruva loss fästskruvarna, och lyft av den yttre plastkåpan (se bild).

4 Skruva loss de två fästskruvarna och skjut försiktigt kabeln från kontaktdonet **(se bilder)**.

5 Om borstarna är skadade eller väldigt slitna måste borstsatsen bytas.

6 Kontrollera och rengör släpringarnas ytor i änden av generatorskaftet. Om de är mycket slitna, eller skadade, måste generatorn bytas.

7 Montera ihop generatorn genom att följa isärtagningsmetoden i omvänd ordningsföljd. Se till att du lirkar dit borstarna över

släpringarnas ändar **(se bild)**. Avsluta med att montera generatorn enligt beskrivningen i avsnitt 8.

10 Startsystem – kontroll

Observera: Se föreskrifterna i Säkerheten främst! och i avsnitt 1 i detta kapitel innan arbetet påbörjas.

1 Om startmotorn inte arbetar när tändningsnyckeln vrids till startläget kan något av följande vara orsaken:

a) Det är fel på batteriet.

b) Någon av de elektriska anslutningarna mellan startnyckel, solenoid, batteri och

9.3 Skruva loss skruvarna och lyft av plastkåpan

9.4a Skruva loss borsttätningens skruvar . . .

9.4b . . . och skjut försiktigt av kontaktdonet

9.7 Tryck ihop borstarna och montera tillbaka borsttätningen

startmotor släpper inte igenom ström från batteriet genom startmotorn till jord.

c) Fel på solenoiden.

d) Elektriskt eller mekaniskt fel i startmotorn.

2 Kontrollera batteriet genom att tända strålkastarna. Om de försvagas efter ett par sekunder är batteriet urladdat. Ladda (se avsnitt 3) eller byt batteri. Om strålkastarna lyser klart, vrid om startnyckeln. Om strålkastarna då försvagas betyder det att strömmen når startmotorn, vilket anger att felet finns i startmotorn. Om strålkastarna lyser klart (och inget klick hörs från solenoiden) indikerar detta ett fel i kretsen eller solenoiden – se följande punkter. Om startmotorn snurrar långsamt, trots att batteriet är i bra skick, indikerar detta antingen ett fel i startmotorn eller ett kraftigt motstånd någonstans i kretsen.

3 Om ett fel på kretsen misstänks, kopplar du loss batterikablarna (inklusive jordningen till karossen), startmotorns/solenoidens kablar och motorns/växellådans jordledning. Rengör alla anslutningar noga och anslut dem igen. Använd sedan en voltmätare eller testlampa och kontrollera att full batterispänning finns vid strömkabelns anslutning till solenoiden och att jordförbindelsen är god. Smörj in batteripolerna med vaselin så att korrosion undviks – korroderade anslutningar är en av de vanligaste orsakerna till elektriska systemfel.

4 Om batteriet och alla anslutningar är i bra skick, kontrollera kretsen genom att lossa ledningen från solenoidens bladstift. Anslut en voltmätare eller testlampa mellan ledningen och en bra jord (t.ex. batteriets minuspol) och kontrollera att ledningen är strömförande när tändningsnyckeln vrids till startläget. Är den det, fungerar kretsen. Om inte, kan kretsen kontrolleras enligt beskrivningen i kapitel 12, avsnitt 2.

5 Solenoidens kontakter kan kontrolleras med en voltmätare eller testlampa mellan strömkabeln på solenoidens startmotorsida och jord. När tändningsnyckeln vrids till start ska mätaren ge utslag eller lampan tändas.

Om inget sker är solenoiden defekt och måste bytas.

6 Om kretsen och solenoiden fungerar måste felet finnas i startmotorn. I det fallet kan det vara möjligt att låta en specialist renovera motorn, men kontrollera först pris och tillgång på reservdelar, eftersom det mycket väl kan vara billigare att köpa en ny eller begagnad startmotor.

11 Startmotor – demontering och montering

Demontering

1 Lossa batteriets jordledning (se *Koppla loss batteriet* i Referens kapitlet).

2 Dra åt handbromsen. Lyft upp framvagnen och ställ den på pallbockar (se *Lyftning och stödpunkter*). Om det behövs, skruva loss fästbultarna och ta bort den nedre kåpan underifrån motor/växellådsenheten. Följ sedan beskrivningen under tillämplig underrubrik.

SOHC motorer

3 Lossa och ta bort de två fästmuttrarna och lossa kablaget från startmotorns solenoid. Ta loss brickorna under muttrarna.

4 Skruva loss fästmuttern och lossa jordledningen från startmotorns övre bult.

5 Lossa och ta bort fästbulten och muttern, och för startmotorn underifrån motor.

DOHC motorer

6 Skruva loss fästbultarna och ta bort stödfästet från grenrörets undersida.

7 Lossa och ta bort de två fästmuttrarna och lossa kablaget från startmotorns solenoid. Ta loss brickorna under muttrarna **(se bild)**.

8 Skruva loss fästmuttern och lossa jordledningen från startmotorns övre bult.

9 Lossa och ta bort fästbulten och muttern, och för startmotorn underifrån motorn. Observera att fästbultarna har olika längd – den övre bulten är längre **(se bild)**.

Montering

10 Monteringen utförs i omvänd ordningsföljd mot demonteringen, dra åt fästbultarna till angivet moment. Säkerställ att alla ledningar dragits korrekt och att kablagets fästmuttrar är säkert åtdragna.

12 Startmotor – test och renovering

1 Om startmotorn misstänks vara defekt måste den demonteras och tas till en bilelektriker för kontroll. De flesta bilverkstäder kan erbjuda och montera borstar till överkomliga priser. Kontrollera dock reparationskostnaderna först, eftersom det kan vara billigare med en ny eller begagnad motor.

13 Tändningskontakt – demontering och montering

1 Tändningsbrytaren är inbyggd i rattstångslåset och kan tas bort enligt beskrivningen i kapitel 12, avsnitt 4.

14 Brytare till varningslampa för oljetryck – demontering och montering

Demontering

Alla motorer utom 2,2-liter

1 Brytaren är fastskruvad på baksidan av oljepumphuset som sitter till höger om motorn i slutet av vevaxeln. För att komma åt bättre, dra åt handbromsen och lyft sedan upp framvagnen och ställ den på pallbockar (se *Lyftning och stödpunkter*). Om det behövs, skruva loss fästbultarna och ta bort den nedre kåpan underifrån motor/växellådsenheten.

2 Lossa kontaktdonet, skruva sedan loss brytaren och ta loss tätningsbrickan. Var

11.7 Lossa startmotorsolenoiden

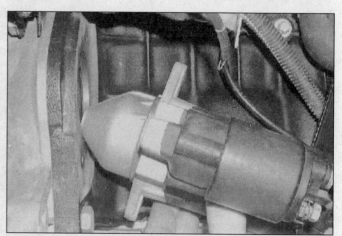

11.9 Demontering av startmotorn

14.2 Oljetryckskontakt

15.5 Ta bort oljenivågivaren och byt tätningen

beredd på oljespill och om brytaren ska tas bort från motorn under längre tid pluggar du igen öppningen **(se bild)**.

2,2-liters motorer

3 Brytaren sitter på motorblockets framsida, bakom startmotorn. För att komma åt kontakten, måste du ta bort startmotorn enligt beskrivningen i avsnitt 11.

4 Om du använder en skruvnyckel (och inte en djup hylsa) när du ska ta bort oljetryckskontakten, kan du behöva skruva loss fästbulten och ta bort knackgivaren från motorblocket.

5 Lossa kontaktdonet, skruva sedan loss brytaren och ta loss tätningsbrickan. Var beredd på oljespill och om brytaren ska tas bort från motorn under längre tid pluggar du igen öppningen.

Montering

6 Undersök tätningsbrickan efter tecken på skada eller åldrande, och byt ut om det behövs.

7 Montera tillbaka brytaren och brickan, dra åt den till angivet moment, och återanslut kontaktdonet.

8 Sänk ner bilen (vid behov) och fyll vid behov på motorolja enligt beskrivningen i *Veckokontroller.*

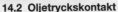

15 Oljenivågivare – demontering och montering

1,4-, 1,6- och 1,8-liters motorer

Demontering

1 Oljenivågivaren sitter på oljesumpen.

2 För att komma åt bättre, dra åt handbromsen och lyft sedan upp framvagnen och ställ den på pallbockar (se *Lyftning och stödpunkter*). Om det behövs, skruva loss fästbultarna och ta bort den nedre kåpan underifrån motor/växellådsenheten.

3 Låt all olja rinna ut i kärlet, montera tillbaka dräneringspluggen och dra åt den till angivet moment (se kapitel 1).

4 Lossa kontaktdonet(en) från givaren.

5 Skruva loss fästbultarna och lirka sedan ut givaren från sumpen och ta bort den tillsammans med tätningsringen. Kassera tätningsringen, eftersom det behövs en ny vid monteringen **(se bild)**.

Montering

6 Monteringen sker i omvänd ordningsföljd mot demonteringen, och se till att kablaget är

ordentligt återanslutet. Avsluta med att fylla motorn med olja (se kapitel 1).

2,0- och 2,2-liters motorer

Demontering

7 Oljenivågivaren (om en sådan finns) är inbyggd i sumpen. Ta bort sumpens nedre del (enligt beskrivningen i relevant del av kapitel 2).

8 Notera kablagets dragning och skruva sedan loss fästskruvarna och ta bort givarenheten från sumpen. Kontrollera kontaktdonets tätning och se om det finns tecken på skador. Byt ut det vid behov.

Montering

9 Avlägsna alla spår av låslim från gängorna på sensorns fästskruvar före återmontering. Applicera en droppe gänglåsning på skruvgängorna och smörj kontaktdonets tätning med litet motorolja.

10 se till att kablaget sitter korrekt, och dra ordentligt åt fästskruvarna. Skjut försiktigt kontaktdonet genom sumpen och se till att du inte skadar dess tätning. Säkra det på plats med fästklämman.

11 Se till att givaren monteras korrekt och montera sedan sumpen enligt beskrivningen i den relevanta delen av kapitel 2).

Kapitel 5 Del B:
Tändsystem

Innehåll

Svårighetsgrad

Enkelt, passar novisen med lite erfarenhet	Ganska enkelt, passar nybörjaren med viss erfarenhet	Ganska svårt, passar kompetent hemmamekaniker	Svårt, passar hemmamekaniker med erfarenhet	Mycket svårt, för professionell mekaniker

Specifikationer

Systemtyp . . . . Fördelarlöst tändsystem som styrs av motorstyrningens elektroniska styrmodul

Tändföljd . . . . 1-3-4-2 (Nr 1 vid kamremssänden)

Åtdragningsmoment **Nm**
Tändningsmodulens skruvar 8

1 Tändsystem – allmän information

1 Tändsystemet ingår i bränsleinsprutningssystemet och utgör ett kombinerat motorstyrningssystem som styrs av en elektronisk styrmodul (ECU, se kapitel 4A för mer information). Systemets tändsida är av den fördelarlösa typen och består av tändmodulen och knackgivaren.

2 På 1,6-liters motorer med enkel överliggande kamaxel och 2,0-liters motorer med dubbla överliggande kamaxlar är tändningsmodulen i själva verket en tändspole med fyra utgångar. Modulen består av två separata tändspolar som matar två cylindrar var (en spole matar cylinder 1 och 4, den andra cylinder 2 och 3). Under ECU:ns styrning varje tändstift ger två gnistor för var och en av motorns cykler: en gång under kompressionstakten och en gång under avgastakten. På 1,4-, 1,6-, 1,8- och 2,2-liters motorer med dubbla överliggande kamaxlar består tändningsmodulen av fyra tändspolar,

en per cylinder, i ett hölje som monteras på längden precis ovanför tändstiften. Denna modul gör att det inte behövs tändkablar eftersom spolarna sitter direkt på relevant tändstift. ECU:n använder sina indata från de olika givarna för att beräkna vilken tändningsförställning och spolladdningstid som krävs.

3 Knackgivaren sitter på motorblocket och informerar ECU:n när motorn "spikar" vid belastning. Sensorn är känslig för vibrationer och känner av de knackningar som uppstår då motorn börjar "spika" eller "knacka" (förtända). Knacksensorn skickar en elektrisk signal till ECU:n som i sin tur försenar tändningsförställningen i små steg tills "spikningen" upphör.

 Varning: Spänningen från ett elektroniskt tändningssystem är mycket högre än den från konventionella tändningssystem. Var mycket försiktig vid arbete med systemet då tändningen är påslagen. Personer med pacemaker bör inte vistas i närheten av tändningskretsar, delar och testutrustning.

2 Tändsystem – test

1 Om det uppstår ett fel i motorstyrningssystemet (bränsleinsprutningen/tändningen) bör du först kontrollera att felet inte beror på dålig elektrisk anslutning eller dåligt underhåll: Det vill säga, kontrollera att luftfiltret är rent, att tändstiften är hela och har korrekt avstånd (om tillämpligt), och att motorns ventilationsslangar är rena och oskadda. Kontrollera också att gasvajern är korrekt justerad (om tillämpligt) enligt beskrivningen i kapitel 4A. Om motorn går mycket ojämnt kontrollerar du kompressionstrycken enligt beskrivningen i relevant del av kapitel 2.

2 Om dessa kontroller inte visar på problemets orsak ska bilen tas till en lämpligt utrustad Opel-verkstad för test. Ett kontaktdon för kablage är integrerat i motorkretsen. En speciell elektronisk testare för diagnos kan pluggas in där. Testverktyget hittar felet snabbt och lätt och minskar behovet

av att kontrollera alla systemkomponenter enskilt, något som är tidskrävande och medför stora risker för att skada styrenheten.

3 De enda kontrollerna av tändsystemet som en hemmamekaniker kan utföra är de som beskrivs i kapitel 1, och som rör tändstiften. Om så behövs kan systemkablage och kabelanslutningar kontrolleras enligt beskrivningen i kapitel 12, avsnitt 2, se till att ECU:ns kontaktdon först har kopplats från.

3 Tändningsmodul – demontering och montering

Demontering

SOHC och 2,0-liters DOHC motorer

1 Lossa batteriets jordledning (se *Koppla loss batteriet* i Referens kapitlet).
2 Lossa kontaktdonet och tändkablar från tändningsmodulen **(se bilder)**. Modulens högspänningsledningsanslutningar är numrerade (ledningarna ska också vara numrerade) med respektive cylindernummer för att undvika förvirring vid återmonteringen.
3 Lossa och ta bort fästskruvarna och ta bort tändningsmodulen från topplocksänden.

3.2a Tändmodul – 1,6-liters SOHC motor

1,4-, 1,6-, 1,8- och 2,2-liters DOHC motorer

4 Lossa batteriets jordledning (se *Koppla loss batteriet* i Referens kapitlet). Skruva loss fästbultarna (om tillämpligt), skruva loss påfyllningslocket, och ta bort motorkåpan.
5 Tändningsmodulen sitter rakt över motorn, mellan insugnings- och avgaskamaxlarnas kåpor. Koppla loss anslutningskontakten på modulens vänstra sida **(se bild)**.
6 Skruva loss fästskruvarna, och lyft av modulen **(se bild)**. Observera att det på vissa 1,4- och 1,6-liters motorer finns en interferensundertryckare på vänster fästbult. Om modulen inte vill lossna från tändstiften för du in två stycken 8 mm långa bultar i de gängade hålen ovanpå modulen och drar upp bultarna för att lossa modulen från pluggen.

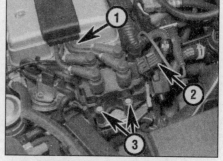

3.2b Tändmodul – 2,0-liters DOHC motor

1 Tändkablar 3 Fästskruvar
2 Kontaktdon

Montering

7 Montera tillbaka modulen på topplocket och dra åt fästskruvarna till angivet moment.
8 På motorer med enkel överliggande kamaxel och 2,0-liters motorer med dubbla överliggande kamaxlar, återanslut varje tändkabel till motsvarande anslutning på tändningsmodulen med hjälp av numren på ledningarna och modulerna.
9 Anslut kontaktdonet till tändningsmodulen och återanslut batteriet.

4 Tändningsinställning – kontroll och justering

1 Det finns inga tändningsinställningsmärken på svänghjulet eller vevaxelns remskiva. Tändningsinställningen övervakas hela tiden och justeras av motorstyrningens elektroniska styrmodul, och nominalvärden kan inte anges. Därför kan hemmamekanikern inte kontrollera tändningsinställningen.
2 Det enda sättet tändningsinställningen kan kontrolleras och (om det är möjligt) justeras är med särskild elektronisk testutrustning som man ansluter till motorstyrningssystemets diagnosuttag (se kapitel 4A). Rådfråga en Opel-verkstad.

3.5 Tändningsmodulens anslutningskontakt – 1,4-, 1,6-, 1,8- och 2,2-liters DOHC motorer

3.6 Dra upp tändningsmodulen och ta bort den från tändstiftens översida

Kapitel 6
Koppling

Innehåll

Svårighetsgrad

| Enkelt, passar novisen med lite erfarenhet | | Ganska enkelt, passar nybörjaren med viss erfarenhet | | Ganska svårt, passar kompetent hemmamekaniker | | Svårt, passar hemmamekaniker med erfarenhet | | Mycket svårt, för professionell mekaniker | |

Specifikationer

Typ	Enkel torr platta med hydraulstyrd tallriksfjäder

Friktionsplatta
Diameter:
1,4- och 1,6-liters motorer	200 mm
1,8-liters motorer	205 mm
2,0-liters motorer	216 mm
2,2-liters motorer	228 mm
Den nya ledningens tjocklek.	7,65 mm

Åtdragningsmoment	**Nm**
Hydraulrörets anslutningsmutter	14
Huvudcylinderns fästmuttrar*	20
Pedalfästets fästmuttrar*	20
Pedalens bultar/muttrar mellan fästbygeln och styrningens tvärbalk . .	20
Tryckplattans fästbultar*	15
Urkopplingscylinderns fästbultar	5

Använd nya bultar/muttrar

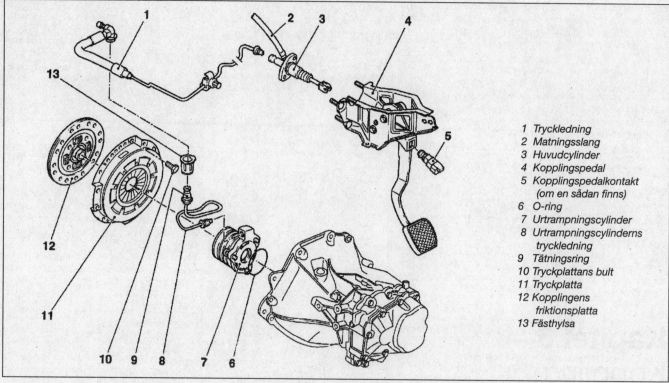

1 Trryckledning
2 Matningsslang
3 Huvudcylinder
4 Kopplingpedal
5 Kopplingspedalkontakt
   (om en sådan finns)
6 O-ring
7 Urtrampningscylinder
8 Urtrampningscylinderns
   tryckledning
9 Tätningsring
10 Tryckplattans bult
11 Tryckplatta
12 Kopplingens
   friktionsplatta
13 Fästhylsa

1.1 Kopplingskomponenter

1 Allmän information

1 Kopplingen består av en friktionsplatta, en tryckplattsenhet och den hydrauliska urtrampningscylindern (som innehåller urkopplingslagret); alla dessa delar sitter i den stora balanshjulkåpan av aluminiumgodslegering, inklämd mellan motorn och växellådan **(se bild).**

2 Lamellen sitter mellan motorns svänghjul och kopplingstryckplattan, och kan glida på växellådans ingående axelräfflor.

3 Tryckplattan sitter fast med bultar på motorns svänghjul. När motorn är igång överförs drivningen från vevaxeln, via svänghjulet, till lamellen (dessa komponenter är ordentligt sammanhållna av tryckplattsenheten) och från lamellen till växellådans ingående axel.

4 För att avbryta drivningen måste fjädertrycket sänkas. Detta åstadkommer man genom att använda en hydraulisk lossningsmekanism som består av huvudcylindern, urkopplingscylindern och den ledning/slang som förbinder de båda komponenterna. Genom att trycka ner pedalen skapas ett tryck på huvudcylinderns stötstång, och urladdningscylinderns kolv tvingas hydrauliskt mot tryckplattans fjäderfingrar. På så sätt deformeras fjädrarna och frigör fästkraften på tryckplattan.

5 Kopplingen är självjusterande och behöver inte justeras manuellt.

2 Kopplingens hydraulsystem – luftning

⚠ *Varning: Hydraulolja är giftig; tvätta noggrant bort oljan omedelbart vid hudkontakt och sök omedelbar läkarhjälp om olja sväljs eller hamnar i ögonen. Vissa hydraulvätskor är lättantändliga och kan självantända om de kommer i kontakt med heta komponenter. Vid arbete med hydraulsystem är det alltid säkrast att anta att vätskan är brandfarlig, och att vidta samma försiktighetsåtgärder mot brand som när bensin hanteras. Hydraulolja är ett kraftigt färglösningsmedel och angriper även plaster; vid spill ska vätskan sköljas bort omedelbart med stora mängder rent vatten. Hydraulolja är också hygroskopisk (den absorberar luftens fuktighet) och gammal olja kan vara förorenad och oduglig för användning. Vid påfyllning eller byte ska alltid rekommenderad typ användas och den måste komma från en nyligen öppnad förseglad förpackning.*

1 Ett hydraulsystem kan inte fungera som det ska förrän all luft har avlägsnats från komponenterna och kretsen. detta uppnås genom att man luftar systemet.

2 Tillsätt endast ren, oanvänd hydraulvätska av rekommenderad typ under luftningen. återanvänd aldrig gammal vätska som tömts ur systemet. Se till att ha tillräckligt med olja till hands innan arbetet påbörjas.

3 Om det finns någon möjlighet att fel typ av vätska finns i systemet måste hydraulkretsen spolas ur helt med ren vätska av rätt typ.

4 Om systemet förlorat hydraulvätska eller luft trängt in från en läcka, se till att åtgärda problemet innan du fortsätter.

5 En luftningsskruv sitter i slangändens beslag som sitter ovanpå växellådshuset. På vissa modeller är luftningsskruven svår att nå och måste du lyfta upp framvagnen och ställa den på pallbockar, så att du kan komma åt skruven underifrån (se *Lyftning och stödpunkter*).

6 Kontrollera att alla rör och slangar sitter säkert, att anslutningarna är ordentligt åtdragna och att luftningsskruven är stängd. Tvätta bort all smuts runt luftningsskruven.

7 Skruva loss huvudcylinderbehållarens lock (kopplingen har samma behållare som bromssystemet) och fyll på behållaren till MAX-markeringen. Montera locket löst. Kom ihåg att oljenivån aldrig får sjunka under MIN-nivån under arbetet, annars är det risk för att ytterligare luft tränger in i systemet.

8 Det finns ett antal enmans gör-det-själv-luftningssatser att köpa i motortillbehörsbutiker. Vi rekommenderar att en sådan sats används närhelst möjligt eftersom de i hög grad förenklar arbetet och minskar risken av att avtappad olja och luft sugs tillbaka in i systemet. Om en sådan sats inte finns tillgänglig måste grundmetoden (för två personer) användas, den beskrivs i detalj nedan.

9 Om en luftningssats ska användas, förbered bilen enligt beskrivningen ovan och följ sedan luftningssatstillverkarens instruktioner, eftersom metoden kan variera något mellan olika luftningssatser. de flesta typerna beskrivs nedan i de aktuella avsnitten.

Luftning

Grundmetod (för två personer)

10 Skaffa en ren glasburk, en lagom längd gummislang som sluter tätt över avluftningsskruven, samt en ringnyckel som passar skruven. Dessutom behövs en medhjälpare.

11 Ta bort dammkåpan från luftningsskruven. Trä nyckel och slang på luftningsskruven och för ner andra slangänden i glasburken. Häll i tillräckligt med hydraulolja för att väl täcka slangänden.

12 Se till att oljenivån överstiger MIN-nivålinjen på behållaren under hela arbetets gång.

13 Låt medhjälparen trampa kopplingen i botten ett flertal gånger, så att trycket byggs upp, och sedan hålla kvar bromsen i botten.

14 Med pedaltrycket intakt, skruva loss luftningsskruven (ungefär ett varv) och låt den komprimerade vätskan och luften flöda in i behållaren. Medhjälparen ska behålla pedaltrycket och inte släppa det förrän instruktion ges. När flödet stannat upp, dra åt luftningsskruven, låt medhjälparen sakta släppa upp pedalen och kontrollera sedan nivån i oljebehållaren.

15 Upprepa stegen i punkt 13 och 14 tills vätskan som kommer ut från luftningsskruven är fri från luftbubblor. Om huvudcylindern har tömts och fyllts på igen, låt det gå ungefär fem sekunder mellan cyklerna innan huvudcylindern går över till påfyllning.

16 När inga fler luftbubblor syns, dra åt avluftningsskruven till angivet moment, ta bort nyckel och slang och montera dammkåpan. Dra inte åt luftningsskruven för hårt.

Med hjälp av en luftningssats med backventil

17 Dessa luftningssatser består av en bit slang försedd med en envägsventil för att förhindra att luft och vätska dras tillbaka in i systemet. vissa satser innehåller en genomskinlig behållare som kan placeras så att luftbubblorna lättare kan ses flöda från änden av slangen.

18 Satsen ansluts till luftningsskruven, som sedan öppnas. Återvänd till förarsätet, tryck ner kopplingspedalen mjukt och stadigt och släpp sedan långsamt upp den igen. det här upprepas tills all olja som rinner ur slangen är fri från luftbubblor.

19 Observera att dessa luftningssatser underlättar arbetet så mycket att man lätt glömmer vätskebehållarens nivå. Se till

att nivån hela tiden ligger över den undre markeringen.

Med hjälp av en tryckluftssats

20 Tryckluftssatser för avluftning drivs vanligen av tryckluften i reservdäcket. Observera dock att trycket i däcket troligen måste minskas till under normaltryck. se instruktionerna som följer med luftningssatsen.

21 Om man kopplar en trycksatt vätskefylld behållare till vätskebehållaren kan man utföra avluftningen genom att helt enkelt öppna luftningsskruven och låta vätskan strömma ut tills den inte längre innehåller några bubblor.

22 Den här metoden har fördelen att vara extra säker eftersom den stora behållaren hindrar luft från att dras in i systemet under avluftningen.

Alla metoder

23 När luftningen är avslutad och pedalen känns fast, dra åt luftningsskruven ordentligt och tvätta bort eventuellt spill. Sätt tillbaka dammkåpan på luftningsskruven.

24 Kontrollera hydrauloljenivån i huvudcylinderbehållaren och fyll på om det behövs (se *Veckokontroller*).

25 Kassera all hydraulvätska som har tappats ur systemet. den går inte att återanvända.

26 Kontrollera kopplingspedalens funktion. Om kopplingen fortfarande inte fungerar som den ska finns det luft kvar i systemet, och det måste luftas ytterligare. Om systemet inte är helt luftat efter ett rimligt antal upprepningar av luftningen kan det bero på slitna huvudcylinder/urkopplingscylindertätningar.

3 Huvudcylinder –
demontering och montering

Observera: *En ny tätningsring till hydraulröranslutningen krävs vid återmonteringen.*

Demontering

Högerstyrda modeller

1 Arbeta inuti motorrummet, ta bort alla spår av smuts från utsidan av huvudcylindern och lägg en trasa under cylindern som kan suga upp vätskespill.

2 Lossa matarslangen från broms- och kopplingsvätskebehållaren. Plugga igen öppningarna för att minimera vätskeförlusten.

3 För ut fästklämman och frigör hydraulröret från anslutningen i huvudcylinderns ände vid motorrummets torpedvägg. Plugga igen röränden och huvudcylindern för att minimera bränsleförlusten och hindra smuts från att tränga in. Ta loss tätningsringen från anslutningen och kasta den. en ny en måste användas vid återmonteringen **(se bild)**.

4 Arbeta inuti bilen och ta bort klädselpanelen under instrumentbrädan på förarsidan (se

3.3 Bänd upp fästklämman och lossa röret

kapitel 11), lossa pedalreturfjädern och ta bort fästklämman och gaffelbulten som håller fast huvudcylinderns tryckstång mot pedalen.

5 Från insidan av bilen, skruva loss de två fästmuttrarna som håller fast huvudcylindern mot mellanväggen/pedalbygeln. Återgå till motorrummet och flytta huvudcylindern från dess läge.

Vänsterstyrda modeller

6 För att komma åt huvudcylindern, lossa relähuset från ovansidan av ABS-systemets hydrauliska modulatorenhet. Ta bort relähållarens fästbygel och lägg den åt sidan.

7 Ta bort alla spår av smuts från utsidan av huvudcylindern och lägg en trasa under cylindern som kan suga upp vätskespill.

8 Lossa matarslangen från bromsvätskebehållaren. Plugga igen öppningarna för att minimera vätskeförlusten.

9 Lossa returfjädern från pedalen. Skjut ut fästklämman och frigör hydraulröret från anslutningen i röret till urkopplingscylindern. Plugga igen röränden och huvudcylindern för att minimera bränsleförlusten och hindra smuts från att tränga in. Ta loss tätningsringen från anslutningen och kasta den. du måste sätta dit en ny vid monteringen.

10 Arbeta inuti bilen och ta bort klädselpanelen under instrumentbrädan på förarsidan (se kapitel 11). Ta bort fästklämman och gaffelbulten som håller fast huvudcylinderns tryckstång mot pedalen.

11 Från insidan av bilen, skruva loss de två fästmuttrarna som håller fast huvudcylindern mot mellanväggen/pedalbygeln. Återgå till motorrummet och flytta huvudcylindern från dess läge.

Montering

Högerstyrda modeller

12 Se till att cylinderns och mellanväggens fogytor är rena och torra samt att packningen sitter rätt.

13 Sätt huvudcylindern på plats samtidigt som tryckstångens gaffel hamnar rätt i pedalen. Se till att tryckstången är korrekt placerad och dra sedan åt den nya huvudcylinderns fästmuttrar till angivet moment.

14 Applicera lite flerfunktionsfett på gaffelbulten. Rikta sedan in gaffeln och pedalen och sätt i stiftet. Fäst gaffelbulten på plats och fäst den. Se till att fästklämman är korrekt placerad i stiftspåret. Återanslut pedalens returfjäder, och montera tillbaka den nedre klädselpanelen.

15 Montera en ny tätningsring på hydraulrörets anslutning. Återanslut röret på urkopplingscylindern, tryck ihop kontaktdonen tills du hör ett tydligt "klick".

16 Återanslut vätskematarslangen till bromshuvudcylinderns behållare.

17 Lufta kopplingens hydraulsystem enligt beskrivningen i avsnitt 2.

Vänsterstyrda modeller

18 Utför de åtgärder som beskrivs i punkt 12 till 17.

19 Montera tillbaka relähållarfäste, och relädosan.

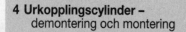

4 Urkopplingscylinder – demontering och montering

Observera: *Se varningen i början av avsnitt 6 beträffande riskerna med asbestdamm innan arbetet påbörjas.*

Demontering

1 Om inte hela motor-/växellådsenheten ska tas bort från bilen och separeras för en större genomgång (se kapitel 2D), kan urtrampningsmekanismen nås om man tar bort växellådan enligt beskrivningen i kapitel 7A.

2 Torka rent urkopplingscylinderns utsida och lossa sedan anslutningsmuttern och koppla loss hydraulröret **(se bild)**. Torka bort all vätska med en ren trasa.

3 Skruva loss de tre fästbultarna och ta bort urkopplingscylindern från växellådans ingående axel. Ta bort tätningsringen som sitter mellan cylindern och växellådshuset och kassera den; du måste sätta dit en ny vid monteringen. Var noga med att inte låta några föroreningar komma in i växellådan när cylindern tas bort.

4 Urkopplingscylindern är ett slutet system och kan inte renoveras. Om cylinderpackningarna läcker eller om urkopplingslagret ger ifrån sig oljud eller kärvar, måste hela enheten bytas.

5 Ta bort hydraulröret och lossa fästhylsan från balanshjulkåpan och lossa den från hydraulröret **(se bild)**. Kontrollera tätningsringen på hydraulledningens ände på balanshjulskåpan.

Montering

6 Se till att urkopplingscylindern och växellådans fogytor är rena och torra och montera den nya tätningsringen på växellådans urholkning.

7 Smörj urkopplingscylinderns tätning med lite växellådsolja och för sedan försiktigt

4.2 Anslutningsmutter (A) och fästbultar (B) för urtrampningscylinderns hydraulrör

cylindern längs den ingående axeln och sätt den på plats. Se till att tätningsringen fortfarande är korrekt placerad i sitt spår, montera sedan tillbaka urladdningscylinderns fästbultar och dra åt dem till angivet moment.

8 Återanslut hydraulröret till urtrampningscylindern, och dra åt anslutningsmuttern till angivet moment.

9 Montera tillbaka fästhylsan på balanshjulskåpan och placera hydraulröret, försäkra dig om att tappen på fästhylsan hamnar placeras korrekt i balanshjulskåpan **(se bild)**. Montera en ny tätningsring på hydraulledningens ände på balanshjulskåpan.

10 Montera tillbaka växellådsenheten enligt beskrivningen i kapitel 7A.

5 Kopplingspedal – demontering och montering

Demontering

1 Inne i kupén, ta bort den nedre klädselpanelen i fotutrymmet under instrumentbrädan på förarsidan (se kapitel 11).

2 Lossa returfjädern från kopplingspedalen. Skjut bort fästklämman och ta bort gaffelbulten som håller fast huvudcylinderns tryckstång vid kopplingspedalen **(se bild)**.

3 Skruva loss de två bultarna (vänsterstyrd bil) eller muttern (högerstyrd bil) som håller fast pedalfästet vid styrningens tvärbalk.

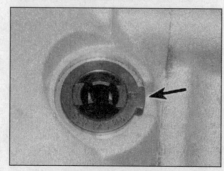

4.9 Se till att tappen (markerad med pil) på fästhylsan sitter korrekt i svänghjulskåpan

4.5 Fästhylsan som håller hydraulrörets ände i svänghjulskåpan

4 På modeller med farthållare, lossa kontaktdonet från kopplingskontakten och ta bort brytaren från pedalbygeln.

5 Lossa och ta bort de två muttrarna som håller fast pedalbygeln till huvudcylindern/mellanväggen.

6 Tryck försiktigt tillbaka huvudcylinderns pinnbultar tills de inte längre sticker fram i fotutrymmet.

7 För försiktigt ut enheten pedal/fästbygel ur fotutrymmet.

8 Kontrollera att pedalens fästbygel inte är skadad eller deformerad (fästbyglarna är utformade för att böjas lätt som en säkerhetsfunktion vid en eventuell krock) och kontrollera att pedalens fästhylsor inte är slitna. Om någon komponent är sliten eller skadad, måste den bytas ut; pedalen och fästbyglarna kan separeras när fästbygelns bultar har lossats.

Montering

9 Om pedal- och fästenheten har tagits isär, stryk på lite universalfett på pedalens svängtapp och bussningar innan du återmonterar den. Sätt ihop alla komponenter igen, se till att pedalens returfjäder hakar i fästbygelns ordentligt. Dra sedan åt fästbygelbultarna ordentligt. Kontrollera att pedalen rör sig runt rotationspunkten på ett jämnt sätt innan enheten återmonteras i bilen.

10 För pedalen och fästbygeln till rätt läge genom att manövrera pedalen med huvudcylinderns tryckstång. Skruva sedan löst i bultarna eller muttern som håller fast bygeln vid styrningens tvärbalk.

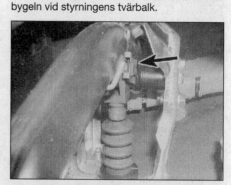

5.2 Skjut bort gaffelbultens fästklämma (markerad med pil)

11 Dra i huvudcylinderns tryckstång tills pinnbultarna går igenom fotutrymmet en gång till och genom motsvarande hål i pedalbygeln. Montera nya fästmuttrar och dra åt dem till angivet moment.

12 Från insidan av bilen, applicera lite flerfunktionsfett på gaffelbulten. Rikta sedan in tryckstången med kopplingspedalens hål och sätt in bulten. Fäst bulten på plats och fäst den. Se till att fästklämman är korrekt placerad i stiftspåret.

13 Dra åt bultarna eller muttern som håller fast pedalbygeln vid styrningens tvärbalk till angivet moment.

14 Haka fast returfjädern i position bakom kopplingspedalen **(se bild 5.2)**.

15 På modeller med farthållare, se till att brytarkolven är helt intryckt, montera brytaren på fästet och anslut kontaktdonet. Tryck ner kopplingspedalen helt och sträck ut brytarkolven. Släpp sedan pedalen för att ställa in brytarjusteringen.

16 Montera tillbaka den nedre kåpan på instrumentbrädan och kontrollera funktionen hos kopplingen innan bilen körs på vägen.

---

6 Koppling – demontering, kontroll och återmontering

⚠ **Varning: Dammet från kopplingsslitage som avlagrats på kopplingskomponenterna kan innehålla hälsovådlig asbest. BLÅS INTE bort dammet med tryckluft och ANDAS INTE in det. ANVÄND INTE bensin eller bensinbaserade lösningsmedel för att tvätta bort dammet. Rengöringsmedel för bromssystem eller T-sprit bör användas för att spola ner dammet i en lämplig behållare. När kopplingens komponenter har torkats rena måste trasorna och rengöringsmedlet kastas i en tät, märkt behållare.**

Observera: Även om de flesta friktionsmaterial inte längre innehåller asbest är det säkrast att anta att vissa ändå gör det och vidta säkerhetsåtgärder utifrån detta.

Demontering

1 Om inte hela motor-/växellådsenheten

6.14 Lamellens fjädernavenhet är riktad bort från svänghjulet

ska tas bort från bilen och separeras för en större genomgång (se kapitel 2D), kan urtrampningsmekanismen nås om man tar bort växellådan enligt beskrivningen i kapitel 7A.

2 Innan du rör kopplingen bör du markera förhållandet tryckplattsenheten och svänghjulet med krita eller märkpenna.

3 Arbeta diagonalt, lossa tryckplattans bultar ett halvt varv i taget tills fjädertrycket har släppt och bultarna kan skruvas ur för hand.

4 Ta bort tryckplattsenheten och lamellen. Notera åt vilket håll lamellen sitter.

Kontroll

Observera: På grund av det stora arbete som krävs för att ta bort och sätta tillbaka kopplingskomponenter är det en bra idé att byta kopplingslamellerna, tryckplattsenheten och urtrampningslagret tillsammans, även om det bara är en av dessa delar som är tillräckligt sliten för att behöva bytas. Det är värt att överväga att byta kopplingskomponenterna som en förebyggande åtgärd om motorn och/eller växellådan ändå har tagits bort av något annat skäl.

5 Demontera kopplingsenheten.

6 När du rengör kopplingskomponenter ska du först läsa varningen i början av detta avsnitt. Ta bort damm med en ren torr trasa och arbeta i en välventilerad lokal.

7 Kontrollera lamellernas ytor och undersök om de är slitna, skadade eller nedsmutsade med olja. Om friktionsmaterialet har spruckit, är bränt, repat eller skadat, eller om det har smutsats ner med olja eller fett (syns som blanka svarta fläckar), måste lamellen bytas.

8 Om friktionsmaterialet fortfarande kan användas, kontrollera att de mittersta räfflorna inte är slitna, att torsionsfjädrarna är i gott skick och ordentligt fastsatta, och att alla nitar sitter ordentligt. Om tecken på slitage eller skada påträffas, måste plattan bytas.

9 Om friktionsmaterialet är nedsmutsat med olja måste detta bero på ett oljeläckage i vevaxelns oljetätning, i fogen mellan sumpen och motorblocket eller i urtrampningscylindern (antingen huvudtätningen eller tätningsringen). Byt vevaxelns oljetätning eller reparera sumpleden enligt beskrivningen i relevant del av kapitel 2, innan du monterar en ny friktionsplatta. Kopplingens urtrampningscylinder beskrivs i avsnitt 4.

6.15 Montera tryckplattan och centrera lamellen

10 Kontrollera tryckplattsenheten och leta efter tydliga tecken på slitage eller skada. skaka den för att leta efter lösa nitar eller slitna eller skadade stödpunktsringar. Kontrollera också att remmarna som håller fast tryckplattan på kåpan inte visar tecken på överhettning (t.ex. mörkgula eller blå missfärgningar). Om tallriksfjädern är sliten eller skadad, eller om dess tryck på något sätt verkar misstänkt, ska tryckplattsenheten bytas.

11 Undersök svänghjulets och tryckplattans slipade sidor. de ska vara rena, helt plana och utan repor och sprickor. Om någon av delarna missfärgad på grund av för hög värme, eller visar tecken på sprickor, ska den bytas – men mindre skador av den här typen kan ibland poleras bort med slippapper.

12 Kontrollera att urkopplingscylinderns lager roterar mjukt och lätt, utan tecken på oljud eller ojämnheter. Kontrollera också att själva ytan är slät och inte sliten, och inte uppvisar tecken på sprickor, punktkorrosion eller repor. Om du är osäker på dess skick ska kopplingens urkopplingscylinder bytas (lagret kan inte bytas separat).

Montering

13 Vid monteringen ser du till att lagerytorna på svänghjulet och tryckplattan är helt rena, släta och fria från olja och fett. Använd lösningsmedel för att ta bort eventuellt skyddande fett från nya komponenter.

14 Montera friktionsplattan så att dess fjädernav är vänt bort från svänghjulet. det kan finnas en markering som visar hur plattan ska återmonteras. Till exempel "Getriebeseite" betyder "på växellådans sida" **(se bild)**.

15 Montera tillbaka tryckplattans enhet och rikta in märkena som gjordes vid demonteringen (om den ursprungliga tryckplattan återanvänds). Montera tryckplattans bultar, men dra endast åt dem för hand så att plattan fortfarande kan röras **(se bild)**.

16 Friktionsplattan ska nu centreras så att växellådan ingående axel går genom räfflorna mitt i friktionsplattan när växellådan monteras.

17 Centreringen kan åstadkommas genom att du för en skruvmejsel eller annan längre stång genom friktionsplattan och in i hålet på vevaxeln. då kan lamellen flyttas runt tills den är centrerad på vevaxelhålet. Du kan även använda ett syftningsverktyg för kopplingen för att slippa eventuell osäkerhet. Sådana finns att köpa i de flesta större motortillbehörsbutiker. Du kan tillverka ett eget syftningsverktyg av en bit metallstång eller en träplugg som passar precis inuti vevaxelhålet, och är lindad med isolerande tejp för att passa diametern på plattans räfflade hål.

18 När friktionsplattan har centrerats drar du åt tryckplattans bultar jämnt och korsvis till angivet moment.

19 Montera tillbaka växellådan enligt beskrivningen i kapitel 7A.

Kapitel 7 Del A:
Manuell växellåda

Innehåll

Svårighetsgrad

Enkelt, passar novisen med lite erfarenhet	**Ganska enkelt,** passar nybörjaren med viss erfarenhet 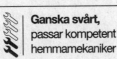	**Ganska svårt,** passar kompetent hemmamekaniker	**Svårt,** passar hemmamekaniker med erfarenhet 	**Mycket svårt,** för professionell mekaniker

Specifikationer

Allmänt

Typ .... Fem växlar framåt och en bakåt. Synkronisering på alla växlar
Identifieringskod*:
  1,4-liters motorer .... F13 eller F17
  1,6-liters motorer:
    SOHC F13
    DOHC F17
  1,8-liters motorer F17
  2,0-liters motorer F18
  2,2-liters motorer F23

* Växellådans identifieringskod har gjutits in i överdelen av växellådskåpan, intill huset för växelväljarmekanismen.

Smörjning

Oljetyp .... Se *Smörjmedel och vätskor*
Oljevolym .... Se Specifikationer, kapitel 1

Åtdragningsmoment

Nm

Differentialens nedre täckplatta, bultar:
  F18 växellådor 40
  F13 och F17 växellådor:
    Modeller med en lättmetalltäckplatta 18
    Modeller med en ståltäckplatta 30
Bultar mellan växellåda och motor 60
Svänghjulets täckplatta 8
Växlingsmekanism (F13, F17 och F18 växellåda):
  Väljarstagets klämbult:
    Steg 1 12
    Steg 2 .... Vinkeldra ytterligare 180°
  Husets fästbultar 6
Oljedräneringsplugg (F23 växellådor) 35
Oljepåfyllningsplugg (F23 växellådor) 35
Oljenivåplugg:
  F13, F17 och F18 växellådor:
    Steg 1 4
    Steg 2 .... Vinkeldra ytterligare 45° to 180°
  F23 växellådor 35
Bultar mellan sumpen och växellådan 40
Backljuskontakt 20
Hjulbultar 110
Växlingsenhet till växellådan (F23-växellådor) 25
Bowden-växelkabelns fästbygel till växellådan (F23-växellådor) 20

1 Allmän information

1 Transmissionen ligger i ett hus av aluminiumgods som är fäst med bultar på motorns vänstra ände och består av växellådan och slutväxelns differential – som ofta kallas transaxel.

2 Drivkraften från vevaxeln överförs via kopplingen till växellådans ingående axel, som har en räfflad förlängning för kopplingslamellen, och roterar i packboxar. Från den ingående axeln överförs drivningen till den utgående axeln, som roterar i ett rullager i den högra änden, och i en packbox i den vänstra änden. Från den utgående axeln överförs drivningen till differentialens kronhjul, som roterar med differentialhuset och planetdrev, vilket driver solhjulen och drivaxlarna. Planetdrevens rotation på sina axlar vilket gör att det inre hjulet kan rotera långsammare än de yttre i svängar.

3 De ingående och utgående axlarna är placerade sida vid sida, parallellt med vevaxeln och drivaxlarna, så att deras drevkugghjul hela tiden griper in. I neutralläget roterar den utgående axelns kugghjul fritt, så att drivningen inte kan överföras till kronhjulet.

4 Växlarna väljs via en golvmonterad spak- och länkagemekanism. Väljar-/växlingsvajrarna gör så att rätt väljargaffel rör sig i respektive synkroniseringsmuff längs med axeln, vilket leder till att växelkugghjulet låses på synkroniseringsnavet. Eftersom synkroniseringsnaven är räfflade på den utgående axeln låses kugghjulet på axeln så att drivningen kan överföras. För att säkerställa att växlingen kan utföras snabbt och tyst har alla framåtgående växlar ett synkroniserat system som består av balkringar och fjäderbelastade fingrar, liksom växelkugghjulen och synkroniseringsnav. Synkroniseringskonorna

formas på balkringarnas och kugghjulens fogytor.

2 Växellådsolja – avtappning och påfyllning

1 Detta arbete går mycket snabbare och effektivare om bilen först körs en tillräckligt lång sväng för att värma upp motorn/växellådan till normal arbetstemperatur.
Varning: Om detta förfarande ska utföras på en het växellåda, var försiktig så att du inte bränner dig på heta avgaser eller på växellåds-/motorenheten.

2 Parkera bilen på plant underlag, och slå av tändningen. Dra åt handbromsen. Lyft upp framvagnen och ställ den på pallbockar (se *Lyftning och stödpunkter*). Om det behövs, skruva loss fästbultarna/klämman och ta bort den nedre kåpan.

F13, F17 och F18 växellådor

Observera: *En ny packning för differentialens nedre täckplatta behövs för detta moment.*

3 Växellådsoljan byts inte i tillverkarens underhållsschema, och det sitter inte någon dräneringsplugg i växellådan. Om du av någon anledning måste tömma växellådan är det enda sättet att göra detta att ta bort differentialens nedre täckplatta.

4 Torka rent området runt differentialens skyddsplåt och placera en lämplig behållare under kåpan.

5 Loss fästbultarna jämnt och stegvis. Ta sedan bort dem, ta bort skyddsplåten och låt växellådsoljan rinna ner i behållaren. Akta så att du inte bränner dig om oljan är het. Ta bort packningen och kasta den; en ny en måste användas vid återmonteringen **(se bild)**.

6 Ta bort alla spår av smuts och olja från kåpan och växellådans fogyta och rengör täckplattans insida.

7 När oljan har tömts ur, se till att fogytorna är rena och torra och montera sedan tillbaka hela skyddsplåten samt en ny packning på växellådsenheten. Sätt tillbaka fästbultarna och dra åt fästmuttrarna till angivet moment. Sänk ner bilen.

8 Växellådan fylls på via backljuskontaktens öppning tills olja börjar sippra ut genom nivåpluggens öppning. Torka rent området kring backljuskontakten och nivåpluggen, och ta bort kontakten och pluggen enligt beskrivningen i avsnitt 9. Fyll på växellådan med angiven den typ och mängd olja som anges i specifikationerna, följ anvisningarna i avsnitt 9. Avsluta med att montera tillbaka backljuskontakten och nivåpluggen och dra åt dem till angivet moment **(se bild)**.

9 Ta bilen på en kort åktur så att den nya oljan fördelas ordentligt genom växellådskomponenterna.

10 Parkera sedan bilen på plan mark och kontrollera växellådsoljan igen enligt beskrivningen i avsnitt 9.

F23 växellådor

11 Precis som med växellådorna F13, F17 och F18 ingår inte byte av växellådsoljan i tillverkarens underhållsschema, och det sitter inte någon dräneringsplugg i växellådan. För att tömma F23-växellådan fullständigt måste du plocka isär den helt.

12 Se avsnitt 9 för kontroll av oljenivå och påfyllning.

3 Växlingsmekanism – justering

F13, F17 och F18 växellådor

Observera: *En 5 mm-borr eller -körnare behövs för att utföra denna åtgärd.*

1 Justering av växlingsmekanismen är inte ett rutinarbete och behövs endast göras om mekanismen har demonterats. Om växlingen

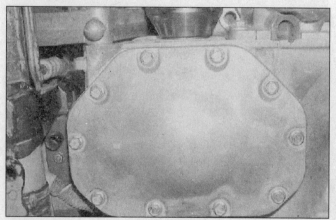

2.5 Skruva loss bultarna från växellådans täckplatta och låt oljan tappas ur

2.8 Fyll på växellådan genom backljusets öppning

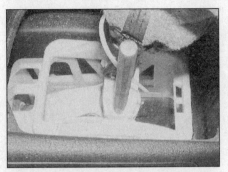

3.4 För in en 5 mm borr eller en körnare genom spakens nedre del

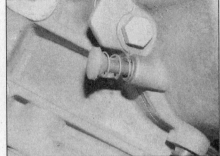

3.5 Väljarmekanismens låssprint

3.6 Väljarstagets klämma

är stel eller inexakt kontrollerar du att den är korrekt inställd enligt följande.

2 Mekanismen justeras med klämbulten som håller fast väljarstaget vid växellådans länksystem (se avsnitt 4). Bulten sitter på baksidan av motor-/växellådsenheten, precis framför motorrummets mellanvägg och, på de flesta modeller, kan man komma åt bulten uppifrån. Om du inte kan nå bulten uppifrån, dra åt parkeringsbromsen hårt och lyft sedan upp framvagnen och stöd den ordentligt på pallbockar. Det finns begränsad åtkomst via bilens undre del.

3 Lossa växelväljarstagets klämbult som sitter på stagets framsida. Ta inte bort bulten helt och hållet.

4 Arbeta inifrån bilen. Lossa växelspakens damask från konsolen och vik den bakåt. Lås växelspaken på plats genom att föra in ett borr på 5 mm, eller en körnare, genom klämman på spakens nedre vänstra sida och in i dess inpassningshål **(se bild)**.

5 Med växelspaksmekanismen i neutralläget, vrid väljaraxeln mot fjädertrycket och lås växellådans växelspaksmekanism i läge genom att trycka in i den fjäderbelastade låssprinten på väljarspaksmekanismens kåpa, som sitter på växellådsenhetens ovansida **(se bild)**.

6 Med både spaken och växellådan låst i läge, dra åt väljarstagets klämbult till angivet moment för steg 1 och dra sedan åt den till angiven vinkel för steg 2 **(se bild)**.

7 Ta bort låsstången från växelspaken och kontrollera att växlingsmekanismen fungerar;

växellådans låssprint lossas automatiskt att lossas när spaken förs till backpositionen.

8 Se till att växellådans låssprint har lossats och sänk (om det behövs) ner bilen.

F23 växellådor

9 Ta bort mittkonsolens kåpa från under handbromsspaken, lossa sedan de två skruvarna och ta bort handbromsspakens kåpa från konsolen. Om det behövs mer utrymme för att komma åt kan mittkonsolen tas bort enligt beskrivningen i kapitel 11.

10 Lossa växelvajerns båda klämdelar med en skruvmejsel **(se bild)**.

11 I motorrummet, ställ växelväljaren på växellådan i neutralläget.

12 Arbeta inuti bakre delen av bilen och placera växelspaken i neutralläge. Lås den i detta läge genom att trycka in klämman **(se bild)**.

13 Lås vajerns båda klämdelar genom att tryck ner dem **(se bild)**.

14 Dra ut klämman som låser växelspaken och montera växelspakens damask och mittkonsolens mittkåpa. Kontrollera att växelväljarmekanismen fungerar korrekt.

4 Växlingsmekanism – demontering och montering

F13, F17 och F18 växellådor

1 Växlingsmekanismen består av

växelspaken, väljarstången och länksystemet på växellådan. Armen och väljarstaget liksom länksystemet kan tas bort separat.

Växelspak och växelväljarstag

2 Dra åt handbromsen. Lyft upp framvagnen och ställ den på pallbockar (se *Lyftning och stödpunkter*). Om det behövs, skruva loss fästbultarna och ta bort den nedre kåpan underifrån motor/växellådsenheten.

3 Använd en märkpenna eller ritsspets och gör inställningsmarkeringar mellan väljarstången och klämman på stångens främre ände. Lossa klämbulten ett par varv men ta inte bort den helt. Flytta växelspaken till 4:ans växelläge och lossa sedan väljarspaken från klämman och skjut loss gummidamasken.

4 Ta bort mittkonsolen enligt beskrivningen i kapitel 11.

5 Skruva loss fästskruvarna och ta bort omkopplingspanelen från växelspaken. Koppla loss kontaktdonen alltefter som du kommer åt dem.

6 Skruva loss de fyra muttrarna som håller fast växelspaken vid golvet och för sedan enheten spak/väljarstag ur läge.

7 Ta isär spak- och stagenheten genom att försiktigt lossa fästklämmorna från spakens nedre del och skilj sedan staget och spaken åt och ta bort dem från huset. Undersök alla komponenter för att se om de är slitna eller skadade, var särskilt noga med styrbussningarna som positionerar väljarstaget och väljarspaken och byt ut dem vid behov.

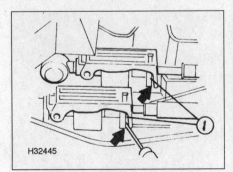

3.10 Använd en liten skruvmejsel för att lossa kabelklämmans delar (1)

3.12 Lås växelspaken i neutralläget genom att trycka in klämman med en skruvmejsel

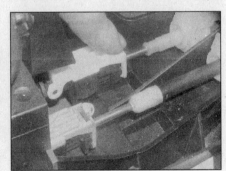

3.13 Låsning av kablarna genom att man trycker ner fästdelarna

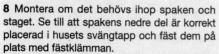

4.15 Ta bort länksystemets svängtapp

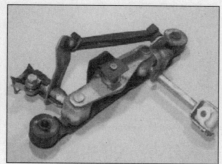

4.17 Undersök länksystemet och leta efter slitage och skador

4.19 Placera länksystemets fästbygel på fästena

8 Montera om det behövs ihop spaken och staget. Se till att spakens nedre del är korrekt placerad i husets svängtapp och fäst dem på plats med fästklämman.

9 Smörj alla styrbultsplatser och lagerytor med silikonfett och för sedan enheten till dess plats. Sätt i husets fästbultar och dra åt dem till angivet moment.

10 Montera tillbaka brytarpanelen, se till att kablaget sitter korrekt, och montera tillbaka mittkonsolen enligt beskrivningen i kapitel 11.

11 Arbeta underifrån bilen och skjut på gummidamasken på änden av väljarstången och placera den ordentligt i mellanväggen.

12 Koppla ihop väljarstångens ände med länkklämman. Rikta in markeringarna som gjorts före borttagandet så att de är i linje med varandra och dra åt fästbulten till angivet moment för Steg 1. Dra sedan åt den till den vinkel som anges för Steg 2.

13 Kontrollera funktionen hos växlingsmekanismen innan bilen sänks ner mot marken. Om mekanismen verkar hackig eller inexakt justerar du den enligt beskrivningen i avsnitt 3.

Växellådans länksystem

Observera: *En ny svängtapp för växelförararmens länksystem bör användas vid återmontering.*

14 Skilj väljarstången från klämman enligt beskrivningen i avsnitt 3. Bulten sitter på baksidan av motor-/växellådsenheten, precis framför motorrummets mellanvägg och, på de flesta modeller, kan man komma åt bulten uppifrån. Om du inte kan nå bulten uppifrån,

dra åt parkeringsbromsen hårt och lyft sedan upp framvagnen och stöd den ordentligt på pallbockar. Det finns begränsad åtkomst via bilens undre del.

15 Tryck in spärrmekanismen och ta bort svängtappen som förbinder länksystemet med väljarspaken överst på växellådsenheten **(se bild)**. Kassera svängtappen, en ny måste användas vid montering.

16 Skjut av fästklämmorna som håller fast länksystemets fästbygel mot fästena och för sedan ut enheten uppåt. Vid behov kan fästbyglarna sedan lossas och tas bort.

17 Undersök länksystemet noggrant beträffande tecken på slitage eller skador, byt slitna komponenter vid behov **(se bild)**.

18 Smörj kulederna och vridpunkterna med silikonfett innan monteringen.

19 Sätt enheten på plats och placera länksystemets fästbygel på fästena. Fäst enheten på plats med fästklämmorna, se till att de hamnar rätt i fästbygelns stiftspår **(se bild)**.

20 Rikta in länksystemet i linje med växelväljarspaken och sätt i en ny svängtapp. Säkerställ att sprinten hålls säkert på plats av sin spärrhakemekanism **(se bild)**.

21 Koppla ihop väljarstångens ände med länkklämman. Rikta in markeringarna som gjorts före borttagandet så att de är i linje med varandra och dra åt fästbulten till angivet moment för Steg 1. Dra sedan åt den till den vinkel som anges för Steg 2.

22 Kontrollera funktionen hos växlingsmekanismen innan bilen sänks ner mot marken. Om mekanismen verkar

hackig eller inexakt justerar du den enligt beskrivningen i avsnitt 3.

F23 växellådor

23 Växlingsmekanismen består av växelspaken, växelvajrar och länksystemet på växellådan.

Växelspak

24 Ta bort mittkonsolen enligt beskrivningen i kapitel 11.

25 Öppna växelvajerns klämdelar ända till spåret med en liten skruvmejsel. Om de öppnas mer kan detta skada fästdelarna **(se bild)**.

26 Notera hur vajrarna är placerade och bänd upp vajerändarna från växelspaksenheten **(se bild)**.

27 Skjut de inre vajrarna från vajerklämmans delar fram på växlingsenheten.

28 Skruva loss de fyra fästbultarna och lyft av växelspaken från golvet.

29 Om det behövs, kan kabelklämmans delar som är fästa vid växelspaken bändas loss. Ingen ytterligare isärtagning av enheten rekommenderas **(se bild)**.

30 Om de togs bort tidigare, sätt dit vajerns ändbeslag vid spakens nedre del med en tång.

31 Placera växelspakenheten på golvet, sätt dit fästbultarna och dra åt dem ordentligt.

32 Montera kabelklämmans delar i växelspakshusets framsida. Lås inte tvingarna på det här stadiet.

33 Återanslut vajerändarna vid ändbeslagen som sitter längst ner på växelspaken.

4.20 Sätt dit en ny svängtapp

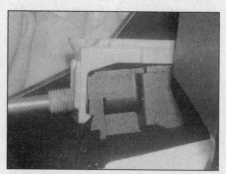

4.25 Klämma lossad till första hacket för att ta bort den inre vajern

4.26 Lossa den yttre kabeln från växelspaken

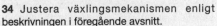

4.29 Klämdelarna fästs längst ner på växelspakenheten med en kula och en hylskontakt

4.42 Bänd loss växellänkagets vajrar från växelspaken på växellådan

4.43 Lossa de yttre vajrarna från fästet på växellådshuset

34 Justera växlingsmekanismen enligt beskrivningen i föregående avsnitt.
35 Montera tillbaka mittkonsolen enligt beskrivningen i kapitel 11.

Växelvajrar

36 Ta bort mittkonsolen enligt beskrivningen i kapitel 11.
37 Öppna växelvajerns klämdelar ända till spåret med en liten skruvmejsel. Om de öppnas mer kan detta skada fästdelarna (se bilder 3.10 och 4.25).
38 Notera hur vajrarna är placerade och bänd upp vajerändarna från växelspaksenheten (se bild 4.26).
39 Skjut de inre vajrarna från vajerklämmans delar fram på växlingsenheten.
40 Lossa batteriets jordledning (se Koppla loss batteriet i Referens kapitlet).
41 Stötta upp motorn/växellådan och ta bort det bakre motor/växellådsfästet enligt beskrivningen i kapitel 2C.
42 Notera hur vajrarna är placerade och bänd upp vajerändarna från växelspakens länkageenhet på/bakom växellådan (se bild).
43 Lossa vajerhöljet från länksystemets fästbygel (se bild).
44 Dra ut vajrarna (hela vajrarna med genomföring) ur torpedväggen och in i motorrummet.

45 Tryck växelvajrarna genom torpedväggens passage från motorrummet.
46 Montera tillbaka de yttre vajrarna på fästbygeln på växellådsänden.
47 Haka i vajerns ändbeslag med växelspakens länksystem. Pressa ihop dem med en tång om det behövs.
48 Kontrollera att vajrarna är dragna som du noterade vid demonteringen och montera vajerhöljets fästdelar med motsvarande utskärningar i växelspakshusets framsida. Lås inte tvingarna på det här stadiet.
49 Återanslut vajrarna på ändbeslagen som sitter längst ner på växelspaken.
50 Justera växlingsmekanismen enligt beskrivningen i föregående avsnitt.
51 Montera tillbaka mittkonsolen enligt beskrivningen i kapitel 11.

5 Oljetätningar – byte

Drivaxelns oljetätningar

1 Dra åt handbromsen. Lyft upp framvagnen och ställ den på pallbockar (se Lyftning och stödpunkter). Demontera relevant framhjul.
2 Tappa om det är möjligt av växellådsoljan

enligt beskrivningen i avsnitt 2 eller var beredd på oljeutspill när du byter tätningen.
3 Ta bort drivaxeln enligt beskrivningen i kapitel 8.
4 Bänd försiktigt loss packboxen med en flatbladig skruvmejsel (se bild).
5 Torka bort all smuts kring oljetätningens öppning, och applicera sedan lite fett på den nya oljetätningens yttre läpp. Se till att tätningen placerats korrekt med tätningsläppen och fjädern vända inåt, och knacka den på plats med hjälp av en lämplig rörformig dorn (exempelvis en hylsa) som bara belastar tätningens hårda ytterkant (se bild). Se till att tätningens sitter kant i kant med tätningskapslingen.
6 Montera tillbaka drivaxeln enligt beskrivningen i kapitel 8.
7 Om växellådan har tömts, fyll på växellådan med angiven typ och mängd olja enligt beskrivningen i avsnitt 2. Om oljan inte har tappats ur, fyll på växellådsoljan och kontrollera nivån enligt beskrivningen i avsnitt 9.

Ingående axelns oljetätning

8 Den ingående axelns packbox är en integrerad del i urtrampningscylindern. om tätningen läcker måste du byta hela

5.4 Bänd ut drivaxelns oljetätning

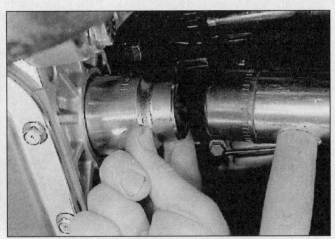

5.5 Montera den nya packboxen med en hylskontakt som rörformig dorn

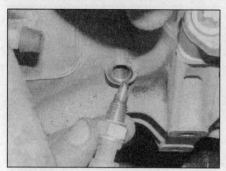

6.6 Skruva loss backljusbrytaren – F13/17/18 växellåda

6.8 Backljuskontakten sitter över vänster drivaxel – F23-växellåda

urkopplingscylindern. Innan du kasserar urkopplingscylindern, kontrollera att läckan inte kommer från tätningsringen som monterats mellan cylinderns och växellådshuset; Tätningsringen kan bytas ut när urkopplingscylinderns enhet har demonterats. Se kapitel 6A för information om demontering och montering.

Väljarstagets oljetätning

9 Utbyte av växelväljarspakens oljepackning kräver att växelväljarmekanismen lossas från växellådan och tas isär. Denna uppgift anser vi ligger utanför en gör-det-själv-mekanikers kompetens och bör därför överlämnas till en Opel-verkstad eller en specialist.

6 Backljuskontakt – kontroll, demontering och montering

Kontroll

F13, F17 och F18 växellådor

1 Backljuskretsen styrs av en brytare av tryckkolvstyp som är fastskruvad ovanpå växellådan mot husets framsida. Om det uppstår ett fel i kretsen, ska du först kontrollera att ingen säkring har brunnit.
2 För att kontrollera brytaren, lossa kontaktdonet. Använda en multimeter (inställd på resistans) eller en testutrustning med lampa för att kontrollera att det endast finns förbindelse mellan brytarens poler när

backväxeln är vald. Om så inte är fallet, och det inte finns några uppenbara brott eller andra skador på ledningarna, är det fel på brytaren och den måste bytas.

F23 växellådor

3 Backljuskretsen styrs av en brytare av tryckkolvstyp som är fastskruvad bakpå växellådan. Om det uppstår ett fel i kretsen, ska du först kontrollera att ingen säkring har brunnit.
4 För att kontrollera brytaren, lossa kontaktdonet. Använda en multimeter (inställd på resistans) eller en testutrustning med lampa för att kontrollera att det endast finns förbindelse mellan brytarens poler när backväxeln är vald. Om så inte är fallet, och det inte finns några uppenbara brott eller andra skador på ledningarna, är det fel på brytaren och den måste bytas.

Demontering

F13, F17 och F18 växellådor

5 För att komma åt brytaren, ta bort batteriet och fästplattan (se kapitel 5A).
6 Koppla ifrån kontaktdonet, skruva sedan loss brytaren från växellådshuset tillsammans med dess tätningsbricka **(se bild)**.

F23 växellådor

7 Dra åt handbromsen. Lyft upp framvagnen och ställ den på pallbockar (se *Lyftning och stödpunkter*). Om det behövs, skruva loss fästbultarna och ta bort den nedre kåpan underifrån motor/växellådsenheten.

7.5a Bänd ut fästklämman och lyft bort anslutningen från urkopplingscylinderns rör

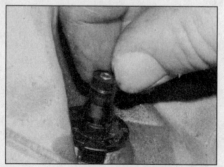

7.5b Urkopplingscylinderns rörtätning måste bytas

8 Koppla ifrån kontaktdonet, skruva sedan loss brytaren från växellådshuset tillsammans med dess tätningsbricka **(se bild)**.

Montering

F13, F17 och F18 växellådor

9 Montera en ny tätningsbricka på brytaren. Skruva sedan tillbaka den på växellådshuset och dra åt den till angivet moment. Återanslut kontaktdonet, montera tillbaka batteriet (om det har tagits bort) och testa kretsens funktion.

F23 växellådor

10 Montera en ny tätningsbricka på brytaren. Skruva sedan tillbaka den bakpå växellådshuset och dra åt den till angivet moment. Återanslut kontaktdonet, montera tillbaka motorns underkåpa och sänk ner bilen.

7 Växellåda – demontering och montering

Demontering

1 Dra åt handbromsen. Lyft upp framvagnen och ställ den på pallbockar (se *Lyftning och stödpunkter*). Ta bort de både framhjulen och ta sedan bort fästbultarna. Ta bort den undre kåpan från motor-/växellådsenheten. Ta bort luftrenarhuset och insugskanalerna (se kapitel 4A).
2 Tappa om det är möjligt av växellådsoljan enligt beskrivningen i avsnitt 2 eller var beredd på oljeutspill när du tar bort växellådan.
3 Ta bort batteriet och fästplattan och startmotorn (se kapitel 5A).
4 Koppla loss kontaktdonet från backljuskontakten och frigör kablaget från växellådsenheten och fästbyglarna.
5 Minska förlusten av kopplingsvätska genom att klämma fast slangen bredvid anslutningen på växellådshuset. Bänd ut fästklämman som håller fast kopplingens hydraulrör/slang slutdel på balanshjulskåpan överdel och lossa slutdelen från växellådan. Sätt tillbaka fästklämman i rätt position på slutdelarna och kassera tätningsringen från röränden; en ny tätningsring måste användas vid återmonteringen **(se bilder)**. Plugga igen/ täck för både anslutnings- och röränden för att minimera bränsleförlusten och hindra smuts från att tränga in i hydraulsystemet. **Observera:** *Medan slangen/röret är lossat får kopplingspedalen inte tryckas ner.*
6 Ta bort det främre avgasröret, katalysatorn och mellanröret, enligt beskrivningen i kapitel 4A.
7 På modeller med F13-, F17- eller F18-växellåda, koppla loss växlingsmekanismens länksystem från växellådsenhetens överdel enligt beskrivningen i avsnitt 4. På modeller med F23-växellådor bänder du loss

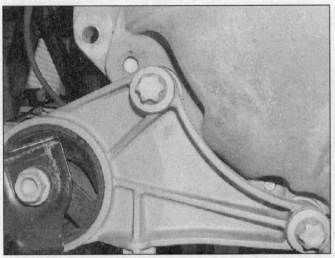

7.11 Bultar som fäster växellådans fäste vid balanshjulkåpan

7.12 Skruva loss växellådans sex fästbultar

växlingsvajrarnas ändar från länksystemet på växellådans ovansida, och lossar kabelhöljena från fästbygeln enligt beskrivningen i avsnitt 4.

8 Ta bort båda drivaxlarna enligt beskrivningen i kapitel 8. Om växellådan inte har tömts måste du vara beredd på att det rinner ut vätska.

9 Demontera den främre hjälpramen enligt beskrivningen i kapitel 10. Se till att motorenheten stöds upp ordentligt genom att ansluta en lyft till motorenheten. Om du har tillgång till den typ av stödstag som passar in i motorrummets sidokanaler ska det användas.

10 Placera en domkraft med en träkloss under växellådan och höj upp domkraften så att den håller uppe växellådans tyngd.

11 Skruva loss fästbultarna, och ta bort det främre motorfästet från balanshjulskåpan **(se bild)**.

12 Lossa och ta bort de sex bultarna som håller fast det vänstra fästblocket mot fästet på växellådshuset, och ta bort fästbygeln **(se bild)**. Använd lyften eller stödstången och sänk ner den sida av enheten som vetter mot växellådan med ungefär 50 mm. Säkerställ att de olika kylslangarna och kabelknippena inte tänjs ut.

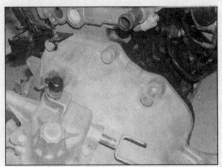

7.14 Bultar mellan övre växellåda och motorblock

13 På modeller med sump av pressad plåt, skruva loss svänghjulets täckplatta och ta bort den från växellådans bas.

14 Lossa och ta bort de övre och nedre bultar som håller fast växellådshuset vid motorn. Notera de korrekta monteringslägena för varje bult (och de relevanta fästena) när du tar bort dem så att du vet var de ska sitta vid återmonteringen. Kontrollera en sista gång att alla komponenter har lossats och flyttats åt sidan så att de inte är i vägen vid demonteringen **(se bild)**.

15 Med bultarna borttagna, flytta garagedomkraften och växellådan för att lossa den från styrstiften. När växellådan är lös sänker du ner domkraften och flyttar bort enheten från bilens undersida. Om de är lösa tar du bort styrstiften från motorn eller växellådan och förvarar dem på en säker plats.

Montering

16 Monteringen av växellådan utförs i omvänd arbetsordning, men lägg märke till följande:

a) Se till att styrstiften är korrekt placerade före installationen.

b) Dra åt alla muttrar och bultar till angivet moment (om det är tillämpligt).

c) Byt drivaxelns oljetätningar (se avsnitt 5) innan återmonteringen av drivaxlarna.

d) Montera tillbaka den främre hjälpramen enligt beskrivningen i kapitel 10.

e) Montera en ny tätningsring på växellådskopplingens hydraulrör innan slangens/rörets ände fästs på plats med klämmor. Säkerställ att slutdelen hålls ordentligt på plats med sin klämma och lufta sedan hydraulsystemet som det beskrivs i kapitel 6.

f) Om växellådan har tömts, fyll på växellådan med angiven typ och mängd olja enligt beskrivningen i avsnitt 2. Om oljan inte har tappats ur, fyll på

växellådsoljan och kontrollera nivån enligt beskrivningen i avsnitt 9.

g) Avsluta med att justera växlingsmekanismen enligt beskrivningen i avsnitt 3.

8 Renovering av växellåda – allmän information

1 Att utföra en översyn av en manuell växellåda är ett svårt jobb för en hemmamekaniker. Arbetet omfattar isärtagning och ihopsättning av många små delar. Dessutom måste ett stort antal avstånd mätas exakt och vid behov justeras med mellanlägg och distansbrickor. Reservdelar till växellådans inre delar är ofta svåra att få tag på och i många fall mycket dyra. Därför är det bäst att överlåta växellådan till en specialist eller byta ut den om den går sönder eller börjar låta illa.

2 Det är dock möjligt för en erfaren hemma-mekaniker att renovera en växellåda, under förutsättning att de verktyg som behövs finns tillgängliga och att arbetet utförs metodiskt och stegvis, utan att något förbises.

3 De verktyg som krävs är tänger för inre och yttre låsringar, en lageravdragare, en draghammare, en sats drivdorn, en indikatorklocka, möjligen en hydraulpress. Dessutom krävs en stor, stadig arbetsbänk och ett skruvstäd.

4 Anteckna noga hur alla komponenter är placerade medan växellådan tas isär, det underlättar en korrekt återmontering.

5 Innan växellådan tas isär är det till stor hjälp om felet är lokaliserat. Vissa problem kan höra nära samman med vissa delar av växellådan, vilket kan underlätta undersökningen och bytet av komponenter. Se avsnittet *Felsökning* i denna handbok för mer information.

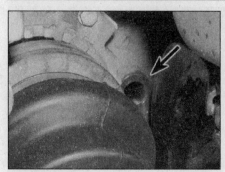

9.2a F13/17/18 växellådsolja nivåöppning
(markerad med pil)

9.2b F23 växellådsolja nivåkontrollplugg
(markerad med pil)

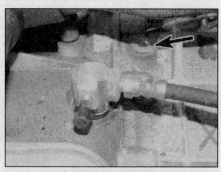

9.4 F23 växellådsolja påfyllningsplugg
(markerad med pil)

9 Kontroll av växellådans oljenivå

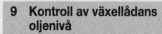

1 Placera bilen över en smörjgrop eller lyft upp den med en domkraft. Var noga med att bilen står vågrätt. Oljenivån måste kontrolleras innan bilen körs, eller åtminstone 5 minuter efter det att motorn stängts av. Om nivån kontrolleras omedelbart efter körning kommer en del olja att finnas kringspridd i växellådans delar vilket ger en felaktig nivåavläsning.

2 Rengör området runt nivåpluggen. Nivåpluggen sitter bakom drivaxelns inre led på växellådans vänstra sida (växellådorna F13, F17 och F18), eller på baksidan av differentialhuset (F23-växellådor) **(se bilder)**. Skruva loss pluggen och rengör den.
3 Oljenivån ska vara precis jämte hålets nedre kant. **Observera:** *För vissa modeller som utrustats med F23-växellåda är växellådan överfylld som del i en modifiering av modellen (hör med din lokala Opel-verkstad). Dessa växellådor har en gul markering på oljepåfyllningspluggen. På dessa bilar, passa in och dra åt nivåpluggen efter att ha fyllt på*

upp till nederkanten av pluggen och tillsätt sedan ytterligare 0,5 liter olja till växellådan.
4 Om du behöver fylla på, skruva loss backljuskontakten (växellåda F13, F17 och F18) eller påfyllningspluggen (växellåda F23) och fyll på angiven oljetyp genom hålet tills oljan börjar sippra ut från nivåpluggshålet **(se bild)**.
5 Låt den överflödiga oljan rinna ut genom nivåplugghålet och sätt sedan tillbaka pluggen. Dra åt den till angivet moment.
6 Montera påfyllningspluggen, dra åt den ordentligt och tvätta bort eventuell utspilld olja.
7 Om det behövs (se punkt 3) tillsätt mer olja.

Kapitel 7 Del B:
Automatisk växellåda

Innehåll

Svårighetsgrad

Enkelt, passar novisen med lite erfarenhet		Ganska enkelt, passar nybörjaren med viss erfarenhet		Ganska svårt, passar kompetent hemmamekaniker		Svårt, passar hemmamekaniker med erfarenhet		Mycket svårt, för professionell mekaniker	

Specifikationer

Allmänt

Typ	Fyra växlar framåt och en bakåt, elektroniskt styrd automatlåda med tre körlägen (normal, sport och vinter)

Identifieringskod*:

1,4- och 1,6-liters modeller	AF13
1,8-liters modeller...............................	AF17
2,0-liters motorer	AF20
2,2-liters motorer	AF22

Identifieringskoden finns på identifieringsskylten som sitter ovanpå växellådsenheten

Smörjning

Oljetyp	Se *Smörjmedel och vätskor*
Oljevolym	Se Specifikationer, kapitel 1

Åtdragningsmoment

	Nm
Dräneringsplugg	35
Drivplattans täckplåt	8
Bultar mellan växellåda och motor..................	60
Vätsketemperaturgivare	10
Ingående axelns hastighetsgivarbult	5
Sump till växellåda	40
Utgående axelns hastighetsgivare bult	5
Växelspak:	
Styrbultens vevmutter	28
Arm till kaross – bultar	5
Startspärr/backljuskontakt bult	25
Bultar mellan momentomvandlaren och drivplattan*:	
Steg 1	20
Steg 2	45
Steg 3	Vinkeldra ytterligare 30°
Muttrarna till växellådans omkopplaraxel:	
Huvud (start/backljuskontakt) mutter...............	8
Väljararmsmutter	16

Använd nya bultar

1 Allmän information

1 De flesta modeller som beskrivs in denna handbok såldes med tillvalet fyrväxlad elektronsikt styrd automatisk växellåda, bestående av en momentomvandlare, en planetväxel och hydraulstyrda kopplingar och bromsar. Enheten styrs av den elektroniska styrmodulen (ECU) via fyra elektriskt drivna magnetventiler. Växellådan har tre körlägen: ekonomi-, sport- och vinterläge.

2 Economy-läget är standardläge för körning där växellådan växlar upp vid ett relativt lågt varvtal för att kunna kombinera rimliga prestanda med låg förbrukning. Om växellådan övergår till sportläge växlar växellådan endast upp vid höga varvtal, vilket ger bättre acceleration och omkörningsmöjligheter. När växellådan befinner sig i sportläge lyser indikeringslampan på instrumentbrädan. Om du väljer vinterläget för växellådan med hjälp av knappen på växelväljarspakens indikatorpanel, väljer växellådan treans växel när bilen krös iväg från stillastående. På så sätt bibehåller man väggreppet på hala underlag.

3 Momentomvandlaren ger en hydraulisk koppling mellan motorn och växellådan. Den fungerar som en automatisk koppling och ger även något bättre vridmoment vid acceleration.

4 Planetväxelns kugghjulsdrivna kraftöverföring ger antingen ett av fyra framåtdrivande utväxlingsförhållanden, eller en bakåtväxel, beroende på vilka av dess komponenter som är stilla och vilka som vrids. Komponenterna i växeln hålls eller släpps av bromsar och kopplingar som aktiveras av styrenheten. En oljepump inuti växellådan ger nödvändigt hydrauliskt tryck för att bromsarna och kopplingarna ska gå att styra.

5 Föraren sköter växlingen med hjälp av en växelväljare med sju lägen. I körläget", D, får man automatisk växling i alla fyra utväxlingsförhållandena. En automatisk kick-downkontakt växlar ner växellådan ett läge när gaspedalen trycks i botten. Växellådan har också tre spärrlägen. 1 betyder att enbart första växels utväxlingsförhållande kan väljas, 2 tillåter att både läget för den första och den andra växelns utväxlingsförhållande väljs automatiskt och 3 tillåter automatisk växling mellan de tre första utväxlingsförhållandena. Dessa spärrpositioner är till nytta vid motorbromsning när man åker nedför branta sluttningar. Observera dock att växellådan *aldrig* ska växla ner vid höga motorvarvtal.

6 På grund av automatisk växellådans komplexa sammansättning måste alla reparationer överlåtas till en Opel-verkstad som har tillgång till den specialutrustning som krävs för felsökning och reparationer. Följande avsnitt innehåller därför endast allmän information och sådan underhållsinformation och instruktioner som ägaren kan ha nytta av.

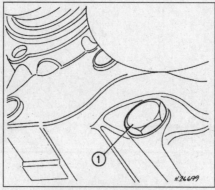

2.3 Automatisk växellåda dräneringsplugg (1)

2 Automatväxelolja – dränering och påfyllning

Avtappning

1 Detta arbete går mycket snabbare och effektivare om bilen först körs en tillräckligt lång sväng för att värma upp motorn/växellådan till normal arbetstemperatur.

2 Parkera bilen på plant underlag. Lägg i handbromsen och slå av tändningen. Hissa upp framvagnen och ställ den på pallbockar för att lättare komma åt (se *Lyftning och stödpunkter*).

3 Ta bort mätstickan och placera en behållare under avtappningspluggen på växellådans bakre högra sida under drivaxeln. Skruva loss pluggen och ta bort den tillsammans med tätningsbrickan **(se bild)**.

4 Låt all olja rinna ut i kärlet. Akta så att du inte bränner dig om oljan är het.

5 När all olja har runnit ut, torka av dräneringspluggen och dess gängor i växellådshuset. Sätt sedan tillbaka pluggen med en ny tätningsbricka (se bild), och dra åt den till angivet moment. Om tillämpligt, sänk ner bilen.

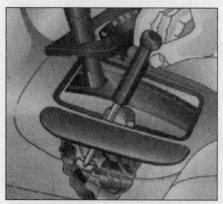

3.0 När du ska flytta växelväljaren från läge P med batteriet ifrånkopplat, lossa spärrspaken för hand

Påfyllning

6 Att fylla på växellådan är en besvärlig åtgärd. Man måste fylla på olja av rätt typ och mängd i växellådan lite i taget via oljemätstickans rör. Använd en tratt med ett finmaskigt gastyg för att undvika spill och försäkra dig om att inga främmande partiklar kommer in i växellådan. Framför allt måste du låta det gå tillräckligt mycket tid för att oljenivån ska hinna stabiliseras.

7 Starta motorn och låt den gå på tomgång i några minuter medan du flyttar växelväljaren till de olika lägena. Stäng av motorn och fyll på tillräckligt med vätska för att nivån ska nå mätstickans nedre markering. Kör bilen en kort sväng för att sprida den nya vätskan runt hela växellådan. Kontrollera sedan vätskenivån igen enligt beskrivningen i kapitel 1 med växellådan vid normal arbetstemperatur.

3 Växelvajer – justering

Observera: *Om batteriet lossas med väljarspaken i P-läget kommer spaken att låsas i detta läge. För att lossa spaken manuellt, bänd försiktigt ut väljarspakens infattning från mittkonsolens ovansida med hjälp av en flatbladig skruvmejsel och tryck ner spärrhaken på vänster sida om väljarspaken (se bild).*

1 Manövrera väljarspaken genom hela dess längd och kontrollera att växellådan lägger i rätt växel som visas på väljarspakens indikering. Om det krävs en justering fortsätter du enligt följande.

2 Placera växelspaken i parkeringsläget P.

3 Arbeta i motorrummet så att du kommer åt växellådssidan av växelvajern. Ta bort batteriet och fästplattan (se kapitel 5A).

4 Placera växelvajerns fästbygel ovanpå växellådsenheten och lossa den inre vajern genom att försiktigt lyfta låsklämman i vajerändbeslaget **(se bild)**.

5 Se till att växelväljaren är i läge P och flytta spaken på växellådans växelspaksmekanism framåt så långt det går så att även växellådan

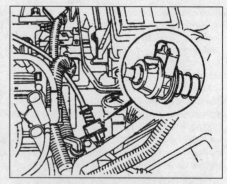

3.4 Lossa växelvajerns inre vajer genom att lyfta upp låsklämman (infälld bild)

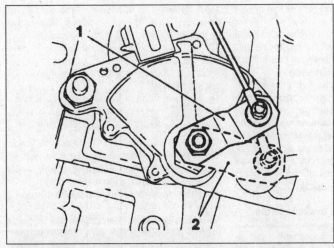

3.5 För växelväljaren (1) framåt så långt det går, till läge P (2)

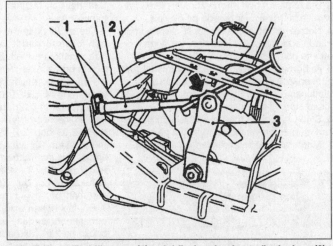

4.2 Ta bort fästklämman (1) och bänd sedan bort växelvajern (2)
från växelväljarens kulled (3)

hamnar i parkeringsläget (se bild). När både väljarspaken och växellådan är i korrekt läge, lås vajerjusteraren i rätt position genom att skjuta upp låsklämman ordentligt tills den snäpper på plats.

6 Montera batteriet och kontrollera sedan att växelväljaren fungerar och, om det behövs, upprepa inställningsproceduren.

4 Växelvajer –
demontering och montering

Demontering

1 Ta bort mittkonsolen enligt beskrivningen i kapitel 11 och sätt väljarspaken i läge P (Park).

2 Använd en spårskruvmejsel för att försiktigt bända bort växelvajerns ändbeslag från kulleden på spakens nedre del. Skjut ut fästklämman och lossa kabeln från den främre delen av spakens fästplatta (se bild).

3 Arbeta i motorrummet så att du kommer åt växellådssidan av växelvajern. Ta bort batteriet och fästplattan (se kapitel 5A).

4 Dra av fästklämman (i förekommande fall) och lossa försiktigt växelvajerns ändbeslag från växelförararmen. Lossa den yttre kabeln från fästbygeln.

5 Arbeta längs kabeln, observera hur den är dragen och ta loss den från alla fästklamrar och fästena. Säkerställ att kabelns gummigenomföring sitter kvar i mellanväggen.

6 Undersök vajern. Sök efter slitna ändbeslag och skador på höljet samt tecken på fransning av innervajern. Kontrollera kabelns funktion; den inre vajern ska röra sig smidigt och lätt genom vajerhöljet. Kom ihåg att en kabel som verkar vara okej när den testas utanför bilen mycket väl kan vara mycket tyngre i drift när den är böjd i sin arbetsställning. Byt kabeln om den verkar onormalt sliten eller är skadad.

Montering

7 För vajern på plats. Se till att den är korrekt dragen och för den genom torpedväggen. Säkerställ att kabeln går igenom väljarspakens fästplatta. För att kabeln ska kunna gå lätt igenom mellanväggen ska du smörja in genomföringen med lite tvållösning.

8 Dra kabelns växellådsände genom fästbygeln och kläm fast vajerhöljet ordentligt på plats. Rikta in det inre kabelfästet så att det är i linje med växelspaken, passa sedan in det på växelspaken och säkra det på plats med fästklämman (där detta behövs).

9 Arbeta inifrån bilen och fäst den yttre vajern säkert på plats med fästklämman, och kläm fast den inre vajerns ändbeslag ordentligt på växelväljarens kulled.

10 Justera växelvajern enligt beskrivningen i avsnitt 3.

11 Montera tillbaka mittkonsolen, enligt beskrivningen i kapitel 11, och montera tillbaka alla komponenter så att du kommer åt kabeländen vid växellådan.

5 Växelspaksenheten –
demontering och montering

Observera: *Byte av brytarna för sport- och vinterläge behandlas i avsnitt 8*

Demontering

1 Ta bort mittkonsolen enligt beskrivningen i kapitel 11 och sätt väljarspaken i läge P (Park).

2 Lossa kontaktdonen från växelväljarens lägesomkopplare och frigör lamphållaren från indikatorpanelen.

3 Använd en spårskruvmejsel för att försiktigt bända bort växelvajerns ändbeslag från kulleden på spakens nedre del. Skjut ut fästklämman och lossa kabeln från den främre delen av spakens fästplatta.

4 Skruva loss de fyra fästbultarna och för spakenheten ur läge.

5 Undersök väljarspakmekanismen efter tecken på slitage och skador. För demontering, lossa och ta bort muttern och brickan och avlägsna sedan enheten med veven till styrbulten. Lossa indikeringspanelen och ta sedan bort spakenheten och fästplattan. Ingen vidare isärtagning kan utföras.

Montering

6 Montera om det behövs ihop spaken och låsplattan och sätt dit styrbulten. Säkerställ att vevaxeln passar korrekt ihop med väljarspaken och montera sedan tillbaka brickan. Dra åt dess fästmutter till angivet moment. Kläm fast indikeringspanelen på stödplattan och kontrollera att spaken fungerar innan den monteras tillbaka i bilen.

7 För spakenheten på plats. Se till att den hakar i växelvajern. Sätt tillbaka fästbultarna och dra åt dem till angivet moment.

8 Fäst vajerhöljet på plats med fästklämman och kläm fast vajerns ändbeslag ordentligt på växelväljarens kulled.

9 Säkerställ att ledningarna är korrekt dragna och montera sedan tillbaka lamphållaren på indikeringspanelen och återanslut brytarnas kontaktdon.

10 Justera växelvajern enligt beskrivningen i avsnitt 3, och montera sedan tillbaka mittkonsolen enligt beskrivningen i kapitel 11.

6 Oljetätningar – byte

Drivaxelns oljetätningar

1 Se kapitel 7A, avsnitt 5.

Momentomvandlarens oljetätning

2 Demontera växellådan enligt beskrivningen i avsnitt 9.

3 Dra försiktigt bort momentomvandlaren från växellådans axel, var beredd på oljespill.
4 Notera var tätningen i huset är placerad och bänd sedan försiktigt loss den, var noga med att inte göra märken i huset eller på axeln.
5 Ta bort alla spår av smuts från området runt packboxens öppning och tryck sedan den nya tätningen på plats. Se till att tätningsläppen är riktad inåt.
6 Smörj tätningen med ren växellådsolja och sätt momentomvandlaren försiktigt på plats
7 Montera tillbaka växellådan (se avsnitt 9).

7 Vätskekylare – allmän information

1 Växellådsoljekylaren är inbyggd i kylarenheten. Se kapitel 3 för information om demontering och montering, om kylaren har skadats måste hela kylarenheten bytas.

8 Komponenter i växellådsstyrningssystemet – demontering och montering

Startspärr/backljuskontakt

1 Brytaren har två funktioner, aktivering av backljusen och aktivering av startspärr. Brytaren styr backljusen när backen väljs och hindrar motorn från att starta när växellådan är aktiverad. Om backljuset slutar fungera eller om du kan starta motorn med växelväljarspaken i ett annat läge än P (Parkering) eller N (Neutral) är det troligtvis fel på brytaren. Om justeringen inte åtgärdar felet måste hela brytaren bytas som en enhet.

Demontering

2 Placera växelspaken i neutralläget N.
3 För att komma åt brytaren, ta bort

batteriet och fästplatta enligt beskrivningen i kapitel 5A.
4 Dra av fästklämman (i förekommande fall) och lossa försiktigt växelvajerns ändbeslag från växelförararmen. Skruva loss fästmuttern och ta bort spaken från väljaraxeln.
5 Följ kablaget bakåt från brytaren och koppla loss det från kontaktdonet. Lås upp anslutningskontakten genom att dra låsklämman bort från kontaktens huvuddel.
6 På 2,0- och 2,2-liters modeller, ta bort mätstickan för växellådsolja och skruva sedan loss fästmuttrarna och ta ut mätstickan ur växellådan. Ta bort mätstickans tätning och kasta den. Du måste sätta dit en ny vid monteringen.
7 Böj låsbrickan bakåt (i förekommande fall) och skruva sedan loss huvudmuttern och brickorna från växellådans väljaraxel.
8 Skruva loss bultarna till brytarenom och kablagets spännbricka och för brytarenheten uppåt och bort från växellådsenheten.

Montering

9 Säkerställ att växellådans väljaraxel fortfarande är i läge N (neutralt) före återmontering. Om du är osäker, haka i växelväljarspaken med växellådans axel och flytta spaken så långt framåt som det går (till P-läget) och flytta den sedan två steg bakåt.
10 Placera brytaren på växellådans axel och montera tillbaka spännbrickan för kablaget. Sätt tillbaka bultarna och dra åt dem för hand än så länge.
11 Montera tillbaka brickorna och huvudmuttern på väljaraxeln. Dra åt muttrarna till angivet moment och säkra den i detta läge genom att böja upp låsbrickan mot en av dess plana sidor.
12 Justera brytaren enligt beskrivningen i avsnitt 18.
13 När brytaren har justerats korrekt, återanslut kontaktdonet och se till att kablaget dras korrekt.
14 På 2,0- och 2,2-liters modeller, montera en ny tätning på växellådans öppning och

skjut försiktigt in oljemätstickans rör till rätt position. Dra åt mätstickans fästmutter ordentligt och sätt sedan tillbaka mätstickan.
15 Montera tillbaka väljarspaken på axeln och dra åt fästmuttern till angivet moment. Kläm fast växelvajerns ände och säkra den på spakens kulled.
16 Montera tillbaka batteriet och kontrollera funktionen hos brytaren. Om det behövs, justera växelvajern enligt beskrivningen i avsnitt 3.

Justering

Observera: *Innan du justerar brytaren, se till att växelvajern sitter korrekt (se avsnitt 3).*
17 Utför de åtgärder som beskrivs i punkt 2 till 4.
18 Med växellådan i neutralläge ska de plana ytorna på väljaraxeln vara parallella med märket på brytarenheten **(se bild)**. Om det krävs justeringar lossar du brytarens fästbultar och roterar brytarenheten efter behov innan du drar åt bultarna till det angivna momentet.
19 Montera tillbaka väljarspaken på axeln och dra åt fästmuttern till angivet moment. Montera tillbaka växelvajerns slutdel ordentligt på armen och fäst den (vid behov) med fästklämman.
20 Montera tillbaka batteriet och kontrollera funktionen hos brytaren. Om justeringen av brytaren inte har lyckats är det fel på brytaren och den måste bytas.

Sportmodusbrytare

Observera: *En lödkolv och lod behövs för att byta ut brytaren.*

Demontering

21 Ta bort väljarspaken enligt beskrivningen i avsnitt 5.
22 Tryck ut brytaren från väljarspakens ovansida genom att sätta i en svetsstång genom väljarspakens hål **(se bild)**.
23 Gör markeringar mellan brytaren och kablarna. Löd bort kablarna från brytarens inkopplingsplatser och ta bort brytaren. Kablaget kan sedan dras ut från spakens bas.

Montering

24 För upp kablaget genom väljarspakens hål tills det kommer upp på ovansidan. Löd fast kablarna på brytarens poler, använd de markeringar som gjordes före demonteringen för att säkerställa att de ansluts korrekt.
25 Tryck brytaren på plats och montera väljarspaken enligt beskrivningen i avsnitt 5.

Vintermodusbrytare

Demontering

26 Ta bort mittkonsolen enligt beskrivningen i kapitel 11, så att du kommer åt skruvarna till väljarspakens kåpa . Lossa och ta bort de två skruvar från kåpans baksida och lyft av kåpan från spaken.
27 Lossa fästklämmorna och frigör väljarspakens indikatorpanel från spakens fästplatta.
28 Följ kablaget bakåt från brytaren och koppla loss det från kontaktdonet. Lossa

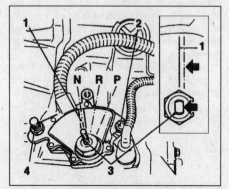

8.18 Startspärr/backljuskontakt justeringsinformation

1 *Märkning brytarenhet*
2 *Fästbult*
3 *Väljaraxeln*
4 *Fästbult*

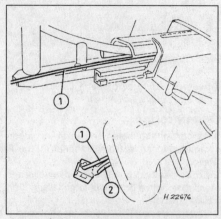

8.22 För in en svetselektrod (1) genom växelväljarens nedre del och tryck omkopplaren för sportläge ur läge. Brytarledningarna (2) kan sedan avlödas

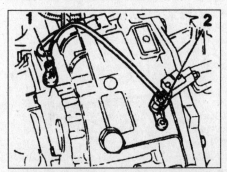

8.35 Placering av givaren på växellådans ingående axel (1) och den utgående axelns hastighetsgivare (2) – 2,0- och 2,2-liters motorer

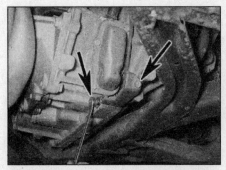

8.45 Skruva loss fästbultarna (markerad med pil) och ta bort täckplattan . . .

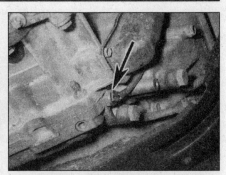

8.46 . . . så att du kommer åt oljetemperaturgivaren (markerad med pil)

brytaren från indikeringspanelen och ta bort den från bilen.

Montering

29 Monteringen sker i omvänd ordningsföljd mot demonteringen, och se till att kablaget sitter korrekt.

Kickdownkontakt

30 Kickdownkontakten är inbyggd i gasvajern och kan därför inte bytas ut separat. Se kapitel 4A för närmare information om demontering och montering av gasvajern. *Observera: På modeller med elektroniskt gasspjäll och pedalgivare kontrolleras kickdown av ECU.*

Styrmodul

Demontering

31 ECU:n sitter framför mittkonsolen och är fäst med en klämma på värmeenhetens fördelarhus. Innan demonteringen, lossa batteriets jordledning (Se *Koppla loss batteriet* i Referens kapitlet).

32 Ta bort mittkonsolen enligt beskrivningen i kapitel 11, och vänstra, mittre luftkanelen (se kapitel 3, avsnitt 10).

33 Lossa ECU:ns fästbygel från värmeenhetens fördelarhus och dra ut den åt sidan. Om kablaget gör att ECU:n inte kan flyttas åt sidan kapar du det buntband som håller kablaget på plats. Lossa anslutningskontakten för ECU, och lossa om det är nödvändigt ECU från fästbygeln.

Montering

34 Monteringen sker i omvänd ordningsföljd mot demonteringen, och se till att kablaget är ordentligt återanslutet.

Ingående och utgående axelhastighetsgivare

Demontering

35 På 2,0- och 2,2-liters modeller sitter hastighetsgivarna på växellådsenhetens ovansida. Den ingående axelns hastighetsgivare sitter framför de båda

givarna och närmast växellådans vänstra ände. Den utgående skaftgivaren är den bakre av de båda **(se bild)**. På 1,4-, 1,6- och 1,8-liters modeller sitter hastighetsgivarna på växellådsenhetens ovansida. Den utgående givaren är den översta av de båda.

36 På 1,4-, 1,6- och 1,8-liters modeller, dra åt handbromsen och lyft sedan upp framvagnen och ställ den på pallbockar (se *Lyftning och stödpunkter*). Ta bort det vänstra hjulet och nedre hjulhusfodret (om en sådan finns – se kapitel 11). På 2,0- och 2,2-liters modeller, så att du kommer åt sensorerna, ta bort batteriet och fästplattan enligt beskrivningen i kapitel 5A.

37 Koppla loss kontaktdonet, och rengör området runt givaren.

38 Skruva loss fästbulten och ta bort givaren från växellådan. Ta loss tätningsringen från sensorn och kassera den, eftersom det behövs en ny vid monteringen.

Montering

39 Montera den nya tätningsringen på givarens spår och smörj den med lite växellådsolja.

40 För givaren på plats och montera sedan tillbaka fästbulten och dra åt den till angivet moment. Återanslut kontaktdonet.

41 På 2,0- och 2,2-liters modeller, montera tillbaka batteriet. På 1,4-, 1,6- och 1,8-liters modeller, montera tillbaka det nedre hjulhusfodret (om det har tagits bort) och höger framhjulet, och sänk ner bilen.

Vätsketemperaturgivare

Observera: På 1,4-, 1,6- och 1,8-liters modeller finns temperaturgivarna inte att få separat från växellådans kabelknippe. För att ta bort givaren är det också nödvändigt att ta bort växellådans sidokåpa och exponera de olika växelventilerna och solenoiderna. Detta är en svår uppgift som kräver renlighet av högsta standard. Av dessa skäl bör arbetet med att byta temperaturgivare överlämnas till en Opel-verkstad eller en specialist. Det tillvägagångssätt som beskrivs nedan gäller enbart AF20/22 växellådan när den monterats i en 2,0- och 2,2-liters modell.

Demontering

42 Vätsketemperaturgivaren sitter fastskruvad i botten av växellådsenhetens främre del. Innan du tar bort sensorn, lossa batteriets jordledning.

43 Dra åt handbromsen. Lyft sedan upp framvagnen och ställ den på pallbockar.

44 Följ kablaget bakåt från givaren. Observera dess dragning. Koppla loss kontaktdonet och ta loss kablarna från fästklämmorna.

45 Skruva loss fästbultarna och ta bort täckplattan från givaren **(se bild)**.

46 Torka rent området runt givaren och var beredd med en lämplig plugg så att du minskar spillet när givaren tas bort **(se bild)**.

47 Skruva loss givaren och ta bort den från växellådsenheten tillsammans med tätningsbrickan. Plugga snabbt igen växellådsöppningen och torka bort eventuell utspilld vätska.

Montering

48 Montera en ny tätningsbricka på givaren och ta sedan bort pluggen och skruva snabbt i givaren i växellådsenheten. Dra åt givaren till angivet moment och torka upp eventuell utspilld vätska. Montera tillbaka täckplattan och dra åt fästbultarna.

49 Se till att kablaget sitter korrekt och hålls fast av alla nödvändiga klämmor och återanslut kontaktdonet ordentligt

50 Sänk ner bilen och återanslut batteriet. Kontrollera växellådsoljans nivå enligt beskrivningen i kapitel 1.

9 Automatisk växellåda – demontering och montering

Observera: Du behöver nya bultar mellan momentomvandlaren och drivplattan och tätningsringar för vätskekylaranslutningen.

Demontering

1 Klossa bakhjulen, dra åt handbromsen och sätt väljarspaken i neutralläget (N). Lyft upp framvagnen och ställ den på pallbockar. Ta bort de båda framhjulen och ta sedan bort fästskruvarna och fästanordningarna. Ta vid

9.14 Ta bort de tre bultarna som håller fast det högra motorfästet

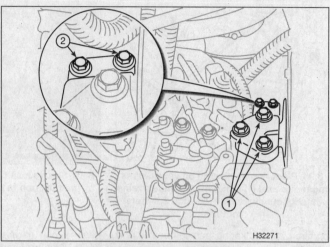

9.15 Vänster växellådsfäste

1 Bultar mellan fästbygeln och fäst   2 Bultar för fästet till växellåda

behov bort den undre kåpan från motor-/växellådsenheten.

2 Tappa ur växellådsolja enligt beskrivningen i avsnitt 2, montera sedan tillbaka dräneringspluggen, och dra åt den till angivet moment.

3 Ta bort batteriet och fästplattan enligt beskrivningen i kapitel 5A.

4 Enligt beskrivningen i kapitel 4A, ta bort det främre avgasröret, katalysatorn och mellanröret.

5 Ta bort båda drivaxlarna enligt beskrivningen i kapitel 8. Om växellådan inte har tömts måste du vara beredd på att det rinner ut vätska.

6 Demontera den främre hjälpramen enligt beskrivningen i kapitel 10. Se till att motorenheten stöds upp ordentligt genom att ansluta en lyft till motorenheten. Om du har tillgång till den typ av stödstag som passar in i motorrummets sidokanaler ska det användas.

7 Dra av fästklämman (i förekommande fall) och lossa försiktigt växelvajerns ändbeslag från växelförararmen. Lossa den yttre kabeln från fästbygeln och placera kabeln där den inte är i vägen för växellådsenheten.

8 Skruva loss fästbulten och ta bort påfyllningsröret för automatväxelolja/oljemätstickans rör. Ta vara på tätningsringen.

9 Följ kablaget bakåt från växellådans brytare och givare och koppla ifrån de olika kontakterna genom att lyfta deras fästklämmor. Lossa huvudkablaget från eventuella klämmor eller buntband som fäster det på växellådsenheten.

10 Ta bort fästbultarna till växelvajerns yttre fäste/fästet för kabelhärvan och ta bort fästet.

11 Lossa ventilationsslangen (om en sådan finns) från växellådsenhetens övre del.

12 Ta bort luftrenarhuset och insugsslangen (se kapitel 4A).

13 Placera en domkraft med en träkloss under växellådan och höj upp domkraften så att den håller uppe växellådans tyngd.

14 Lossa och ta bort de tre bultarna som håller fast det högra motorfästet mot fästet

som är fastbultat på motorblockets ände **(se bild)**.

15 Skruva loss bultarna som håller fast det vänstra motor/växellådsfästet och fästbygeln mot växellådshuset **(se bild)**.

16 Gör identifieringsmärken mellan oljekylarslangarna och deras anslutningar på växellådshusets framsida. Använd en flatbladig skruvmejsel, bänd loss fästklämmorna från vardera slangändesfästet och lossa båda slangarna från växellådan. Det finns två typer av fästen, beroende på modell **(se bilder)**. Sätt tillbaka fästklämmorna i rätt position på slutdelarna och kassera tätningsringarna; du måste sätta dit nya tätningsringar vid monteringen. Plugga igen/täck för både anslutningar och slangändarna för att förhindra att det kommer in smuts.

17 Skruva loss de två fästbultar och ta bort den främre motorn/växellådsfäste från växellådshuset.

18 Sänk motorn/växellådan ca 50 mm genom att justera motorns lyft och domkraften under växellådan. Säkerställ att de olika kylslangarna och kabelknippena inte tänjs ut.

19 Ta bort gummikåpan från motorblocket/sumpflänsen så att du kommer åt momentomvandlarens fästbultar. Lossa och ta bort den/de synliga bulten/bultarna. Använd sedan en hylsa och en förlängningsstång för att rotera vevaxelns remskiva, lossa de återstående bultarna som fäster momentomvandlaren på drivplattan alltefter som de blir tillgängliga. På 1,4-, 1,6-, 1,8- och 2,2-liters modeller finns det total tre bultar och på 2,0-liters modeller finns det sex. Kasta bultarna, nya måste användas vid monteringen.

20 För att förhindra att momentomvandlaren faller ur när växellådan tas bort, skjut omvandlaren längs axeln och in helt i växellådshuset.

21 Med domkraften placerad under växellådan för att hålla upp vikten lossar du och tar bort de övre och nedre bultarna som fäster växellådshuset på motorn. Notera de

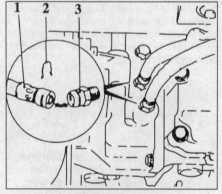

9.16a Växellådsoljekylare slanganslutningar – typ 1

1 Fäste för slangände
2 Fasthållningsklämma
3 Växellådsanslutning

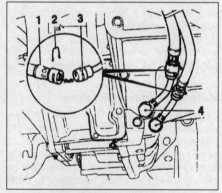

9.16b Växellådsoljekylarens slanganslutningar – typ 2

1 Fäste för slangände
2 Fasthållningsklämma
3 Fäste för rör
4 Växellådsanslutningar

korrekta monteringslägena för varje bult (och de relevanta fästena) när du tar bort dem så att du vet var de ska sitta vid återmonteringen. På 1,4-, 1,6-, 1,8- och 2,2-liters modeller måste du komma ihåg de båda bultar som fäster motoroljesumpen på växellådshuset. Kontrollera en sista gång att alla komponenter har lossats och flyttats åt sidan så att de inte är i vägen vid demonteringen.

22 Med bultarna borttagna flyttar du garagedomkraften och växellådan för att lossa den från styrstiften. När växellådan är fri sänker du ner domkraften och flyttar bort enheten från bilens undersida. Var försiktig så att momentomvandlaren inte ramlar av. Om de är lösa tar du bort styrstiften från motorn eller växellådan och förvarar dem på en säker plats.

Montering

23 Monteringen av växellådan utförs i omvänd arbetsordning, men lägg märke till följande:

a) Före återmontering, ta bort alla spår av gammal fästmassa från momentomvandlaren gängor genom att föra en gängtapp med rätt gängdiameter och stigning ner i hålen. I brist på en lämplig kran, använd en av de gamla bultarna och skär skåror i dess gänga.

b) Före återmonteringen, se till att motorns/växellådans styrstift sitter korrekt och stryk på lite molybdendisulfidfett på momentomvandlarens styrsprint och dess centrumbussning på vevaxelsidan.

c) När växellådan och motorn väl har förbundits med varandra på rätt sätt, återmontera fästbultarna och dra åt dem till angivet moment.

d) Montera de nya bultarna som förenar momentomvandlaren med drivplattan och dra åt dem något till att börja med och gå sedan runt och dra åt dem till angivet moment i diagonal ordningsföljd.

e) Dra åt alla muttrar och bultar till angivet moment (om det är tillämpligt).

f) Byt drivaxelns oljetätningar (se kapitel 7A) och montera tillbaka drivaxlarna på växellådan enligt beskrivningen i kapitel 8.

g) Montera nya tätningsringar på kylmedieslangens anslutningar och se till att båda anslutningarna hålls säkert på plats med sina klämmor.

h) Montera en ny tätningsring på styrhylsan till vätskepåfyllningsröret/mätstickan.

i) När detta är klart, fyll på växellådan med den angivna typen och mängden av vätska enligt beskrivningen i avsnitt 2 och justera växelvajern enligt beskrivningen i avsnitt 3.

10 Automatisk växellåda renovering – allmän information

1 Om det uppstår fel i växellådan måste man först avgöra om det är ett mekaniskt eller hydrauliskt fel. För att göra detta krävs särskild testutrustning. Därför är det mycket viktigt att arbetet utförs av en Opel-verkstad eller specialist om man misstänker att det föreligger ett fel i växellådan.

2 Ta inte bort växellådan från bilen innan en professionell feldiagnos har ställts, för de flesta tester kräver att växellådan är monterad i bilen.

Kapitel 8
Drivaxlar

Innehåll

Svårighetsgrad

Enkelt, passar novisen med lite erfarenhet	Ganska enkelt, passar nybörjaren med viss erfarenhet	Ganska svårt, passar kompetent hemmamekaniker	Svårt, passar hemmamekaniker med erfarenhet	Mycket svårt, för professionell mekaniker

Specifikationer

Typ . . . . Olika långa öppna axlar, led med konstant hastighet i varje ände. Alla modeller har en vibrationsdämpare monterad på höger drivaxel

Drivaxelns vibrationsdämpere
Dimensioner från yttre leden:
1,4- och 1,6-liters motorer . . . . 332,0 mm
1,8-, 2.0- och 2,2-liters motorer . . . . 310,0 mm

Specificering av drivaxelledens smörjfett . . . . Specialfett (Opel P/N 90094176)

Åtdragningsmoment	**Nm**
Främre krängningshämmar till fjädringsben	65
Främre navmutter (se text):	
Steg 1	120
Steg 2	Lossa muttern helt
Steg 3	20
Steg 4	Vinkeldra ytterligare 80° (plus till nästa saxsprintshål efter behov)
Framfjädringens nedre kulled, klämbult	100
Hjul	110
Styrstagsände kulled till styrknog	60
Vibrationsdämpare	10

1 Beskrivning – allmänt

Kraften överförs från differentialen till framhjulen via två olika långa drivaxlar i solitt stål.

Varje drivaxel är utrustad med en inre och en yttre homokinetisk led (CV-led). Från och med modellår 2000 är de inre kullederna på Astra och Zafira 1.8 en trebensknut. Varje yttre led har ett spår som passar ihop med hjulets nav och hålls fast av en stor mutter. Den inre leden är också räfflad för att haka i differentialens planväxel och hållas på plats av en invändig låsring. En vibrationsdämpare sitter på den högra drivaxeln.

2 Drivaxel – demontering och montering

Observera: *En ny främre navmutter och inre låsring för leden behövs för detta moment. Räfflorna på drivaxelns yttre led kan sitta hårt fast i navet och det är möjligt att en avdragare eller borttagare krävs för att dra navenheten av drivaxeln för att ta bort den.*

Demontering

1 Dra åt handbromsen. Lyft sedan upp framvagnen och ställ den på pallbockar (se *Lyftning och stödpunkter*). Ta bort hjulet. Det är bra att endast lyfta upp ena sidan av bilen eftersom detta minskar oljeförlusten från växellådan när drivaxeln tas bort **(se bild)**.

2.1 Höger drivaxel sedd underifrån bilen

2.2 Använd en mejsel för att knacka loss navmutterkåpan

2.3 Ta bort saxsprinten från navets kronmutter

2.4 Ta bort den främre navmuttern och brickan

2.7 Krängningshämmarlänk anslutning till det främre benet

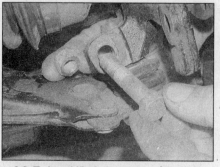

2.8 Ta bort klämbulten som håller fast den främre nedre fjädringsarmen mot navhållaren

2.9 Använd en mejsel för att vidga kulledens klämma nertill på navhållaren

2 Använd en hugg- eller skruvmejsel för att knacka loss navmutterkåpan (se bild).
3 Dra ut saxsprinten från navets kronmutter på drivaxelns ände (se bild).
4 Navmuttern måste lossas. Muttern sitter extremt hårt och det krävs en förlängningsstång för att lossa den. För att hindra att drivaxeln roterar, sätt i två hjulbultar och placera en metallstång mellan dem för att hålla mot navet. Ta bort navmuttern och brickan från drivaxeln (se bild).
5 Skruva loss muttern som håller fast styrstagsänden vid styrarmen på hjulspindeln och använd sedan en kulledsavdragare för att ta bort styrstagsänden.
6 Skruva loss den hydrauliska bromsslangens stödfäste från det främre fjäderbenet och lossa slangen från den.
7 Skruva loss muttern som håller fast krängningshämmarens länk vid benet,

samtidigt som du håller fast ledrörstosen på de platta avfasningarna med en annan skruvnyckel (se bild). Lossa länken från benet och lägg den åt sidan.
8 Ta bort klämbulten som håller fast den främre nedre fjädringsarmen mot navhållaren. Observera att bulthuvudet är vänt mot bilens främre del (se bild).
9 Använd en huggmejsel eller skruvmejsel som kil och expandera kulledens klämma längst ner i hjulspindeln (se bild).
10 Använd en hävstång och tryck ner den nedre fjäderarmen för att frigöra kulleden från navhållaren (se bild). För sedan navhållaren åt sidan och lossa armen. Se till så att inte kulledens gummidamask skadas.
11 Navet måste nu vara lossat från drivaxelns ände. Du ska kunna dra loss navet från drivaxeln, men om drivaxeländen sitter hårt på navet sätter du tillfälligt tillbaka

navmuttern för att skydda drivaxelgängorna. Knacka sedan på drivaxeländen med en mjuk klubba samtidigt som du drar navhållaren utåt (se bilder). Använd alternativt en lämplig avdragare för att pressa drivaxeln genom navet.
12 Med drivaxeln lossad från navhållaren, bind upp fjädringsbenet åt ena sidan och stötta upp drivaxeln på pallbockar.
13 Om en sådan finns, ta bort stänkskyddet från motorrummets nedre del. Placera en lämplig behållare under växellådan för att fånga upp oljespill.
14 En hävarm behövs för att lossa drivaxelns ände från differentialen. Bänd försiktigt mellan drivaxeln och differentialhuset för att lossa drivaxelns fästring (se bild). Observera: 1,8-liters modeller av årsmodell 2000 har en skåra i ledhuset för att underlätta borttagande.
15 Ta bort drivaxeln från växellådan, se till

2.10 Tryck ner den nedre fjäderarmen för att frigöra kulleden från navhållaren

2.11a Driv av drivaxeln från navräfflorna med en mjuk klubba . . .

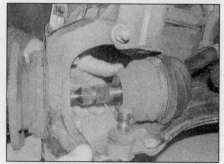

2.11b . . . dra sedan navhållaren utåt

2.14 Bänd försiktigt mellan drivaxel och differentialhuset för att lossa drivaxeln

2.16 Vibrationsdämpare monterad på höger drivaxel

2.17 Undersök oljetätningen i växellådan innan drivaxeln monteras tillbaka

att drivknutarna inte påfrestas för mycket. Ta bort drivaxeln underifrån bilen. Plugga igen eller tejpa över differentialens öppning för att hindra smuts från att komma in när drivaxeln är demonterad.

Varning: Låt inte bilen stå på hjulen med ena eller båda drivaxlarna demonterade, eftersom detta kan skada hjullagren. Om bilen måste förflyttas på hjulen, fäst hjullagren med mellanbrickor och en lång gängad stång som får fungera som drivaxel.

16 Alla modeller har en vibrationsdämpare monterad på höger drivaxel. Om dämparen flyttas till en ny drivaxel ska du mäta dess monteringsläge innan du tar bort den och sedan passa in den på samma plats på den nya drivaxeln **(se bild)**. Det korrekta måttet från den yttre damasken anges i specifikationerna.

Montering

17 Innan du monterar tillbaka drivaxeln, ska du undersöka oljetätningen i växellådshuset och byt, om det behövs, enligt beskrivningen i kapitel 7A eller 7B **(se bild)**.
18 Ta bort låsringen från de inre räfflorna på drivaxelns ände och kassera den. Montera en ny låsring och se till att den sitter rätt i spåret
19 Rengör drivaxelspåren samt öppningarna i växellådan och navenheten noga. Lägg ett tunt lager fett på oljetätningsläpparna och på drivaxelspårningen och klackarna. Kontrollera att alla damaskklämmor är ordentligt fästa.
20 Passa in drivaxeln och passa ihop knutens räfflor med räfflorna på differentialens solhjul. Var försiktig så att inte oljetätningen skadas. Tryck leden helt på plats, kontrollera sedan att låsringen sitter som den ska och håller leden

ordentligt på plats. Använd vid behov en mjuk klubba eller dorn för att driva drivaxelns inre tätning helt på plats.
21 Passa in den yttre drivknutens räfflor med spåren på navet och skjut leden tillbaka på plats i navet.
22 Använd armen och tryck ner den nedre fjädringsarmen. Sätt tillbaka kulleden och släpp armen. Kontrollera att kulledens ände är hel inne i navhållaren.
23 Sätt i klämbulten med huvudet pekande mot framvagnen och dra åt till angivet moment.
24 Montera tillbaka krängningshämmarlänken på benet och dra åt muttern till angivet moment, håll samtidigt fast de plana ytorna på leden med en annan skruvnyckel.
25 Placera stödfästet på bromsslangen, montera fästet på benet och dra åt bulten.
26 Montera tillbaka styrstagsänden på styrarmen på navhållaren och dra åt muttern till angivet moment.
27 Montera tillbaka brickan på drivaxelns ände och skruva på en ny mutter och dra åt måttligt på det här stadiet.
28 Montera tillbaka stänkskyddet (om ett sådant finns), montera sedan hjulet och sänk ner bilen på marken. Dra åt hjulbultarna till angivet moment.
29 Dra åt navmuttern enligt de steg som anges i Specifikationer och montera en ny saxsprint. Böj saxsprintens yttre ben över drivaxelns ände och kapa sedan det inre benet så mycket som behövs och böj det inåt **(se bilder)**.
30 Knacka navmutter kåpan på plats och montera sedan tillbaka navkapseln.
31 Kontrollera och, om det behövs, fyll på olja

i växellådan enligt beskrivningen i kapitel 7A (manuell växellåda) eller kapitel 1 (automatisk växellåda).

3 Drivaxelled – kontroll och byte

Kontroll

1 Provkör bilen och lyssna efter metalliska klick från framvagnen när bilen körs långsamt i en cirkel med fullt rattutslag. Detta indikerar slitage i den yttre drivknuten. Byt ut den om det behövs.
2 För att kontrollera den inre leden beträffande slitage, dra åt handbromsen, lyft upp framvagnen och stötta upp den på pallbockar (se *Lyftning och stödpunkter*). Om det behövs, ta bort stänkskyddet från motorrummets nedre del. Försök att flytta den inre änden av drivaxeln uppåt och nedåt, håll sedan fast leden med en hand och försök att rotera drivaxeln med den andra handen. Vid överdrivet slitage måste leden bytas ut.

Byte

Observera: *Det är inte möjligt att byta den inre leden av trebensknuttyp på de senare modellerna eftersom den är inbyggd i drivaxeln.*
3 Med drivaxeln borttagen enligt beskrivningen i avsnitt 2, lossa fästklämmorna och för bak gummidamasken från den slitna leden.
4 Använd en skruvmejsel eller låsringstång för att expandera låsringen som håller fast leden vid drivaxeln **(se bilder)**.

2.29a Sätt i en ny saxsprint . . .

2.29b . . . och säkra genom att böja benen

3.4a Drivaxelledens fästklämma

3.4b Vidgar drivaxelledens fästklämma

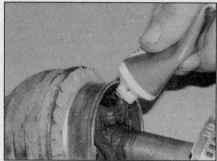

3.7 Fyller drivknuten med fett

4.2 Skär loss damasken

5 Använd en mjuk klubba och knacka loss drivknuten från drivaxeländen.
6 Se till att en ny låsring är monterad på den nya leden och knacka sedan på den nya leden på drivaxeln tills låsringen hamnar i sitt spår.
7 Fyll leden med angivet fett **(se bild)**.
8 Montera gummidamasken på den nya leden enligt beskrivningen i avsnitt 4.
9 Montera tillbaka drivaxeln till bilen, enligt beskrivningen i avsnitt 2.

4 Drivaxelledens damask – byte

Observera: *Där en inre led av typen trebensknut har monterats sker åtkomst till den inre damasken genom att man först tar bort den yttre damasken.*

1 Med drivaxeln borttagen enligt beskrivningen i avsnitt 2, ta bort den relevanta leden enligt beskrivningen i avsnitt

3. Observera att om båda damaskerna på en drivaxel ska bytas så behöver du bara ta bort en led. På den högra drivaxeln måste du också ta bort vibrationsdämparen efter att ha noteras dess placering.
2 Ta bort damasken från drivaxeln – om det behövs, skär loss damasken **(se bild)**.
3 Ta bort gammalt fett från leden. Om drivaxelleden är skadad eller väldigt sliten måste den bytas enligt beskrivningen i avsnitt 3.
4 Sätt dit den nya damasken och en ny inre fästklämma på drivaxeln så att öppningen med liten diameter sitter i spåret i drivaxeln **(se bilder)**. **Observera:** *Den inre änden på den inre damasken måste befinna sig 135 mm från drivaxelns slut på 1,4- och 1,6-liters-modeller och 128 mm från drivaxelns slut på 1,8- och 2,0-liters-motormodeller.*
5 Fyll leden med angivet fett **(se bild)**.
6 Montera leden med en ny inre fästring. Knacka leden på plats på drivaxeln tills låsringen hakar i sitt spår.
7 För dit damasken på leden och ta sedan

bort all överflödig luft genom att lyfta bort damasken från leden med en skruvmejsel.
8 Fäst damasken med nya klämmor. För att fästa en klämma med slinga, placera den över damasken och tryck sedan ihop den upphöjda slingan med hjälp av en pincett – observera att Opel-tekniker använder ett specialverktyg för att göra detta, men försiktig användning av en pincett eller ett liknande verktyg är tillräckligt **(se bilder)**. För att montera en klämma av typen "tapp och urtag", linda den runt damasken och dra åt klämman så hårt som möjligt samtidigt som du passar in tappen i ett av urtagen. Använd en skruvmejsel om det behövs för att pressa fast klämman så tätt som möjligt innan tappen och urtaget tillåts gripa in i varandra. Dra till sist åt klämman genom att trycka ihop den utskjutande fyrkantiga delen av klämman med en tång. Var försiktig så att inte damasken klipps upp.
9 Montera tillbaka drivaxeln till bilen, enligt beskrivningen i avsnitt 2.

4.4a Placera den nya inre fästklämman på drivaxeln ...

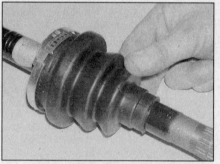

4.4b ... följt av en ny damask

4.5 Fyll leden med angivet fett

4.8a Montera den yttre fästklämman

4.8b ... och dra åt med en kniptång

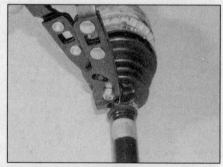

4.8c Dra åt den yttre fästklämman med specialverktyget

Kapitel 9
Bromssystem

Innehåll

Svårighetsgrad

| Enkelt, passar novisen med lite erfarenhet 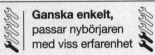 | Ganska enkelt, passar nybörjaren med viss erfarenhet | Ganska svårt, passar kompetent hemmamekaniker  | Svårt, passar hemmamekaniker med erfarenhet 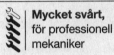 | Mycket svårt, för professionell mekaniker |

Specifications

Systemtyp

Alla modeller..	Skivbromsar fram med trum- eller skivbromsar bak (beroende på modell), är alla utrustade med vakuumservo. ABS är monterat som standardutrustning på de flesta modeller och finns som ett tillval för andra. Dubbel hydraulkrets, diagonal uppdelning. Vajermanövrerad handbroms på bakhjulen

Främre skivor

Typ	ventilerad
Diameter:	
1,4-, 1,6- och 1,8- (utan ABS) liters modeller...................	256 mm
1,8- (med ABS), 2,0- och 2,2-liters modeller	280 mm
Maximalt kast....................................	0,11 mm
Minsta tjocklek på bromsklossbeläggen	2,0 mm
Min. skivtjocklek:	
Navhållare med inbyggd bromsoksbygel.....................	21 mm
Navhållare utan inbyggd bromsoksbygel.....................	22 mm

Bakre skivor

Typ	solid
Diameter:	
1,4-, 1,6- och 1,8- (utan ABS) liters modeller...................	240 mm
1,8- (med ABS), 2,0- och 2,2-liters modeller	264 mm
Maximalt kast....................................	0,13 mm
Minsta tjocklek på bromsklossbeläggen	2,0 mm
Min. skivtjocklek.................................	8,0 mm

Bakre trummar

Innerdiameter...................................	230 mm
Maximal innerdiameter..........................	231 mm
Minsta tjocklek på bromsbackbeläggen	1,00 mm

ABS systemtyp

Åtdragningsmoment

	Nm
ABS styrenhet till hydraulmodulatorn:	
Steg 1	6
Steg 2	7
Bromsskivans fästskruv	4
Bromsledningens anslutningar.	16
Bromshydraulledning till hjulcylinder	16
Bromspedalfästets sidofästmuttrar	20
Bromspedalfästet till vakuumservo	20
Bromsokets luftningsskruv.	9
Bromsslang till bromsok.	40
Främre bromsoksfäste till navhållare	95
Främre styrsprintbultar mellan bromsok och fästbygel	28
Handbromsspak fäste	10
Hydraulikledningens grenfäste (vänsterstyrda modeller utan ABS)	20
Hydraulikledningens relähållarfäste (vänsterstyrda modeller utan ABS) . . .	20
Hydraulikledningens anslutningsmuttrar	16
Hydraulmodulator (ABS).	8
Huvudcylinder	25
Bakbromstrum	4
Bakbromsens utjämningsventil	20
Bakre bromsokets dämpartyngd	11
Bakbromsokets fästbult	25
Bakbromsokets fäste till länkarm	100
Bakhjulcylinder.	9
Hjulbultar	110
Hjulhastighetsgivare	8

1 Allmän information

Bromssystemet är av servoassisterad diagonal tvåkretstyp. Hydraulsystemet är inrättat så att varje krets styr en framhjuls- och en bakhjulsbroms från en tandemhuvudcylinder. Under normala förhållanden arbetar båda kretsarna samtidigt. Skulle en av hydraulkretsarna gå sönder finns dock fortfarande full bromsverkan på två hjul.

Alla modeller är utrustade med skivbromsar fram, och med trumbromsar eller skivbromsar bak, beroende på modell. Skivbromsarna aktiveras av flytande enkelkolvsok som ger lika tryck på alla bromsklossarna. Trumbromsarna bak har de bakre bromsarna ledande och släpande backar som aktiveras av tvåkolvs hjulcylindrar. En självjusteringsmekanism ingår som kompenserar för slitage av bromsbackarna. Allteftersom bromsbackarnas beläggnings slit kommer fotbromsning automatiskt att aktivera justermekanismen som effektivt förlänger beläggningens stödben och omplacerar bromsbeläggen för att minska avståndet beläggning - trumma.

Zafiramodeller som inte utrustats med

ABS är försedda en fördelningsventil för bakbromsen. Ventilen registrerar lasten i den bakre delen av bilen och styr den kraft som överförs till bakbromsarna. Med tung last kan större kraft appliceras på bakbromsarna innan sladd uppkommer.

ABS (Anti-lock Bromssystem) finns som tillval på de flesta modeller. När tändningen slås på kommer under en kort tid en "ABS-symbol" att lysa på instrumentbrädan medan systemet gör ett självtest. Systemet består av en elektronisk styrenhet, hjulsensorer, en hydraulmodulator, och ventiler och reläer. Syftet med systemet är att förhindra att hjulen låser sig vid hård inbromsning. Detta uppnås genom att bromsen på relevant hjul släpps upp för att sedan åter läggas an. Detta förfarande utförs flera gånger i sekunden av hydraulmodulatorn. Modulatorn styrs av den elektroniska styrenheten, som i sin tur mottar signaler från hjulgivarna, som övervakar huruvida hjulen är låsta eller inte. ABS enheten sitter mellan bromshuvudcylindern och bromsarna. Om symbolen "ABS" förblir tänd på instrumentpanelen, eller om den tänds vid körning, föreligger fel i systemet och bilen måste lämnas in till en Opel-handlare för bedömning med hjälp av specialdiagnosutrustning.

TC (antispinnsystem) finns som standard

eller tillvalsutrustning på olika modeller. TC är en förfinad version av ABS, om systemets ECU känner att ett framhjul håller på att tappa drivningen förhindrar den detta genom att tillfälligt applicera aktuell frambroms. Huvudcylindern som sitter i modeller med antispinnsystem skiljer sig från den som används i modeller utan antispinnsystem.

ESP (Elektroniskt stabiliseringssystem) kan också få som tillval för vissa senare modeller. ESP är en vidareutveckling av ABS- och TC-systemen och tar hänsyn till centrifugalkraften och tyngdpunkten vid understyrning och överstyrning.

Handbromsen är vajerstyrd på de bakre bromsarna och aktiveras med hjälp av en spak mellan framsätena.

⚠️ *Varning: När man underhåller någon del i systemet måste man arbeta försiktigt och metodiskt. Iakttag alltid fullständig renlighet när någon del av hydraulsystemet ses över. Byt alltid ut komponenter som är i tvivelaktigt skick (axelvis om det är tillämpligt). Använd endast Opel-reservdelar, eller åtminstone delar av erkänt god kvalitet. Läs varningarna i Säkerheten främst! och relevanta punkter i detta kapitel som rör asbestdamm och hydraulvätska.*

2 Hydraulsystem – luftning

⚠️ *Varning: Hydraulolja är giftig; tvätta noggrant bort oljan omedelbart vid hudkontakt och sök omedelbar läkarhjälp om olja sväljs eller hamnar i ögonen. Vissa hydrauloljor är lättantändliga och kan självantända om de kommer i kontakt med heta komponenter. vid arbete med hydraulsystem är det alltid säkrast att anta att oljan ÄR brandfarlig, och att vidta samma försiktighetsåtgärder mot brand som när bensin hanteras. Hydraulolja är ett kraftigt färglösningsmedel och angriper även plaster; vid spill ska vätskan sköljas bort omedelbart med stora mängder rent vatten. Hydraulolja är också hygroskopisk (den absorberar luftens fuktighet) och gammal olja kan vara förorenad och oduglig för användning. Vid påfyllning eller byte ska alltid rekommenderad typ användas och den måste komma från en nyligen öppnad förseglad förpackning.*

Allmänt

1 Ett hydraulsystem kan inte fungera som det ska förrän all luft har avlägsnats från komponenterna och kretsen. Detta uppnås genom att man luftar systemet.
2 Tillsätt endast ren, oanvänd hydraulvätska av rekommenderad typ under luftningen. Återanvänd aldrig gammal vätska som tömts ur systemet. Se till att ha tillräckligt med olja till hands innan arbetet påbörjas.
3 Om det finns någon möjlighet att fel typ av olja finns i systemet måste bromsarnas komponenter och kretsar spolas ur helt med ren olja av rätt typ, och alla tätningar måste bytas.
4 Om hydraulolja har läckt ur systemet eller om luft har trängt in på grund av en läcka måste läckaget åtgärdas innan arbetet fortsätter.
5 Eller så kan bilen ställas över en smörjgrop eller på ramper. Klossa bakhjulen och dra åt handbromsen, och lyft sedan upp framvagnen och ställ den på pallbockar (se *Lyftning och stödpunkter*). Om det behövs, ta bort stänkskyddet från motorrummets nedre del. För att komma åt bättre med bilen upplyft, ta bort hjulen.
6 Kontrollera att alla rör och slangar sitter säkert, att anslutningarna är ordentligt åtdragna och att luftningsskruvarna är stängda. Avlägsna all smuts från områdena kring luftningsskruvarna.
7 Skruva loss huvudcylinderbehållarens lock och fyll på behållaren till MAX-markeringen; montera locket löst. Kom ihåg att oljenivån aldrig får sjunka under MIN-nivån under arbetet, annars är det risk för att ytterligare luft tränger in i systemet.
8 Det finns ett antal enmans gör-det-själv-luftningssatser att köpa i motortillbehörsbutiker. Vi rekommenderar

att en sådan sats används närhelst möjligt eftersom de i hög grad förenklar arbetet och dessutom minskar risken för att avtappad olja och luft sugs tillbaka in i systemet. Om en sådan sats inte finns tillgänglig måste grundmetoden (för två personer) användas, den beskrivs i detalj nedan.
9 Om en luftningssats ska användas, förbered bilen enligt beskrivningen ovan och följ sedan luftningssatstillverkarens instruktioner, eftersom metoden kan variera något mellan olika luftningssatser. De flesta typerna beskrivs nedan i de aktuella avsnitten.
10 Oavsett vilken metod som används måste ordningen för luftning (se punkt 11 och 12) följjas för att systemet garanterat ska tömmas på all luft.

Ordningsföljd vid luftning av bromsar

11 Om systemet endast har kopplats ur delvis och lämpliga åtgärder vidtagits för att minimera oljespill bör endast den aktuella delen av systemet behöva luftas (det vill säga antingen primär- eller sekundärkretsen).
12 Om hela systemet ska luftas ska det göras i följande ordningsföljd:

Högerstyrda modeller

a) Vänster bakbroms.
b) Höger bakbroms.
c) Vänster frambroms.
d) Höger frambroms.

Vänsterstyrda modeller

a) Höger bakbroms.
b) Vänster bakbroms.
c) Höger frambroms.
d) Vänster frambroms.

Avluftning – grundmetod (för två personer)

13 Skaffa en ren glasburk, en lagom längd gummislang som sluter tätt över avluftningsskruven, samt en ringnyckel som passar skruven. Dessutom behövs en medhjälpare.
14 Dra av dammskyddet från den första nippeln i ordningen **(se bild)**. Trä nyckel och slang på luftningsskruven och för ner andra slangänden i glasburken. Häll i tillräckligt med hydraulolja för att väl täcka slangänden.
15 Se till att oljenivån i huvudcylinderbehållaren överstiger linjen för miniminivå under hela arbetets gång.
16 Skruva loss den första luftningsskruven ca ett halvt varv, låt en medhjälpare upprepade gånger trampa ner bromspedalen fullständigt och släppa upp den. På den sista nedtryckningen ber du medhjälparen att hålla pedalen hårt mot golvet och drar sedan åt luftningsskruven. Om det endast kommer en liten mängd, eller vätska, från luftningsskruven ber du din medhjälpare att trycka ner pedalen ordentligt flera gånger för att få bort eventuell luft som har fastnat längs med hydraulikledningarna.

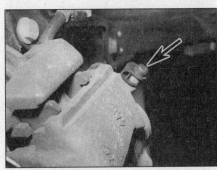
2.14 Dammkåpan på luftningsskruv (markerad med pil)

17 Låt en medhjälpare släppa pedalen långsamt, fyll sedan på behållaren efter behov.
18 Upprepa stegen i punkt 16 och 17 till dess att oljan som kommer ut från luftningsskruven är fri från luftbubblor.
19 När inga fler luftbubblor syns, dra åt avluftningsskruven till angivet moment, ta bort nyckel och slang och montera dammkåpan. Dra inte åt luftningsskruven för hårt.
20 Upprepa proceduren med de återstående luftningsskruvarna i ordningsföljden tills all luft är borta från systemet och bromspedalen känns fast igen.

Avluftning – med hjälp av en luftningssats med backventil

21 Dessa luftningssatser består av en bit slang försedd med en envägsventil för att förhindra att luft och vätska dras tillbaka in i systemet. Vissa satser innehåller en genomskinlig behållare som kan placeras så att luftbubblorna lättare kan ses flöda från änden av slangen.
22 Avluftningssatsen kopplas till avluftningsskruven som sedan öppnas **(se bild)**. Återvänd till förarsätet, tryck ner bromspedalen mjukt och stadigt och släpp sedan långsamt upp den igen. Det här upprepas tills all olja som rinner ur slangen är fri från luftbubblor.
23 Observera att dessa luftningssatser underlättar arbetet så mycket att man lätt glömmer huvudcylinderns vätskebehållares nivå. se till att nivån hela tiden överstiger MIN-markeringen genom hela luftningsproceduren.

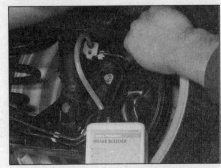
2.22 Luftning av bakbromsen med en luftningssats med backventil

Avluftning – med hjälp av en tryckluftssats

24 Tryckluftssatser för avluftning drivs vanligen av trycklüften i reservdäcket. Observera dock att trycket i däcket troligen måste minskas till under normaltryck. Se instruktionerna som följer med luftningssatsen.

25 Genom att koppla en trycksatt, oljefylld behållare till huvudcylinderbehållaren kan luftningen utföras genom att luftningsskruvarna helt enkelt öppnas en i taget (i angiven ordningsföljd), och oljan får flöda tills den inte innehåller några luftbubblor.

26 En fördel med den här metoden är att den stora vätskebehållaren ytterligare förhindrar att luft dras tillbaka in i systemet under luftningen.

27 Trycksatt luftning är speciellt effektiv för luftning av "svåra" system och vid rutinbyte av all vätska.

Alla metoder

28 Efter avslutad avluftning och när pedalkänslan är fast, spola bort eventuellt spill, dra åt avluftningsskruvarna till angivet moment och sätt på dammkåporna.

29 Kontrollera hydrauloljenivån i huvudcylinderbehållaren och fyll på om det behövs (se *Veckokontroller*).

30 Kassera hydraulvätska som har luftats från systemet. Den går inte att återanvända.

31 Kontrollera känslan i bromspedalen. Om den känns det minsta svampig finns det fortfarande luft i systemet som måste luftas ytterligare. Om fullständig luftning inte uppnåtts efter ett rimligt antal luftningsförsök kan detta bero på slitna tätningar i huvudcylindern.

---

3 Hydraulrör och slangar – byte

Observera: *Se varningen i början av avsnitt 2 angående farorna med hydraulolja, innan arbetet påbörjas.*

1 Om ett rör eller en slang måste bytas ut, minimera oljespillet genom att först ta bort huvudcylinderbehållarens lock och sedan skruva på det igen över en bit plastfolie så att det blir lufttätt. Som ett alternativ kan

3.2 De främre bromsslangarna stöds av gummigenomföringar och hålls fast med fjäderklämmor på de främre fjäderbenen

slangklämmor fästas på böjliga slangar för att isolera delar av kretsen; bromsrörsanslutningar av metall kan pluggas igen (var försiktig så att inte smuts tränger in i systemet) eller täckas över så fort de kopplas loss. Placera trasor under de anslutningar som ska lossas för att fånga upp eventuellt oljespill.

2 Om en slang ska kopplas loss, skruva loss bromsrörets anslutningsmutter innan fjäderklämman som fäster slangen till fästbygeln tas bort. Om tillämpligt, skruva loss banjobulten som säkrar slangen vid bromsoket och ta loss kopparbrickorna. När den främre böjliga slangen tas bort, dra ut fjäderklämman och dra bort gummigenomföringen från fästbygeln på det främre fjädringsbenet **(se bild)**.

3 När anslutningsmuttrarna ska skruvas ur är det bäst att använda en bromsrörsnyckel av korrekt storlek; Sådana finns att köpa i de flesta större motortillbehörsbutiker. Finns ingen sådan nyckel tillgänglig måste en tättsittande öppen nyckel användas, även om det innebär att hårt sittande eller korroderade muttrar kan runddras om nyckeln slinter. Om det skulle hända kan de envisa anslutningarna skruvas loss med en självlåsande tång, men då måste röret och de skadade muttrarna bytas ut vid återmonteringen. Rengör alltid anslutningen och området kring den innan den skruvas loss. Om en komponent med mer än en anslutning kopplas loss ska noggranna anteckningar göras om anslutningarna innan de rubbas.

4 Om ett bromsrör måste bytas ut kan ett nytt

köpas färdigkapat, med muttrar och flänsar monterade, hos en Opel-verkstad. Allt som då behöver göras är att kröka röret med det gamla röret som mall, innan det monteras. Alternativt kan de flesta tillbehörsbutiker bygga upp bromsrör av satser men det kräver noggrann uppmätning av originalet för att utbytesdelen ska hålla rätt längd. Det säkraste alternativet är att ta med det gamla bromsröret till verkstaden som mall.

5 Dra inte åt anslutningsmuttrarna för hårt vid återmonteringen.

6 När du återmonterar slangarna i bromsoken, använd alltid nya kopparbrickor och dra åt banjoanslutningsbultarna till angivet moment. Kontrollera att slangarna är inpassade så att de inte rör omgivande karossdelar eller hjulen.

7 Se till att rören och slangarna dras korrekt, utan veck, och att de monteras ordentligt i klämmor och fästen. Ta bort plastfolien från behållaren och lufta bromsarnas hydraulsystem enligt beskrivningen i avsnitt 2 efter monteringen. Skölj bort eventuell utspilld vätska och undersök noga om det finns vätskeläckage.

---

4 Främre bromsklossar – byte

⚠️ *Varning: Byt ut BÅDA främre bromsklossuppsättningarna på en gång – byt aldrig bromsklossar bara på ena hjulet eftersom det kan ge ojämn bromsverkan. Notera att dammet från bromsklossarnas slitage kan innehålla asbest vilket är hälsovådligt. Blås aldrig bort dammet med tryckluft och andas inte in det. En godkänd skyddsmask bör bäras vid arbete med bromsarna. Använd bromsrengöringsmedel eller T-sprit för att rengöra bromsarna.*

1 Dra åt handbromsen. Lyft sedan upp framvagnen och ställ den på pallbockar (se *Lyftning och stödpunkter*). Demontera båda framhjulen.

2 Om tillämpligt, Använd en skruvmejsel för att bända ut bromsklossens varningssensor och lossa den från hållaren **(se bilder)**.

3 Bänd loss spärrfjädrarna från bromsokets ytterkant. Notera dess monteringsläge **(se bilder)**.

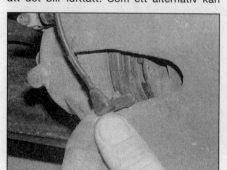

4.2a Ta bort den främre bromsklossens varningsgivare ...

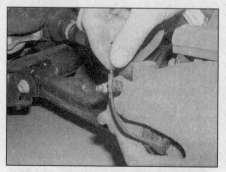

4.2b ... och lossa kablaget från hållaren

4.3a Ta bort fästfjädern från det främre bromsoket (Zafira)

4.3b Ta bort fästfjädern från det främre bromsoket (Astra)

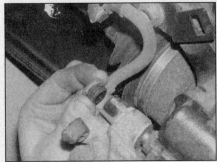
4.4 Ta bort dammkåporna . . .

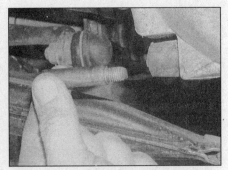
4.5a . . . skruva sedan loss styrbultarna . . .

4.5b . . . och lyft av bromsoket från fästbygeln (Zafira)

4.5c Ta bort bromsoket från navhållaren (Astra)

4.6a Ta bort den yttre klossen från fästet. . .

4 Ta bort dammkåporna från styrbultarnas ändar **(se bild)**.
5 Skruva loss styrbultarna från bromsoket och lyft bort bromsoket och bromsklossarna från fästbygeln eller hjulspindeln (om det är tillämpligt) **(se bilder)**. Fäst bromsoket vid fjäderbenet spiralfjädern med en bit kabel. Låt inte bromsoket hänga i bromsslangen.
6 Ta bort den yttre bromsklossen och ta sedan bort den inre bromsklossen. Observera att den hålls fast av en fjäderklämma som sitter på bromsklossens stödplatta **(se bilder)**.
7 Borsta bort smuts och damm från bromsoket och kolven. Var noga med att inte andas in dammet. Skrapa bort eventuell rost från bromsskivans kant.

8 Mät tjockleken på beläggen på varje bromsbelägg **(se bild)**. Om någon kloss är sliten ner till angiven minimitjocklek eller under måste alla fyra klossarna bytas. Klossarna ska också bytas om de är nedsmutsade med olja eller fett, eftersom det inte finns något bra sätt att avfetta friktionsmaterialet om det har smutsats ner. Om någon av bromsklossarna är ojämnt sliten eller nedsmutsad med olja eller fett, fastställ orsaken och åtgärda den före ihopsättningen.
9 Om bromsklossarna fortfarande är användbara, rengör dem noga med en fin stålborste eller liknande. Var extra noga med stödplattans kanter och baksida. Rengör spåren i beläggen och ta bort större partiklar som bäddats in om det behövs. Rengör noga

bromsklossarnas säten i bromsokshuset/ monteringskonsolen.
10 Kontrollera att styrbultarna sitter tätt mot bromsokets bussningar innan klossarna monteras. Applicera litet kopparfett för bromsar på de ytor av bromsklossarnas stödplåt som kommer i kontakt med bromsoket och kolven **(se bild)**. Kontrollera att kolvens dammskydd är intakt och om kolven visar spår av oljeläckage, korrosion eller skador. Om någon av dessa komponenter måste åtgärdas, se avsnitt 9.
11 Om nya bromsklossar ska monteras måste okets kolv tryckas in i bromsoket för att ge plats åt dem. Opel-tekniker använder ett speciellt verktyg. Ett liknande verktyg kan erhållas från en butik för

4.6b . . . och den inre bromsklossen från bromsoket

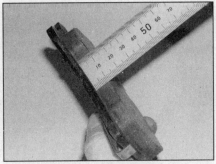
4.8 Mät det främre bromsklossbeläggets tjocklek med en linjal

4.10 Applicera lite kopparfett på kontaktytorna på bromsklossarnas stödplattor

biltillbehör **(se bilder)**. Använd antingen en G-klämma eller liknande, eller använd lämpliga trästycken som hävarmar. Förutsatt att huvudcylinderns behållare inte har fyllts med för mycket hydraulvätska ska det inte förekomma något spill, men var uppmärksam på vätskenivån när du drar tillbaka kolven. Om vätskenivån någon gång stiger över MAX-nivålinjen ska överskottet sifoneras bort eller skjutas ut genom ett plaströr som ansluts till luftningsskruven.

 Det har förekommit tillfällen där skador uppstått på huvudcylindertätningarna när kolven trycktes tillbaka in i bromsoket, och vi rekommenderar därför att en slangklämma monteras på bromsslangen som leder till bromsoket och hydraulvätska som sipprar ut genom luftningsnippeln. Att använda denna metod avlägsnar också eventuell förbrukad hydraulvätska som samlats nära bromsoket.

12 Montera det inre belägget på bromsoket. Se till att klämman hamnar rätt i bromsokets kolv. **Observera:** *Klossarna är speciella för varje sida – kontrollera att pilen på stödplåten pekar i bromsskivans rotationsriktning när bilen kör framåt.*
13 Montera den yttre klossen i bromsokets fäste, och se till att friktionsmaterialet vetter åt bromsskivan. Den yttre bromsklossen är försedd med en akustisk slitagevarningsfjäder **(se bild)**.
14 Skjut bromsoket och den inre klossen till rätt position över den yttre klossen och placera den i fästet.
15 Sätt i bromsokets styrbultar, och dra åt dem till angivet moment **(se bild)**.
16 Montera tillbaka styrbultarnas dammkåpor.
17 Montera tillbaka hållfjädern på bromsoket, se till att ändarna placeras korrekt i bromsokets hål.
18 Montera tillbaka bromsklossvarnings-givaren.
19 Trampa ner bromspedalen upprepade gånger tills pedaltrycket har kommit tillbaka.
20 Upprepa ovanstående procedur med det

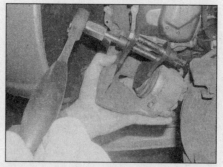

4.11a Använd ett klämverktyg för att tvinga in kolven i det främre bromsoket

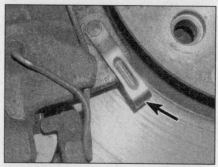

4.13 Den yttre bromsklossen är försedd med en akustisk slitagevarningsfjäder

andra främre bromsoket.
21 Sätt på hjulen, sänk ner bilen och dra åt hjulbultarna till angivet moment.
22 Kontrollera hydrauloljenivån enligt beskrivningen i *Veckokontroller*.
Varning: Nya bromsklossar ger inte full bromseffekt förrän de har körts in. Var beredd på detta och undvik hårda inbromsningar i möjligaste mån i ungefär 160 km efter att bromsklossarna bytts ut.

5 Bakre bromsklossar – byte

⚠ *Varning: Byt ut BÅDA bakre bromsklossuppsättningarna på en gång – byt aldrig bromsklossar bara på ena hjulet eftersom det*

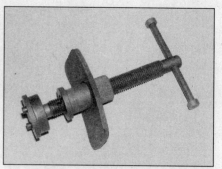

4.11b Klämverktyg som används för att dra tillbaka bromsokets kolv

4.15 Dra åt bromsokets styrbultar med en momentnyckel

kan ge ojämn bromsverkan. Notera att dammet från bromsklossarnas slitage kan innehålla asbest vilket är hälsovådligt. Blås aldrig bort dammet med tryckluft och andas inte in det. En godkänd skyddsmask bör bäras vid arbete med bromsarna. Använd bromsrengöringsmedel eller T-sprit för att rengöra bromsarna.
1 Klossa framhjulen, lyft upp bakvagnen med hjälp av en domkraft och stötta upp den på pallbockar (se *Lyftning och stödpunkter*). Demontera båda bakhjulen.
2 Lossa handbromsspaken helt och för sedan tillbaka justeringsmuttern så att handbromsvajern blir slak (se avsnitt 16).
3 Använd en skruvmejsel för att trycka ner handbromsspaken på det bakre bromsokets baksida. Koppla sedan loss den inre vajern. Lossa kabeln från stödfästbygeln genom att först ta bort fästklämman **(se bilder)**.
4 Skruva loss bromsokets nedre fästbult.

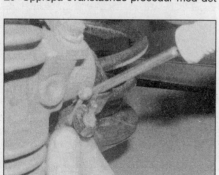

5.3a Koppla loss handbromsens inre vajer från armen på det bakre bromsoket

5.3b Ta bort fästklämman och lossa handbromsvajern från stödfästet

5.4a Skruva loss bakbromsokets nedre fästbult . . .

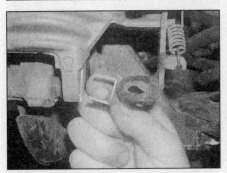

5.4b . . . och ta loss specialklämman

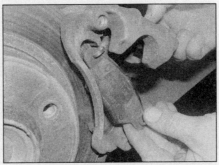

5.5a Ta bort den yttre bromsklossen . . .

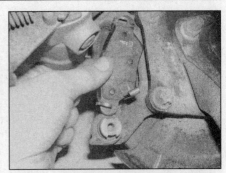

5.5b . . . och den inre bromsklossen från det bakre bromsoket

Observera att styrsprinten hålls fast med specialklämman. Ta loss klämman **(se bilder)**.
5 Vrid bromsoket uppåt runt den övre styrsprinten och ta bort bromsklossarna från sina platser i fästbygeln **(se bilder)**.
6 Borsta bort smuts och damm från bromsoket och kolven. Var noga med att inte andas in dammet. Skrapa bort eventuell rost från bromsskivans kant.
7 Mät tjockleken på beläggen på varje bromsbelägg **(se bild)**. Om någon kloss är sliten ner till angiven minimitjocklek eller under måste alla fyra klossarna bytas. Dessutom ska klossarna bytas ut om de är förorenade med olja eller fett. Det finns inget bra sätt att avfetta belägg när det väl har blivit smutsigt. Om någon av bromsklossarna är ojämnt sliten eller nedsmutsad med olja eller fett, fastställ orsaken och åtgärda den före ihopsättningen.
8 Om bromsklossarna fortfarande är användbara, rengör dem noga med en fin stålborste eller

liknande. Var extra noga med stödplattans kanter och baksida. Rengör bromsklossarnas säten i bromsokshuset/monteringskonsolen.
9 Applicera litet kopparfett för bromsar på de ytor av bromsklossarnas stödplåtar som kommer i kontakt med bromsoket och kolven. Kontrollera att kolvens dammskydd är intakt och om kolven visar spår av oljeläckage, korrosion eller skador. Om någon av dessa komponenter måste åtgärdas, se avsnitt 10.
10 Om nya bromsklossar ska monteras måste okets kolv tryckas in i cylindern för att ge plats åt dem. Notera först inställningsmärkena på kolven och bromsoket – skåran i kolven måste vara i linje med den upphöjdas knopp på bromsoket. Opel-tekniker använder ett speciellt verktyg som griper in i utskärningarna i kolven, och ett liknande verktyg kan erhållas från en butik för biltillbehör **(se bilder)**. Alternativt kan en G-tving eller ett liknande verktyg användas, men tänk på att kolven måste vridas runt när den trycks in i

sitt lopp. Förutsatt att huvudcylinderns behållare inte har fyllts med för mycket hydraulvätska ska det inte förekomma något spill, men var uppmärksam på vätskenivån när du drar tillbaka kolven. Om vätskenivån någon gång stiger över MAX-nivålinjen ska överskottet sifoneras bort eller skjutas ut genom ett plaströr som ansluts till luftningsskruven.

> **HAYNES TiPS** *Det har förekommit tillfällen där skador uppstått på huvudcylindertätningarna när kolven trycktes tillbaka in i bromsoket, och vi rekommenderar därför att en slangklämma monteras på bromsslangen som leder till bromsoket och hydraulvätska som sipprar ut genom luftningsnippeln. Att använda denna metod avlägsnar också eventuell förbrukad hydraulvätska som samlats nära bromsoket.*

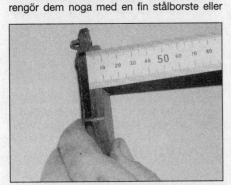

5.7 Använd en stållinjal och mät tjockleken på bromsklossarnas friktionsbelägg

5.10a Utskärningen i kolven måste vara mitt för det upphöjda stiftet på bromsoket

11 Vrid på kolven tills märket är i linje med stiftet på bromsoket.
12 Vrid bromsoket uppåt. Placera sedan de nya klossarna i fästet. Kontrollera samtidigt att friktionsmaterialet vetter åt skivan, och att slitageljudgivaren sitter på den inre klossen **(se bild)**.
13 Vrid ner bromsoket och kontrollera att klossarna sitter korrekt. Använd en stålborste för att rengöra gängorna på bromsokets nedre fästbult, applicera sedan litet låsvätska på gängorna och sätt i bulten **(se bild)**. Dra åt bulten till angivet moment samtidigt som du håller fast styrbulten med ytterligare en skruvnyckel.

5.10b Tvinga in kolven i bromsoket med specialverktyget

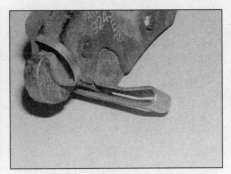

5.12 Slitageljudgivaren sitter på den inre bromsklossen

5.13 Stryk på låsvätska på gängorna på bromsokets fästbult före återmonteringen

6.3 Kontrollera bakbromsbeläggets friktionsmaterial efter tecken på slitage

14 Montera tillbaka handbromsvajern till stödfästbygeln och fäst den med fästklämman.
15 Tryck ner handbromsspaken och återanslut vajeränden till den.
16 Trampa ner bromspedalen flera gånger för att uppnå normal pedalkänsla.
17 Upprepa ovanstående procedur med det andra bakre bromsoket.
18 Justera handbromsvajern enligt beskrivningen i avsnitt 16.
19 Montera tillbaka hjulen, sänk ner bilen och dra åt hjulbultarna till angivet moment.
20 Kontrollera hydrauloljenivån enligt beskrivningen i *Veckokontroller.*
Varning: Nya bromsklossar ger inte full bromseffekt förrän de har körts in. Var beredd på detta och undvik hårda inbromsningar i möjligaste mån i ungefär 160 km efter att bromsklossarna bytts ut.

6.7 Ta bort fästfjädern, följt av spaken och returfjädern (markerad med pil)

6.9a Ta bort fjädersätet med en tång ...

6.5 Innan du börjar arbeta med bromsbackarna, observera hur alla delar är monterade. Var särskilt noga med justerstagets delar

6 Bakre bromsbackar – byte

⚠️ *Varning: Bromsbackar måste bytas ut på båda bakhjulen samtidigt – byt aldrig bromsbackar bara på ena hjulet eftersom det kan ge ojämn bromsverkan. Notera att dammet från bromsklossarnas slitage kan innehålla asbest vilket är hälsovådligt. Blås aldrig bort dammet med tryckluft och andas inte in det. En godkänd skyddsmask bör bäras vid arbete med bromsarna. ANVÄND INTE bensin eller bensinbaserade lösningsmedel för att rengöra bromskomponenter. använd endast bromsrengöringsmedel eller T-sprit.*
1 Ta bort den bakre bromstrum enligt beskrivningen i avsnitt 8.
2 Vidta åtgärder för att undvika att andas in damm och ta sedan bort dammet från bromstrumman, bromsbackarna och bromsskölden.
3 Mät beläggens tjocklek på flera punkter på varje bromsback. Om någon av bromsbackarna på någon punkt är sliten ner till eller under angiven minimitjocklek måste **alla fyra** backarna bytas ut samtidigt **(se bild)**. Backarna bör också bytas ut om de har förorenats av olja eller fett, eftersom det inte finns något tillfredsställande sätt att avfetta friktionsmaterialet.
4 Om någon av backarna är ojämnt sliten

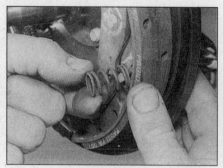

6.9b ... lyft sedan av fjädern och fäststiftet

6.6 Haka av den övre returfjädern, och ta bort den från bromsbackarna

eller förorenad med olja eller fett ska orsaken spåras och åtgärdas innan ihopsättningen.
5 Notera alla delars placering och riktning inför återmonteringen innan du tar bort dem **(se bild)**.
6 Använd en tång och haka försiktigt loss den övre bromsbackens returfjäder och ta bort den från bromsbackarna **(se bild)**.
7 Bänd loss justerarmens spärrfjäder från främre bromsbacken och ta bort spärrfjädern, armen och returfjädern från bromsbacken. Observera varje dels monteringsläge **(se bild)**.
8 Bänd isär bromsbackarnas övre ändar och ta bort justerstaget mellan backarna.
9 Ta bort fjädersäten med en tång genom att trycka ihop dem och vrida dem 90°. När fjädersätet är borttaget lyfter du av fjäder och tar ut fästsprinten **(se bilder)**.
10 Lossa den främre bromsbacken från den nedre returfjädern och ta bort både bromsbacken och returfjädern.
11 Ta bort fjädersätet från den bakre bromsbacken, fjäder och fäststift enligt beskrivningen i avsnitt 9, ta sedan bort bromsbacken genom att lossa den från handbromsvajern.
12 Trampa inte ner bromspedalen när beläggen är borttagna. Som en försiktighetsåtgärd, fäst ett hållbart elastiskt band eller plastbuntband runt hjulcylinderkolvarna för att hålla dem på plats **(se bild)**.
13 Var noga med att inte förväxla bromsenheterna om båda enheterna demonteras samtidigt. Observera att de vänstra och högra justerare är markerade: den

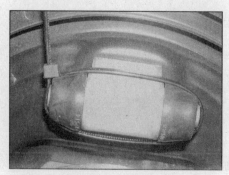

6.12 Buntband av plast som håller fast hjulcylinderns kolvar

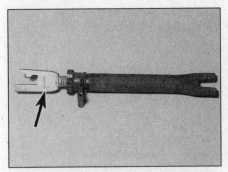

6.13 Den vänstra justerstagsenheten är markerad med L (markerad med pil)

6.16 Man kan behöva överföra justerarmens svängtapp och klämma (se pil) från originalbromsbackarna till de nya backarna

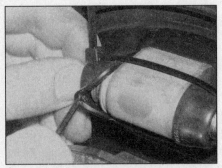

6.17 Sökning efter hydraulvätskeläckage från hjulcylindern

gängade stången är märkt med L eller R, och de andra komponenterna som har specifika höger- eller vänstersidor är färgkodade med svart för vänstersidan och med silver för högersidan (se bild).

14 Ta isär och rengör justerstaget. Applicera litet silikonbaserat fett på justerarens gängor.

15 Undersök returfjädrarna. Om de är förvridna, eller om de har använts länge, rekommenderar vi att du byter dem. Svaga fjädrar kan få bromsarna att skära.

16 Om en ny manöverarm till handbromsen inte följde med de nya beläggen (om tillämpligt), använd armen från de gamla beläggen. Armen kan vara fäst med ett stift och en låsring, eller med en nit, som måste borras ut. Man kan behöva överföra justerarmens svängtapp och klämma från originalbromsbackarna till de nya backarna (se bild).

17 Dra tillbaka damaskerna och kontrollera om hjulcylindern läcker olja eller är skadad

6.18 Stryk på lite antikärvmedel på bromsbackens kontaktytor mot bromsskölden

på annat sätt (se bild). Kontrollera att båda cylinderkolvarna är lättrörliga. Se vid behov avsnitt 11 för information om renovering av hjulcylinder.

18 Rengör stödplattan noggrant före

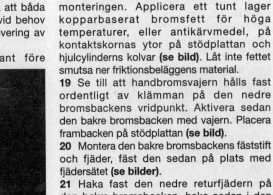

6.19 Haka i bakre bromsbacken i handbromsvajern och placera bromsbacken på bromsskölden

monteringen. Applicera ett tunt lager kopparbaserat bromsfett för höga temperaturer, eller antikärvmedel, på kontaktskornas ytor på stödplattan och hjulcylinderns kolvar (se bild). Låt inte fettet smutsa ner friktionsbeläggens material.

19 Se till att handbromsvajern hålls fast ordentligt av klämman på den nedre bromsbackens vridpunkt. Aktivera sedan den bakre bromsbacken med vajern. Placera frambacken på stödplattan (se bild).

20 Montera den bakre bromsbackens fäststift och fjäder, fäst den sedan på plats med fjädersätet (se bilder).

21 Haka fast den nedre returfjädern på den bakre bromsbacken, haka sedan i den främre bromsbacken i returfjädern. Placera frambacken på stödplattan, och fäst den på plats med fäststiftet, fjädern och fjädersätet (se bilder).

6.20a Montera den bakre bromsbackens fästsprint. . .

6.20b . . . och fjädern . . .

6.20c . . . fäst sedan med fjädersätet

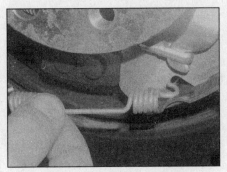

6.21a Montera den nedre returfjädern . . .

6.21b . . . säkra sedan den främre bromsbacken med fäststiftet. . .

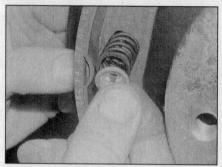

6.21c ... följt av fjädern och fjädersätet

6.22 Skruva i justerstaget tills det är så kort som möjligt

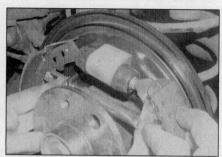

6.23 Montera justerstaget mellan bromsbackarna och se till att den längre gaffeln sitter på baksidan av bromsbacken

22 Skruva fast justerbenet helt på gaffeländen av justeraren så att justerbenet ställs in på kortast möjliga längd. Vrid hjulet bakåt ett halvt varv och kontrollera att det roterar lätt (se bild).
23 Sätt justerstagsenheten på plats mellan bromsbackarna. Kontrollera att benets båda ändar hakar i beläggen som de ska, observera att benets förgrenade ände måste vara placerade så att dess längre, raka del sitter bakom belägget (se bild).
24 Sätt ihop justerarmens platta med den främre bromsbacken och hakstaget och placera plattan på svängtappen. Kontrollera att plattan är korrekt placerad och säkrad på plats med fästfjädern, säkerställ att fjäderns ändar är säkrade i fäststiftet och dess sko (se bilder).
25 Ta bort gummibandet eller buntbandet från hjulcylindern. Kontrollera att båda beläggen är korrekt placerade på hjulcylinderns kolvar

och montera sedan den övre returfjädern (se bilder).
26 Montera spännfjädern på justerarmens platta och den ledande bromsbacken (se bild).
27 Se till att stoppstiftet till handbromsens manöverarm sitter korrekt mot bromsbackens kant, montera sedan tillbaka bromstrumman enligt beskrivningen i avsnitt 8.
28 Upprepa proceduren med den sista bromsen.
29 När båda uppsättningarna av bakre bromsbackar har bytts, se till att handbromsen är helt släppt, justera avståndet mellan belägg och trumma genom att trycka ner bromspedalen minst 2025 gånger. Låt en medhjälpare lyssna på de bakre trummorna medan pedalen trycks ner för att kontrollera att justerarbetet fungerar korrekt; om så är fallet hörs ett klickljud från benet när pedalen trycks ner.

30 Kontrollera och justera vid behov handbromsen enligt beskrivning i avsnitt 16.
31 Avsluta med att kontrollera bromsoljenivån enligt beskrivning i Veckokontroller.
Varning: Nya backar ger inte omedelbart full effekt förrän de "bäddats in". Var beredd på detta och försök undvika hårda inbromsningar under ca 150 kilometer efter bytet.

7 Bromsskiva – kontroll, demontering och montering

Varning: Se varningen i början av avsnitt 4 eller 5 beträffande riskerna med asbestdamm innan arbetet påbörjas. Om någon av skivorna behöver bytas bör du byta BÅDA samtidigt tillsammans med klossarna för att undvika ojämn bromsverkan.

Kontroll

1 Ta bort navkapseln, och lossa hjulbultarna. Om du kontrollerar en framskiva, dra åt handbromsen. Om du kontrollerar en bakskiva, lyft upp framvagnen och ställ den på pallbockar (se Lyftning och stödpunkter). Ta bort hjulet.
2 Kontrollera att bromsskivans fästskruv är ordentligt åtdragen. Montera sedan distansbrickor som är ungefär 10,0 mm tjocka på hjulbultarna och dra åt dem i navet (se bild).
3 Vrid bromsskivan och kontrollera att den inte har djupa repor eller spår. Lätta repor

6.24 Montera justerarmens platta ...

6.24b ... och fäst med fästfjädern

6.25a Haka i den övre returfjäderns bakända i den släpande bromsbacken ...

6.25b ... dra sedan över fjäderns framände på den ledande bromsbacken

6.26 Monterar justerarmens spännfjäder

7.2 Dra åt hjulbultarna på distansbrickorna innan du kontrollerar om bromsskivan är sliten

7.3 Mät skivans tjocklek med en mikrometer

7.4 Kontrollera skivans kast med hjälp av en mätklocka

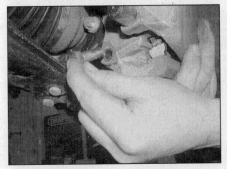

7.10a Skruva loss fästbultarna . . .

7.10b . . . och ta bort det främre bromsoket, tillsammans med klossarna och fästet

7.11a Ta bort fästskruven . . .

är normalt, men om de är för djupa måste skivan tas bort och antingen bytas ut eller renoveras (inom angivna gränsvärden) hos en specialistverkstad. Mät skivans tjocklek med en mikrometer. Minimumtjockleken är stämplad på den bakre skivans ytter yta **(se bild)**.

4 Använd en mätklocka eller en plan metallkloss och bladmått för att kontrollera att skivans kast inte överstiger det värde som anges i Specifikationer **(se bild)**. Mät kastet 10,0 mm in från skivans ytterkant.

5 Om den bakre skivans kast är för stort, kontrollera bakhjulets lagerinställning, enligt beskrivningen i kapitel 10.

6 Om den främre skivan har stort kast, ta bort skivan enligt beskrivningen nedan och kontrollera att skivans och navets anliggningsytor är helt rena. Montera tillbaka skivan och kontrollera kast igen.

7 Om kastet är för stort, byt skiva.

8 Ta bort en skiva på följande sätt.

Främre skiva

Demontering

9 Ta bort hjulbultarna och distansbrickorna som användes när skivan kontrollerades.

10 Skruva loss och ta bort det främre bromsoket tillsammans med klossarna och fästbygeln och fäst dem på ena sidan **(se bilder)**. På 1,8-liters modeller med ABS, och alla 2,0- och 2,2-liters modeller, ta bort fästet enligt beskrivningen i avsnitt 9, och även bromsslangen från fästet på benet.

11 Ta bort fästskruven och ta bort skivan från navet **(se bilder)**.

Montering

12 Monteringen utförs i omvänd ordningsföljd mot demonteringen, men kontrollera att

anliggningsytorna på skivan och navet är absolut rena. Applicera lite låsvätska i gängorna på fästskruven.

13 Montera tillbaka skivklossarna enligt beskrivningen i avsnitt 4.

Bakre skiva

Demontering

14 Ta bort hjulbultarna och distansbrickorna som användes när skivan kontrollerades.

15 Ta bort de bakre bromsklossarna, enligt beskrivningen i avsnitt 5, dra sedan av bromsoket från det övre vridlagret. Flytta bromsoket åt sidan och häng upp den med vajer eller snöre för att undvika att belasta röret.

16 Skruva loss bromsokets fäste från länkarmen.

17 Skruva loss fästskruven och ta bort skivan från navet **(se bilder)**.

7.11b . . . och ta bort den främre bromsskivan

7.17a Ta bort fästskruven . . .

7.17b . . . och ta bort den bakre bromsskivan

8.3a Skruva loss skruvar. . .

8.3b . . . och ta bort bromstrumman

Montering

18 Monteringen utförs i omvänd ordningsföljd mot demonteringen, men kontrollera att anliggningsytorna på skivan och navet är absolut rena. Applicera lite låsvätska i gängorna på fästskruven. Montera bromsokfästbygeln och dra åt bultarna till angivet moment. Rengör bromsokets övre sprint och applicera sedan silikonsmörjmedel på den. Skjut in bromsoket i dess övre vridlager och återmontera bromsbackarna enligt beskrivningen i avsnitt 5.

8 Bakre bromstrumma – demontering, kontroll och återmontering

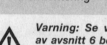

⚠ **Varning: Se varningen i början av avsnitt 6 beträffande riskerna med asbestdamm innan arbetet påbörjas.**

Demontering

1 Ta bort navkapseln (i förekommande fall), lossa bakhjulsbultarna och klossa framhjulen. Lyft upp bakvagnen med hjälp av en domkraft och stötta upp den på pallbockar under karossens sidobalkar (se *Lyftning och stödpunkter*). Ta bort hjulet.
2 Lossa handbromsen helt.
3 Ta loss trummans fästskruv och ta bort trumman **(se bilder)**. Om trumman sitter hårt tar du bort pluggen från inspektionshålet i bromsskölden och trycker bort handbromsens

9.5 Typ av navhållare som inkluderar integrerad fästbygel för bromsoket.

utstyrningsarm från bromsbeläggen för att beläggen ska kunna röra sig bort från trummorna. Om det behövs, lossa handbromsvajerjusteraren på spaken (se avsnitt 16).

Kontroll

4 Borsta ren trumman från damm och smuts. Var noga med att inte andas in dammet.
5 Undersök trummans inre friktionsytor. Om de är djupt repade eller så slitna att trumman har räfflats efter bromsbackarnas bredd, måste båda trummorna bytas ut.
6 Det kan vara möjligt att slipa om friktionsytan, förutsatt att den maximala diameter som anges i specifikationerna inte överskrids, men tänk på att de bakre trummorna ska slipas om till samma diameter.

Montering

7 Innan du återmonterar trumman, se till att handbromsens styrarm återgår till normalläget på bromsbacken.
8 Montera bromstrumman och dra åt fästskruven. Backa vid behov justerhjulet på benet tills trumman går över beläggen.
9 Justera bromsarna genom att trycka ner fotbromsen ett antal gånger. Ett klickande ljud hörs vid trumman när den automatiska justeraren arbetar. När klickandet upphör är justeringen klar.
10 Montera tillbaka hjulet och sänk ner bilen.

9 Främre bromsok – demontering, renovering och återmontering

⚠ **Varning: Innan arbetet påbörjas, läs varningen i början av avsnitt 2 angående farorna med hydraulolja, och varningen i början av avsnitt 4 angående farorna med asbestdamm.**

Demontering

1 Dra åt handbromsen. Lyft sedan upp framvagnen och ställ den på pallbockar (se *Lyftning och stödpunkter*). Ta bort hjulet.
2 Minimera eventuellt oljespill genom att skruva bort huvudcylinderbehållarens lock

och sedan skruva på det igen över en bit plastfolie, så att det blir lufttätt. Alternativt, använd en bromsslangklämma, G-tving eller ett liknande verktyg för att klämma ihop den böjliga slangen som leder till bromsoket.
3 Rengör området runt bromsokets bromsslanganslutning. Skruva loss och ta bort anslutningsbulten och lossa tätningsbrickan från vardera sidan av slanganslutningen. Kassera brickorna; du måste sätta dit nya vid monteringen. Plugga igen slangänden och bromsokshålet för att minimera vätskeförlusten och förhindra att det kommer in smuts i hydraulsystemet.
4 Ta bort bromsklossarna enligt beskrivningen i avsnitt 4, ta sedan bort bromsoket från bilen.
5 Om det behövs, på 1,8-liters modeller med ABS, och alla 2,0- och 2,2-liters modeller, skruva loss bromsoksfästet från navhållaren. På alla andra modeller är fästbygeln inbyggd i navhållarens hölje **(se bild)**.

Renovering

Observera: *Kontrollera om det går att få tag på några reservdelar innan du renoverar bromsoket.*
6 Med bromsoket på bänken, torka det rent med en ren trasa.
7 Dra ut kolven ur oket och ta bort kolvens dammskydd. Om kolven inte kan dras ut för hand kan den tryckas ut med hjälp av tryckluft som kopplas till bromsslangens anslutningshål. Det ska endast behövas lågt tryck, som t.ex. genereras av en fotpump. Passa för säkerhets skull in en träbit för att förhindra skador på kolven.
8 Använd en liten skruvmejsel, ta försiktigt bort kolvtätningen från bromsoket och var försiktig så att inte loppet skadas **(se bild)**.
9 Tryck styrbussningarna ut ur bromsoket.
10 Rengör alla komponenter noga, använd endast T-sprit eller ren bromsvätska som tvättmedel. Använd aldrig mineralbaserade lösningsmedel som bensin eller fotogen, eftersom de kommer att angripa hydraulsystemets gummikomponenter. Torka omedelbart av delarna med tryckluft eller en ren, luddfri trasa. Använd tryckluft om du har tillgång till det för att blåsa rent i vätskepassagerna.

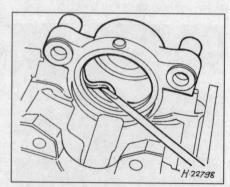

9.8 Ta bort kolvtätningen från bromsoket

Varning: Bär skyddsglasögon vid arbete med tryckluft.

11 Kontrollera alla komponenter och byt ut de som är slitna eller skadade. Om kolven och/eller cylinderloppet har repats för mycket ska hela bromsokskroppen bytas. Kontrollera även skicket på styrningsbussningar och bultar, båda bussningarna och bultarna ska vara oskadda och (efter rengöring) ha en tillräckligt bra skjutpassning. Om det råder minsta tvekan om en komponents skick ska den bytas.

12 Beställ nödvändiga komponenter från din Opelförsäljare om bromsoket kan fortsätta att användas. Byt alltid bromsokstätningarna och dammkåporna, de ska aldrig återanvändas.

13 Vid ihopsättningen ska alla delar vara rena och torra.

14 Doppa kolven och den nya kolvtätningen i ren hydraulvätska. Applicera ren vätska på cylinderloppets ytor.

15 Placera den nya tätningen i spåret i cylinderloppet, använd endast fingrarna för att sätta den på plats.

16 Montera den nya dammtätningen på kolven, sätt i kolven i cylinderloppet med en skruvande rörelse för att säkerställa att den passar in i tätningen ordentligt. Se till att kolven går rakt in i loppet. Passa in dammtätningen i karosspåret och tryck in kolven helt i bromsoksspåret.

17 Sätt i styrbussningarna på plats i bromsoket.

Montering

18 På 1,8-liters modeller med ABS, och alla 2,0- och 2,2-liters modeller, placera bromsoksfästet på navhållaren, sätt sedan i bultarna och dra åt dem (med låsvätska på gängorna) till angivet moment.

19 Montera tillbaka bromsklossarna enligt beskrivningen i avsnitt 4 tillsammans med bromsoket så på det här stadiet inte har slangen ansluten.

20 Placera en ny tätningsbricka av koppar på båda sidor om slanganslutningen, och anslut bromsslangen till bromsoket. Säkerställ att slangen har placerats korrekt mot tappen på bromsokets kropp, sätt sedan i anslutningsbulten och dra åt den till angivet moment.

21 Ta bort bromsslangklämman eller plastfolien, i förekommande fall, och lufta

10.11a Applicera låsmedel på gängorna . . .

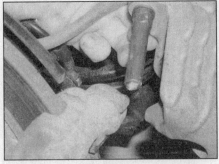

10.6 Ta bort det bakre bromsoket från fästet

hydraulsystemet enligt beskrivningen i avsnitt 2. Observera att om angivna åtgärder vidtogs för att förhindra förlust av bromsvätska behöver man bara lufta den relevanta frambromsen.

22 Montera tillbaka hjulet, sänk ner bilen och dra åt hjulbultarna till angivet moment.

10 Bakre bromsok – demontering, renovering och återmontering

Varning: Läs varningen i början av avsnitt 2 angående farorna med hydraulolja, och varningen i början av avsnitt 5 angående farorna med asbestdamm innan arbetet påbörjas.

Demontering

1 Klossa framhjulen, lyft upp bakvagnen med hjälp av en domkraft och stötta upp den på pallbockar (se *Lyftning och stödpunkter*). Demontera bakhjulen.

2 Lossa handbromsspaken helt och för sedan tillbaka justeringsmuttern så att handbromsvajern blir slak.

3 Använd en skruvmejsel för att trycka ner handbromsspaken på det bakre bromsokets baksida. Koppla sedan loss den inre vajern. Lossa den yttre kabeln från stödfästbygeln genom att först ta bort fästklämman.

4 Minimera eventuellt oljespill genom att skruva bort huvudcylinderbehållarens lock och sedan skruva på det igen över en bit plastfolie, så att det blir lufttätt. Alternativt, använd en bromsslangklämma, G-tving eller

10.11b . . . innan bakre bromsokets fästbultar monteras och dras åt

10.7 Ta bort bromsokets bakre fäste

ett liknande verktyg för att klämma ihop den böjliga slangen som leder till bromsoket.

5 Rengör området runt bromsokets bromsslanganslutning. Skruva loss och ta bort anslutningsbulten och lossa tätningsbrickan från vardera sidan av slanganslutningen. Kassera brickorna; du måste sätta dit nya vid monteringen. Plugga igen slangänden och bromsokshålet för att minimera vätskeförlusten och förhindra att det kommer in smuts i hydraulsystemet.

6 Ta bort bromsklossarna, enligt beskrivningen i avsnitt 5, dra sedan av bromsoket från det övre vridlagret (se bild).

7 Om det behövs, skruva loss bromsoksfästet från länkarmen (se bild).

Renovering

8 Kontrollera om det går att få tag på några reservdelar innan du renoverar bromsoket. Metoden påminner om den som anges i avsnitt 9 för det främre bromsoket.

9 Ta bort bromsokets nedre styrsprint från fästet och rengör den. Kontrollera om sprinten är mycket sliten och byt ut den vid behov. Smörj på lite silikon på styrningsstiftets inre och yttre ytor och sätt sedan tillbaka det.

10 Om bromsoket innehåller en dämpande vikt/dämpare, lossa fjädern och skruva loss handbromsvajerns fästbygel. Flytta delarna till det nya bromsoket och dra åt bulten till angivet moment. Bultens gängor ska vara insmorda med låsvätska.

Montering

11 Om den har tagits bort, montera tillbaka bromsoksfästet på länkarmen. Applicera gänglåsning på fästbultarnas gängor, montera sedan bultarna och dra åt dem till angivet moment (se bilder).

12 Rengör bromsokets övre spindelbult och applicera silikonfett på den. Skjut in bromsoket i dess övre styrlager och återmontera bromsbackarna enligt beskrivningen i avsnitt 5.

13 Placera en ny tätningsbricka av koppar på båda sidor om slanganslutningen, och anslut bromsslangen till bromsoket. Se till att slangen är korrekt placerad, sätt i anslutningsbulten och dra åt den till angivet moment.

14 Ta bort bromsslangklämman eller plastfolien, i förekommande fall, och lufta hydraulsystemet enligt beskrivningen i avsnitt 2. Observera att om angivna åtgärder vidtogs för att förhindra förlust av bromsvätska behöver man bara lufta den relevanta bakbromsen.

15 Montera tillbaka handbromsvajern till stödfästbygeln och fäst den med fästklämman.

16 Tryck ner handbromsspaken och återanslut vajeränden till den.

17 Trampa ner bromspedalen flera gånger för att säkerställa att bromsklossarna är i sina normala positioner.

18 Justera handbromsvajern enligt beskrivningen i avsnitt 16, montera sedan tillbaka spakdamasken.

19 Montera tillbaka hjulen, sänk ner bilen och dra åt hjulbultarna till angivet moment.

20 Kontrollera hydrauloljenivån enligt beskrivningen i *Veckokontroller*.

21 Montera tillbaka hjulet, sänk ner bilen och dra åt hjulbultarna till angivet moment.

11 Bakhjulscylinder – demontering, renovering och återmontering

⚠️ **Varning: Läs varningen i början av avsnitt 2 angående farorna med hydraulolja, och varningen i början av avsnitt 6 angående farorna med asbestdamm innan arbetet påbörjas.**
Observera: *Kontrollera att en reservsats gummitätningar finns tillgänglig.*

Demontering

1 Demontera bromstrumman (se avsnitt 8).

2 Minimera eventuellt oljespill genom att skruva bort huvudcylinderbehållarens lock och sedan skruva på det igen över en bit plastfolie, så att det blir lufttätt. Alternativt, använd en bromsslangklämma, G-klammer eller liknande och kläm ihop slangen så nära hjulcylindern som praktiskt möjligt.

3 Haka försiktigt av övre returfjädern från

bägge backarna. Dra undan övre ändarna av backarna från cylindern så att de lossar från kolvarna.

4 Torka bort all smuts kring bromsrörsanslutningen på hjulcylinderns baksida, och skruva ur muttern. Lirka ut röret ur hjulcylindern och plugga eller tejpa över änden för att förhindra smutsintrång. Torka omedelbart upp spillet.

5 Skruva loss fästbulten från fästplattans baksida och ta bort cylindern, var noga med att inte låta överflödig hydraulolja förorena bromsbackarnas belägg.

Renovering

6 Borsta bort smuts och damm från hjulcylindern, var noga med att inte andas in dammet.

7 Dra loss dammskydden från cylinderns ändar **(se bild)**.

8 Kolvarna trycks vanligen ut av spiralfjäderns tryck om inte, knacka på cylinderns ände med en träbit, eller lägg på svag tryckluft från en fotpump i hydraulanslutningen för att trycka ut kolvarna ur loppen.

9 Inspektera ytorna på kolvarna och i loppen, leta efter repor eller spår av direkt metallkontakt. Vid tydliga tecken, byt ut hela hjulcylinderenheten.

10 Om kolvarna och loppen är i bra skick, kassera tätningarna och skaffa en reparationssats som innehåller alla nödvändiga utbytesdelar.

11 Smörj kolvtätningarna med ren bromsvätska och sätt in dem i cylinderloppen med fjädern emellan. Använd endast handkraft.

12 Doppa kolvarna i ren bromsvätska och sätt in dem i cylinderloppen.

13 Montera nya dammtätningar och kontrollera att kolvarna kan röra sig fritt i sina lopp.

Montering

14 Kontrollera att bromsskölderns och

hjulcylinderns kontaktytor är rena, sära på bromsbackarna och för hjulcylindern i läge.

15 För in bromsröret och skruva in anslutningsmuttern två eller tre varv så att den säkert börjat ta gäng.

16 Skruva i två hjulcylinderbulten och dra dem till angivet moment. Dra nu åt bromsrörets anslutningsmutter till angivet moment.

17 Ta bort klämman från bromsslangen eller plasten från huvudcylinderns behållare (i förekommande fall).

18 Kontrollera att bromsbackarna är korrekt placerade i kolvarna och montera övre returfjädern.

19 Montera tillbaka bromstrumman enligt beskrivningen i avsnitt 8.

20 Lufta bromshydraulsystemet enligt beskrivningen i avsnitt 2. Om angivna åtgärder vidtogs för att förhindra förlust av bromsvätska behöver man bara lufta den relevanta bakbromsen.

21 Justera handbromsvajern enligt beskrivningen i avsnitt 16, montera sedan tillbaka spakdamasken.

12 Huvudcylinder – demontering, renovering och återmontering

⚠️ **Varning: Se varningen i början av avsnitt 2 angående farorna med hydraulolja, innan arbetet påbörjas.**

Demontering

1 Avlägsna det vakuum som finns i bromsservoenheten genom att trampa ner bromspedalen upprepade gånger. På Zafiramodeller, ta bort vattenavskiljaren av plast från motorrummets baksida.

2 Ta bort huvudcylinderbehållarens lock. Sifonera ut hydraulvätskan från behållaren **(se bild)**. Du kan också öppna en lämplig

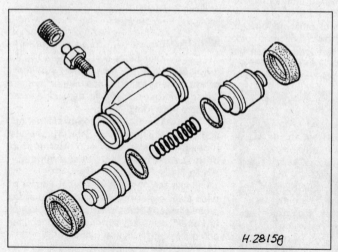

11.7 Sprängskiss av bakbromshjulcylindern

12.2 Bromshuvudcylinder och vätskebehållare (Zafira)

luftningsskruv i systemet och försiktigt pumpa bromspedalen för att få ut vätskan genom ett plaströr som har anslutits till luftningsskruven (se avsnitt 2).

 Varning: Sug inte med munnen, vätskan är giftig; använd en bollspruta.

3 Koppla loss kontaktdonet från bromsvätskenivågivarenheten och lossa kablaget från behållarens ovansida.
4 Lägg trasor under huvudcylindern, skruva sedan loss anslutningsmuttrarna och koppla loss hydraulvätskeledningarna. Dra försiktigt tillbaka ledningarna så att de precis går fria från huvudcylindern. Identifiera ledningarna för att säkerställa korrekt återmontering.
5 På modeller med automatisk växellåda, lossa kopplingens hydraulvätskeledning från behållaren. Plugga igen ledningsänden.
6 Skruva loss fästmuttrarna och ta bort huvudcylindern från vakuumservons framsida. Ta loss tätningen. Var försiktig så att du inte spiller vätska på bilens lack.
7 Använd en skruvmejsel och bänd försiktigt ut behållarens hållbygel. Bänd sedan bort behållaren från huvudcylinderns överdel. Bänd ut de två tätningar från huvudcylinderöppningen.

Renovering

8 I skrivande stund går det inte att renovera huvudcylindern eftersom det inte finns några reservdelar.
9 De enda delar som kan erhållas separat är vätskebehållaren, dess tätningsfästen, påfyllningslocket och tätningsfästet till huvudcylindern.
10 Om huvudcylindern är mycket sliten, måste den bytas.

Montering

11 Se till att anliggningsytorna är rena och torra och sätt dit den nya tätningen huvudcylinderns bakre del.
12 Montera huvudcylindern på servon, se till att servons tryckstång går in centralt i huvudcylinderns kolv. Montera fästmuttrarna och dra åt dem till angivet moment.
13 Montera tillbaka bromsledningarna och dra åt anslutningsmuttrarna ordentligt.
14 Applicera lite bromsvätska på gummitätningarna och placera dem i huvudcylinderns överdel. Tryck sedan vätskebehållaren hårt mot tätningarna.
15 På modeller med manuell växellåda, återanslut kopplingens hydraulrör och dra åt klämman.
16 Återanslut kontaktdonet till sändarenheten för bromsoljenivån och montera kablaget i klämmorna ovanpå behållaren.
17 Fyll på behållaren med ny hydraulvätska till MAX-markeringen (se *Veckokontroller*).
18 Lufta hydraulsystemet enligt beskrivningen i avsnitt 2 och sätt tillbaka påfyllningslocket. Kontrollera noggrant broms- och kopplingssystemets funktion innan bilens körs på allmän väg.

13 Bromspedal – demontering och montering

Demontering

1 Lossa batteriets jordledning (minuspolen) och placera den på avstånd från polen.
2 Demontera instrumentbrädan enligt beskrivningen i kapitel 12.
3 Skruva loss sidomuttrarna som håller fast pedalstödet mot styrningens tvärbalk.
4 Skruva loss skruvarna och ta bort sidopanelerna från förarens fotutrymme.
5 Vrid hållarna och ta bort instrumentbrädans nedre paneler så att du kommer åt bromsljuskontakten. Ta bort fotutrymmets luftkanal, koppla sedan loss kablaget från brytaren. Vrid brytaren och ta bort den från pedalbygeln.
6 Lossa kabelstammen från säkringsdosan.
7 Haka loss och ta bort bromspedalbrytarens returfjäder.
8 Använd en skruvmejsel och bänd upp spännbrickan. Ta bort stiftet som förbinder servons stötstång med pedalen. Ta loss brickan.
9 Skruva loss muttrarna som håller fast vakuumservon på pedalfästet, och ta bort fästet tillsammans med pedalen. Det finns litet arbetsutrymme för att utföra detta; lossa först fästbygeln från pinnbultarna på styrningens tvärbalk, luta den sedan uppåt och vrid den så smycket som behövs för att ta bort den. Var försiktig så att du inte skadar kabelstammen och närliggande komponenter.
10 Observera hur pedalen sitter, skruva sedan loss muttrarna och ta ut styraxeln. Ta loss pedalen, bussningar och returfjäder.
11 Undersök pedalen beträffande tecken på slitage eller skador, kontrollera särskilt styrbussningarna, och byt slitna komponenter.

Montering

12 Applicera lite flerfunktionsfett på lagerytorna på pedalen, styrtappen och bussningarna. Montera pedalen och komponenterna på fästbygeln och sätt sedan tillbaka muttrarna och dra åt dem ordentligt.
13 Placera försiktigt pedalen och fästet på mellanvaggen och på vakuumservons pinnbultar. Sätt tillbaka muttrarna och dra åt den till angivet moment.
14 Montera tillbaka vakuumservons stötstång på bromspedalen. Sätt sedan i stiftet och brickan och håll fast dem med plattan.
15 Montera tillbaka bromspedalbrytarens returfjäder.
16 Återanslut kabelstammen säkringsdosan.
17 Innan bromsljusbrytaren monteras på pedalbygeln, tryck först in aktiveringsstiftet helt i brytaren. Sätt in brytaren i fästbygeln och vrid den för att spärra. Återanslut kabeln till kontakten. Tryck ner pedalen och dra ut aktiveringssprinten från brytaren. Släpp nu pedalen så justeras stiftet till rätt läge.

18 Montera tillbaka sidopanelerna i förarsidans fotutrymme.
19 Montera tillbaka och dra åt sidomuttrarna som håller fast pedalstödet mot styrningens tvärbalk.
20 Montera tillbaka instrumentbrädan enligt beskrivningen i kapitel 12.
21 Återanslut batteriets minusledning (jord).
22 Kontrollera funktionen hos bromspedalen och bromsljusets brytare innan bilen körs på vägen.

14 Vakuumservoenheten – kontroll, demontering och montering

Kontroll

1 Testa servoenhetens funktion med motorn frånslagen genom att trampa ner fotbromsen flera gånger för att tömma vakuumet. Starta nu motorn och håll fortfarande pedalen ordentligt nedtryckt. När motorn startar ska pedalen ge efter märkbart medan vakuumet byggs upp. Låt motorn gå i minst två minuter och stäng sedan av den. Om bromspedalen nu trycks ner ska den kännas normal men vid ytterligare nedtryckningar ska den kännas fastare. Pedalvägen ska bli allt kortare för varje nedtryckning.
2 Om servon inte fungerar enligt ovan, kontrollera först servons backventil enligt beskrivningen i avsnitt 15.
3 Om servon fortfarande inte fungerar som den ska finns felet i själva servoenheten. Det går inte att reparera enheten – om den är felaktig måste den bytas.

Demontering

Högerstyrda modeller

4 På modeller med luftkonditionering, töm ur kylmediet ur systemet. Detta är nödvändigt för att man senare ska kunna lossa kylmedieslangarna.

 Varning: Låt en Opel-verkstad eller specialist med rätt utrustning tömma ut luftkonditioneringens kylmedium.

5 Ta bort luftrenarhuset och inloppskanalen enligt beskrivningen i kapitel 4A.
6 Demontera torkarmotorn enligt beskrivningen i kapitel 12.
7 Ta bort generatorn enligt beskrivningen i kapitel 5A.
8 Skruva loss generatorns fästbygel från insugsgrenröret och topplocket.
9 Ta bort bromshuvudcylindern enligt beskrivningen i avsnitt 12.
10 Lossa vakuumledningen från vakuumservoenheten, eller ta bort backventilen från enheten.
11 På modeller med luftkonditionering, skruva loss kylmedieslangens låsbult (sitter på mellanväggen bakom insugningsröret). Ta sedan bort expansionsventilen och den inre

14.14a Vakuumservons vänstra fästmuttrar . . .

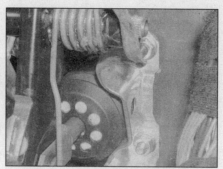

14.14b . . . och fästmuttrar på höger sida sett från förarplatsens fotutrymme

tätningsramen. **Observera:** *Om det behövs, se till att detta arbete utförs av en specialiserad kylingenjör och tänk på att systemet måste förseglas tills det startas upp igen om det ska lämnas öppet för en längre period.*

12 Ta bort sidopanelerna från fotutrymme på förarsiden, lossa sedan pedalens returfjäder.

13 Använd en skruvmejsel och bänd upp spännbrickan. Ta bort stiftet som förbinder servons stötstång med pedalen. Ta loss brickan.

14 Skruva loss och ta bort de övre muttrarna till vänster och nedre muttrarna till höger som håller fast pedalbygeln mot vakuumservoenheten **(se bilder)**.

15 Arbeta i motorrummet och ta bort vakuumservoenheten från mellanväggen, se till så att inte de hydrauliska bromsledningarna eller närliggande komponenter skadas. Ta loss packningen.

Vänsterstyrda modeller med ABS

16 Ta bort hydraulmodulatorn enligt beskrivningen i avsnitt 22.

17 Ta bort bromshuvudcylindern enligt beskrivningen i avsnitt 12.

18 Skruva loss hydraulmodulatorns fäste.

19 Lossa vakuumledningen från vakuumservoenheten, eller ta bort backventilen från enheten.

20 Ta bort sidopanelerna från fotutrymme på förarsiden, lossa sedan pedalens returfjäder.

21 Använd en skruvmejsel och bänd upp spännbrickan. Ta bort stiftet som förbinder servons stötstång med pedalen. Ta loss brickan.

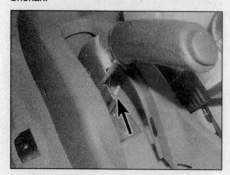

16.3 Handbromsvajerns justermutter framför handbromsspaken

22 Skruva loss och ta bort de övre muttrarna till vänster och nedre muttrarna till höger som håller fast pedalbygeln mot vakuumservoenheten.

23 Arbeta i motorrummet och ta bort vakuumservoenheten från mellanväggen, se till så att inte de hydrauliska bromsledningarna eller närliggande komponenter skadas. Ta loss packningen.

Vänsterstyrda modeller utan ABS

24 Ta bort bromshuvudcylindern enligt beskrivningen i avsnitt 12.

25 Lossa vakuumledningen från vakuumservoenheten, eller ta bort backventilen från enheten.

26 Lossa relähållaren från fästet och för den åt sidan. Lossa kablagets multikontakter från fästet.

27 Skruva loss anslutningsmuttrarna och ta bort de hydrauliska bromsledningarna från huvudcylindern och förgreningen.

28 Lägg trasor under grenfästet och skruva loss det.

29 Ta bort sidopanelerna från fotutrymme på förarsiden, lossa sedan pedalens returfjäder.

30 Använd en skruvmejsel och bänd upp spännbrickan. Ta bort stiftet som förbinder servons stötstång med pedalen. Ta loss brickan.

31 Skruva loss och ta bort de övre muttrarna till vänster och nedre muttrarna till höger som håller fast pedalbygeln mot vakuumservoenheten.

32 Arbeta i motorrummet och ta bort vakuumservoenheten från mellanväggen, se till så att inte de hydrauliska bromsledningarna eller närliggande komponenter skadas. Ta loss packningen.

Montering

33 Monteringen utförs i omvänd ordningsföljd mot demonteringen, använd en ny packning mellan vakuumservoenheten och mellanväggen, och dra åt alla muttrar och bultar till angivet moment, om det är tillämpligt. Avsluta med att lufta hydraulsystemet enligt beskrivningen i avsnitt 2. Starta motorn och kontrollera att det inte läcker luft från anslutningen mellan vakuumslangen och servoenheten

15 Vakuumservons backventil och slang – demontering, kontroll och montering

Demontering

1 Använd en skruvmejsel och skjut försiktigt av vakuumslangsändens adapter från servoenhetens framsida.

2 På insugsgrenrörssidan av slangen, tryck ner snabbkopplingen och koppla loss slangen. Ta bort slangen från motorn.

3 Slangdelarna kan bytas separat från backventilen och adaptrarna. Kapa slangen med en vass kniv och lossa den från den relevanta komponenten. Skär till den nya slangen till samma längd och tryck fast den ordentligt på komponenten. Observera att kontrollventilen måste monteras så att pilen pekar mot insugningsröret.

Kontroll

4 Kontrollera att backventilen, slangarna och adaptrarna inte är skadade. Byt dem om det behövs. Ventilen kan testas genom att luft blåses genom den i båda riktningarna. Luften ska endast kunna komma igenom ventilen i ena riktningen – när man blåser från den sida av ventilen som är vänd mot servoenheten. Byt delar och slangar efter behov.

Montering

5 Monteringen utförs i omvänd ordningsföljd mot demonteringen men se till att pilen på backventilen pekar mot insugsgrenröret.

6 Avsluta med att starta motorn och kontrollera att det inte läcker luft från slangen. Kontrollera vakuumservons funktion så som det beskrivs i avsnitt 14.

16 Handbroms – justering

1 Justera handbromsen enligt de angivna intervallerna (se kapitel 1), och efter att bakbromsens bromsklossar har bytts eller demonterats, eller efter byte av trumma/skiva.

2 Klossa framhjulen, lyft upp bakvagnen med hjälp av en domkraft och stötta upp den på pallbockar (se *Lyftning och stödpunkter*).

3 Bänd upp mittkåpan på konsolen och lossa damasken från mittkonsolen. Lyft sedan av den för att komma åt justermuttern på handbromsspakens framsida **(se bild)**.

4 Lossa handbromsspaken helt och för sedan tillbaka justeringsmuttern så att vajern blir något slak.

5 Tryck ner bromspedalen minst 5 gånger. På modeller med trumbromsar ber du en medhjälpare att lyssna efter ljudet från den bakbromsarnas automatiska självjusteringsmekanism – använd bromspedalen tills det upphör.

6 Dra åt och släpp handbromsspaken helt och hållet minst femgånger.

7 Dra åt handbromsen till tredje hacket och dra sedan åt justeringsmuttern tills bakhjulen kärvar men det precis går att vrida runt dem. Varje bakhjulsbroms bör ha samma motstånd – om så inte är fallet, kontrollera om någon kabel har fastnat.

8 Dra åt handbromsspaken helt och kontrollera att båda bakhjulen är låsta. Lossa spaken helt och kontrollera att båda hjulen snurrar fritt.

9 Montera tillbaka damasken på mittkonsolen, och montera tillbaka kåpan.

10 Applicera handbromsen, och sänk ner bilen.

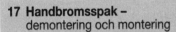

17 Handbromsspak –
demontering och montering

Demontering

1 Bänd ut mittkåpan från konsolen och lossa handbromsspakens damask.

2 Skruva loss och ta bort justeringsmuttern från handbromsspaken.

3 Ta bort mittkonsolen, enligt beskrivningen i kapitel 11.

4 Ta bort varningsbrytaren för att handbromsen är åtdragen från spaken enligt beskrivningen i avsnitt 20.

5 Skruva loss och ta bort spakens monteringsmuttrar (se bild).

6 Bänd ut plastklämmorna från fästplattan och demontera sedan spaken och ta bort den från bilen.

7 Ta bort fästplattan från den främre vajern och ta loss packningen.

Montering

8 Montering sker i omvänd ordningsföljd, men avsluta med att justera handbromsen enligt beskrivningen i avsnitt 16.

18 Handbromsvajrar –
demontering och montering

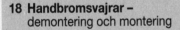

Demontering

1 På modeller med bakre trumbromsar består handbromsvajern av fyra delar, en kort främre (första) del som förbinder spaken med kompenseringsplattan, huvudvajerdelen (andra) som förbinder kompenseringsplattan med bakbromsarna, och två korta bakre vajrar som förbinder varje huvudvajer med bakbromsens bromsbackar. På modeller med skivbroms bak ansluts de sekundära kabelanslutningarna direkt på de bakre bromsoken och det finns inga korta bakre delar. Varje sektion kan tas bort enskilt som följer.

Primär (främre) kabel

2 Klossa framhjulen, lyft upp bakvagnen med hjälp av en domkraft och stötta upp den på pallbockar (se *Lyftning och stödpunkter*). Lossa handbromsen helt.

17.5 Handbromsspak och fästbultar

3 Ta bort mittkonsolen, enligt beskrivningen i kapitel 11.

4 Skruva loss och ta bort justeringsmuttern från handbromsspaken.

5 Lossa vajern från styrningen på fästplattan om det behövs.

6 Arbeta under bilen och koppla loss lambdasondens kablage.

7 Ta bort det främre avgasröret och mellandelen enligt beskrivningen i kapitel 4A. Koppla även loss gummifästena för ljuddämparen.

8 Skruva loss muttrarna och ta bort avgassystemets värmesköld från underredet.

9 Lossa den främre vajern från kompensatorplattan genom att vrida den 90°.

10 Lossa genomföringen från spakens fästplatta och ta bort den främre vajern från bilens insida. Ta bort genomföringen från kabeln.

Sekundär kabel (huvudkabel)

Observera: *Sekundärkablarna levereras i en del tillsammans med kompensatorplattan.*

11 Klossa framhjulen, lyft upp bakvagnen med hjälp av en domkraft och stötta upp den på pallbockar (se *Lyftning och stödpunkter*). Ta bort de både bakhjulen, och lossa handbromsspaken helt.

12 Bänd upp mittkåpan på konsolen och lossa damasken från mittkonsolen. Lyft sedan av den för att komma åt justermuttern på handbromsspakens framsida.

13 Lossa justermuttern lite så att vajern slackar en aning.

14 Arbeta på en sida åt gången. På modeller med bakre trumma, lossa de bakre ändarna på varje huvudvajer från kontaktdonet på de korta bakre vajrarna. På modeller med skivbroms bak använder du en skruvmejsel för att trycka ner armen på bromsoken för att koppla loss de inre vajrarna. Dra sedan ut klämmorna och koppla loss vajerhöljena från stödfästbygeln.

15 Arbeta under bilen och koppla loss lambdasondens kablage.

16 Ta bort det främre avgasröret och mellandelen enligt beskrivningen i kapitel 4A. Koppla även loss gummifästena för ljuddämparen.

17 Skruva loss muttrarna och ta bort avgassystemets värmesköld från underredet (se bild).

18 Lossa den främre vajern från kompensatorplattan genom att vrida den 90° (se bild).

19 Lossa huvudvajerns delar från stöden på bakaxeln och bränsletanken, och ta ut dem från bilens undersida (se bilder).

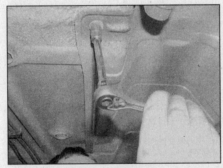

18.17 Ta bort avgassystemets värmeskydd från underredet

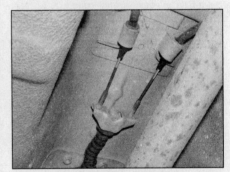

18.18 Handbromsvajerns kompenseringsplatta

18.19a Handbromsvajerns stöd på bakre länkarm

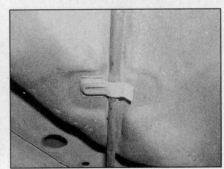

18.19b Handbromsvajerfäste på underredet

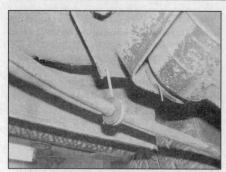

18.19c Handbromsvajerns stöd på bakre torsionsstavens fäste

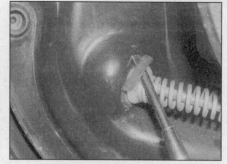

18.22 Handbromsvajer på bakbromsstödplattan

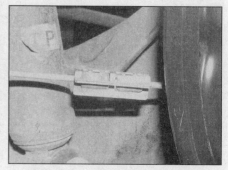

18.23 Bakre vajern till huvudvajerns kontaktdon

Bakre kabel (modeller med trummar bak)

20 Klossa framhjulen, lyft upp bakvagnen med hjälp av en domkraft och stötta upp den på pallbockar (se *Lyftning och stödpunkter*). Ta bort bakhjulet, och lossa handbromsspaken helt.
21 Ta bort bakbromsbelägget enligt beskrivningen i avsnitt 6.
22 Dra ut kabelfästklämman från stödplattan, och lossa kabeln framåt **(se bild)**.
23 Lossa den bakre kabeln från huvudkabeln vid kontaktdonet **(se bild)**.

Montering

24 Montering sker i omvänd ordningsföljd, men avsluta med att justera handbromsen enligt beskrivningen i avsnitt 16. Om tillämpligt, kontrollera att anslutningen baktill på av den främre kabeln är korrekt placerad i kompensatorplattan. Se också till att skyddshylsan på den främre kabeln sitter ordentligt fast på i sin bädd intill kompensatorplattan.

19 Bromsljusbrytare – demontering, återmontering och justering

Demontering

1 Bromsljusbrytaren sitter på pedalfästbygeln i fotutrymmet på förarsidan.

2 1144När du ska ta bort kontakten, ta först bort klädselpanelen från den nedre instrumentbrädan (se kapitel 11, avsnitt 44) och koppla sedan loss värmekanalen så att du kommer åt kontakten.
3 Lossa anslutningskontakten från brytarens överdel, och ta bort brytaren från pedalfästet **(se bilder)**.

Montering och justering

4 Innan du återmonterar kontakten, tryck in aktiveringsstiftet helt.
5 Montera brytaren på pedalens fästbygel och lås fast den genom att vrida den så långt det går.
6 Tryck ner bromspedalen och dra sedan ut aktiveringsstiftet helt ur kontakten så att det kommer i kontakt med pedalen. Släpp nu pedalen för att ställa in stiftet.
7 Montera tillbaka värmekanalen och instrumentbrädans nedre klädselpanel. Kontrollera bromsljusets funktion.

20 Handbroms "På" varningsljuskontakt – demontering och montering

Demontering

1 Ta bort mittkonsolen enligt beskrivningen i kapitel 11.
2 Lossa kablaget från varningsbrytaren som sitter frampå handbromsspaken **(se bild)**.

3 Skruva loss bulten och ta bort brytaren från handbromsspakens fäste.

Montering

4 Montering sker i omvänd ordningsföljd.

21 Låsningsfria bromsar (ABS) och Antispinnsystem – allmän information

ABS-systemet består av en hydraulmodulator och en elektronisk styrenhet tillsammans med fyra hjulgivare. Hydraulmodulatorn innehåller den elektroniska styrenheten, de hydrauliska magnetventilerna (en per broms) och den eldrivna returpumpen. Syftet med systemet är att förhindra att hjulen låser sig vid hård inbromsning. Detta uppnås genom att bromsen på relevant hjul släpps upp för att sedan åter läggas an.

Solenoiderna styrs av styrenheten som får signaler från de fyra hjulgivarna som övervakar varje hjuls rotationshastighet. Genom att jämföra dessa signaler kan styrmodulen avgöra hur fort bilen går. Med utgångspunkt från denna hastighet kan styrmodulen avgöra om ett hjul bromsas onormalt i förhållande till bilens hastighet, och på så sätt förutsäga när ett hjul är på väg att låsa sig. Under normala förhållanden fungerar systemet som ett bromssystem utan ABS.

Om styrenheten känner att ett hjul är på väg att låsa manövrerar den relevant solenoid i hydraulenheten, vilket isolerar oket på det

19.3a Koppla loss kablaget . . . / **19.3b . . . vrid sedan brytaren och ta bort den från pedalbygeln**

20.2 Brytare till handbromsens varningslampa

hjulet från huvudcylindern, vilket stänger in hydraultrycket.

Om hjulets rotationshastighet fortsätter att bromsas med onormal hastighet startar styrenheten den elektriska pumpen, som pumpar tillbaka vätska till huvudcylindern, vilket lättar trycket i oket så att bromsen släpps. När hjulets inbromsning är acceptabel stannar pumpen och ventilen öppnas, vilket leder tillbaka huvudcylinderns tryck till oket/ hjulcylindern, som då lägger an bromsen igen. Den här cykeln kan upprepas flera gånger i sekunden.

Magnetventilernas och returpumpens agerande skapar pulser i hydraulkretsen. När ABS-systemet arbetar kan dessa pulser kännas i bromspedalen.

På modeller med antispinnsystem innehåller ABS-systemets hydraulenhet en extra uppsättning magnetventiler som styr antispinnsystemet. Systemet fungerar vid hastigheter upp till ungefär 60 km/h och använder de signaler som hjulens givare avger. Om ECU:n känner att ett hjul håller på att tappa drivningen förhindrar den detta genom att tillfälligt applicera aktuell frambroms.

ABS-systemets och antispinnsystemets funktion är helt beroende av elektriska signaler. För att förhindra att systemet reagerar på felaktiga signaler finns en inbyggd skyddskrets som övervakar alla signaler till styrmodulen. Om en felaktig signal eller låg batterispänning upptäcks stängs systemet automatiskt av och varningslampan på instrumentbrädan tänds för att informera föraren om att systemet inte längre fungerar. Det ska dock fortfarande vara möjligt att bromsa normalt.

Om ett fel uppstår i ABS-/antispinnsystemet måste bilen tas till en Opel-verkstad för felsökning och reparation.

22 Låsningsfria bromsar (ABS) och Antispinnsystem komponenter – demontering och montering

Hydraulmodulator och elektronisk styrenhet

Demontering

1 Ta bort batteriet enligt beskrivningen i kapitel 5A.
2 Lossa kablagets två multikontakter från relähållarens fästbygel.
3 Ta bort relähållarens kåpa och koppla sedan loss relähuset från fästbygeln och för det åt sidan åt sidan.
4 Koppla loss kablagen från hållarens fästbygel.
5 Skruva loss de tre muttrarna och ta bort relähållarens fästbygel.
6 Ta bort hållaren från bromshydraulrören.
7 Skruva loss påfyllningslocket från bromsvätsketanken. Tappa sedan av all hydraulvätska med en bollspruta eller en gammal batterihydrometer.
8 Identifiera hydraulrören inför monteringen

och skruva sedan loss anslutningsmuttrarna och koppla loss dem från modulatorn. Använd helst en speciell delad ringnyckel för att lossa muttrarna eftersom de kan sitta hårt. Var förebredd på en viss vätskeförlust och placera trasor under ledningarna. På vänsterstyrda modeller måste du också koppla loss hydraulrören från huvudcylindern som sitter i motorrummets vänstra del. Plugga eller tejpa över öppningarna i modulatorn för att förhindra att det kommer in damm och smuts.
9 Lossa den speciella multipluggen för kablaget från överdelen av hydraulaggregatet genom att lyfta på klämman och haka ur multipluggen **(se bild)**.
10 Skruva loss fästmuttrarna/bultarna och ta bort modulatorn och ABS styrenheten från fästet. Ta bort delen från motorrummet, var försiktig så att du inte spiller någon hydraulvätska på bilens lack.
Varning: Håll modulatorn upprätt när den tas bort från bilen så att ingen vätska läcker ut.

Montering

11 Montering sker i omvänd ordningsföljd, men avsluta med att lufta hydraulsystemet enligt beskrivningen i avsnitt 2.

Hjulsensor

Byte

12 Fram- och bakhjulgivare är inbyggda i naven. Om det är fel på givaren måste hela hjulnavet bytas enligt beskrivningen i kapitel 10.

Antispinnsystem kontakt

Demontering

13 Bänd försiktigt loss brytaren från instrumentbrädan med en skruvmejsel. Använd papp eller tyg för att förhindra skada på instrumentbrädan.

Montering

14 Monteringen sker i omvänd ordningsföljd.

ABS Styrenhet

Demontering

15 Ta bort den hydrauliska modulatorn och den elektroniska styrenheten enligt tidigare beskrivning i detta avsnitt.
16 Lossa kablaget och skruva loss fästbultarna. Ta försiktigt bort ABS-styrenheten från hydraulhuset. Se till så att inte spolens hållare skadas.
17 Ta loss tätningen mellan spolhållaren och styrenheten.

Montering

18 Sätt i den nya tätningen och placera ABS-styrenheten försiktigt på hydraulmodulatorn. Dra åt bultarna (nya) till angivet moment enligt de angivna stegen. **Undvik att** luta styrenheten under placering på modulatorn. Om det blir svårt att röra bultarna vid åtdragningen är det fel på enheten och den måste bytas. **Observera:** *Om en fjäderplatta fanns placerad mellan styrenheten och modulatorn*

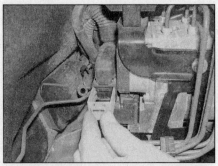

22.9 Lyft på klämman för att lossa kablagets multikontakt från den hydrauliska modulatorns överdel

vid demonteringen, låt bli att montera tillbaka denna när enheten sätts amman igen.
19 Resten av monteringen sker i omvänd ordningsföljd mot demonteringen.

23 Bromsens utjämningsventil – demontering och montering

Demontering

1 Klossa framhjulen, lyft upp bakvagnen med hjälp av en domkraft och stötta upp den på pallbockar (se *Lyftning och stödpunkter*).
2 Minimera eventuellt oljespill genom att skruva bort huvudcylinderbehållarens lock och sedan skruva på det igen över en bit plastfolie, så att det blir lufttätt.
3 Skruva loss bulten och ta bort spännfjäderns lager från fästbygeln på underredet **(se bild)**.
4 Observera klämmans monteringsläge på fjäder och skruva sedan loss klämbulten och ta bort stoppet. Ta bort fjädern från armen på ventilen.
5 Rengör området runt de hydrauliska anslutningsmuttrarna på bromsfördelningsventilen, skruva sedan loss dem och koppla loss hydraulrören.
6 Skruva loss fästbultarna och ta bort fördelningsventilen från underredefästet. Var försiktig så att bromsrören inte skadas.

23.3 Bromsens utjämningsventil sedd från bakvagnens undersida

7 Observera att det finns tre olika ventiler monterade och att det är viktigt att montera rätt typ.

Montering och justering

8 Monteringen utförs i omvänd ordningsföljd mot demonteringen, men dra åt bultarna till angivet moment och lufta bromsarnas hydraulsystem enligt beskrivningen i avsnitt 2.

Justera till sist fördelningsventilen som följer.
9 Bilen bör vara tom och bränsletanken max. fylld till hälften, samt ha korrekt däcktryck. På modeller med markfrigångsstyrning måste systemet ha minimitrycket 0,8 bar. Bilens bakhjul måste stå på marken så att bilens tyngd vilar på den bakre upphängningen. Annars kan bakhjulen sänkas ner på ramper.
10 Låt en medhjälpare trampa ner bromspedalen helt och snabbt släppa upp

den. Armen på utjämningsventilen ska röra sig, vilket tyder på att enheten fungerar som den ska. Om armen inte rör sig ska ventilen bytas.
11 När justerstoppet är fritt från ventilarmen, tryck armen framåt mot stoppet och släpp den sedan. Passa nu in stoppet på fjädern så att allt spel tas bort och dra åt fästbulten i detta läge.
12 Sänk ner bilen.

Kapitel 10
Fjädring och styrning

Innehåll

Svårighetsgrad

Enkelt, passar novisen med lite erfarenhet	**Ganska enkelt,** passar nybörjaren med viss erfarenhet	**Ganska svårt,** passar kompetent hemmamekaniker	**Svårt,** passar hemmamekaniker med erfarenhet	**Mycket svårt,** för professionell mekaniker

Specifikationer

Allmänt

Typ av framfjädring... Fristående, med MacPherson fjäderben, gasfyllda stötdämpare och krängningshämmare

Bakre upphängningstyp...................................... Halvt fristående torsionsstav, med länkarmar, spiralfjädrar och teleskopstötdämpare. Nivåkontrollsystemet är tillval på kombimodeller.

Styrtyp .... Kuggstång och kugghjul. Alla modeller är utrustade med servostyrning

Framhjulinställning
Modeller upp till och inklusive årsmodell 1999:
Camber...	–1°10' ± 45'
Caster:	
Astra Halvkombi/Sedan	4° ± 1°
Astra Kombi	3°25' ± 1°
Zafira...	3°00' +1°/–50'
Max. skillnad mellan sidorna	1°
Toe-in	+0°00' ± 10'
Toe-ut vid sväng (inre hjulet svängt inåt 20°)	1°20' ± 45'

Framhjulinställning (forts)

Modeller fr.o.m. 2000:
Camber:
Astra:
Standard fjädring .... −1°00' ± 30'
Sänkt fjädring .... −1°10' ± 30'
Utrustning för "dålig vägbeläggning" .... −0°50' ± 30'
Zafira.. −0°20' ± 30'
Max. skillnad mellan sidorna .... 1°
Caster:
Astra Halvkombi/Sedan:
Standard eller sänkt fjädring........................... 4°00' ± 30'
Utrustning för "dålig vägbeläggning" .... 4°15' ± 30'
Astra Kombi:
Standard eller sänkt fjädring........................... 3°30' ± 30'
Utrustning för "dålig vägbeläggning" .... 3°45' ± 30'
Zafira.. 3°10' ± 30'
Max. skillnad mellan sidorna .... 1°
Toe-in .... +0°00' ± 20'
Toe-ut vid sväng (inre hjulet svängt inåt 20°):
Astra .... 1°20' ± 45'
Zafira.. 1°09' ± 45'

Bakhjulinställning

Modeller upp till och inklusive årsmodell 1999:
Camber:
Astra .... −1°40' ± 30'
Zafira.. −1°45' ± 30'
Max. skillnad mellan sidorna .... 35'
Toe-in .... +0°10' +30'/−20'
Modeller fr.o.m. 2000:
Camber:
Astra Halvkombi/Sedan .... −1°40' ± 30'
Astra Kombi .... −1°45' ± 30'
Zafira.. −1°45' ± 30'
Max. skillnad mellan sidorna .... 35'
Toe-in:
Astra Halvkombi/Sedan:
Standard fjädring .... +0°20' +30'/−20'
Sänkt fjädring .... +0°25' +30'/−20'
Utrustning för "dålig vägbeläggning" .... +0°15' +30'/−20'
Astra Kombi:
Standard fjädring .... +0°12' +30'/−20'
Sänkt fjädring .... +0°17' +30'/−20'
Utrustning för "dålig vägbeläggning" .... +0°07' +30'/−20'
Zafira.. +0°10' +30'/−20'
Max. skillnad mellan sidorna .... 15'
Styrning
Förhållande.. 17 : 1
Elektrohydraulisk servooljetyp .... Se *Smörjmedel och vätskor*
Vätskevolym:
TRW typ (rund behållare) .... 0,7 liter
Delphi-/Saginaw-typ (fyrkantig behållare) .... 1,1 liter

Bakhjullagren ·

Axiellt kast i lagret .... 0,05 mm max
Radialt kast i lagret................................... 0,04 mm max
Lagerlutning .... 0,1 mm max

Hjul och däck

Hjulstorlek:
1,4 och 1,6 (SOHC) modeller .... 5 1/2 J x 14 (standard), 6J x 15 och 6J x 16 (option)
1,6 (DOHC), 1,8, 2,0 och 2,2 modeller .... 6J x 15 (standard), 5 1/2 J x 14 och 6J x 16 (option)
Däckstorlek:
5 1/2 J x 14 hjul 175/70 R14-84T, 185/70 R14-88T, 185/70 R14-88H, 185/65 R14-86T,
185/65 R14-86H
6J x 15 hjul.. 195/60 R15-88H, 195/60 R15-88V, 195/65 R15-91H
6J x 16 hjul 205/50 R16-87V

Åtdragningsmoment

Framfjädring

	Nm
Krängningshämmarlänk:	
Till ben	65
Till krängningshämmar	65
Krängningshämmare till hjälpram	20
Främre motorfäste genombult	55
Navhållare till fjädringsben:	
Steg 1	50
Steg 2	90
Steg 3	Vinkeldra 45°
Steg 4	Vinkeldra 15°
Navmutter:	
Steg 1	120
Steg 2	Lossa muttern helt (tills den kan vridas för hand)
Steg 3	20
Steg 4	Vinkeldra ytterligare 80° (plus till nästa saxsprintshål efter behov)
Nedre arm till hjälpram:	
Steg 1	90
Steg 2	Vinkeldra 75°
Steg 3	Vinkeldra 15°
Nedre kulled till navhållare, bult	100
Nedre kulled till nedre arm	35
Bakre motorfäste till växellåda	80
Benets övre fäste	55
Hjälpramens fästbultar:	
Steg 1	90
Steg 2	Vinkeldra 45°
Steg 3	Vinkeldra 15°
Hjullager nav till hållare:	
Steg 1	90
Steg 2	Vinkeldra 30°
Steg 3	Vinkeldra 15°

Bakfjädring

	Nm
Bromshydraulledningens anslutningsmuttrar	16
Navbygel till länkarm:	
Steg 1	50
Steg 2	Vinkeldra 30°
Steg 3	Vinkeldra 15°
Stötdämpare:	
Till kaross	90
Till länkarm	110
Torsionsstavets främre fäste:	
Mittbult:	
Steg 1	90
Steg 2	Vinkeldra 60°
Steg 3	Vinkeldra 15°
Bultar mellan fäste och underrede:	
Steg 1	90
Steg 2	Vinkeldra 30°
Steg 3	Vinkeldra 15°

Styrning

	Nm
Rattens krockkuddeenhet	8
Elektrisk hydraulpump till styrenhet och hjälpram	22
Hydrauliktryck- och returledningens anslutningsmuttrar	27
Tryck- och returledningarnas fästbygel till styrinrättningen	4
Bakre motorfäste till hjälpram (vänsterstyrda modeller)	55
Rattstångens mellanaxel till styrinrättningens kugghjul	22
Rattstången till mellanväggens tvärbalk	22
Styrinrättning till hjälpram:	
Steg 1	45
Steg 2	Vinkeldra 45°
Steg 3	Vinkeldra 15°
Ratt	22
Styrstagsände låsmutter	60
Styrstagsände till styrarm på navhållare	60
Parallellstag till kuggstång	90

Hjul

	Nm
Alla modeller	110

1 Allmän information och föreskrifter

Allmän information

Den främre fjädringen är fristående, med en hjälpram, MacPherson-ben, länkarmar och en krängningshämmare. Benen, som innehåller spiralfjädrar och integrerade gasfyllda stötdämpare, är med sina övre ändar fästa vid de förstärkta benfästena på ytterkarossen. Varje bens nedre ände är fäst med bultar på ovansidan av den gjutna navhållaren, som innehåller navet, bromsskivan och bromsoket. Naven går i icke-justerbara lager i navhållarna. Respektive navhållares nedre ände är fäst, via en kulled, på en nedre armenhet i pressat stål. Kullederna är fästa på de nedre armarna och fästa på navhållarna med en klämbult. Var och en av de undre armarna är med den ände som befinner sig inne i karossen fäst på hjälpramen med böjliga gummibussningar, och styr både framhjulens sidorörelser och deras fram-och-tillbaka rörelser. En krängningshämmare finns på alla modeller; krängningshämmarstaget sitter på hjälpramen och är anslutet till fjädringsbenen med vertikala fallänkar.

Den bakre fjädringen är av halvt fristående typ och består av en torsionsstav och länkarmar, med dubbla koniska spiralfjädrar och teleskopstötdämpare. Länkarmarnas främre ändar är fästa på bilens underrede med horisontella bussningar, och de bakre ändarna passas in av stötdämparna vars övre ändar är fästa med bultar på underredet. Spiralfjädrarna är monterade fristående från stötdämparna och arbetar direkt mellan länkarmarna och underredet. Varje bakhjulslager, nav- och axeltappsenhet är tillverkad som en förseglad enhet och kan inte tas isär.

Styrningen är av konventionell kuggstångstyp och innefattar en hopfällbar säkerhetskolonn. Stången är fäst på styrinrättningen med en mellanaxel som innehåller två kardanknutar. Den övre delen av kolonnen inbegriper en yttre slirkoppling som styrningslåsningen griper in i. Med styrningslåset aktiverat tillåter kopplingen bara att stången vrids med moment över 200 Nm , vilket gör det omöjligt att bryta styrningslåsets skjuvsprint. Men vid detta vridmoment kan man inte kontrollera bilen. Styrinrättningen sitter på den främre hjälpramen. Styrinrättningens parallellstag är fästa vid styrarmarna på navhållarna med styrstagsändarna.

Alla modeller är utrustade med servostyrning. Den elektrohydrauliska servostyrningspumpen sitter direkt på styrinrättningen och kan inte servas. Pumpen innehåller en hydraulvätskebehållare.

Föreskrifter

En krockkudde är monterad på ratten. För att se till att enheten fungerar korrekt om det sker en olycka och för att undvika risk för personskada om den oavsiktligt sätts igång måste följande försiktighetsåtgärder vidtas. Se även kapitel 12 för mer information.

a) Innan några arbeten utförs på krockkuddssystemet, koppla ifrån batteriets minuspol och vänta minst en minut för att säkerställa att systemets kondensator har laddats ur.

b) Observera att krockkudden/-kuddarna inte får utsättas för temperaturer över 90°C (194°F). När krockkudden tas bort, se till att den förvaras med kudden uppåt.

c) Låt inga lösningsmedel eller rengöringsmedel komma i kontakt med krockkudden. Enheten får endast rengöras med hjälp av en fuktig trasa.

d) Både krockkudden och styrenheten är känsliga för stötar. Om någon av dem tappas från höjd högre än 500 mm måste de bytas ut.

e) Koppla loss anslutningskontakten till krockkuddens styrenhet innan någon svetsning utförs på bilen.

f) På bilar utrustade med passagerarkrockkuddar, **montera inte** tillbehör i krockkuddeområdet. Saker som telefoner, kassettförvaringslådor, extra speglar etc. kan slitas loss och orsaka allvarliga skador om krockkudden blåses upp.

2 Främre navbärare – demontering och montering

Observera: *Vi rekommenderar att alla fästmuttrar och bultar byts ut. En kulledsavdragare behövs för detta moment.*
Varning: Inställningen av framhjulens vertikala vinkling styrs av bultarna som håller fast navhållarna vid det främre fjädringsbenet. Innan bultarna tas bort, märk navhållaren s position i förhållande till benet korrekt. c) Låt en verkstad som har den rätta utrustningen kontrollera camberinställningen.

Demontering

1 Dra åt handbromsen. Lyft sedan upp framvagnen och ställ den på pallbockar (se *Lyftning och stödpunkter*). Ta bort det relevanta framhjulet.
2 Skruva loss muttern som håller fast styrstagsänden mot styrarmen på navhållaren. Använd en kulledsavdragare för att ta loss styrstagsänden från styrarmen.
3 Ta bort det främre hjulnav enligt beskrivningen i avsnitt 3.
4 Markera den främre hjulspindelns läge på det främre fjäderbenet (se *Varning* i början av avsnittet) och skruva sedan loss och ta bort de två muttrarna och bultarna. Observera att deras skallar är riktade mot framvagnen. Ta bort hållaren från benet. Kasta muttrarna och bultarna och skaffa nya.

Montering

5 Placera navhållaren på benet och montera de nya bultarna. Passa in hållaren enligt tidigare anteckningar. Dra sedan åt bultarna till det moment och den vinkel som anges för de specifika stegen.
6 Montera tillbaka framhjulnavet enligt beskrivningen i avsnitt 3.
7 Montera tillbaka styrstagsänden på styrarmen på navhållaren och dra åt muttern till angivet moment.
8 Montera framhjulen och sänk ner bilen.
9 Kontrollera styrningens inställning för vinkling av hjulen mot mittlinjen så snart som möjligt.

3 Framhjulsnav och lagren – kontroll och byte

Kontroll

1 För att kontrollera framhjulens lager beträffande slitage, dra åt handbromsen, lyft upp framvagnen och stötta upp den på pallbockar (se *Lyftning och stödpunkter*). Snurra hjulet för hand och lyssna efter lager som ger ifrån sig oljud eller kärvar. Ta tag i ratten och vicka på den för att kontrollera om det finns för mycket spel i lagret. Men var försiktig så att du inte misstar slitage i upphängningen eller styrlederna med slitage på lagret. Se kapitel 1 för mer information.

Byte

2 Placera framvagnen på pallbockar och ta bort det aktuella framhjulet.
3 Demontera bromsskivan enligt beskrivningen i kapitel 9. Detta tillvägagångssätt innebär att man tar bort bromsoket och binder fast det på en sida, med hydraulslangen fortfarande fastsatt; dra bort fjäderklämman och lossa den böjliga slangen från fästet **(se bild)**.
4 Knacka försiktigt bort skyddslocket från navets mitt och dra ut saxsprinten och skruva loss drivaxelns fästmutter samtidigt som du håller fast navet med en stång som du placerar mellan två hjulbultar som du tillfälligt återmonterar på navet. **Observera:** *Muttern dras åt med ett momentvärde.* Ta bort muttern och distansbrickan.

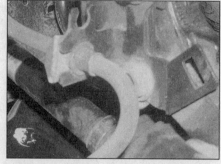

3.3 Bromsslangsfäste på navhållaren

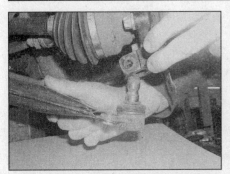

3.8 Ta bort den nedre fjäderarmen från navhållaren

3.9 Lossa ABS framhjulsensorns kablage

3.12 Den främre hjulspindelns fästbultar, med ABS-givarens kablage

5 Dra om det behövs ut saxsprinten och skruva sedan loss och ta bort muttern som håller fast styrstagsänden vid styrarmen på hjulspindeln Använd en kulledsavdragare för att ta loss styrstagsänden från styrarmen Skruva också loss muttern och lossa krängningshämmarlänken från benet.

6 Skruva loss klämbulten som håller fast kulleden på fjäderarmen vid hjulspindeln. Notera hur den är monterad. Vi rekommenderar att alla klämbultar och muttrar byts ut.

7 Använd en huggmejsel eller skruvmejsel som kil och expandera kulledens klämma längst ner i hjulspindeln.

8 Använd en hävstång och tryck ner den nedre fjäderarmen för att frigöra kulleden från navhållaren. För sedan navhållaren åt sidan och lossa armen. Se till så att inte kulledens gummidamask skadas **(se bild)**.

9 På modeller med ABS, lossa kablaget från framhjulssensorn vid kontaktdonet **(se bild)**.

10 Dra ut navhållaren samtidigt som drivaxeln trycks in i navet. Om delen sitter hårt, använd en lämplig avdragare för att trycka bort drivaxeln från navet.

11 Märk upp navet, navhållaren och stödplattan utifrån deras inbördes placering.

12 Skruva loss och ta bort navets tre fästbultar från baksidan av navhållaren **(se bild)**. Kasta bultarna och använd nya vid återmonteringen.

13 Ta bort navet från navhållaren, och ta loss stödplattan. Var försiktig så att du inte skadar ABS-givarens kablage i förekommande fall.

14 Det går inte att ta drivflänsen eller lagren separat från navhuset. Om lagren är väldigt slitna måste hela navenheten bytas.

15 Rengör navet och navhållaren och placera stödplattan på hållaren. Sätt in navet och se till att de tidigare gjorda markeringarna och bulthållen är i linje. Applicera gänglåsning på fästbultarnas gängor montera sedan bultarna och dra åt dem till angivet moment och vinkel enligt de angivna stegen i Specifikationer.

16 Dra bort navhållaren sätt sedan i drivaxeln i navet. Montera distansbrickan och den nya muttern. Dra åt muttern medelhårt för att driva in drivaxeln i navet. Vänta med att dra åt muttern den sista biten (se avsnitt 20).

17 På modeller med ABS, återanslut

framhjulsensorns kablage vid kontaktdonet.

18 Tryck ner den nedre fjäderarmen och placera kulledens tapp i botten av navhållaren. Ta bort kilen från kulledsklämman och sätt in den nya bulten. Dra åt muttern till angivet moment.

19 Montera tillbaka styrstagsänden på styrarmen, montera sedan den nya muttern och dra åt till angivet moment. Om det behövs, montera en ny saxsprint. Återmontera också krängningshämmarlänken på benet och dra åt muttern.

20 Håll navet stilla och dra åt navmuttern till angivet moment och angiven vinkel för stegen som anges i Specifikationer, och montera en ny saxsprint. Böj saxsprintens yttre ben över drivaxelns ände och kapa sedan det inre benet så mycket som behövs och böj det inåt.

21 Knacka in skyddskåpan på plats i navets mitt.

22 Montera tillbaka bromsskivan och bromsoket enligt beskrivningen i kapitel 9.

23 Montera framhjulen och sänk ner bilen.

4 Främre hjälpram – demontering och montering

Observera: *Opel-tekniker använder speciella jiggar för att garantera att motorn/växellådan är korrekt inriktad. Utan dessa verktyg är det viktigt att noggrant notera motorns/växellådans position innan den tas bort.*

Demontering

1 Vrid styrningen till läget rakt framåt, ta bort tändningsnyckeln och låt rattlåset aktiveras.

2 I förarens fotutrymme, skruva loss bulten som håller fast nederdelen av rattstångens mellanaxel vid styrväxelns kugghjul. Dra ut axeln från kugghjulet och lägg den åt sidan.

3 Ta bort batteriet och batterilådan enligt beskrivningen i kapitel 5A **(se bild)**.

4 Koppla loss lambdasondens kablage och för det åt sidan.

5 På Zafiramodeller, på baksidan av motorrummet, ta bort gummitätningslisten och åtkomstluckan av plast. Skruva också loss muttrarna och ta bort huvudkåpan från mellanväggen.

6 Fäst kylaren vid den främre panelen med två bultar som du för in genom sidofästena. Detta är nödvändigt för att monteringsdetaljerna av gummi för kylarens underdel sitter på hjälpramen.

7 Koppla loss kåpan från säkringsdosan på vänster sida i motorrummet och ta bort säkringen till det elektriska servostyrningssystemet. Lossa klämmorna och koppla loss säkringshållaren från behållaren. Skjut sedan ut servostyrningspumpens säkringshållare och kabel.

8 Skruva loss muttern och ta bort jordledningen till styrningens kablage från karossen. Observera hur kablaget är draget och mata sedan kablaget nedåt genom motorrummet och på styrinrättningen.

9 Stötta upp motorn/växellådan med en lyft **(se bild)**. Om du har tillgång till den typ

4.3 Batteriets pluspol och kabel

4.9 Stötta upp motorn/växellådan med en lyft

4.15 Skruva loss det främre avgasröret från avgasgrenröret

4.17 Bakre motorfäste

4.22a Skruva loss hjälpramens främre fästbultar . . .

4.22b . . . sidofästbultar . . .

4.22c . . . och stödfästets bakre bultar

4.23a Sänk den främre hjälpramen från bilens underrede

av stödstag som passar in i motorrummets sidokanaler ska det användas, eftersom detta säkerställer korrekt position vid återmonteringen. Anslut lyftkedjorna till de två öglorna som finns på vänster sida av topplocket, och anslut en annan kedja till öglan som finns på den bakre högra änden av topplocket.

10 Dra åt handbromsen. Lyft sedan upp framvagnen och ställ den på pallbockar (se *Lyftning och stödpunkter*). Om det behövs, ta bort stänkskyddet från motorrummets nedre del. Demontera båda framhjulen.

11 Demontera den främre stötfångaren enligt beskrivningen i kapitel 11.

12 Ta bort det nedre fodret från höger hjulhus.

13 Arbeta på en sida i taget och skruva loss muttrarna och lossa krängningshämmarlänkarna från de främre fjädringsbenen.

14 Lossa styrstagsändarna från styrarmarna på navhållare enligt beskrivningen i avsnitt 24. Skruva loss tvingbultarna och bänd loss de nedre kullederna från nederkanten på varje navhållare.

15 Demontera det främre avgasröret **(se bild)**, katalysatorn och mellanröret enligt beskrivningen i kapitel 4A.

16 På modeller med manuell växellåda, notera positionen för växellänksystemet ovanför det bakre motorfästet. Lossa det sedan från stödfästet på hjälpramen (se kapitel 7A om det behövs).

17 Skruva loss det bakre fästet från växellådan **(se bild)**.

18 På motorns framsida, skruva loss och ta bort mittbulten från det främre fästet.

19 På modeller med luftkonditionering, lossa luftkonditioneringsresonatorn från hjälpramens front/högra sida.

20 Stötta upp hjälpramen med en träbit

på en garagedomkraft. Använd helst en specialtillverkad vagga. Använd en medhjälpare.

21 Märk noggrant upp placeringen av hjälpramen och fästbultarna för att säkerställa korrekt återmontering. Observera att Opeltekniker använder en specialjigg med styrsprintar som passas in i genom linjeringshålen i hjälpramen och underredet.

22 Skruva loss och ta bort hjälpramens fästbultar, notera varje bults placering eftersom de är olika långa **(se bilder)**. Det finns två bultar fram, två bultar ovanför de nedre fjädringsarmarna och sex bultar sitter på de triangelformade bakre stödfästbyglarna.

23 Ta hjälp av en medhjälpare och sänk försiktigt hjälpramen. Var försiktig så att inte servostyrningens kabelhärva skadas. Under det att det sänks ner, styr in styrinrättningens kugghjul genom gummigenomföringen i golvet **(se bilder)**.

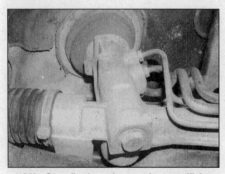

4.23b Styrväxel med gummigenomföring i golvet

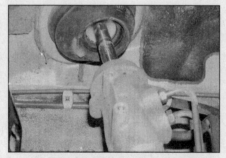

4.23c För styrväxelns kugghjul genom gummigenomföringen när du sänker hjälpramen

4.23d Främre hjälpram demonterad

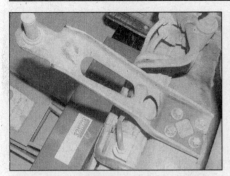

4.24 Växlingsfästbygel på den främre hjälpramen

4.25a Styrväxelns plats för gummigenomföring

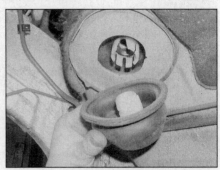

4.25b Sätt dit den nedre halvan av gummigenomföringen när en medhjälpare håller upp den övre halvan inuti bilen

24 Ta bort styrinrättningen, de nedre fjäderarmar och krängningshämmaren enligt beskrivningen i avsnitt 21, 7 och 6. Vid behov kan hjälpramens fästgummin bytas, men då endast parvis (dvs. vänster och höger tillsammans). Använd ett metallrör, en lång gängad stång och två muttrar med brickor för att tvinga ut gummidetaljerna. Om det behövs, skruva loss och ta bort växelfästet **(se bild)**.

Montering

25 Monteringen utförs i omvänd ordningsföljd mot demonteringen, men dra åt alla muttrar och bultar till angivet moment. Kontrollera att de markeringar som gjordes tidigare är korrekt linjerade. Kontrollera också att hålen i hjälpramen och underredet är korrekt linjerade innan du drar åt fästbultarna helt. Kontrollera

att gummigenomföringen är korrekt placerad på styrinrättningen och i underredet – om genomföringen har hamnat fel ber du en medhjälpare att hålla den övre halvan inuti bilen medan du trycker upp den under halvan underifrån tills de båda delarna snäppas ihop **(se bilder)**.

---

5 Främre fjäderben – demontering, renovering och återmontering

Observera: *Ett verktyg för kulledsavdragning behövs för detta moment. Båda de främre fjädringsbenen bör bytas ut samtidigt för att behålla goda styrnings- och fjädringsegenskaper. Vi rekommenderar att alla fästmuttrar och bultar byts ut.*

Demontering

1 Dra åt handbromsen. Lyft sedan upp framvagnen och ställ den på pallbockar (se *Lyftning och stödpunkter*). Demontera framhjulet.
2 Skruva loss muttern och lossa krängningshämmarlänken från benet **(se bild)**. Använd en skruvnyckel på de speciella plana ytorna för att hålla kvar länken medan muttern lossas.
3 Dra bort klämman och lossa bromsslangen från fästet på benet.
4 Lossa bromsklossens kabelknippe från benet. På modeller med ABS, lossa hjulsensor kablage **(se bild)**.
5 Markera benets läge på hjulspindeln så att du kan behålla cambervinkelinställningen **(se bild)**.
6 Skruva loss de två bultarna som håller fast hjulspindeln vid benet. Observera hur de är monterade. När de båda bultarna tagits bort, dra bort navhållaren från benet och stötta upp den på ett axelstöd **(se bilder)**.
7 Stöd upp benet under framskärmen. I motorrummet tar du bort locket och skruvar sedan loss benets övre fästmutter samtidigt som du håller emot kolvstaget med en annan nyckel. Ta loss det övre fästet från fjädertornet **(se bilder)**. På Zafiramodeller måste du ta bort vattenavskiljarna i plast framför vindrutan för att komma åt muttern.
8 Sänk benet och ta bort det från framskärmens undersida **(se bild)**.

5.2 Skruva loss muttern som håller fast krängningshämmarlänken på benet

5.4 Lossa kablaget från framhjulets ABS-givare

5.5 Markera benets läge på hjulspindeln så att du kan behålla cambervinkelinställningen

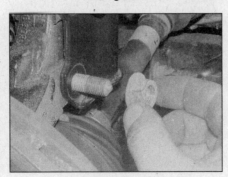

5.6a Skruva loss muttrarna . . .

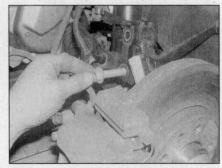

5.6b . . . och bultarna som håller fast benet vid navhållaren

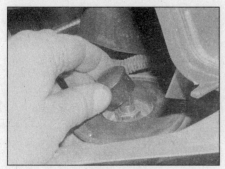

5.7a Ta bort locket . . .

5.7b . Montera fästets mutter och dra åt den till angivet moment.

5.7c Ta bort det övre fästet från fjädertornet

Renovering

Observera: *Ett fjäderkompressionsverktyg behövs för detta moment.*
9 Stöd fjädringsbenet på en bänk eller spänn in det i ett skruvstycke, applicera en

fjäderhoptryckare och tryck ihop spiralfjädern för att avlasta fjädersätena. Säkerställ att kompressorverktyget är säkert placerat på fjädern enligt verktygstillverkarens instruktioner **(se bild)**.

10 Håll emot kolvstången med en spännare, och skruva loss muttern **(se bilder)**.
11 Ta bort den övre dämpringen med stödlagret, övre fjädersätet, och (om en sådan finns,) bufferten **(se bilder)**.
12 Ta bort spiralfjädern från benet **(se bild)**.
13 När benet är helt isärtaget **(se bild)**, undersök alla komponenter beträffande slitage, skador eller deformering. Kontrollera att stödlagret fungerar lätt och jämnt. Byt alla delar som behöver bytas.
14 Undersök benet efter tecken på oljeläckage. Kontrollera benets kolv för att se om det finns tecken på punktkorrosion längs med hela dess utsträckning, och undersök om benet visar tecken på skador. Kontrollera stötdämparens funktion genom att hålla den upprätt och först röra kolven ett fullt slag, och sedan flera korta slag på 50 till 100 mm. I bägge fallen ska motståndet vara jämnt och

5.8 Sänker benet från framskärmens undersida

5.9 Montera ett fjäderkompressorverktyg på det främre fjäderbenets spiralfjäder

5.10a Håll fast fjäderbenets kolvstång med en skruvnyckel när du lossar muttern . . .

5.10b . . . ta sedan bort muttern . . .

5.11a . . . den övre dämpringen och stödlager. . .

5.11b . . . det övre fjädersätet . . .

5.12 . . . och spiralfjädern

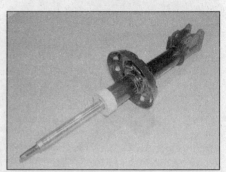

5.13 Främre fjäderben helt borttaget

kontinuerligt. Om motståndet är hoppigt eller ojämnt, eller om det finns synliga tecken på slitage eller skada, måste stötdämparen bytas ut.

15 Om det finns några tvivel om spiralfjäderns skick, ta försiktigt bort hoptryckarna och kontrollera om fjädern är deformerad eller visar tecken på sprickor. Byt fjädern om den är skadad eller deformerad, eller om det föreligger några tveksamheter om dess kondition.

16 Undersök övriga komponenter efter tecken på skador eller åldrande och byt ut alla misstänkta komponenter.

17 Med fjädern ihoptryckt med kompressorverktyget, placera fjädern på benet, kontrollera att det sitter korrekt med nedre änden mot stoppet.

18 Montera tillbaka bufferten, övre fjädersätet, och övre dämpringen.

19 Montera tillbaka kolvstångens mutter och dra åt den ordentligt, håll samtidigt emot kolvstången med en skruvnyckel.

20 Lossa hoptryckaren långsamt för att lätta spänningen i fjädern. Kontrollera att fjäderns ände är korrekt placerad mot anslaget på fjäderfästet. Vrid vid behov på fjädern och det övre sätet så att komponenterna hamnar rätt innan du tar bort kompressorverktyget. Ta bort kompressorverktyget när fjädern sitter helt på plats.

Montering

21 Montering sker i omvänd ordningsföljd, men tänk på följande:
a) Byt de två bultar som håller fast navhållaren till benet, och även kolvstångens övre muttrar.
b) Dra åt alla muttrar och bultar till angivet moment, om det är tillämpligt.
c) Låt en verkstad som har den rätta utrustningen kontrollera framhjulsinställningen.

6 Främre krängningshämmare och anslutningslänk – demontering och montering

Observera: Vi rekommenderar att alla fästmuttrar och bultar byts ut.

Demontering

1 Ta bort den främre hjälpramen enligt beskrivningen i avsnitt 4.
2 Identifiera länkarna en sida i taget så att du kan montera dem korrekt. Skruva sedan loss muttrarna och ta bort länkarna från krängningshämmaren **(se bild)**. Använd en skruvnyckel på de speciella plana ytorna för att hålla kvar länken medan muttrarna lossas.
3 Skruva loss klämmorna som håller fast krängningshämmaren till hjälpramen **(se bild). Observera:** Om bultarna har rostat fast kan de kapas av och borras ur och nya bultar sättas in. Kontakta en Opel-verkstad för mera information.
4 Lyft av krängningshämmaren från

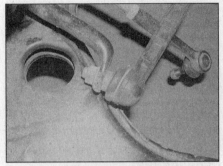
6.2 Sidolänkförbindelse med krängningshämmaren

hjälpramen.
5 Notera gummibussningarnas läge och bänd sedan bort dem från krängningshämmaren.
6 Undersök krängningshämmaren, länkar, och gummibussningar och kontrollera om de är slitna eller skadade. Byt dem om det behövs.

Montering

7 Återmontering sker i omvänd ordningsföljd. Tänk på följande.
a) Skårorna på gummibussningarna måste vara riktade framåt när de monteras på krängningshämmaren.
b) Byt alla muttrar och bultar och dra åt dem till angivet moment.
c) Montera tillbaka den främre hjälpramen enligt beskrivningen i avsnitt 4.

7 Framfjädringens nedre arm – demontering, renovering och återmontering

Observera: De inre styrbultarna till den undre armen måste bytas ut vid återmontering.

Demontering

1 Dra åt handbromsen. Lyft sedan upp framvagnen och ställ den på pallbockar (se *Lyftning och stödpunkter*). Demontera framhjulet.
2 Skruva loss klämbulten som håller fast kulleden på fjäderarmen vid hjulspindelns nedre del. Notera hur den är monterad.
3 Använd en lämplig hävarm och tryck ner länkarmen och skilj den från hjulspindeln. När den nedre armen lossas, var noga med att inte

7.4 Det inre fästet till den nedre fjäderarmen sitter på hjälpramen

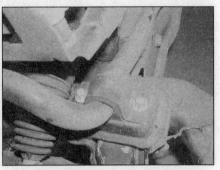
6.3 En av klämmorna som håller fast krängningshämmaren vid den främre hjälpramen

skada kulledens gummidamask i nederkanten av navhållaren; skydda delen med en bit kartong eller plast vid behov. **Observera:** *Om kulledens rörstos sitter fast i navhållaren, använd en skruvmejsel eller ett huggjärn som en hävstång för att bända isär fästet.*
4 Observera att skallarna på länkarmens inre fästbultar är riktade mot framvagnen. Skruva loss bultarna och ta bort den nedre armen från hjälpramen **(se bild)**. Du måste trycka lite på armarna för att lossa gummifästena.

Renovering

5 Den nedre kulleden kan bytas enligt beskrivningen i avsnitt 8. Gummibussningarna sitter hårt fast i armen och måste tryckas ut. Om du inte har tillgång till en press kan bussningarna dras ut med hjälp av en lång bult, mutter, brickor och en hylsa eller en bit metallrör.
6 Innan du monterar de nya bussningarna, smörj dem med silikonfett eller tvålvatten. Tryck in båda bussningarna helt i den nedre armen, När den bakre bussningen monteras, se till att ett av bussningens urtag ligger i linje med fogen i den nedre armen **(se bild)**.

Montering

7 Placera länkarmen på hjälpramen och montera fästbultarna från framvagnen. Dra bara åt muttrarna med fingrarna än så länge.
8 Placera den nedre kulledens rörstos längst ner i hjulspindeln, montera sedan tillbaka klämbulten och dra åt till angivet moment. Se till att bulthuvudet är vänt framåt.
9 Montera framhjulen och sänk ner bilen.

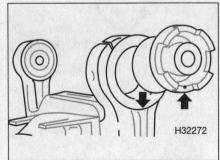
7.6 Justering av urholkningen i bussningen efter sömmen i den länkarmen

8.2 Framfjädringens nedre kulled med nitar som håller fast den vid länkarmen

10 Med bilens vikt på fjädringen, dra åt den nedre armens inre styrbultar till angivet moment och enligt de angivna stegen.
11 Låt en verkstad som har den rätta utrustningen kontrollera framhjulsinställningen.

8 Framfjädringens nedre kulled – byte

Observera: *Den ursprungliga kulleden är fastnitad på den undre armen; reservdelar fästs på plats med bultar under service.*
1 Demontera den nedre fjäderarmen enligt beskrivningen i avsnitt 7. **Observera:** *Om den installerade kulleden är en reservdel som satts in efter underhåll är det inte nödvändigt at helt ta bort armen, utan det räcker att lossa kulleden från bottnen på navhållaren och sedan låsa upp den gamla kulleden.*
2 Montera länkarmen i ett skruvstycke och borra sedan bort skallarna från de tre nitarna som håller fast kulleden vid länkarmen med ett 12,0 mm-borr **(se bild).**
3 Knacka om det behövs bort nitarna från länkarmen och ta sedan bort kulleden.
4 Ta bort all rost från nithålen och stryk på rostskyddsmedel.
5 Den nya kulleden måste monteras med tre specialbultar, fjäderbrickor och muttrar, som kan införskaffas från en Opel-återförsäljare.
6 Se till att kulleden monteras med rätt sida uppåt. Observera att fästmuttrarna sitter på länkarmens undersida. Dra åt muttrarna till angivet moment.

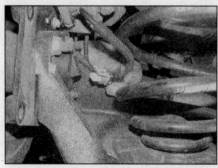

9.2 Lossa ABS-kablaget från insidan av det bakre navet

7 Montera tillbaka den nedre fjäderarmen enligt beskrivningen i avsnitt 7.

9 Bakre nav och fäste – demontering och montering

Observera: *Nya muttrar krävs när den bakre fästbygeln för navet återmonteras på länkarmen.*

Demontering

1 Ta bort den bakre bromstrum eller skivan, efter tillämplighet, enligt beskrivningen i kapitel 9.
2 På modeller med ABS, koppla ifrån kablaget från hjulhastighetsgivaren som sitter på det bakre navets insida **(se bild).**
3 På modeller med trumbroms bak, stöd den bakre bromsskölden och bromsbackarna på en pallbock. På modeller med skivbromsar bak fäster du bromsokets hållarplatta på den bakre spiralfjädern med ett plastbuntband för att inte belasta hydraulbromsledningen.
4 Stöd upp det bakre navet och skruva loss fästmuttrarna på hjulinställningsarmens insida. Ta bort nav och fästbygel från den bakre länkarmen. Observera att inpassningspinnbultarna sitter med sådana mellan att navbygeln endast kan monteras i ett läge. På modeller med skivbroms bak, ta bort stödplattan.

Montering

5 Placera bromsskölden eller bromsokets fästplatta på hjulinställningsarmen och placera fästbulthålen i rätt läge.
6 Placera navet och fästbygeln på hjulinställningsarmen och fäst den genom att montera nya muttrar. Dra åt muttrarna till angivet moment och vinkel enligt de angivna stegen.
7 Återanslut hjulhastighetsgivarens kablage på modeller med ABS.
8 Montera tillbaka den bakre bromstrum eller skivan, efter tillämplighet, enligt beskrivningen i kapitel 9. Kontrollera och justera hand-bromsen enligt beskrivningen i kapitel 9.

10 Bakre hjullager – kontroll och byte

1 Klossa framhjulen, lyft upp bakvagnen med hjälp av en domkraft och stötta upp den på pallbockar (se *Lyftning och stödpunkter*). Demontera bakhjulen.
2 Ta bort bromstrumman eller bromsskivan (efter tillämplighet) enligt beskrivningen i kapitel 9.
3 Det behövs en indikatorklocka eller en referensskena och bladmått för att mäta det radiella och axiella kastet i lagret. Nollställ indikatorn på ytterkanten av navets fläns.

Placera alternativt referensskenan mot ytan och använd ett bladmått för att mäta mellanrummet.
4 För att mäta kastet i sidled, placera sonden på navets kontaktyta mot trumman eller skivan. För att mäta radialt kast, placera sonden på navets yttre omkrets, så att den pekar mot navets mitt.
5 Vrid långsamt navet och notera det maximala kastet. Om kastet överstiger de värden som anges i specifikationerna byter du navlagret och fästbygeln enligt beskrivningen i avsnitt 9.
6 Kontrollera till sist lagrets skevhet. För att göra detta, använd de båda hjulbultarna för att fästa en metallstång på navets utsida och försök sedan luta navet genom att trycka stången inåt och utåt. Indikatorsonden måste också placeras på navets yttre yta. Om lutningen överskrider maxvärdet som anges i specifikationerna byter du navlagret och fästbygeln.
7 Ta bort indikatorn och montera bromstrumman eller bromsskivan enligt beskrivningen i kapitel 9.
8 Montera tillbaka bakhjulen och sänk ner bilen.

11 Bakre stötdämpare – demontering, kontroll och återmontering

Observera: *Byt alltid ut stötdämpare parvis för att behålla goda köregenskaper.*

Demontering

1 Klossa framhjulen, lyft upp bakvagnen med hjälp av en domkraft och stötta upp den på pallbockar under underredet (se *Lyftning och stödpunkter*). Demontera bakhjulen.
2 På kombimodeller med nivåkontrollsystem för bakfjädringen, ta bort åtkomstluckan för höger bakljusarmatur i det bakre bagageutrymmet och minska lufttrycket med schraderventilen. Vid stötdämparen, lossa klämman och tryckledningen.
3 Använd en garagedomkraft och höj hjulinställningsarmen något på den berörda sidan.
4 Skruva loss och ta bort stötdämparens nedre fästbult från länkarmen **(se bild).**

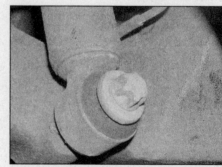

11.4 Bakre stötdämparens nedre fästbult på länkarmen

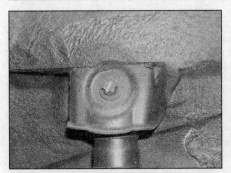

11.5 Bakre stötdämparens övre fästbult på underredets fästbygel

5 Stötta upp stötdämparen, skruva sedan loss och ta bort den övre fästbulten och ta bort stötdämparen från fästbygeln på underredet (se bild).

Kontroll

6 Stötdämparen kan testas genom att man klämmer fast den nedre fästöglan i ett skruvstycke. Sedan drar du ut och trycker ihop stötdämparen så långt det går flera gånger. Varje tecken på ryckig rörelse eller brist på motstånd anger behovet av byte.
7 Kontrollera att gummifästena i stötdämparen inte är alltför slitna.
8 Om stötdämparen eller dess gummifästen är alltför slitna, byt hela stötdämparen.

Montering

9 Montering sker i omvänd arbetsordning, men dra åt fästbultarna till angivet moment. På modeller med nivåkontrollsystem för bakfjädringen, trycksätt systemet till 0,8 bar och justera sedan trycket utifrån den aktuella belastningen.

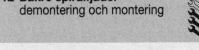

12 Bakre spiralfjäder – demontering och montering

Observera: *På grund av den bakre upphängningens utformning är det viktigt att komma ihåg att enbart en spiralfjäder åt gången ska tas bort. Notera att de bakre fjädrarna bör bytas parvis.*

Demontering

1 Klossa framhjulen, lyft upp bakvagnen med hjälp av en domkraft och stötta upp den på pallbockar under underredet (se *Lyftning och stödpunkter*). Demontera bakhjulen.
2 På kombimodeller med nivåkontrollsystem för bakfjädringen, ta bort åtkomstluckan för höger bakljusarmatur i det bakre bagageutrymmet och minska lufttrycket med schraderventilen.
3 Använd en garagedomkraft och höj hjulinställningsarmen något på den berörda sidan.
4 Skruva loss och ta bort stötdämparens nedre fästbult från länkarmen (se bild).
5 Sänk försiktigt hjulinställningsarmen så långt

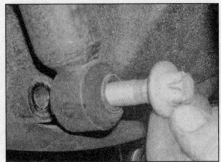

12.4 Ta bort den bakre stötdämparens nedre fästbult

12.6b ... ta sedan bort det övre fjädersätet ...

som möjligt utan att belasta bromsslangarna som går till bakbromsarna.
6 Ta bort spiralfjädern och fjädersäten från underredet och länkarmen, och ta bort underifrån bilen. Observera att det övre fjädersätet har en dämparkudde (se bilder).

Montering

7 Återmontering sker i omvänd ordningsföljd. Tänk på följande.
a) Säkerställ att fjädern är korrekt placerad mot det övre och det undre fästet liksom mot länkarmen och underredet.
b) Dra åt stötdämparens nedre fästbult till angivet moment.
c) Om båda fjädrarna ska bytas, upprepa tillvägagångssättet på bilens andra sida.
d) På modeller med nivåkontrollsystem för bakfjädringen, trycksätt systemet till 0,8 bar och justera sedan trycket utifrån den aktuella belastningen.

13.4 Handbromsvajerns anslutning till bakre skivans bromsok

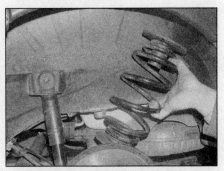

12.6a Ta bort den bakre spiralfjädern, tillsammans med fjädersätena ...

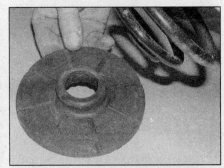

12.6c ... och det nedre fjädersätet

13 Bakre torsionsstav och länkarmar – demontering och montering

Demontering

1 Klossa framhjulen, lyft upp bakvagnen med hjälp av en domkraft och stötta upp den på pallbockar under underredet (se *Lyftning och stödpunkter*). Demontera bakhjulen.
2 På kombimodeller med nivåkontrollsystem för bakfjädringen, ta bort åtkomstluckan för höger bakljusarmatur i det bakre bagageutrymmet och minska lufttrycket med schraderventilen.
3 Lossa handbromsspaken helt och lossa sedan damasken och dra upp spaken. Lossa justeringsmuttern helt på den främre delen av handbromsens huvudvajer.
4 På modeller med skivbroms bak, arbeta på en sida i taget. Tryck ner armen på bromsoket med en skruvmejsel och koppla sedan loss vajern från armen (se bild). Ta bort klämmorna och lossa de yttre vajrar från stödfästbyglarna på länkarmarna. Lossa också handbromsvajrarna från fästena på torsionsstaven.
5 På modeller med trumbroms bak, koppla loss de korta bakre vajrarna vid kontakterna på vardera sidan precis framför trummorna.
6 På modeller med ABS, koppla loss den bakre hjulgivarens kablage från de bakre naven och lossa kablaget från torsionsstaven.
7 På modeller med bakre fördelningsventil för bromsbelastning, skruva loss hållaren från

fästbygeln på underredet och koppla loss spännfjädern.

8 Ta bort påfyllningslocket från bromsvätskebehållaren i motorrummet och skruva sedan fast locket på en bit plastfilm. Detta hjälper till att förhindra att vätskan tappas ut ur systemet när bakbromsens böjliga slangar lossas.

9 Skruva loss anslutningsmuttrarna och koppla ur bakbromsens hydraulledningar från de böjliga slangarna vid stödfästbyglarna på länkarmarna på båda sidor. Ta loss spännbrickorna. Var förberedd på en viss förlust av bromsvätska, och plugga igen eller tejpa över ändarna på ledningar och slangar för att förhindra att damm och föroreningar kommer in.

10 Stötta upp vikten från torsionsstaven och länkarmarna med två garagedomkrafter. Alternativt kan en garagedomkraft och en trästav användas, men assistans från en medhjälpare krävs.

11 Skruva loss de nedre fästbultar och lossa båda stötdämparna från torsionsstavet.

12 Sänk försiktigt ner torsionsstaven tills det går att ta bort spiralfjädrarna och fjädersätena. Observera att de övre fjädersätena innehåller kuddar.

13 Se till att torsionsstaven stöds upp, skruva sedan loss och ta bort den främre fästbygelns bultar från underredet **(se bild)**.

14 Sänk ner torsionsstaven på marken och ta bort den från bilen underifrån.

15 Bromsens komponenter kan tas bort från länkarmarna, se relevanta avsnitt i kapitel 9. Navenheter kan tas bort enligt beskrivningen i avsnitt 9.

16 Om det behövs, kan de främre fästbussningarna bytas enligt beskrivningen i avsnitt 14.

Montering

17 Montera tillbaka alla komponenter som togs bort från torsionsstaven, se relevanta avsnitt i detta kapitel och kapitel 9, efter tillämplighet.

18 Kontrollera skicket på gängorna de fasta muttrarna på det främre fästet på underredet. Om det behövs, använd en tapp för att rengöra gängorna.

19 Stötta upp torsionsstaven på

13.13 Främre fästbygel för den bakre torsionsstaven

garagedomkraften och placera enheten under bakvagnen.

20 Lyft domkraften, och montera fästbultarna. Dra inte åt bultarna helt och hållet i detta steg.

21 Placera torsionsstaven så att avståndet mellan spiralfjäderns kontaktytor på länkarmarna och underredet är 168,0 ± 10,0 mm på sedan- och halvkombimodeller, och 198,0 ± 10,0 mm på kombi- och Zafiramodeller. Med torsionsstaven i detta läge, lossa först och dra sedan åt mittbultarna på den främre fästbygeln på varje sida med angivet moment.

22 Dra åt bultarna fullständigt på det främre fästet och underredet till angivet moment för de angivna stegen.

23 Placera de övre och nedre sätena på spiralfjädrarna och montera tillbaka fjädrarna på torsionsstaven.

24 Lyft torsionsstaven tills stötdämparens nedre fästbultar kan sättas i. Dra åt bultarna till angivet moment.

25 Montera tillbaka de hydrauliska och böjliga ledningarna tillsammans med spännbrickorna och dra åt anslutningsmuttrarna till angivet moment.

26 På modeller med bakbroms med utjämningsventil, montera hållaren och fjädern och dra åt bulten till momentet som anges i kapitel 9.

27 På modeller med ABS, kläm fast kablaget på torsionsstaven och återanslut det till bakhjulsgivarna.

28 På modeller med bromstrumma bak, återanslut de bakre vajrarna till kontaktdonen.

29 På modeller med skivor bak, återanslut handbromsvajern vid bromsokets hävarm och montera vajrarna i fästena.

30 Lufta bromsarnas hydraulsystem enligt beskrivningen i kapitel 9.

31 Justera handbromsvajern enligt beskrivningen i kapitel 9, montera sedan tillbaka spakdamasken.

32 På kombimodeller med nivåkontrollsystem för bakfjädringen, trycksätt systemet till 0,8 bar och justera sedan trycket utifrån den aktuella belastningen. Montera tillbaka åtkomstluckan till höger bakre ljusansamling.

33 Montera hjulen och sänk ner bilen.

14 Fästhylsor till bakre torsionsstav – byte

Observera: *Länkarmsbussningar bör alltid bytas parvis – dvs. på bilens båda sidor.*

Demontering

1 Ta bort torsionsstaven och länkarmarna enligt beskrivningen i avsnitt 13.

2 Innan du tar bort bussningarna, använde en huggmejsel för att knacka loss distansbrickorna från länkarmarnas insidor.

3 Det finns ett särskilt Opel-verktyg för

demontering och montering av bussningar men man kan tillverka ett eget verktyg med en lång bult, mutter, brickor, och ett metallrör eller en hylsa. Notera gummibussningarnas läge och bänd sedan bort dem från armen.

Montering

4 Smörj de nya bussningarna med silikonfett eller tvålvatten och dra dem sedan på plats i länkarmarna.

5 Montera tillbaka torsionsstaven och länkarmarna enligt beskrivningen i avsnitt 13.

15 Bakhjulupphängning nivåkontrollsystem – allmänt

1 I förekommande fall, på kombimodeller, justeras den bakre fjädringens nivåstyrsystem genom att man ändrar lufttrycket i de bakre stötdämparna via en ventil på höger sida av bagageutrymmet.

2 Av säkerhetsskäl får nivåkontrollsystemet inte trycksättas helt när bilen körs olastad.

3 Justera systemet på följande sätt.

4 Med bilen olastad, använd en däcktrycksmätare på luftventilen för att kontrollera att systemets tryck är 0,8 bar. Justera vid behov. Systemtrycket får aldrig gå ner under 0,8 bar.

5 Med bilen på plant underlag, mät avståndet från den bakre stötfångarens undersida till marken. Subtrahera 40,0 mm från det uppmätta avståndet och anteckna det nya värdet.

6 Belasta bilen, och om det behövs öka trycket i systemet tills det noterade värdet för stötfångarens höjd uppnås. Överskrid inte ett tryck på 5,0 bar.

7 När du har avlastat bilen, tryckavlasta systemet till minimitrycket på 0,8 bar.

16 Luftventil och ledningar för bakfjädringens nivåkontroll – demontering och montering

Demontering

1 Med bakrutan öppen, vrid de två fästanordningarna 90° och sväng upp kåpan för att komma åt belysningen till höger. Ta bort locket och ta sedan bort trycket från nivåsystemet genom att trycka ner mitten av Schraderventilen.

2 Skruva loss fästmuttern och koppla loss luftventilen från fästbygeln. Kläm sedan ihop tapparna och koppla loss luftledningen.

3 Vrid fästklämman och lossa luftventilationsledningen från den högra tryckledningen från underredet.

4 Vrid fästklämmorna och koppla loss höger och vänster tryckrör från T-kopplingen. Lossa tryckledningarna från underredets klämmor och ta bort dem.

17.4 Lossa kablaget till radions reglage

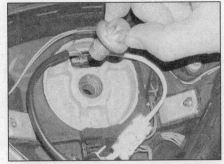

17.5 Ta bort torxfästbulten som håller fast ratten på styrstången

17.7 För in kablaget genom hålet när ratten tas bort

Montering

5 Monteringen utförs i omvänd ordningsföljd mot demonteringen men avsluta med att trycksätta systemet och söka efter luftläckor.

17 Ratt – demontering och montering

> **Varning: Innan ratten tas bort, följs säkerhetsföreskrifterna för krockkuddar i kapitel 12 och i avsnitt 1 i detta kapitel.**

Demontering

1 Lossa batteriets jordledning (minuspolen) (se kapitel 5A).
Varning: Vänta i minst 1 minut innan arbetet återupptas. Detta är nödvändigt för att

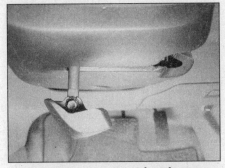

18.3 Ta bort knoppen från stångens justerspak

18.4a Bänd ut kåporna . . .

krockkuddens kondensator ska kunna tömmas helt.
2 Ställ framhjulen rakt framåt och lås sedan rattstången i det läget när du har tagit bort startnyckeln.
3 Ta bort krockkudden/signalhornet från ratten enligt beskrivningen i kapitel 12, avsnitt 24. Lägg krockkudden på en säker plats där den inte kan förstöras, se till att den stoppade sidan är vänd uppåt.
4 Om en sådan finns, lossa kablaget från radioreglaget **(se bild)**.
5 Skruva loss de torxfästbulten som håller fast ratten på rattstången **(se bild)**.
6 Gör inställningsmarkeringar mellan ratten och rattstångens axel.
7 Ta tag i ratten med båda händerna och vicka den försiktigt från sida till sida så att den lossnar från räfflorna på rattstången. Under det at det tas bort, styr kablaget för kontaktenheten (och radiostyrningen om sådan finns) genom hålet **(se bild)**.
8 Kom inte åt kontaktenheten när ratten är borttagen. Håll fast dess centrala läge med tejp vid behov.

Montering

9 Kontrollera att kontaktenheten har placerats så att pilarna pekar i samma riktning. Om delen har rörts, sätt tillbaka den i mittläget genom att trycka ner spärrhaken och rotera den helt moturs och sedan medurs för att fastställa mittläget – det finns anvisningar på enheten.
10 Placera ratten över räfflorna på stången

och för in kablaget till kontaktenheten (och radions kontrollenhet om sådan finns) genom hålet.
11 Se till att körriktningsvisarspaken är i mittläget (från) och placera ratten på stångens räfflor i linje med markeringarna som gjordes vid demonteringen. När ratten placeras på räfflorna, se till att kontaktenheten griper in korrekt både i rattstången och indikeringsbrytaren.
12 Montera fästbulten och dra åt till angivet moment, håll ratten stilla under tiden.
13 Återanslut radiokontrollbrytarens kablage.
14 Montera tillbaka krockkudden/signalhornet och återanslut kablaget. Sätt i de två skruvarna och dra åt dem till angivet moment.
15 Lossa styrinrättningslåset, och återanslut batteriets jordledning.

18 Rattstång – demontering och montering

Demontering

1 Demontera ratten enligt beskrivning i avsnitt 17.
2 Justera rattstången till maximal räckvidd och det lägsta läget och lås den i detta läge.
3 Skruva loss skruven och ta bort knoppen från stångens justerspak **(se bild)**.
4 Bänd ut kåporna, skruva sedan loss de två skruvarna och ta bort rattstångens övre kåpa **(se bilder)**.

18.4b . . . skruva sedan loss skruvarna . . .

18.4c . . . och ta bort den övre rattstångskåpan

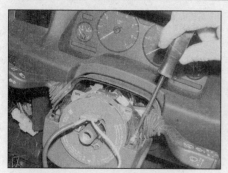

18.5a Skruva loss de övre skruvar ...

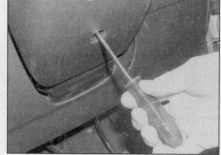

18.5b ... och den nedre skruven ...

18.5c ... och ta bort den nedre
rattstångskåpan

5 Skruva loss de två övre och den nedre skruven och ta bort rattstångens nedre kåpa **(se bilder)**.
6 Använd en skruvmejsel och bänd försiktigt ut anslutningskontakten från krockkuddekontaktenhetens överdel.
7 Lossa klämmorna och ta bort kontaktenheten från rattstången. **Observera:** *Alla senare enheter har en låsanordning som håller den i mittposition.* **Undvik att lossa denna enhet kontaktenheten borttagen.**
8 Lossa och ta bort blinker- och torkarreglagen från kåpan på rattstången enligt beskrivningen i kapitel 12, avsnitt 4.
9 Ta bort tändningsnyckeln och bänd ut den runda panelen för motorlåsningssystemet/transpondern.
10 Sätt i tändningsnyckeln och sätt den i läget 'Tillbehör'. Sätt i en skruvmejsel i hålet på tändningens brytare och tryck ner spärrfliken, dra sedan bort brytaren från rattlåshuset **(se bild)**.
11 Om en sådan finns, ta bort motorlåsningssystemet/transponderenheten från rattstången enligt följande. På modeller med en startspärr/transponder **utan** fästtappar, lossa kablaget, sedan ta bort enheten från tändningslåshuset. Ta bort tändningslåscylindern enligt beskrivningen i kapitel 12, avsnitt 4. På modeller med en startspärr/transponder **med** fästtappar, ta bort tändningslåscylindern enligt beskrivningen i kapitel 12, och lossa enheten från tändningslåshuset. Om det behövs, ta bort skyddslocket, och lossa kablaget.

12 Ta försiktigt bort kåpan från stången och spännfjädrarna **(se bild)**.
13 Lossa kabelkanalen från rattstången. Ta sedan bort panelerna och luftkanalen i fotutrymmet på förarsidan.
14 Märk upp den övre leden på rattstångens mellanaxel i förhållande till rattstången för att underlätta återmonteringen. Skruva sedan loss och ta bort fästbulten. Tryck leden från räfflorna på rattstångens nedre del, observera att mellanaxeln är av teleskopmodell.
15 På modeller med ESP (elektronisk stabilisering), lossa kablaget från styrningens vinkelsensor. Tryck sedan in fliken med en skruvmejsel och lossa sensorn från adaptern. Flytta långsamt givaren nedåt.
16 Stötta upp rattstången, och skruva loss rattstångens nedre klämma och övre fästbultar **(se bild)**. Om tillämpligt, lossa den nedre fästhaken och var noga med att inte böja den. På modeller med ESP drar du stången lite uppåt och lossar givaren från stångens nedre del. Observera var eventuella mellanlägg är placerade bakom den nedre fästklämman/övre fästbygeln.
17 Ta bort stången från mellanväggens fäste och ta bort den från bilens insida.

Montering

18 Innan rattstången återmonteras, montera den nedre fästklämman löst och skruva i bultarna flera varv; montera inte de övre fästbultarna i detta steg. För försiktigt rattstången genom den nedre fästtvingen och se till att kablaget inte skadas. På modeller

med ESP letar du reda på rattvinkelgivaren längst ner på stången och kontrollera att fästfliken hakar i som den ska.
19 På modeller tillverkade efter 2000, montera de övre fästbultarna och dra åt dem till angivet moment.
20 På modeller tillverkade fram till och med 1999 där mellanlägg monterades, sätt in dem mellan det nedre fästet och tvärbalken. Sätt i den nedre klämman och de övre fästbultarna och dra åt till angivet moment.
21 På modeller tillverkade fram till och med 1999 där mellanlägg inte monterades, införskaffa 4 mellanlägg (var och ett med tjockleken 1,0 mm) från en Opel-verkstad och montera dem som en 4,0 mm tjock enhet mellan det nedre fästet och tvärbalken. Dra åt fästbulten till angivet moment, ta sedan tag i den nedre änden av den inre kolonnen och försök att skjuta den uppåt (dvs. mot rattens position). Den grå styrhylsan på det nedre fäste ska inte röra på sig. Om så är fallet, ta bort en av mellanläggen och gör kontrollen igen. Upprepa vid behov proceduren tills styrhylsan sitter ordentligt. Sätt sedan in de övre fästbultarna och dra åt dem till angivet moment. Om tillämpligt, kontrollera att spärrhaken befinner sig framför den nedre lagerhylsan.
22 På modeller med ESP, återanslut kablaget till styrvinkelsensorn.
23 Placera mellanaxeln på räfflorna på stångens nederdel och se till att märkena som gjordes tidigare är i linje med varandra. Observera att om axeln och stången inte är korrekt linjerade så kan du inte föra in

18.10 Ta bort tändningsbrytaren

18.12 Ta bort stångens kåpa och
spännfjädrar

18.16 Rattstångens övre fästbult (vänster
sida)

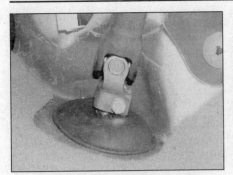

19.3a Mellanaxelns anslutning till styrkugghjul

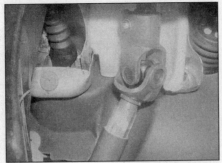

19.3b Mellanaxelns anslutning till rattstången

19.4 Vy över kugghjulet (styrinrättningen borttagen från bilen)

klämbulten. Sätt in klämbulten och dra åt den ordentligt.

24 Montera tillbaka luftkanalen och panelerna i fotutrymmet och kläm fast kabelhärvans kanal på rattstången.

25 Montera tillbaka motorlåsningssystemet/transponderenheten på rattstången i omvänd ordningsföljd mot demonteringen. På modeller med en startspärr/transponder **utan** fästtappar, montera tillbaka tändningslåscylindern enligt beskrivningen i kapitel 12, avsnitt 4, och fäst enheten på tändningslåshuset. På modeller med en startspärr/transponder **med** fästtappar, fäst enheten på tändningslåshuset, och montera tändningslåscylindern enligt beskrivningen i kapitel 12. Om det behövs, återanslut kablaget montera sedan tillbaka skyddslocket.

26 Montera tillbaka stångens kåpa och spännfjädrar.

27 Sätt tändningsnyckel i läget 'Tillbehör' och montera tillbaka tändningsbrytaren på rattlåshuset. Se till att klämman hakar fast ordentligt.

28 Ta bort tändningsnyckeln och montera sedan den runda panelen för motorlåsningssystemet/transpondern.

29 Montera tillbaka blinker- och torkarreglagen på kåpan på rattstången enligt beskrivningen i kapitel 12, avsnitt 4.

30 Montera krockkuddens kontaktenhet vid rattstången. Se till att styrsprintarna kommer i hålen och att fästklämmorna hakar i korrekt. **Observera:** *Det är viktigt att fästklämmorna sitter i helt och hållet. Om har skadats på något sätt måste hela kontaktenheten bytas ut.*

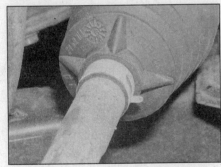

20.2 Yttre klämma för styrinrättningens gummidamask

31 Montera försiktigt anslutningskontakten vid kontaktenhetens övre del.

32 Montera rattstångens nedre kåpa och sedan den övre kåpan med fästskruvarna.

33 Montera knoppen på stångens justerspak och dra åt skruven.

34 Montera tillbaka ratten enligt beskrivningen i avsnitt 17.

19 Rattstångens mellanaxel – demontering och montering

Demontering

1 Kontrollera att framhjulen fortfarande pekar rakt fram. Ta bort tändningsnyckeln och låt rattlåset haka i.

2 Ta bort fotutrymmets paneler och luftmunstyckets kanal från förarens fotutrymme.

3 Märk ut de övre och nedre lederna på rattstångens mellanaxel i förhållande till rattstången och styrväxelns kugghjul inför återmonteringen och skruva sedan loss de båda klämbultarna **(se bilder).**

4 Tryck ihop den teleskopiska mellanaxeln och ta bort lederna från stången och drevet **(se bild).** ta bort mellanaxeln från bilens inre.

Kontroll

5 Kontrollera att mellanaxelns knutkors inte är slitna eller skadade. Om någon av lederna är sliten eller skada måste du byta hela axelenheten.

Montering

6 Kontrollera att framhjulen och ratten fortfarande är rakställda och att ratten fortfarande är låst.

7 Sätt dit mellanaxelns nedre led på styrväxeldrevet. Placera den korrekt i förhållande till de markeringar som du gjorde tidigare. Observera att du inte kan föra in klämbulten om räfflorna inte är korrekt linjerade. Applicera en droppe gänglåsning på klämbulten, och dra åt den till angivet moment.

8 För mellanaxelns övre ände på plats på

stångens räfflor med de tidigare gjorda markeringarna i rätt läge. Sätt in klämbulten och dra åt den ordentligt.

9 Återanslut luftmunstyckets kanal och montera tillbaka fotutrymmets paneler i förarens fotutrymme.

20 Styrinrättningens gummidamasker – byte

1 Ta bort den relevanta styrstagsände enligt beskrivningen i avsnitt 24.

2 Ta bort de inre och yttre fästklämmorna **(se bild)**, och ta sedan bort damasken från styrstagets ände.

3 Rengör noggrant styrstaget och för sedan den nya damasken på plats. Observera att det finns ett spår i parallellstaget för damaskens ytterände.

4 Montera damaskens fästklämmor, med nya klämmor om det behövs. Se till att damasken inte har vridits.

5 Montera tillbaka styrstagsänden enligt beskrivningen i avsnitt 24.

6 Låt framhjulens toe-inställning bli kontrollerad och justerad så snart som möjligt.

21 Styrinrättning – demontering och montering

Demontering

1 Kontrollera att framhjulen fortfarande pekar rakt fram. Ta bort tändningsnyckeln och låt rattlåset haka i.

2 Ta bort den främre hjälpramen enligt beskrivningen i avsnitt 4.

3 På vänsterstyrda modeller, skruva loss det bakre motorfäste från hjälpramen.

4 Om en sådan finns, skruva loss stödfästet för tryck- och returledningarna från hjälpramen.

5 Placera ett lämpligt kärl under styrväxelns vätskeanslutningar för att fånga upp vätskespillet.

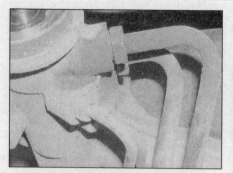

21.6 Hydraulvätskeledningar på styrinrättningen

21.9 En fästbult till styrinrättningen

6 Skruva loss anslutningsmuttrarna och lossa vätsketryck- och returledningarna från styrinrättningen **(se bild)**.
7 Observera hur kablaget är draget och koppla sedan loss det från den elektriska hydraulpumpen och ta bort det från hjälpramen.
8 Skruva loss fästmuttrarna och ta bort den elektriska hydraulpumpen tillsammans med vätskebehållaren och tryck-/returledningarna från hjälpramen och styrinrättningen. Observera om bilen har en rund (TRW) eller rektangulär (Delphi) hydraulvätskebehållare.
9 Skruva loss fästbultarna och ta bort styrinrättningen från hjälpramen **(se bild)**. Om det behövs, ta bort krängningshämmaren enligt beskrivningen i avsnitt 6. Tillverkarna rekommenderar att fästbultarna byts ut närhelst de tagits bort.
10 Om det behövs, ta bort the styrstagsänden och parallellstagen enligt beskrivningen i avsnitt 24 och 25. **Observera:** *Nya styrväxlar kan erhållas från Opel med eller utan monterade parallellstag. Ta bort gummigenomföringen från kugghjulet.*

Montering

11 Montera tillbaka parallellstagen och styrstagsände enligt beskrivningen i avsnitt 24 och 25. Återmontera också gummigenomföringarna på kugghjulet.
12 Rengör styrinrättningen och hjälpramen, och sätt styrinrättningen på plats. Sätt i och dra åt fästbultarna till angivet åtdragningsmoment.
13 om den har tagits bort, montera tillbaka krängningshämmaren enligt beskrivningen i avsnitt 6.

22.5a Servostyrningens elektriska hydrauliska pump

14 Montera tillbaka den elektriska hydraulpumpen, tillsammans med vätskebehållaren och tryck-/returledningarna på hjälpramen och styrinrättningen, och dra åt monteringsmuttern till angivet moment.
15 Återanslut kabelhärvan till den elektriska hydrauliska pumpen och fäst den på hjälpramen.
16 Montera nya gummitätningsringar på tryck- och returledningarna. Montera sedan tillbaka ledningarna till styrinrättningen och dra åt anslutningsmuttrarna till angivet moment.
17 Om en sådan finns, montera tillbaka tryck- och returledningarnas fäste på hjälpramen och dra åt fästbultarna till angivet moment.
18 På vänsterstyrda modeller, montera tillbaka det bakre motorfästet på hjälpramen och dra åt den till angivet moment.
19 Montera tillbaka den främre hjälpramen enligt beskrivningen i avsnitt 4.
20 Lufta servosystemet enligt beskrivningen i avsnitt 23.
21 Låt framhjulens toe-inställning bli kontrollerad och justerad så snart som möjligt.

22 Elektrohydraulisk servostyrningspump – demontering och montering

Demontering

1 Ta bort den främre hjälpramen enligt beskrivningen i avsnitt 4.
2 Placera ett lämpligt kärl under servostyrningspumpen för att fånga upp vätskespillet.
3 Lossa tryck- och returledningarna

22.5b Fästmuttrar för den hydrauliska pumpen

från servostyrningspumpen. Använd en spännare för att skruva loss tryckledningens anslutningsmutter. Skär vid behov loss returledningsklämman och byt den mot en klämma av skruvtyp.
4 Observera kabeldragningen och koppla sedan loss den vid kontakten och karossens jordanslutning. **Observera:** *Kabelnätet levereras tillsammans med pumpen och kan inte tas loss från denna.*
5 Skruva loss fästmuttrarna och ta bort den elektriska hydraulpumpen tillsammans med fästbygeln, kablaget och vätskebehållaren från hjälpramen och styrväxeln **(se bilder)**. Observera att bilen antingen har en rund (TRW) eller rektangulär (Delphi) hydraulvätskebehållare. Notera också att kontaktdonet var av 2-stifttyp före årsmodell 2000 och av 3-stifttyp efter detta, och att en adapter kan erhållas från Opel i det fall en ny pump monteras på en årsmodell från före 2000.
6 Skruva loss fästmuttrarna och ta bort den elektriska hydraulpumpen och fästhylsorna från fästbygeln. Undersök gummibussningarna och leta efter tecken på skador och slitage. Byt dem om det behövs.

Montering

7 Montera tillbaka pumpen och bussningarna på fästbygeln och dra åt fästmuttrarna.
8 Montera tillbaka den elektriska hydraulpumpen och fästet på hjälpramen och styrinrättningen och dra åt fästmuttrarna till angivet moment.
9 Återanslut kabelstammen och anslut kabeln till jordningspunkten. Kontrollera att kablaget är draget enligt vad som noterades vid demonteringen.
10 Montera en ny gummitätningsring på tryckledningen, och återanslut tryck- och returledningarna till servostyringspumpen. Dra åt tryckledningens anslutningsmutter, och montera en ny klämma på returledningen
11 Skruva loss locket från vätskebehållaren och ta bort filtret. Rengör filtret och montera in det igen, fyll därefter på behållaren med angiven vätska och dra åt locket. Det finns vätskenivåmarkeringarna på behållaren, men observera att det på ett TRW-system finns vätskenivåmarkeringar av mätstickan som är inbyggd i locket. På ett Delphi-system däremot sitter nivåmätstickan på filterbotten. **Observera:** *Återanvänd inte urtappad hydraulvätska.*
12 Montera tillbaka den främre hjälpramen enligt beskrivningen i avsnitt 4.
13 Lufta servosystemet enligt beskrivningen i avsnitt 23.

23 Servostyrningens hydraulsystem – luftning

Observera: *Systemet måste luftas vid rumstemperatur – lufta inte systemet omedelbart efter det att bilen körts.*

1 Kontrollera och fyll på servooljan till MAX-markeringen enligt beskrivningen in *Veckokontroller*. Om systemet regelbundet måste fyllas på, kontrollera att slangarna inte läcker.

TRW system

2 Starta motorn och vrid sedan ratten helt från vänster till höger tre gånger med motorn igång.
3 Slå av motorn och kontrollera vätskenivån. Fyll vid behov på till MAX-märket **(se bilder)**.
4 Starta motorn och vrid ratten från vänster till höger flera gånger medan du lyssnar efter ovanligt högt ljud. Upprepa luftningen om servostyrningen låter mycket, eftersom detta tyder på att det kvarstår luft i systemet.

Delphi system

5 Starta motorn och vrid sedan ratten helt från vänster till höger två gånger med motorn igång.
6 Slå av motorn och kontrollera vätskenivån. Fyll vid behov på till MAX-märket.
7 Starta motorn och vrid ratten från vänster till höger flera gånger medan du lyssnar efter ovanligt högt ljud. Upprepa luftningen om servostyrningen låter mycket, eftersom detta tyder på att det kvarstår luft i systemet.

---

24 Styrstagsände –
demontering och montering

Observera: *En kulledsavdragare behövs för detta moment.*

Demontering

1 Dra åt handbromsen. Lyft upp framvagnen och ställ den på pallbockar (se *Lyftning och stödpunkter*). Demontera det relevanta hjulet.
2 Lossa styrstagsändens låsmutter på styrstaget ett kvarts varv medan du håller styrstaget stilla med en andra skruvnyckel på de flata ytorna **(se bild)**. Använd vid behov en stålborste för att ta bort rost från muttern och gängorna, och smörj gängorna med genomträngande olja innan du lossar muttern. Som en extra kontroll, mät de synliga gängorna på parallellstaget med hjälp av skjutmått. Detta garanterar att styrstagsänden monteras tillbaka i samma position.
3 Dra om det behövs ut saxsprinten och skruva sedan loss och ta bort kulledens mutter som håller fast styrstagsänden vid styrarmen på hjulspindeln **(se bild)**.
4 Koppla loss styrstagsändens kulled från styrarmen på hjulspindeln med en kulledsavdragare. Se till att du inte skadar kulledens damask **(se bilder)**.
5 Skruva loss styrstagsänden från styrstaget. Räkna hur många varv som behövs för att ta bort den och se till att du inte påverkar låsmuttern. **Observera:** *Styrstagsändarna är olika för varje sida. Den högra styrstagsänden är märkt med ett R och är högergängad*

medan den vänstra är märkt med ett L och är vänstergängad.

Montering

6 Skruva på styrstagsänden på styrstaget med lika många varv som noterades vid demonteringen. kontrollera att den synliga delen av parallellstagets gänga är lika stor som det noterades förut.
7 Sätt dit styrstagsändens kulled i styrarmen på hjulspindeln, montera sedan muttern och dra åt till angivet moment. Om kulledens stift vrids när muttern dras åt trycker du ner styrstagsänden för att tvinga in stiftet i armen. Om det behövs, montera en ny saxsprint.
8 Dra åt styrstagsändens låsmutter på styrstaget medan du håller styrstaget stilla med en andra skruvnyckel på de platta ytorna. Dra om möjligt åt muttern till angivet moment med hjälp av en speciell kråkfotsadapter på momentnyckeln.

23.3a Servooljebehållare (Zafira)

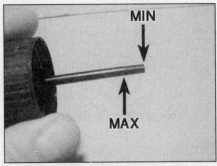

23.3 Hydraulvätskans nivå markeras på den inbyggda mätstickan på TRW-systemet

9 Montera tillbaka hjulet, sänk ner bilen och dra åt hjulbultarna till angivet moment.
10 Låt undersöka och justera framhjulsinställningen så snart som möjligt.

---

25 Parallellstag –
demontering och montering

Demontering

1 Ta bort styrstagsänden från det relevanta parallellstaget enligt beskrivningen i avsnitt 24. På högerstyrda modeller är det på samma sätt nödvändigt att ta bort båda styrstagsändarna och bälgarna när det vänstra styrstaget tas bort. På vänsterstyrda modeller är det på samma sätt nödvändigt att ta bort båda

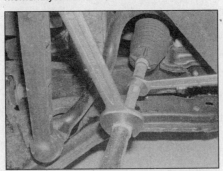

24.2 Håll parallellstaget stilla när styrstagsändens låsmutter lossas

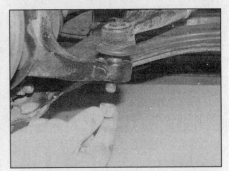

24.3 Skruva loss kulledens mutter som håller fast styrstagsänden mot styrarmen på navhållaren

24.4a Använd en kulledsavdragare...

24.4b ... för att lossa styrstagsändens kulled från styrarmen

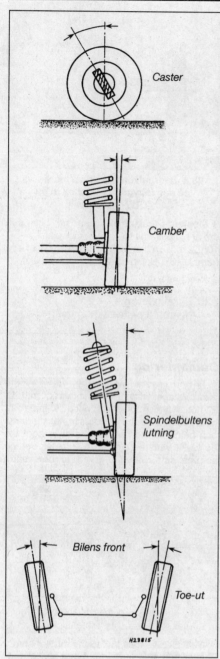

Caster

Camber

Spindelbultens lutning

Bilens front

Toe-ut

H23815

26.2 Hjulinställning och styrningsvinklar

styrstagsändarna och bälgarna när det högra styrstaget tas bort.

2 Ta om det behövs bort hjulhusfodret eller panelen från hjulhusets undersida genom att skruva loss fästena (se kapitel 11).

3 Lossa klämmorna och ta bort gummidamaskerna från styrväxeln och styrstaget. Ta bort bälgarna från båda sidor vid behov (se punkt 1). Om metallklämmor monterats, bänd endera loss dem med en skruvmejsel eller kapa dem försiktigt med en bågfil.

4 Vrid styrningen till fullt rattutslag så att kuggstången sticker ut ur styrväxeln på den aktuella sidan. Märk det inre ledhuset och stången i förhållande till varandra för att ange hur nära de sitter (se avsnitt 6).

5 Håll kuggstången stilla med en skruvnyckel på de platta ytorna och skruva sedan loss och ta bort styrstagets inre drivknutshus. Använd endera en stor, ställbar skruvnyckel eller en gripare.

Montering

6 Rengör gängorna och stryk på lite låsvätska på dem. Skruva sedan in styrstagets inre drivknutshus i kuggstången och dra åt till angivet moment. Pga. dess storlek och utformning kan det vara svårt att använda en momentnyckel. I detta fall ska ledhuset dras åt tills de märken som dessförinnan gjorts befinner sig i linje med varandra.

7 Montera damaskerna. Tryck dit inneränden så långt det går på styrväxeln och kontrollera att den yttre änden sitter på plats i spåret på styrstaget. Använd nya klämmor om det behövs.

8 Vid behov, montera tillbaka hjulhusfodret eller klädseln.

9 Montera tillbaka styrstagsänden enligt beskrivningen i avsnitt 24.

10 Låt undersöka och justera framhjulsinställningen så snart som möjligt.

26 Hjulinställning och styrvinklar – allmän information

Främre hjulinställning

1 En precis framhjulsinställning är ytterst viktigt för god styrförmåga och jämnt däckslitage. Innan du tänker på styrvinklarna, kontrollera att däcken har korrekt lufttryck, att framhjulen inte är buckliga, navlagren inte är slitna och att styrlänken är i bra skick och inte slapp eller sliten i lederna. Bränsletanken måste vara halvfull och framsätena måste vara belastade med 70 kg.

2 Hjulinställningen beror på fyra faktorer (se bild):

Camber, är vinkeln mellan framhjulen och en vertikal linje sett framifrån eller bakifrån. Positiv camber är det värde (i grader) som hjulen lutar utåt från vertikallinjen upptill. Negativ camber är det värde (i grader) som hjulen lutar inåt från vertikallinjen upptill. Cambervinkeln ställs in vid tillverkningen och kan inte justeras.

Castor, är vinkeln mellan styraxeln och en vertikal linje sett från sidan av bilen. Positiv caster gäller när den övre delen av styraxeln lutar mot bilens bakre del. Denna vinkel kan inte justeras.

Styraxelns lutning (axeltappslutning) är vinkeln, som ses från bakvagnen eller framvagnen mellan den vertikala riktningen

och en tänkt linje som dras mellan det övre och det nedre fästet för framvagnens fjädringsben. Denna vinkel kan inte justeras.

Toe-in är det värde med vilket avståndet mellan framhjulens innerkant skiljer sig från avståndet mellan bakhjulens innerkant. Om avståndet mellan de främre kanterna är mindre än mellan de bakre, säger man att hjulvinkeln är "toe-in". Om avståndet mellan de inre kanterna är större än mellan de bakre, säger man att hjulvinkeln är "toe-out".

3 Eftersom man behöver en precisionmätare för att mäta styrningens och upphängningens små vinklar bör du överlåta kontrollen av camber- och castervinkel åt en verkstad som har tillgång till nödvändig utrustning. Castervinkeln ställs in när bilen tillverkas och en avvikelse från den angivna vinkeln beror på skada vid en olycka eller allvarligt slitage av upphängningsfästena.

4 När du ska kontrollera framhjulsinställningen ska du först se till att de båda styrstagen är lika långa när styrningen är rakställd. Parallellstagens längd kan justeras om det behövs genom att man lossar låsmuttrarna från styrstagsändarna och vrider på parallellstagen. Använd vid behov en självlåsande tång för att vrida parallellstagen.

5 Skaffa en hjulinställningsmätare. Dessa kan erhållas i varierande utformningar från tillbehörsbutiker, eller man kan tillverka en sådan del av ett stycke stålrör som böjts på ett lämpligt sätt så att det inte kommer i kontakt med sumpen eller växellådan. Delen måste ha en fästskruv och en låsmutter i ena änden.

6 Parkera bilen på en plan yta. Mät avstånden mellan de båda hjulparens innerkanter (i höjd med naven) baktill på hjulen. Putta bilen framåt för att rotera hjulet 180° (ett halvt varv) och mät avståndet mellan hjulets innerfälgar, även nu i navhöjd, på hjulets främre del. Detta sistnämnda mått ska skilja sig från det första måttet med relevant vinkling av hjulen mot mittlinjen, vilket anges i specifikationerna.

7 Om toe-in är felinställt, lossa styrstagsändens låsmuttrar och vrid båda styrstagen lika mycket. Vrid den endast ett kvarts varv i taget innan du kontrollerar linjeringen igen. Använd vid behov en självlåsande tång för att vrida parallellstagen. Det är viktigt att inte låta parallellstagen bli olika långa vid justeringen, då kan linjeringen av ratten bli felaktig och det uppstår onödigt slitage på däcken i svängar.

8 Avsluta med att dra åt låsmuttrarna utan att ändra inställningen. Kontrollera att kullederna befinner sig i mitten av den både de beskriver vid förflyttning.

Bakhjulinställning

9 Bakhjulens horisontella och vertikala vinkling ges bara som referens eftersom ingen justering av värdena är möjlig.

Kapitel 11
Kaross och detaljer

Innehåll

Svårighetsgrad

Enkelt, passar novisen med lite erfarenhet	**Ganska enkelt**, passar nybörjaren med viss erfarenhet	**Ganska svårt**, passar kompetent hemmamekaniker

Svårt, passar hemmamekaniker med erfarenhet	**Mycket svårt**, för professionell mekaniker

Specifikationer

Åtdragningsmoment	Nm
Motorhuvens låstunga	22
Framsäte ryggstöd till kudde	35
Främre säkerhetsbälte	20
Framsäte	20
Bakre säkerhetsbältessspår till golv.........................	35
Säkerhetsbältets höjdjusterare, fästbultar	20
Säkerhetsbältets rulle till B-stolpe	35
Säkerhetsbältets rulle till C-stolpe	35
Bältesrulle till baksätets ryggstöd	35
Bältesträckare till framsäte.................................	35
Säkerhetsbälte till framsäte	20
Säkerhetsbälte till höjdjusterare............................	35

1 Allmän information

Karossen och golvplattan är tillverkade av pressat stål, och tillsammans utgör de bilens stomme. Astra finns som 4-dörrars sedan, 3- och 5-dörrars halvkombi och 5-dörrars kombi. Zafira är flexibilversionen med sju säten av Astra.

Olika delar av strukturen har förstärkts för att ge upphängnings-, styrnings- och motorfästespunkter och för att fördela lasten. Observera att man har använt rörformade förstärkningsstag i dörrarna för att ge de åkande extra skydd vid en eventuell sidokrock.

Omfattande korrosionsskydd appliceras på alla nya bilar. Olika antikorrosionsbehandlingar används, inklusive galvanisering, zinkfosfatering och grundbeläggning med PVC. Skyddsvaxet sprutas in i facksektionerna och andra håligheter.

Plast används i hög utsträckning för perifera komponenter som kylargaller, stötfångare och navkapslar och för mycket av den invändiga klädseln.

Inredningsdetaljerna håller hög standard på alla modeller och det finns ett stort utbud av tillvalsutrustning i hela serien.

2 Underhåll av kaross och underrede – allmänt

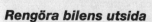

Rengöra bilens utsida

Karossens allmänna skick påverkar bilens värde väsentligt. Underhållet är enkelt men måste utföras regelbundet. Försummat underhåll, speciellt efter smärre skador, kan snabbt leda till värre skador och dyra reparationer. Det är även viktigt att hålla ett öga på de delar som inte är direkt synliga, exempelvis underredet, under hjulhusen och de nedre delarna av motorrummet.

Tvättning tillhör de grundläggande underhållet av karossen – helst med stora mängder vatten från en slang. Detta tar bort all lös smuts som har fastnat på bilen. Det är viktigt att smutsen spolas bort på ett sätt som förhindrar att lacken skadas. Hjulhusen och underredet behöver tvättas på samma sätt för att avlägsna lera som samlats där, eftersom denna kan vara fuktig och leda till rost. Detta gäller speciellt på vintern, när det är viktigt att salt (från saltning av vägarna) tvättas bort. Paradoxalt nog är det bäst att tvätta av underredet och hjulhuset när det regnar eftersom leran då är blöt och mjuk. Vid körning i mycket våt väderlek spolas vanligen underredet av automatiskt; detta är därför en bra tidpunkt för kontroll.

Om bilen är mycket smutsig, framförallt undertill eller i motorrummet, är det frestande att använda en högtryckstvätt eller en ångrengöringsmaskin som ofta finns på bensinmackar. De är snabba och effektiva, framförallt när man ska ta bort ansamlingar av oljig smuts som ibland kan bli riktigt stora, men de innebär också några nackdelar. Om intorkad smuts blåses bort från lacken blir den snart repad och matt, och trycket kan göra att det kommer in vatten genom dörr- och fönstertätningarna och låsmekanismerna, om en sådan stråle riktas med full kraft mot bilens underrede är det lätt att skada den vaxbaserade skyddsbeläggningen, och det kan tränga in vatten (med rengöringslösning) i håligheter eller komponenter som normalt inte nås. Om sådan utrustning används för att rengöra motorrummet kan det komma in vatten i bränsle- och elsystemens komponenter, och den skyddande beläggning som många komponenter får vid tillverkning kan försvinna, detta kan därför faktiskt leda till korrosion (särskilt inuti elanslutningar) och orsaka motorproblem och andra elektriska fel. Om strålen riktas direkt mot någon av oljetätningarna kan vatten tvingas in förbi tätningarnas kanter och hamna i motorn eller växellådan. Därför krävs stor omsorg om sådan utrustning används, och i allmänhet ska rengöring med sådana metoder undvikas.

En mycket bättre lösning i det långa loppet är att helt enkelt spola bort så mycket lösa föroreningar som möjligt med enbart en slang, även om det gör att motorrummet fortfarande ser "smutsigt" ut. Om det har uppstått ett oljeläckage, eller om det finns andra olje- eller fettansamlingar som måste tas bort, finns det ett par utmärkta fettborttagningsmedel som kan appliceras med en borste. sedan kan smutsen helt enkelt spolas bort. Var noga med att ersätta det vaxbaserade skyddslagret om det har skadats av lösningsmedlet.

Normal tvätt av bilens kaross utförs med kallt eller varmt vatten och ett vanligt bilschampo. Asfaltsfläckar får du bort med lacknafta, följt av tvålvatten för att få bort alla rester av lacknaftan. Försök att hålla motorhuvens luftintag fria från vatten och kontrollera efteråt att avloppsslangen från värmeenhetens intagsbox är fri från blockeringar, så att eventuellt vatten har kunnat komma ut ur lådan.

Torka av lacken med sämskskinn efter tvätten så att den får en fin yta. Ett lager med genomskinligt skyddsvax ger förbättrat skydd mot kemiska föroreningar i luften. Om lacken mattats eller oxiderats kan ett kombinerat rengörings-/polermedel återställa glansen. Detta kräver lite arbete, men sådan mattning orsakas vanligen av slarv med regelbundenheten i tvättningen. Metallic-lacker kräver extra försiktighet och speciella slipmedelsfria rengörings-/polermedel krävs för att inte skada ytan.

Kromade ytor ska behandlas på samma sätt som lackerade.

Fönster och vindrutor ska hållas fria från fett och smuts med hjälp av fönsterputs. Vax eller andra medel för polering av lack eller krom ska inte användas på glas.

Kontroll av utsidans lackering och karosspaneler

När bilen har tvättats och alla asfaltsfläckar och andra fläckar har tagits bort, kontrollera all lack noggrant och leta särskilt efter urflisning och repor, var extra noga med att kontrollera känsliga områden som bilens främre parti (motorhuv och spoiler) och områdena runt hjulhusen. Skador på lacken måste åtgärdas så fort som möjligt för att tillverkarens garanti avseende utseende och korrosionsskydd ska gälla; rådfråga en Opel-verkstad vad gäller detaljer.

Om du hittar en urflisning eller (lätt) repa som har uppstått nyligen och ännu inte har rostat kan den fixas till med hjälp av lämplig lackpenna, Sådana finns att köpa från Opel-verkstäder. En något allvarligare skada eller rostiga märken efter stenskott kan repareras som det beskrivs i avsnitt 4, men om skadan eller korrosionen är så allvarlig att en panel måste bytas ut bör professionella råd inhämtas så snart som möjligt.

Kontrollera alltid att dräneringshål och rör i dörrar och ventilation är öppna så att vatten kan rinna ut.

Underrede - kontroll av tätningsmedel

Underredets vaxbaserade skyddslager ska kontrolleras årligen, helst strax före vintern. Tvätta underredet så noggrant och så skonsamt som möjligt (se ovan vad gäller ångrengöring etc.) och åtgärda eventuella skador på beläggningen. Om någon av karosspanelerna hanteras för reparationer eller byts ut måste du komma ihåg att byta ut beläggningen och spruta in vax i dörrpanelerna, trösklarna, facksektionerna etc., för att bibehålla den skyddsnivå som bilens tillverkare skapade.

3 Underhåll av klädsel och mattor – allmänt

Mattorna ska borstas eller dammsugas med jämna mellanrum så att de hålls rena. Om de är svårt nedsmutsade kan de tas ut ur bilen och skrubbas. Se i så fall till att de är helt torra innan de läggs tillbaka i bilen. Säten och klädselpaneler kan torkas rena med fuktig trasa. Om de smutsas ner (syns ofta bäst i ljusa inredningar) kan lite flytande tvättmedel och en mjuk nagelborste användas för att skrubba ut smutsen ur materialet. Glöm inte takets insida. Håll det rent på samma sätt som klädseln. När flytande rengöringsmedel används inne i en bil får de tvättade ytorna inte överfuktas. För mycket fukt kan tränga in i sömmar och stoppning och framkalla fläckar, störande lukter och till och med röta. Om insidan av bilen blir mycket blöt är det mödan värt att torka ur den ordentligt, speciellt mattorna. *Lämna inte olje- eller eldrivna värmare i bilen för detta ändamål.*

4 Reparation av inre karosskador – allmänt

Reparationer av mindre repor i karossen

Om en repa är mycket ytlig och inte har trängt ner till karossmetallen är reparationen mycket enkel att utföra. Gnugga det skadade området helt lätt med lackrenoveringsmedel eller en mycket finkornig slippasta så att lös lack tas bort från repan och det omgivande området befrias från vax. Skölj med rent vatten.

Lägg bättringslack på skråman med en fin pensel. Lägg på i många tunna lager till dess att ytan i skråman är i jämnhöjd med den omgivande lacken. Låt den nya lacken härda i minst två veckor och jämna sedan ut den mot omgivande lack genom att gnugga hela området kring repan med lackrenoveringsmedel eller en mycket finkornig slippasta. Avsluta med en vaxpolering.

Om repan gått ner till karossmetallen och denna börjat rosta krävs en annan teknik. Ta bort lös rost från botten av repan med ett vasst föremål och lägg sedan på rostskyddsfärg så att framtida rostbildning förhindras. Använd sedan ett spackel av gummi eller nylon och fyll upp repan med spackelmassa. Vid behov kan spacklet tunnas ut med thinner så att det blir mycket tunt vilket är idealiskt för smala repor. Innan spacklet härdar, linda ett stycke mjuk bomullstrasa runt en fingertopp. Doppa fingret i cellulosaförtunning och stryk snabbt över fyllningen i repan. Detta ser till att spackelytan blir något ihålig. Lacka sedan över repan enligt tidigare anvisningar.

Reparationer av bucklor i karossen

När en djup buckla uppstått i bilens kaross blir den första uppgiften att räta ut den så att karossen i det närmaste återfår ursprungsformen. Det finns ingen anledning att försöka återställa formen helt eftersom metallen i det skadade området sträckt sig vid skadans uppkomst och aldrig helt kommer att återta sin gamla form. Det är bättre att försöka ta bucklans nivå upp till ca 3 mm under den omgivande karossens nivå. Om bucklan är mycket grund är det inte värt besväret att räta ut den. Om undersidan av bucklan är åtkomlig kan den knackas ut med en träklubba eller plasthammare. När detta görs ska mothåll användas på plåtens utsida så att inte större delar knackas ut.

Skulle bucklan finnas i en del av karossen som har dubbel plåt, eller om den av någon annan anledning är oåtkomlig från insidan, krävs en annan teknik. Borra ett flertal hål genom metallen i bucklan – speciellt i de djupare delarna. Skruva därefter in långa plåtskruvar precis så långt att de får ett fast grepp i metallen. Dra sedan ut bucklan genom att dra i skruvskallarna med en tång.

Nästa steg är att ta bort lacken från det skadade området och ca 3 cm runt den omgivande oskadade plåten. Detta görs enklast med stålborste eller slipskiva monterad på borrmaskin, men det kan även göras för hand med slippapper. Fullborda underarbetet genom att repa den nakna plåten med en skruvmejsel eller filspets, eller genom att borra små hål i det område som ska spacklas. Detta gör att spacklet fäster bättre.

Se avsnittet om spackling och sprutning för att avsluta reparationen.

Reparationer av rosthål eller revor i karossen

Ta bort lacken från det drabbade området och ca 30 mm av den omgivande oskadade plåten med en sliptrissa eller stålborste monterad i en borrmaskin. Om sådana verktyg inte finns tillgängliga kan ett antal ark slippapper göra jobbet lika effektivt. När lacken är borttagen kan rostskadans omfattning uppskattas mer exakt och därmed kan man avgöra om hela panelen (om möjligt) ska bytas ut eller om rostskadan ska repareras. Nya plåtdelar är inte så dyra som de flesta tror och det går ofta snabbare och ger bättre resultat med plåtbyte än att försöka reparera större rostskador.

Ta bort all dekor från det drabbade området, utom den som styr den ursprungliga formen av det drabbade området, exempelvis lyktsarger. Ta sedan bort lös eller rostig metall med plåtsax eller bågfil. Knacka kanterna något inåt så att det bildas en grund grop för spacklingsmassan.

Borsta av det drabbade området med en stålborste så att rostdamm tas bort från ytan av kvarvarande metall. Måla det angripna området med rostskyddsfärg. Måla även baksidan av det rostiga området om det går att komma åt.

Före spacklingen måste hålet blockeras på något sätt. Detta kan göras med nät av plast eller aluminium eller med aluminiumtejp.

Nät av plast eller aluminium eller glasfiberväv är antagligen det bästa materialet för att stort hål. Skär ut en bit som är ungefär lika stor som det hål som ska fyllas och placera den i hålet så att kanterna är under nivån för den omgivande plåten. Ett antal klickar spackelmassa runt hålet fäster materialet.

Aluminiumtejp bör användas till små eller mycket smala hål. Dra av en bit tejp från rullen och klipp till den storlek och form som behövs. Dra bort eventuellt skyddspapper och

fäst tejpen över hålet. tejpen kan överlappas om en bit inte räcker. Tryck ner tejpkanterna med ett skruvmejselhandtag eller liknande så att tejpen fäster ordentligt på metallen.

Karossreparation – spackling och sprutning

Se tidigare anvisningar beträffande reparation av bucklor, repor, rosthål och andra hål innan beskrivningarna i det här avsnittet följs.

Det finns många typer av spackelmassa. Generellt sett är de som består av grundmassa och härdare bäst vid den här typen av reparationer. Ett bred och följsamt spackel av nylon eller gummi är ett ovärderligt verktyg för att skapa en väl formad spackling med fin yta.

Blanda lite massa och härdare på en skiva av exempelvis kartong eller masonit. Följ tillverkarens instruktioner och mät härdaren noga, i annat fall härdar spacklingen för snabbt eller för långsamt. Bred ut massan på det förberedda området med spackeln; dra applikatorn över massans yta för att forma den och göra den jämn. När en kontur som följer originalet har skapats, sluta bearbeta pastan. Om du håller på för länge blir pastan kladdig och "flockas" på applikatorn. Fortsätt lägga på tunna lager med ca 20 minuters mellanrum till dess att massan är något högre än den omgivande plåten.

När massan härdat kan överskottet tas bort med hyvel eller fil. Börja med nr 40 och avsluta med nr 400 våt- och torrpapper. Linda alltid papperet runt en slipkloss, i annat fall blir inte den slipade ytan plan. Vid slutpoleringen med torr- och våtpapper ska papperet då och då sköljas med vatten. Detta skapar en mycket slät yta på massan i slutskedet.

På det här stadiet bör bucklan vara omgiven av en ring med ren metall, som i sin tur omges av den ruggade kanten av den "friska" lacken. Skölj av reparationsområdet med rent vatten tills allt slipdamm har försvunnit.

Spruta ett tunt lager grundfärg på hela reparationsområdet. Då avslöjas mindre ytfel i spacklingen. Laga dessa med ny spackelmassa eller filler och slipa av ytan igen. Massa kan tunnas ut med thinner så att den blir mer lämpad för riktigt små hål.

Upprepa denna sprutning och reparation till dess att du är nöjd med spackelytan och den ruggade lacken. Rengör reparationsytan med rent vatten och låt den torka helt.

Reparationsytan är nu klar för lackering. Färgsprutning måste utföras i ett varmt, torrt, drag- och dammfritt utrymme. Detta kan åstadkommas inomhus om det finns tillgång till ett större arbetsområde. Om arbetet måste äga rum utomhus är valet av dag av stor betydelse. Om arbetet utförs inomhus kan golvet spolas av med vatten eftersom detta binder damm som annars skulle finnas i luften. Om reparationsområdet begränsas till en karosspanel täcker du över omgivande paneler. då kommer inte mindre nyansskillnader i lacken att synas lika tydligt.

Dekorer och detaljer (kromlister, handtag med mera) ska även de maskeras. Använd riktig maskeringstejp och flera lager tidningspapper för att göra detta.

Före sprutning, skaka burken ordentligt och spruta på en provbit, exempelvis en konservburk, tills tekniken behärskas. Täck reparationsområdet med ett tjockt lager grundfärg. Tjockleken ska byggas upp med flera tunna färglager, inte ett enda tjockt lager. Slipa ner grundfärgen med nr 400 slippapper tills den är riktigt slät. Medan detta utförs ska ytan hållas våt och pappret ska periodvis sköljas i vatten. Låt torka innan mer färg läggs på.

Spruta på färglagret och bygg upp tjockleken med flera tunna lager färg. Börja spruta i ena kanten och arbeta med sidledes rörelser till dess att hela reparationsytan och ca 5 cm av den omgivande lackeringen täcks. Ta bort maskeringen 10 – 15 minuter efter att det sista färglagret sprutats på.

Låt den nya lacken härda i minst två veckor och jämna sedan ut den mot omgivande lack genom att gnugga färgskarven med lackrenoveringsmedel eller en mycket finkornig slippasta. Avsluta med en vaxpolering.

Plastdetaljer

Eftersom biltillverkarna använder mer och mer plast i karosskomponenterna (t.ex. i stötfångare, spoilrar och i vissa fall även i de större karosspanelerna), har reparationer av allvarligare skador på sådana komponenter blivit fall för specialister eller så får hela komponenterna bytas ut. Gör-det-själv reparationer av sådana skador är inte rimliga på grund av kostnaden för den specialutrustning och de speciella material som krävs. Principen för dessa reparationer är dock att en skåra tas upp längs med skadan med en roterande rasp i en borrmaskin. Den skadade delen svetsas sedan ihop igen med hjälp av en varmluftspistol och en plaststav

som hettas upp och används för att smälta igen spåret. Plastöverskott tas bort och ytan slipas ner. Det är viktigt att rätt typ av plastlod används. Plasttypen i karossdelar varierar och kan bestå av exempelvis PCB, ABS eller PPP.

Mindre allvarliga skador (skrapningar, små sprickor) kan lagas av hemmamekaniker med hjälp av en tvåkomponents epoxymassa. Den blandas i lika delar och används på liknande sätt som spackelmassa på plåt. Epoxyn härdar i regel inom 30 minuter och kan sedan slipas och målas.

Om ägaren har bytt en komponent på egen hand eller reparerat med epoxymassa, återstår svårigheten att hitta en färg som lämpar sig för den aktuella plasten. Tidigare fanns ingen universalfärg som kunde användas, på grund av det breda utbudet av plaster i karossdelar. Standardfärger fäster i allmänhet inte särskilt bra på plast eller gummi. Numera finns det dock satser för plastlackering att köpa. Dessa består i princip av förprimer, grundfärg och färglager. Kompletta instruktioner finns i satserna, men grundmetoden är att först lägga på förprimern på den aktuella delen och låta den torka i 30 minuter. Sedan ska grundfärgen läggas på och lämnas att torka i ungefär en timme innan det färgade ytlacket läggs på. Resultatet blir en komponent med rätt färg där färgen kan följa plastens eller gummits rörelser, något som vanlig färg normalt inte klarar.

5 Större karosskador – allmänt

Om helt nya paneler måste svetsas fast på grund av större skador eller bristande underhåll, bör arbetet överlåtas till professionella mekaniker; detta bör överlämnas till yrkeskunnig personal. Om skadan har orsakats av en krock måste hela

ytterkarossens inställning kontrolleras. detta arbete ska utföras av en Opel-verkstad med tillgång till särskild utrustning. En felbalanserad kaross är för det första farlig, eftersom bilen inte reagerar på rätt sätt, och för det andra så kan det leda till att styrningen, fjädringen och ibland kraftöverföringen belastas ojämnt med ökat slitage eller helt trasiga komponenter som följd. Särskilt däcken är utsatta.

6 Främre och bakre stötfångare – demontering och montering

Främre stötfångare

Demontering

1 Arbeta under framvagnen och ta bort de tre plastklämmorna som håller fast den främre stötfångaren mot stänkskyddet. För att göra detta, tryck ned sprintarna i mitten.

2 På båda sidor om bilen, skruva loss de övre skruvarna och ta bort de nedre klämmorna som håller fast hjulhusfodren vid den främre stötfångaren (se bild).

3 Låt en medhjälpare hålla i den främre stötfångaren och bänd ut plastkåporna och skruva loss de tre övre skruvarna från den främre karosspanelen (se bild).

4 Dra försiktigt ut sidorna på den främre stötfångaren från sidopanelerna och ta bort den från framvagnen. På modeller med dimstrålkastare fram eller strålkastarspolare, lossa kablaget medan du tar bort den. Om tillämpligt, lossa kablaget från yttertemperaturgivaren (se bilder).

Montering

5 Montera tillbaka i omvänd ordningsföljd mot demonteringen. Kontrollera skicket på

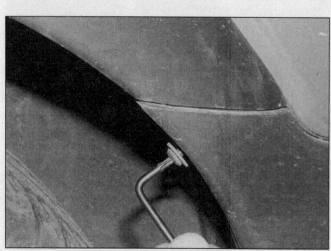

6.2 Ta bort de övre skruvarna som håller fast den främre stötfångaren på hjulhusfodren

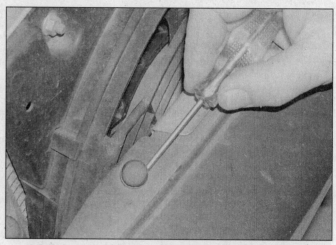

6.3 Ta bort plastkåporna så att du kommer åt den främre stötfångarens övre skruvar

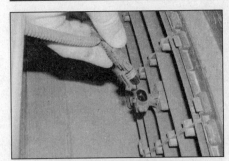

6.4a Lossa kablaget från yttertemperaturgivaren på den främre stötfångaren

6.4b Demontera den främre stötfångaren (Astra)

6.5 Polystyrenpackning för den främre stötfångaren

stötfångarens polystyrenpackning på den främre listen och byt ut den vid behov (se bild).

Bakre stötfångare

Demontering

6 Öppna bakrutan.
7 Arbeta under bilens bakre del. Skruva loss skruvarna som håller fast den bakre stötfångarens nedre del vid den bakre panelen (se bild).
8 Längst bak på varje hjulhus, skruva loss de två fästskruvarna (se bild).
9 Låt en medhjälpare stötta den bakre stötfångaren, och skruva sedan loss de övre fästskruvarna (se bild).
10 Dra försiktigt ut sidorna på den bakre stötfångaren från styrningarna på sidopanelerna och ta bort den från bakvagnen (se bilder). På Zafiramodeller med dragstång

kommer du åt kopplingsanordningen genom att föra gejderna inåt och låssa kåpan.

Montering

11 Monteringen utförs i omvänd ordningsföljd mot demonteringen.

7 Kylargrill – demontering och montering

Demontering

1 Öppna motorhuven.
2 Kylargallret fästs på motorhuven med sex skruvar. Skruva loss skruvarna och ta bort gallret.

Montering

3 Monteringen utförs i omvänd ordningsföljd

mot demonteringen, men rengör först motorhuvens yta.

8 Vindrutans torpedplåt – demontering och montering

Demontering

1 Öppna motorhuven.
2 Dra bort tätningsremsan från torpedväggens panel i motorrummets bakre del.
3 Lossa och ta bort vattenavskiljarpanelen som sitter framför vindrutan. Lossa ledningarna från vindrutespolarmunstyckena.
4 Demontera torkararmarna enligt beskrivningen i kapitel 12.
5 Skruva loss de två stora muttrarna från vindrutetorkarens spindlar.
6 Observera hur torpedplåten hakar i tätningsremsan längst ner på vindrutan. Lossa

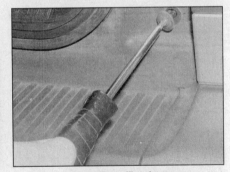

6.7 Skruva loss den bakre stötfångarens nedre fästskruvar . . .

6.8 . . . fästskruvarna placeras i de bakre hjulhusen. . .

6.9 . . . och de övre fästskruvarna . . .

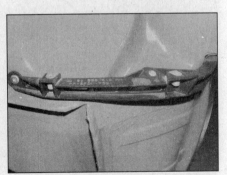

6.10a . . . ta sedan bort den bakre stötfångaren (Zafira)

6.10b Demontering av den bakre stötfångaren (Astra)

6.10c Stödskenor för bakre stötfångare (Astra)

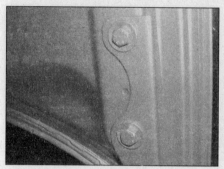

9.2 Fästbultar mellan motorhuven och gångjärnet

9.6 Motorhuvens låstunga

11.1 Motorhuvslåsets säkerhetskrok

sedan försiktigt torpedplåtens ändar från ventilpanelen och ta bort den från bilen.

Montering

7 Montering sker i omvänd ordningsföljd.

9 Motorhuv – demontering, återmontering och justering

Demontering

1 Öppna motorhuven och stötta upp den i det vidöppna läget med staget.
2 Markera fästbultarnas läge på gångjärnen inför återmonteringen (se bild).
3 Ta hjälp av en medhjälpare. Stötta upp motorhuven och sänk staget.
4 Skruva loss fästbultar och lyft av motorhuven från gångjärnen. Lägg försiktigt ner delen på trasor eller kartong för att inte skada lacken.

5 Om det behövs, ta bort gångjärnen enligt beskrivningen i avsnitt 10. Om du ska montera en ny huv flyttar du över alla användbara fästen till den enligt beskrivningen i avsnitt 7 och 11.

Montering och justering

6 Monteringen sker i omvänd ordningsföljd mot demonteringen. Placera gångjärnsbultarna enligt tidigare anteckningar och dra åt dem ordentligt. Sänk långsamt ner huven och kontrollera att låstungan når låsets mitt. Med motorhuven stängd, kontrollera att avståndet mellan motorhuven och framskärmarna är likadant på båda sidor. Kontrollera också att motorhuvens höjd passar framskärmarnas höjd. Justering av motorhuvens öppning utförs med bultarna mellan motorhuv och gångjärn, och justering av höjden utförs med panelbultarna mellan gångjärn och kaross (se avsnitt 10) och huvens låstunga (se bild). Justera de främre gummikuddarna för att skapa tillräckligt stöd vid behov.

10 Motorhuvsgångjärn – demontering och montering

Demontering

1 Demontera motorhuven, (se avsnitt 9).
2 Ta bort vindrutans torpedplåt enligt beskrivningen i avsnitt 8.
3 Markera gångjärnens läge på karosspanelerna, skruva sedan loss dem och ta bort gångjärnen.

Montering

4 Montering sker i omvänd ordningsföljd. Justera motorhuvshöjden enligt beskrivningen i avsnitt 9.

11 Motorhuvslås komponenter – demontering och montering

Motorhuvslåsets säkerhetskrok
Demontering

1 Motorhuvens låshake är fastnitad i huven. För att ta bort den måste man borra ur niten (se bild).
Montering
2 Monteringen utförs i omvänd ordningsföljd mot demonteringen, men med en ny nit.

Låsgrepp
Demontering
3 Ta bort låsgreppet från motorhuven genom att lossa låsmuttern och sedan skruva loss låskolven och ta loss brickan och fjädern.
Montering
4 Monteringen utförs i omvänd ordningsföljd mot demonteringen men justera låskolvens dimension enligt anvisningarna (se bild), innan låsmuttern dras åt.

Låsfjäder
Demontering
5 Koppla loss motorhuvslåsvajerns ände från fjädern, haka sedan loss fjäderns ände från urtaget i den främre karosspanelen. Var försiktig så att inte lacken skadas.
Montering
6 Monteringen sker i omvänd ordningsföljd mot demonteringen.

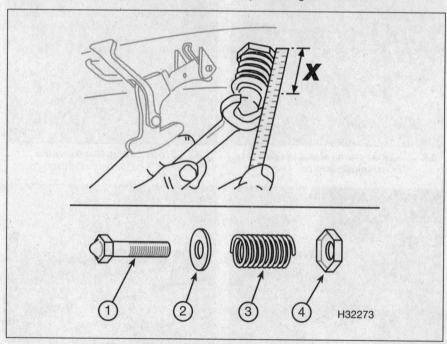

11.4 Motorhuv låsgrepp justering

1 Låstunga   2 Bricka   3 Spiralfjäder   4 Låsmutter $X = 40$ till $45\ mm$

12.4a Ta bort öppningsspaken för motorhuven från fästet

12 Motorhuvslåsvajer – demontering och montering

Demontering

1 Öppna motorhuven och stöd upp den i det högsta läget.
2 Skruva loss låsvajerns klämma från den karossdelens tvärgående panel.
3 Koppla loss låsvajerns ände från låsfjädern under den tvärgående panelen.
4 Koppla loss låsvajern från urtrampningsarmen i förarens fotutrymme. Ta vid behov bort lossningsspaken från dess fäste så att du kommer åt vajeränden (se bilder).
5 Dra vajerenheten genom muffen i motorrummets mellanvägg och in i motorrummet.
6 Notera vajern är dragen, lossa sedan vajern

12.4b Öppningsspak för motorhuven och vajer

från återstående klämmor och buntband, och ta bort den från motorrummet.

Montering

7 Monteringen utförs i omvänd ordningsföljd mot demonteringen men se till att vajern är korrekt dragen och avsluta med att kontrollera att urkopplingsmekanismen fungerar som den ska.

13 Dörrar – demontering, återmontering och justering

Framdörr

Demontering

1 För att ta bort en dörr, öppna den helt och stötta upp den under nederkanten på träklossar eller pallbockar med trasor emellan.
2 Koppla loss kontaktdonet från dörrens

framkant. För att lossa kontaktdonet, dra ut låssprinten, vrid sedan kragen och dra ut kontaktdonet från hylsan i dörren (se bilder).
3 Skruva loss torxbulten som håller fast dörrhållarens styrbult vid A-stolpen (se bild).
4 Om tillämpligt, ta bort plastskydden från gångjärnens sprintar (se bild). Driv sedan ut sprintarna med en körnare. Be en medhjälpare hålla upp dörren när du driver ut stiften. Ta sedan bort dörren från bilen. Om du ska byte en dörr måste alla användbara fästen flyttas över till den nya dörren. **Observera:** *På modeller utan sidokrockkuddar måste packningen monteras på insidan av dörren.*

Montering

5 Montera tillbaka i omvänd ordningsföljd mot demonteringen.

Justering

6 Dörrens gångjärn är fastsvetsade på dörrkarmen och karossens stolpe, så det behövs ingen justering.
7 Om dörren kan flyttas upp och ner på gångjärnen på grund av slitna sprintar, är det möjligt att man kan borra ur hålen och montera sprintar med aningen överstorlek. Rådfråga en Opel-verkstad
8 Dörrstängningen kan justeras genom att man flyttar låsgreppets läge på karossens stolpe med hjälp av en insexnyckel eller sexkantsbit (se bild).

Bakdörr

Demontering

9 Lossa kontaktdonet från dörrans främre kant (se bild). För att lossa kontaktdonet, vrid

13.2a Dra bort låsklämman . . .

13.2b . . . vrid sedan på kragen och dra bort kontaktdonet från hylsan

13.3 Styrbulten till framdörrens hållararm är fäst mot A-stolpen med en Torx-bult

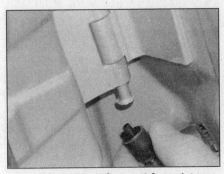

13.4 Ta bort plastkåporna från sprintarna på framdörrens gångjärn

13.8 Framdörrens låsgrepp på B-stolpen

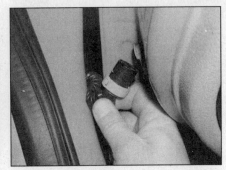

13.9 Lossa kablaget från bakdörrens framkant

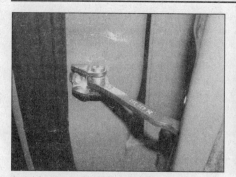

13.10 Bakdörrens hållararm

13.11 Ta bort plastkåporna från sprintarna på bakdörrens gångjärn

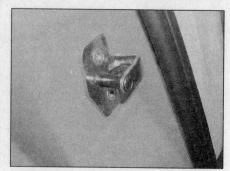

13.15 Bakdörrens låstunga på C-stolpen

låskragen och dra sedan ut kontaktdonet från hylsan i dörren.

10 Skruva loss torxbulten som håller fast dörrhållarens styrbult vid A-stolpen **(se bild)**.

11 Om tillämpligt, ta bort plastskydden från gångjärnens sprintar **(se bild)**. Driv sedan ut sprintarna med en körnare. Be en medhjälpare hålla upp dörren när du driver ut stiften. Ta sedan bort dörren från bilen. Om du ska byte en dörr måste alla användbara fästen flyttas över till den nya dörren.

Montering

12 Monteringen utförs i omvänd ordningsföljd mot demonteringen.

Justering

13 Dörrens gångjärn är fastsvetsade på dörrkarmen och karossens stolpe, så det behövs ingen justering.

14 Om dörren kan flyttas upp och ner på gångjärnen på grund av slitna sprintar, är det möjligt att man kan borra ur hålen och montera sprintar med aningen överstorlek. Rådfråga en Opel-verkstad

15 Dörrstängningen kan justeras genom att man flyttar låsgreppets läge på karossens stolpe med hjälp av en insexnyckel eller sexkantsbit **(se bild)**.

14 Dörrhandtag – demontering och montering

Demontering

1 Ta bort dörrens inre klädselpanel, enligt beskrivningen i avsnitt 44.

2 Lossa fjäderklämman och tryck ut innerhandtaget från klädselpanelens insida.

Montering

3 Monteringen utförs i omvänd ordningsföljd mot demonteringen.

15 Dörrhandtag – demontering och montering

Framdörrens handtag

Demontering

1 Ta bort dörrens inre klädselpanel och dra loss plastfilmen för att komma åt handtaget, enligt beskrivningen i avsnitt 44. Ta också bort den bakre fönsterglaskanalen, enligt beskrivningen i avsnitt 19 **(se bild)**.

2 För in handen genom hålet i den inre dörrpanelen och koppla loss låset och ytterhandtagets manöverstänger. Stavarna är fäst med plastklämmor **(se bild)**.

3 Skruva loss de två muttrarna och ta bort fästplattan från dörrens insida **(se bilder)**.

4 Ta försiktigt bort handtaget från dörren **(se bild)**.

Montering

5 Monteringen utförs i omvänd ordningsföljd mot demonteringen, men kontrollera funktionen hos mekanismen innan du sätter tillbaka den inre klädselpanelen enligt beskrivningen i avsnitt 44. Justera styrstaget för att eliminera spelet genom att vrida det räfflade plastjusterhjulet vid behov.

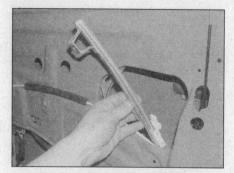

15.1 Ta bort fönstrets bakre kanal

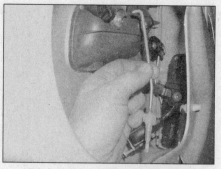

15.2 Lossa manöverstängerna från dörrens utvändiga handtag

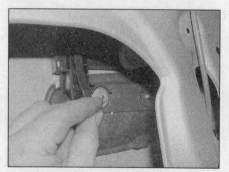

15.3a Skruva loss muttrarna . . .

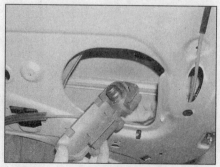

15.3b . . . och ta bort fästplattan från dörrens insida

15.4 Ta bort handtaget från framdörren

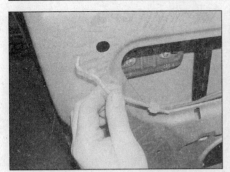

15.7a Lossa manöverstången från bakdörrens ytterhandtag

15.7b Bakdörrens ytterhandtag sett från dörrens insida

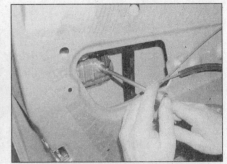

15.8a Skruva loss de två muttrarna . . .

Bakdörrens handtag

Demontering

6 Ta bort dörrens inre klädselpanel och dra loss plastfilmen för att komma åt handtaget, enligt beskrivningen i avsnitt 44.

7 För in handen genom hålet i den inre dörrpanelen och koppla loss ytterhandtagets manöverstänger **(se bilder)**. Staven är fäst med en plastklämma.

8 Skruva loss de två muttrarna och ta bort fästplattan från dörrens insida **(se bilder)**.

9 Ta försiktigt bort handtaget från dörren **(se bild)**.

Montering

10 Monteringen utförs i omvänd ordningsföljd mot demonteringen, men kontrollera funktionen hos mekanismen innan du sätter tillbaka den inre klädselpanelen enligt beskrivningen i avsnitt 44.

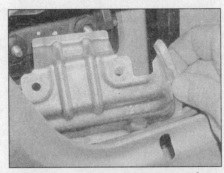

15.8b . . . och ta bort fästplattan från dörrens insida

15.9 Ta bort bakdörrens ytterhandtag

5 Sänk låset och ta bort det från dörrens insida. Lossa samtidigt låsknoppen och för den genom hålet i dörrpanelen **(se bild)**.

6 Lossa det yttre beslaget till vajern till det inre dörrhandtaget och låsknoppen. Lossa vajrarna från låset **(se bilder)**.

16 Dörrlås – demontering och montering

Fram

Demontering

1 Ta bort dörrens inre klädselpanel och dra loss plastfilmen från dörran, enligt beskrivningen i avsnitt 44.

2 Stäng fönstret och borra ut popnitarna som håller fast det bakre fönsterglasets kanal vid den inre dörrpanelen. Ta sedan bort kanalen genom öppningen i dörren. Arbeta genom öppningen i dörren och lossa centrallåsets anslutningskontakt genom att dra ut den röda knappen **(se bild)**.

3 För in handen genom öppningen i dörren och koppla loss ytterdörrhandtaget och låscylinderns manöverstänger från låset. Stavarna är fästa med plastklämmor. Annars kan du ta bort ytterhandtaget tillsammans med dörrlåset enligt beskrivningen i avsnitt 15.

4 På dörrens bakkant, skruva loss och ta bort de tre skruvarna som håller fast låset i dörrpanelen **(se bild)**.

16.2 Koppla loss centrallåsets anslutningskontakt från framdörrslåset

16.4 Ta bort framdörrslåsets fästskruvar

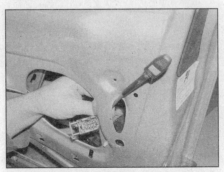

16.5 Ta bort framdörrens lås från dörren

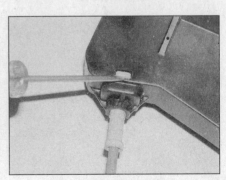

16.6a Lossa klämmorna . . .

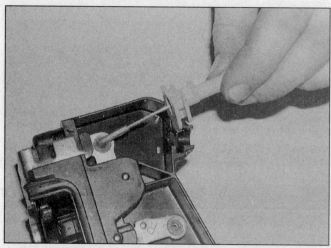

16.6b ... och lossa vajrarna från låset

16.6c Framdörrens lås med bortkopplade vajrar

Montering

7 Montering sker i omvänd ordningsföljd. Kontrollera att dörrlåset fungerar genom att skjuta in en skruvmejsel i låsmekanismen för att simulera att låstungan går in. Kontrollera att det går att låsa och låsa upp dörren korrekt. Om låsfunktionen inte är tillfredsställande, observera att ytterhandtagets styrstag kan justeras genom att dur vrider det räfflade plastjusterhjulet på stagets ände.

Bakdörr

Demontering

8 Sänk ner rutan helt och ta bort den inre

klädselpanelen och plastfilmen, enligt beskrivningen i avsnitt 44.
9 Lossa skruvarna och lossa låsknoppens yttre kabel från dörrpanelen, haka sedan ur den inre kabeln från den mellanliggande spaken.
10 Lossa ytterhandtagets manöverstång genom att lossa plastklämman.
11 På dörrens bakkant, skruva loss och ta bort de tre skruvarna som håller fast låset i dörrpanelen (se bild).
12 Sträck in handen i dörrens öppning och flytta låset framåt tills kabelhärvan kan lossas. Dra ut den röda knappen för att göra detta (se bild).
13 Lossa låsvajern från klämman och ta

bort låset tillsammans med handtaget och låsknoppens vajrar från insidan av dörren och lossa samtidigt låsknoppen (se bilder).
14 Lossa det yttre beslaget till vajern till det inre dörrhandtaget och låsknoppen. Lossa vajrarna från låset.

Montering

15 Monteringen sker i omvänd ordning mot demonteringen. Kontrollera att dörrlåset fungerar genom att skjuta in en skruvmejsel i låsmekanismen för att simulera att låstungan går in. Kontrollera att det går att låsa och låsa upp dörren korrekt.

17 Dörrlåscylinder – demontering och montering

Demontering

1 Ta bort dörrhandtaget och fästplattan enligt beskrivningen i avsnitt 15.
2 Sätt i nyckeln i låset och ta sedan bort fasthållningsringen från den inre änden av låscylindern (se bild).
3 Notera hur den är monterad och ta sedan bort hållaren och armen från låscylinderns inre ände. Ta bort torsions- och tryckfjädrarna, observera hur de sitter.

16.11 Skruva loss fästskruvarna på bakdörrens lås

16.12 Lossa kablaget från bakdörrlåset

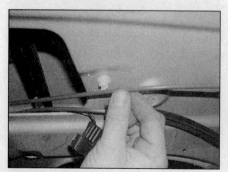

16.13a Lossa låskabeln från klämman ...

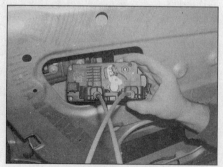

16.13b ... ta sedan bort låset från bakdörrens insida

16.13c Bakdörrens lås borttaget från dörren

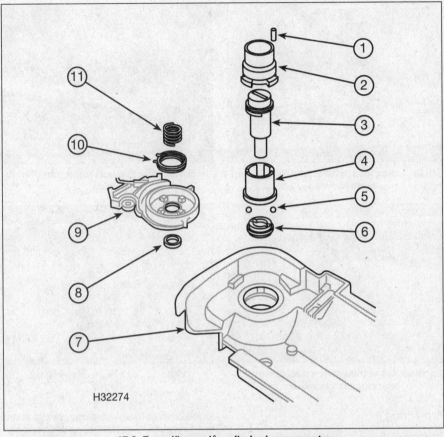

H32274

17.2 Framdörrens låscylinder komponenter

1 Rörsprint	5 Kula
2 Hus	6 Koppling
3 Låscylinder	7 Husplatta
4 Hylsa	8 Fästring

9 Hållare med spak (version med centrallås)
10 Torsionsfjäder
11 Tryckfjäder

4 Markera låscylinderhusets och plattans placering i förhållande till varandra. Använd en körnare med en diameter på 2,5 mm, stöt ut hållfjäderns rörsprint och var noga med att inte skada hålet.
5 Ta bort låscylindern, kanalens muff, kulor och koppling. **Observera:** Låscylindern och kopplingen måste bytas samtidigt.

Montering
6 Monteringen utförs i omvänd ordningsföljd

mot demonteringen men använd en körnare för att fästa valstappens nedre del vid huset.

18 Låsgrepp –
demontering och montering

Demontering
1 Låsgreppet skruvas fast på dörrstolpen på karossen.

2 Markera låstungan innan den tas bort, så att den kan monteras tillbaka i exakt samma position.
3 Ta bort låskolven genom att helt enkelt skruva loss fästskruvarna med en insexnyckel eller en sexkantsbit.

Montering
4 Monteringen utförs i omvänd ordningsföljd mot demonteringen, men om det behövs, justera låstungans position för att säkerställa att dörran stängs på ett tillfredsställande sätt.

19 Dörrens fönsterglas –
demontering och montering

Fram
Demontering
1 Demontera dörrans inre klädselpanel och plastfilmen, enligt beskrivningen i avsnitt 44. Se till att fönstret är helt upphissat.
2 På modeller med sidokrockkuddar, kontrollera att batteriets jordledning är frånkopplad under minst 1 minut, och ta sedan bort givarens fäste och givaren. För att göra detta, skruva loss fästet, lossa kablaget och ta bort givaren. **Observera:** Givarna för bilens olika sidor skiljer sig åt – kontrollera att rätt givare återmonterats.
3 Borra ut popnitarna som håller fast det bakre fönsterglasets kanal vid den inre dörrpanelen. Ta sedan bort kanalen genom öppningen i dörren **(se bilder)**.
4 På modeller med elektrisk fönsterhiss fram, återanslut tillfälligt elfönsterbrytaren till kablaget och återanslut batteriets minusledare. På främre fönster med manuell hiss sätter du tillfälligt tillbaka regulatorhandtaget på regulatorn. Placera fönstret så att bultarna mellan regulatorn och fönsterkanalen syns genom åtkomsthålen i dörren. Skruva sedan loss och ta bort dem **(se bilder)**.
5 Tippa fönstret framåt om det behövs och lossa sedan regulatorns rulle från den bakre kanalen och lyft glaset uppåt och ta bort

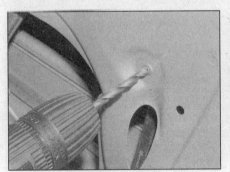
19.3a Borra ut nitarna . . .

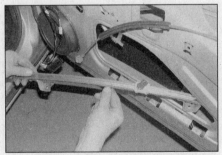
19.3b . . . och ta bort bakrutans fönsterkanal genom den inre dörröppningen

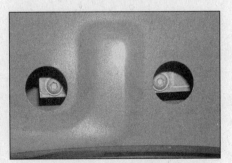
19.4a Bultarna till fönsterhissen och fönsterkanalen är synliga genom åtkomsthålen

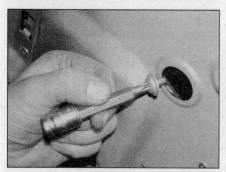

19.4b Skruva loss bultarna till framdörrens fönsterhiss och fönsterkanal

19.5a Lossa fönsterhissens rulle från den bakre kanalen . . .

19.5b . . . ta sedan bort rutan från dörrens utsida

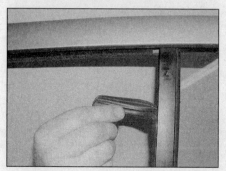

19.9a Dra bort gummilisten från ovansidan av fönstrets bakre styrningskanal . . .

19.9b . . . skruva sedan loss den övre styrningens fästskruv. . .

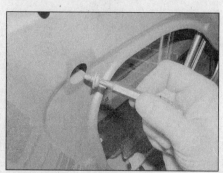

19.9c . . . och nedre styrningens fästskruv. . .

det från dörrens utsida **(se bilder)**. Du kan behöva passa in fönsterhöjden igen innan du kan lossa regulatorn från kanalen eftersom arbetsutrymmet är begränsat.

19.10 . . . och ta bort fönstrets styrningskanal

19.11 Skjut försiktigt den fasta rutan från bakdörren

Montering

6 Monteringen utförs i omvänd ordningsföljd mot demonteringen, men använd nya popnitar för att montera fönsterkanalen. Bultarna till kanalen mellan regulatorn och fönstret ska först dras åt för hand, sedan ska fönstret hissas upp och sänkas ner innan bultarna dras åt helt och hållet.

Bak (inklusive rutan)

Demontering

7 Demontera dörrans inre klädselpanel och plastfilmen, enligt beskrivningen i avsnitt 44.
8 På modeller med elektrisk fönsterhiss bak, återanslut elfönsterbrytaren tillfälligt till kablaget och återanslut batteriets minusledare. På bakre fönster med manuell hiss sätter du tillfälligt tillbaka regulatorhandtaget på regulatorn. Sänk ner fönstret helt.
9 Dra försiktigt bort gummilisten från överdelen

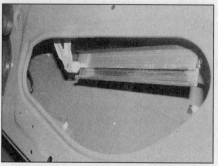

19.12a Lossa fönstret från kanalen. . .

av fönstrets bakre styrkanal, skruva sedan loss och ta bor den övre fästskruven för ledningen. Skruva loss och ta bort de nedre, styrande fästskruvarna via hålen i den inre dörrpanelen med hjälp av en Torx-nyckel **(se bilder)**.
10 Skjut försiktigt fönstrets styrningskanal från det fasta fönstret och ta bort uppåt från dörren **(se bild)**. Tätningen till det fasta fönstret ska bli kvar inne i kanalen.
11 Skjut försiktigt den fasta rutan framåt och ta bort den från dörren **(se bild)**.
12 Luta fönstret en aning när du lossar det från styrkanalen och ta bort det uppåt från bakdörren **(se bilder)**. **Observera:** *Det kan vara nödvändigt att delvis avlägsna gummilisten och även att ändra fönstrets läge genom att vrida på regulatorhandtaget.*

Montering

13 Monteringen sker i omvänd ordningsföljd mot demonteringen.

19.12b . . . och ta bort fönsterglaset från bakdörren

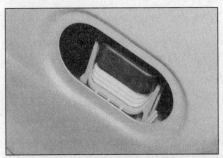

20.2a Kontaktdonet för framdörrens elektriska fönsterhiss hakas fast på innerpanelen

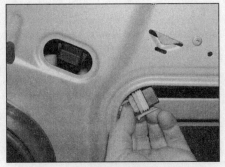

20.2b Lossa kablaget till framdörrens elektriska fönsterhiss

20.3a Borra ut nitarna . . .

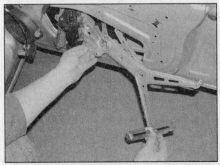

20.3b . . . och ta bort fönsterhissen från dörren

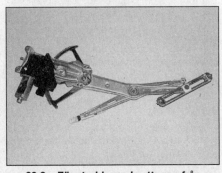

20.3c Fönsterhissen borttagen från framdörren

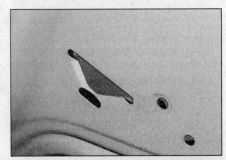

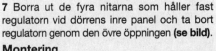

20.3d Observera att nederdelen på fönsterhissen sitter i ett spår i dörrens innerpanel

20 Fönsterregulator – demontering och montering

Framdörr

Demontering

1 Ta bort framdörrans fönsterglas enligt beskrivningen i avsnitt 19.
2 På modeller med elektrisk fönsterhiss fram, se till att batteriets minusledare är frånkopplad och för sedan in handen inuti dörren och koppla loss kablaget från regulatorn. Haka loss kontaktdonet från dörren **(se bilder)**.
3 Borra ut nitarna som håller fast regulatorn vid dörrens inre panel och ta bort regulatorn genom den nedre öppningen. Observera att regulatorns nedre del sitter i ett spår **(se bilder)**.

Montering

4 Monteringen utförs i omvänd ordningsföljd mot demonteringen, men använd nya nitar för att fästa regulatorn **(se bild)**. På modeller med elstyrda fönster programmerar du glasets stängda position i styrenheten enligt följande. Sätt dig på förarplatsen med alla dörrar stängda. Slå på tändningen och öppna fönstret lite. Stäng fönstret och håll vippbrytaren nedtryckt under ytterligare två sekunder.

Bakdörr

Demontering

5 Ta bort bakdörrens fönsterglas enligt beskrivningen i avsnitt 19.
6 På modeller med elektrisk fönsterhiss bak, se till att batteriets minusledare är frånkopplad och för sedan in handen inuti dörren och koppla loss kablaget från regulatorn.

7 Borra ut de fyra nitarna som håller fast regulatorn vid dörrens inre panel och ta bort regulatorn genom den övre öppningen **(se bild)**.

Montering

8 Monteringen utförs i omvänd ordningsföljd mot demonteringen, men använd nya popnitar för att montera regulatorn. På modeller med elstyrda bakre fönster programmerar du glasets stängda position enligt beskrivningen i stycke 4.

21 Baklucka – demontering och montering

Demontering

1 Öppna bakluckan helt.
2 På modeller med centrallås, lossa batteriets jordledning, och lossa sedan kablaget från låsmotorn. Om du ska återmontera den ursprungliga bakluckan ska du först binda fast ett snöre på kablagets ände. Skjut kablaget genom bakluckan, knyt loss snöret och lämna det i läge i bakluckan som hjälp vid återmonteringen.
3 Markera gångjärnens läge på bakluckan.
4 Be en medhjälpare hålla upp bakluckan och skruva sedan loss fästbultarna från gångjärnen och lyft bort bakluckan från bilen.

Montering

5 Om du ska montera en ny baklucka, överför alla fungerande detaljer (gummikuddar, låsmekanism etc.) till den.

20.4 Sätt fast fönsterhissen med nya popnitar

20.7 Borra ur nitarna som håller fast fönsterhissen mot bakdörrens innerpanel

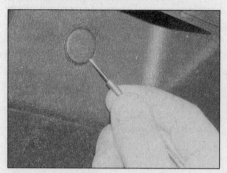

24.1a Bänd ut plastkåporna . . .

24.1b . . . skruva sedan loss skruvarna . . .

24.1c . . . och ta bort den nedre klädselpanelen

6 Monteringen utförs i omvänd ordningsföljd mot demonteringen men kontrollera att bakluckan går att stänga och sitter mitt i öppningen i karossen. Om det behövs, justera gångjärnsbultarna, gummikuddarna och låsgreppet.

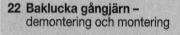

22 Baklucka gångjärn – demontering och montering

Demontering

1 Demontera bakluckan, (se avsnitt 21).
2 Ta bort den bakre hörnpanelen enligt beskrivningen i avsnitt 44.
3 Notera läget för gångjärnets motviktsfjäder i fästbygeln på karossen så att den kan återmonteras i ursprungsläget. Haka sedan loss fjädern från karossen. Använd en hävarm för att ta loss fjädern om det behövs.
4 Skruva loss fästbulten, och ta bort gångjärnet från karossen.

Montering

5 Montera tillbaka i omvänd ordningsföljd mot demonteringen.

23 Baklucka komponenter – demontering och montering

Handtag

Demontering

1 Öppna bakluckan och ta bort låscylindern enligt beskrivningen senare i detta avsnitt.
2 Skruva loss de två fästmuttrar, och ta bort

handtaget från bakluckan. Observera att fästmuttrarna också säkrar låscylindern på bakluckan.

Montering

3 Monteringen utförs i omvänd ordningsföljd mot demonteringen.

Lås

Demontering

4 Fortsätt enligt beskrivningen i punkt 1.
5 Skruva loss de två säkringsbultar, och ta bort låset från bakluckan.

Montering

6 Monteringen utförs i omvänd ordningsföljd mot demonteringen, men om det behövs, justera låstungans position för att säkerställa att bakluckan stängs på ett tillfredsställande sätt.

Låscylinder

Demontering

7 Öppna bakluckan helt.
8 Ta bort de fyra fästskruvarna och ta bort låscylinderenhetens täckpanel.
9 Skruva loss de två fästmuttrarna och dra ut låscylindern genom att haka ur låsstången (stängerna) när enheten dras ut. Observera att fästmuttrarna också säkrar bakluckans handtag.
10 Det finns inga reservdelar att få tag på till låscylindern, om den är sliten eller defekt måste den bytas ut.

Montering

11 Monteringen utförs i omvänd ordningsföljd mot demonteringen.

Låsgrepp

Demontering

12 Låsgreppet skruvas fast i den nedre karosspanelen.
13 Ta bort fästskruvarna. Lossa sedan bakluckans klädselpanel för att frilägga låsgreppets fästbult.
14 Markera låstungan innan den tas bort, så att den kan monteras tillbaka i exakt samma position.
15 Ta bort låstungan genom att skruva loss fästskruven.

Montering

16 Monteringen utförs i omvänd ordningsföljd mot demonteringen, men om det behövs, justera låstungans position för att säkerställa att bakluckan stängs på ett tillfredsställande sätt.

24 Bakruta – demontering och montering

Demontering

1 Med bakrutan öppen, bänd ut plastkåpan, skruva loss skruvarna och ta bort de nedre och övre klädselpanelerna från bakrutans insida. Observera att den nedre panelen har förlängningar som passar in i de övre panelerna (se bilder).
2 Skruva loss skruvarna, lossa sedan klämmorna och ta bort bromsljuset.
3 Inuti bakluckan, koppla loss jordkabeln och bind fast ett snöre i kablaget. Lossa gummigenomföringen och dra bort kablaget från bakrutan (se bild). Lossa snöret

24.1d Observera hur den nedre klädselpanelen placeras i de övre sidoklädselpanelerna

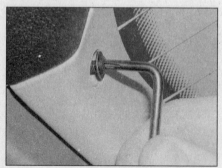

24.1e Ta bort övre klädselpanelens fästskruvar

24.3 Lossa gummigenomföringen och dra av kablaget från bakrutans överdel

och låt det sitta kvar för att underlätta återmonteringen av kabelknippet.

4 För in en skruvmejsel genom hålet och tryck ner flikarna på spolarmunstycket och dra ut munstycket. Lossa spolslangen och bind ett snöre runt den, dra sedan försiktigt ut ledningen via bakluckan och knyt loss snöret.

5 Be en medhjälpare hålla i bakluckan och använd sedan en skruvmejsel för att bända ut fjäderklämmorna från stödbenen. Lossa benen från hylskulorna och sänk ner dem på karossen.

6 Ta loss klämmorna och driv försiktigt ut gångjärnssprintarna med en liten dorn (**se bilder**).

7 Lyft bort bakluckan från karossen.

Montering

8 Om du ska montera en ny baklucka, överför alla fungerande delar (gummikuddar, låsmekanism etc.) till den.

9 Montering utförs i omvänd arbetsföljd mot demontering, men smörj litet fett på gångjärnen innan de sätts in och kontrollera att bakrutan stängs på rätt sätt och att spalten mellan denna och den omgivande karossen är lika stor hela vägen runt. Lossa vid behov gångjärnsbultarna efter att ha tagit bort panelen från takklädselns bakre del och passat in gångjärnen efter behov. Kontrollera att bakluckans låstunga går in centralt i låset, justera låstungans position vid behov. När den är stängd ska bakluckan vara ordentligt stödd på gummikuddarna – justera kuddarna vid behov (**se bilder**).

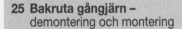

25 Bakruta gångjärn – demontering och montering

Demontering

1 Ta bort bakrutan enligt beskrivningen i avsnitt 24.

2 Dra försiktigt ner gummitätningsremsan från den övre kanten på bakluckans öppning.

3 Ta bort klädselpanelerna från C-stolpen på båda sidor om det bakre bagageutrymmet enligt beskrivningen i avsnitt 44.

4 Ta bort den gjutna klädselpanelen från den inre takklädselns baksida.

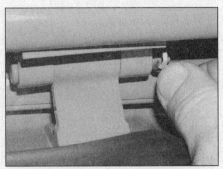

24.6a Ta loss klämmorna . . .

24.9a Ta bort klädselpanelen baktill på takklädseln

5 Markera gångjärnens läge på karossen så att du kan sätta dit dem på rätt ställe och skruva sedan loss och ta bort dem.

Montering

6 Monteringen utförs i omvänd ordningsföljd mot demonteringen, men placera gångjärnen enligt de tidigare gjorda markeringarna på karossen.

26 Bakruta komponenter – demontering och montering

Stödben
Demontering

1 Öppna bakrutan helt och låt en medhjälpare hålla upp den.

2 Lossa benet från dess kulledsfästen genom

24.6b . . . driv sedan ut sprintarna ur gångjärnen

24.9b Bakrutans stödgummibuffert (ställbar)

att bända ut fjäderklämmorna något och dra av benet från kullederna (**se bilder**).

Montering

3 Monteringen utförs i omvänd ordningsföljd mot demonteringen.

Lås
Demontering

4 Öppna bakrutan och ta bort den nedre klädselpanelen enligt beskrivningen i avsnitt 44.

5 För in handen genom bakluckans öppning och koppla loss låset och låsets manöverstång genom att lossa plastklämmorna (**se bild**).

6 Skruva loss fästskruven och ta bort låset (**se bilder**).

Montering

7 Monteringen utförs i omvänd ordningsföljd mot demonteringen, men om det behövs,

26.2a Bänd ut fjäderklämman för att lossa benet från kulleden

26.2b Bakrutestagets nedre kulled och fäste på karossen

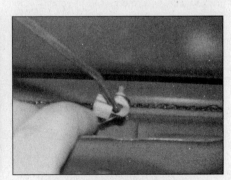

26.5 Lossa manöverstängerna

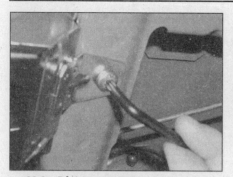

26.6a På Astra modeller, skruva loss skruvarna . . .

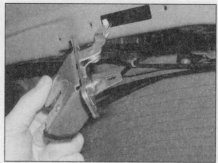

26.6b . . . och ta bort låset från bakluckan

26.6c På Zafira modeller, skruva loss skruvarna . . .

26.6d . . . och ta bort låset från bakluckan

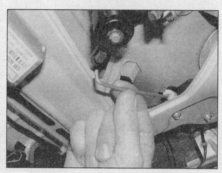

26.9 Lossa manöverstången . . .

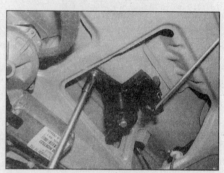

26.10a . . . skruva sedan loss fästmuttrarna . . .

justera låstungans position för att säkerställa att bakluckan stängs på ett tillfredsställande sätt.

Låscylinder

Demontering

8 Öppna bakrutan och ta bort den nedre klädselpanelen enligt beskrivningen i avsnitt 44.
9 Ta genom bakruteöppningen tag i manöverstången och lossa den genom att ta loss plastklämman **(se bild)**.
10 Skruva loss fästmuttrarna och ta bort låscylindern från bakrutan **(se bilder)**.

Montering

11 Monteringen utförs i omvänd ordningsföljd mot demonteringen.

Låsgrepp

Demontering

12 Låsgreppet skruvas fast i den nedre karosspanelen **(se bild)**.

13 Om tillämpligt, ta loss fästskruvarna och ta bort bagageutrymmets klädselpanel för att komma åt låsgreppets fästbultar.
14 Markera låstungan innan den tas bort, så att den kan monteras tillbaka i exakt samma position.
15 Skruva loss skruvarna och ta bort låstungan.

Montering

16 Monteringen utförs i omvänd ordningsföljd mot demonteringen, men om det behövs, justera låstungans position för att säkerställa att bakluckan stängs på ett tillfredsställande sätt.

Handtag

Demontering

17 Öppna bakrutan och ta bort den nedre klädselpanelen enligt beskrivningen i avsnitt 44.
18 Skruva loss de två muttrar och ta bort handtaget från bakrutan.

Montering

19 Monteringen sker i omvänd ordningsföljd mot demonteringen.

27 Centrallås komponenter – demontering och montering

Elektronisk styrenhet

Observera: *Om styrenheten byts ut, måste den nya enheten programmeras av en Opel-verkstad med specialutrustning. Enheten innehåller också en krockgivare.*

Demontering

1 Styrenheten sitter bakom det högra fotutrymmets sido-/tröskelklädselpanel.
2 Koppla loss och ta bort batteriets jordledning enligt beskrivningen i kapitel 5A.

26.10b . . . och ta bort låscylindern från bakluckan (Zafira)

26.10c Ta bort låscylindern från bakrutan (Astra halvkombi)

26.12 Bakrutans låsgrepp

27.4 Centrallåsets elektroniska styrenhet

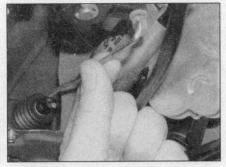

27.10 Lossa manöverstången . . .

27.11 . . . lossa sedan kablaget . . .

3 Ta bort fotutrymmets sido/tröskelpanel, enligt beskrivningen i avsnitt 44.
4 Koppla loss de två kabelknippkontakter **(se bild).**
5 Skruva loss de två fästskruvarna och lyft av styrenheten från dess plats.
Montering
6 Monteringen sker i omvänd ordningsföljd mot demonteringen.

Främre och bakre dörrservoenheter
Demontering och montering
7 Servoenheterna sitter i dörrlåsen och demontering och montering beskrivs i avsnitt 16.

Bakrutans/bakluckans servoenheter
Demontering
8 Ta bort klädselpanelen från bakluckans insida.
9 På Sedan modeller, ta bort låscylinderns kåpa.
10 Lossa plastklämman och lossa servoenhetens manöverstång från låset **(se bild).**
11 Lossa servoenhetens kablage **(se bild).**
12 Skruva loss skruvarna och ta bort servoenheten från bakrutan/bakluckan **(se bilder).**
Montering
13 Monteringen sker i omvänd ordningsföljd mot demonteringen.

Tanklocksluckans servoenhet (Halvkombi/Sedan modeller)
Demontering
14 Ta bort mattan från det bakre bagageutrymmet.

15 Ta bort den bakre hörnpanelen enligt beskrivningen i avsnitt 44.
16 Lossa anslutningskontakten från servoenheten.
17 Öppna tanklocksluckan, skruva loss fästskruvarna och ta bort servoenheten från bilens insida.
Montering
18 Monteringen sker i omvänd ordningsföljd mot demonteringen.

Tanklocksluckans servoenhet (Kombi/Zafira modeller)
Demontering
19 Vrid på fästanordningarna i bagageutrymmet och öppna åtkomstluckan till tankluckans servoenhet.
20 Lossa anslutningskontakten från servoenheten.
21 Öppna tanklocksluckan, skruva loss fästskruvarna och ta bort servoenheten från bilens insida.
Montering
22 Monteringen sker i omvänd ordningsföljd mot demonteringen.

28 Elfönsterhissarnas komponenter – demontering och montering

Brytare
Demontering
1 Brytarna sitter i förar- och passagerardörrarna.

2 Använd en liten skruvmejsel och bänd försiktigt loss brytaren från dörrens inre klädselpanel.
3 Lossa kablaget och ta bort brytaren.
Montering
4 Montering sker i omvänd ordningsföljd.

Fönstermotorer
Demontering
5 Ta bort dörrfönsterregulatorn, enligt beskrivningen i avsnitt 20.
6 För att ta bort motorenheten från regulatorn, skruva loss de tre fästskruvarna.

Montering
7 Montering sker i omvänd ordningsföljd. Avsluta med att programmera fönstrens stängda läge enligt följande. Sätt dig på förarplatsen med alla dörrar stängda. Slå på tändningen och öppna fönstret lite. Stäng fönstret och håll vippbrytaren nedtryckt under ytterligare två sekunder.

29 Ytterspegel – demontering och montering

Demontering
1 Ta bort dörrens inre klädselpanel enligt beskrivningen i avsnitt 44.
2 Lossa kablaget för den yttre sidospegeln och bänd ut gummigenomföringen från den inre panelen **(se bild).**

27.12a . . . och skruva loss servoenheten

27.12b Centrallåsets servoenhet i bakrutan (Zafira)

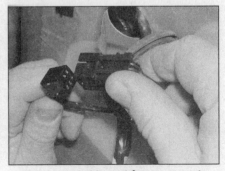

29.2 Lossa kablaget från ytterspegeln

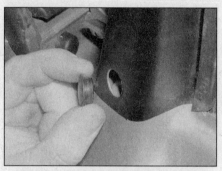

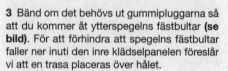

29.3 Bänd ut gummipluggarna så att du kommer åt ytterspegelns fästbultar

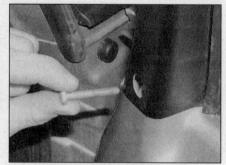

29.4a Skruva loss fästbultarna ...

29.4b ... och ta bort ytterspegeln från dörrens utsida

3 Bänd om det behövs ut gummipluggarna så att du kommer åt ytterspegelns fästbultar **(se bild)**. För att förhindra att spegelns fästbultar faller ner inuti den inre klädselpanelen föreslår vi att en trasa placeras över hålet.
4 Stöd upp spegeln och skruva sedan loss och ta bort fästbultarna och ta bort spegeln från dörrens utsida **(se bilder)**.

Montering

5 Montera tillbaka i omvänd ordningsföljd mot demonteringen.

30 Ytterspegelglas –
demontering och montering

Demontering

1 Spegelglaset kan bytas ut utan att spegeln tas bort. Använd skyddshandskar och tryck försiktigt in det övre innerhörnet av glaset (närmast dörren) för att lossa det nedre ytterhörnet från dörrspegeln. Hjälp vid behov till vid demonteringen av glaset genom att placera en liten skruvmejsel under glasets nedre, yttre hörn. Den övre invändiga klämman kan lossas genom att en liten skruvmejsel förs in genom hålet i spegelns kåpa **(se bild)**.
2 Koppla i förekommande fall loss de två kablarna från värmeelementet medan du håller

i de nitade flikarna för att undvika skador **(se bild)**.

Montering

3 Återanslut kablaget vid värmeelementet i förekommande fall och placera sedan glaset i spegeln. Placera fästklämmorna av plast korrekt i förhållande till varandra. Tryck ner försiktigt tills fästklämmorna snäpper fast.

31 Elspegelns komponenter –
demontering och montering

Brytare

Demontering

1 Brytarna sitter i förar- och passagerardörrarna.
2 Använd en liten skruvmejsel och bänd försiktigt loss brytaren från dörrens inre klädselpanel.
3 Lossa kablaget och ta bort brytaren.

Montering

4 Montering sker i omvänd ordningsföljd.

Motor

Demontering

5 Ta bort ytterspegeln enligt beskrivningen i avsnitt 29, och spegelglaset enligt beskrivningen i avsnitt 30.

6 Skruva loss de tre skruvarna och ta bort servomotorn från spegelhuset. Koppla sedan loss kablaget.

Montering

7 Monteringen utförs i omvänd ordningsföljd mot demonteringen men se till att kablaget är draget bakom motorn så att det inte är i vägen för inställningsmekanismen.

32 Innerspegel –
demontering och montering

Demontering

1 Tryck in plastflikarna och för innerspegeln från fästplattan **(se bild)**.
2 Fästplattan sitter fast vid vindrutan med ett särskilt lim och får normalt inte påverkas. Observera att det finns risk för att vindrutan spricker om man försöker ta bort en fästplatta som sitter hårt.

Montering

3 Om det behövs, kan du köpa ett särskilt lim som behövs för att fästa fästplattan vid vindrutan av en Opel-återförsäljare eller i en järnaffär. Överdelen av fästplattan ska placeras 15,0 mm från takklädseln, och plattan ska hållas på plats med maskeringstejp tills limmet har härdat.
4 För in innerspegeln i fästplattan tills plastflikarna hamnar i läge.

30.1 Använd en skruvmejsel för att ta bort glaset från ytterspegeln

30.2 Lossa kablaget från ytterspegelns uppvärmningselement

32.1 Skruvar loss innerspegeln från fästplattan

33 Vindruta, bakruta och hörnruta – allmänt

1 Glaset i vindrutan, bakrutan och hörnrutan monteras med ett särskilt fästmedel.
2 Både specialverktyg, lim och expertkunskaper behövs för att man ska lyckas ta bort och sätta dit glas som fästs på det här sättet. Sådant arbete måste därför överlåtas till en Opel-verkstad, en vindrutespecialist eller annan kompetent fackman.

34 Takluckans glaspanel – demontering och montering

Demontering

1 Skjut bak solgardinen helt och öppna fönsterpanelen halvvägs.
2 Skruva loss de fyra bultarna från glaspanelens främre kant och ta bort kåpan.
3 Skruva loss styrningens bultar på vardera sidan om panelen.
4 Lyft försiktigt bort glaspanelen från öppningen i taket. Se till att du inte skadar lacken på bilen. Undersök gummilisten och leta efter tecken på skador och slitage. Byt den om det behövs.

Montering

5 Monteringen utförs i omvänd ordningsföljd mot demonteringen, med om det behövs, justera glaspanelens höjd i framkant så att den är i jämnhöjd med eller maximalt 1,0 mm under takpanelen. Panelens bakre höjd ska vara i nivå med eller max. 1,0 mm över takpanelen.

35 Takluckans komponenter – demontering och montering

Observera: *Takluckan är en komplicerad utrustning som består av ett stort antal komponenter. Vi rekommenderar starkt att takluckans mekanism inte utsätts för mer störningar än nödvändigt. Om takluckans mekanism är defekt eller kräver renovering, kontakta en Opel -verkstad för råd. I nödfall kan takluckan manövreras manuellt genom att man tar bort kåpan över den främre innerbelysningspanelen och använder en skruvmejsel för att rotera motorn (se bilder).*

Vindavvisare

Demontering

1 Öppna takfönsterpanelen och skruva loss bultarna till svängarmen på båda sidor.
2 Lossa fjädern från sprinten och lyft ut vindavvisaren.
3 Tryck bort svängfjädern från styrningen genom att vrida den.

Montering

4 Montering sker i omvänd ordningsföljd.

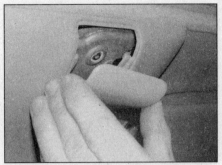
35.0a Vid nödfall, ta bort kåpan . . .

Elektrisk drivning

Demontering

5 Den elektriska drivenheten sitter på taket ovanför den inre takklädseln. Demontering av innertaket innebär att man måste ta bort den främre kupébelysningen, solskydden och handtagen, och detta är komplicerat. Vi rekommenderar att du låter en kvalificerad möbelstoppare utföra detta arbete.
6 Med takklädseln demonterad, lossa anslutningskontakten från drivenheten **(se bild)**.
7 Skruva loss fästskruvarna och ta bort den elektriska drivenheten från takpanelen.

Montering

8 Innan du återmonterar den elektriska drivningen, placera brytaren i dess ursprungsläge. För att göra detta måste hålet just innanför den sågtandade centrala drivningen befinna sig mitt emellan de två yttre förlängningarna. Resten av monteringen sker i omvänd ordningsföljd mot demonteringen.

Aktivering vajerjustering

9 Ta bort eldrivningen enligt den tidigare beskrivningen i avsnitt.
10 Lossa de främre och bakre styrskruvarna. Rikta in de främre och bakre styrsprintarna mot markeringarna på styrningarna.
11 Sätt i en borrbit med diameter 4,0 mm eller liknande verktyg genom den bakre styrningen och fästet. Dra sedan åt skruvarna.
12 Montera tillbaka den elektriska drivningen enligt beskrivningen i avsnitt 8.

Aktiveringsbrytare

Demontering

13 Ta bort den främre innerbelysningen enligt beskrivningen i kapitel 12, avsnitt 6.
14 Lossa försiktigt aktiveringsbrytaren från takklädseln och genom hålet i den främre innerbelysningen.
15 Lossa kablaget och ta bort brytaren.

Montering

16 Monteringen sker i omvänd ordningsföljd mot demonteringen.

Vevaxeldrivning

Demontering

17 Öppna takluckan helt.

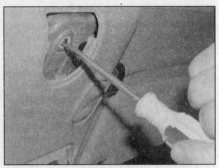
35.0b . . . och rotera motorn med en skruvmejsel

18 På tak som öppnas för hand, skruva loss skruven och ta bort veven från räfflorna.
19 På tak som öppnas elektroniskt, bänd ut nödluckan baktill på främre innerbelysningens fäste med en liten skruvmejsel.
20 Bänd ut innerbelysningens lins och lossa kablaget.
21 Skruva loss skruvarna och sänk ner soltakets klädselpanel från takklädseln.
22 Skruva loss de två skruvarna och sänk ner vevdrivningen från taket.

Montering

23 Monteringen utförs i omvänd ordningsföljd mot demonteringen, men utför först följande justering. Vrid drivningen helt och hållet medurs och säkerställ att låssprinten inte griper in. Om stiftet inte hakar i kan du inte vrida drivningen helt medurs, då måste stiftet dras utåt.

36 Hjulhusfodren – allmänt

1 Hjulhusfodren av plast hålls fast av en kombination självgängande skruvar, plastbultar och plastklämmor. Demontering och montering är enkelt, men kom ihåg följande.
2 Några av fästklämmorna kan hållas på plats med sprintar i mitten, vilka måste knackas ut när klämman ska lossas.
3 Klämmorna går lätt sönder vid demonteringen och det kan vara bra att skaffa några extraklämmor för återmonteringen.

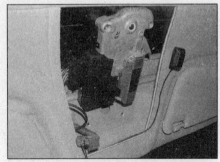
35.6 Takluckans elektriska drivenhet med den främre kupébelysningspanelen borttagen

4 Vissa modeller kan ha extra skärmar och stänkskydd på underredet som kan sitta fast på hjulhusfodren.

37 Tanklockslucka – demontering och montering

Demontering

1 Öppna klaffen för att komma åt de två fästskruvarna.
2 Skruva loss fästskruvarna och ta bort klaffen.

Montering

3 Monteringen utförs i omvänd ordningsföljd mot demonteringen.

38 Yttre karosskomponenter – demontering och montering

Dörrens sidolist

Demontering

1 Ta bort dörrens inre klädselpanel enligt beskrivningen i avsnitt 44 och skruva loss sidoremsans fästskruv med en skruvmejsel genom öppningen i innerpanelen **(se bild)**.
2 Skyddsremsan på framdörrens sida kan tas bort genom att man försiktigt drar den bakåt.

39.2 Tar bort förvaringsfacket från tröskelpanelen (Zafira)

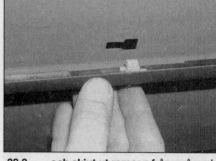

38.1 Skruva loss fästskruven . . .

Öppna dörren lite innan du tar bort remsan.
3 Skyddsremsan på bakdörrens sida kan tas bort genom att man försiktigt drar den framåt **(se bild)**. Öppna framdörren men låt bakdörren vara stängd, innan du tar bort remsan.

Montering

4 Montering sker i omvänd ordningsföljd.

Bakre delens sidopanel

Demontering

5 Sidoremsorna hålls fast vid den bakre hörnpanelen med klämmor. Ta försiktigt bort remsan från klämmorna.

Montering

6 Kontrollera skicket på klämmorna och byt dem vid behov.
7 Tryck fast sidoremsorna på klämmorna. Se till att de hakar i på rätt sätt.

Takets klädselpanel

Demontering

8 Med dörren öppen, lossa den övre gummilisten från taket.
9 Lossa skruvarna som håller fast klädselpanelen i taket ovanför dörren.
10 Lossa remsan från de bakre klämmorna och ta bort den bakåt.

Montering

11 Monteringen utförs i omvänd ordningsföljd mot demonteringen.

38.3 . . . och skjut ut remsan från spåren i dörren

39 Framsäten – demontering och montering

⚠ **Varning: De säkerhetsbältessträckare som är monterade på framsätena kan orsaka skador om de aktiveras oavsiktligt. Innan något arbete utförs på framsätena, rådfråga föreskrifterna för krockkuddssystem i kapitel 12.**

Demontering

1 Koppla loss batteriets minusledare och vänta minst 1 minut så att krockkuddssystemets kondensator hinner laddas ur (se kapitel 12 om det behövs).
2 Om du behöver frigöra mer arbetsutrymme, ta bort förvaringsfacket från tröskelpanelen genom att lyfta ut dämpningen och skruva loss fästskruvarna **(se bild)**.
3 Lossa försiktigt plastkåpan från sätets utsida, skruva sedan loss skruven och koppla loss säkerhetsbältet från framsätet **(se bilder)**.
4 För sätet bakåt så långt det går, koppla sedan om det är tillämpligt loss kablaget till bältessträckaren, sidokrockkudden, värmesystemet, och passageraravkänningen på följande sätt. Dra ut den röda låssprinten och lossa anslutningskontakten från sätets nedre del. Tryck in fliken och ta bort anslutningskontakten **(se bild)**.

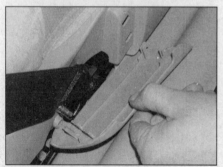

39.3a Lossa kåpan från framsätets utsida . . .

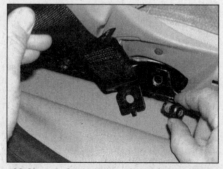

39.3b . . . skruva sedan loss skruven och lossa säkerhetsbältet

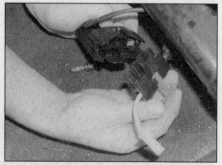

39.4 Lossa säteskablaget

5 Skruva loss de främre fästbultarna som håller fast sittdynan vid botten. Bultarna sitter på respektive glidkanals framsida **(se bild)**.
6 För fram sätet så långt det går och skruva loss de bakre fästbultarna som håller fast sätet vid stommen **(se bild)**.
7 Ta hjälp av en medhjälpare, lyft sätet och ta bort den från bilens insida.
8 Om det behövs, skruva loss sätets nederdel från golvet **(se bilder)**.

Montering

9 Monteringen utförs i omvänd ordningsföljd mot demonteringen, men applicera lite låsvätska på gängorna på bultarna innan de sätts tillbaka. Dra åt dem till angivet moment.

40 Baksäten – demontering och montering

Sits

Demontering

1 På det delade sätet, tryck in de fjäderspända stiften som sitter på sätets framsida och lossa sätet från styrfästena. Ta loss sprintarna och fjädrarna. Lyft upp sätet från golvet och ta bort det från bilen.
2 På modeller med baksäte som inte är delat, höj först sitsens bakre del och lossa sedan de främre krokarna från gångjärnens fästbyglar genom att trycka ner sitsen rakt

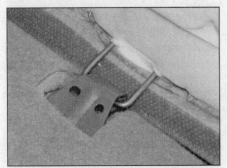
40.2a Det odelade baksätets sits är fäst med metallöglor . . .

40.5a Bänd ut plastfästena. . .

över fästbyglarna. Lyft upp sätet från golvet och ta bort det från bilen **(se bilder)**.

Montering

3 Monteringen utförs i omvänd ordningsföljd

39.5 Skruva loss framsätets främre fästbultar

39.8a Skruva loss fästbultarna . . .

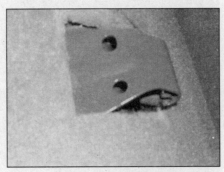
40.2b . . . för att haka fast

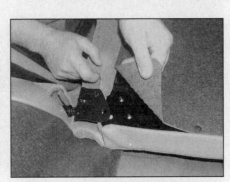
40.5b . . . och lyft av filtklaffarna från ryggstödets ytterhörn

39.6 Skruva loss framsätets bakre fästbultar

39.8b . . . och ta bort sätets nederdel

mot demonteringen men se till att säkerhetsbältets fästtappar placeras ovanpå sitsen.

Ryggstöd (Astra modeller)

Demontering

4 Ta bort baksätesdyna enligt tidigare beskrivning i detta avsnitt.
5 Fäll ryggstödet framåt, bänd sedan ut plasthållarna och lyft filtflikarna från ryggstödets ytterhörn **(se bilder)**.
6 Använd en Torx-nyckel och skruva loss bultarna som håller fast de yttre gångjärnens fästbyglar vid ryggstödet och ta sedan bort fästbyglarna från urtagen i karossen **(se bild)**. Använd vid behov en skruvmejsel för att bända loss de fjäderspända kragarna från spåren.
7 Skruva loss mittgångjärnets fästbygelbultar, även de bultar som håller ihop de delade sätena **(se bilder)**.

40.6 Skruva loss de yttre gångjärnens fästbyglar från karossens urtag

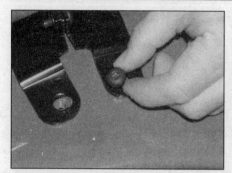

40.7a Skruva loss gångjärnsfästets mittre bultar . . .

40.7b . . . och bultarna som håller ihop de delade sätena

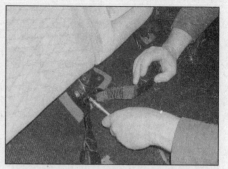

40.8 Skruva loss gångjärnsfästets och säkerhetsbältets främre bultar

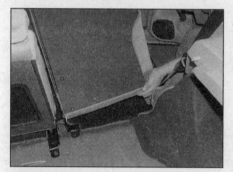

40.9 Ta bort ryggstödet från bilens insida

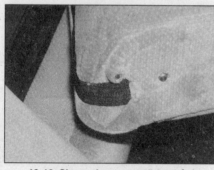

40.10 Skruva loss armstödet från baksätets ryggstöd

41 Främre säkerhetsbältsträckare – demontering och montering

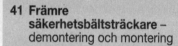

⚠ **Varning: De säkerhetsbältessträckare som är monterade på framsätena kan orsaka skador om de aktiveras oavsiktligt. Innan något arbete utförs på framsätena, rådfråga föreskrifterna för krockkuddssystem i kapitel 12.**

Demontering

1 Koppla loss batteriets minusledare och vänta minst 1 minut så att krockkuddssystemets kondensator hinner laddas ur (se kapitel 12 om det behövs).
2 Ta bort framsätet enligt beskrivningen i avsnitt 39.
3 Lossa bältessträckarens kablage från sätets nedre del.
4 Skruva loss den enda skruven och ta bort bältessträckaren från framsätet.

Montering

5 Monteringen utförs i omvänd ordningsföljd mot demonteringen, men applicera lite låsvätska på fästbultens gängor innan den sätts i. Dra åt skruven till angivet moment.

42 Säkerhetsbälten – demontering och montering

Främre säkerhetsbälte och rulle

Demontering

1 Ta bort framsätet enligt beskrivningen i avsnitt 39.
2 Skruva loss remmens nedre styrskena från B-stolpens nedre del. Skjut bort säkerhetsbältets remände från skenan.
3 Dra bort gummilisten från B-stolpen, och ta bort de övre och nedre klädselpanelerna. Panelerna hålls fast av klämmor och du behöver en bred skruvmejsel för att lossa dem. Gör först en noggrann anteckning om hur panelerna sitter eftersom det är viktigt att de återmonteras på rätt ställen. För säkerhetsbältet genom urtaget i den övre klädselpanelen när du tar bort det (se bilder).

---

8 Lyft upp ryggstödets framsida och skruva loss det främre gångjärnets fästbygel och bältesstammens bultar **(se bild)**.
9 Lyft av ryggstödet och ta bort den från bilen **(se bild)**.
10 Om det behövs, kan armstödet i ryggstödet tas bort genom att man försiktigt lossar båda sidorna från fästet **(se bild)**.

Montering

11 När ryggstödet monteras tillbaka är det enklast att montera de separata delarna och de yttre gångjärnsfästena utanför bilen. Montera först fästbyglarna på de yttre nedre hörnen på ryggstödet och dra åt bultarna.
12 Montera de separata delarna tillsammans, sätt tillbaka bultarna och dra åt ordentligt.
13 Ta hjälp av en medhjälpare och placera ryggstödet inuti bilen med det yttre fästets gångjärnssprintar vilande över fästspåren i golvet. Tryck ner ryggstödets ändar så att de

---

fjäderspända kragarna hakar i utskärningarna i spåren.
14 Montera tillbaka säkerhetsbältets tapp och bultarna i mittre fästbygeln och dra åt ordentligt.
15 Fäst filtklaffarna med plastklämmorna.
16 Montera tillbaka baksätesdyna enligt tidigare beskrivning i detta avsnitt.

Ryggstöd (Zafira modeller)

Demontering

17 Ta bort mattan från det bakre bagageutrymmet.
18 Skruva loss skruvarna och ta bort säkerhetsbältets låsbygel från golvet.
19 Skruva loss skruvarna från det mittre gångjärnsfästet.
20 Lossa den bakre haken och lyft ut baksätets ryggstöd ur bilen.

Montering

21 Montering sker i omvänd ordningsföljd.

42.3a För säkerhetsbältet genom urtaget i den övre klädselpanelen när du tar bort det

42.3b Ta bort den nedre klädselpanelen från B-stolpen

4 Skruva loss bulten och ta bort säkerhetsbältets övre fäste från höjdjusteraren **(se bild)**.
5 Om det behövs, lossa den yttre panelen och skruva sedan loss skruvarna och ta bort höjdjusteraren från B-stolpen **(se bild)**.
6 Lossa bältet, skruva loss skruven och ta bort bältesstyrningen från B-stolpen **(se bild)**.
7 Ta bort tröskelns inre klädselpanel för att komma åt B-stolpens nederkant **(se bild)**.
8 På B-stolpens utsida, bänd ut pluggen så att du kommer åt rullens fästmutter. En djup hylsa krävs för att lossa muttern eftersom den sitter i slutet av en sprint som svetsats fast på stolpen. Stiftet håller fast muttern, utan den skulle muttern ramla ner inuti tröskelpanelen. Skruva loss muttern, och ta sedan ut rullenheten inifrån tillsammans med bilbältet **(se bilder)**.
9 Tappen är fäst på sätets insida och tas loss genom att fästbultens skruvas loss, vilket också säkrar sträckaren.

Montering

10 Monteringen utförs i omvänd ordningsföljd mot demonteringen, men applicera lite låsvätska på gängorna på fästskruvarna/muttrarna innan de sätts tillbaka. Dra åt dem till angivet moment.

Bakre säkerhetsbälte och rulle

Demontering

11 Ta bort bakre hörnets inre klädselpanel (avsnitt 44). Detta tillvägagångssätt innebär att man skruvar loss säkerhetsbältets nedre fäste **(se bild)**.

12 Skruva loss bulten och ta bort det övre fästet. På Zafiramodeller är den monterad på höjdjusteraren **(se bilder)**.
13 På Zafira modeller, ta bort klädselpanelen

och skruva loss bulten som håller fast säkerhetsbältet mot den nedre panelen.
14 På Zafira modeller, skruva loss styrningen från C-stolpen och ta bort den från säkerhetsbältet.

42.4 Främre säkerhetsbältets övre förankring och anordning för höjdledsjustering

42.5 Lossa klädselpanelen från B-stolpen

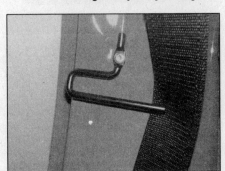
42.6 Bältesstyrningen på B-stolpen

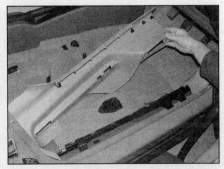
42.7 Ta bort tröskelns inre klädselpaneler

42.8a Den främre bältesrullen sedd från bilens insida

42.8b Bända ut pluggen ...

42.8c ... för åtkomst till spolens fästmutter som sitter på ett stift

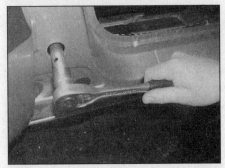
42.8d Skruva loss den främre bältesrullens fästmutter

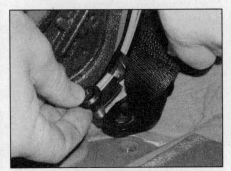
42.11 Skruvar loss det bakre säkerhetsbältets nedre förankring från karossen

42.12a Bakre säkerhetsbältets övre förankring och anordning för höjdledsjustering (Zafira)

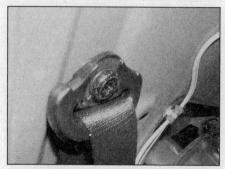

42.12b Bakre säkerhetsbältets övre fäste (Astra)

42.15a Bakre säkerhetsbältets rulle (Zafira)

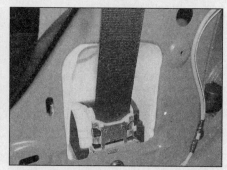

42.15b Bakre säkerhetsbältets rulle (Astra)

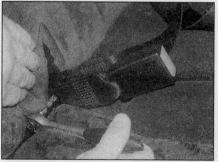

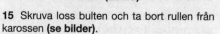

42.17 Ta bort det bakre säkerhetsbältets stam (Zafira)

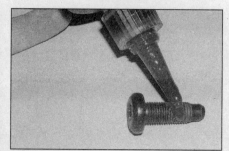

42.18a Stryk på låsvätska på gängorna på säkerhetsbältets fästbultar innan du monterar dem . . .

42.18b . . . och dra åt bultarna till angivet moment

15 Skruva loss bulten och ta bort rullen från karossen (se bilder).
16 På Zafira modeller, skruva loss skruvarna och ta bort höjdjusteraren från C-stolpen.
17 Tappen kan skruvas loss efter att baksätesdynan har tagits bort (se bild).

Montering

18 Monteringen utförs i omvänd ordningsföljd mot demonteringen, men applicera lite låsvätska på gängorna på fästskruvarna/muttrarna innan de sätts tillbaka. Dra åt dem till angivet moment (se bilder).

3:e raden säkerhetsbälte och rulle (Zafira)

Demontering

19 Ta bort mattan från det bakre bagageutrymmet.
20 Ta bort den övre klädselpanelen från sidan av bagageutrymmet.
21 Bänd bort kåpan och skruva loss skruven som håller fast fästet mot C-stolpen. Ta också bort det nedre fästet (se bilder).
22 Skruva loss skruvarna och ta bort remstyrningen från C-stolpe.
23 Ta bort den nedre klädselpanelen från sidan av bagageutrymmet.
24 Skruva loss fästbulten och ta bort säkerhetsbältesrullen från sidopanelen (se bild).
25 Tappen kan tas bort efter att den mittre klädselpanelen har tagits bort (se bild).

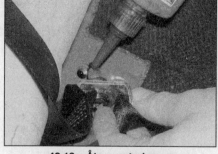

42.18c Återmontering av mittsäkerhetsbältets stam

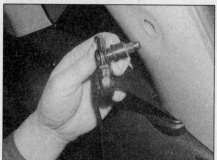

42.21a Ta bort säkerhetsbältets övre förankring på tredje raden

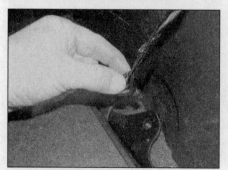

42.21b Ta bort säkerhetsbältets nedre förankring på tredje raden

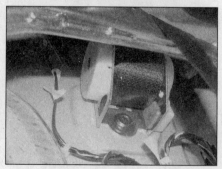

42.24 Tredje radens baksätes bältesrulle

42.25 Ta bort det bakre säkerhetsbältets stam på tredje raden

Montering

26 Monteringen utförs i omvänd ordningsföljd mot demonteringen, men applicera lite låsvätska på fästbultens gängor innan den sätts i och dras åt till angivet moment.

3:e raden säkerhetsbälte mitten bak (Zafira)

Demontering

27 Ta bort baksäteskudden och ryggstödet enligt beskrivningen i avsnitt 40.
28 Skruva loss skruvarna och ta bort åtkomstkåpan för mittsäkerhetsbältets fästtappar.
29 Skruva loss bultarna och ta bort fästtapparna från golvet.
30 Koppla loss vajern från rullen och skruva sedan loss rullen från ryggstödet.

Montering

31 Montering sker i omvänd arbetsordning, men dra åt fästbultarna till angivet moment.

43 Säkerhetsbältets höjdjusterare – demontering och montering

Fram

Demontering

1 Ta bort B-stolpens övre klädselpanel, enligt beskrivningen i avsnitt 44.
2 Ta bort de två torxbultarna, och ta bort höjdjusteraren från B-stolpen.

Montering

3 Monteringen utförs i omvänd ordningsföljd mot demonteringen, men se till att höjdjusteraren sitter korrekt. Regulatorns överdel är märkt med två pilar som ska peka mot bilens tak.

Bak

Allmänt

4 Metoden för det främre säkerhetsbältets höjdjusterare är den som anges ovan, men för att komma åt höjdjusteraren måste du ta bort den bakre hörnpanelen (se avsnitt 44) istället för B-stolpens klädselpanel.

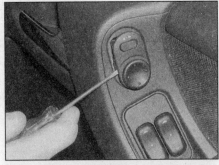
44.2a Ta bort den elektriska ytterspegelns omkopplare från dörrens inre klädselpanel . . .

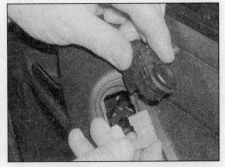
44.2b . . . lossa sedan anslutningskontakten

44.2c Lirka ut elfönstrets omkopplare . . .

44.2d . . . och koppla loss anslutningskontakten

44 Inre klädselpaneler – demontering och montering

⚠️ *Varning: Innan något arbete utförs i närheten av framsätena, rådfråga föreskrifterna för krockkuddssystem i kapitel 12.*

Framdörr

Demontering

1 Koppla loss batteriets minusledare och vänta minst 1 minut innan arbetet påbörjas. Detta kommer att låta krockkuddesystemets kondensator ladda ur.
2 På modeller med elektriska ytterspeglar, bänd försiktigt ut kontrollbrytaren från klädselpanelen och lossa kablaget. På modeller med elektrisk fönsterhiss fram tar du bort fönstrets styrbrytare (se bilder).
3 På modeller med manuella fönsterhissar, lossa fästklämman och ta bort fönsterhissens vev. För att lossa den fasthållande klämman, för in ett stycke tråd med krökt ände mellan handtaget och kanten på dörrens klädselpanel. Använd tråden för att lossa den fasthållande klämman från handtaget. Var försiktig så att klädselpanelen inte skadas. Ta loss panelinfattningen.
4 Dra av knoppens gummidamask och bänd försiktigt loss den yttre sidospegelns klädselpanel från dörrens insida. Om "tweeter" högtalaren befinner sig i spegelns klädselpanel, lossa kablaget. Bänd ut den där diskanthögtalaren sitter i dörrens inre klädselpanel och koppla loss kablaget (se bilder).
5 På Astra modeller, bänd försiktigt upp kåpan från det inre handtaget (se bilder).

44.4a Dra av gummidamasken . . .

44.4b . . . och bänd loss kåpan . . .

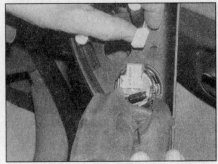
44.4c . . . och lossa kablaget från tweetern

44.4d Bänd ut den där diskanthögtalaren sitter i dörrens inre klädselpanel . . .

44.4e . . . och koppla loss kablaget

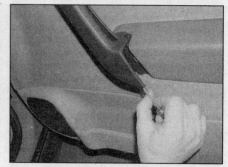

44.5a Lossa försiktigt den inre dörrhandtagskåpan med en skruvmejsel . . .

44.5b . . . ta sedan bort den från panelen

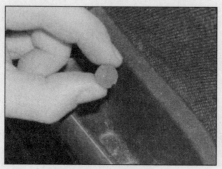

44.6a Ta bort pluggen . . .

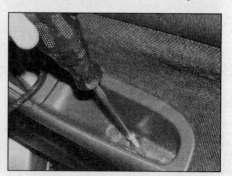

44.6b . . . skruva loss skruven . . .

6 Skruva loss klädselpanelens fästskruvar som sitter på panelens nedre kant. På vissa modeller sitter en av skruvarna bakom griparen, som kan tas bort genom att du bänder ut pluggen och skruvar loss fästskruven (se bilder).

7 Plastklämmorna som håller fast

klädselpanelen mot dörren måste nu lossas. Detta kan göras med en skruvmejsel, med det är att föredra att man använder ett gaffelverktyg för att minimera skadan på klädselpanelen och på klämmorna. Klämmorna sitter runt klädselpanelens ytterkant, och om det behövs kan du använda

en bit kartong eller en trasa för att skydda dörrens lack (se bilder).

8 Med klämmorna lossade, lossa kabeln från det inre dörrhandtaget som finns på klädselpanelen. Haka loss panelens övre del och ta bort den från bilen (se bilder).

9 Plastisoleringsfilmen kan tas bort från

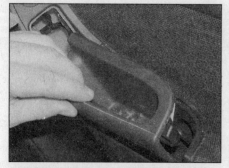

44.6c . . . och ta bort handtaget från dörrens inre panel

44.6d Ta bort fästskruvarna från dörrens inre klädselpanel

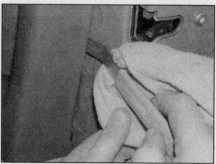

44.7a Lossa den inre klädselpanelens fästklämmor

44.7b Ta bort klädselpanelen från dörren

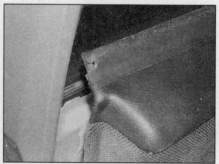

44.8a Haka loss klädselpanelens överdel . . .

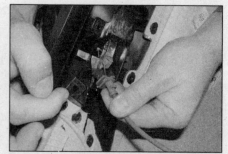

44.8b . . . och koppla loss vajern från det inre dörrhandtaget som sitter i klädselpanelen

44.9 Ta bort plastisoleringsfilmen från framdörren

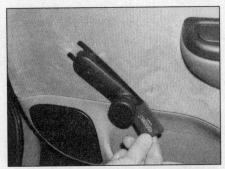

44.13a Lossa fönsterhisshandtagets fästklämma med ett särskilt gaffelverktyg

44.13b Ta bort fönsterhisshandtaget och dekorinfattningen

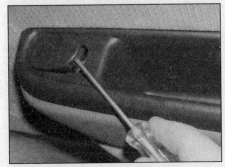

44.14a Bänd ut kåpan . . .

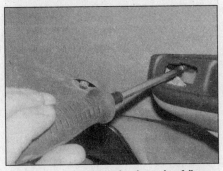

44.14b . . . skruva sedan loss den främre skruven . . .

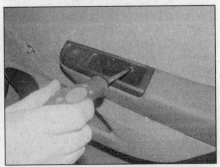

44.14c . . . och den bakre skruven som håller fast fickan i panelen

dörren. Skala bort arket långsamt för att förhindra skador på tätningen, och varför noga med att inte skada arket **(se bild)**.

Montering

10 Monteringen utförs i omvänd ordningsföljd mot demonteringen, men byt trasiga plastfästklämmor om det behövs. Om det isolerande plastarket har tagits bort från dörren måste det återmonteras i oskatt skick och fästas ordentligt på dörren.

Bakdörr

Demontering

11 Koppla loss batteriets minusledare och vänta minst 1 minut innan arbetet påbörjas. Detta kommer att låta krockkuddesystemets kondensator ladda ur.
12 På modeller med elektriska

bakfönsterhissar, ta bort fönsterreglagets brytare genom att bända loss panelen med en skruvmejsel och lossa kablaget. Observera att på vissa modeller the hålls brytaren fast av skruvar.
13 På modeller med manuella fönsterhissar, lossa fästklämman och ta bort fönsterhissens vev. För att lossa den fasthållande klämman, använd endera ett speciellt gaffelverktyg eller för in ett stycke tråd med krökt ände mellan handtaget och kanten på dörrens klädselpanel. Använd tråden för att lossa den fasthållande klämman från handtaget. Var försiktig så att klädselpanelen inte skadas. Ta loss panelinfattningen **(se bilder)**.
14 Om tillämpligt, bänd ut plastkåpan, skruva loss skruvarna och ta bort fickan från klädselpanelen **(se bilder)**.
15 Lossa och ta bort askkoppen, lossa sedan

och ta bort diskanthögtalarens galler om det behövs **(se bild)**.
16 Skruva loss klädselpanelens fästskruvar som sitter på panelens nedre kant **(se bild)**.
17 Plastklämmorna som håller fast klädselpanelen mot dörren måste nu lossas. Detta kan göras med en skruvmejsel, med det är att föredra att man använder ett gaffelverktyg för att minimera skadan på klädselpanelen och på klämmorna. Klämmorna sitter runt klädselpanelens ytterkant.
18 Med klämmorna lossade, lossa vajrarna från dörrens inre handtag och diskanthögtalarens kablage och ta bort panelen från bilen **(se bilder)**.
19 Plastfilmen kan tas bort från dörren, men ta bort manövervajern och låsknoppens länk. Skala bort arket långsamt för att förhindra

44.15 Ta bort tweetergallret

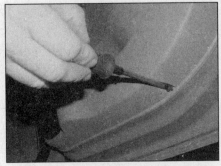

44.16 Ta bort fästskruvarna från dörrens inre klädselpanel

44.18a Lossa vajerhöljet från bakdörrens handtag . . .

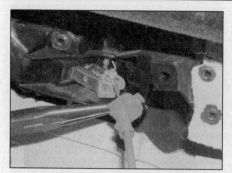

44.18b . . . och den inre kabeln

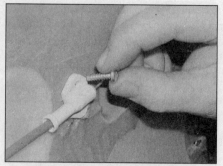

44.19a Skruva loss skruvarna . . .

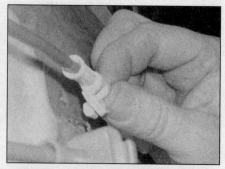

44.19b . . . och ta bort styrkabeln . . .

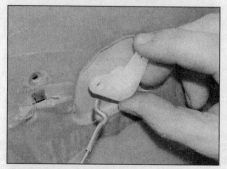

44.19c . . . och låsknoppens länk. . .

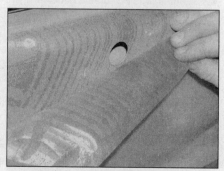

44.19d . . . dra sedan försiktigt bort plastfilmen från dörrens innerpanel

44.27 Ta bort gummitätningsremsorna från öppningen i karossen

skador på tätningen, och varför noga med att inte skada arket (se bilder).

Montering

20 Monteringen utförs i omvänd ordningsföljd mot demonteringen, men byt trasiga plastfästklämmor om det behövs. Om det isolerande plastarket har tagits bort från dörren måste det återmonteras i oskatt skick och fästas ordentligt på dörren.

Baklucka

Demontering

21 Med bakrutan öppen, bänd ut plastkåpan, skruva loss skruvarna och ta bort de nedre och övre klädselpanelerna från bakrutans insida. Observera att den nedre panelen har förlängningar som passar in i de övre panelerna.
22 Lossa klämmorna och ta bort det höga bromsljuset.

Montering

23 Monteringen sker i omvänd ordningsföljd mot demonteringen.

Bakre hörnpanel (coupémodeller)

Demontering

24 Ta bort det bakre ryggstödet enligt beskrivningen i avsnitt 40.
25 Bänd försiktigt upp hörnklädselpanelen från karossen med en bredbladig skruvmejsel. Var försiktig så att du inte bryter av plastklämmorna.

Montering

26 Monteringen sker i omvänd ordningsföljd mot demonteringen.

Bakre hörnpanel (halvkombi modeller)

Demontering

27 Öppna bakrutan och bänd upp gummilisterna

från öppningen i karossen i närheten av bakre hörnpanelen och bakre panellisten (se bild). Ta också bort den bakre hyllan.
28 Ta bort bakdörrens inre rampanel på den berörda sidan (se bild).
29 Ta bort baksätets sits (avsnitt 40), och fäll fram baksätets ryggstöd
30 Skruva loss skruvarna och ta bort plastpanelen från den bakre listen (se bild).
31 Bänd ut plastkåporna och skruva loss skruvarna som håller fast den övre bakre hörnpanelen till karossen (se bilder).
32 Skruva loss det bakre säkerhetsbältets nedre fästbult och ta bort säkerhetsbältet från golvet.
33 Lossa den övre bakre hörnpanelen och för det bakre säkerhetsbältet genom hålet i panelen (se bilder).
34 Ta bort gummikudden från baksätets ryggstöd, lossa sedan och ta bort den nedre bakre hörnpanelen (se bilder).

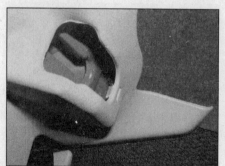

44.28 Bakdörrens inre rampanel

44.30 Ta bort plastpanelen från den bakre listen

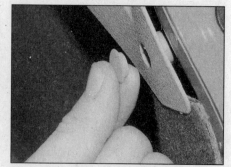

44.31a Bänd ut plastkåporna . . .

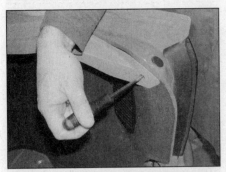

44.31b . . . och skruva loss skruvarna som håller fast den övre bakre hörnklädselpanelen

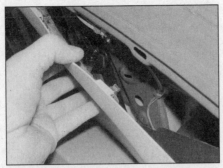

44.33a Lossa den bakre hörnpanelen . . .

44.33b . . . och mata fram baksätets säkerhetsbälte genom hålet i panelen

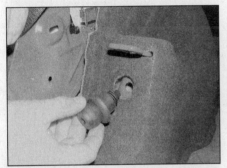

44.34a Ta bort gummikudden från baksätets ryggstöd . . .

44.34b . . . lossa klämmorna . . .

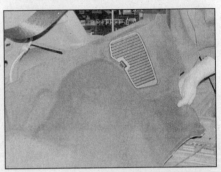

44.34c . . . och ta bort nedre bakre hörnets klädselpanel

Montering

35 Monteringen sker i omvänd ordningsföljd mot demonteringen. Använd en träbit och en

44.40 Skruva loss skruvarna som håller fast den nedre klädselpanelen vid värmeenhetens sida

klubba för att helt knacka in gummilisten i karossens fläns.

C-stolpe (kupémodeller)

Demontering

36 Ta bort den bakre hörnpanelen enligt beskrivningen ovan.
37 Skruva loss fästskruvarna.
38 Bänd försiktigt upp panelen från karossen med en bredbladig skruvmejsel. Var försiktig så att du inte bryter av plastklämmorna.

Montering

39 Monteringen sker i omvänd ordningsföljd mot demonteringen.

Instrumentbrädans nedre klädselpaneler

Demontering

40 Instrumentbrädans nedre klädselpaneler

är monterade på benutrymmena på förar- och passagerarsidan. För att ta bort en av dessa, skruva först loss skruvarna som håller fast panelen vid värmeenhetens sida (se bild).
41 Skruva loss de yttre skruvarna och ta bort den nedre klädselpanelen underifrån instrumentbrädan (se bilder).

Montering

42 Monteringen sker i omvänd ordningsföljd mot demonteringen.

Andra inre klädselpaneler

Demontering och montering

43 De flesta mindre klädselpaneler fästs med plastklämmor som lätt går sönder vid borttagningen. Försök alltid att bända ut klämmorna genom att föra in ett gaffelverktyg precis under dem hellre än att bända loss panelen.

44.41a Skruva loss nedre klädselpanelens yttre skruvar

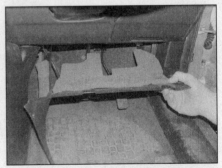

44.41b Ta bort klädselpanelen från fotutrymmet på passagerarsidan

44.41c Ta bort den nedre klädselpanelen från fotutrymmet på förarsidan

45.2 Ta bort den mittre kåpan underifrån handbromsspaken

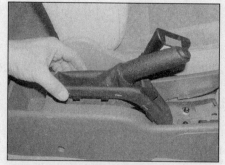

45.3 Ta bort handbromsspakens damask från mittkonsolen

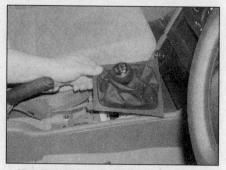

45.4 Ta bort växelspakens damask från mittkonsolen

45 Mittkonsol – demontering och montering

Demontering

1 Koppla loss och ta bort batteriets jordledning enligt beskrivningen i kapitel 5A.

2 Bänd ut kåpan underifrån handbromsspaken **(se bild)**.

3 Ta bort handbromsspakens damask från mittkonsolen. Kontrollera att handbromsen är åtdragen **(se bild)**.

4 Bänd loss växelspaksdamasken från framsidan av mittkonsolen **(se bild)**.

5 På modeller med automatisk växellåda, ta bort väljarspakens kåpa (se kapitel 7B).

6 Vid konsolens främre del bänder du försiktigt ut omkopplingspanelen för stolsvärme med en skruvmejsel.

7 På modeller med TC (antispinnsystem) brytare, bänd ut brytaren.

8 Lossa panelen och skruva sedan loss skruvarna och ta bort askkoppen från konsolens framsida. Koppla loss kablaget från cigarrettändaren **(se bilder)**.

9 Vid behov, bänd ut kåporna och skruva sedan loss fästskruvarna. Det finns två skruvar på var sida om konsolen, en skruv sitter under handbromsspaken och en skruv finns på konsolens framsida **(se bilder)**.

45.8a Skruva loss skruvar. . .

45.8b . . . ta bort askkoppen . . .

45.8c . . . och lossa kablaget till cigarrettändaren (Zafira)

45.8d Ta bort askkoppen . . .

45.8e . . . och lossa kablaget till cigarrettändaren (Astra)

45.9a Skruva loss de bakre skruvar . . .

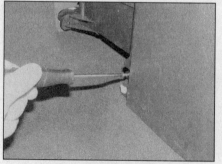

45.9b . . . främre skruvar . . .

45.9c . . . mittskruv. . .

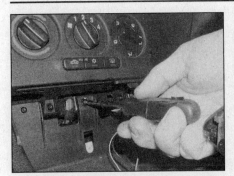

45.9d . . . och den främre skruven

45.10 Demontera mittkonsolen

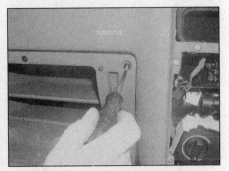

46.1a Ta bort handskfackets övre fästskruvar . . .

10 Lyft av mittkonsolen från golvet och ta bort den genom dörröppningen (se bild).

Montering

11 Monteringen utförs i omvänd ordningsföljd mot demonteringen.

46 Handskfack –
demontering och montering

Demontering

1 Med handskfacket öppet, skruva loss de tre övre och tre nedre skruvarna som håller fast den mot instrumentbrädan (se bilder).
2 Dra ut handskfacket något och koppla loss kablaget från belysningen (se bild). På modeller med CD-växlare eller navigeringssystem kopplar du loss kablaget/antennen från respektive enhet.
3 Ta bort handskfacket från instrumentbrädan och ta bort den från bilens insida.
4 Om det behövs, ta bort luckan från handskfacket genom att trycka ut gångjärnsstiften.
5 Om tillämpligt, ta bort CD-växlaren eller navigationsstyrenheten från handskfacket enligt beskrivningen i kapitel 12.

Montering

6 Monteringen sker i omvänd ordningsföljd mot demonteringen. Om du ska montera ett nytt handskfack flyttar du över de självhäftande kuddarna och innerbelysningen/

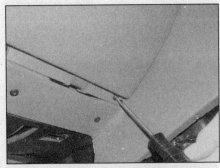

46.1b . . . och de nedre fästskruvarna . . .

CD-växlaren/navigeringsstyrenheten från den gamla enheten.

47 Instrumentbräda –
demontering och montering

⚠️ **Varning: Att arbeta i närheten av krockkuddar är potentiellt mycket farligt. Se föreskrifterna om krockkuddar i kapitel 12.**

Astra modeller

Demontering

1 Koppla loss batteriets minusledare och vänta minst 1 minut så att krockkuddssystemets kondensator hinner laddas ur (se kapitel 12 om det behövs).

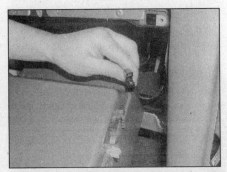

46.2 . . . lossa sedan kablaget från belysningen

2 Ta bort mittkonsolen och askkoppen, enligt beskrivningen i avsnitt 45.
3 Ta bort förvaringsfacket från instrumentpanelen. För att göra detta, ta bort mattan och använd sedan en skruvnyckel för att lossa de övre och nedre klämmorna, och ta ut enheten (se bilder).
4 Ta bort radion och fästet enligt beskrivningen i kapitel 12. På modeller med navigationssystem, ta bort enheten eniigt beskrivningen i kapitel 12.
5 Arbeta genom öppningarna i sargpanelen och lossa klämmorna som håller fast värmereglaget och skilj kontrollpanelen (se bild).
6 Skruva loss de nedre skruvarna och bänd försiktigt loss sargpanelen från instrumentbrädan. För upp handen och koppla loss kablaget från flerfunktions-displayenheten. Ta bort varningsblinkers-

47.3a Ta bort golvmattan . . .

47.3b . . . lossa sedan klämmorna med en skruvmejsel. . .

47.3c . . . och ta bort förvaringsfacket

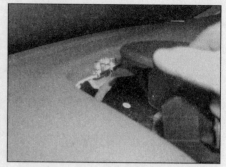

47.5 Lossa värmereglagen från baksidan av sargpanelen

47.6a Skruva loss de nedre skruvar . . .

47.6b . . . lossa instrumentbrädans infattning från klämmorna. . .

brytaren (kapitel 12, avsnitt 4) och koppla sedan loss kablagehylsan genom att skjuta den nedåt från sargpanelen. Om det behövs, skruva loss skruvarna och ta

bort flerfunktionsdisplayet från panelen **(se bilder)**.
7 Ta bort ljusbrytaren som sitter på instrumentbrädan på förarsidan enligt

beskrivningen i kapitel 12, avsnitt 4. Skruva sedan loss skruvarna och ta bort sidoluftmunstycket och brytarens sarg från instrumentbrädan. Man kommer åt skruvarna genom att trycka ner munstycket förbi dess stoppunkt, tills skruvarna syns genom gallret. Om ventilen är hårt åtdragen når du skruvarna genom ventilgallret för demonteringen och lossar sedan sidoklämmorna och vrider ventilen före återmonteringen **(se bilder)**. Ta bort munstyckesenheten från instrumentbrädan och ta loss skruvarna.
8 Koppla loss kablagekontakten från ljusbrytarens sarg och ta bort den nedåt **(se bilder)**.
9 Ta bort handskfacket enligt beskrivningen i avsnitt 46.
10 Tryck ner passagerarsidans ventil förbi stoppet tills fästskruvarna syns genom gallret. Skruva loss skruvarna, skruva sedan loss den

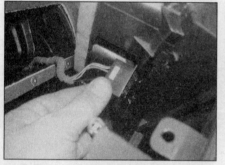

47.6c . . . skjut undan kabelhylsan till varningsblinkersbrytaren från panelen. . .

47.6d . . . och lossa kablaget från multi-informationsdisplayet

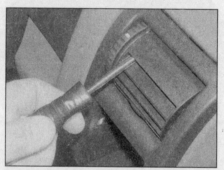

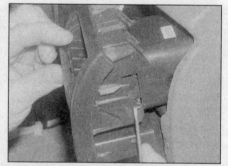

47.7a Skruva loss den nedre skruven . . .

47.7b . . . och de övre skruvarna för att ta bort brytarens infattning

47.7c Vrid luftmunstycket förbi stoppläget . . .

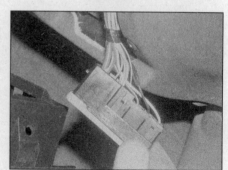

47.7d . . . innan återmonteringen

47.8a Lossa klämman . . .

47.8b . . . och ta bort hylsan från infattningen

47.10a Skruva loss skruvarna . . .

47.10b . . . och ta bort ventilatorn på passagerarsiden

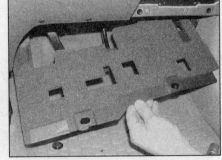

47.12 Ta bort den nedre klädselpanelen från fotutrymmet på förarsidan

nedre fästbulten och ta bort ventilatorn från instrumentbrädan **(se bilder)**.

11 För in handen i handskfackets plats och lossa kablaget från krockkudden på passagerarsidan. Var noga med att inte repa kablaget eller polerna.

12 Ta bort ratten enligt beskrivningen i kapitel 10, ta sedan bort klädselpanelen underifrån instrumentbrädan på förarsidan **(se bild)**.

13 Skruva loss skruvarna och ta bort de övre och nedre kåporna från rattstången.

14 Ta bort indikatorbrytaren och torkarkontakt enligt beskrivningen i kapitel 12, avsnitt 4.

15 Demontera instrumentbrädan enligt beskrivningen i kapitel 12.

16 Ta bort förvaringsfacket på förarsidan, skruva loss de fyra fästanordningarna och ta bort facket **(se bilder)**.

17 Ta bort framsätena för större arbetsutrymme, enligt beskrivningen i avsnitt 39.

18 Bänd försiktigt upp de inre klädselpanelerna från trösklarna, skruva loss skruvarna och lossa fotutrymmets sidoklädselpaneler **(se bilder)**.

19 Notera kabelhärvans placering bakom instrumentbrädan och lossa den **(se bild)**.

20 Ta bort klädselpanelen under instrumentbrädan på passagerarsidan. Ta bort fästanordningarna och ta bort luftkanalen i fotutrymmet **(se bilder)**.

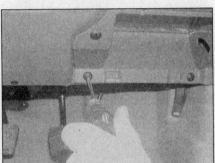

47.16a Ta bort förvaringsfacket på förarsiden . . .

47.16b . . . skruva sedan loss skruvarna . . .

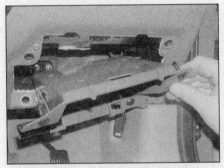

47.16c . . . och ta bort facket från instrumentbrädan

47.18a Skruva loss skruvarna . . .

47.18b . . . och ta bort sidoklädselpanelerna från fotutrymmet

47.19 Lossa kablaget från instrumentbrädans baksida

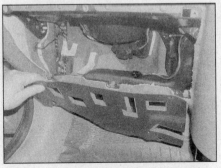

47.20a Ta bort instrumentbrädans nedre klädselpanel . . .

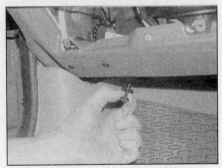

47.20b . . . ta sedan bort fästanordningarna . . .

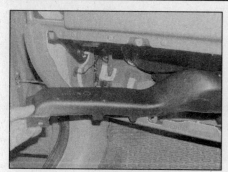

47.20c ... och ta bort luftkanalen i fotutrymmet

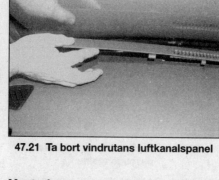

47.21 Ta bort vindrutans luftkanalspanel

47.22a Främre instrumentbrädans fästskruvar

21 Lossa vindrutans luftkanalpanel från instrumentbrädan (se bild).

22 På instrumentbrädans framsida under vindrutan, skruva loss och ta bort de tre skruvarna som håller fast instrumentbrädan mot mellanväggen. Skruva sedan loss återstående skruvar på sidorna och på mellanväggen. Sidoskruvarna sitter under plastkåporna (se bilder).

23 Kontrollera att alla kablar har lossats från komponenterna i instrumentbrädan. Notera hur kablarna är dragna för att underlätta monteringen.

24 Ta hjälp av en medhjälpare och skjut försiktigt av instrumentbrädan från mellanväggen och ta bort den från bilens insida. Var extra noga med att inte skada instrumentbrädan i området runt rattstången.

Montering

25 Monteringen utförs i omvänd ordningsföljd mot demonteringen, men se till att kablaget har dragits korrekt och anslutits till de olika komponenterna på det sätt som noterades vid demonteringen. Se kapitel 3, avsnitt 10, för information om återmontering av sidofläktarna.

Zafiramodeller:

Demontering

26 Koppla loss batteriets minusledare och vänta minst 1 minut så att krockkuddssystemets kondensator hinner laddas ur (se kapitel 12 om det behövs).

27 Demontera mittkonsolen och askkoppen, enligt beskrivningen i avsnitt 45.

28 Ta bort värmekontrollpanelen enligt beskrivningen i kapitel 3, avsnitt 10.

29 Demontera ratten enligt beskrivningen i kapitel 10.

30 Ta bort indikatorbrytaren och torkarkontakt enligt beskrivningen i kapitel 12, avsnitt 4.

31 Ta bort tändningsbrytaren enligt beskrivningen i kapitel 12, avsnitt 4.

32 Ta bort radion och fästet enligt beskrivningen i kapitel 12. På modeller med navigationssystem, ta bort enheten enligt beskrivningen i kapitel 12.

33 Lossa klämman med en liten skruvmejsel och ta bort vridreglaget från ljuskontakten. Stick in en skruvmejsel genom hålet i knoppens undersida (se bild).

34 Sätt i två små skruvmejslar i hålen på kanten av vridreglagets öppning så att klämmorna lossnar. Ta sedan bort ljusbrytaren från instrumentbrädan (se bild). Observera att anslutningskontakten sitter kvar i instrumentbrädan.

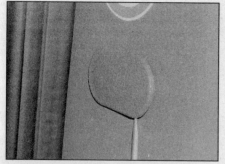

47.22b Bänd bort plastkåporna ...

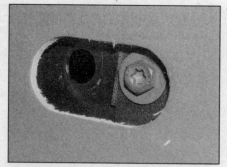

47.22c ... för åtkomst till sidoskruvarna

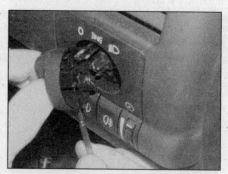

47.33 Använd en liten skruvmejsel för att lossa vridreglaget från ljusomkopplaren

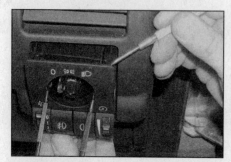

47.34 Använd två små skruvmejslar för att lossa klämmorna när du tar bort ljusomkopplaren från instrumentbrädan

47.36a Lossa och ta bort den övre luftkanalen. . .

47.36b ... skruva sedan loss infattningens fästskruvar

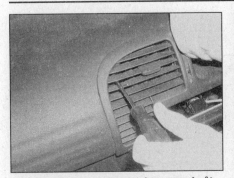

47.36c Den inre skruven kommer du åt genom luftmunstyckets galler

47.36d Skruva loss sargens övre fästskruvar

47.37a Ta bort infattningen . . .

35 Lossa och ta bort säkringsdosans kåpa.
36 Lossa det övre luftmunstyckets galler från instrumentbrädans yttre del och skruva sedan loss fästskruvarna från instrumentbrädens sarg (**se bilder**). Det sitter tre skruvar ovanför instrumentpanelen, en skruv i det övre ytterhörnet, en skruv innanför det övre innerhörnets galler och fyra skruvar på den nedre kanten.
37 Ta bort infattningen från instrumentbrädan och lossa kablaget (**se bilder**).
38 Ta bort instrumentpanelen enligt beskrivningen i kapitel 12. Koppla även loss anslutningskontakten (**se bild**).
39 Skruva loss muttern och skruven som håller fast säkringsdosan. Lossa sedan anslutningskontakten från hållaren inuti instrumentpanelens öppning och lossa buntbandet. Ta bort säkringsdosan och lägg det åt sidan (**se bilder**).

47.37b . . . och koppla loss kablaget

40 Bänd försiktigt loss vindrutans klädselpanel från instrumentbrädans framsida med en bred skruvmejsel (**se bilder**).
41 Bänd ut plastpluggarna och skruva

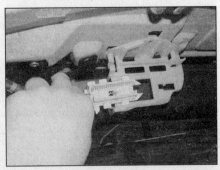

47.38 Lossa anslutningskontakten från instrumentbrädan

sedan loss skruvarna och ta bort de vertikala klädselpanelerna från A-stolparna. Ta också bort de yttre panelerna från instrumentbrädan (**se bilder**).

47.39a Skruva loss muttern och skruven . . .

47.39b . . . och ta bort säkringsdosan från instrumentbrädan

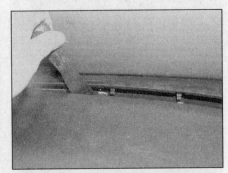

47.40a Bänd ut vindrutans klädselpanel . . .

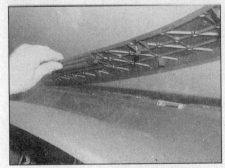

47.40b . . . och ta bort den från instrumentbrädan framsida

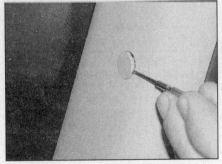

47.41a Bända ut plastpluggarna . . .

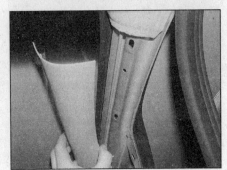

47.41b . . . och ta bort de vertikala klädselpanelerna från A-stolparna. . .

47.41c ... bänd sedan ut och ta bort instrumentbrädans yttre paneler

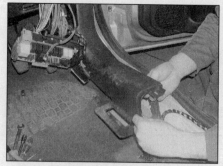

47.42 Ta bort den nedre klädselpanelen från A-stolpen

47.44a Dra ut luftmunstycket på passagerarsidan ...

42 Ta bort de främre tröskelpanelerna från varje sida och ta sedan bort de nedre klädselpanelerna från A-stolparna **(se bild)**.
43 Ta bort handskfacket enligt beskrivningen i avsnitt 46.
44 Dra ut luftmunstycket från instrumentbrädan på passagerarsidan, skruva sedan loss skruvarna och ta bort luftmunstycket **(se bilder)**.
45 Ta bort klädselpanelerna från instrumentbrädans undersida genom att lossa

fästena och ta sedan bort värmeenhetens luftkanaler från båda sidor **(se bild)**.
46 Notera dragningen och anslutningskontaktens placering på instrumentbrädan och koppla sedan loss dem.
47 Skruva loss instrumentbrädans fästskruvar. Observera att du kommer åt ändskruvarna genom att bända ut kåporna **(se bilder)**. Dra också ut gummilisten från A-stolparna på båda sidor i området vid instrumentpanelen.
48 Ta hjälp av en medhjälpare och

skjut försiktigt av instrumentbrädan från mellanväggen och ta bort den från bilens insida **(se bild)**. Var extra noga med att inte skada instrumentbrädan i området runt rattstången.

Montering

49 Monteringen utförs i omvänd ordningsföljd mot demonteringen, men se till att kablaget har dragits korrekt och anslutits till de olika komponenterna på det sätt som noterades vid demonteringen.

47.44b ... skruva sedan loss skruvarna ...

47.44c ... och ta bort luftkanelen

47.45 Ta bort värmeluftkanalen underifrån instrumentbrädan

47.47a Skruva loss instrumentbrädans främre fästskruvar

47.47b Bänd ut sidokåporna så att du kommer åt fästskruvarna på sidan

47.48 Ta bort instrumentbrädan från bilens insida

Kapitel 12
Elsystem

Innehåll

Svårighetsgrad

Enkelt, passar novisen med lite erfarenhet	Ganska enkelt, passar nybörjaren med viss erfarenhet	Ganska svårt, passar kompetent hemmamekaniker	Svårt, passar hemmamekaniker med erfarenhet 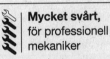	Mycket svårt, för professionell mekaniker

Specifikationer

Systemtyp..	12 volt, negativ jord
Säkringar..	Se *Kopplingsscheman*

Glödlampor	Watt
Strålkastare:	
Helljus	H4 60
Halvljus...	H4 55
Sidoljus	5
Främre och bakre körriktningsvisare	21
Körriktningsvisarens sidoblinkers........................	5
Bak/bromsljus	21/4
Backljus	21
Bakre dimstrålkastare...................................	21
Nummerplåtsbelysning..................................	10
Innerbelysning och kartlampor...........................	10
Handskfackets belysning................................	10
Cigarrettändarbelysning.................................	0.5
Instrumentbrädans varningslampor:	
Strålkastare helljus	1.1
Dimstrålkastare....................................	1.1
Instrumentbelysning................................	1.5
LCD belysning	1.5
Körriktningsvisare släpvagn	1.1
Varningslampa laddning	3
Brytarbelysning	1.2

Observera: *Den elektriska utrustning som monterats varierar med bilmodell och utrustningsnivå. Rådfråga bilens ägarhandbok eller hör med reservdelsavdelningen på en auktoriserad Opel-verkstad för detaljer gällande de glödlampor som används.*

Atdragningsmoment

1 Allmän information och föreskrifter

 Varning: Innan något arbete utförs på elsystemet, läs igenom föreskrifterna i Säkerheten främst! i början av denna handbok och i kapitel 5A.

1 Systemet är ett 12 volts elsystem med negativ jordning. Strömmen till lamporna och alla andra elektriska tillbehör kommer från ett bly-/syrabatteri som laddas av generatorn.

2 Detta kapitel tar upp reparations- och servicearbeten för de elkomponenter som inte hör till motorn. Information om batteriet, generatorn och startmotorn finns i kapitel 5A.

3 Observera att man före arbete på någon av elsystemets komponenter först måste koppla ifrån batteriets jordledning för att förhindra kortslutningar. På modeller med larmsystem måste batteriet kopplas loss inom 15 sekunder från det att tändningen stängs av, annars aktiveras larmet (larmet har en tillfällig fristående elmatning).

4 Kontrollera noggrant och regelbundet kablagets dragning. Se till att det sitter fast ordentligt med de medföljande klämmorna eller fästbanden så att det inte skaver mot andra delar. Om du ser tecken på att kablaget har skavt mot andra komponenter reparerar du skadan och ser till att kablaget är säkrat eller skyddat så att problemet inte kan uppstå igen.

Varning: Om radion/kassettspelaren som installerats i bilen har en stöldskyddskod, rådfråga "Koppla loss batteriet" i den här bruksanvisningens referensavsnitt innan du kopplar loss batteriet.

2 Felsökning av elsystemet – allmän information

Observera: *Se föreskrifterna i Säkerheten främst! (i början av handboken) och i avsnitt 1 av detta kapitel innan arbetet påbörjas. Följande tester relaterar till huvudkretsen och ska inte användas för att testa känsliga elektroniska kretsar (t.ex. system för låsningsfria bromsar), speciellt där en elektronisk styrmodul används.*

Allmänt

1 En typisk elkrets består av en elektrisk komponent, alla brytare, reläer, motorer, säkringar, smältinsatser eller kretsbrytare som rör den komponenten, samt det kablage och de kontaktdon som länkar komponenten till batteriet och karossen. För att underlätta felsökningen av elkretsarna finns kopplingsscheman i slutet av det här kapitlet.

2 Studera relevant kopplingsschema för att förstå den aktuella kretsens olika komponenter, innan ett elfel diagnosticeras. De möjliga felkällorna kan reduceras genom att man kontrollerar om andra komponenter i kretsen fungerar som de ska. Om flera komponenter eller kretsar slutar fungera samtidigt, rör felet antagligen en delad säkring eller jordanslutning.

3 Elfel har ofta enkla orsaker, som lösa eller korroderade anslutningar, dålig jordanslutning, en trasig säkring, en avsmält förbindelse eller ett krånglande relä (se avsnitt 3 för testning av reläer). Se över skicket på alla säkringar, kablar och anslutningar i en felaktig krets innan komponenterna kontrolleras. Använd kopplingsscheman för att se vilken terminalkoppling som behöver kontrolleras för att komma åt felet.

4 Bland grundverktygen som krävs för felsökning av elsystemet finns följande:

a) *en kretstestare eller voltmätare (en 12-voltslampa med ett antal testledningar kan också användas till vissa test).*

b) *en självförsörjande testlampa (även kallad kontinuitetsmätare).*

c) *en ohmmätare (för att mäta resistans).*

d) *ett batteri.*

e) *en uppsättning testkablar.*

f) *en testkabel, helst med en kretsbrytare eller inbyggd säkring som kan användas för att koppla förbi misstänkta kablar eller elkomponenter.*

Innan felsökning med hjälp av testinstrument påbörjas, använd kopplingsschemat för att bestämma var kopplingarna ska göras.

5 För att hitta källan till ett periodiskt återkommande kabelfel (vanligen orsakat av en felaktig eller smutsig anslutning eller skadad isolering), kan ett vicktest göras på kablarna. Det innebär att man vickar på kabeln för hand för att se om felet uppstår när den rubbas. Det ska därmed vara möjligt att ringa in felet till en speciell kabelsträcka. Denna testmetod kan användas tillsammans med vilken annan testmetod som helst i de följande underavsnitten.

6 Förutom problem som uppstår på grund av dåliga anslutningar kan två typer av fel uppstå i en elkrets – kretsavbrott och kortslutning.

7 Kretsavbrott orsakas av ett brott någonstans i kretsen, vilket hindrar strömmen. Ett kretsbrott hindrar komponenten från att fungera men kommer inte att utlösa säkringen.

8 Kortslutning orsakas av att ledarna går ihop någonstans i kretsen, vilket medför att strömmen går en annan väg (med mindre motstånd), vanligtvis till jordningen. Kortslutning orsakas oftast av att isoleringen nötts bort, så att en ledare kommer i kontakt med en annan ledare eller jordningen, t.ex. karossen. En kortslutning bränner i regel kretsens säkring.

Hitta ett kretsbrott

9 Koppla ena ledaren på en kretsprovare eller voltmätare antingen till batteriets negativa pol eller en annan känd jord för att kontrollera om en krets är bruten.

10 Koppla den andra ledaren till en anslutning i den krets som ska provas, helst närmast batteriet eller säkringen.

11 Slå på kretsen, men tänk på att vissa kretsar bara är strömförande med tändningslåset i ett visst läge.

12 Om ström ligger på (visas antingen genom att testlampan lyser eller genom ett utslag från voltmätaren, beroende på vad du använder), betyder det att delen mellan kontakten och batteriet är felfri.

13 Kontrollera resten av kretsen på samma sätt.

14 Om en punkt där det inte finns någon spänning upptäcks, ligger felet mellan den punkten och den föregående testpunkten med spänning. De flesta fel kan härledas till en trasig, korroderad eller lös anslutning.

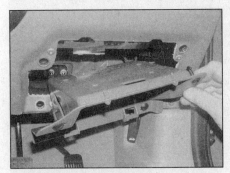

3.2a Ta bort förvaringsfacket och ramen . . .

3.2b . . . dra sedan ut säkringsdosans undersida

3.3 Säkringarnas placering är utmärkt på baksidan av förvaringsutrymmet

Hitta en kortslutning

15 För att söka efter en kortslutning, koppla bort strömförbrukarna från kretsen (strömförbrukare är de delar som drar ström i en krets, t.ex. lampor, motorer och värmeelement).
16 Ta bort den aktuella säkringen från kretsen och anslut en kretsprovare eller voltmätare till säkringens anslutningar.
17 Slå på kretsen, men tänk på att vissa kretsar bara är strömförande med tändningslåset i ett visst läge.
18 Om det finns spänning (visas genom att testlampan lyser eller voltmätaren ger utslag), betyder det att kretsen är kortsluten.
19 Om det inte finns någon ström, men säkringarna fortsätter att gå sönder när strömförbrukarna är påkopplade är det ett tecken på ett internt fel i någon av strömförbrukarna.

Hitta ett jordfel

20 Batteriets minuspol är ansluten till jord (metallen i motorn/växellådan och karossen) och de flesta system är kopplade så att de bara får positiv matning. Den ström som går tillbaka genom bilkarossens metalldelar. Det innebär att komponentfästet och karossen utgör en del av kretsen. Lösa eller korroderade fästen kan därför orsaka flera olika elfel, allt ifrån totalt haveri till svårfångade, partiella fel. Ljusen kan vara lite försvagat (framförallt när en annan krets som delar samma jordningspunkt är i drift). Motorer (t.ex. torkarmotorer eller kylarens kylfläktsmotor) kan gå långsamt och funktionen i någon av kretsarna kan påverka de andra. Observera att på många fordon används särskilda jordningsband mellan vissa komponenter, såsom motorn/växellådan och karossen, vanligtvis där det inte finns någon direkt metallkontakt mellan komponenterna på grund av gummiupphängningar etc.
21 Koppla bort batteriet och koppla den ena ledaren på en ohmmätare till en känd jord för att kontrollera om en komponent är korrekt jordad. Koppla den andra ledaren till den kabel eller jordkoppling som ska kontrolleras. Resistansen ska vara noll. Om inte kontrollerar du anslutningen enligt följande.
22 Om en jordanslutning misstänks vara defekt, koppla isär anslutningen och rengör den ner till ren metall både på karossen

och kabelanslutningen eller fogytan på komponentens jordanslutning. Se till att få bort alla spår av rost och smuts, och skrapa sedan bort lacken med en kniv för att få fram en ren metallyta. Dra åt kopplingsfästena ordentligt vid monteringen; om en kabelterminal monteras, använd låsbrickor mellan anslutning och karossen för att vara säker på att en ren och säker koppling uppstår. När anslutningen har återställts, förhindra framtida korrosion genom att applicera ett lager vaselin eller silikonbaserat fett.

3 Säkringar och reläer – allmän information

Säkringar

1 Säkringar är gjorda för att bryta en strömkrets vid en given strömstyrka, för att på så vis skydda komponenter och kablar som skulle kunna skadas av för stark ström. För stor strömstyrka beror alltid på något fel i kretsen, vanligen kortslutning (se avsnitt 2).
2 Huvudsäkringarna och reläerna är placerade på förarsidan av instrumentbrädan. På Astramodellerna sitter delarna bakom förvaringsfacket och du kommer åt dem genom att öppna facket och trycka in dess sidor för att ta bort det från huset. Lossa sedan skruvarna och ta bort huset och dra ut säkringsdosans botten (se bilder). På Zafiramodeller kommer du åt delen genom att dra ut kåpans botten och sedan sänka ner den

från instrumentbrädan. Extra motor-relaterade säkringar är placerade i säkringsdosan i motorrummets vänstra sida.
3 Kretsarna som skyddas av olika säkringar och reläer är markerade på förvaringsutrymmet på Astra-modeller (se bild), och på kåpans insida på Zafiramodeller.
4 En bränd säkring känns igen på att metalltråden är smält eller avbruten.
5 Se till att den aktuella kretsen är avslagen innan säkringen tas bort. Dra sedan den aktuella säkringen ur panelen med hjälp av medföljande tång (se bilder).
6 Innan du byter en bränd säkring, ta reda på och åtgärda orsaken och använd alltid säkringar av rätt kapacitet. Ersätt aldrig en säkring med högre klass, och gör inga tillfälliga reparationer med vajer eller metallfolie eftersom detta kan leda till ännu allvarligare skador eller till och med brand.
7 Det ska finnas extra säkringar i blindkontakterna i säkringsdosan.
8 Observera att säkringarna är färgkodade.

Reläer

9 Ett relä är en elektrisk brytare som har följande användning:
a) Ett relä kan bryta kraftig ström på avstånd från den krets där strömmen förekommer. Det gör det möjligt att använda tunnare kablar och brytarkontakter.
b) Ett relä kan ta emot mer än en reglageingång, till skillnad från en mekanisk brytare.
c) Ett relä kan ha en timerfunktion.
10 Huvudreläerna sitter på huvudsäkrings-dosan, men en del motorrelaterade reläer

3.5a Ta bort en säkring från säkringsdosan på vänster sida i motorrummet (Zafira)

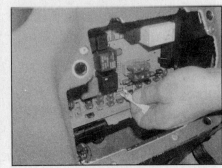

3.5b Ta bort en säkring från säkringsdosan (Astra)

3.10 Motorrelaterade reläer på vänster sida i motorrummet (Zafira)

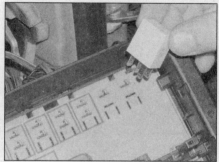

3.12 Ta bort ett relä från säkringsdosan

sitter i en dosa på vänster sida i motorrummet (se bild).

11 Om en krets eller system som styrs av ett relä uppvisar ett fel, och reläet misstänks, aktivera systemet. Om reläet fungerar bör man kunna höra ett klickljud när det aktiveras. Om så är fallet ligger felet i komponenterna eller kablarna till systemet. Om reläet inte aktiveras får det antingen ingen ström eller också kommer inte ställströmmen fram, eller så är reläet i sig defekt. Kontroll av detta görs genom att man byter ut reläet mot ett nytt som veterligen fungerar, men var försiktig eftersom vissa reläer ser lika ut och utför samma funktioner, medan andra ser lika ut men utför olika funktioner.

12 Se till att den aktuella kretsen är avslagen innan reläet tas bort. Reläet kan sedan helt enkelt dras ut ur fästet och sedan tryckas tillbaka på plats (se bild).

13 I huvudsäkringsdosan sitter en multimeter som kombinerar komponenter och reläer som tidigare var separata enheter. Timern är inskjuten i sidan av säkringsdosan som en separat modul.

4 Brytare – demontering och montering

Tändningslås/rattlåscylinder

Rattstångens låscylinder

1 Demontera ratten enligt beskrivningen i kapitel 10. Observera att det i denna procedur ingår frånkoppling av batteriet.

2 Skruva loss skruvarna och ta bort rattstångens kåpor och lutningsknopp.

3 Lossa vindrutetorkarbrytaren från rattstången. Ta även bort stöldskyddssystemets startspärrsmottagarenhet från styrlåset och koppla loss kablaget.

4 Sätt i startnyckeln och vrid den till läget I.

5 Använd en liten skruvmejsel eller pinndorn för att trycka ner låssprinten genom hålet i stångens överdel. Ta sedan bort låscylindern med nyckeln (se bilder).

6 Montera låscylindern genom att trycka in enheten i låshuset tills låssprintarna hamnar i rätt läge. Vrid sedan startnyckeln till läge 0 och ta bort nyckeln. Om styrlåssprinten hakar i rattstången när cylindern tas bort kan man inte föra in cylindern så att låssprinten hakar i. Om så är fallet, placera en skruvmejsel i huset och tryck ner styrlåssprinten innan du sätter in låscylindern (se bild).

Tändningslås

7 För att demontera tändningsbrytaren, ta bort låscylindern enligt tidigare beskrivning i detta avsnitt, eller sätt i nyckeln och vrid den tills läge 0.

8 För in en liten skruvmejsel genom hålet i botten på brytaren och tryck ner den inre tappen. Använd sedan en annan skruvmejsel för att bända bort kabelknippets kontakt (se bild).

9 Om pluggen har tagits bort, lossa och ta bort tändningskontakten

10 Montering sker i omvänd ordningsföljd.

Körriktningsvisar-/ torkarbrytare

11 Körriktningsvisaren och torkarspaken tas bort på samma sätt.

12 Demontera ratten enligt beskrivningen i kapitel 10. Observera att det i denna procedur ingår frånkoppling av batteriet.

13 Skruva loss skruvarna och ta bort rattstångens kåpor och lutningsknopp.

14 Tryck in klämmorna och ta bort körriktningsvisare/torkarbrytaren från rattstången (se bild).

15 Lossa kablaget och ta bort brytaren (se bild). Om tillämpligt, lossa kablaget från farthållaren.

16 Monteringen utförs i omvänd ordningsföljd mot demonteringen, men kontrollera att brytarklämmorna hakar fast ordentligt.

4.5a Tryck in låssprinten . . .

4.5b . . . och ta bort låscylindern med en nyckel

4.6 Tryck ner rattlåssprinten med en skruvmejsel innan låscylindern förs in

4.8 Tryck ner den inre tappen med en skruvmejsel och ta bort tändningslåset

4.14 Ta bort torkarbrytaren från rattstången . . .

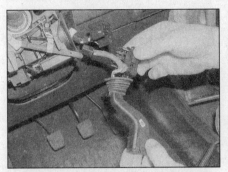

4.15 . . . och koppla loss kablaget

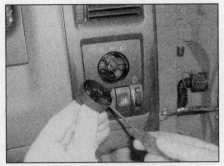

4.17 Ta bort knoppen från ljus- och dimstrålkastarbrytaren

4.18 För in två små skruvmejslar enligt bilden och bänd loss omkopplaren från instrumentbrädan

Ljus och dimstrålkastare kontakt

17 Sätt i en liten skruvmejsel genom hålet i botten på brytarknoppen och ta försiktigt bort knoppen från brytaren **(se bild)**.
18 Sätt in två små skruvmejslar på varje sida om mitthålet för att lossa låsklackarna, bänd sedan upp reglaget från hylsan i instrumentbrädan **(se bild)**.
19 Om det behövs, måste glödlampan bytas, se avsnitt 6.
20 Monteringen sker i omvänd ordningsföljd mot demonteringen.

Varningsblinkersbrytare

21 Vrid loss kåpan från brytaren **(se bild)**.
22 Sätt i skruvmejseln upptill och nertill på reglaget och bänd försiktigt loss det från instrumentbrädan/infattningen **(se bild)**.
23 Monteringen sker i omvänd ordningsföljd mot demonteringen.

Värmefläktmotorns kontakt

24 Demontera värmereglagepanelen enligt beskrivningen i kapitel 3.
25 Dra försiktigt bort knoppen från fläktmotorbrytaren.
26 Tryck ut brytaren från kontrollpanelens baksida, lossa samtidigt klämmorna som sitter upptill, på sidorna och nedtill.
27 Monteringen sker i omvänd ordningsföljd mot demonteringen.

Bromsljusbrytare och handbroms, brytare till varningslampan "på"

28 Se kapitel 9.

Brytare till kupélampa och brytare till bakre bagageutrymme

29 Skruva loss fästskruven och ta bort brytaren **(se bilder)**.

30 Koppla loss kablaget och tejpa fast det på panelen så att det inte faller ur räckhåll. Observera att det när du tar bort bakrutans brytare kan vara enklare att ta bort den inre klädselpanelen och koppla loss kablaget inifrån bakrutan **(se bild)**.
31 Se till att fästskruven har god kontakt med huset och brytaren. Rengör alla kontaktpunkter vid behov.
32 Monteringen sker i omvänd ordningsföljd mot demonteringen.

Takluckans brytare

33 Ta bort den främre innerbelysningen enligt beskrivningen i avsnitt 6.
34 Skruva loss skruvarna som håller fast brytarpanelen på takklädseln **(se bild)**.

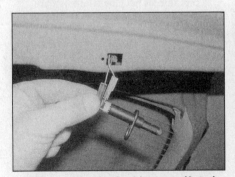

4.21 Bänd loss kåpan . . .

4.22 . . . ta sedan bort varningsblinkersbrytaren från instrumentbrädan/infattningen

4.29a Använd en torx-nyckel för att skruva loss fästskruven från kupélampans omkopplare . . .

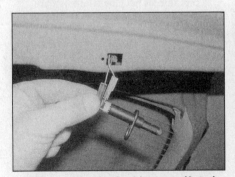

4.29b . . . ta sedan bort brytaren (Astra)

4.30 Kablage anslutet baksidan av omkopplaren för bakluckans kupélampa (Zafira)

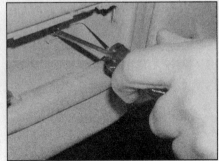

4.34 Skruva loss skruvarna som håller fast omkopplingspanelen vid den inre takklädseln . . .

4.35 . . . lossa kablaget från brytaren . . .

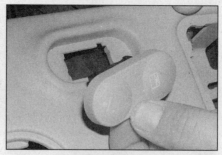

4.36 . . . och tryck takluckans brytare från panelen

på metallsockeln **(se bild)**. Observera var inpassningsfliken sitter ovanpå basen.

4 Vidrör inte glaset på den nya glödlampan med fingrarna. Håll den med en näsduk eller en ren trasa; även mycket små mängder fett eller fukt från fingrarna leder till mörka fläckar och orsakar att lampan går sönder i förtid. Om glaset råkar vidröras, torka av det med T-sprit.

5 Montera den nya glödlampan i omvänd ordningsföljd mot demonteringen. Använd endast fingrarna för att trycka in metallsockeln i lamphållaren. Kontrollera att glödlampans inpassningsflik sitter ovanpå lamphållaren.

35 Ta bort panelen från takklädseln och lossa kablaget från brytaren **(se bild)**.
36 Tryck brytaren från panelen **(se bild)**.
37 Montering sker i omvänd ordning.

Backljus, kontakt

38 Se kapitel 7A (manuell växellåda) eller kapitel 7B (automatisk växellåda).

5 Glödlampor (ytterbelysning) – byte

⚠️ *Varning: Vissa senare modeller kan vara utrustade med ett xenonstrålkastarsystem. Alla glödlampor i stråkastarenheten arbetar under mycket hög spänning och det finns stor risk för personskador om några av de tillhörande ledningarna vidrörs med tändningen inkopplad. Av säkerhetsskäl rekommenderas det att byte av glödlampor i detta xenonsystem överlämnas till en Opel-verkstad.*

1 Tänk på följande när en glödlampa ska bytas.
 a) *Kom ihåg att lampan kan vara mycket varm om lyset nyss varit på.*
 b) *Vidrör inte glaset på glödlampan med fingrarna, eftersom detta kan orsaka funktionsbortfall i förtid eller en matt reflektor.*
 c) *Kontrollera alltid lampans sockel och kontaktytor. Se till att kontaktytorna mellan lampan och ledaren och lampan och jorden är rena. Avlägsna all korrosion och smuts innan en ny lampa sätts i.*
 d) *Säkerställ att den nya glödlampan har rätt kapacitet.*

Halvljus

2 Med huven öppen, vrid den bruna lamphållaren moturs från strålkastarens bakre yttre sida **(se bild)**. Observera att den inre glödlampan är för helljuset.
3 Notera glödlampans riktning och ta sedan bort den från lamphållaren med fingrarna

Helljus

6 Med huven öppen, vrid den svarta lamphållaren moturs från strålkastarens bakre inre sida **(se bild)**. Observera att den yttre glödlampan är för halvljuset.
7 Lossa klämman och koppla lossa kablaget från lamphållaren. Glödlamporna är i ett stycke med sina hållare.
8 Vidrör inte glaset på den nya glödlampan med fingrarna. Håll den med en näsduk eller en ren trasa; även mycket små mängder fett eller fukt från fingrarna leder till mörka fläckar och orsakar att lampan går sönder i förtid. Om glaset råkar vidröras, torka av det med T-sprit.
9 Montera den nya glödlampan i omvänd ordningsföljd. Vrid lamphållaren helt och hållet medurs ner i strålkastarens baksida.

Parkeringsljus

10 Öppna motorhuven. Glödlampan för sidobelysningen finns under strålkastarens baksida.
11 Tryck in och vrid lamphållaren moturs och ta bort den från strålkastaren **(se bild)**.

5.2 Ta bort halvljusets lamphållare

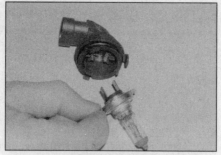

5.3 Ta bort glödlampan från halvljusets lamphållare

5.6 Ta bort helljusets lamphållare

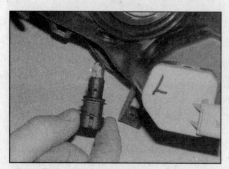

5.11 Ta bort sidoljusets lamphållare från strålkastaren

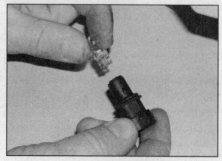

5.12 Ta bort sidoljusets glödlampa från lamphållaren

5.14 Ta bort den främre körriktningsvisarens lamphållare från strålkastaren . . .

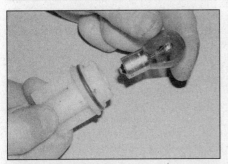

5.15 . . . ta loss glödlampan genom att trycka ner och vrida den

5.18 Vrid bort den bakre kåpan från dimljuset . . .

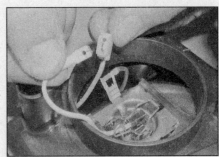

5.19 . . . lossa kablaget från kontaktdonet . . .

12 Ta bort glödlampan från hållaren (se bild).
13 Montera den nya glödlampan i omvänd ordningsföljd.

Främre körriktningsvisare
14 Öppna motorhuven och vrid den vita

5.20a . . . haka sedan loss fjäderclipsen . . .

lamphållaren moturs från körriktningsvisarens del på strålkastaren (se bild).
15 Tryck ner och vrid relevant glödlampa moturs för att ta loss den (se bild).
16 Monteringen sker i omvänd ordningsföljd mot demonteringen.

Främre dimljus
17 Demontera den främre stötfångaren enligt beskrivningen i kapitel 11.
18 Ta bort kåpan från dimstrålkastaren (se bild).
19 Lossa kablaget vid kontaktdonet (se bild).
20 Haka loss fjäderclipsen och ta bort glödlampan från dimstrålkastaren (se bilder). Notera hur glödlamporna sitter fast i reflektorerna. Glödlampan kan endast köpas tillsammans med tråd.
21 Montering sker i omvänd ordningsföljd.

Främre sidoblinker
22 Tryck försiktigt blinkerljuset bakåt för att kunna lossa lysets framsida från framskärmen (se bilder).
23 Vrid lamphållaren från ljuset (se bild).
24 Dra ut glödlampan (se bild).
25 Montera den nya glödlampan i omvänd ordningsföljd. Passa in ljusets främre del i framskärmen och tryck sedan på den bakre delen tills den snäpper på plats.

Bakre ljusenhet (halvkombi och sedan modeller)
26 Lossa klämman i bagageutrymmet och ta bort åtkomstluckan för bakljusenheten (se bild).
27 Lossa anslutningskontakten (se bild).
28 Stötta upp den bakre belysningsenheten utifrån. Skruva sedan loss de två räfflade muttrarna från insidan (se bild).

5.20b . . . och ta bort glödlampan

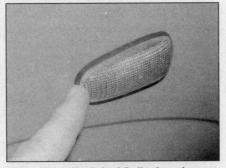

5.22a Tryck försiktigt körriktningsvisarens lampa bakåt . . .

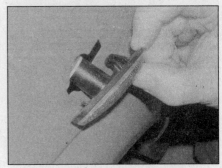

5.22b . . . för att lossa framsidan av belysningen från framskärmen

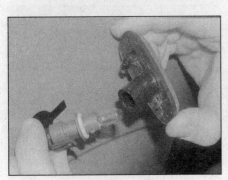

5.23 Vrid lamphållaren från ljuset . . .

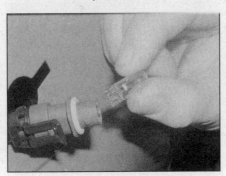

5.24 . . . dra ut den kilformade glödlampan

5.26 Ta bort åtkomstluckan till bakbelysningsenheten (Astra)

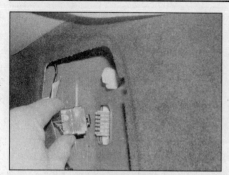

5.27 Koppla loss kablarna . . .

5.28 . . . skruva sedan loss de båda räfflade muttrarna. . .

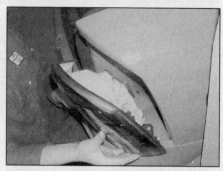

5.29 . . . och ta bort den bakre ljusenheten (Astra)

29 Ta bort bakljusenheten från bilens baksida (se bild).
30 Tryck in låsklackarna och ta bort lamphållaren från lyset (se bild).
31 Tryck ner och vrid relevant glödlampa moturs för att ta loss den (se bild).
32 Monteringen sker i omvänd ordningsföljd mot demonteringen.

Bakre ljusenhet (kombi modeller)

33 I bagageutrymmet, vrid hållarna och lossa åtkomstluckan från sidopanelen.
34 Stötta upp den bakre belysningsenheten utifrån. Skruva sedan loss de två räfflade muttrarna från insidan.
35 Ta bort bakljusenheten från bilens baksida.
36 Tryck in låsklackarna och ta bort lamphållaren från lyset.

37 Ta loss glödlampan genom att trycka ner och vrida den.
38 Monteringen sker i omvänd ordningsföljd mot demonteringen.

Bakre ljusenhet (Zafira modeller)

39 I bagageutrymmet, ta bort åtkomstluckan från sidopanelen.
40 Stötta upp den bakre belysningsenheten utifrån. Skruva sedan loss de två räfflade muttrarna från insidan.
41 Ta bort bakljusenheten från bilens baksida.
42 Lossa låsklackarna och ta bort lamphållaren från lyset.
43 Tryck ner och vrid relevant glödlampa moturs för att ta loss den (se bild).
44 Monteringen sker i omvänd ordningsföljd mot demonteringen.

Bakre nummerplåtsbelysning (halvkombi och sedan modeller)

45 Öppna bakrutan eller bakluckan för att enklare komma åt nummerplåtsbelysningen som sitter ovanför bakre stötfångaren.
46 Lossa klämman genom att sätta in en skruvmejsel lodrätt i hålet i lyktglaset och tryck till (se bild).
47 Tryck ner den högra änden och lyft upp den vänstra änden och lossa den från stötfångaren.
48 Tryck ner klämman och lossa glaset från lampan (se bild).
49 Tryck ner och vrid relevant glödlampa moturs för att ta loss den från lamphållaren (se bild).
50 Monteringen sker i omvänd ordningsföljd mot demonteringen.

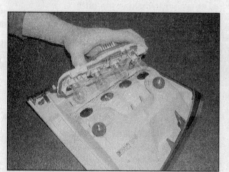

5.30 Ta bort lamphållaren . . .

5.31 . . . tryck ner och vrid relevant glödlampa för att ta loss den (Astra)

5.43 Ta bort bakljusenhetens glödlampa (Zafira)

5.46 Lossa den bakre registreringsskyltsbelysningens fästklämma med en skruvmejsel

5.48 Lossa glaset från den bakre registreringsskyltsbelysningen

5.49 Ta loss glödlampan genom att trycka ner och vrida den

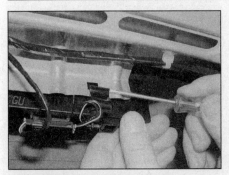
5.56a Lossa bromsljuset. . .

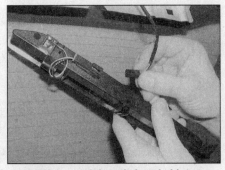
5.56b . . . och koppla loss kablaget

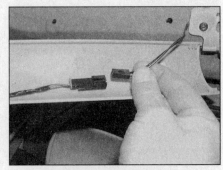
5.60 Koppla loss kablarna . . .

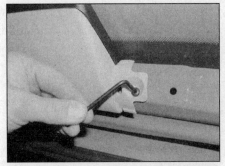
5.61a . . . skruva sedan loss skruvarna . . .

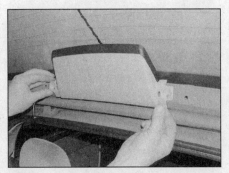
5.61b . . . lossa enheten högt bromsljus. . .

5.61c . . . och ta bort den från bakrutan

Bakre nummerplåtsbelysning (kombi och Zafira modeller)

51 Öppna bakrutan och stötta upp den i midjehöjd för att komma åt nummerplåtsbelysningen som sitter i bakrutan.
52 Skruva loss skruvarna och ta bort ljusenheten.
53 Ta bort glödlampan från fjäderkontakterna.
54 Monteringen utförs i omvänd ordningsföljd mot demonteringen men se till att fjäderkontakterna är tillräckligt spända för att hålla fast rörglödlampan ordentligt.

Högt bromsljus (sedan och halvkombi)

55 Med bakrutan öppen, bänd ut plastkåpan, skruva loss skruvarna och ta bort de nedre och övre klädselpanelerna från bakrutans insida. Observera att den nedre panelen

har förlängningar som passar in i de övre panelerna.
56 Skruva loss de två skruvarna, och ta bort bromsljuset. Koppla loss kablaget **(se bilder)**.
57 Bromsljuset är ett slutet system och det går inte att ta bort enskilda glödlampor.
58 Montera den nya glödlampan i omvänd ordningsföljd.

Högt bromsljus (Kombi och Zafira)

59 Med bakrutan öppen, bänd ut plastkåpan, skruva loss skruvarna och ta bort de nedre och övre klädselpanelerna från bakrutans insida. Observera att den nedre panelen har förlängningar som passar in i de övre panelerna.
60 Koppla loss kablaget från bromsljuset **(se bild)**.
61 Skruva loss skruvarna, ta sedan bort ljuset **(se bilder)**.

62 Bromsljuset är ett slutet system och det går inte att ta bort enskilda glödlampor.
63 Monteringen sker i omvänd ordningsföljd mot demonteringen.

6 Glödlampor (innerbelysning) – byte

1 Tänk på följande när en glödlampa ska bytas.
a) Kom ihåg att lampan kan vara mycket varm om lyset nyss varit på.
b) Vidrör inte glaset på glödlampan med fingrarna, eftersom detta kan orsaka funktionsbortfall i förtid eller en matt reflektor.
c) Kontrollera alltid lampans sockel och kontaktytor. Se till att kontaktytorna mellan lampan och ledaren och lampan och jorden är rena. Avlägsna all korrosion och smuts innan en ny lampa sätts i.
d) Säkerställ att den nya glödlampan har rätt kapacitet.

Främre innerbelysning

2 På Astra-modeller, bänd försiktigt loss kupébelysningen från den inre takklädseln med en skruvmejsel och ta sedan bort rörglödlampan från fjäderkontakterna **(se bilder)**.
3 På Zafiramodeller, bänd försiktigt bort kupébelysningen från den inre takklädseln (eller den elektriska takluckemotorns kåpa) med en skruvmejsel som du för in under

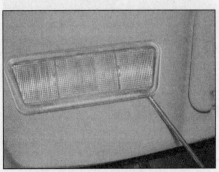
6.2a Bänd ut innerbelysningen . . .

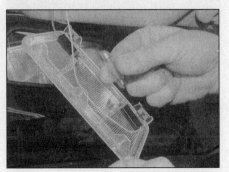
6.2b . . . ta sedan bort glödlampan (Astra)

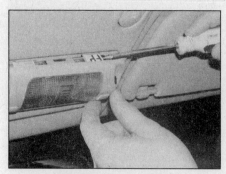

6.3a Bänd ut den främre innerbelysningen . . .

6.3b . . . koppla loss kablaget . . .

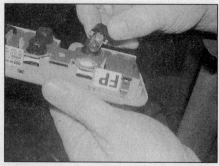

6.3c . . . skruva sedan loss lamphållaren. . .

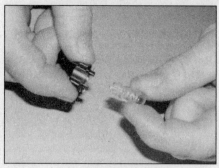

6.3d . . . och dra ut insticksglödlampan (Zafira)

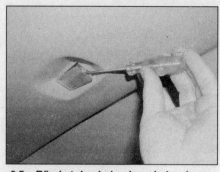

6.5a Bänd ut den bakre innerbelysningen (Zafira)

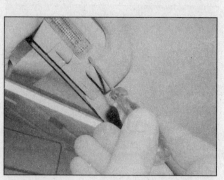

6.5b Bänd ut den bakre innerbelysningen (Astra)

belysningens främre del. Koppla loss kablaget, vrid sedan loss lamphållaren och ta bort den insticksglödlampan **(se bilder).**
4 Montera den nya glödlampan i omvänd ordningsföljd.

Bakre innerbelysning

5 Bänd försiktigt bort kupébelysningen från den inre takklädseln **(se bilder).**
6 Ta loss glödlampan från fjäderkontakterna **(se bilder).**

7 Montera den nya glödlampan i omvänd ordningsföljd. Kontrollera att glödlampan sitter oordentligt fast mellan fjäderkontakterna. Om det behövs, spänna kontakterna innan glödlampan monteras.

Bagageutrymmets innerbelysning

8 Bänd försiktigt upp ljuset från sidopanelen **(se bild).**
9 Ta loss glödlampan från fjäderkontakterna **(se bild).**
10 Montera den nya glödlampan i omvänd ordningsföljd. Kontrollera att glödlampan sitter oordentligt fast mellan fjäderkontakterna. Om det behövs, spänna kontakterna innan glödlampan monteras.

Handskfacksbelysning

11 Bänd försiktigt ut belysningsenheten med handskfacket öppet **(se bild).**

6.6a Ta bort glödlampan från fjäderkontakterna (Zafira)

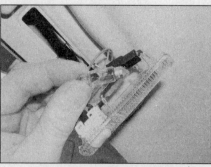

6.6b Ta bort glödlampan från fjäderkontakterna (Astra)

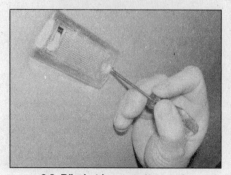

6.8 Bänd ut bagageutrymmets innerbelysning . . .

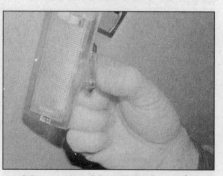

6.9 . . . och ta bort glödlampan från fjäderkontakterna

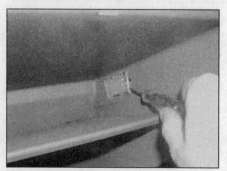

6.11 Bänd loss lampan från handskfacket . . .

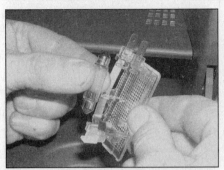

6.12a ... ta sedan loss glödlampan från fjäderkontakterna

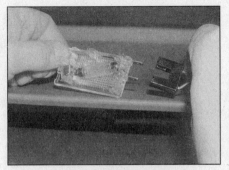

6.12b Koppla loss kablaget från handskfackets belysning

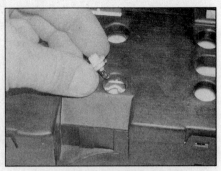

6.23 Ta bort a glödlampan från instrumentpanelen

12 Ta bort glödlampan från fjäderkontakterna. För att ta bort ljuset helt, koppla loss kablaget **(se bilder)**.
13 Montera den nya glödlampan i omvänd ordningsföljd. Kontrollera att glödlampan sitter oordentligt fast mellan fjäderkontakterna. Om det behövs, spänna kontakterna innan glödlampan monteras.

Bakre läslampa

14 Bänd försiktigt loss belysningsenheten från handtaget med en skruvmejsel.
15 Ta bort glödlampan från fjäderkontakterna.
16 Montera den nya glödlampan i omvänd ordningsföljd. Kontrollera att glödlampan sitter oordentligt fast mellan fjäderkontakterna. Om det behövs, spänna kontakterna innan glödlampan monteras.

Cigarrettändarens belysning

6.26 Ta bort glödlampan från ljusbrytarens baksida

17 Lossa panelen som sitter under askkoppen.
18 Öppna askkoppen, skruva loss skruvarna och ta bort den från mittkonsolen. Koppla loss kablaget från cigarrettändaren.
19 Ta bort värmarens spole. Sätt in en skruvmejsel i det lilla hålet och lossa ljusringen.
20 Ta bort lamphållaren och dra bort glödlampan.
21 Montera den nya glödlampan i omvänd ordningsföljd.

Instrumentbrädans belysning och varningslampor

22 Demontera instrumentbrädan enligt beskrivningen i avsnitt 9.
23 För att ta bort glödlamporna, vrid och vräng på lamphållaren, ta bort den från instrumentbrädan **(se bild)**, och ta bort glödlampan från lamphållaren. Observera att vissa glödlampor inte kan lossas från sina hållare.
24 Montera den nya glödlampan i omvänd ordningsföljd.

Ljusbrytare belysning

25 Demontera ljusbrytaren enligt beskrivningen i avsnitt 4.
26 Vrid loss lamphållaren från brytarens baksida med en skruvmejsel **(se bild)**.
27 Montera den nya glödlampan i omvänd ordningsföljd.

Belysning för klocka/ multifunktionsdisplay

28 Ta bort klock/displayenheten enligt beskrivningen i avsnitt 10.

29 Vrid den berörda lamphållaren från displayenhetens baksida **(se bilder)**.
30 Montera den nya glödlampan i omvänd ordningsföljd.

Belysning av värmeenhetens manöverpanel

31 Demontera värmereglerinsenheten enligt beskrivningen i kapitel 3.
32 Ta loss glödlampan från enheten **(se bild)**.
33 Montera den nya glödlampan i omvänd ordningsföljd.

7 Yttre armaturer – demontering och montering

Strålkastare/främre körriktningsvisare

 Varning: Xenonstrålkastarsystemet (där det finns) arbetar vid mycket hög spänning. Vidrör inte tillhörande ledningar när strålkastarna eller tändningen är tillkopplade. Om du är osäker om vilken typ av system som installerats, kontakta en Opel-verkstad.

Demontering

1 Demontera den främre stötfångaren enligt beskrivningen i kapitel 11.
2 Skruva loss de två övre och den nedre fästbulten och för sedan undan enheten strålkastare/främre körriktningsvisare så att

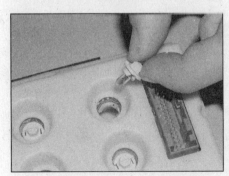

6.29a Ta bort glödlampan från klocka/ flerfunktionsdisplayet (Zafira)

6.29b Ta bort glödlampan från flerfunktionsdisplayet (Astra)

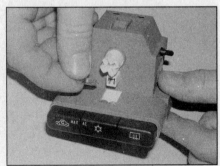

6.32 Tar bort en glödlampa med insticksfäste från värmereglagepanelen

7.2a Skruvar loss strålkastarens nedre fästbult ...

7.2b ... ta bort enheten från fordonet ...

7.2c ... och koppla loss kablaget

7.2d Skruva loss skruvarna ...

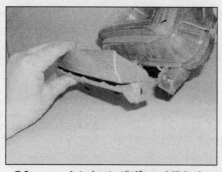

7.2e ... och ta bort stötfångarklädseln

7.3 Skruvar loss styrservon för nivåreglering av strålkastarna

du kan koppla loss kablaget. Ta bort enheten från bilen, lossa sedan skruvarna och ta bort stötfångarpanelen från nederkanten av strålkastaren **(se bilder)**.

3 Om det behövs, kan du ta bort styrservon

7.6a Skruva loss fästbultarna ...

för nivåregleringen av strålkastarna genom att du vrider den 90° **(se bild)**.

Montering

4 Montering sker i omvänd ordning mot demontering. Avsluta med att låta justera strålkastarinställningen så snart som möjligt.

Främre dimljus

Demontering

5 Demontera den främre stötfångaren enligt beskrivningen i kapitel 11.
6 Skruva loss de tre fästbultarna, ta bort dimstrålkastaren från stöttfångaren och lossa kablaget **(se bilder)**.

Montering

7 Återmontering sker i omvänd ordning mot demontering. Avsluta med att låta justera strålkastarinställningen så snart som möjligt.

Främre sidoblinker

Demontering

8 Tryck försiktigt blinkerljuset bakåt för att kunna lossa lysets framsida från framskärmen
9 Ta bort ljuse och lossa kablaget. Om det behövs, ta bort glödlampan enligt beskrivningen i avsnitt 5.

Montering

10 Montering sker i omvänd ordningsföljd. Passa in ljusets främre del i framskärmen och tryck sedan på den bakre delen tills den snäpper på plats.

Bakljus

Demontering

11 Ta bort sidoklädselpanelen i bagageutrymmet för att komma åt bakbelysningsenheten **(se bild)**.
12 Koppla loss anslutningskontakten **(se bild)**.

7.6b ... och ta bort dimstrålkastaren från den främre stötfångaren

7.11 Ta bort sidoklädselpanelen för att komma åt bakbelysningsenheten

7.12 Lossa kablaget från bakljusarmaturen

7.13 En av de krusade muttrarna av plast som håller fast bakljusarmaturen vid karossen

13 Stötta upp den bakre belysningsenheten utifrån. Skruva sedan loss de två räfflade muttrarna från insidan **(se bild)**.
14 Ta bort bakljusenheten från bilens baksida **(se bild)**.
15 Tryck in låsklackarna och ta bort lamphållaren från lyset **(se bild)**.

Montering

16 Monteringen sker i omvänd ordningsföljd mot demonteringen.

Bakre nummerplåtsbelysning (halvkombi och sedan modeller)

Demontering

17 Öppna bakrutan eller bakluckan för att enklare komma åt nummerplåtsbelysningen som sitter ovanför bakre stötfångaren.
18 Lossa klämman genom att sätta in en skruvmejsel lodrätt i hålet i lyktglaset och tryck till.
19 Tryck ner den högra änden och lyft upp den vänstra änden och lossa den från stötfångaren.
20 Koppla loss kablaget **(se bild)**. Om det behövs, ta bort glödlampan enligt beskrivningen i avsnitt 5.

Montering

21 Montering sker i omvänd ordningsföljd.

Bakre nummerplåtsbelysning (kombi och Zafira modeller)

Demontering

22 Öppna bakrutan och stötta upp den i midjehöjd för att komma åt nummerplåtsbelysningen som sitter i bakrutan.

8.2a Ta bort gummigenomföringen ...

7.14 Ta bort bakljusenheten från bilens baksida

23 Skruva loss skruvarna och ta bort ljusenheten.
24 Koppla loss kablarna. Om det behövs, ta bort glödlampan enligt beskrivningen i avsnitt 5.

Montering

25 Monteringen sker i omvänd ordningsföljd.

Övre bromsljus

26 Proceduren beskrivs i avsnitt 5.

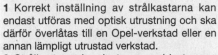

8 Strålkastarinställning – allmän information

1 Korrekt inställning av strålkastarna kan endast utföras med optisk utrustning och ska därför överlåtas till en Opel-verkstad eller en annan lämpligt utrustad verkstad.
2 Strålkastarna kan justeras med justerarna som sitter på den främre tvärbalken. Den inre skruven styr den vertikala justeringen och den yttre styr den horisontella justeringen. Ta bort gummigenomföringen för att komma åt den inre skruven **(se bilder)**. **Observera:** På dessa modeller, se till att brytaren är satt i läget 0 innan strålkastarna justeras.
3 Samtliga modeller har ett elstyrt inställningssystem för strålkastarnas räckvidd, vilket styrs via en omkopplare på instrumentbrädan. Följande inställningar rekommenderas.

Modeller utan automatisk nivåkontroll

0 Främre säte (säten) upptaget
1 Alla säten upptagna

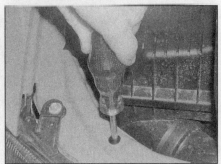

8.2b ... för åtkomst till skruven för lodrät strålkastarinställning

7.15 Ta bort lamphållaren från bakljusenenheten

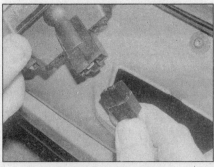

7.20 Lossa kablaget från nummerplåtsbelysningen

2 Alla säten upptagna och last i bagageutrymmet
3 Förarsätet upptaget och last i bagageutrymmet

Modeller med automatisk nivåkontroll

0 Alla andra lasttillstånd
1 Alla säten upptagna och full last i bagageutrymmet

9 Instrumentbräda – demontering och montering

Demontering

1 Demontera ratten enligt beskrivningen i kapitel 10.
2 Skruva loss skruvarna och ta bort rattstångens övre kåpa. För att komma åt skruvarna, ta bort plastkåporna.

8.2c Justerskruv för strålkastarinställning i horisontalled

9.5a Bänd ut kåporna . . .

9.5b . . . skruva sedan loss skruvarna . . .

9.5c . . . och ta bort instrumentbrädans infattning

9.7a Skruva loss de nedre fästskruvarna (endast Astra modeller) . . .

9.7b . . . lossa sedan den övre spaken . . .

9.7c . . . och ta bort instrumentpanelen

9.7d Flytta spaken för att lossa instrumentpanelens övre klämmor på Zafiramodeller

9.7e Instrumentpanelen demonterad från bilen (Zafira)

3 Skruva loss skruven och ta bort knoppen från tippstyrspaken.
4 Skruva loss skruvarna och ta bort rattstångens nedre kåpa.
5 On På Astra-modeller, bänd ut kåporna, skruva sedan loss skruvarna och ta bort panelen från instrumentbrädan **(se bilder)**.
6 På Zafiramodeller, ta bort instrumentpanelens infattning enligt följande.
a) Ta bort ljus- och dimstrålkastarbrytaren (avsnitt 4 i detta kapitel).
b) Ta bort radion (avsnitt 17 i detta kapitel).
c) Ta försiktigt bort den yttre ventilatorn från instrumentbrädan.
d) Skruva loss fästskruvarna, ta bort instrumentbrädans panel, och lossa kablaget om det behövs. Den inre skruven kommer du åt genom luftmunstyckets galler.
7 Skruva loss de nedre fästskruvarna på

Astra modeller. Lossa den övre klämman genom att röra på armen, ta sedan bort instrumentpanelen från instrumentbrädan och koppla loss kablaget **(se bilder)**.

10.8a Skruva loss skruvarna . . .

Montering

8 Monteringen sker i omvänd ordningsföljd mot demonteringen. När du är klar, kontrollera att alla glödlampor för varning och belysning fungerar.

10 Flerfunktionsdisplay och komponenter – demontering och montering

Observera: Nya flerfunktionsdisplayenheter måste programmeras av en Opel-verkstad efter montering. Detta är inte nödvändigt när en befintlig enhet tas bort och återmonteras.

Flerfunktionsdisplay (Astra modeller)

Demontering

1 Ta bort den främre askkoppen.
2 Lossa förvaringsfacketets kåpa från instrumentbrädan.
3 Ta bort radion och fästet enligt beskrivningen i avsnitt 17.
4 Om en sådan finns, ta bort navigationsenheten.
5 Lossa värmereglagepanelen från baksidan av sargpanelen.
6 Tryck mittluftmunstyckena bakåt ut ur sargpanelen.
7 Dra ut sargpanelen och koppla loss kablaget från flerfunktionsdisplayenheten. Skjut även ut anslutningskontakten från baksidan av nödbrytarhylsan.
8 På baksidan av panelen, skruva loss skruvarna och ta bort flerfunktionsdisplayen **(se bilder)**.

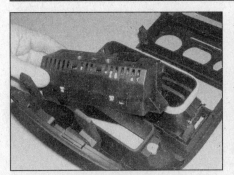

10.8b . . . och ta bort flerfunktionsdisplayet från panelen

10.22 Lossa kablaget från flerfunktionsdisplayet

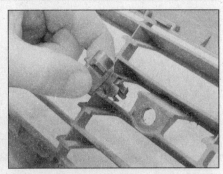

10.26 Ta bort den yttre temperaturgivaren från den främre stötfångaren

Montering

9 Monteringen sker i omvänd ordning.

Flerfunktionsdisplay (Zafira modeller)

Demontering

10 Ta bort den främre askkoppen.
11 Skruva loss de två nedre fästskruvar, och lossa värmarens/luftkonditioneringens kontrollpanel från instrumentbrädan.
12 Lossa reglaget för varningsblinkers, reglaget för TC (antispinnsystem), och sätesvärmens reglage från kontrollpanelen och lossa kablaget.
13 Lossa värmar/luftkonditioneringsenheten från panelen.
14 Demontera ratten enligt beskrivningen i kapitel 10. Observera att det i denna procedur ingår frånkoppling av batteriet.
15 Skruva loss skruvarna och ta bort rattstångens kåpor och lutningsknopp.
16 Lossa klämmorna och för undan reglagen för torkarna och körriktningsvisaren från rattstången.
17 Ta bort radion enligt beskrivningen i avsnitt 17.
18 Ta bort ljuset och dimstrålkastarbrytaren enligt beskrivningen i avsnitt 4.
19 Lossa säkringsdosans kåpa från instrumentbrädan.
20 Sätt in en skruvmejsel i spåren på gallret, lossa ventilens yttre fästskruv och ta bort ventilen.
21 Skruva loss skruvarna som håller fast instrumentbrädans infattning mot instrumentbrädan. Tre stycken sitter direkt ovanför instrumentbrädan, en finns på vardera sidan om rattstången och en i varje nederhörn av infattningen.
22 Ta bort infattningen från instrumentbrädan och skjut samtidigt av ljuskontakten från dess styrning. Koppla loss kablaget från multifunktionsdisplayenheten **(se bild)** och lossa sedan kvarvarande kablage från baksidan av infattningen.
23 Lossa flerfunktionsdisplayenheten från infattningen.

Montering

24 Monteringen sker i omvänd ordningsföljd mot demonteringen.

Yttertemperaturgivare

Demontering

25 Med motorhuven öppen, sträck dig ner bakom främre stötfångaren lossa kablaget från givaren som sitter inuti den främre stötfångaren.
26 Vrid på givaren och lossa den från den främre stötfångaren **(se bild)**.

Montering

27 Monteringen sker i omvänd ordningsföljd mot demonteringen.

Temperaturgivare för kylvätska:

Demontering och montering

28 Se kapitel 3, avsnitt 7.

Kylvätskenivågivare

Demontering

29 Sensorn för kylvätskerester sitter längst ner på expansionskärlet för kylvätska. Se kapitel 3 och töm ut delar av kylvätskan från systemet tills kylvätskenivån är under givaren. Ta sedan bort expansionskärlet och koppla loss kablaget från givaren.
30 Med expansionskärl inverterat, använd en skruvmejsel för att lossa givaren.

Montering

31 Monteringen sker i omvänd ordningsföljd mot demonteringen.

Vindrutespolarvätska nivågivare

Demontering

32 Givaren sitter under den främre

11.2a Skruva loss skruvarna . . .

stötfångarens vänstra sida. Demontera stötfångaren enligt beskrivningen i kapitel 11.
33 Lossa kablaget från givaren som sitter på behållaren.
34 Bänd försiktigt upp sensorn från behållaren.

Montering

35 Monteringen sker i omvänd ordningsföljd mot demonteringen.

Oljenivågivare

Demontering

36 Ta bort sumpen enligt beskrivningen i relevant del av kapitel 2.
37 Bänd loss fasthållningsringen från sumpen.
38 Tryck ut givarens anslutning ur sumpen.
39 Skruva loss givaren från sumpen och ta bort tätningsringen.

Montering

40 Monteringen utförs i omvänd ordningsföljd mot demonteringen, men använd en ny tätningsring. Montera sumpen enligt beskrivningen i kapitel 2.

11 Cigarrettändare – demontering och montering

Demontering

1 Lossa panelen som sitter under askkoppen.
2 Öppna askkoppen, skruva loss skruvarna och ta bort den från mittkonsolen. Koppla loss kablaget från cigarrettändaren **(se bilder)**.

11.2b . . . ta bort askkoppen och lossa kablage

11.3a Ta bort värmespolen . . .

11.3b . . . ta sedan bort lamphållaren . . .

11.3c . . . och kåpan från enhets baksida

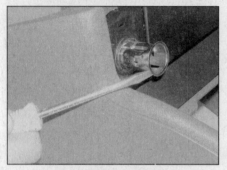

11.4a Bänd ut huset . . .

11.4b . . . ta sedan bort ljusringen

11.5 Ta bort glödlampan från lamphållaren

3 Ta bort värmeenhetens spole och ta sedan bort lamphållaren och kåpan från enhetens bakre del **(se bilder)**.
4 Använd en skruvmejsel för att bända ut

12.1 Signalhornen sitter bakom den främre stötfångarens högra sida.

huset och ta sedan bort ljusringen **(se bilder)**.
5 Dra bort glödlampan från lamphållaren **(se bild)**.

Montering

6 Monteringen sker i omvänd ordningsföljd mot demonteringen.

12 Signalhorn –
demontering och montering

Demontering

1 Signalhornet eller signalhornen sitter bakom framstötfångarens högra ände **(se bild)**. Om det behövs för att komma åt bättre, ta bort den främre stötfångaren enligt beskrivningen i kapitel 11.
2 Lossa kablaget från signalhornet.
3 Skruva loss muttrarna och ta bort

signalhornen från fästbygeln. Om det behövs, skruva loss fästet från karossen.
Montering
4 Montering sker i omvänd ordningsföljd.

13 Torkararm –
demontering och montering

Torkararm

Demontering

1 Starta torkarmotorn och slå sedan av den, så att armen återgår till viloläget **(se Haynes tips)**.
2 Använd en skruvmejsel och bänd loss kåpan från torkararmens spindelände **(se bild)**.
3 Skruva loss spindelmuttern och ta loss den lilla brickan **(se bild)**.

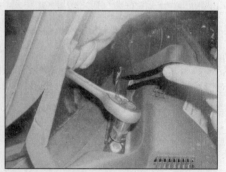

HAYNES
TIPS

Fäst en bit maskeringstejp på glaset längs kanten på torkarbladet som justeringsmärke vid återmontering.

13.2 Bänd loss kåpan . . .

13.3 . . . skruva loss muttern . . .

13.4 ... och dra bort torkararmen från axelns räfflor

13.10a Lyft av kåpan från torkararmen ...

13.10b ... skruva sedan loss fästmuttern

4 Lyft bort bladet från glaset och dra bort torkararmarna från axeln (se bild). Observera att torkararmarna kan sitta mycket hårt på spindelspåren – bänd vid behov loss armen från spindeln med en flatbladig skruvmejsel (var försiktig så att du inte skadar torpedplåtens täckpanel).

5 Om det behövs, ta bort bladet från armen enligt beskrivningen i *Veckokontroller*.

Montering

6 Om den har tagits bort, montera tillbaka torkarbladet på armen. Detta kommer att förhindra att vindrutan skadas av armens övre ände.

7 Se till att torkararmen och axelräfflorna är rena och torra. Montera sedan tillbaka axeln och rikta in bladet mot det tidigare noterade viloläget.

8 Montera brickan och spindelmuttern och dra åt ordentligt. Montera tillbaka kåpan.

Bakruta torkararm

Demontering

9 Starta torkarmotorn och slå sedan av den, så att armen återgår till viloläget.

10 Lyft av kåpan från torkararmens nederdel och skruva loss fästmuttern (se bilder).

11 Lyft bort bladet från glaset och dra bort torkararmarna från axeln. Om armen sitter hårt, använd en lämplig avdragare för att lossa den från spindeln (se bild).

12 Om det behövs, ta bort bladet från armen enligt beskrivningen i *Veckokontroller*.

Montering

13 Om den har tagits bort, montera tillbaka torkarbladet på armen. Detta kommer att förhindra att bakrutan skadas av armens övre ände.

14 Se till att torkararmen och axelräfflorna är

rena och torra. Montera sedan tillbaka axeln och rikta in bladet mot det tidigare noterade viloläget.

15 Montera tillbaka spindelmuttern, och dra åt den ordentligt. Säng kåpan längst ner på armen.

14 Vindrutetorkarens motor och länksystem – demontering och montering

Demontering

1 Ta bort båda torkararmar enligt beskrivningen i avsnitt 13.

2 Dra bort gummilisten från motorutrymmets bakdel och lossa plastgallret från vattenavskiljaren på vindrutans framsida (se bilder).

13.11 Lossa torkararmen från axeln med hjälp av en liten avdragare

3 Lossa slangen från vindrutespolarmunstyckena på vattenavskiljaren (se bild).

4 Skruva loss muttrarna och lossa vattenavskiljaren från mellanväggen (se bilder).

14.2a Dra bort gummilisten ...

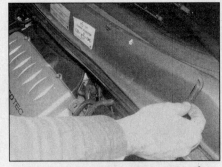
14.2b ... lossa sedan plastgallret från vattenavskiljaren (Zafira)

14.3 Lossa slangen från vindrutespolarmunstyckena på vattenavskiljaren

14.4a Skruva loss muttrarna (endast Zafira modeller) ...

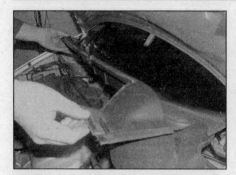

14.4b ... och lossa vattenavskiljaren från mellanväggen

14.5 Koppla loss kablarna ...

14.6a ... skruva sedan loss de mittersta fästskruvarna. . .

14.6b ... och de yttre fästbultarna ...

14.6c ... och ta bort vindrutetorkarens motor och länksystemet

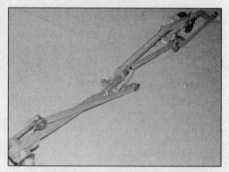

14.6d Vindrutetorkarmotor och länksystem borttagna från bilen (Zafira)

5 Koppla loss kablaget från vindrutetorkarmotorn **(se bild)**.
6 Skruva loss fästbultarna och ta bort torkarmotorn och länksystemet **(se bilder)**.
7 Motorn kan tas bort från länksystemet genom att man bänder loss staget från vevarmen och skruvar loss motorn **(se bild)**. De kvarvarande stagen i länksystemet kan också demonteras om det behövs.
8 Rengör enheten och kontrollera att spindlarna och lederna inte är slitna eller skadade. Byt ut slitna komponenter.

Montering

9 Monteringen utförs i omvänd ordningsföljd mot demonteringen, men applicera lite fett på kullederna innan de sätts i. Montera tillbaka torkararmarna enligt beskrivningen i avsnitt 13.

15 Torkarmotor på bakluckan – demontering och montering

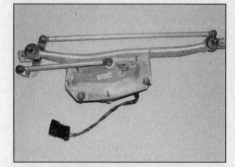

14.6e Vindrutetorkarmotor och länksystem borttagna från bilen (Astra)

14.7 Fästskruvar till vindrutetorkarmotorns vev

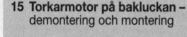

Demontering

1 Ta bort torkararmen från bakrutan enligt beskrivningen i avsnitt 13 och ta bort klädselpanelen från bakrutans insida enligt beskrivningen i kapitel 11, avsnitt 44.
2 På Astra modeller, ta bort bakrutans låscylinder enligt beskrivningen i kapitel 11, avsnitt 26.
3 Lossa kablaget vid pluggen **(se bild)**.
4 Skruva loss fästbultarna och ta bort torkarmotorn medan du för spindelhuset genom gummigenomföringen **(se bilder)**.
5 Om det behövs, ta bort gummigenomföringen från bakrutan **(se bild)**. Undersök om genomföringen är sliten eller skadad och byt ut den vid behov.

Montering

6 Montering sker i omvänd arbetsordning, men dra åt fästbultarna till angivet moment. Montera tillbaka torkararmen enligt beskrivningen i avsnitt 13.

15.3 Koppla loss kablarna ...

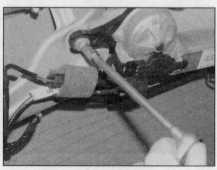

15.4a ... skruva sedan loss fästbultarna ...

15.4b . . . och ta bort torkarmotorn från bakluckan (Zafira)

15.4c Demontera torkarmotorn från bakrutan (Astra)

15.5 Kontrollera gummigenomföringen i bakrutan innan torkarmotorn monteras

16 Vindrute-/bakrute-/strålkastarspolare komponenter – demontering och montering

Spolarvätskebehållare

Demontering

1 Demontera den främre stötfångaren enligt beskrivningen i kapitel 11.
2 Ta bort det vänstra främre hjulhusfodret enligt beskrivningen i kapitel 11.
3 Placera ett kärl under behållaren för att samla upp spolarvätskan när pumpen tas bort.
4 Koppla loss kablaget från pumpen och för det åt sidan.
5 Koppla loss slangen från pumpen och låt vätskan rinna ner i behållaren.
6 På modeller med flerfunktionsdisplay, lossa kablaget från nivågivaren på vätskebehållaren.
7 På modeller med strålkastarspolare, koppla loss kablaget och slangen från extrapumpen på behållaren.
8 Koppla loss påfyllningsrören från behållaren.
9 Lossa kablaget från klämmorna ovanpå behållaren.
10 Skruva loss fästbultarna och ta bort behållaren från den främre listen.

Montering

11 Monteringen utförs i omvänd ordningsföljd mot demonteringen. Fyll behållaren med spolarvätska enligt beskrivningen i *Veckokontroller*.

Spolarvätskepump

Demontering

12 Demontera den främre stötfångaren enligt beskrivningen i kapitel 11.
13 Ta bort det vänstra främre hjulhusfodret enligt beskrivningen i kapitel 11.
14 Placera ett kärl under behållaren för att samla upp spolarvätskan när pumpen tas bort.
15 Lossa kablaget från pumpen och lägg det åt sidan **(se bild)**.
16 Koppla loss slangen från pumpen och låt vätskan rinna ner i behållaren.
17 Dra pumpen åt sidan och ta bort den från behållaren.
18 Om det behövs, ta bort genomföringen från behållaren.

Montering

19 Monteringen sker i omvänd ordningsföljd mot demonteringen. Fyll behållaren med spolarvätska enligt beskrivningen i *Veckokontroller*.

Vindrutaspolarmunstycke

Demontering

20 Dra bort gummilisten från motorutrymmets bakdel och lossa plastgallret från vattenavskiljaren på vindrutans framsida.
21 Lossa röret från vindrutasspolarmunstycken som sitter på vattenavskiljaren.
22 Lossa försiktigt plastflikarna med en skruvmejsel och ta bort munstycket nedåt från vattenavskiljaren **(se bild)**.

Montering

23 Monteringen sker i omvänd ordningsföljd mot demonteringen.

Bakrutaspolarmunstycke

Demontering

24 På halvkombimodeller, bänd försiktigt ut munstycket från antennens bas med en liten skruvmejsel.
25 På kombimodeller, sätt försiktigt i en liten skruvmejsel mellan munstycket och gummitätningen. Tryck ner tapparna och ta bort munstycket från bakluckan.
26 På Zafiramodeller, ta bort den övre klädselpanelen från bakrutans insida och tryck ut munstycket ur hålet med en skruvmejsel **(se bilder)**.
27 Lossa munstycket från slangen.

Montering

28 Monteringen sker i omvänd ordningsföljd mot demonteringen.

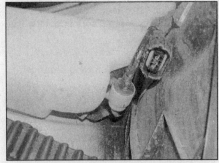

16.15 Spolarvätskepump och kablage

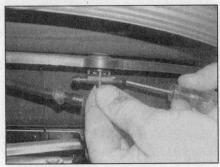

16.22 Bänd ut vindrutans sprutmunstycke med en skruvmejsel

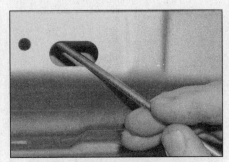

16.26a På Zafiramodeller, lossa munstycket från bakrutan med en skruvmejsel mellan innerpanelen. . .

16.26b . . . ta sedan bort bakrutans munstycke

17.1 Skruva loss låsskruvarna med en insexnyckel

17.2 Sätt i de två DIN-demonteringsverktygen . . .

17.3a . . . och ta försiktigt bort radio/CD-spelaren från fästet (Zafira)

17.3b Ta bort radion/kassettspelaren (Astra)

17.4a Skruva loss fästskruven . . .

17.4b . . . lossa sedan sidoklämmorna och ta bort fästet. . .

Strålkastarspolarmunstycke

Demontering

29 Demontera den främre stötfångaren och lossa spolarmunstyckenas slangar enligt beskrivningen i kapitel 11.
30 Dra bort klämman och ta bort munstycket från den främre stötfångaren.
31 Om det behövs, ta bort adaptern från munstycket.

Montering

32 Monteringen sker i omvänd ordningsföljd mot demonteringen.

17 Radio/kassett/CD-spelare/ navigeringsenheter – demontering och montering

Observera: *Om batteriet har varit frånkopplat*

på modeller med en säkerhetskodad radio/ kassettspelare kan denna enhet inte aktiveras igen innan den relevanta säkerhetskoden har matats in. Ta inte bort enheten om den relevanta koden är okänd. Följande information gäller radio/kassettspelare med DIN-standardfästen. Två DIN-demonteringsverktyg krävs för detta moment.

Radio/kassett/CD-spelare

Demontering

1 Använd en insexnyckel och skruva loss låsskruvarna från de fyra hålen i hörnen på radions framsida **(se bild)**.
2 Placera de två DIN-demonteringsverktygen i hålen på vardera sidan om radion tills du känner att de hakar i fästbanden **(se bild)**.
3 Ta försiktigt bort the radio/kassettspelaren från fästet i instrumentbrädan **(se bilder)**.
4 Skruva loss fästskruvarna, lossa sedan

sidoklämmorna och ta bort dosan från instrumentbrädan. Koppla loss kablaget och antennen från dosans baksida **(se bilder)**.

Montering

5 Monteringen utförs i omvänd ordningsföljd mot demonteringen, men kontrollera att fästklämmorna hakar fast ordentligt. Avsluta med att ange säkerhetskoden.

Navigeringsenhet (ej NCDR 3000)

Demontering och montering

6 Proceduren är densamma som för ljudanläggningen som beskrevs tidigare.

Navigeringsenhet (NCDR 3000)

Demontering

7 Tryck ner lossningsknappen och ta bort kontrollpanelen från enhetens framsida.

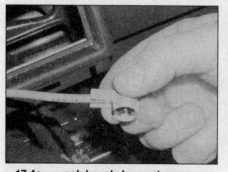

17.4c . . . och koppla loss antennen . . .

17.4d . . . och anslutningskontakten (Zafira)

17.4e Ta bort radiofästet (Astra)

19.2 Lågfrekvenshögtalare i framdörren

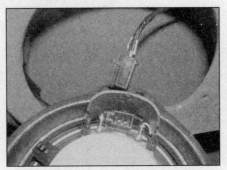

19.3 Ta bort kablaget från lågfrekvenshögtalaren

19.9 Ta bort the lågfrekvenshögtalaren från bakdörren

8 Placera de två DIN-demonteringsverktygen i hålen på vardera sidan om enheten tills du känner att de hakar i fästbanden.
9 Ta försiktigt bort enheten från fästet i instrumentbrädan.
10 Skruva loss fästskruvarna, lossa sedan sidoklämmorna och ta bort dosan från instrumentbrädan. Lossa kablaget och antennen från lådans baksida.

Montering

11 Monteringen utförs i omvänd ordningsföljd mot demonteringen.

CD-spelare

Demontering

12 Ta bort handskfacket enligt beskrivningen i kapitel 11.
13 Lossa CD-spelaren och fästet från insidan av handskfacket och ta bort kablaget.
14 Skruva loss skruvarna och ta bort spelaren från fästbygeln.

Montering

15 Monteringen sker i omvänd ordning mot demonteringen.

Navigeringsstyrenhet

Demontering

16 Ta bort handskfacket enligt beskrivningen i kapitel 11.
17 Lossa navigationsstyrenheten och fästet från handskfackets insida och ta bort kablaget.
18 Skruva loss skruvarna och ta bort navigationsstyrenheten från fästet.

Montering

19 Monteringen sker i omvänd ordningsföljd mot demonteringen.

18 Brytare till radions fjärrkontroll – demontering och montering

Demontering

1 Ta loss krockkuddenheten från ratten enligt beskrivningen i avsnitt 24.
2 Lossa de två anslutningskontakterna.
3 Skruva loss skruvarna och ta bort fjärrkontrollens båda omkopplare från ratten.

Montering

4 Montering sker i omvänd ordningsföljd.

19 Högtalare – demontering och montering

Främre dörrmonterad högtalare för låga frekvenser

Demontering

1 Ta bort framdörrans inre klädselpanel, enligt beskrivningen i kapitel 11, avsnitt 44.
2 Skruva loss fästskruvarna och ta bort högtalaren från dörrens inre klädselpanel (se bild).
3 Lossa kablaget från högtalaren (se bild).

Montering

4 Montering sker i omvänd ordningsföljd.

Högtalare för högfrekvens ("tweeter"), monterad på framdörren

Demontering

5 På Astra-modeller, bänd försiktigt bort yttersidospegelns inre klädselpanel från dörrens insida och ta bort skumgummiinsatsen. Koppla loss kablaget och bänd sedan försiktigt ut högtalaren.
6 På Zafiramodeller kan det gå att ta bort högtalaren med dörrens inre klädselpanel kvar *på plats*. Kabeln under panelen kan dock vara så kort att det blir svårt att koppla loss och återansluta kablaget. Använd en liten skruvmejsel för att försiktigt bända ut högtalaren och koppla sedan loss kablaget. Om det saknas kablage, ta bort hela den inre klädselpanelen enligt beskrivningen i kapitel 11, avsnitt 44.

Montering

7 Montering sker i omvänd ordningsföljd.

Bakre dörrmonterad högtalare för låga frekvenser

Demontering

8 Ta bort bakdörrens inre klädselpanel, enligt beskrivningen i kapitel 11, avsnitt 44.

9 Skruva loss fästskruvarna och ta bort högtalaren från dörrens inre klädselpanel (se bild).
10 Lossa kablaget från högtalaren.

Montering

11 Monteringen utförs i omvänd ordningsföljd mot demonteringen.

Högtalare för högfrekvens ("tweeter"), monterad på bakdörren

Demontering

12 Ta bort bakdörrens inre klädselpanel, enligt beskrivningen i kapitel 11, avsnitt 44.
13 Lossa fästklämmorna och ta bort högtalaren från klädselpanelen (se bild).

Montering

14 Monteringen sker i omvänd ordningsföljd.

Lågfrekvenshögtalare i bakre hörnpanel (3-dörrars halvkombi modeller)

Demontering

15 Ta bort den inre klädselpanelen från den bakre hörnpanelen.
16 Skruva loss fästskruven, ta bort högtalaren och lossa kablaget.

Montering

17 Montering sker i omvänd ordningsföljd.

19.13 Demontera diskanthögtalaren från bakdörren

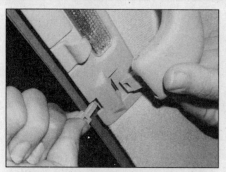

20.1 Ta bort passagerarsidans handtag genom att dra ut plasthållarna

20 Radioantenn – demontering och montering

Demontering

1 På halvkombimodeller, öppna bakrutan och dra bort gummilisten från takklädseln. Ta bort den bakre klädselpanelen enligt beskrivningen i kapitel 11, avsnitt 44. Ta sedan bort de båda bakre kurvhandtagen genom att dra ut plasthållarna **(se bild)**. Takklädseln är fäst i taket med kardborrband – dra försiktigt loss klädselns bakre del.

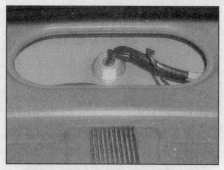

20.5 Antennens fästmutter på taket

2 På sedanmodeller, ta bort takklädseln.
3 På kombi- och Zafiramodeller, öppna bakluckan och ta bort gummitätningsremsan i närheten av den inre takklädselns bakre panel. Ta bort innerbelysningen från panelen enligt beskrivning i avsnitt 6. Lossa sedan klämmorna med en bredbladig skruvmejsel och ta bort panelen från taket.
4 Koppla loss kabeln från antennen. Om tillämpligt, lossa GPS kabeln, telefonkabeln, och strömförsörjningskablaget.
5 Skruva loss muttern och ta bort antennen från taket **(se bild)**.
6 Om antennkabeln mellan antennen och ljudanläggningen ska tas bort måste man ta

bort mittkonsolen och sidoklädselpanelen enligt beskrivningen i kapitel 11, avsnitt 44 och t45.

Montering

7 Återmontering sker i omvänd arbetsordning, men dra åt muttern till angivet moment.

21 Stöldskyddssystem och motorlåsningssystem – allmän information

1 Alla modeller har ett motorlåsningssystem som effektivt hindrar motorn från att startas utan den elektroniskt kodade originaltändningsnyckel. Systemet består av tändningsnyckel med integrerad transponder och en elektronisk givare som sitter på styrningslåset.
2 Stöldskyddsalarmet övervakar, i förekommande fall, dörrarna, bakluckan, motorhuven, kupén, bilens lutning och tändsystemet **(se bild)**. Rörelser i kupén övervakas av en ultraljusgivare som sitter högst upp på de båda B-stolparna. Bilens lutning övervakas så att ett larm avges om bilen lyfts (exempelvis för att ta bort hjulen). Stöldskyddssystemets ljudenhet sitter på mellanväggens vänstra sida. Det finns också

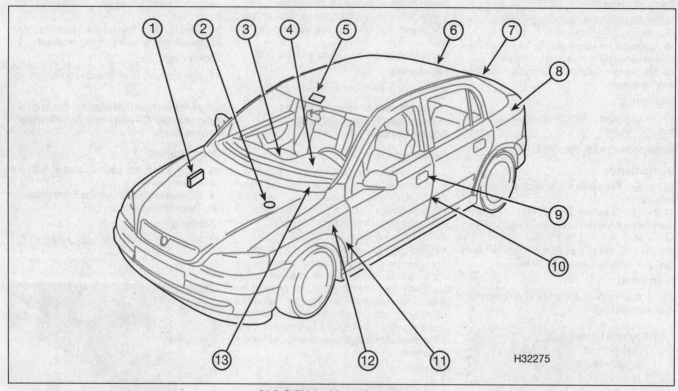

21.2 Stöldskyddsvarningssystem

1 Styrenhet för stöldskyddslarm (ATWS) inklusive centrallåssystem (CDLS)
2 Motorhuvens kontakt
3 LED i varningsblinkerbrytare
4 Tändningslås
5 Ultraljudsgivare innerbelysning
6 Stöldskydd i bakrutevärme – glaskrossgivare
7 Bagageutrymme/bakruta kontakt
8 Bagageutrymmesbelysningen
9 Förardörrens låscylinder
10 Kupélampabrytare i vänstra bakdörr
11 Kupélampabrytare i vänstra framdörr
12 Elektriskt billarm
13 ATWS signalhorn

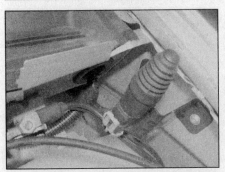

21.5 Stöldskyddslarmets motorhuvkontakt

21.9 Styrenheten för ATWS (stöldskyddssystem)/centrallås sitter nertill vid höger A-stolpe

en extra ljudenhet under fodret på vänster hjulhus bakre del (vänsterstyrda modeller) eller högre hjulhus (högerstyrda modeller). På kombi- och Zafiramodeller finns en glaskrossgivare på bagageutrymmets bakre sidofönster.

3 Innan du tar bort några komponenter i stöldskydds- eller motorlåsningssystemen, koppla loss batteriet enligt beskrivningen i kapitel 5A.

4 Ta bort motorlåsningssystemet/ transponderenheten genom att ta bort ratten och rattstångens kåpor enligt beskrivningen i kapitel 10. Därefter utför du följande. På modeller med en startspärr/transponder **utan** fästtappar, lossa kablaget, sedan ta bort enheten från tändningslåshuset. På modeller med en startspärr/transponder **med** fästtappar, ta bort tändningslåscylindern enligt beskrivningen i avsnitt 4 i detta kapitel, lossa enheten från tändningslåshuset och koppla loss kablaget. **Observera:** *Notera att om motorlåsningssystemet/ transponderenheten byts ut måste den programmeras av en Opel-verkstad med specialutrustning.*

5 För att ta bort motorhuvskontakten, skruva loss de två fästskruvarna, lyft sedan av kontakten och lossa kablaget **(se bild)**.

6 Ta bort systemets signalhorn genom att ta bort vattenavvisaren från torpedväggen och skruva sedan loss fästmuttern och koppla loss kablaget.

7 Ta bort det extra kraftiga signalhornet genom att först ta bort det aktuella främre hjulhusfodret (kapitel 11). Koppla sedan loss kablaget och skruva loss signalhornet

tillsammans med fästbygeln från den inre skärmpanelen.

8 Ta bort en dörrkontakt (kupélampa), se avsnitt 4.

9 För att ta bort ATWS (stöldskyddsvarnings- systemet)/centrallåsets styrenhet, lossa den enda skruven och ta bort klädselpanelor från nedre delen av A-stolpen. Ta sedan bort fotutrymmets klädselpanel på sidan. Koppla loss kablaget, skruva sedan loss de två fästmuttrar och ta bort styrenheten **(se bild)**.

10 Se kapitel 11 för närmare information om demontering och montering av centrallås komponenter.

11 För att byta batteriet till fjärrkontrollen i nyckeln, lossar man plastlocket med en liten skruvmejsel, och skjuter av locket från nyckeln. Använd skruvmejseln för att skilja de två halvorna åt, notera hur batteriet är fäst och ta sedan bort det **(se bilder)**.

12 Monteringen sker i omvänd ordningsföljd mot demonteringen. Eventuella problem med system ska överlåtas till en Opel-verkstad.

22 Hastighetsmätargivare – allmän information

Alla modeller är utrustade med en elektronisk hastighetsmätaromvandlare. Denna mäter slutväxelns eller hjulsensorns (beroende på modell) rotationshastighet och omvandlar informationen till en elektronisk signal som sänds till hastighetsmätarmodulen på instrumentbrädan.

23 Krockkuddesystem – allmän information, föreskrifterna och systemavaktivering

Allmän information

En krockkudde för föraren, placerad i rattens mittplatta, har monterats som standardutrustning på alla modeller. Den främre krockkudden på passagerarsidan, de främre sidokrockkuddarna och sidokrockgardinen (förar- och passagerarsida) kan monteras in som tillval. Krockkuddsenheten på passagerarsidan sitter på tvärbalken under instrumentbrädans panel. Sidokrockkuddarna befinner sig inuti ytterkanten på de främre sätenas ryggstöd och i takklädseln.

Systemet är aktiverat bara när tändningen är påslagen, men en reservströmkälla förser systemet med ström om huvudströmförsörjningen avbryts. Systemet aktiveras av en "g-sensor" (decelerationsgivare) i den elektroniska styrenheten. Observera att den elektroniska styrenheten också styr dem främre bältessträckarna. Krockkuddarna blåses upp av gasgeneratorer som tvingar ut kuddarna från deras platser. De främre krockkuddarna löses endast ut vid en frontalkrock i hastigheter över 35 km/h och som inträffar inom 30° från var sida om bilens centrumlinje. Sidokrockkuddarna löses endast ut vid en krock på deras respektive sidor. De främre bältessträckarna löses ut vid både frontalkrockar och krockar bakifrån.

Vid en olycka där de främre krockkuddarna i ratten och instrumentbrädan löses ut måste både förarsidans och passagerarsidans krockkuddar bytas. Sidokrockkuddarna och bältessträckarna kan däremot lösas ut max. tre gånger innan de måste bytas. Krockkuddssystemets styrenhet minneslagrar antalet utlösningar och detta kan en Opeltekniker läsa av med hjälp av specialistutrustning.

På modeller med en passagerarkrockkudde innehåller passagerarsätet en givarmatta. Passagerarsidans krockkudde avaktiveras när passagerarsidans stol inte används. Systemet avaktiveras även om en Opel-bilbarnstol används på passagerarsätet, eftersom transpondrar i bilbarnstolen känns igen av ett

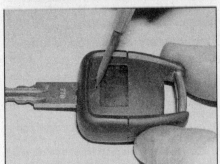

21.11a Använd en liten skruvmejsel för att lossa plastklämmorna . . .

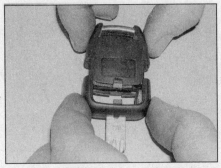

21.11b . . . skjut sedan av locket direkt av nyckeln. . .

21.11c . . . för åtkomst till batteriet

24.3a Ta bort de två skruvarna . . .

24.3b . . . och lyft försiktigt av krockkudden/signalhornet från ratten

24.4 Lossa kablaget från krockkudden

antennsystem i passagerarsätet. Systemet kan också känna av om bilbarnstolen har satts fast felaktigt (t.ex. om den är felvänd) och ett blinkande varningsljus tänds i den främre innerbelysningen.

Om det uppstår fel i krockkuddssystemet tänds en varningslampa på instrumentpanelen och systemet måste du kontrollera av en Opel-verkstad.

Föreskrifter

⚠ **Varning: Följande försiktighetsåtgärder måste följas vid arbete på bilar utrustade med ett krockkuddssystem för att undvika risken för personskador.**

Allmänna föreskrifter

Följande föreskrifter **måste** följas när du utför arbete på en bil som har krockkudde.
a) Lossa inte batteriet med motorn igång.
b) Avaktivera systemet så som det beskrivs i följande underavsnitt innan något arbete utförs i närheten av krockkudden, innan någon av krockkuddskomponenterna tas bort eller innan svetsning utförs på någon del av bilen.
c) Försök inte testa några av krockkuddssystemets kretsar genom att använda testmätare eller annan testutrustning.
d) Om krockkuddarnas varningslampa börjar lysa, eller om något fel i systemet misstänks, kontakta omedelbart en Opel-verkstad. **Undvik att** försöka utföra feldiagnos eller montera isär komponenter.

Säkerhetsföreskrifter som ska följas vid hantering av krockkuddar

a) Transportera krockkudden för sig själv, kudde uppåt.
b) Lägg inte armarna runt krockkudden.
c) Håll krockkudden nära kroppen när du bär den, med kudden vänd utåt.
d) Tappa inte krockkudden och utsätt den inte för stötar.
e) Försök inte att ta isär krockkudden.
f) Anslut inte någon som helst typ av elektrisk utrustning till någon del av krockkuddskretsen.
g) Låt inga lösningsmedel eller rengöringsmedel komma i kontakt med krockkudden. Enheten får endast rengöras med hjälp av en fuktig trasa.

Säkerhetsföreskrifter som ska följas vid förvaring av krockkuddar

a) Förvara enheten i ett skåp med krockkudden uppåt.
b) Utsätt inte krockkudden för temperaturer över 90° C.
c) Utsätt inte krockkudden för öppen eld.
d) Försök inte kassera krockkudden – konsultera en Opel-verkstad.
e) Återmontera aldrig en krockkudde som man känner till är felaktig eller skadad.

Avaktivering krockkuddssystem

Systemet måste avaktiveras som följer innan något arbete utförs på krockkuddekomponenterna eller i området runt dessa.
a) Slå av tändningen.
b) Ta bort nyckeln.
c) Koppla ifrån alla elektrisk utrustning.

d) Koppla loss batteriets minusledning (se kapitel 5A).
e) Isolera batteriets negativa pol och slutet på batteriets minusledare för att förhindra alla möjligheter till kontakt.
f) Vänta minst en minut innan du utför något annat arbete. Detta kommer att låta systemets kondensator ladda ur.

24 Krockkuddesystem komponenter – demontering och montering

⚠ **Varning: Rådfråga föreskrifterna i avsnitt 23 innan du försöker utföra arbete på krockkuddskomponenterna.**

Förarsidans krockkudde

Demontering

1 Förarens krockkuddsenhet är inbyggd i rattens mitt. Avaktivera krockkuddarna enligt beskrivningen i avsnitt 23.
2 Ställ framhjulen rakt framåt och lås sedan rattstången i det läget när du har tagit bort startnyckeln.
3 Skruva loss de två skruvarna från rattens baksida och lyft försiktigt ut krockkudden/signalhornet från ratten **(se bilder)**.
4 Lossa kablaget och ta bort krockkudden **(se bild)**. Lägg krockkudden på en säker plats där den inte kan förstöras, se till att den stoppade sidan är vänd uppåt.

Montering

5 Monteringen utförs i omvänd ordningsföljd mot demonteringen, men kontrollera att kontaktdonet sitter korrekt och dra åt fästskruvarna till angivet moment.

Passagerarsidans krockkudde

Demontering

6 Krockkuddsenheten på passagerarsidan sitter på tvärbalken under instrumentbrädans panel. Avaktivera krockkuddarna enligt beskrivningen i avsnitt 23.
7 Ta bort handskfacket enligt beskrivningen i kapitel 11.
8 Skruva loss fästbultarna och ta bort krockkuddenheten från fästbygeln på tvärbalken genom att använda en torx-nyckel **(se bilder)**.

24.8a Passagerarsidans krockkudde sedd uppifrån (instrumentbrädan borttagen)

24.8b Passagerarsidans krockkudde sedd underifrån, fästskruvarna visas

24.9 Sidokrockkuddens kablage på passagerarsiden

24.19 Lossa kablaget från krockkuddekontaktenheten

24.20 Ta bort krockkuddens kontaktenhet från rattstångens överdel

9 Lossa kablaget och ta bort krockkuddsenheten från bilen **(se bild)**. Observera att enhetens botten är formad för att passa i fästbygelhålen.

Montering

10 Monteringen utförs i omvänd ordningsföljd mot demonteringen, men kontrollera att kontaktdonet sitter korrekt och dra åt fästskruvarna till angivet moment.

Sidokrockkuddsenhet

 Varning: Att demontera och montera sidokrockgardinen som finns i bilens takklädsel bör överlämnas till en Opel-verkstad.

Demontering

11 Sidokrockkudden sitter framsätets ryggstöd. Avaktivera krockkuddarna enligt beskrivningen i avsnitt 23.
12 Lossa och ta bort klädseln från sätets baksida.
13 Lossa kablaget från krockkudden.
14 Skruva loss de tre fästmuttrarna och ta bort krockkudden från ryggstödet. **Observera:** *Tillverkarna rekommenderar att muttrarna byts ut närhelst de tagits bort eftersom de inre brickorna är självlåsande.*

Montering

15 Monteringen utförs i omvänd ordningsföljd mot demonteringen, men kontrollera att kontaktdonet sitter korrekt och dra åt fästmuttrarna till angivet moment.

Krockkuddens kontaktenhet

Demontering

16 Demontera krockkudden på förarsidan enligt beskrivningen i detta avsnitt .
17 Demontera ratten enligt beskrivningen i kapitel 10. Kontrollera att framhjulen pekar rakt framåt och att styrningen är spärrad med tändningsnyckeln borttagen.
18 Ta bort rattstångskåporna enligt beskrivningen i 10. Ta loss tändningsnyckelns positionsindikator.
19 Dra ut låsplattan och lossa anslutningskontakten från kontaktenhetens bakre del **(se bild)**.
20 Lossa de fyra bakre klämmorna och ta bort kontaktenheten från rattstången **(se bild)**. **Observera:** *Se till att kontaktenhetens båda delar förblir i sin mittposition med pilarna i nederkanten*

i linje med varandra. Enheten låses automatiskt i sitt centralläge, men det är nödvändigt att använda tejp för att hålla ihop de båda halvorna.

Montering

21 Gör så här för att ta reda på mittpositionen innan kontaktenheten återmonteras, om den har försvunnit eller om en ny enhet ska monteras. Tryck ner spärrhaken ovanpå enheten och vrid försiktigt enhetens mittdel moturs tills ett motstånd känns. Vrid det nu 2,5 varv medurs och linjera pilarna på mittdelen och ytterkanten.
22 Ta bort transportklämman först om en ny enhet monteras.
23 Placera kontaktenheten på rattstångens överdel och se till att styrsprintarna hamnar i de avsedda hålen. Tryck på enheten tills klämmorna hakar i. **Observera:** *Klämmorna får inte skadas på något sätt. Om så är fallet måste enheten bytas ut.*
24 Återanslut kablaget och tryck in låsplattan.
25 Montera tillbaka tändningsnyckelns positionsvisare, montera rattstångens kåpor och dra åt fästskruvarna (se kapitel 10).
26 Montera tillbaka styrhjulet (se kapitel 10).
27 Montera tillbaka krockkudden på förarsidan enligt tidigare beskrivningen.

Styrmodul (krockkuddemodul)

Demontering

28 Avaktivera krockkuddarna enligt beskrivningen i avsnitt 23.
29 Ta bort mittkonsolen enligt beskrivningen i kapitel 11. På Zafiramodeller tar du också bort växelspaksenheten enligt beskrivningen i kapitel 7A (den elektroniska styrenheten sitter under enheten) **(se bild)**.

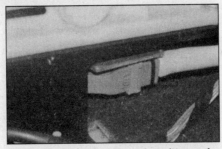

24.29 Krockkuddens styrenhet sitter under växelspaksenheten på Zafiramodeller

30 Koppla loss kablaget från styrenheten **(se bild)**, skruva sedan loss fästmuttrarna och ta bort enheten från bilen. Observera att pilen på enhetens ovansida pekar mot bilens främre del, och att de tre fästmuttrarna sitter på ett sätt som gör det omöjligt att montera den felaktigt.

Montering

31 Montering sker i omvänd arbetsordning, men dra åt fästmuttrarna till angivet moment. **Observera:** *Om styrenheten byts ut, måste den nya enheten programmeras av en Opel-verkstad med specialutrustning.*

Sidokrockkuddegivare

Demontering

32 Sidokrockkuddarnas givare sitter inuti framdörrarna. Avaktivera krockkuddarna enligt beskrivningen i avsnitt 23.
33 Ta bort framdörrans inre klädselpanel, enligt beskrivningen i kapitel 11, avsnitt 44.
34 Dra tillbaka vattenmembranet så att du kommer åt givaren.
35 Lossa kablaget, skruva sedan loss fästbultarna och ta bort givaren.

Montering

36 Monteringen utförs i omvänd ordningsföljd mot demonteringen, men dra åt fästbultarna ordentligt.

Främre passagerarsäte givarmatta

Demontering och montering

37 Du bör låta en Opel-representant utföra det här arbetet eftersom klädseln måste tas bort och det är mycket viktigt att mattan placeras korrekt.

24.30 På Astra-modeller sitter krockkuddens styrenhet under baksidan av mittkonsolen

Astra 1998 och senare

Förklaringar till symboler

Glödlampa

Brytare

Flerkontaktsbrytare (gängad)

Säkring/smältlänk — F24

Resistor

Variabelt motstånd

Artikelnr. **15**

Pump/motor (M)

Jord och placering (via ledning) 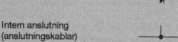 — E1

Mätare

Diod

Lysdiod (LED)

Intern anslutning (anslutningskablar)

Kabelskarv eller lödd anslutning

Solenoidmanöverdon

Kontakt- och uttagsanslutning

Anslutningar till andra kretsar Pilens riktning anger aktuellt flöde. ► A *Schema 3, pil A* Varningsljus för helljusstrålkastare

Kabelfärg (röd/vit) — Ro/Ws —

Låda-form anger del av en större komponent. Anslutningen identifieras antingen av standardanslutning (fetstil kursiv) eller av anslutningsnummer (normal). *30* 4

30 Identifiering av anslutning (t.ex. batteri + ve)
4 Anslutningsstiftets nummer

Jordpunkter

E1 Batteriets jordfläta
E2 Motorns jordfläta
E3 Tändspole jord
E4 "A" stolpe
E5 Rattstång
E6 Växellådstunnel
E7 Motor (elektronisk)
E8 Motordistribution
E9 Bakre panel
E10 Bakdörr
E11 Värmefläkt

Förklaringar till kretsar

Schema 1 Information om kopplingsscheman
Schema 2 Start- och laddning, krockkudde och typisk radio/CD
Schema 3 X14XE & X16XEL motorstyrningssystem
Schema 4 X14XE & X16XEL motorstyrningssystem forts. och elektriska fönster
Schema 5 X16SZR motorstyrningssystem
Schema 6 X18XE-1 motorstyrningssystem
Schema 7 X18XE-1 motorstyrningssystem fortsättning, ABS med traktionskontroll och hastighetsgivare (modeller utan ABS)
Schema 8 X20XEV motorstyrningssystem
Schema 9 X20XEV motorstyrningssystem forts. och spolare/torkare
Schema 10 Motorkylning och trippelinfodisplay
Schema 11 Framlampor
Schema 12 Dim-, bak-, back- och blinkerlampor
Schema 13 Registreringsskylts-, broms-, innerbelysning, uppvärmd bakruta och cigarettändare
Schema 14 Multi-timer
Schema 15 Handskfacksbelysning, signalhorn, soltack och centrallås
Schema 16 Servostyrning, ytterdörrspeglar, farthållare och uppvärmning
Schema 17 Typisk luftkonditionering och automatisk växellåda
Schema 18 Automatisk växellåda forts.
Schema 19 Multi-informationsdisplay
Schema 20 Informationsdisplay

Huvudsäkringsdosa

Säkring	Märkström	Skyddad krets
F2	30A	Fläktar
F3	40A	Uppvärmd bakruta
F6	10A	Höger halvljus, strålkastarjustering
F7	10 A	Höger parkerings-, bak- och registreringsskyltsbelysning
F8	10A	Höger helljus
F9	30 A	Strålkastarspolare
F10	15A	Signalhorn
F11	20A	Centrallås
F12	15A	Främre dimljus
F13	7.5A	Informationsdisplay
F14	30A	Vindrutetorkare
F15	15A	Elektriska fönsterhissar, soltak och speglar
F16	10A	Bakre dimljus
F17	30A	Elektriska fönsterhissar
F18	7,5 A	Registreringsskyltsbelysning och nivåreglering av strålkastare
F20	30A	Elektriska fönsterhissar
F21	7.5A	Radio
F22	15 A	Varningsljus, infodisplay, indikatorer och färddator
F23	10A	ABS och servostyrning
F24	10A	Vänster halvljus, strålkastarjustering
F25	10 A	Vänster parkerings-, bak- och registreringsskyltsbelysning
F26	10A	Vänster helljus
F28	7.5A	Innerbelysning
F29	10A	Varningsblinkers, innerbelysning och automatisk växellåda
F30	30A	Soltak
F33	20A	Släpvagnsanslutning
F34	20 A	CD-spelare, radio, informationsdisplay och GPS
F35	10 A	Automatisk växellåda, motorkylning, luftkond.
F36	20A	Cigarettändare
F38	10 A	Bromsljus, auto.växellåda, infodisplay och farthållare
F39	7,5 A	Auto.växellåda, luftkon. och motorkylning
F40	7,5 A	Motorkylning och luftkond.
F41	10A	Uppvärmda speglar

Motorsäkringsdosa

Säkring	Kapacitet
F1	60A
F2	60A
F3	60A
F4	40A
F5	60A
F6	20A
F7	80A
F8	20A (ej X20XEV eller AC)
F8	40A (endast X20XEV eller AC)
F9	25A

MTS
H31931

Kabelfärg

Bl	Blå	Pu	Lila
Br	Brun	Ro	Röd
Ge	Gul	Sw	Svart
Gr	Grå	Vi	Violett
Gn	Grön	Ws	Vit
Or	Orange		

Teckenförklaring

1 Batteri
2 Tändningslås
3 Säkringsdosa i motorrummet
4 Generator
5 Startmotor
6 Huvudsäkringsdosa
7 Radio
8 Diagnostikkontaktdon
9 Telefonanslutning
10 CD-spelare
11 Antennförstärkare
12 Vänster främre högtalare
13 Höger främre diskanthögtalare
14 Höger främre diskanthögtalare
15 Höger främre högtalare
16 Vänster bakre högtalare
17 Vänster bakre diskanthögtalare
18 Höger bakre diskanthögtalare
19 Höger bakre högtalare
20 Krockkuddemodul

21 Vänster bältesförsträckare
22 Höger bältesförsträckare
23 Förarkrockkudde
24 Krockkudde kontaktenhet
25 Passagerarkrockkudde
26 Krockkudde på passagerarsidan
27 Krockkudde på förarsidan
28 Krockkuddesensor på passagerarsidan
29 Krockkuddesensor på förarsidan

Astra 1998 och senare – Schema 2

H31932

System för start och laddning

Typisk radio/CD

Krockkuddar

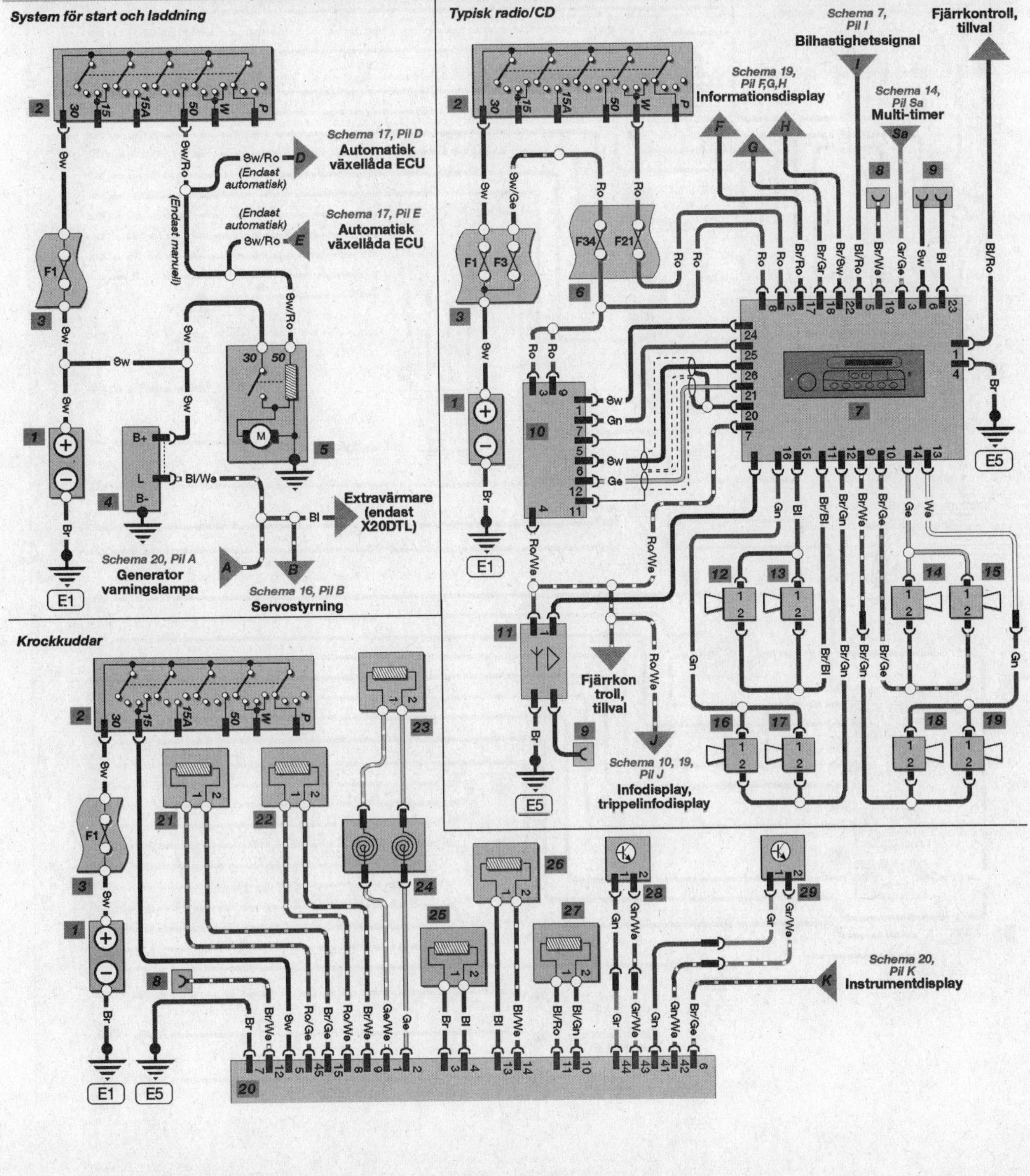

Kabelfärg

Bl	Blå	Pu	Lila
Br	Brun	Ro	Röd
Ge	Gul	Sw	Svart
Gr	Grå	Vi	Violett
Gn	Grön	Ws	Vit
Or	Orange		

Observera: prefix 1/ = X53 multiplugg
prefix 2/ = X54 multiplugg

Teckenförklaring

1 Batteri
2 Tändningslås
3 Säkringsdosa i motorrummet
8 Diagnostikkontaktdon
30 Multec styrenhet
31 Kamaxellägesgivare
32 Bränslepumprelä
33 Bränslepump
34 Bränsleinsprutningsventil cylinder 1
35 Bränsleinsprutningsventil cylinder 2
36 Bränsleinsprutningsventil cylinder 3
37 Bränsleinsprutningsventil cylinder 4
38 Tändspole
39 Tändstift
40 Solenoidventil för avluftning av kolfilter
41 Lambdasonde

Astra 1998 och senare – Schema 3

42 Avgasåterföringens solenoidventil
43 MAP-sensor
44 Gasspjällpositionsgivare
45 Temperaturgivare för kylvätska
46 Intaglufttemperaturgivare
47 Knacksensor
48 Stegmotor för styrning av tomgångsvarvtalet
49 Vevaxelgivare

H31933

Motorstyrningssystem X14XE & X16XEL motorer

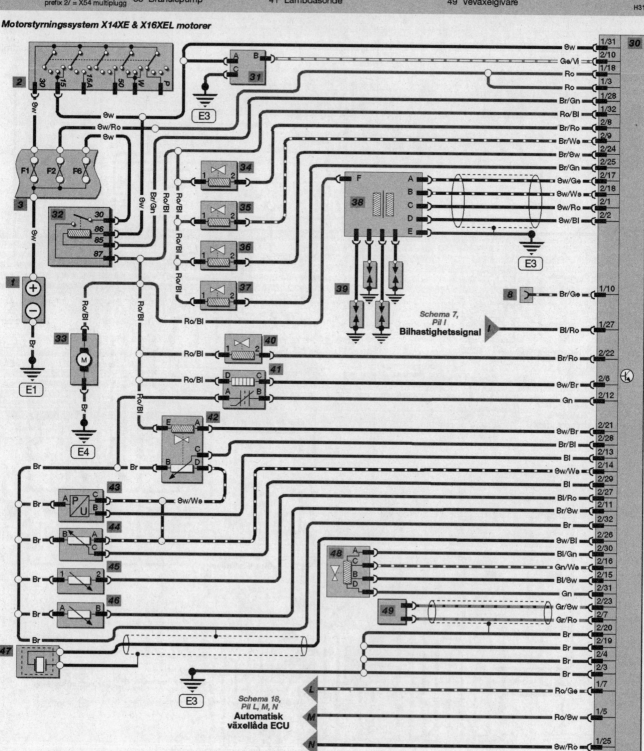

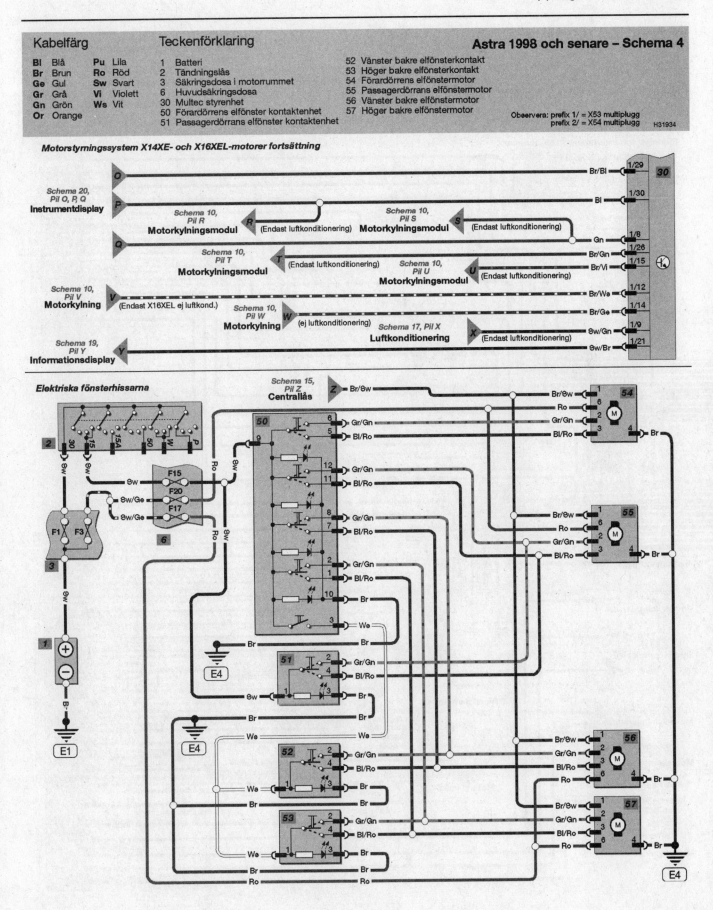

Kabelfärg

Bl	Blå	Pu	Lila
Br	Brun	Ro	Röd
Ge	Gul	Sw	Svart
Gr	Grå	Vi	Violett
Gn	Grön	Ws	Vit
Or	Orange		

Teckenförklaring

1 Batteri
2 Tändningslås
3 Säkringsdosa i motorrummet
6 Huvudsäkringsdosa
30 Multec styrenhet
50 Förardörrens elfönster kontaktenhet
51 Passagerdörrans elfönster kontaktenhet

52 Vänster bakre elfönsterkontakt
53 Höger bakre elfönsterkontakt
54 Förardörrens elfönstermotor
55 Passagerdörrans elfönstermotor
56 Vänster bakre elfönstermotor
57 Höger bakre elfönstermotor

Astra 1998 och senare – Schema 4

Observera: prefix 1/ = X53 multiplugg
prefix 2/ = X54 multiplugg

H31934

Motorstyrningssystem X14XE- och X16XEL-motorer fortsättning

Schema 20, Pil O, P, Q
Instrumentdisplay

Schema 10, Pil R
Motorkylningsmodul (Endast luftkonditionering)

Schema 10, Pil S
Motorkylningsmodul (Endast luftkonditionering)

Schema 10, Pil T
Motorkylningsmodul (Endast luftkonditionering)

Schema 10, Pil U
Motorkylningsmodul (Endast luftkonditionering)

Schema 10, Pil V
Motorkylning (Endast X16XEL ej luftkond.)

Schema 10, Pil W
Motorkylning (ej luftkonditionering)

Schema 17, Pil X
Luftkonditionering (Endast luftkonditionering)

Schema 19, Pil Y
Informationsdisplay

O	Br/Bl	1/29
P	Bl	1/30
	Gn	1/8
Q	Br/Gn	1/26
	Br/Vi	1/15
	Br/Ws	1/12
	Br/Ge	1/14
	Sw/Gn	1/9
	Sw/Br	1/21

30

Elektriska fönsterhissarna

Schema 15, Pil Z
Centrallås Br/Sw

Kabelfärg

Bl	Blå	Pu	Lila
Br	Brun	Ro	Röd
Ge	Gul	Sw	Svart
Gr	Grå	Vi	Violett
Gn	Grön	Ws	Vit
Or	Orange		

Teckenförklaring

1 Batteri
2 Tändningslås
3 Säkringsdosa i motorrummet
8 Diagnostikkontaktdon
30 Multec styrenhet
32 Bränslepumprelä
33 Bränslepump

38 Tändspole
39 Tändstift
40 Solenoidventil för avluftning av kolfilter
41 Avgasgivare
42 Avgasåterföringens solenoidventil
43 Intagstryckgivare
44 Gasspjällpositionsgivare

Astra 1998 och senare – Schema 5

45 Temperaturgivare för kylvätska
47 Knacksensor
48 Stegmotor för styrning av tomgångsvarvtalet
49 Vevaxelgivare
58 Enpunkt bränsleinsprutningsventil

Observera: prefix 1/ = X55 multiplugg
prefix 2/ = X56 multiplugg

H31935

Tändning och insprutning X16SZR motor

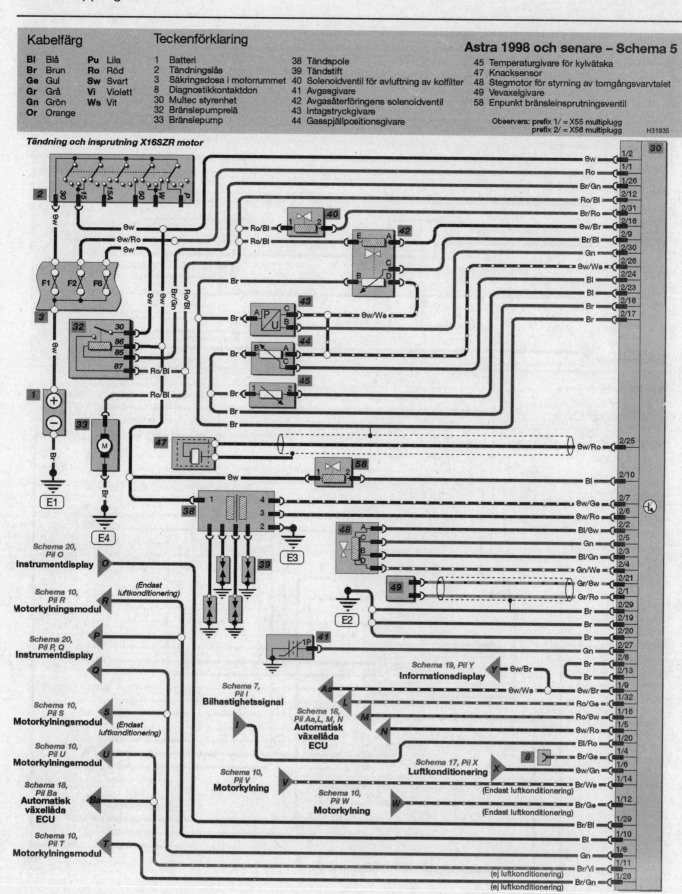

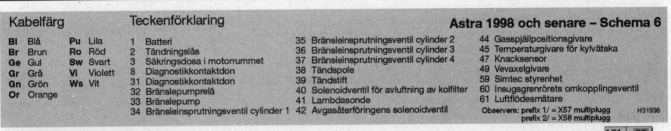

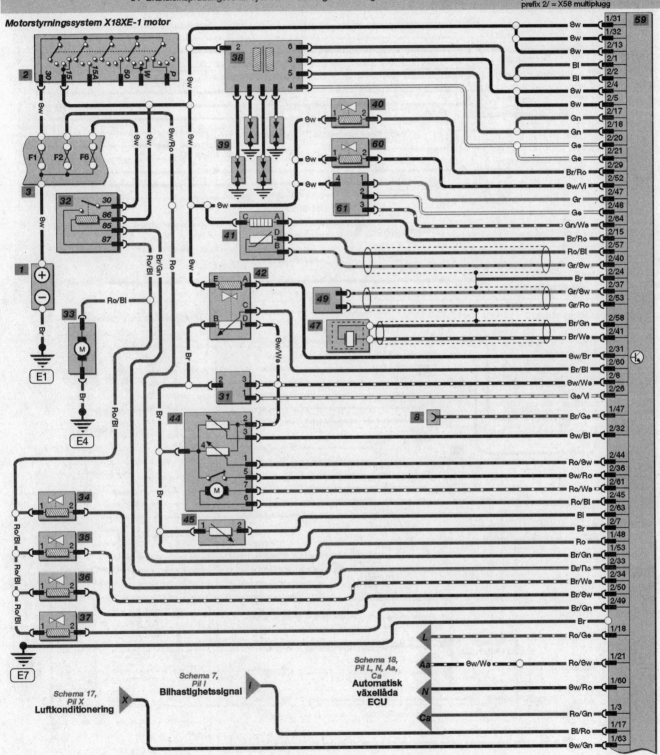

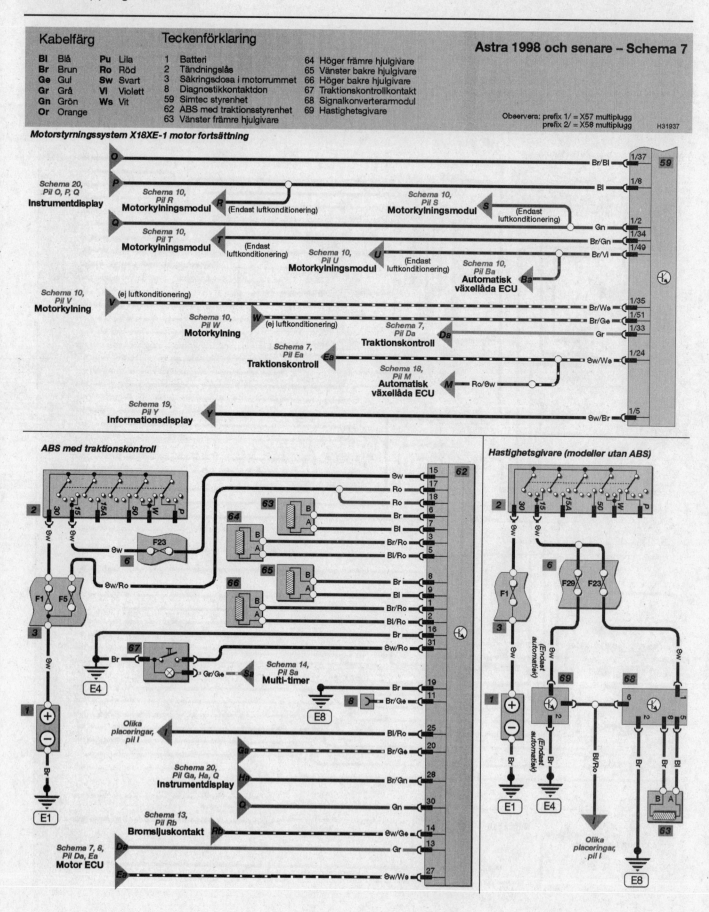

Kabelfärg

Bl Blå   **Pu** Lila
Br Brun   **Ro** Röd
Ge Gul   **Sw** Svart
Gr Grå   **Vi** Violett
Gn Grön   **Ws** Vit
Or Orange

Teckenförklaring

1 Batteri
2 Tändningslås
3 Säkringsdosa i motorrummet
8 Diagnostikkontaktdon
59 Simtec styrenhet
62 ABS med traktionsstyrenhet
63 Vänster främre hjulgivare

64 Höger främre hjulgivare
65 Vänster bakre hjulgivare
66 Höger bakre hjulgivare
67 Traktionskontrollkontakt
68 Signalkonverterarmodul
69 Hastighetsgivare

Astra 1998 och senare – Schema 7

Observera: prefix 1/ = X57 multiplugg
prefix 2/ = X58 multiplugg

H31937

Motorstyrningssystem X18XE-1 motor fortsättning

ABS med traktionskontroll

Hastighetsgivare (modeller utan ABS)

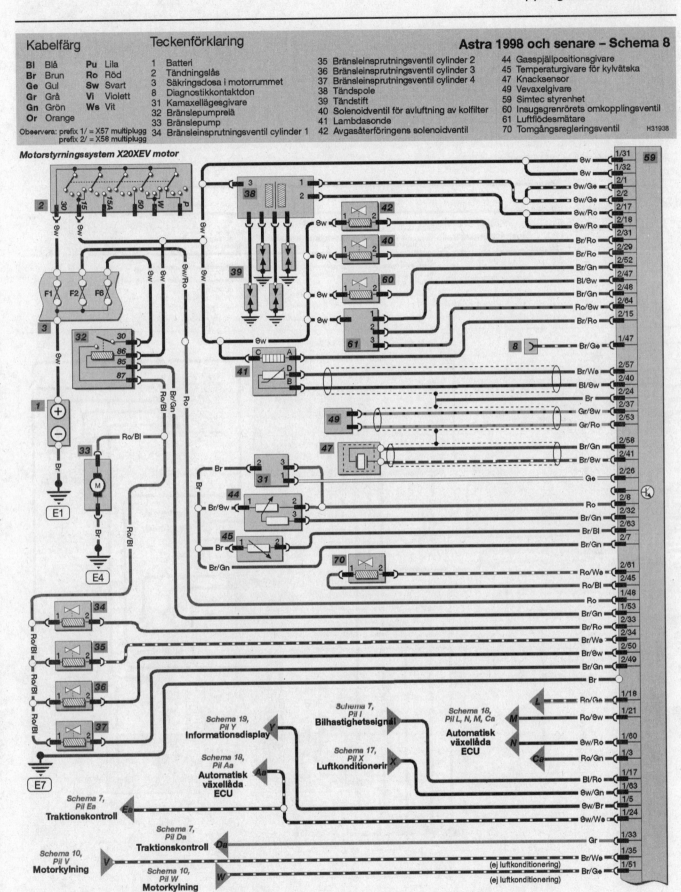

Kabelfärg

Bl	Blå	Pu	Lila
Br	Brun	Ro	Röd
Ge	Gul	Sw	Svart
Gr	Grå	Vi	Violett
Gn	Grön	Ws	Vit
Or	Orange		

Observera: prefix 1/ = X57 multiplugg
prefix 2/ = X58 multiplugg

Teckenförklaring

1 Batteri
2 Tändningslås
3 Säkringsdosa i motorrummet
8 Diagnostikkontaktdon
31 Kamaxellägesgivare
32 Bränslepumprelä
33 Bränslepump
34 Bränsleinsprutningsventil cylinder 1
35 Bränsleinsprutningsventil cylinder 2
36 Bränsleinsprutningsventil cylinder 3
37 Bränsleinsprutningsventil cylinder 4
38 Tändspole
39 Tändstift
40 Solenoidventil för avluftning av kolfilter
41 Lambdasonde
42 Avgasåterföringens solenoidventil

Astra 1998 och senare – Schema 8

44 Gasspjällpositionsgivare
45 Temperaturgivare för kylvätska
47 Knacksensor
49 Vevaxelgivare
59 Simtec styrenhet
60 Insugsgrenrörets omkopplingsventil
61 Luftflödesmätare
70 Tomgångsregleringsventil

H31938

Motorstyrningssystem X20XEV motor

Kabelfärg

Bl	Blå	Pu	Lila
Br	Brun	Ro	Röd
Ge	Gul	Sw	Svart
Gr	Grå	Vi	Violett
Gn	Grön	Ws	Vit
Or	Orange		

Teckenförklaring

1 Batteri
2 Tändningslås
3 Säkringsdosa i motorrummet
59 Simtec styrenhet
71 Strålkastarspolarrelä
72 Strålkastarspolarpump

73 Spolar-/torkarbrytare
74 Vindrutespolarpump
75 Vindrutetorkarrelä
76 Vindrutetorkarmotor
77 Bakre torkarrelä
78 Bakre torkarmotor

Astra 1998 och senare – Schema 9

Observera: prefix 1/ = X57 multiplugg
prefix 2/ = X58 multiplugg

H31939

Motorstyrningssystem X20XEV motor fortsättning

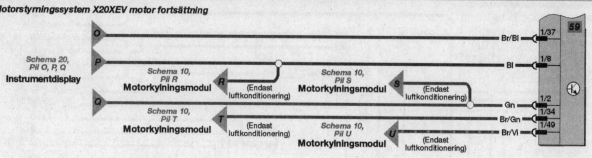

Spolning/torkning

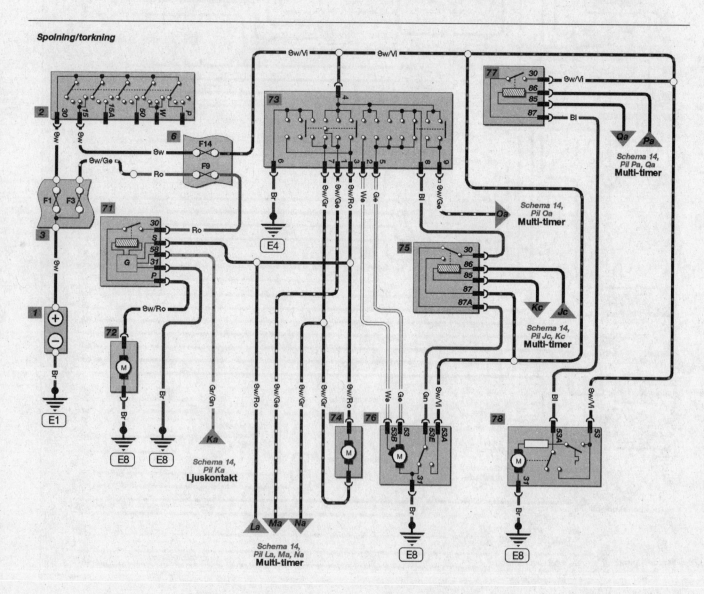

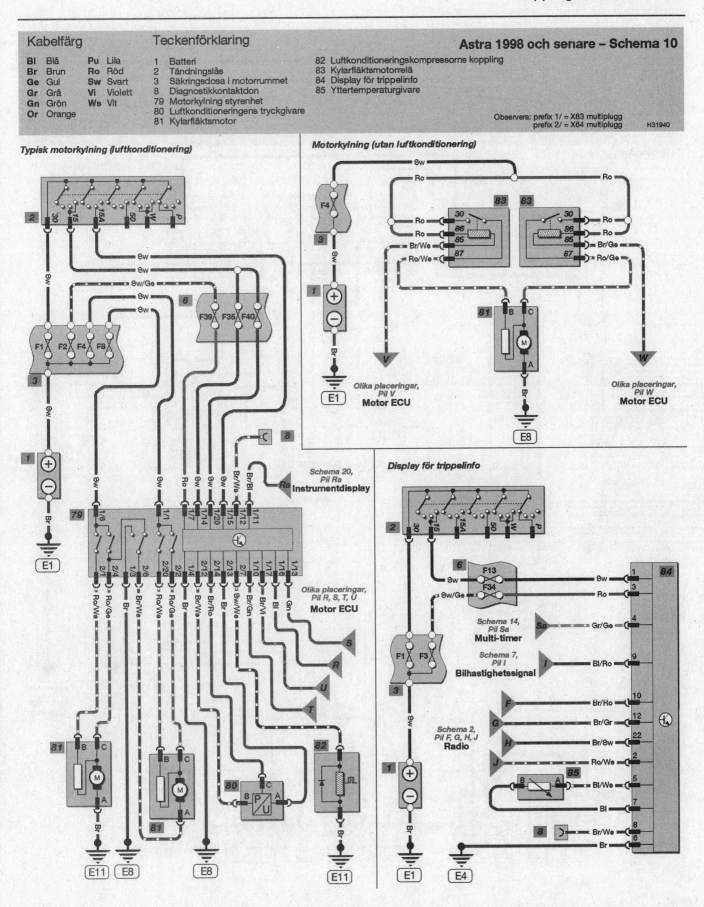

Kabelfärg

Bl	Blå	Pu	Lila
Br	Brun	Ro	Röd
Ge	Gul	Sw	Svart
Gr	Grå	Vi	Violett
Gn	Grön	Ws	Vit
Or	Orange		

Teckenförklaring

1 Batteri
2 Tändningslås
3 Säkringsdosa i motorrummet
8 Diagnostikkontaktdon
79 Motorkylning styrenhet
80 Luftkonditioneringens tryckgivare
81 Kylarfläktsmotor

82 Luftkonditioneringskompressorns koppling
83 Kylarfläktsmotorrelä
84 Display för trippelinfo
85 Yttertemperaturgivare

Astra 1998 och senare – Schema 10

Observera: prefix 1/ = X63 multiplugg
prefix 2/ = X64 multiplugg

H31940

Typisk motorkylning (luftkonditionering)

Motorkylning (utan luftkonditionering)

Display för trippelinfo

Schema 20,
Pil Ra
Instrumentdisplay

Olika placeringar,
Pil R, S, T, U
Motor ECU

Olika placeringar,
Pil V
Motor ECU

Olika placeringar,
Pil W
Motor ECU

Schema 14,
Pil Sa
Multi-timer

Schema 7,
Pil I
Bilhastighetssignal

Schema 2,
Pil F, G, H, J
Radio

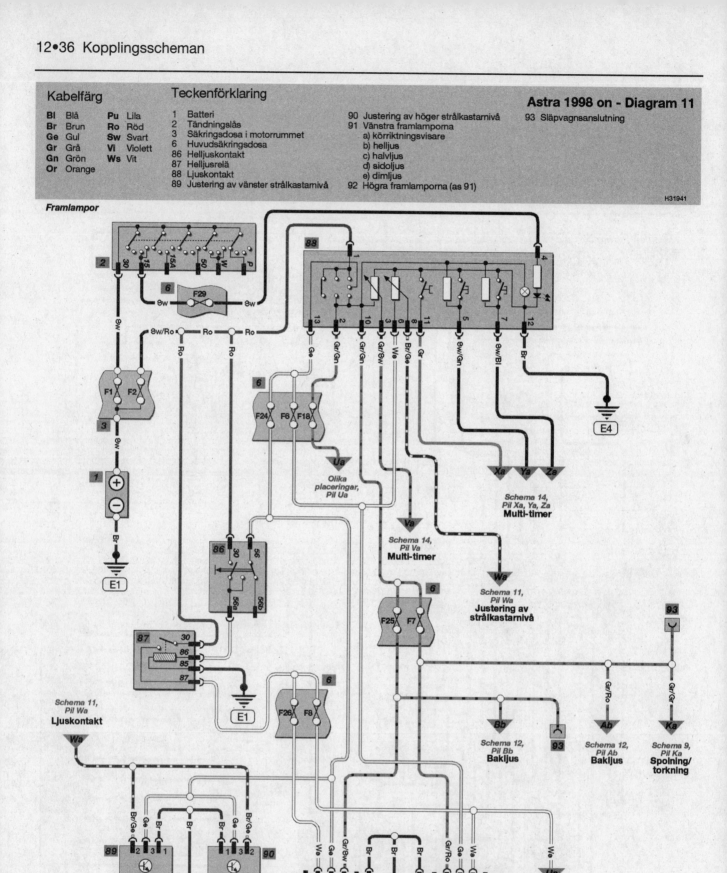

Astra 1998 on - Diagram 11

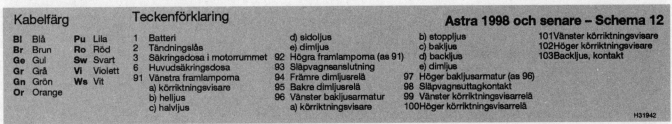

Kabelfärg

Bl	Blå	Pu	Lila
Br	Brun	Ro	Röd
Ge	Gul	Sw	Svart
Gr	Grå	Vi	Violett
Gn	Grön	Ws	Vit
Or	Orange		

Teckenförklaring

1 Batteri
2 Tändningslås
3 Säkringsdosa i motorrummet
6 Huvudsäkringsdosa
91 Vänstra framlamporna
   a) körriktningsvisare
   b) helljus
   c) halvljus
   d) sidoljus
   e) dimljus
92 Högra framlamporna (as 91)
93 Släpvagnsanslutning
94 Främre dimljusrelä
95 Bakre dimljusrelä
96 Vänster bakljusarmatur
   a) körriktningsvisare
b) stoppljus
c) bakljus
d) backljus
e) dimljus
97 Höger bakljusarmatur (as 96)
98 Släpvagnsuttagkontakt
99 Vänster körriktningsvisarrelä
100 Höger körriktningsvisarrelä

Astra 1998 och senare – Schema 12

101 Vänster körriktningsvisare
102 Höger körriktningsvisare
103 Backljus, kontakt

H31942

Dimljus, bakljus

Körriktningsvisare

Backljus

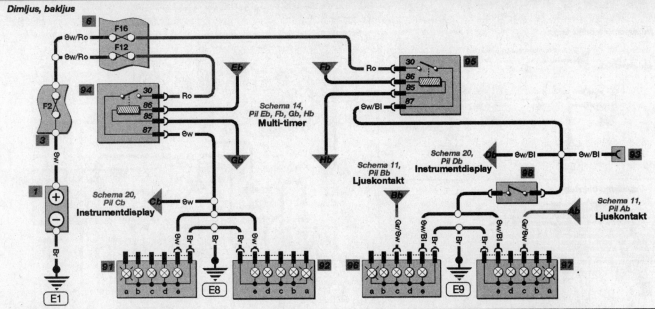

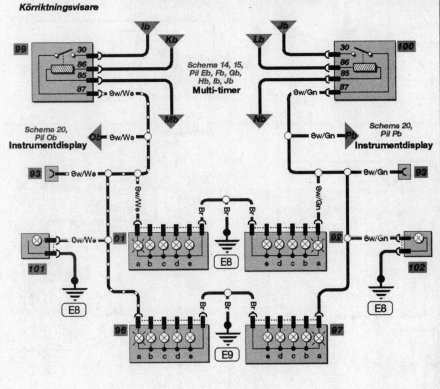

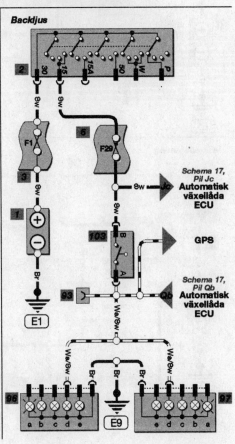

Kabelfärg

Bl	Blå	**Pu**	Lila
Br	Brun	**Ro**	Röd
Ge	Gul	**Sw**	Svart
Gr	Grå	**Vi**	Violett
Gn	Grön	**Ws**	Vit
Or	Orange		

Teckenförklaring

1   Batteri
2   Tändningslås
3   Säkringsdosa i motorrummet
6   Huvudsäkringsdosa
93 Släpvagnsanslutning
96 Vänster bakljusarmatur
    a) körriktningsvisare
    b) stoppljus
    c) bakljus
    d) backljus
    e) dimljus
97 Höger bakljusarmatur (as 96)
104 Enkel nummerplåtsbelysning
105 Vänster nummerplåtsbelysning
106 Höger nummerplåtsbelysning
107 Kopplingspedalkontakt
108 Bromspedal/stoppljuskontakt
109 Bromsljusbrytare
110 Högt bromsljus
111 Uppvärmd bakruta relä
112 Uppvärmd bakruta
113 Förardörrens kontakt

114 Passagerardörrens kontakt
115 Vänster bakdörrskontakt
116 Högre bakdörrsbrytare
117 Kupébelysning med tidsfördröjning
118 Vänster bakre läslampa
119 Höger bakre läslampa
120 Bagageutrymmets belysning
121 Bakdörrkontakt
122 Cigarettändare

Astra 1998 och senare – Schema 13

H31943

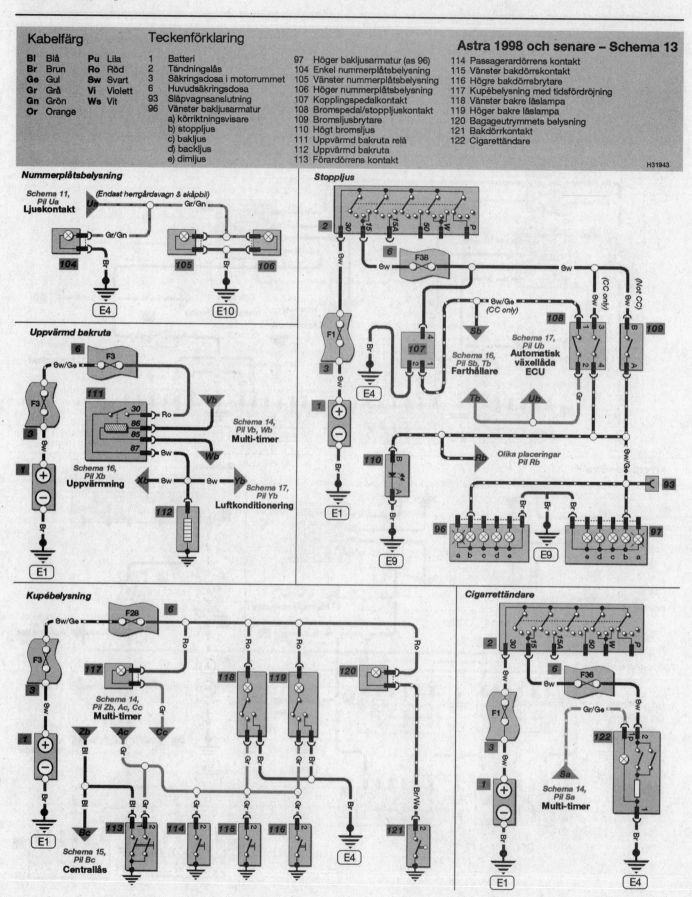

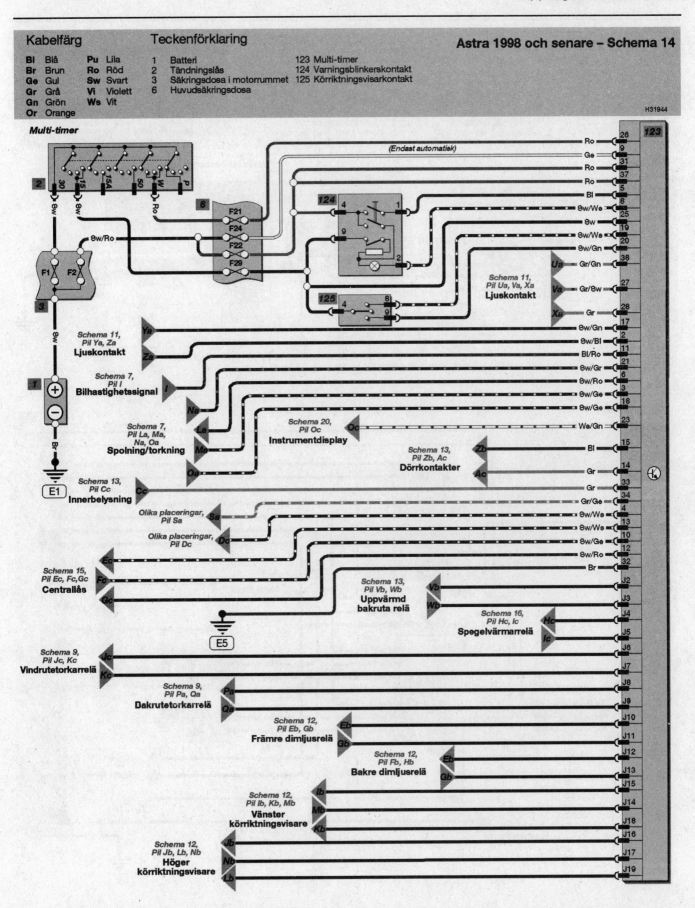

Kabelfärg

Bl	Blå	Pu	Lila
Br	Brun	Ro	Röd
Ge	Gul	Sw	Svart
Gr	Grå	Vi	Violett
Gn	Grön	Ws	Vit
Or	Orange		

Teckenförklaring

1 Batteri
2 Tändningslås
3 Säkringsdosa i motorrummet
6 Huvudsäkringsdosa
8 Diagnostikkontaktdon
24 Ratt klockfjäder
124 Signalhornskontakt
125 Signalhornsrelä

126 Signalhorn
127 Handskfacksbelysning/brytare
129 Förardörrens låsmotor
130 Passagerardörrens låsmotor
131 Vänster bakdörrens låsmotor
132 Höger bakdörrens låsmotor
133 Bakluckans låsmotor
134 Bensintankslucka låsmotor

Astra 1998 och senare – Schema 15

135 Takluckans motor
136 Takluckans brytare

Observera: prefix 1/ = X61 multiplugg
prefix 2/ = X62 multiplugg

H31945

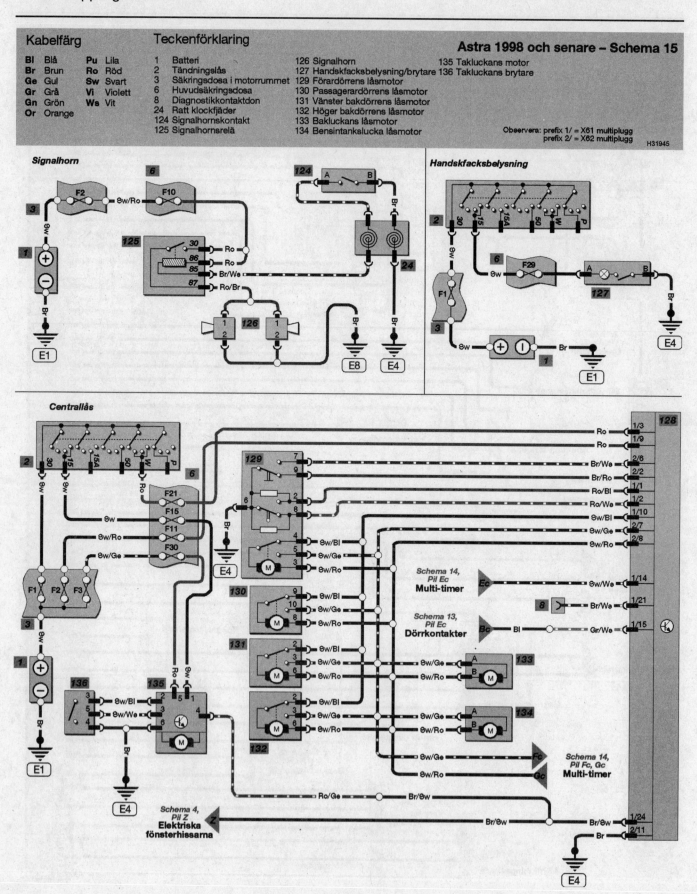

Signalhorn

Handskfacksbelysning

Centrallås

Schema 14,
Pil Ec
Multi-timer

Schema 13,
Pil Ec
Dörrkontakter

Schema 14,
Pil Fc, Gc
Multi-timer

Schema 4,
Pil Z
Elektriska
fönsterhissarna

Kabelfärg

Bl	Blå	Pu	Lila
Br	Brun	Ro	Röd
Ge	Gul	Sw	Svart
Gr	Grå	Vi	Violett
Gn	Grön	Ws	Vit
Or	Orange		

Teckenförklaring

1 Batteri
2 Tändningslås
3 Säkringsdosa i motorrummet
6 Huvudsäkringsdosa
8 Diagnostikkontaktdon
137 Servostyrningsmotor
138 Spegelvärmarrelä
139 Elspegelkontakt

140 Förarsidans spegel
141 Passagerarsidans spegel
142 Farthållarkontakt
143 Farthållarmodul
144 Värmarstyrenhet
145 Cirkulationspjäll motor
146 Värmefläktens motor motstånd
147 Värmefläktens motor

Astra 1998 och senare – Schema 16

H31946

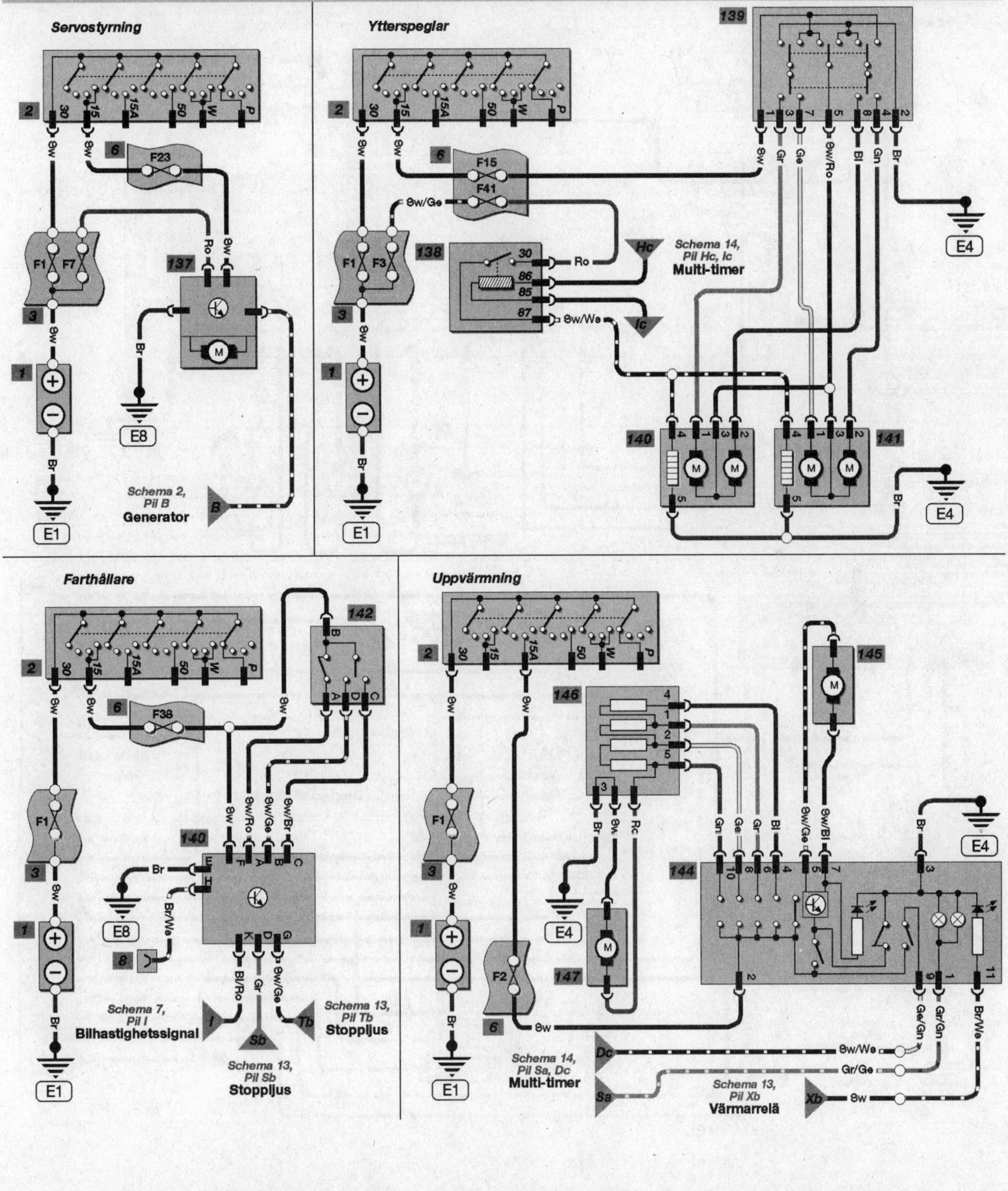

Servostyrning

F23
F1 F7
137
Generator
Schema 2, Pil B

Ytterspeglar

F15
F41
138
Schema 14, Pil Hc, Ic
Multi-timer
F1 F3
30 86 85 87
Hc
Ic
139
E4
140 141
E4

Farthållare

142
F38
F1
140
Schema 7, Pil I
Bilhastighetssignal
Schema 13, Pil Sb
Stoppljus
Schema 13, Pil Tb
Stoppljus

Uppvärmning

146
145
144
147
F1
F2
Schema 14, Pil Sa, Dc
Multi-timer
Schema 13, Pil Xb
Värmarrelä
E4
Dc
Sa
Xb

Kabelfärg

Bl	Blå	Pu	Lila
Br	Brun	Ro	Röd
Ge	Gul	Sw	Svart
Gr	Grå	Vi	Violett
Gn	Grön	Ws	Vit
Or	Orange		

Teckenförklaring

1 Batteri
2 Tändningslås
3 Säkringsdosa i motorrummet
6 Huvudsäkringsdosa
8 Diagnostikkontaktdon
145 Cirkulationspjäll motor
146 Värmefläktens motor motstånd
147 Värmefläktens motor

148 Luftkonditioneringsmodul
149 Kylvätskeställdon
150 Frostskyddsbrytare
151 Automatisk växellåda växelväljare
152 Automatisk växellåda styrenhet
153 Väljardisplay
154 Startassistentkontakt

Astra 1998 och senare – Schema 17

Observera: prefix 1/ = X65 multiplugg
prefix 2/ = X66 multiplugg

H31947

Typisk luftkonditionering

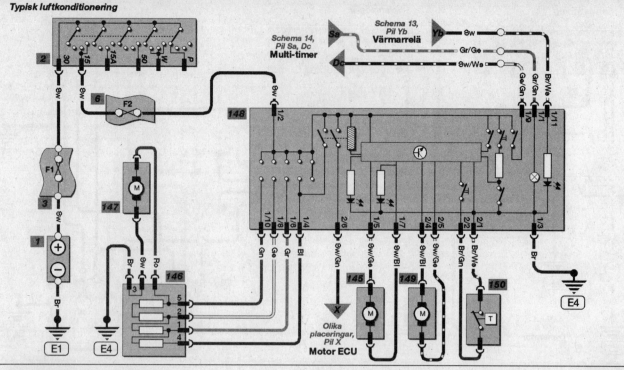

Automatväxellåda

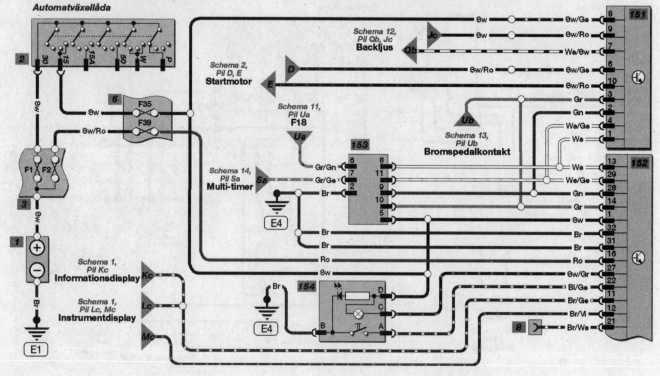

Astra 1998 och senare – Schema 18

Kabelfärg

Bl Blå   Pu Lila
Br Brun   Ro Röd
Ge Gul   Sw Svart
Gr Grå   Vi Violett
Gn Grön   Ws Vit
Or Orange

Teckenförklaring

1 Batteri
2 Tändningslås
3 Säkringsdosa i motorrummet
6 Huvudsäkringsdosa
152 Automatisk växellåda styrenhet
155 Startnyckel låsmagnet
156 Startnyckel låsmagnetbrytare
157 Knapp för växellådsläge
158 Magnetbrytare för väljarnivå
159 Kickdownkontakt
160 Magnetstyrventil för friläge
161 Växellådsmagnetventilenhet
162 Växellådans ingångsgivare
163 Växellådans utgångsgivare
164 Växellådsolja temperatursensor

H31948

Automatisk växellåda fortsättning

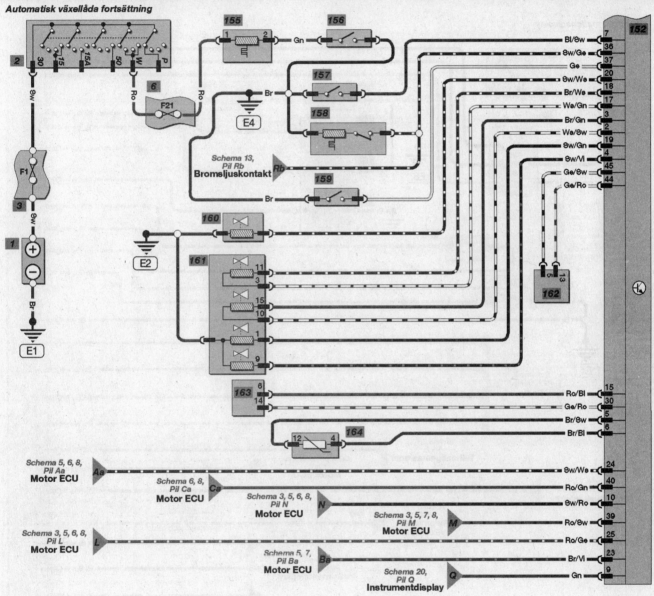

Kabelfärg

Bl	Blå	Pu	Lila
Br	Brun	Ro	Röd
Ge	Gul	Sw	Svart
Gr	Grå	Vi	Violett
Gn	Grön	Ws	Vit
Or	Orange		

Teckenförklaring

1 Batteri
2 Tändningslås
3 Säkringsdosa i motorrummet
6 Huvudsäkringsdosa
8 Diagnostikkontaktdon
165 Multi-informationsdisplay
166 Varningsgivare för vänster bromskloss fram
167 Varningsgivare för höger bromskloss fram

168 Brytare för låg spolarvätskenivå
169 Brytare för låg kylarvätskenivå
170 Brytare för låg oljenivå
171 Yttertemperaturgivare
172 Infodisplaybrytare

Astra 1998 och senare – Schema 19

H31949

Multiinformationsdisplay

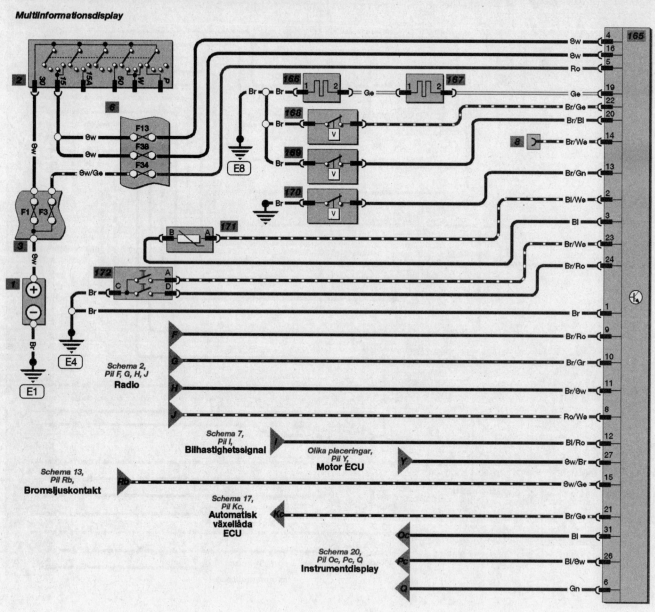

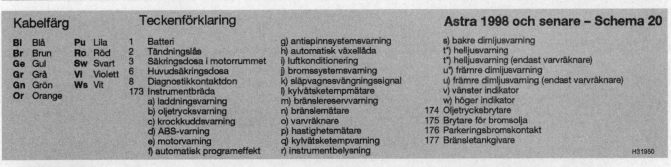

Astra 1998 och senare – Schema 20

Kabelfärg

Bl	Blå	Pu	Lila
Br	Brun	Ro	Röd
Ge	Gul	Sw	Svart
Gr	Grå	Vi	Violett
Gn	Grön	Ws	Vit
Or	Orange		

Teckenförklaring

1 Batteri
2 Tändningslås
3 Säkringsdosa i motorrummet
6 Huvudsäkringsdosa
8 Diagnostikkontaktdon
173 Instrumentbräda
 a) laddningsvarning
 b) oljetrycksvarning
 c) krockkuddsvarning
 d) ABS-varning
 e) motorvarning
 f) automatisk programeffekt

g) antispinnsystemsvarning
h) automatisk växellåda
i) luftkonditionering
j) bromssystemsvarning
k) släpvagnssvängningssignal
l) kylvätsketempmätare
m) bränslereservvarning
n) bränslemätare
o) varvräknare
p) hastighetsmätare
q) kylvätsketempvarning
r) instrumentbelysning

s) bakre dimljusvarning
t*) helljusvarning
t*) helljusvarning (endast varvräknare)
u*) främre dimljusvarning
u) främre dimljusvarning (endast varvräknare)
v) vänster indikator
w) höger indikator
174 Oljetrycksbrytare
175 Brytare för bromsolja
176 Parkeringsbromskontakt
177 Bränsletankgivare

H31950

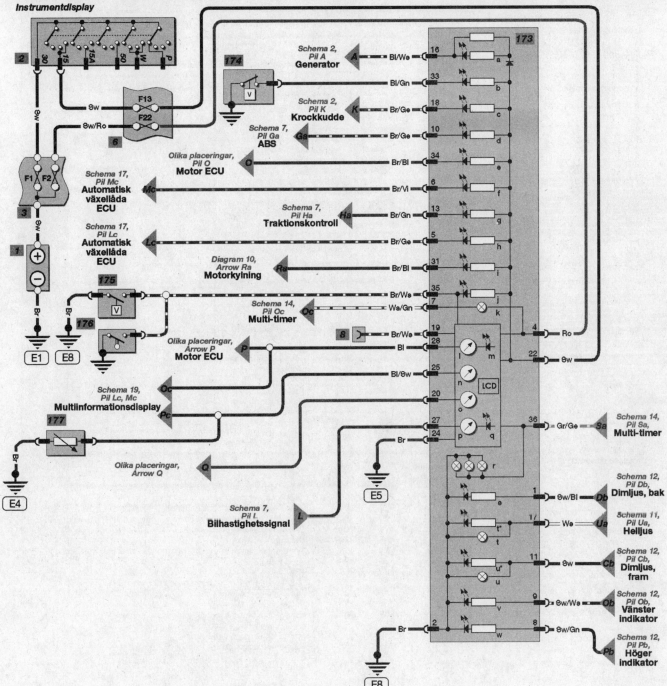

Zafira 1998 och senare

Förklaringar till symboler

Glödlampa

Brytare

Flerkontaktsbrytare (gängad)

Säkring/smältlänk — F24

Resistor

Variabelt motstånd

Artikelnr. — 15

Pump/motor — (M)

Jord och placering (via ledning) — E1

Mätare

Diod

Lysdiod (LED)

Intern anslutning (anslutningskablar)

Kabelskarv eller lödd anslutning

Solenoidmanöverdon

Kontakt- och uttagsanslutning

Anslutningar till andra kretsar Pilens riktning anger aktuellt flöde. — A **Varningsljus för helljusstrålkastare** *Schema 3, Pil A*

Kabelfärg (röd/vit) — Ro/Ws

Låda-form anger del av en större komponent. Anslutningen identifieras antingen av standardanslutning (fetstil kursiv) eller av anslutningsnummer (normal).

30 Identifiering av anslutning (t.ex. batteri + ve)

4 Anslutningsstiftets nummer

Jordpunkter

E1	Batteriets jordfläta	E7	Motor (elektronisk)
E2	Motorns jordfläta	E8	Motordistribution
E3	Tändspole jord	E9	Bakre panel
E4	"A" stolpe	E10	Bakdörr
E5	Rattstång	E11	Värmefläkt
E6	Växellådstunnel		

Förklaringar till kretsar

Schema 1	Information om kopplingsscheman
Schema 2	Start- och laddning, krockkudde och typisk radio/CD
Schema 3	X16XEL motorstyrningssystem
Schema 4	X16XEL motorstyrningssystem forts. och elektriska fönster
Schema 5	X18XE1 motorstyrningssystem
Schema 6	X18XE1 motorstyrningssystem fortsättning, ABS med antispinnsystem och hastighetsgivare (modeller utan ABS)
Schema 7	Spolare/torkare och extra värmesystem
Schema 8	Motorkylning och trippelinfodisplay
Schema 9	Framlampor
Schema 10	Dim-, bak-, back- och blinkerlampor
Schema 11	Registreringsskylts-, broms-, innerbelysning, uppvärmd bakruta och cigarettändare
Schema 12	Multi-timer
Schema 13	Handskfacksbelysning, signalhorn, soltack och centrallås
Schema 14	Servostyrning, ytterdörrspeglar, farthållare och uppvärmning
Schema 15	Typisk luftkonditionering och automatisk växellåda
Schema 16	Automatisk växellåda fortsättning
Schema 17	Multi-informationsdisplay
Schema 18	Informationsdisplay

Huvudsäkringsdosa

Säkring	Märkström	Skyddad krets
F2	30A	Fläktar
F3	40A	Uppvärmd bakruta
F6	10A	Höger halvljus, strålkastarjustering
F7	10 A	Höger parkerings-, bak- och registreringsskyltsbelysning
F8	10A	Höger helljus
F9	30 A	Strålkastarspolare
F10	15A	Signalhorn
F11	20A	Centrallås
F12	15A	Främre dimljus
F13	7.5A	Informationsdisplay
F14	30A	Vindrutetorkare
F15	7.5A	Elektriska fönsterhissar, soltak och speglar
F16	10A	Bakre dimljus
F17	30A	Elektriska fönsterhissar
F18	7,5 A	Registreringsskyltsbelysning och nivåreglering av strålkastare
F20	30A	Elektriska fönsterhissar
F21	7.5A	Radio
F22	15 A	Varningsljus, infodisplay, indikatorer och färddator
F23	10A	ABS och servostyrning
F24	10A	Vänster halvljus, strålkastarjustering
F25	10 A	Vänster parkerings-, bak- och registreringsskyltsbelysning
F26	10A	Vänster helljus
F28	7.5A	Innerbelysning
F29	10A	Varningsblinkers, innerbelysning och automatisk växellåda
F30	30A	Soltak
F33	20A	Släpvagn
F34	20 A	CD-spelare, radio, informationsdisplay och GPS
F35	10 A	Automatisk växellåda, motorkylning, luftkond.
F36	20A	Cigarettändare
F38	10A	Bromsljus, auto.växellåda, infodisplay och farthållare
F39	7,5 A	Auto.växellåda, luftkon. och motorkylning
F40	7,5 A	Motorkylning och luftkond.
F41	10A	Uppvärmda speglar

Motorsäkringsdosa

Säkring	Kapacitet
F1	60A
F2	60A
F3	60A
F4	40A
F5	60A
F6	20A
F7	80A
F8	20A
F9	110A

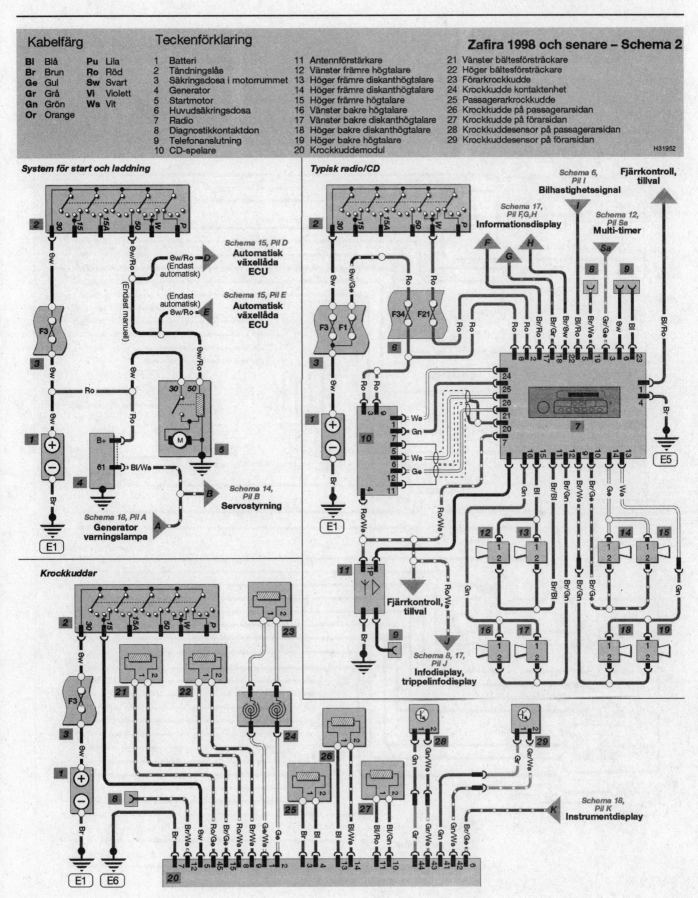

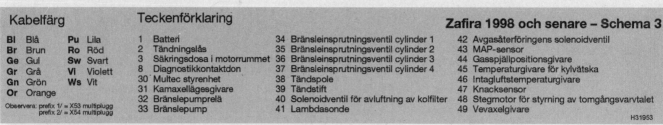

Kabelfärg

Bl	Blå	Pu	Lila
Br	Brun	Ro	Röd
Ge	Gul	Sw	Svart
Gr	Grå	Vi	Violett
Gn	Grön	Ws	Vit
Or	Orange		

Observera: prefix 1/ = X53 multiplugg
prefix 2/ = X54 multiplugg

Teckenförklaring

1 Batteri
2 Tändningslås
3 Säkringsdosa i motorrummet
8 Diagnostikkontaktdon
30 Multec styrenhet
31 Kamaxellägesgivare
32 Bränslepumprelä
33 Bränslepump

34 Bränsleinsprutningsventil cylinder 1
35 Bränsleinsprutningsventil cylinder 2
36 Bränsleinsprutningsventil cylinder 3
37 Bränsleinsprutningsventil cylinder 4
38 Tändspole
39 Tändstift
40 Solenoidventil för avluftning av kolfilter
41 Lambdasonde

42 Avgasåterföringens solenoidventil
43 MAP-sensor
44 Gasspjällpositionsgivare
45 Temperaturgivare för kylvätska
46 Intagluftstemperaturgivare
47 Knacksensor
48 Stegmotor för styrning av tomgångsvarvtalet
49 Vevaxelgivare

Zafira 1998 och senare – Schema 3

H31953

Motorstyrningssystem X16XEL motor

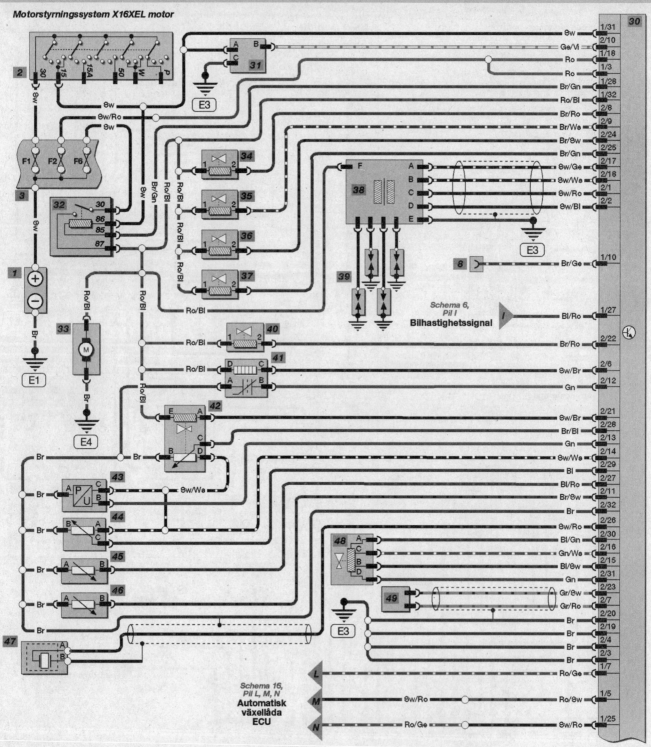

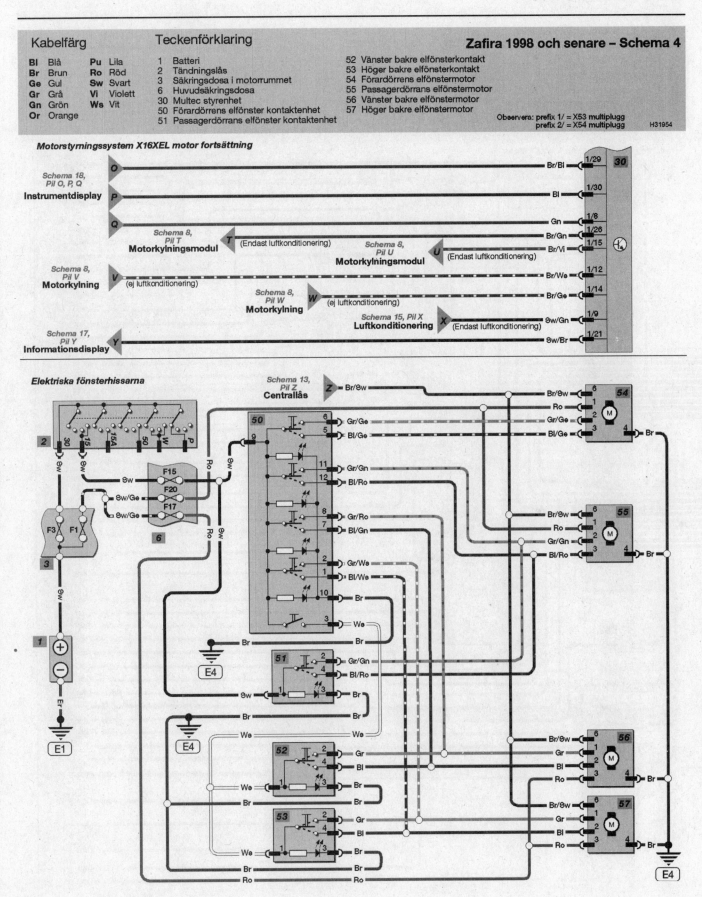

Kabelfärg

Bl	Blå	Pu	Lila
Br	Brun	Ro	Röd
Ge	Gul	Sw	Svart
Gr	Grå	Vi	Violett
Gn	Grön	Ws	Vit
Or	Orange		

Teckenförklaring

1 Batteri
2 Tändningslås
3 Säkringsdosa i motorrummet
6 Huvudsäkringsdosa
30 Multec styrenhet
50 Förardörrens elfönster kontaktenhet
51 Passagerdörrans elfönster kontaktenhet

52 Vänster bakre elfönsterkontakt
53 Höger bakre elfönsterkontakt
54 Förardörrens elfönstermotor
55 Passagerdörrans elfönstermotor
56 Vänster bakre elfönstermotor
57 Höger bakre elfönstermotor

Zafira 1998 och senare – Schema 4

Observera: prefix 1/ = X53 multiplugg
prefix 2/ = X54 multiplugg

H31954

Tändning och insprutning X18XE1 motor

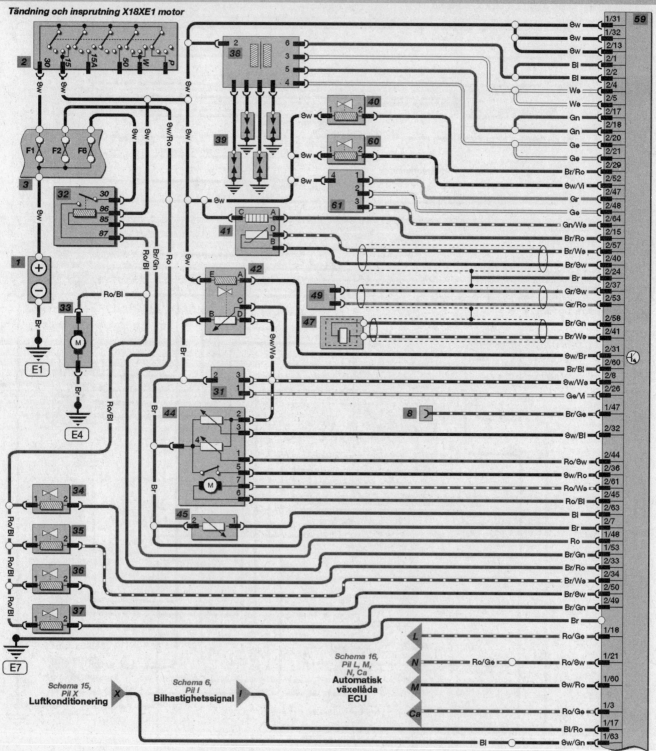

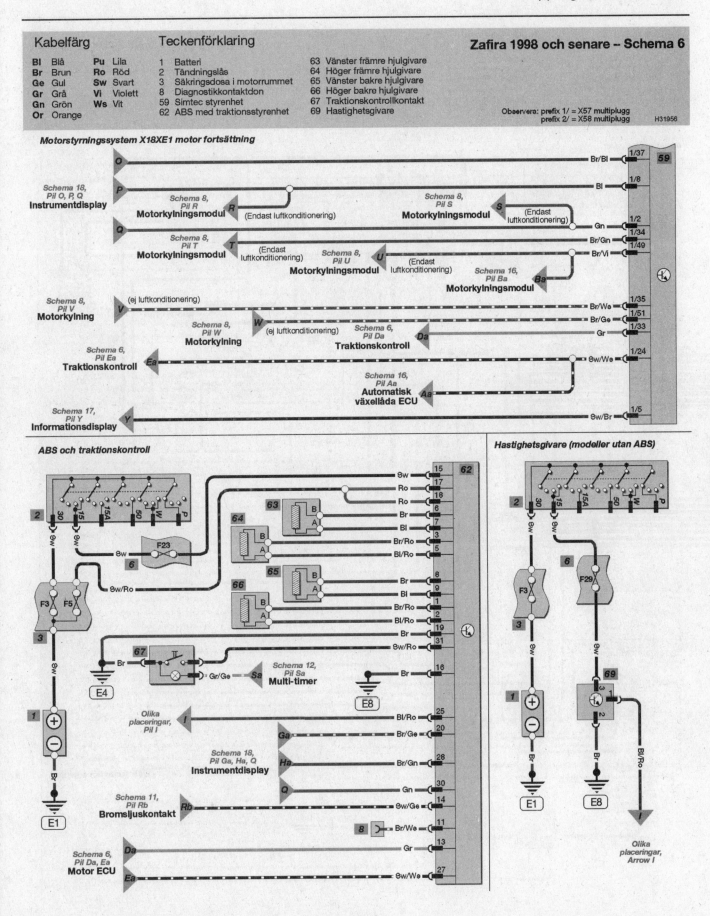

Kabelfärg

Bl	Blå	Pu	Lila
Br	Brun	Ro	Röd
Ge	Gul	Sw	Svart
Gr	Grå	Vi	Violett
Gn	Grön	Ws	Vit
Or	Orange		

Teckenförklaring

1 Batteri
2 Tändningslås
3 Säkringsdosa i motorrummet
8 Diagnostikkontaktdon
59 Simtec styrenhet
62 ABS med traktionsstyrenhet

63 Vänster främre hjulgivare
64 Höger främre hjulgivare
65 Vänster bakre hjulgivare
66 Höger bakre hjulgivare
67 Traktionskontrollkontakt
69 Hastighetsgivare

Observera: prefix 1/ = X57 multiplugg
prefix 2/ = X58 multiplugg

H31956

Motorstyrningssystem X18XE1 motor fortsättning

Schema 18,
Pil O, P, Q
Instrumentdisplay

Schema 8,
Pil R
Motorkylningsmodul R (Endast luftkonditionering)

Schema 8,
Pil S
Motorkylningsmodul S (Endast luftkonditionering)

Schema 8,
Pil T
Motorkylningsmodul T (Endast luftkonditionering)

Schema 8,
Pil U
Motorkylningsmodul U (Endast luftkonditionering)

Schema 16,
Pil Ba
Motorkylningsmodul Ba

Schema 8,
Pil V
Motorkylning V (ej luftkonditionering)

Schema 8,
Pil W
Motorkylning W (ej luftkonditionering)

Schema 6,
Pil Da
Traktionskontroll Da

Schema 6,
Pil Ea
Traktionskontroll Ea

Schema 16,
Pil Aa
Automatisk växellåda ECU Aa

Schema 17,
Pil Y
Informationsdisplay Y

O — Br/Bl — 1/37 — 59
P — Bl — 1/8
Q — Gn — 1/2
Br/Gn — 1/34
Br/Vi — 1/49
Br/Ws — 1/35
Br/Ge — 1/51
Gr — 1/33
Sw/Ws — 1/24
Sw/Br — 1/5

ABS och traktionskontroll

F23
F3 F5
67 Br
Sa
Schema 12,
Pil Sa
Multi-timer
E4
E8

2
30 15 15A 50 W P

Sw — 15 — 62
Ro — 17
Ro — 18
Br — 6
Bl — 7
Br/Ro — 3
Bl/Ro — 5
Br — 8
Bl — 9
Br/Ro — 1
Bl/Ro — 2
Br — 19
Sw/Ro — 31
Br — 16

63 B A
64 B A
65 B A
66 B A

Olika placeringar,
Pil I — I — Bl/Ro — 25
Ga — Br/Ge — 20
Schema 18,
Pil Ga, Ha, Q
Instrumentdisplay — Ha — Br/Gn — 28
Q — Gn — 30
Schema 11,
Pil Rb
Bromsljuskontakt — Rb — Sw/Ge — 14
8 — Br/Ws — 11
Gr — 13
Schema 6,
Pil Da, Ea
Motor ECU — Da — Gr
Ea — Sw/Ws — 27

1 (+) (−) Br E1

3
Sw
Sw/Ro

Hastighetsgivare (modeller utan ABS)

2
30 15 15A 50 W P
Sw Sw

F3
6 F29
3
Sw Sw

1 (+) (−) Br E1

69
Br E8

Bl/Ro
I

Olika placeringar,
Arrow I

Kabelfärg

Bl	Blå	**Pu**	Lila
Br	Brun	**Ro**	Röd
Ge	Gul	**Sw**	Svart
Gr	Grå	**Vi**	Violett
Gn	Grön	**Ws**	Vit
Or	Orange		

Teckenförklaring

1	Batteri	74	Vindrutespolarpump
2	Tändningslås	75	Vindrutetorkarrelä
3	Säkringsdosa i motorrummet	76	Vindrutetorkarmotor
71	Strålkastarspolarrelä	77	Bakre torkarrelä
72	Strålkastarspolarpump	78	Bakre torkarmotor
73	Spolar-/torkarbrytare	179	Extravärmare

Zafira 1998 och senare – Schema 7

H31957

Spolning/torkning

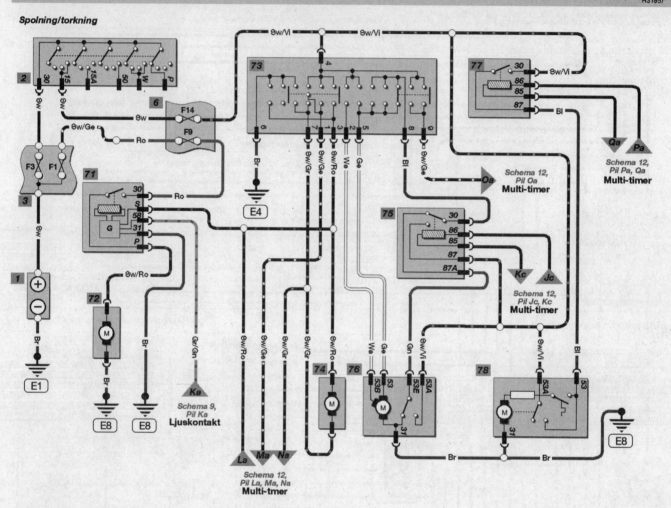

Extra uppvärmning

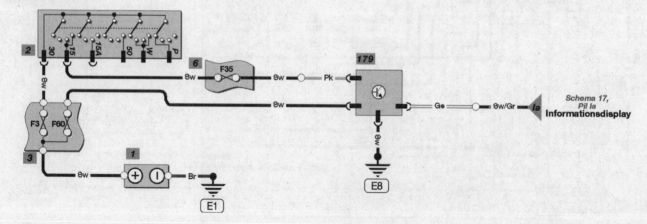

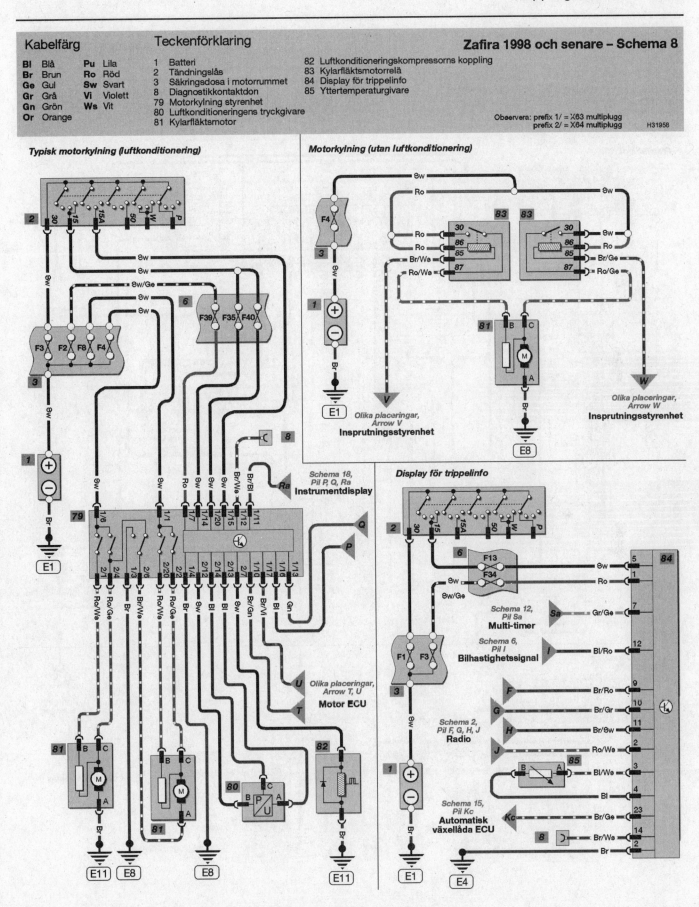

Kabelfärg

Bl	Blå	Pu	Lila
Br	Brun	Ro	Röd
Ge	Gul	Sw	Svart
Gr	Grå	Vi	Violett
Gn	Grön	Ws	Vit
Or	Orange		

Teckenförklaring

1 Batteri
2 Tändningslås
3 Säkringsdosa i motorrummet
8 Diagnostikkontaktdon
79 Motorkylning styrenhet
80 Luftkonditioneringens tryckgivare
81 Kylarfläktsmotor

82 Luftkonditioneringskompressorns koppling
83 Kylarfläktsmotorrelä
84 Display för trippelinfo
85 Yttertemperaturgivare

Zafira 1998 och senare – Schema 8

Observera: prefix 1/ = X63 multiplugg
prefix 2/ = X64 multiplugg

H31958

Typisk motorkylning (luftkonditionering)

Motorkylning (utan luftkonditionering)

Olika placeringar, Arrow V
Insprutningsstyrenhet

Olika placeringar, Arrow W
Insprutningsstyrenhet

Schema 18, Pil P, Q, Ra
Instrumentdisplay

Display för trippelinfo

Olika placeringar, Arrow T, U
Motor ECU

Schema 12, Pil Sa
Multi-timer

Schema 6, Pil I
Bilhastighetssignal

Schema 2, Pil F, G, H, J
Radio

Schema 15, Pil Kc
Automatisk växellåda ECU

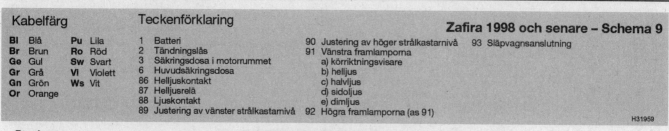

Kabelfärg

Bl	Blå	**Pu**	Lila
Br	Brun	**Ro**	Röd
Ge	Gul	**Sw**	Svart
Gr	Grå	**Vi**	Violett
Gn	Grön	**Ws**	Vit
Or	Orange		

Teckenförklaring

1 Batteri
2 Tändningslås
3 Säkringsdosa i motorrummet
6 Huvudsäkringsdosa
86 Helljuskontakt
87 Helljusrelä
88 Ljuskontakt
89 Justering av vänster strålkastarnivå

90 Justering av höger strålkastarnivå
91 Vänstra framlamporna
  a) körriktningsvisare
  b) helljus
  c) halvljus
  d) sidoljus
  e) dimljus
92 Högra framlamporna (as 91)

93 Släpvagnsanslutning

Zafira 1998 och senare – Schema 9

H31959

Framlampor

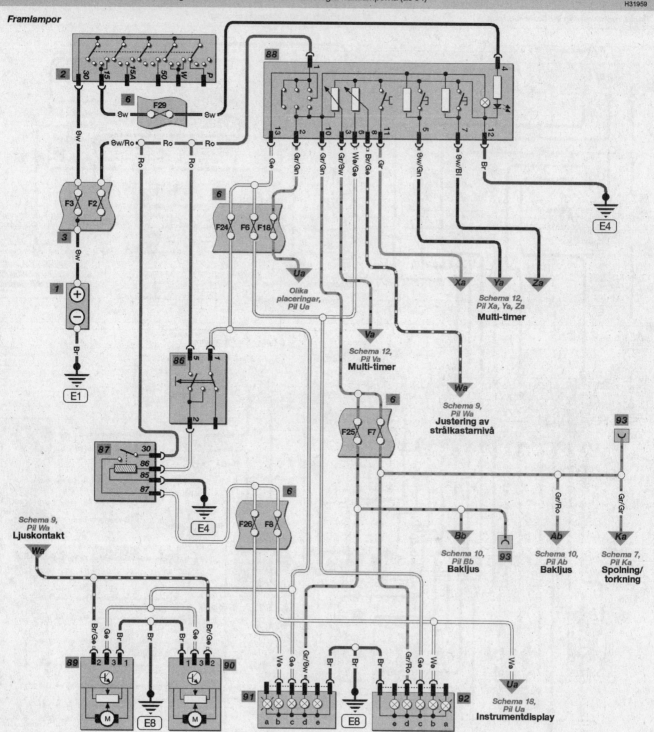

Kabelfärg

Bl	Blå
Br	Brun
Ge	Gul
Gr	Grå
Gn	Grön
Or	Orange

Pu	Lila
Ro	Röd
Sw	Svart
Vi	Violett
Ws	Vit

Teckenförklaring

1   Batteri
2   Tändningslås
3   Säkringsdosa i motorrummet
6   Huvudsäkringsdosa
91 Vänstra framlamporna
   a) körriktningsvisare
   b) helljus
   c) halvljus
   d) sidoljus

   e) dimljus
92 Högra framlamporna (as 91)
93 Släpvagnsanslutning
94 Främre dimljusrelä
95 Bakre dimljusrelä
96 Vänster bakljusarmatur
   a) körriktningsvisare
   b) stoppljus
   c) bakljus

   d) backljus
   e) dimljus
97 Höger bakljusarmatur (as 96)
98 Släpvagnsuttagkontakt
99 Vänster körriktningsvisarrelä
100 Höger körriktningsvisarrelä
101 Vänster körriktningsvisare
102 Höger körriktningsvisare
103 Backljus, kontakt

Zafira 1998 och senare – Schema 10

H31960

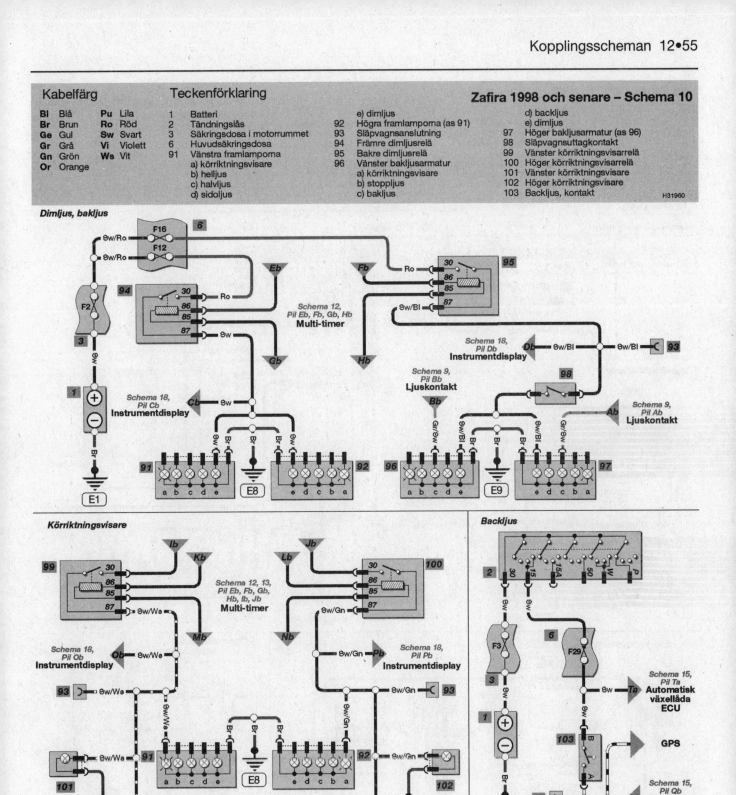

Dimljus, bakljus

Körriktningsvisare

Backljus

Kabelfärg

Bl	Blå	Pu	Lila
Br	Brun	Ro	Röd
Ge	Gul	Sw	Svart
Gr	Grå	Vi	Violett
Gn	Grön	Ws	Vit
Or	Orange		

Teckenförklaring

1 Batteri
2 Tändningslås
3 Säkringsdosa i motorrummet
6 Huvudsäkringsdosa
93 Släpvagnsanslutning
96 Vänster bakljusarmatur
  a) körriktningsvisare
  b) stoppljus
  c) bakljus
  d) backljus
  e) dimljus
97 Höger bakljusarmatur (as 96)
105 Vänster nummerplåtsbelysning
106 Höger nummerplåtsbelysning
108 Bromspedal/stoppljuskontakt
109 Farthållarkopplingskontakt
110 Högt bromsljus
111 Uppvärmd bakruta relä
112 Uppvärmd bakruta
113 Förardörrens kontakt

Zafira 1998 och senare – Schema 11

114 Passagerardörrens kontakt
115 Vänster bakdörrkontakt
116 Högre bakdörrsbrytare
117 Kupébelysning med tidsfördröjning
118 Bakre läslampa
120 Bagageutrymmets belysning
121 Bakdörrkontakt
122 Cigarettändare

H31961

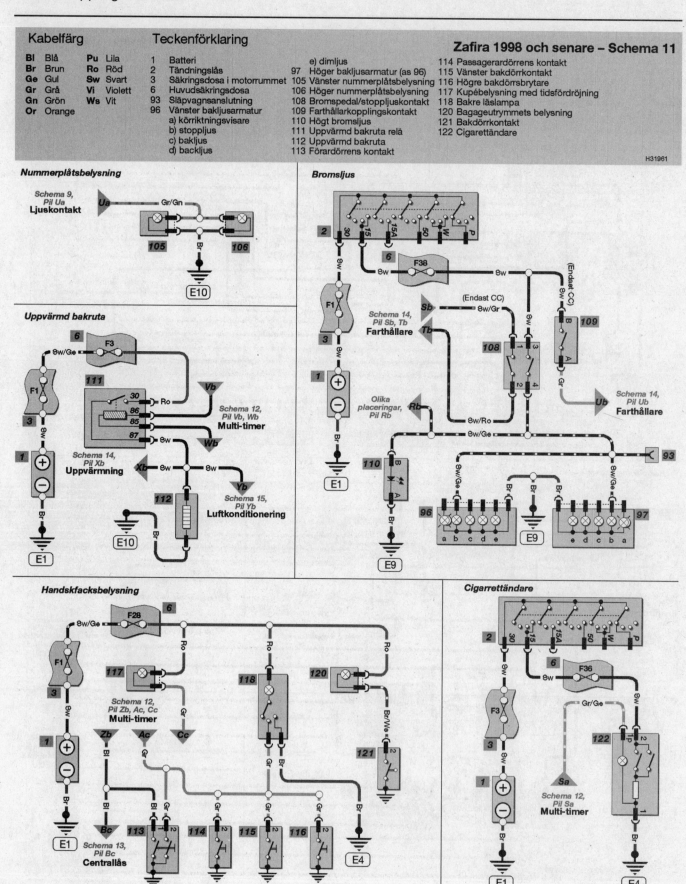

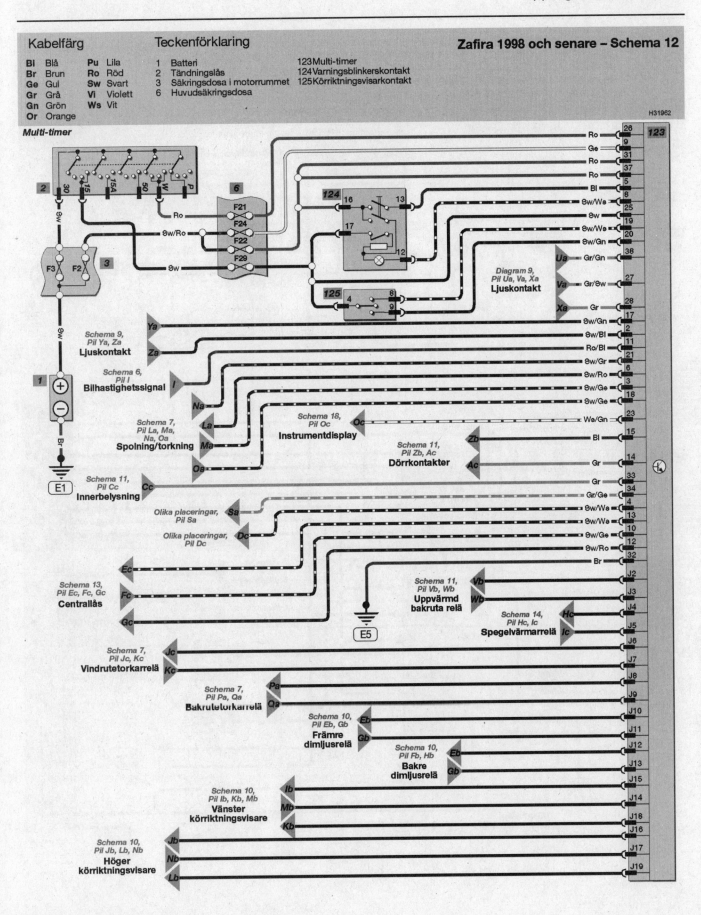

Kabelfärg

Bl	Blå	Pu	Lila
Br	Brun	Ro	Röd
Ge	Gul	Sw	Svart
Gr	Grå	Vi	Violett
Gn	Grön	Ws	Vit
Or	Orange		

Teckenförklaring

1 Batteri
2 Tändningslås
3 Säkringsdosa i motorrummet
6 Huvudsäkringsdosa

123 Multi-timer
124 Varningsblinkerskontakt
125 Körriktningsvisarkontakt

H31962

Multi-timer

Kabelfärg

Bl	Blå	**Pu**	Lila
Br	Brun	**Ro**	Röd
Ge	Gul	**Sw**	Svart
Gr	Grå	**Vi**	Violett
Gn	Grön	**Ws**	Vit
Or	Orange		

Teckenförklaring

1	Batteri	126	Signalhorn
2	Tändningslås	127	Handskfacksbelysning/brytare
3	Säkringsdosa i motorrummet	128	Centrallåsmodul
6	Huvudsäkringsdosa	129	Förardörrens låsmotor
8	Diagnostikkontaktdon	130	Passagerardörrens låsmotor
24	Ratt klockfjäder	131	Vänster bakdörrens låsmotor
124	Signalhornskontakt	132	Högerdörrens låsmotor
125	Signalhornsrelä	133	Bakluckans låsmotor

Zafira 1998 och senare – Schema 13

134 Bensintankslucka låsmotor
135 Takluckans motor
136 Takluckans brytare

Observera: prefix 1/ = X61 multiplugg
prefix 2/ = X62 multiplugg

H31963

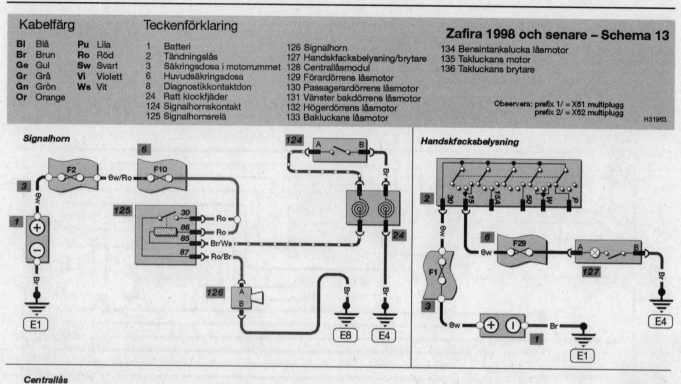

Signalhorn

Handskfacksbelysning

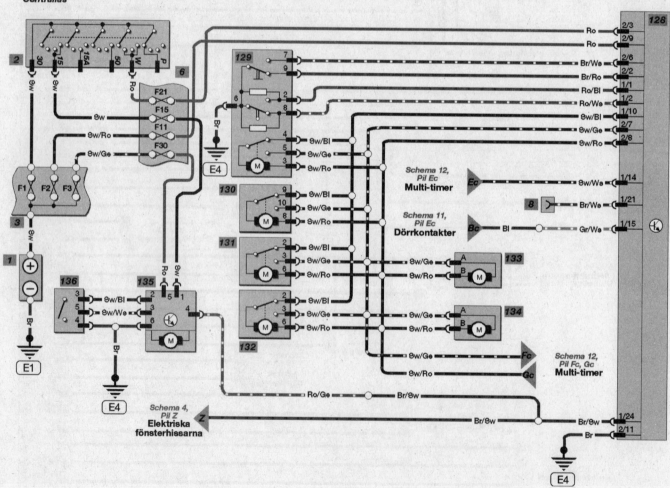

Centrallås

Kabelfärg

Bl	Blå	Pu	Lila
Br	Brun	Ro	Röd
Ge	Gul	Sw	Svart
Gr	Grå	Vi	Violett
Gn	Grön	Ws	Vit
Or	Orange		

Teckenförklaring

1 Batteri
2 Tändningslås
3 Säkringsdosa i motorrummet
6 Huvudsäkringsdosa
8 Diagnostikkontaktdon
137 Servostyrningsmotor
138 Spegelvärmarrelä
139 Elspegelkontakt

140 Förarsidans spegel
141 Passagerarsidans spegel
142 Farthållarkontakt
143 Farthållarmodul
144 Värmarstyrenhet
145 Cirkulationspjäll motor
146 Värmefläktens motor motstånd
147 Värmefläktens motor

Zafira 1998 och senare – Schema 14

178 Extravärmare kupé

H31964

Servostyrning

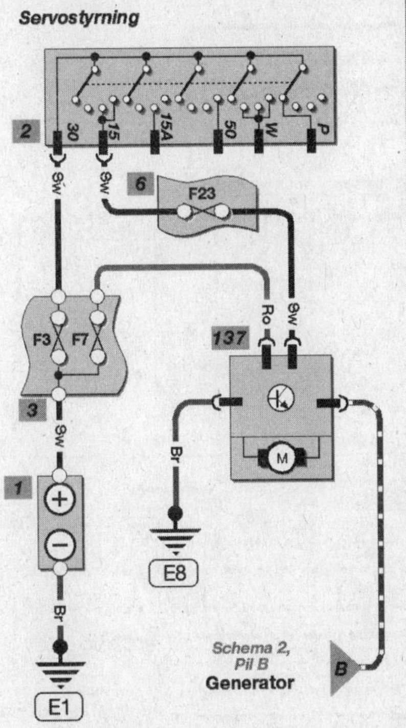

Ytterspeglar

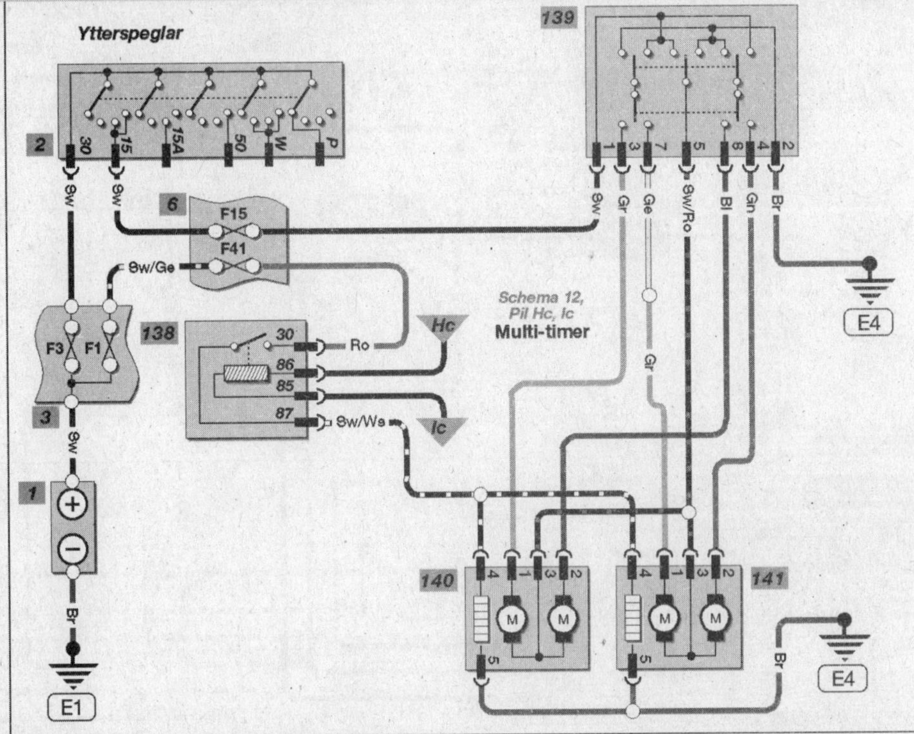

Schema 12,
Pil Hc, Ic
Multi-timer

Farthållare

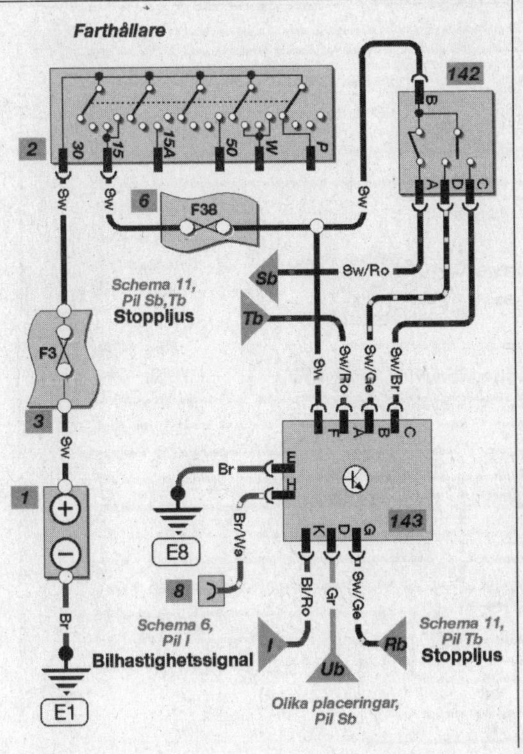

Schema 11,
Pil Sb,Tb
Stoppljus

Schema 6,
Pil I
Bilhastighetssignal

Olika placeringar,
Pil Sb

Schema 11,
Pil Tb
Stoppljus

Schema 2,
Pil B
Generator

Uppvärmning

Schema 17,
Pil C
Informationsdisplay

Schema 12,
Pil Sa, Dc
Multi-timer

Schema 11,
Pil Xb
Värmarrelä

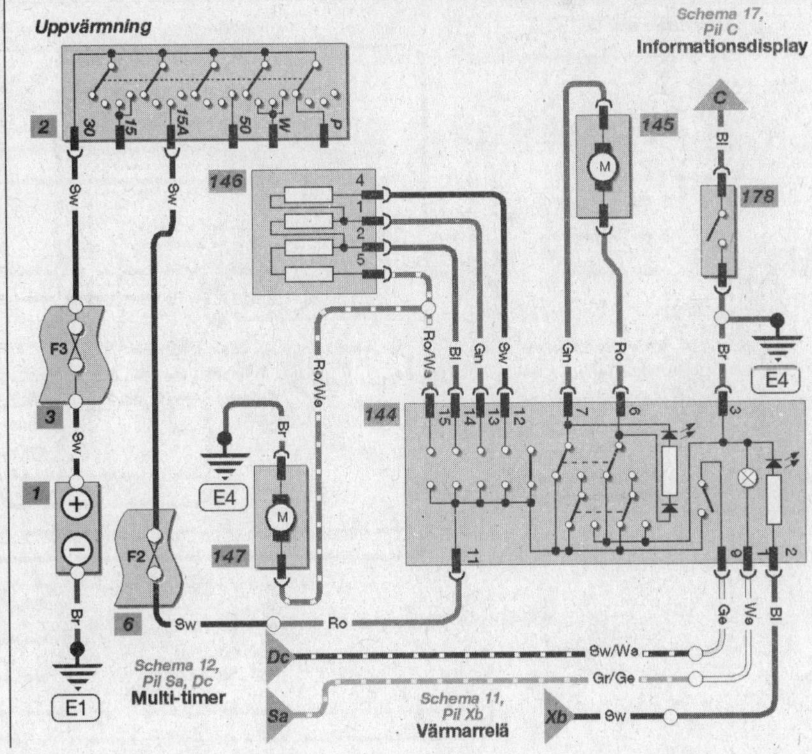

Kabelfärg

Bl	Blå	Pu	Lila
Br	Brun	Ro	Röd
Ge	Gul	Sw	Svart
Gr	Grå	Vi	Violett
Gn	Grön	Ws	Vit
Or	Orange		

Teckenförklaring

1 Batteri
2 Tändningslås
3 Säkringsdosa i motorrummet
6 Huvudsäkringsdosa
8 Diagnostikkontaktdon
145 Cirkulationspjäll motor
146 Värmefläktens motor motstånd
147 Värmefläktens motor

148 Luftkonditioneringsmodul
149 Kylvätskeställdon
150 Frostskyddsbrytare
151 Automatisk växellådaväljare
152 Automatisk växellåda styrenhet
153 Väljardisplay
154 Startassistentkontakt
178 Extravärmare kupé

Zafira 1998 och senare – Schema 15

H31965

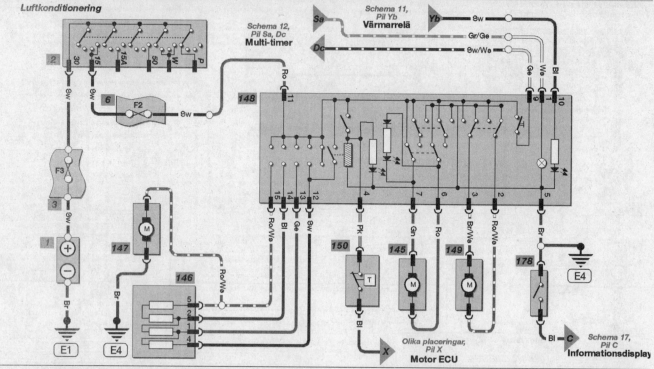

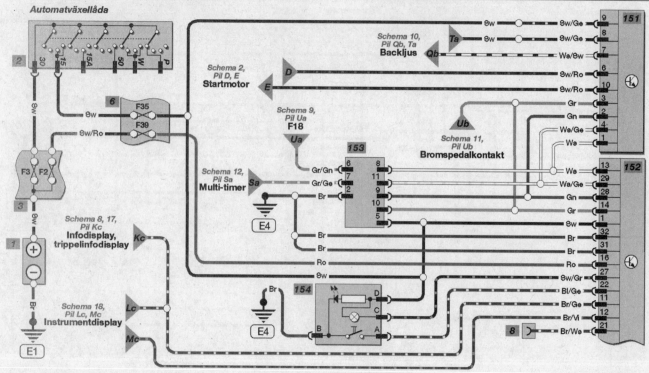

Kabelfärg

Bl	Blå	Pu	Lila
Br	Brun	Ro	Röd
Ge	Gul	Sw	Svart
Gr	Grå	Vi	Violett
Gn	Grön	Ws	Vit
Or	Orange		

Teckenförklaring

1 Batteri
2 Tändningslås
3 Säkringsdosa i motorrummet
6 Huvudsäkringsdosa
152 Automatisk växellåda styrenhet
155 Startnyckel låsmagnet
156 Startnyckel låsmagnetbrytare

157 Knapp för växellådsläge
158 Magnetbrytare för växelväljare
159 Kickdownkontakt
160 Magnetstyrventil för friläge
161 Växellådsmagnetventilenhet
162 Växellådans ingångsgivare
163 Växellådans utgångsgivare

Zafira 1998 och senare – Schema 16

164 Växellådsolja temperatursensor
179 Växelväljarmagnet

H31966

Automatisk växellåda fortsättning

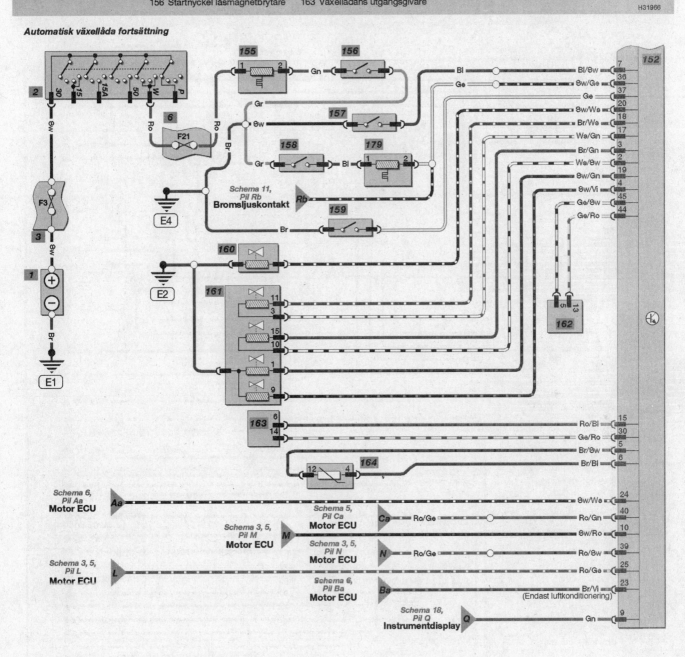

Kabelfärg

Bl	Blå	Pu	Lila
Br	Brun	Ro	Röd
Ge	Gul.	Sw	Svart
Gr	Grå	Vi	Violett
Gn	Grön	Ws	Vit
Or	Orange		

Teckenförklaring

1 Batteri
2 Tändningslås
3 Säkringsdosa i motorrummet
6 Huvudsäkringsdosa
8 Diagnostikkontaktdon
165 Multi-informationsdisplay
166 Varningsgivare för vänster bromskloss fram
167 Varningsgivare för höger bromskloss fram

168 Brytare för låg spolarvätskenivå
169 Brytare för låg kylarvätskenivå
170 Brytare för låg oljenivå
171 Yttertemperaturgivare
172 Infodisplaybrytare

Zafira 1998 och senare – Schema 17

H31967

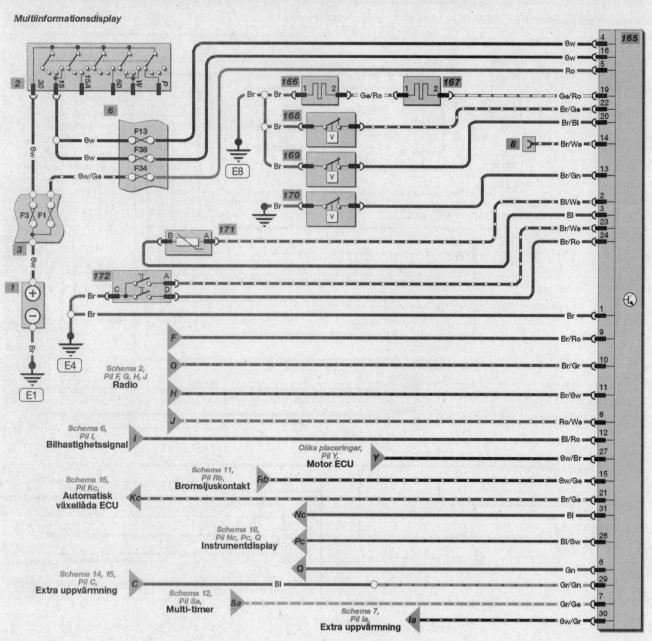

Multiinformationsdisplay

Zafira 1998 och senare – Schema 18

Kabelfärg

Bl	Blå	Pu	Lila
Br	Brun	Ro	Röd
Ge	Gul	Sw	Svart
Gr	Grå	Vi	Violett
Gn	Grön	Ws	Vit
Or	Orange		

Teckenförklaring

1 Batteri
2 Tändningslås
3 Säkringsdosa i motorrummet
6 Huvudsäkringsdosa
8 Diagnostikkontaktdon
173 Instrumentbräda
a) generatorvarning
b) oljetrycksvarning
c) krockkuddsvarning
d) ABS-varning
e) motorvarning
f) automatisk programeffekt

g) antispinnsystemsvarning
h) automatisk växellåda
i) motorkylningsbelysning
j) bromssystemsvarning
k) släpvagnssvängningssignal
l) kylvätsketempmätare
m) bränslereservvarning
n) bränslemätare
o) varvräknare
p) hastighetsmätare
q) kylvätsketempvarning
r) instrumentbelysning

s) bakre dimljusvarning
t*) helljusvarning
t*) helljusvarning (endast varvräknare)
u*) främre dimljusvarning
u) främre dimljusvarning (endast varvräknare)
v) vänster indikator
w) höger indikator
174 Oljetrycksbrytare
175 Brytare för bromsolja
176 Parkeringsbromskontakt
177 Bränsletankgivare

H31968

Instrumentdisplay

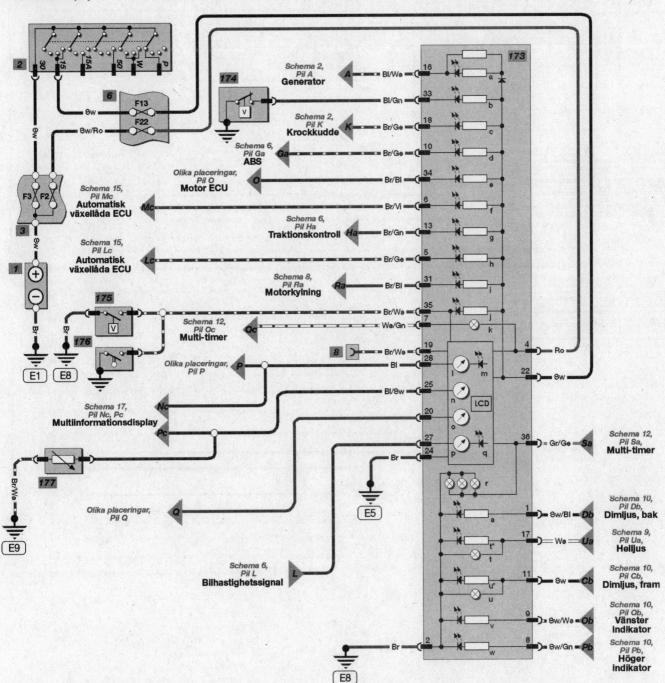

Anteckningar

Mått och vikter

Observera: *Alla siffror är ungefärliga och kan variera beroende på modell. Se tillverkarens uppgifter för exakta mått.*

Dimensioner

Total längd:

Astra Halvkombi och Sedan	4 110 mm
Astra Kombi	4 288 mm
Zafira	4 317 mm

Total bredd:

Exklusive speglar	1 709 mm
Inklusive speglar	1 989 mm

Total höjd (olastad):

Astra Halvkombi och Sedan	1 425 mm
Astra Kombi	1 510 mm
Zafira	1 634 mm

Axelavstånd:

Astra	2 614 mm
Zafira	2 694 mm

Spårbredd:

Fram:

Astra	1 464 mm
Zafira	1 470 mm

Bak:

Astra	1 452 mm
Zafira	1 487 mm

Vikter

Fordonets vikt utan förare och last*:

1,4-liters modeller:

Halvkombi	1 160 kg
Kombi	1 220 kg

1,6-liters modeller:

Halvkombi	1 165 kg
Kombi	1 250 kg

1,8-liters modeller:

Halvkombi	1 195 kg
Kombi	1 270 kg

2,0- och 2,2-liters modeller:

Halvkombi	1 235 kg
Kombi	1 320 kg

*Lägg till 30 kg för automatisk växellåda. För luftkonditionering lägg till 30 kg.

Maximal belastning på takräcke

Astra	100 kg
Zafira	75 kg

Vändcirkel

Astra	10,8 meter
Zafira	11,1 meter

När service, reparationer och renoveringar utförs på en bil eller bildel bör följande beskrivningar och instruktioner följas. Detta för att reparationen ska utföras så effektivt och fackmannamässigt som möjligt.

Tätningsytor och packningar

Vid isärtagande av delar vid deras tätningsytor ska dessa aldrig bändas isär med skruvmejsel eller liknande. Detta kan orsaka allvarliga skador som resulterar i oljeläckage, kylvätskeläckage etc. efter montering. Delarna tas vanligen isär genom att man knackar längs fogen med en mjuk klubba. Lägg dock märke till att denna metod kanske inte är lämplig i de fall styrstift används för exakt placering av delar.

Där en packning används mellan två ytor måste den bytas vid ihopsättning. Såvida inte annat anges i den aktuella arbetsbeskrivningen ska den monteras torr. Se till att tätningsytorna är rena och torra och att alla spår av den gamla packningen är borttagna. Vid rengöring av en tätningsyta ska sådana verktyg användas som inte skadar den. Små grader och repor tas bort med bryne eller en finskuren fil.

Rensa gängade hål med piprensare och håll dem fria från tätningsmedel då sådant används, såvida inte annat direkt specificeras.

Se till att alla öppningar, hål och kanaler är rena och blås ur dem, helst med tryckluft.

Oljetätningar

Oljetätningar kan tas ut genom att de bänds ut med en bred spårskruvmejsel eller liknande. Alternativt kan ett antal självgängande skruvar dras in i tätningen och användas som dragpunkter för en tång, så att den kan dras rakt ut.

När en oljetätning tas bort från sin plats, ensam eller som en del av en enhet, ska den alltid kasseras och bytas ut mot en ny.

Tätningsläpparna är tunna och skadas lätt och de tätar inte annat än om kontaktytan är fullständigt ren och oskadad. Om den ursprungliga tätningsytan på delen inte kan återställas till perfekt skick och tillverkaren inte gett utrymme för en viss omplacering av tätningen på kontaktytan, måste delen i fråga bytas ut. Tätningarna bör alltid bytas ut när de har demonterats.

Skydda tätningsläpparna från ytor som kan skada dem under monteringen. Använd tejp eller konisk hylsa där så är möjligt. Smörj läpparna med olja innan monteringen. Om oljetätningen har dubbla läppar ska utrymmet mellan dessa fyllas med fett.

Såvida inte annat anges ska oljetätningar monteras med tätningsläpparna mot det smörjmedel som de ska täta för.

Använd en rörformad dorn eller en träbit i lämplig storlek till att knacka tätningarna på plats. Om sätet är försedd med skuldra, driv tätningen mot den. Om sätet saknar skuldra bör tätningen monteras så att den går jäms med sätets yta (såvida inte annat uttryckligen anges).

Skruvgängor och infästningar

Muttrar, bultar och skruvar som kärvar är ett vanligt förekommande problem när en komponent har börjat rosta. Bruk av rostupplösningsolja och andra krypsmörjmedel löser ofta detta om man dränker in delen som kärvar en stund innan man försöker lossa den. Slagskruvmejsel kan ibland lossa envist fastsittande infästningar när de används tillsammans med rätt mejselhuvud eller hylsa. Om inget av detta fungerar kan försiktig värmning eller i värsta fall bågfil eller muttersprackare användas.

Pinnbultar tas vanligen ut genom att två muttrar låses vid varandra på den gängade delen och att en blocknyckel sedan vrider den undre muttern så att pinnbulten kan skruvas ut. Bultar som brutits av under fästytan kan ibland avlägsnas med en lämplig bultutdragare. Se alltid till att gängade bottenhål är helt fria från olja, fett, vatten eller andra vätskor innan bulten monteras. Underlåtenhet att göra detta kan spräcka den del som skruven dras in i, tack vare det hydrauliska tryck som uppstår när en bult dras in i ett vätskefyllt hål

Vid åtdragning av en kronmutter där en saxsprint ska monteras ska muttern dras till specificerat moment om sådant anges, och därefter dras till nästa sprinthål. Lossa inte muttern för att passa in saxsprinten, såvida inte detta förfarande särskilt anges i anvisningarna.

Vid kontroll eller omdragning av mutter eller bult till ett specificerat åtdragningsmoment, ska muttern eller bulten lossas ett kvarts varv och sedan dras åt till angivet moment. Detta ska dock inte göras när vinkelåtdragning använts.

För vissa gängade infästningar, speciellt topplocksbultar/muttrar anges inte åtdragningsmoment för de sista stegen. Istället anges en vinkel för åtdragning. Vanligtvis anges ett relativt lågt åtdragningsmoment för bultar/muttrar som dras i specificerad turordning. Detta följs sedan av ett eller flera steg åtdragning med specificerade vinklar.

Låsmuttrar, låsbleck och brickor

Varje infästning som kommer att rotera mot en komponent eller en kåpa under åtdragningen ska alltid ha en bricka mellan åtdragningsdelen och kontaktytan.

Fjäderbrickor ska alltid bytas ut när de använts till att låsa viktiga delar som exempelvis lageröverfall. Låsbleck som viks över för att låsa bult eller mutter ska alltid bytas ut vid ihopsättning.

Självlåsande muttrar kan återanvändas på mindre viktiga detaljer, under förutsättning att motstånd känns vid dragning över gängen. Kom dock ihåg att självlåsande muttrar förlorar låseffekt med tiden och därför alltid bör bytas ut som en rutinåtgärd.

Saxsprintar ska alltid bytas mot nya i rätt storlek för hålet.

När gänglåsmedel påträffas på gängor på en komponent som ska återanvändas bör man göra ren den med en stålborste och lösningsmedel. Applicera nytt gänglåsningsmedel vid montering.

Specialverktyg

Vissa arbeten i denna handbok förutsätter användning av specialverktyg som pressar, avdragare, fjäderkompressorer med mera. Där så är möjligt beskrivs lämpliga lättillgängliga alternativ till tillverkarens specialverktyg och hur dessa används. I vissa fall, där inga alternativ finns, har det varit nödvändigt att använda tillverkarens specialverktyg. Detta har gjorts av säkerhetsskäl, likväl som för att reparationerna ska utföras så effektivt och bra som möjligt. Såvida du inte är mycket kunnig och har stora kunskaper om det arbetsmoment som beskrivs, ska du aldrig försöka använda annat än specialverktyg när sådana anges i anvisningarna. Det föreligger inte bara stor risk för personskador, utan kostbara skador kan också uppstå på komponenterna.

Miljöhänsyn

Vid sluthantering av förbrukad motorolja, bromsvätska, frostskydd etc. ska all vederbörlig hänsyn tas för att skydda miljön. Ingen av ovan nämnda vätskor får hällas ut i avloppet eller direkt på marken. Kommunernas avfallshantering har kapacitet för hantering av miljöfarligt avfall liksom vissa verkstäder. Om inga av dessa finns tillgängliga i din närhet, fråga hälsoskyddskontoret i din kommun om råd.

I och med de allt strängare miljöskyddslagarna beträffande utsläpp av miljöfarliga ämnen från motorfordon har alltfler bilar numera justersäkringar monterade på de mest avgörande justeringspunkterna för bränslesystemet. Dessa är i första hand avsedda att förhindra okvalificerade personer från att justera bränsle/luftblandningen och därmed riskerar en ökning av giftiga utsläpp. Om sådana justersäkringar påträffas under service eller reparationsarbete ska de, närhelst möjligt, bytas eller sättas tillbaka i enlighet med tillverkarens rekommendationer eller aktuell lagstiftning.

Inköp av reservdelar REF•3

Reservdelar finns att köpa på flera ställen, till exempel hos Opelverkstäder, tillbehörsbutiker och bilåterförsäljare. För att säkert få rätt del krävs att du uppger bilens identifikationsnummer. Ta om möjligt med den gamla delen för säker identifiering. Många delar, t.ex. startmotor och generator, finns att få som fabriksrenoverade utbytesdelar – delar som returneras ska alltid vara rena.

Vårt råd när det gäller reservdelar är följande.

Auktoriserade märkesverkstäder

Detta är den bästa källan för delar som är specifika för just din bil och inte allmänt tillgängliga (märken, klädsel etc.). Det är även det enda ställe där man kan få reservdelar om bilens garanti fortfarande gäller.

Tillbehörsbutiker

Dessa är ofta bra ställen för inköp av underhållsmaterial (olje-, luft- och bränslefilter, glödlampor, drivremmar, fett, bromsbackar, bättringslack etc.). Tillbehör av detta slag som säljs av välkända butiker håller samma standard som de som används av biltillverkaren.

Förutom delar säljer dessa butiker även verktyg och allmänna tillbehör. De har ofta bekväma öppettider och är billiga, och det brukar aldrig vara långt till en sådan butik. Vissa tillbehörsbutiker har reservdelsdiskar där så gott som alla typer av komponenter kan köpas eller beställas.

Motorspecialister

Bra tillverkare håller alla viktigare komponenter som kan slitas ut relativt snabbt i lager, och kan ibland tillhandahålla enskilda komponenter som behövs för renovering av en större enhet (t.ex. bromstätningar och hydrauliska delar, lagerskålar, kolvar, ventiler etc.). I vissa fall kan de ta hand om större arbeten som omborrning av motorblocket, omslipning av vevaxlar etc.

Specialister på däck och avgassystem

Dessa kan vara oberoende handlare eller ingå i större kedjor. De har ofta bra priser jämfört med märkesverkstäder, men det är lönt att undersöka priser hos flera försäljare. Vid undersökning av priser, kontrollera även vad som ingår – vanligen betalar du extra för montering av nya ventiler och hjulbalansering när du köper nya däck.

Andra källor

Var misstänksam när det gäller delar som säljs på lågprisförsäljningar och i andra hand. De är inte alltid av usel kvalitet, men det är mycket liten chans att reklamera köpet om de är otillfredsställande. Köper man komponenter som är avgörande för säkerheten, som bromsklossar, på ett sådant ställe riskerar man inte bara sina pengar utan även sin egen och andras säkerhet.

Begagnade delar eller delar från en bildemontering kan vara prisvärda i vissa fall, men sådana inköp bör helst göras av en erfaren hemmamekaniker.

Identifikationsnummer

Observera: *När bilen är ny är den försedd med ett bilpass (Car Pass, liknar ett kreditkort) där alla bilens data finns registrerade på en magnetremsa.*

För biltillverkning sker modifieringar av modeller fortlöpande och det är endast de större modelländringarna som publiceras. Reservdelskataloger och listor är vanligen organiserade i nummerordning, så bilens identifikationsnummer är nödvändigt för att få rätt reservdel.

Lämna alltid så mycket information som möjligt vid beställning av reservdelar. Ange bilmodell, tillverkningsår och när bilen registrerades, chassi- och motornummer efter tillämplighet.

Bilens identifikationsnummer (VIN) är inpräglat på motorrummets främre tvärbalk, bakom kylaren. Det är också stämplat på karossen golvpanel mellan förarstolen och dörrtröskelpanelen, lyft upp mattfliken för att se den. På vissa modeller utanför Storbritannien kan plattan vara fäst på framdörrens ram **(se bilder).**

Motornumret är inpräglat på motorblockets vänstra sida.

Bilens identifikationsnummer (VIN) är inpräglat på motorrummets främre tvärbalk

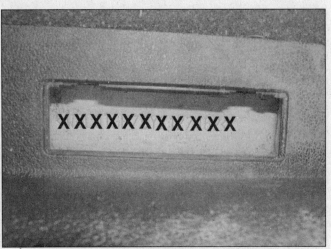

VIN-numret är också inpräglat i karossens golvpanel intill förarsätet

Lyftning och stödpunkter

Domkraften i bilens verktygssats ska endast användas för hjulbyten – se *Hjulbyte* i början av den här boken. Se till att domkraftens huvud sitter korrekt innan du börjar lyfta bilen **(se bild)**. Vid alla andra arbeten ska bilen lyftas med en hydraulisk domkraft (eller garagedomkraft), som alltid ska åtföljas av pallbockar under bilens stödpunkter.

När en garagedomkraft eller pallbockar används ska domkraftens lyftsadel eller pallbockens huvud alltid placeras under eller intill en av de relevanta stödpunkterna för hjulbyte som finns under trösklarna. Lägg en träkloss mellan domkraften eller pallbocken och tröskeln – träklossen ska ha ett spår där tröskelns svetsade fläns passar in **(se bild)**.

Försök inte placera domkraften under den främre tvärbalken, sumpen eller någon del av fjädringen.

Arbeta aldrig under, runt eller nära en lyft bil om den inte har ordentligt stöd på minst två punkter.

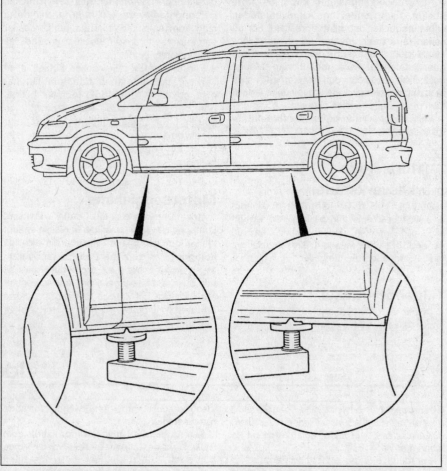

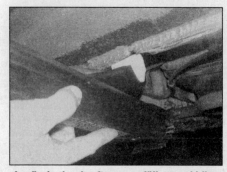

Använda domkraften som följer med bilen

Främre och bakre stödpunkter för hydraulisk domkraft eller pallbocker

Koppla loss batteriet

Flera av de system som installerats i bilen kräver att batteriström alltid finns tillgänglig, endera för att garantera systemens kontinuerliga funktion (gäller t.ex. klockan) eller för att spara styrenhetsminnen eller säkerhetskoder som kan raderas om batteriet kopplas ifrån. Observera därför alltid följande när batteriet ska kopplas bort så att inte något oförutsett sker:

a) *Först och främst: på en bil som har centrallås är det en klok försiktighetsåtgärd att ta bort nyckeln från tändningen och att bära den på sig så att den inte blir inlåst om centrallåset aktiveras av misstag när batteriet återansluts.*

b) *Om en ljudanläggning med säkerhetskod används och den och/eller batteriet kopplas ur, kommer anläggningen inte att fungera igen förrän rätt säkerhetskod tryckts in. Detaljer gällande detta förfaringssätt varierar beroende på vilken enhet som installerats och finns i*

bilägarens handbok. Se till att du har rätt kod innan du lossar batteriet. Om du saknar koden för eller detaljer gällande det korrekta tillvägagångssättet, men kan bevisa ägarskap och ett giltigt skäl för att vilja ha denna information, kan en Vauxhall-verkstad kanske hjälpa dig.

c) *ECU:n är av den "självlärande" typen, vilket innebär att den medan den är igång också övervakar och sparar inställningar som ger optimala motorprestanda under alla driftförhållanden. När kablaget kopplas loss raderas alla de lagrade värdena, och den elektroniska styrenheten blir återställt. Vid en nystart kan detta leda till att motorns gång/tomgång blir lite ojämn en kort stund, tills ECU:n har lärt sig de bästa inställningarna. Denna process utförs lättast genom att man kör bilen på ett landsvägsprov (i cirka 15 minuter), där man testar alla motorhastigheter och belastningar, med*

huvudkoncentrationen på området mellan 2 500 och 3 500 varv/minut.

Enheter för att spara minne eller koder kan användas för att undvika några av ovanstående problem. Egenskaperna kan variera något beroende på använd enhet. Vanligtvis kopplas den in i cigarrettändarkontakten och ansluts med egna kablar till ett extrabatteri. Bilens eget batteri kopplas sedan loss från elsystemet med "minnesspararen" kvar för att avge så mycket ström som behövs för att behålla ljudanläggningens stöldskyddskod och andra värden lagrade, och för att hålla igång andra permanenta kretsar, som klockan.

⚠ *Varning: En del av dessa enheter släpper förbi avsevärda mängder ström, vilket betyder att en del bilars system fortfarande fungerar när bilbatteriet är bortkopplat. Använder du en enhet för att spara minne bör du se till att den kopplade kretsen inte är strömförande när du utför arbete på den!*

På grund av höga oljepriser, minskande reserver och ökat medvetande om avgasutsläpp har alternativa bränslen kommit i fokus de senaste åren. De tre huvudtyperna av alternativa bränslen i Europa är etanol, biodiesel och gasol (LPG). Etanol och biodiesel används vanligen i blandningar med bensin respektive konventionell diesel. Fordon som kan växla mellan alternativa och konventionella bränslen utan några modifieringar eller återställning från förarens sida kallas FFV (flexible fuel vehicle).

Etanol

Etanol (etylalkohol) är samma ämne som alkoholen i öl, vin och sprit. Precis som sprit framställs den oftast genom jäsning av vegetabiliska råvaror följt av destillation. Efter destillationen avlägsnas vattnet, och alkoholen blandas med bensin i förhållandet upp till 85 % (därför kallas bränslet E85). Blandningar med upp till 5 % etanol (10 % i USA) kan användas till alla bensindrivna fordon utan ändringar och har redan fått stor spridning eftersom etanolen höjer oktantalet. Blandningar med högre andel etanol kan endast användas i specialbyggda fordon.

Det går att göra motorer som går på 100 % etanol men det kräver mekaniska modifieringar och ökade kompressionstal. Sådana fordon finns i princip bara i länder som t.ex. Brasilien där man har beslutat att ersätta bensinen med etanol. I de flesta fall kan dessa fordon inte köras på bensin med gott resultat.

Etanol förgasas inte lika lätt som bensin under kalla förhållanden. Tidiga FFV-fordon var tvungna att ha en separat tank med ren bensin för kallstarter. I länder med kallt klimat som exempelvis Sverige, minskar man andelen etanol i E85-bränslet till 70 % eller 75 % på vintern. Med vinterblandningen måste man dock fortfarande använda motorblocksvärmare vid temperaturer under -10°C. En del insprutningssystem har en uppvärmd bränslefördelarskena för bättre resultat vid kallstart.

En annan nackdel med etanol är att den innehåller betydligt mindre energi än samma mängd bensin och därför ökar bränsleförbrukningen. Ofta vägs det upp av lägre skatt på etanol. Uteffekten påverkas dock inte nämnvärt eftersom motorstyrningssystemet kompenserar med ökad bränslemängd.

Modifiering av motorer

En FFV-motor går lika bra med E85, bensin eller en blandning av dessa. Den har ett motorstyrningssystem som känner av andelen alkohol i bränslet och justerar bränslemängden och tändläget därefter. Komponenter som kolvringar, oljetätningar på ventiler och andra delar som kommer i kontakt med bränsle, med start från bränsletanken, är gjorda av material som är beständiga mot alkoholens korrosiva verkan. Tändstift med högre värmetal kan också krävas.

För de flesta moderna bensinmotorer finns det ombyggnadssatser på eftermarknaden. Det bör dock påpekas att om man endast ändrar motorstyrningens mjukvara ('chipping') kan det leda till problem om komponenterna i bränslesystemet inte är avsedda för alkohol.

Biodiesel

Biodiesel framställs från grödor som exempelvis raps och från kasserad vegetabilisk olja. Oljan modifieras kemiskt för att få liknande egenskaper som hos vanlig diesel. Allt dieselbränsle som säljs i EU kommer att innehålla 5 % biodiesel under 2010, och alla dieselbilar kommer att kunna använda denna blandning ('B5') utan problem.

En bränsleblandning med 30 % biodiesel ('B30') börjar dyka upp på tankställen även om den inte är allmänt spridd i skrivande stund. Detta bränsle har inte godkänts av alla fordonstillverkare och det är därför klokt att kontrollera med tillverkaren innan användning, särskilt om fordonets garanti fortfarande gäller. Äldre fordon med mekaniskt insprutningssystem påverkas troligen inte negativt. Men common rail-systemen som sitter i moderna fordon är känsliga och kan skadas redan vid mycket små förändringar i bränslets viskositet eller smörjegenskaper.

Det går att göra hemmagjord biodiesel av kasserad olja från restaurangkök; det finns många utrustningar på marknaden för detta syfte. Bränsle som tillverkats på detta sätt är naturligtvis inte certifierat enligt någon norm och ska användas på egen risk. I en del länder beskattas sådant bränsle.

Ren vegetabilisk olja (SVO) kan inte användas i de flesta dieselmotorer utan modifiering av bränslesystemet.

Modifiering av motorer

Precis som med etanol kan biodiesel angripa gummislangar och packningar i bränslesystemet. Det är därför viktigt att dessa hålls i gott skick och att de är gjorda av rätt material. I övrigt behöver inga större ändringar göras. Det kan dock vara klokt att byta bränslefiltret oftare. Biodiesel är något trögflytande när den är kall, vilket gör att ett smutsigt filter kan vålla problem när det är kallt.

När man använder ren vegetabilisk olja (SVO) måste bränsleledningarna utrustas med en värmeväxlare och ett system för att kunna starta fordonet med konventionellt bränsle. Det finns ombyggnadssatser, men det är något för de verkliga entusiasterna. Precis som med hemmagjord biodiesel, kan användningen vara belagd med skatt.

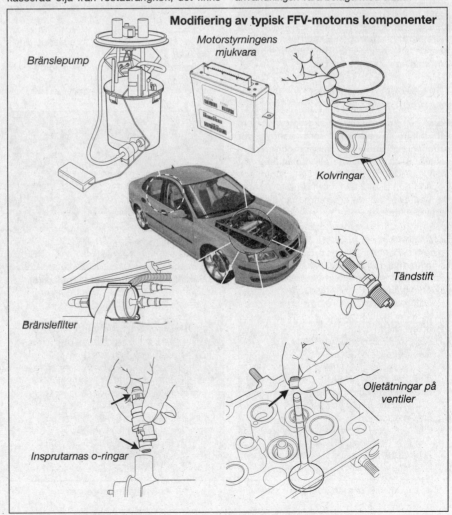

Modifiering av typisk FFV-motorns komponenter

Bränslepump

Motorstyrningens mjukvara

Kolvringar

Tändstift

Bränslefilter

Insprutarnas o-ringar

Oljetätningar på ventiler

Inledning

En uppsättning bra verktyg är ett grund-läggande krav för var och en som överväger att underhålla och reparera ett motorfordon. För de ägare som saknar sådana kan inköpet av dessa bli en märkbar utgift, som dock uppvägs till en viss del av de besparingar som görs i och med det egna arbetet. Om de anskaffade verktygen uppfyller grund-läggande säkerhets- och kvalitetskrav kommer de att hålla i många år och visa sig vara en värdefull investering.

För att hjälpa bilägaren att avgöra vilka verktyg som behövs för att utföra de arbeten som beskrivs i denna handbok har vi sammanställt tre listor med följande rubriker: *Underhåll och mindre reparationer, Reparation och renovering* samt *Specialverktyg*. Ny-börjaren bör starta med det första sortimentet och begränsa sig till enklare arbeten på fordonet. Allt eftersom erfarenhet och själv-förtroende växer kan man sedan prova svårare uppgifter och köpa fler verktyg när och om det behövs. På detta sätt kan den grundläggande verktygssatsen med tiden utvidgas till en reparations- och renoverings-sats utan några större enskilda kontant-utlägg. Den erfarne hemmamekanikern har redan en verktygssats som räcker till de flesta reparationer och renoveringar och kommer att välja verktyg från specialkategorin när han känner att utgiften är berättigad för den användning verktyget kan ha.

Underhåll och mindre reparationer

Verktygen i den här listan ska betraktas som ett minimum av vad som behövs för rutinmässigt underhåll, service och mindre reparationsarbeten. Vi rekommenderar att man köper blocknycklar (ring i ena änden och öppen i den andra), även om de är dyrare än de med öppen ände, eftersom man får båda sorternas fördelar.

- [ ] Blocknycklar - 8, 9, 10, 11, 12, 13, 14, 15, 17 och 19 mm
- [ ] Skiftnyckel - 35 mm gap (ca.)
- [ ] Tändstiftsnyckel (med gummifoder)
- [ ] Verktyg för justering av tändstiftens elektrodavstånd

- [ ] Sats med bladmätt
- [ ] Nyckel för avluftning av bromsar
- [ ] Skruvmejslar:
  Spårmejsel - 100 mm lång x 6 mm diameter
  Stjärnmejsel - 100 mm lång x 6 mm diameter
- [ ] Kombinationstång
- [ ] Bågfil (liten)
- [ ] Däckpump
- [ ] Däcktrycksmätare
- [ ] Oljekanna
- [ ] Verktyg för demontering av oljefilter
- [ ] Fin slipduk
- [ ] Stålborste (liten)
- [ ] Tratt (medelstor)

Reparation och renovering

Dessa verktyg är ovärderliga för alla som utför större reparationer på ett motorfordon och tillkommer till de som angivits för *Underhåll och mindre reparationer*. I denna lista ingår en grundläggande sats hylsor. Även om dessa är dyra, är de oumbärliga i och med sin mång-sidighet - speciellt om satsen innehåller olika typer av drivenheter. Vi rekommenderar 1/2-tums fattning på hylsorna eftersom de flesta momentnycklar har denna fattning.

Verktygen i denna lista kan ibland behöva kompletteras med verktyg från listan för *Specialverktyg*.

- [ ] Hylsor, dimensioner enligt föregående lista **(se bild)**
- [ ] Spärrskaft med vändbar riktning (för användning med hylsor) **(se bild)**

- [ ] Förlängare, 250 mm (för användning med hylsor)
- [ ] Universalknut (för användning med hylsor)
- [ ] Momentnyckel (för användning med hylsor)
- [ ] Självlåsande tänger
- [ ] Kulhammare
- [ ] Mjuk klubba (plast/aluminium eller gummi)
- [ ] Skruvmejslar:
  Spårmejsel - en lång och kraftig, en kort (knubbig) och en smal (elektrikertyp)
  Stjärnmejsel - en lång och kraftig och en kort (knubbig)
- [ ] Tänger:
  Spetsnostång/plattång
  Sidavbitare (elektrikertyp)
  Låsringstång (inre och yttre)
- [ ] Huggmejsel - 25 mm
- [ ] Ritspets
- [ ] Skrapa
- [ ] Körnare
- [ ] Purr
- [ ] Bågfil
- [ ] Bromsslangklämma
- [ ] Avluftningssats för bromsar/koppling
- [ ] Urval av borrar
- [ ] Ställinjal
- [ ] Insexnycklar (inkl Torxtyp/med splines) **(se bild)**
- [ ] Sats med filar
- [ ] Stor stålborste
- [ ] Pallbockar
- [ ] Domkraft (garagedomkraft eller en stabil pelarmodell)
- [ ] Arbetslampa med förlängningssladd

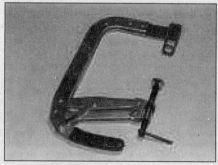
Ventilfjäderkompressor (ventilbåge)

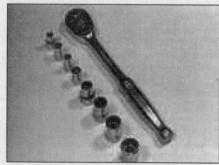
Hylsor och spärrskaft

Nycklar med splines

Kolvringskompressor

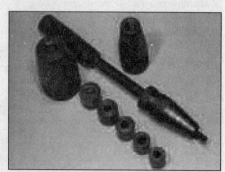
Centreringsverktyg för koppling

Verktyg och arbetsutrymmen REF•7

Mikrometerset

Indikatorklocka med magnetstativ

Specialverktyg

Verktygen i denna lista är de som inte används regelbundet, är dyra i inköp eller som måste användas enligt tillverkarens anvis-ningar. Det är bara om du relativt ofta kommer att utföra tämligen svåra jobb som många av dessa verktyg är lönsamma att köpa. Du kan också överväga att gå samman med någon vän (eller gå med i en motorklubb) och göra ett gemensamt inköp, hyra eller låna verktyg om så är möjligt.

Följande lista upptar endast verktyg och instrument som är allmänt tillgängliga och inte sådana som framställs av biltillverkaren speciellt för auktoriserade verkstäder. Ibland nämns dock sådana verktyg i texten. I allmänhet anges en alternativ metod att utföra arbetet utan specialverktyg. Ibland finns emellertid inget alternativ till tillverkarens specialverktyg. När så är fallet och relevant verktyg inte kan köpas, hyras eller lånas har du inget annat val än att lämna bilen till en auktoriserad verkstad.

☐ Ventilfjäderkompressor *(se bild)*
☐ Ventilslipningsverktyg
☐ Kolvringskompressor *(se bild)*
☐ Verktyg för demontering/montering av kolvringar
☐ Honingsverktyg
☐ Kulledsavdragare
☐ Spiralfjäderkompressor *(där tillämplig)*
☐ Nav/lageravdragare, två/tre ben
☐ Slagskruvmejsel
☐ Mikrometer och/eller skjutmått *(se bild)*
☐ Indikatorklocka *(se bild)*
☐ Kamvinkelmätare/varvräknare
☐ Multimeter
☐ Kompressionsmätare *(se bild)*
☐ Handmanövrerad vakuumpump och mätare
☐ Centreringsverktyg för koppling *(se bild)*
☐ Verktyg för demontering av bromsbackarnas fjäderskålar
☐ Sats för montering/demontering av bussningar och lager
☐ Bultutdragare *(se bild)*
☐ Gängningssats
☐ Lyftblock
☐ Garagedomkraft

Inköp av verktyg

När det gäller inköp av verktyg är det i regel bättre att vända sig till en specialist som har ett större sortiment än t ex tillbehörsbutiker och bensinmackar. Tillbehörsbutiker och andra försöljningsställen kan dock erbjuda utmärkta verktyg till låga priser, så det kan löna sig att söka.

Det finns gott om bra verktyg till låga priser, men se till att verktygen uppfyller grund-läggande krav på funktion och säkerhet. Fråga gärna någon kunnig person om råd före inköpet.

Vård och underhåll av verktyg

Efter inköp av ett antal verktyg är det nödvändigt att hålla verktygen rena och i fullgott skick. Efter användning, rengör alltid verktygen innan de läggs undan. Låt dem inte ligga framme sedan de använts. En enkel upphängningsanordning på väggen för t ex skruvmejslar och tänger är en bra idé. Nycklar och hylsor bör förvaras i metalllådor. Mätinstrument av skilda slag ska förvaras på platser där de inte kan komma till skada eller börja rosta.

Lägg ner lite omsorg på de verktyg som används. Hammarhuvuden får märken och skruvmejslar slits i spetsen med tiden. Lite polering med slippapper eller en fil återställer snabbt sådana verktyg till gott skick igen.

Arbetsutrymmen

När man diskuterar verktyg får man inte glömma själva arbetsplatsen. Om mer än rutinunderhåll ska utföras bör man skaffa en lämplig arbetsplats.

Vi är medvetna om att många bilägare/hemmamekaniker av omständigheterna tvingas att lyfta ur motor eller liknande utan tillgång till garage eller verkstad. Men när detta är gjort ska fortsättningen av arbetet göras inomhus.

Närhelst möjligt ska isärtagning ske på en ren, plan arbetsbänk eller ett bord med passande arbetshöjd.

En arbetsbänk behöver ett skruvstycke. En käftöppning om 100 mm räcker väl till för de flesta arbeten. Som tidigare sagts, ett rent och torrt förvaringsutrymme krävs för verktyg liksom för smörjmedel, rengöringsmedel, bättringslack (som också måste förvaras frostfritt) och liknande.

Ett annat verktyg som kan behövas och som har en mycket bred användning är en elektrisk borrmaskin med en chuckstorlek om minst 8 mm. Denna, tillsammans med en sats spiralborrar, är i praktiken oumbärlig för montering av tillbehör.

Sist, men inte minst, ha alltid ett förråd med gamla tidningar och rena luddfria trasor tillgängliga och håll arbetsplatsen så ren som möjligt.

Kompressionsmätare

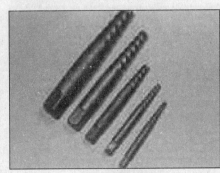

Bultutdragare

Kontroller inför bilbesiktningen

Det här avsnittet är till för att hjälpa dig att klara bilbesiktningen. Det är naturligtvis inte möjligt att undersöka ditt fordon lika grundligt som en professionell besiktare, men genom att göra följande kontroller kan du identifiera problemområden och ha en möjlighet att korrigera eventuella fel innan du lämnar bilen till besiktning. Om bilen underhålls och servas regelbundet borde besiktningen inte innebära några större problem.

I besiktningsprogrammet ingår kontroll av nio huvudsystem – stommen, hjulsystemet, drivsystemet, bromssystemet, styrsystemet, karosseriet, kommunikationssystemet, instrumentering och slutligen övriga anordningar (släpvagnskoppling etc).

Kontrollerna som här beskrivs har baserats på Svensk Bilprovnings krav aktuella vid tiden för tryckning. Kraven ändras dock kontinuerligt och särskilt miljöbestämmelserna blir allt strängare.

Kontrollerna har delats in under följande fem rubriker:

1 Kontroller som utförs från förarsätet

2 Kontroller som utförs med bilen på marken

3 Kontroller som utförs med bilen upphissad och med fria hjul

4 Kontroller på bilens avgassystem

5 Körtest

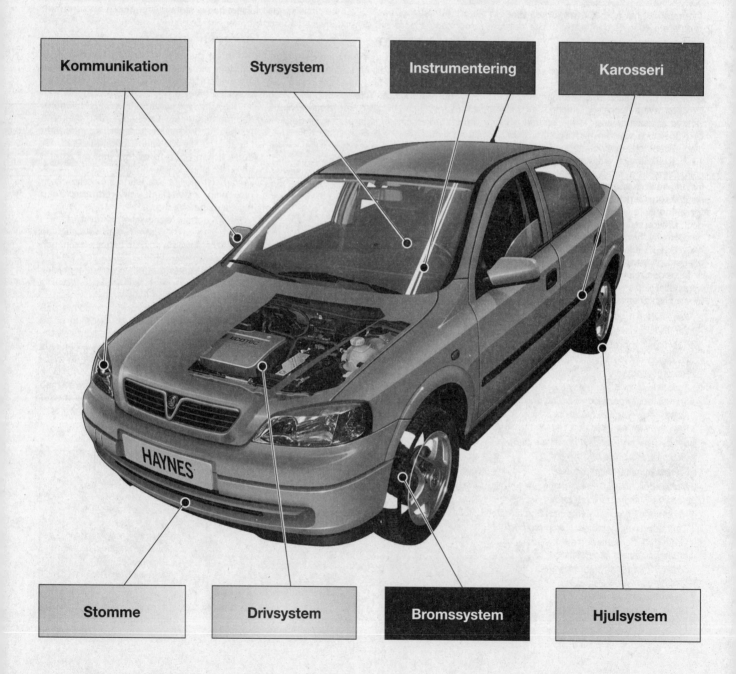

Kommunikation

Styrsystem

Instrumentering

Karosseri

Stomme

Drivsystem

Bromssystem

Hjulsystem

Kontroller inför bilbesiktningen REF•9

Vanliga personbilar kontrollbesiktigas första gången efter tre år, andra gången två år senare och därefter varje år. Åldern på bilen räknas från det att den tas i bruk, oberoende av årsmodell, och den måste genomgå besiktning inom fem månader.

Tiden på året då fordonet kallas till besiktning bestäms av sista siffran i registreringsnumret, enligt tabellen nedan.

Slutsiffra	Besiktningsperiod
1	november t.o.m. mars
2	december t.o.m. april
3	januari t.o.m. maj
4	februari t.o.m. juni
5	maj t.o.m. september
6	juni t.o.m. oktober
7	juli t.o.m. november
8	augusti t.o.m. december
9	september t.o.m. januari
0	oktober t.o.m. februari

Om fordonet har ändrats, byggts om eller om särskild utrustning har monterats eller demonterats, måste du som fordonsägare göra en registreringsbesiktning inom en månad. I vissa fall räcker det med en begränsad registreringsbesiktning, t.ex. för draganordning, taklucka, taxiutrustning etc.

Efter besiktningen

Nedan visas de system och komponenter som kontrolleras och bedöms av besiktaren på Svensk Bilprovning. Efter besiktningen erhåller du ett protokoll där eventuella anmärkningar noterats.

Har du fått en 2x i protokollet (man kan ha max 3 st 2x) behöver du inte ombesiktiga bilen, men är skyldig att själv åtgärda felet snarast möjligt. Om du inte åtgärdar felen utan återkommer till Svensk Bilprovning året därpå med samma fel, blir dessa automatiskt 2:or som då måste ombesiktigas. Har du en eller flera 2x som ej är åtgärdade och du blir intagen i en flygande besiktning av polisen, blir dessa automatiskt 2:or som måste ombesiktigas. I detta läge får du även böta.

Om du har fått en tvåa i protokollet är fordonet alltså inte godkänt. Felet ska åtgärdas och bilen ombesiktigas inom en månad.

En trea innebär att fordonet har så stora brister att det anses mycket trafikfarligt. Körförbud inträder omedelbart.

Kommunikation

- Vindrutetorkare
- Vindrutespolare
- Backspegel
- Strålkastarinställning
- Strålkastare
- Signalhorn
- Sidoblinkers
- Parkeringsljus fram bak
- Blinkers
- Bromsljus
- Reflex
- Nummerplåtsbelysning
- Övrigt

Vanliga anmärkningar:
Felaktig ljusbild
Skadad strålkastare
Ej fungerande parkeringsljus
Ej fungerande bromsljus

Styrsystem

- Styrled
- Styrväxel
- Hjälpstyrarm
- Övrigt

Vanliga anmärkningar:
Glapp i styrleder
Skadade styrväxeldamasker

Instrumentering

- Hastighetsmätare
- Taxameter
- Varningslampor
- Övrigt

Karosseri

- Dörr
- Skärm
- Vindruta
- Säkerhetsbälten
- Lastutrymme
- Övrigt

Vanliga anmärkningar:
Skadad vindruta
Vassa kanter
Glappa gångjärn

Drivsystem

- Avgasrening, EGR-system (-88)
- Avgasrening
- Bränslesystem
- Avgassystem
- Avgaser (CO, HC)
- Kraftöverföring
- Drivknut
- Elförsörjning
- Batteri
- Övrigt

Vanliga anmärkningar:
Höga halter av CO
Höga halter av HC
Läckage i avgassystemet
Ej fungerande EGR-ventil
Skadade drivknutsdamasker
Löst batteri

Stomme

- Sidobalk
- Tvärbalk
- Golv
- Hjulhus
- Övrigt

Vanliga anmärkningar:
Rostskador i sidobalkar, golv och hjulhus

Bromssystem

- Fotbroms fram bak rörelseres.
- Bromsrör
- Bromsslang
- Handbroms
- Övrigt

Vanliga anmärkningar:
Otillräcklig bromsverkan på handbromsen
Ojämn bromsverkan på fotbromsen
Anliggande bromsar på fotbromsen
Rostskadade bromsrör
Skadade bromsslangar

Hjulsystem

- Däck
- Stötdämpare
- Hjullager
- Spindelleder
- Länkarm fram bak
- Fjäder
- Fjädersäte
- Övrigt

Vanliga anmärkningar:
Glapp i spindelleder
Utslitna däck
Dåliga stötdämpare
Rostskadade fjädersäten
Brustna fjädrar
Rostskadade länkarmsinfästningar

1 Kontroller som utförs från förarsätet

Handbroms

☐ Kontrollera att handbromsen fungerar ordentligt utan för stort spel i spaken. För stort spel tyder på att bromsen eller broms-vajern är felaktigt justerad.
☐ Kontrollera att handbromsen inte kan läggas ur genom att spaken förs åt sidan. Kontrollera även att handbromsspaken är ordentligt monterad.

Fotbroms

☐ Tryck ner bromspedalen och håll den nedtryckt i ca 30 sek. Kontrollera att den inte sjunker ner mot golvet, vilket tyder på fel på huvudcylindern. Släpp pedalen, vänta ett par sekunder och tryck sedan ner den igen. Om pedalen tar långt ner måste broms-arna justeras eller repareras. Om pedalens rörelse känns "svampig" finns det luft i bromssystemet som då måste luftas.

☐ Kontrollera att bromspedalen sitter fast ordentligt och att den är i bra skick. Kontroll-era även om det finns tecken på oljeläckage på bromspedalen, golvet eller mattan efter-som det kan betyda att packningen i huvud-cylindern är trasig.
☐ Om bilen har bromsservo kontrolleras denna genom att man upprepade gånger trycker ner bromspedalen och sedan startar motorn med pedalen nertryckt. När motorn startar skall pedalen sjunka något. Om inte kan vakuumslangen eller själva servoenheten vara trasig.

Ratt och rattstäng

☐ Känn efter att ratten sitter fast. Undersök om det finns några sprickor i ratten eller om några delar på den sitter löst.

☐ Rör på ratten uppåt, nedåt och i sidled. Fortsätt att röra på ratten samtidigt som du vrider lite på den från vänster till höger.
☐ Kontrollera att ratten sitter fast ordentligt på rattstången, vilket annars kan tyda på slitage eller att fästmuttern sitter löst. Om ratten går att röra onaturligt kan det tyda på att rattstångens bärlager eller kopplingar är slitna.

Rutor och backspeglar

☐ Vindrutan måste vara fri från sprickor och andra skador som kan vara irriterande eller hindra sikten i förarens synfält. Sikten får inte heller hindras av t.ex. ett färgat eller reflek-terande skikt. Samma regler gäller även för de främre sidorutorna.
☐ Backspeglarna måste sitta fast ordentligt och vara hela och ställbara.

Säkerhetsbälten och säten

Observera: *Kom ihåg att alla säkerhetsbälten måste kontrolleras - både fram och bak.*
☐ Kontrollera att säkerhetsbältena inte är slitna, fransiga eller trasiga i väven och att alla låsmekanismer och rullmekanismer fungerar obehindrat. Se även till att alla infästningar till säkerhetsbältena sitter säkert.

☐ Framsätena måste vara ordentligt fastsatta och om de är fällbara måste de vara låsbara i uppfällt läge.

Dörrar

☐ Framdörrarna måste gå att öppna och stänga från både ut- och insidan och de måste gå ordentligt i lås när de är stängda. Gångjärnen ska sitta säkert och inte glappa eller kärva onormalt.

2 Kontroller som utförs med bilen på marken

Registreringsskyltar

☐ Registreringsskyltarna måste vara väl syn-liga och lätta att läsa av, d v s om bilen är mycket smutsig kan det ge en anmärkning.

Elektrisk utrustning

☐ Slå på tändningen och kontrollera att signalhornet fungerar och att det avger en jämn ton.
☐ Kontrollera vindrutetorkarna och vindrute-spolningen. Svephastigheten får inte vara extremt låg, svepytan får inte vara för liten och torkarnas viloläge ska inte vara inom förarens synfält. Byt ut gamla och skadade torkarblad.

☐ Kontrollera att strålkastarna fungerar och att de är rätt inställda. Reflektorerna får inte vara skadade, lampglasen måste vara hela och lamporna måste vara ordentligt fastsatta. Kontrollera även att bromsljusen fungerar och att det inte krävs högt pedaltryck för att tända dem. (Om du inte har någon medhjälpare kan du kontrollera bromsljusen genom att backa upp bilen mot en garageport, vägg eller liknande reflekterande yta.)
☐ Kontrollera att blinkers och varnings-blinkers fungerar och att de blinkar i normal hastighet. Parkeringsljus och bromsljus får inte påverkas av blinkers. Om de påverkas beror detta oftast på jordfel. Se också till att alla övriga lampor på bilen är hela och fungerar som de ska och att t.ex. extraljus inte är placerade så att de skymmer föreskriven belysning.
☐ Se även till att batteri, elledningar, reläer och liknande sitter fast ordentligt och att det inte föreligger någon risk för kortslutning

Fotbroms

☐ Undersök huvudbromscylindern, broms-rören och servoenheten. Leta efter läckage, rost och andra skador.

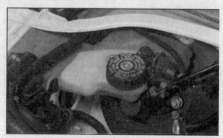

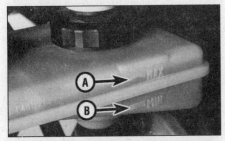

☐ Bromsvätskebehållaren måste sitta fast ordentligt och vätskenivån skall vara mellan max- (A) och min- (B) markeringarna.

☐ Undersök båda främre bromsslangarna efter sprickor och förslitningar. Vrid på ratten till fullt rattutslag och se till att bromsslangarna inte tar i någon del av styrningen eller upphängningen. Tryck sedan ner bromspedalen och se till att det inte finns några läckor eller blåsor på slangarna under tryck.

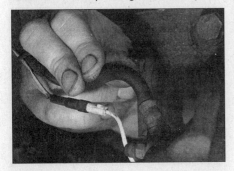

Styrning

☐ Be någon vrida på ratten så att hjulen vrids något. Kontrollera att det inte är för stort spel mellan rattutslaget och styrväxel vilket kan tyda på att rattstångslederna, kopplingen mellan rattstången och styrväxeln eller själva styrväxeln är sliten eller glappar.

☐ Vrid sedan ratten kraftfullt åt båda hållen så att hjulen vrids något. Undersök då alla damasker, styrleder, länksystem, rörkopplingar och anslutningar/fästen. Byt ut alla delar som verkar utslitna eller skadade. På bilar med servostyrning skall servopumpen, drivremmen och slangarna kontrolleras.

Stötdämpare

☐ Tryck ned hörnen på bilen i tur och ordning och släpp upp. Bilen skall gunga upp och sedan gå tillbaka till ursprungsläget. Om bilen

fortsätter att gunga är stötdämparna dåliga. Stötdämpare som kärvar påtagligt gör också att bilen inte klarar besiktningen. (Observera att stötdämpare kan saknas på vissa fjädersystem.)

☐ Kontrollera också att bilen står rakt och ungefär i rätt höjd.

Avgassystem

☐ Starta motorn medan någon håller en trasa över avgasröret och kontrollera sedan att avgassystemet inte läcker. Reparera eller byt ut de delar som läcker.

Kaross

☐ Skador eller korrosion/rost som utgörs av vassa eller i övrigt farliga kanter med risk för personskada medför vanligtvis att bilen måste repareras och ombesiktas. Det får inte heller finnas delar som sitter påtagligt löst.

☐ Det är inte tillåtet att ha utskjutande detaljer och anordningar med olämplig utformning eller placering (prydnadsföremål, antennfästen, viltfångare och liknande).

☐ Kontrollera att huvlås och säkerhetsspärr fungerar och att gångjärnen inte sitter löst eller på något vis är skadade.

☐ Se också till att stänkskydden täcker hela däckets bredd.

3 Kontroller som utförs med bilen upphissad och med fria hjul

Lyft upp både fram- och bakvagnen och ställ bilen på pallbockar. Placera pallbockarna så att de inte tar i fjäderupphängningen. Se till att hjulen inte tar i marken och att de går att vrida till fullt rattutslag. Om du har begränsad utrustning går det naturligtvis bra att lyfta upp en ände i taget.

Styrsystem

☐ Be någon vrida på ratten till fullt rattutslag. Kontrollera att alla delar i styrningen går mjukt och att ingen del av styrsystemet tar i någonstans.

☐ Undersök kuggstångsdamaskerna så att de inte är skadade eller att metallklämmorna glappar. Om bilen är utrustad med servostyrning ska slangar, rör och kopplingar kontrolleras så att de inte är skadade eller

läcker. Kontrollera också att styrningen inte är onormalt trög eller kärvar. Undersök länkarmar, krängningshämmare, styrstag och styrleder och leta efter glapp och rost.

☐ Se även till att ingen saxpinne eller liknande låsmekanism saknas och att det inte finns gravrost i närheten av någon av styrmekanismens fästpunkter.

Upphängning och hjullager

☐ Börja vid höger framhjul. Ta tag på sidorna av hjulet och skaka det kraftigt. Se till att det inte glappar vid hjullager, spindelleder eller vid upphängningens infästningar och leder.

☐ Ta nu tag upptill och nedtill på hjulet och upprepa ovanstående. Snurra på hjulet och undersök hjullagret angående missljud och glapp.

☐ Om du misstänker att det är för stort spel vid en komponents led kan man kontrollera detta genom att använda en stor skruvmejsel eller liknande och bända mellan infästningen och komponentens fäste. Detta visar om det är bussningen, fästskruven eller själva infästningen som är sliten (bulthålen kan ofta bli uttänjda).

☐ Kontrollera alla fyra hjulen.

Fjädrar och stötdämpare

☐ Undersök fjäderbenen (där så är tillämpligt) angående större läckor, korrosion eller skador i godset. Kontrollera också att fästena sitter säkert.

☐ Om bilen har spiralfjädrar, kontrollera att dessa sitter korrekt i fjädersätena och att de inte är utmattade, rostiga, spruckna eller av.

☐ Om bilen har bladfjädrar, kontrollera att alla bladen är hela, att axeln är ordentligt fastsatt mot fjädrarna och att fjäderöglorna, bussningarna och upphängningarna inte är slitna.

☐ Liknande kontroll utförs på bilar som har annan typ av upphängning såsom torsionfjädrar, hydraulisk fjädring etc. Se till att alla infästningar och anslutningar är säkra och inte utslitna, rostiga eller skadade och att den hydrauliska fjädringen inte läcker olja eller på annat sätt är skadad.

☐ Kontrollera att stötdämparna inte läcker och att de är hela och oskadade i övrigt samt se till att bussningar och fästen inte är utslitna.

Drivning

☐ Snurra på varje hjul i tur och ordning. Kontrollera att driv-/kardanknutar inte är lösa, glappa, spruckna eller skadade. Kontrollera också att skyddsbälgarna är intakta och att driv-/kardanaxlar är ordentligt fastsatta, raka och oskadade. Se även till att inga andra detaljer i kraftöverföringen är glappa, lösa, skadade eller slitna.

Bromssystem

☐ Om det är möjligt utan isärtagning, kontrollera hur bromsklossar och bromsskivor ser ut. Se till att friktionsmaterialet på bromsbeläggen (A) inte är slitet under 2 mm och att bromsskivorna (B) inte är spruckna, gropiga, repiga eller utslitna.

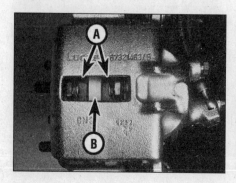

☐ Undersök alla bromsrör under bilen och bromsslangarna bak. Leta efter rost, skavning och övriga skador på ledningarna och efter tecken på blåsor under tryck, skavning, sprickor och förslitning på slangarna. (Det kan vara enklare att upptäcka eventuella sprickor på en slang om den böjs något.)

☐ Leta efter tecken på läckage vid bromsoken och på bromssköldarna. Reparera eller byt ut delar som läcker.

☐ Snurra sakta på varje hjul medan någon trycker ned och släpper upp bromspedalen. Se till att bromsen fungerar och inte ligger an när pedalen inte är nedtryckt.

☐ Undersök handbromsmekanismen och kontrollera att vajern inte har fransat sig, är av eller väldigt rostig eller att länksystemet är utslitet eller glappar. Se till att handbromsen fungerar på båda hjulen och inte ligger an när den läggs ur.

☐ Det är inte möjligt att prova bromsverkan utan specialutrustning, men man kan göra ett körtest och prova att bilen inte drar åt något håll vid en kraftig inbromsning.

Bränsle- och avgassystem

☐ Undersök bränsletanken (inklusive tanklock och påfyllningshals), fastsättning, bränsleledningar, slangar och anslutningar. Alla delar måste sitta fast ordentligt och får inte läcka.

☐ Granska avgassystemet i hela dess längd beträffande skadade, avbrutna eller saknade upphängningar. Kontrollera systemets skick beträffande rost och se till att rörklämmorna är säkert monterade. Svarta sotavlagringar på avgassystemet tyder på ett annalkande läckage.

Hjul och däck

☐ Undersök i tur och ordning däcksidorna och slitbanorna på alla däcken. Kontrollera att det inte finns några skärskador, revor eller bulor och att korden inte syns p g a utslitning eller skador. Kontrollera att däcket är korrekt monterat på fälgen och att hjulet inte är deformerat eller skadat.

☐ Se till att det är rätt storlek på däcken för bilen, att det är samma storlek och däcktyp på samma axel och att det är rätt lufttryck i däcken. Se också till att inte ha dubbade och odubbade däck blandat. (Dubbade däck får användas under vinterhalvåret, från 1 oktober till första måndagen efter påsk.)

☐ Kontrollera mönsterdjupet på däcken – minsta tillåtna mönsterdjup är 1,6 mm. Onormalt däckslitage kan tyda på felaktig framhjulsinställning.

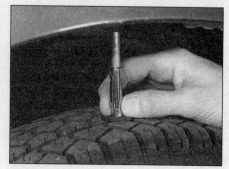

Korrosion

☐ Undersök alla bilens bärande delar efter rost. (Bärande delar innefattar underrede, tröskellådor, tvärbalkar, stolpar och all upphängning, styrsystemet, bromssystemet samt bältesinfästningarna.) Rost som avsevärt har reducerat tjockleken på en bärande yta medför troligtvis en tvåa i besiktningsprotokollet. Sådana skador kan ofta vara svåra att reparera själv.

☐ Var extra noga med att kontrollera att inte rost har gjort det möjligt för avgaser att tränga in i kupén. Om så är fallet kommer fordonet ovillkorligen inte att klara besiktningen och dessutom utgör det en stor trafik- och hälsofara för dig och dina passagerare.

4 Kontroller som utförs på bilens avgassystem

Bensindrivna modeller

☐ Starta motorn och låt den bli varm. Se till att tändningen är rätt inställd, att luftfiltret är rent och att motorn går bra i övrigt.

☐ Varva först upp motorn till ca 2500 varv/min och håll den där i ca 20 sekunder. Låt den sedan gå ner till tomgång och iaktta avgasutsläppen från avgasröret. Om tomgången är onaturligt hög eller om tät blå eller klart synlig svart rök kommer ut med avgaserna i mer än 5 sekunder så kommer bilen antagligen inte att klara besiktningen. I regel tyder blå rök på att motorn är sliten och förbränner olja medan svart rök tyder på att motorn inte förbränner bränslet ordentligt (smutsigt luftfilter eller annat förgasar- eller bränslesystemfel).

☐ Vad som då behövs är ett instrument som kan mäta koloxid (CO) och kolväten (HC). Om du inte har möjlighet att låna eller hyra ett dylikt instrument kan du få hjälp med det på en verkstad för en mindre kostnad.

CO- och HC-utsläpp

☐ För närvarande är högsta tillåtna gränsvärde för CO- och HC-utsläpp för bilar av årsmodell 1989 och senare (d v s bilar med katalysator enligt lag) 0,5% CO och 100 ppm HC.

På tidigare årsmodeller testas endast CO-halten och följande gränsvärden gäller:

årsmodell 1985-88	3,5% CO
årsmodell 1971-84	4,5% CO
årsmodell -1970	5,5% CO.

Bilar av årsmodell 1987-88 med frivilligt monterad katalysator bedöms enligt 1989 års komponentkrav men 1985 års utsläppskrav.

☐ Om CO-halten inte kan reduceras tillräckligt för att klara besiktningen (och bränsle- och tändningssystemet är i bra skick i övrigt) ligger problemet antagligen hos förgasaren/bränsleinsprutningsystemet eller katalysatorn (om monterad).

☐ Höga halter av HC kan orsakas av att motorn förbränner olja men troligare är att motorn inte förbränner bränslet ordentligt.

Dieseldrivna modeller

☐ Det enda testet för avgasutsläpp på dieseldrivna bilar är att man mäter röktätheten. Testet innebär att man varvar motorn kraftigt upprepade gånger.

Observera: *Det är oerhört viktigt att motorn är rätt inställd innan provet genomförs.*

☐ Mycket rök kan orsakas av ett smutsigt luftfilter. Om luftfiltret inte är smutsigt men bilen ändå avger mycket rök kan det vara nödvändigt att söka experthjälp för att hitta orsaken.

5 Körtest

☐ Slutligen, provkör bilen. Var extra uppmärksam på eventuella missljud, vibrationer och liknande.

☐ Om bilen har automatväxellåda, kontrollera att den endast går att starta i lägena P och N. Om bilen går att starta i andra växellägen måste växelväljarmekanismen justeras.

☐ Kontrollera också att hastighetsmätaren fungerar och inte är missvisande.

☐ Se till att ingen extrautrustning i kupén, t ex biltelefon och liknande, är placerad så att den vid en eventuell kollision innebär ökad risk för personskada.

☐ Bilen får inte dra åt något håll vid normal körning. Gör också en hastig inbromsning och kontrollera att bilen inte då drar åt något håll. Om kraftiga vibrationer känns vid inbromsning kan det tyda på att bromsskivorna är skeva och bör bytas eller fräsas om. (Inte att förväxlas med de låsningsfria bromsarnas karakteristiska vibrationer.)

☐ Om vibrationer känns vid acceleration, hastighetsminskning, vid vissa hastigheter eller hela tiden, kan det tyda på att drivknutar eller drivaxlar är slitna eller defekta, att hjulen eller däcken är felaktiga eller skadade, att hjulen är obalanserade eller att styrleder, upphängningens leder, bussningar eller andra komponenter är slitna.

Motor

- [ ] Motorn går inte runt vid startförsök
- [ ] Motorn går runt, men startar inte
- [ ] Motorn är svårstartad när den är kall
- [ ] Motorn är svårstartad när den är varm
- [ ] Startmotorn ger i från sig oljud eller kärvar
- [ ] Motorn startar, men stannar omedelbart
- [ ] Ojämn tomgång
- [ ] Motorn feltänder vid tomgång
- [ ] Motorn feltänder vid alla varvtal
- [ ] Långsam acceleration
- [ ] Överstegring av motorn
- [ ] Låg motorkapacitet
- [ ] Motorn misständer
- [ ] Varningslampan för oljetryck lyser när motorn är igång
- [ ] Glödtändning
- [ ] Motorljud

Kylsystem

- [ ] Överhettning
- [ ] Alltför stark avkylning
- [ ] Yttre kylvätskeläckage
- [ ] Inre kylvätskeläckage
- [ ] Korrosion

Bränsle- och avgassystem

- [ ] Överdriven bränsleförbrukning
- [ ] Bränsleläckage och/eller bränslelukt
- [ ] Överdriven ljudnivå eller för mycket avgaser från avgassystemet

Koppling

- [ ] Pedalen går i golvet – inget tryck eller mycket lite motstånd
- [ ] Kopplingen tar inte (det går inte att lägga i växlar)
- [ ] Kopplingen slirar (motorvarvtalet ökar utan att hastigheten ökar)
- [ ] Skakningar vid frikoppling
- [ ] Missljud när kopplingspedalen trycks ner eller släpps upp

Manuell växellåda

- [ ] Missljud i friläge när motorn går
- [ ] Missljud när en speciell växel ligger i
- [ ] Svårt att lägga i växlar
- [ ] Växeln hoppar ur
- [ ] Vibrationer
- [ ] Smörjmedelsläckage

Automatisk växellåda

- [ ] Oljeläckage
- [ ] Växellådsoljan är brun eller luktar bränt
- [ ] Motorn startar inte på någon växel, eller startar på andra växlar än Park eller Neutral
- [ ] Allmänna problem med växlingen
- [ ] Växellådan växlar inte ner (kickdown) när gaspedalen är helt nedtryckt
- [ ] Växellådan slirar, växlar trögt, låter illa eller är utan drift i framväxlarna eller backen

Drivaxlar

- [ ] Vibrationer vid acceleration eller inbromsning
- [ ] Klickande eller knackande ljud vid svängar (i låg fart med fullt rattutslag)

Bromssystem

- [ ] Bilen drar åt ena sidan vid inbromsning
- [ ] Oljud (slipljud eller högt gnisslande) vid inbromsning
- [ ] Överdriven pedalväg
- [ ] Bromspedalen känns svampig vid nedtryckning
- [ ] Överdriven pedalkraft krävs för att stanna bilen
- [ ] Skakningar i bromspedal eller ratt vid inbromsning
- [ ] Pedalen vibrerar vid hård inbromsning
- [ ] Bromsarna kärvar
- [ ] Bakhjulen låser sig vid normal inbromsning

Fjädring och styrning

- [ ] Bilen drar åt ena sidan
- [ ] Hjulen vinglar och skakar
- [ ] Kraftiga nigningar och/eller krängningar runt hörn eller vid inbromsning
- [ ] Vandrande eller allmän instabilitet
- [ ] Överdrivet stel styrning
- [ ] Överdrivet spel i styrningen
- [ ] Bristande servoeffekt
- [ ] Betydande däckslitage

Elsystem

- [ ] Batteriet laddar ur på bara ett par dagar
- [ ] Tändningslampan fortsätter lysa när motorn går
- [ ] Tändningslampan tänds inte
- [ ] Ljusen fungerar inte
- [ ] Instrumentavläsningarna missvisande eller ryckiga
- [ ] Signalhornet fungerar dåligt eller inte alls
- [ ] Vindrute-/bakrutetorkarna fungerar dåligt eller inte alls
- [ ] Vindrute-/bakrutespolarna fungerar dåligt eller inte alls
- [ ] De elektriska fönsterhissarna fungerar dåligt eller inte alls
- [ ] Centrallåset fungerar dåligt eller inte alls

Inledning

De fordonsägare som underhåller sina bilar inom rekommenderade intervall kommer inte att behöva använda den här delen av handboken ofta. Idag är bilens delar så pålitliga att om de inspekteras eller byts med rekommenderade mellanrum är plötsliga haverier tämligen sällsynta. Fel uppstår vanligen inte plötsligt, de utvecklas med tiden. Speciellt större mekaniska haverier föregås vanligen av karakteristiska symptom under hundra- eller tusentals kilometer. De komponenter som vanligen havererar utan föregående varning är i regel små och lätta att ha med i bilen.

Vid all felsökning är det första steget att bestämma var man ska börja söka. Ibland är detta uppenbart, men ibland behövs lite detektivarbete. En bilägare som gör ett halvdussin slumpvisa justeringar eller komponentbyten kan lyckas åtgärda ett fel (eller dess symptom), men han eller hon kommer inte veta vad felet beror på om det uppstår igen. Till sist kommer bilägaren att ha lagt ner mer tid eller pengar än vad som var nödvändigt. Ett lugnt och metodiskt tillvägagångssätt är bättre i det långa loppet. Försök alltid tänka på vilka varningstecken eller avvikelser från det normala som förekommit tiden före felet – strömförlust, höga eller låga mätaravläsningar, ovanliga lukter etc. Kom ihåg att defekta komponenter som säkringar eller tändstift kanske bara är tecken på ett bakomliggande fel.

Följande sidor fungerar som en enkel guide till de vanligaste problem som kan uppstå med bilen. Problemen och deras möjliga orsaker grupperas under rubriker för olika komponenter eller system som Motorn, Kylsystemet etc. Kapitel och/eller avsnitt som tar upp detta problem visas inom parentes. Se den aktuella delen i kapitlet för systemspecifik information. Oavsett fel finns vissa grundläggande principer. Dessa är:

Bekräfta felet. Detta görs helt enkelt för att kontrollera att symptomen är kända innan arbetet påbörjas. Detta är extra viktigt om du undersöker ett fel åt någon annan som kanske inte har beskrivit problemet korrekt.

Förbise inte det självklara. Om bilen till exempel inte startar, finns det verkligen bensin i tanken? (Ta inte någon annans ord för givet på denna punkt och lita inte heller på bränslemätaren!) Om ett elektriskt fel indikeras, leta efter lösa eller brutna ledningar innan testutrustningen tas fram.

Bota sjukdomen, inte symptomen. Att byta ett urladdat batteri mot ett fulladdat tar dig från vägkanten, men om orsaken inte åtgärdas kommer det nya batteriet snart att vara urladdat. Byts nedoljade tändstift ut mot nya

rullar bilen, men orsaken till nedsmutsningen måste fortfarande fastställas och åtgärdas (om den inte berodde att tändstiften hade fel värmetal).

Ta inte någonting för givet. Glöm inte att även "nya" delar kan vara defekta (särskilt om de skakat runt i bagageutrymmet månader i sträck). Utelämna inte några komponenter vid en felsökning bara för att de är nya eller nymonterade. När felet slutligen upptäcks inser du antagligen att det fanns tecken på felet från början.

Motor

Motorn går inte runt vid startförsök

☐ Batterianslutningarna sitter löst eller är korroderade (se *Veckokontroller*).
☐ Batteriet urladdat eller defekt (kapitel 5A).
☐ Brutna, lösa eller urkopplade ledningar i startmotorkretsen (kapitel 5A).
☐ Defekt solenoid eller kontakt (kapitel 5A).
☐ Defekt startmotor (kapitel 5A).
☐ Startmotorns drev eller svänghjul har lösa eller brutna kuggar (kapitel 2 och 5A).
☐ Motorns jordfläta trasig eller losskopplad (kapitel 5A).

Motorn går runt, men startar inte

☐ Bränsletanken tom.
☐ Batteriet urladdat (motorn roterar långsamt) (kapitel 5A).
☐ Batterianslutningarna sitter löst eller är korroderade (se *Veckokontroller*).
☐ Delar i tändningen fuktiga eller skadade (kapitel 1 och 5B).
☐ Brutna, lösa eller urkopplade ledningar i tändningskretsen (kapitel 1 och 5B).
☐ Slitna, defekta eller felaktigt justerade tändstift (kapitel 1).
☐ Bränsleinsprutningssystemet defekt (kapitel 4A).
☐ Större mekaniskt fel (t.ex. kamaxeldrivning) (kapitel 2).

Motorn är svårstartad när den är kall

☐ Batteriet urladdat (kapitel 5A).
☐ Batterianslutningarna sitter löst eller är korroderade (se *Veckokontroller*).
☐ Slitna, defekta eller felaktigt justerade tändstift (kapitel 1).
☐ Bränsleinsprutningssystemet defekt (kapitel 4A).
☐ Annat fel tändningssystemet (kapitel 1 och 5B).
☐ Låg cylinderkompression (kapitel 2).

Motorn svårstartad när den är varm

☐ Igensatt luftfilter (kapitel 1).
☐ Bränsleinsprutningssystemet defekt (kapitel 4A).
☐ Låg cylinderkompression (kapitel 2).

Startmotorn ger oljud ifrån sig eller går väldigt ojämnt

☐ Startmotorns drev eller svänghjul har lösa eller brutna kuggar (kapitel 2 och 5A).
☐ Startmotorns fästbultar lösa eller saknas (kapitel 5A)
☐ Startmotorns interna delar slitna eller skadade (kapitel 5A).

Motor startar, men stannar omedelbart

☐ Lösa eller defekta ledningar i tändningskretsen (kapitel 1 och 5B).
☐ Vakuumläckage i gasspjällshuset eller insugningsgrenröret (kapitel 4A).
☐ Igentäppt insprutningsventil/bränsleinsprutningssystemet defekt (kapitel 4A).

Ojämn tomgång

☐ Igensatt luftfilter (kapitel 1).
☐ Vakuumläckage i gasspjällshuset, insugningsgrenröret eller tillhörande slangar (kapitel 4A).
☐ Slitna, defekta eller felaktigt justerade tändstift (kapitel 1).
☐ Ojämna eller låga cylinderkompressioner (kapitel 2).
☐ Kamlober slitna (kapitel 2).
☐ Kamremmen felaktigt monterad (kapitel 2).
☐ Igentäppt insprutningsventil/bränsleinsprutningssystemet defekt (kapitel 4A).

Feltändning vid tomgång

☐ Slitna, defekta eller felaktigt justerade tändstift (kapitel 1).
☐ Defekta tändkablar (kapitel 1).
☐ Vakuumläckage i gasspjällshuset, insugningsgrenröret eller tillhörande slangar (kapitel 4A).
☐ Igentäppt insprutningsventil/bränsleinsprutningssystemet defekt (kapitel 4A).
☐ Ojämna eller låga cylinderkompressioner (kapitel 2).
☐ Lös, läckande eller trasig slang i vevhusventilationen (kapitel 4B).

Feltändning vid alla varvtal

☐ Chokat bränslefilter (kapitel 1).
☐ Defekt bränslepump eller lågt matningstryck (kapitel 4A).
☐ Blockerad bensintanksventil eller delvis igentäppta bränslerör (kapitel 4A).
☐ Vakuumläckage i gasspjällshuset, insugningsgrenröret eller tillhörande slangar (kapitel 4A).
☐ Slitna, defekta eller felaktigt justerade tändstift (kapitel 1).
☐ Defekta tändkablar (kapitel 1).
☐ Funktionsfel i tändspolen (kapitel 5B).
☐ Ojämna eller låga cylinderkompressioner (kapitel 2).
☐ Igentäppt insprutningsventil/bränsleinsprutningssystemet defekt (kapitel 4A).

Långsam acceleration

☐ Slitna, defekta eller felaktigt justerade tändstift (kapitel 1).
☐ Vakuumläckage i gasspjällshuset, insugningsgrenröret eller tillhörande slangar (kapitel 4A).
☐ Igentäppt insprutningsventil/bränsleinsprutningssystemet defekt (kapitel 4A).

Överstegring av motorn

☐ Vakuumläckage i gasspjällshuset, insugningsgrenröret eller tillhörande slangar (kapitel 4A).
☐ Chokat bränslefilter (kapitel 1).
☐ Defekt bränslepump eller lågt matningstryck (kapitel 4A).
☐ Blockerad bensintanksventil eller delvis igentäppta bränslerör (kapitel 4A).
☐ Igentäppt insprutningsventil/bränsleinsprutningssystemet defekt (kapitel 4A).

Motor (forts)

Låg motorkapacitet

- ☐ Kamrem/kedja felaktigt monterad eller för lös (kapitel 2).
- ☐ Chokat bränslefilter (kapitel 1).
- ☐ Defekt bränslepump eller lågt matningstryck (kapitel 4A).
- ☐ Ojämna eller låga cylinderkompressioner (kapitel 2).
- ☐ Slitna, defekta eller felaktigt justerade tändstift (kapitel 1).
- ☐ Vakuumläckage i gasspjällshuset, insugningsgrenröret eller tillhörande slangar (kapitel 4A).
- ☐ Igentäppt insprutningsventil/bränsleinsprutningssystemet defekt (kapitel 4A).
- ☐ Kärvande bromsar (kapitel 1 och 9).
- ☐ Kopplingen slirar (kapitel 6).

Motorn misständer

- ☐ Kamremmen felaktigt monterad eller för lös (kapitel 2).
- ☐ Vakuumläckage i gasspjällshuset, insugningsgrenröret eller tillhörande slangar (kapitel 4A).
- ☐ Igentäppt insprutningsventil/bränsleinsprutningssystemet defekt (kapitel 4A).

Varningslampan för oljetryck lyser när motorn är igång

- ☐ Låg oljenivå eller felaktig oljekvalitet (se *Veckokontroller*).
- ☐ Defekt oljetrycksgivare (kapitel 5A).
- ☐ Slitna motorlager och/eller sliten oljepump (kapitel 2).
- ☐ Motorns arbetstemperatur hög (kapitel 3).
- ☐ Defekt oljeövertrycksventil (kapitel 2).
- ☐ Oljeupptagarsil igensatt (kapitel 2).

Glödtändning

- ☐ För mycket sotavlagringar i motorn (kapitel 2).
- ☐ Motorns arbetstemperatur hög (kapitel 3).
- ☐ Bränsleinsprutningssystemet defekt (kapitel 4A).

Motorljud

Förtändning (spikning) eller knackning under acceleration eller belastning

- ☐ Fel tändläge/defekt tändsystem (kapitel 1 och 5B).
- ☐ Fel värmetal på tändstift (kapitel 1).
- ☐ Felaktig bränslegrad (kapitel 4A).
- ☐ Vakuumläckage i gasspjällshuset, insugningsgrenröret eller tillhörande slangar (kapitel 4A).
- ☐ För mycket sotavlagringar i motorn (kapitel 2).
- ☐ Igentäppt insprutningsventil/bränsleinsprutningssystemet defekt (kapitel 4A).

Visslande eller väsande ljud

- ☐ Läckage i insugningsgrenröret eller gasspjällshusets packning (kapitel 4A).
- ☐ Läckande avgasgrenrörspackning eller skarv mellan rör och grenrör (kapitel 4A).
- ☐ Läckande vakuumslang (kapitel 4, 5 och 9).
- ☐ Blåst topplockspackning (kapitel 2).

Knackande eller skallrande ljud

- ☐ Slitet ventildrev eller kamaxel (kapitel 2).
- ☐ Defekt hjälpaggregat (kylvätskepump, växelströmsgenerator, etc.) (kapitel 3, 5, etc.).

Knackande ljud eller slag

- ☐ Slitna vevstakslager (regelbundna hårda knackningar som eventuellt minskar under belastning) (kapitel 2).
- ☐ Slitna ramlager (muller och knackningar som eventuellt tilltar vid belastning) (kapitel 2).
- ☐ Kolvslammer (hörs mest vid kyla) (kapitel 2).
- ☐ Defekt hjälpaggregat (kylvätskepump, växelströmsgenerator, etc.) (kapitel 3, 5, etc.).

Kylsystem

Överhettning

- ☐ För lite kylvätska i systemet (*Veckokontroller*).
- ☐ Defekt termostat (kapitel 3).
- ☐ Igensatt kylare eller grill (kapitel 3).
- ☐ Defekt elektrisk kylfläkt eller termostatkontakt (kapitel 3).
- ☐ Defekt temperaturgivare (kapitel 3).
- ☐ Luftbubbla i kylsystemet (kapitel 3)
- ☐ Defekt expansionskärlslock (kapitel 3).

För stark avkylning

- ☐ Defekt termostat (kapitel 3).
- ☐ Defekt temperaturgivare (kapitel 3).

Yttre kylvätskeläckage

- ☐ Åldrade eller skadade slangar eller slangklämmor (kapitel 1).

- ☐ Läckage i kylare eller värmepaket (kapitel 3).
- ☐ Defekt trycklock (kapitel 3).
- ☐ Kylvätskepumpens inre tätning läcker (kapitel 3).
- ☐ Läckage kylvätskepump-till-blocktätning (kapitel 3).
- ☐ Kokning på grund av överhettning (kapitel 3).
- ☐ Kylarens hylsplugg läcker (kapitel 2).

Inre kylvätskeläckage

- ☐ Topplockspackningen läcker (kapitel 2).
- ☐ Sprucket topplock eller motorblock (kapitel 2).

Korrosion

- ☐ Tömning och spolning sker sällan (kapitel 1).
- ☐ Felaktig kylvätskeblandning eller fel typ av kylvätska (se *Veckokontroller*).

Bränsle- och avgassystem

Överdriven bränsleförbrukning

- ☐ Igensatt luftfilter (kapitel 1).
- ☐ Bränsleinsprutningssystemet defekt (kapitel 4A).
- ☐ Fel tändläge/defekt tändsystem (kapitel 1 och 5B).
- ☐ För lite luft i däcken (se *Veckokontroller*).

Bränsleläckage och/eller bränslelukt

- ☐ Skadad eller korroderad bränsletank, rör eller anslutningar (kapitel 4A).

Överdriven ljudnivå eller för mycket avgaser från avgassystemet

- ☐ Läckande avgassystem eller grenörsanslutningar (kapitel 1 och 4A).
- ☐ Läckande, korroderade eller skadade ljuddämpare eller rör (kapitel 1 och 4A).
- ☐ Trasiga fästen som orsakar kontakt med karossen eller fjädringen (kapitel 1).

Koppling

Pedalen går i golvet – inget tryck eller mycket lite motstånd

- ☐ Luft i hydraulsystemet/defekt huvud- eller slavcylinder (kapitel 6).
- ☐ Defekt hydraulurkopplingssystem (kapitel 6).
- ☐ Defekt urtrampningslager eller arm (kapitel 6).
- ☐ Trasig tallriksfjäder i kopplingens tryckplatta (kapitel 6).

Frikopplar inte (går ej att lägga i växlar)

- ☐ Luft i hydraulsystemet/defekt huvud- eller slavcylinder (kapitel 6).
- ☐ Defekt hydraulurkopplingssystem (kapitel 6).
- ☐ Lamellen fastnar på räfflorna på växellådans ingående axel (Kapitel 6).
- ☐ Lamellen fastnar på svänghjul eller tryckplatta (kapitel 6).
- ☐ Defekt tryckplatta (kapitel 6).
- ☐ Urkopplingsmekanismen sliten eller felaktigt ihopsatt (kapitel 6).

Kopplingen slirar (motorns varvtal ökar men inte bilens hastighet)

- ☐ Defekt hydraulurkopplingssystem (kapitel 6).

- ☐ Lamellbeläggen är mycket slitna (kapitel 6).
- ☐ Lamellbeläggen förorenade med olja eller fett (kapitel 6).
- ☐ Defekt tryckplatta eller svag tallriksfjäder (kapitel 6).

Skakningar vid frikoppling

- ☐ Lamellbeläggen förorenade med olja eller fett (kapitel 6).
- ☐ Lamellbeläggen är mycket slitna (kapitel 6).
- ☐ Defekt eller skev tryckplatta eller tallriksfjäder (kapitel 6).
- ☐ Slitna eller lösa motor- eller växellådefästen (kapitel 2).
- ☐ Slitna spår på lamellnavet eller växellådans ingående axel (kapitel 6).

Missljud när kopplingspedalen trycks ner eller släpps upp

- ☐ Slitet urkopplingslager (kapitel 6).
- ☐ Sliten eller torr styrbult för kopplingspedal (kapitel 6).
- ☐ Defekt tryckplatta (kapitel 6).
- ☐ Tryckplattans tallriksfjäder trasig (kapitel 6).
- ☐ Kopplingslamellens dynfjädrar defekta (kapitel 6).

Manuell växellåda

Missljud i friläge när motorn går

- ☐ Slitage i ingående axelns lager (missljud med uppsläppt men inte med nedtryckt kopplingspedal) (kapitel 7A).*
- ☐ Slitet urkopplingslager (missljud med nedtryckt pedal som möjligen minskar när pedalen släpps upp) (kapitel 6).

Missljud när en specifik växel ligger i

- ☐ Slitna eller skadade kuggar på växellådsdreven (kapitel 7A).*

Svårt att lägga i växlar

- ☐ Kopplingen defekt (kapitel 6).
- ☐ Slitet eller skadat växellänkage (kapitel 7A).
- ☐ Slitna synkroniseringsenheter (kapitel 7A).*

Växeln hoppar ur

- ☐ Slitet eller skadat växellänkage (kapitel 7A).
- ☐ Slitna synkroniseringsenheter (kapitel 7A).*
- ☐ Slitna väljargafflar (kapitel 7A).*

Vibrationer

- ☐ För lite olja (kapitel 1).
- ☐ Slitna lager (kapitel 7A).*

Smörjmedelsläckage

- ☐ Oljetätningen läcker (kapitel 7A).
- ☐ Läckande husfog (kapitel 7A).*

*Ovanstående bör vara till hjälp när man söker orsaken till ett visst skick, så att ägaren kan kommunicera utan missförstånd med den professionelle mekanikern.

Automatisk växellåda

Observera: *På grund av automatväxelns komplicerade sammansättning är det svårt för hemmamekanikerna att ställa riktiga diagnoser och serva enheten. Om andra problem än följande uppstår ska bilen tas till en verkstad eller till en specialist på växellådor. Var inte för snabb med att ta bort växellådan om ett fel misstänks. De flesta kontroller ska utföras med växellådan monterad.*

Oljeläckage

- ☐ Automatisk växellådans olja är ofta mörk till färgen. Vätskeläckage ska inte blandas ihop med motorolja, som lätt kan stänka på växellådan av luftflödet.
- ☐ För att hitta läckan, använd avfettningsmedel eller en ångtvätt och rengör växelhuset och områdena runt omkring från smuts och avlagringar. Kör bilen långsamt så att inte luftflödet blåser den läckande oljan långt från källan. Hissa upp bilen och stöd den på pallbockar, och fastställ varifrån läckan kommer.

Växellådsoljan är brun eller luktar bränt

- ☐ Växellådsoljenivån låg, eller så måste vätskan bytas (kapitel 1 och 7B).

Motorn startar inte i någon växel, eller startar i andra växlar än Park eller Neutral

- ☐ Felaktig inställning av startspärr/backljuskontakt (kapitel 7B).
- ☐ Felaktig inställning av växelvajer (kapitel 7B)

Allmänna problem med att växla

I kapitel 7B behandlas kontroll och justering av växelvajern på automatväxellådor. Följande problem är vanliga:

- a) Motorn startar i andra växlar än Park eller Neutral.
- b) Indikatorpanelen anger en annan växel än den som används.
- c) Bilen rör sig när växlarna Park eller Neutral ligger i.
- d) Dålig eller felaktig utväxling.

Växellådan växlar inte ner (kickdown) när gaspedalen är helt nedtryckt

- ☐ Växellådsoljenivån är låg (kapitel 1).
- ☐ Felaktig inställning av växelvajer (kapitel 7B)

Växellådan slirar, växlar trögt, låter illa eller är utan drift i framväxlarna eller backen

- ☐ Det finns många möjliga orsaker till ovanstående problem, men hemmamekanikern ska endast bry sig om en av möjligheterna – vätskenivån.

Drivaxlar

Vibrationer vid acceleration eller inbromsning

- [ ] Sliten inre drivknut (kapitel 8).
- [ ] Böjd eller skev drivaxel (kapitel 8).
- [ ] Slitet mellanlager – om tillämpligt (kapitel 8).

Klickande eller knackande ljud vid svängar (i låg fart med fullt rattutslag)

- [ ] Sliten yttre drivknut (kapitel 8).
- [ ] Bristfällig smörjning i knuten, eventuellt på grund av defekt damask (kapitel 8).

Bromssystem

Observera: *Kontrollera däckens skick och lufttryck, framvagnens inställning samt att bilen inte är ojämnt belastad innan bromsarna antas vara defekta. Alla fel och åtgärder i ABS-systemet, utom kontroll av anslutningar för rör och slangar, ska överlåtas till en Opel-verkstad.*

Bilen drar åt ena sidan vid inbromsning

- [ ] Slitna, defekta, skadade eller förorenade fram- eller bakbromsklossar/backar på en sida (kapitel 1 och 9).
- [ ] Skuren eller delvis skuren fram- eller bakbromsok/hjulcylinderkolv (kapitel 9).
- [ ] Olika bromsklossmaterial på sidorna (kapitel 9).
- [ ] Bromsokets eller bakbroms stödplattans fästbultar lösa (kapitel 9).
- [ ] Slitna eller skadade komponenter i styrning eller fjädring (kapitel 1 och 10).

Oljud (slipljud eller högt gnisslande) vid inbromsning

- [ ] Bromsklossarnas friktionsbeläggning nedslitet till akustisk varningsgivare (kapitel 9).
- [ ] Bromsklossarnas eller bromsbackarnas friktionsmaterial nedslitet till metallplattan (kapitel 1 och 9).
- [ ] Kraftig korrosion på bromsskivan eller trumman (kan visa sig efter att bilen har stått oanvänd en längre tid (kapitel 1 och 9).
- [ ] Främmande föremål (grus etc.) fast mellan bromsskivan och bromssköldsplåten (kapitel 1 och 9).

Överdriven pedalväg

- [ ] Defekt självjusteringsmekanism bakre trumbroms (kapitel 9).
- [ ] Defekt huvudcylinder (kapitel 9).
- [ ] Luft i hydraulsystemet (kapitel 9).
- [ ] Defekt vakuumservo (kapitel 9).

Bromspedalen känns svampig vid nedtryckning

- [ ] Luft i hydraulsystemet (kapitel 9).
- [ ] Åldrade bromsslangar (kapitel 1 och 9).
- [ ] Huvudcylinderns fästen lösa (kapitel 9).
- [ ] Defekt huvudcylinder (kapitel 9).

Överdriven pedalkraft krävs för att stanna bilen

- [ ] Defekt vakuumservo (kapitel 9).
- [ ] Bromsservons vakuumslangar urkopplade, skadade eller lösa (kapitel 1 och 9).
- [ ] Defekt primär- eller sekundärkrets (kapitel 9).
- [ ] Bromsokskolven eller hjulcylindern kärvar (kapitel 9).
- [ ] Bromsklossar/backar felmonterade (kapitel 9).
- [ ] Fel typ av klossar/backar monterade (kapitel 9).
- [ ] Bromsklossar/belägg förorenad (kapitel 9).

Skakningar i bromspedal eller ratt vid inbromsning

- [ ] Överdrivet skeva eller ovala skivor eller trummar (kapitel 9).
- [ ] Bromsklossarnas/backarnas beläggning nedsliten (kapitel 1 och 9).
- [ ] Bromsokets eller bakbroms stödplattans fästbultar lösa (kapitel 9).
- [ ] Slitage in fjädring eller styrningskomponenter eller fästen (kapitel 1 och 10).

Pedalen vibrerar vid hård inbromsning

- [ ] Normal egenskap för ABS – ej fel

Bromsarna kärvar

- [ ] Bromsokskolven/hjulcylindern kärvar (kapitel 9).
- [ ] Felaktigt justerad handbromsvajer (kapitel 9).
- [ ] Defekt huvudcylinder (kapitel 9).

Bakhjulen låser sig vid normal inbromsning

- [ ] Bakre bromsklossarnas/backarnas beläggning förorenad (kapitel 1 och 9).
- [ ] Bakbromsskivor/backar skeva (kapitel 1 och 9).

Fjädring och styrning

Observera: *Kontrollera att felet inte beror på fel lufttryck i däcken, blandade däcktyper eller kärvande bromsar innan fjädringen eller styrningen diagnosticeras som defekta.*

Bilen drar åt ena sidan

- [ ] Defekt däck (se *Veckokontroller*).
- [ ] Onormalt slitage för fjädring eller styrningskomponenter (kapitel 1 och 10).
- [ ] Felaktig framhjulsinställning (kapitel 10).
- [ ] Krockskada på styrning eller fjädringsdelarna (kapitel 1 och 10).

Hjulen vinglar och skakar

- [ ] Framhjulen obalanserade (vibration känns huvudsakligen i ratten) (kapitel 10).
- [ ] Bakhjulen obalanserade (vibration känns i hela bilen) (kapitel 10).
- [ ] Hjulen skadade eller deformerade (kapitel 10).
- [ ] Defekt eller skadat däck (*Veckokontroller*).
- [ ] Slitna styrnings- eller fjädringsleder, bussningar eller komponenter (kapitel 1 och 10).
- [ ] Lösa hjulbultar (kapitel 1 och 10).

Kraftiga skakningar och/eller krängningar vid kurvtagning eller inbromsning

- [ ] Defekta stötdämpare (kapitel 1 och 10).
- [ ] Trasig eller svag spiralfjäder och/eller fjädringskomponent (kapitel 1 och 10).
- [ ] Slitage eller skada på krängningshämmare eller fästen (kapitel 10).

Vandrande eller allmän instabilitet

- [ ] Felaktig framhjulsinställning (kapitel 10).
- [ ] Slitna styrnings- eller fjädringsleder, bussningar eller komponenter (kapitel 1 och 10).
- [ ] Hjulen obalanserade (kapitel 10).
- [ ] Defekt eller skadat däck (*Veckokontroller*).
- [ ] Lösa hjulbultar (kapitel 10).
- [ ] Defekta stötdämpare (kapitel 1 och 10).

Överdrivet stel styrning

- [ ] Styrstagsändens eller fjädringens kulled anfrätt (kapitel 1 och 10).
- [ ] Brusten eller slirande drivrem (kapitel 1).
- [ ] Felaktig framhjulsinställning (kapitel 10).
- [ ] Defekt styrinrättning (kapitel 10).

Överdrivet spel i styrningen

- [ ] Rattstångens kardanknut sliten (kapitel 10).
- [ ] Styrstagsändens kulleder slitna (kapitel 1 och 10).
- [ ] Sliten styrinrättning (kapitel 10).
- [ ] Slitna styrnings- eller fjädringsleder, bussningar eller komponenter (kapitel 1 och 10).

Bristande servoeffekt

- [ ] Brusten eller slirande drivrem (kapitel 1).
- [ ] För hög eller låg servooljenivå (*Veckokontroller*).
- [ ] Igensatt servoslang (kapitel 10).
- [ ] Defekt servostyrningspump (kapitel 10).
- [ ] Defekt styrinrättning (kapitel 10).

Överdrivet däckslitage

Däcken slitna på inner- eller ytterkanten

- [ ] För lite luft i däcken (slitage på båda kanterna) (*Veckokontroller*).
- [ ] Felaktiga camber- eller castorvinklar (slitage på en kant) (kapitel 10).
- [ ] Slitna styrnings- eller fjädringsleder, bussningar eller komponenter (kapitel 1 och 10).
- [ ] Överdrivet hård kurvtagning.
- [ ] Skada efter olycka.

Däckmönster har fransiga kanter

- [ ] Felaktig toe-inställning (kapitel 10).

Slitage i mitten av däckmönstret

- [ ] För mycket luft i däcken (*Veckokontroller*).

Däcken slitna på inner- och ytterkanten

- [ ] För lite luft i däcken (*Veckokontroller*).
- [ ] Slitna stötdämpare (kapitel 1 och 10).

Ojämnt däckslitage

- [ ] Obalanserade hjul (*Veckokontroller*).
- [ ] Alltför stor skevhet på hjul eller däck (kapitel 10).
- [ ] Slitna stötdämpare (kapitel 1 och 10).
- [ ] Defekt däck (*Veckokontroller*).

Elsystem

Observera: *Vid problem med start, se felen under Motor tidigare i detta avsnitt.*

Batteriet laddar ur på bara ett par dagar

- [ ] Batteriet defekt invändigt (kapitel 5A).
- [ ] Batteriets elektrolytnivå låg – om tillämpligt (*veckokontroller*).
- [ ] Batterianslutningarna sitter löst eller är korroderade (*Veckokontroller*).
- [ ] Drivremmen trasig, sliten eller felaktigt justerad, om tillämpligt (kapitel 1).
- [ ] Generatorn laddar inte vid korrekt effekt (kapitel 5A).
- [ ] Generatorn eller spänningsregulatorn defekt (kapitel 5A).
- [ ] Kortslutning ger upphov till kontinuerlig urladdning av batteriet (kapitel 5 och 12).

Tändningens varningslampa fortsätter att lysa när motorn går

- [ ] Drivremmen trasig, sliten eller felaktigt justerad (kapitel 1).
- [ ] Internt fel i generatorn eller spänningsregulatorn (kapitel 5A).
- [ ] Trasigt, urkopplat eller löst kablage i laddningskretsen (kapitel 5A).

Tändningslampan tänds inte

- [ ] Varningslampans glödlampa trasig (kapitel 12).
- [ ] Trasigt, urkopplat eller löst kablage i varningslampans krets (kapitel 12).
- [ ] Defekt generator (kapitel 5A).

Elsystem (fortsättning)

Ljusen fungerar inte

☐ Trasig glödlampa (kapitel 12).
☐ Korrosion på glödlampa eller sockel (kapitel 12).
☐ Trasig säkring (kapitel 12).
☐ Defekt relä (kapitel 12).
☐ Trasigt, löst eller urkopplat kablage (kapitel 12).
☐ Defekt brytare (kapitel 12).

Instrumentavläsningarna missvisande eller ryckiga

Instrumentvärdena ökar med motorvarvtalet

☐ Defekt spänningsregulator (kapitel 12).

Bränsle- eller temperaturmätaren ger inget utslag

☐ Defekt givarenhet (kapitel 3 och 4A).
☐ Kretsavbrott (kapitel 12).
☐ Defekt mätare (kapitel 12).

Bränsle- eller temperaturmätaren ger kontinuerligt maximalt utslag

☐ Defekt givarenhet (kapitel 3 och 4A).
☐ Kortslutning (kapitel 12).
☐ Defekt mätare (kapitel 12).

Signalhornet fungerar dåligt eller inte alls

Signalhornet tjuter hela tiden

☐ Signalhornets kontakter permanent bryggkoppling eller tryckknapp fast i intryckt läge(kapitel 12).

Signalhornet fungerar inte

☐ Trasig säkring (kapitel 12).
☐ Vajer eller vajeranslutningar lösa, trasiga eller urkopplade (kapitel 12).
☐ Defekt signalhorn (kapitel 12).

Signalhornet avger ryckigt eller otillfredsställande ljud

☐ Lösa vajeranslutningar (kapitel 12).
☐ Signalhornets fästen sitter löst (kapitel 12).
☐ Defekt signalhorn (kapitel 12).

Vindrute-/bakrutetorkarna fungerar dåligt eller inte alls

Torkarna fungerar inte eller går mycket långsamt

☐ Torkarbladen fastnar vid rutan eller också är länksystemet anfrätt eller kärvar (Veckokontroller och kapitel 12).
☐ Trasig säkring (kapitel 12).
☐ Vajer eller vajeranslutningar lösa, trasiga eller urkopplade (kapitel 12).
☐ Defekt relä (kapitel 12).
☐ Defekt torkarmotor (kapitel 12).

Torkarbladen sveper över för stor eller för liten yta av rutan

☐ Torkararmarna felaktigt placerade i spindlarna (kapitel 12).
☐ Påtagligt slitage i torkarnas länksystem (kapitel 12).
☐ Torkarmotorns eller länksystemets fästen sitter löst (kapitel 12).

Torkarbladen rengör inte rutan effektivt

☐ Torkarbladens gummi slitet eller saknas (Veckokontroller).
☐ Torkararmens fjäder trasig eller armtapparna har skurit (Kapitel 12).
☐ Spolarvätskan har för låg koncentration för att beläggningen ska kunna tvättas bort (Veckokontroller).

Vindrute-/bakrutespolarna fungerar dåligt eller inte alls

Ett eller flera spolarmunstycken sprutar inte

☐ Blockerad spolstråle (kapitel 12).
☐ Urkopplad, veckad eller igensatt spolarslang (kapitel 12).
☐ För lite spolarvätska i spolarvätskebehållaren (Veckokontroller).

Spolarpumpen fungerar inte

☐ Trasiga eller lösa kablar eller anslutningar (kapitel 12).
☐ Trasig säkring (kapitel 12).
☐ Defekt spolarbrytare (kapitel 12).
☐ Defekt spolarpump (kapitel 12).

Spolarpumpen går ett tag innan vätskan sprutas ut från munstyckena

☐ Defekt envägsventil i vätskematarslangen (kapitel 12).

De elektriska fönsterhissarna fungerar dåligt eller inte alls

Fönsterrutan rör sig bara i en riktning

☐ Defekt brytare (kapitel 12).

Fönsterrutan rör sig långsamt

☐ Fönsterhissen anfrätt eller skadad, eller behöver smörjas (kapitel 11).
☐ Dörrens inre komponenter eller klädsel hindrar fönsterhissen (kapitel 11).
☐ Defekt motor (kapitel 11).

Fönsterrutan rör sig inte

☐ Trasig säkring (kapitel 12).
☐ Defekt relä (kapitel 12).
☐ Trasiga eller lösa kablar eller anslutningar (kapitel 12).
☐ Defekt motor (kapitel 12).

Centrallåset fungerar dåligt eller inte alls

Totalt systemhaveri

☐ Trasig säkring (kapitel 12).
☐ Defekt relä (kapitel 12).
☐ Trasiga eller lösa kablar eller anslutningar (kapitel 12).
☐ Defekt motor (kapitel 11).

Regeln låser men låser inte upp, eller låser upp men låser inte

☐ Defekt brytare (kapitel 12).
☐ Regelns reglagespakar eller reglagestag är trasiga eller urkopplade (Kapitel 11).
☐ Defekt relä (kapitel 12).
☐ Defekt motor (kapitel 11).

En solenoid/motor arbetar inte

☐ Trasiga eller lösa kablar eller anslutningar (kapitel 12).
☐ Defekt motor (kapitel 11).
☐ Regelns reglagespakar eller reglagestag kärvar, är trasiga eller urkopplade (kapitel 11).
☐ Defekt dörrlås (kapitel 11).

A

ABS (Anti-lock brake system) Låsningsfria bromsar. Ett system, vanligen elektroniskt styrt, som känner av påbörjande låsning av hjul vid inbromsning och lättar på hydraultrycket på hjul som ska till att låsa.
Air bag (krockkudde) En uppblåsbar kudde dold i ratten (på förarsidan) eller instrumentbrädan eller handskfacket (på passagerarsidan) Vid kollision blåses kuddarna upp vilket hindrar att förare och framsätespassagerare kastas in i ratt eller vindruta.
Ampere (A) En måttenhet för elektrisk ström. 1 A är den ström som produceras av 1 volt gående genom ett motstånd om 1 ohm.
Anaerobisk tätning En massa som används som gänglås. Anaerobisk innebär att den inte kräver syre för att fungera.
Antikärvningsmedel En pasta som minskar risk för kärvning i infästningar som utsätts för höga temperaturer, som t.ex. skruvar och muttrar till avgasrenrör. Kallas även gängskydd.

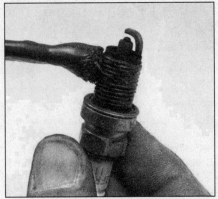

Antikärvningsmedel

Asbest Ett naturligt fibröst material med stor värmetolerans som vanligen används i bromsbelägg. Asbest är en hälsorisk och damm som alstras i bromsar ska aldrig inandas eller sväljas.
Avgasgrenrör En del med flera passager genom vilka avgaserna lämnar förbränningskamrarna och går in i avgasröret.

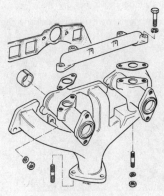

Avgasgrenrör

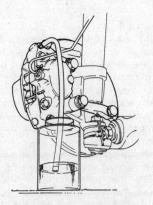

Avluftning av bromsarna

Avluftning av bromsar Avlägsnande av luft från hydrauliskt bromssystem.
Avluftningsnippel En ventil på ett bromsok, hydraulcylinder eller annan hydraulisk del som öppnas för att tappa ur luften i systemet.
Axel En stång som ett hjul roterar på, eller som roterar inuti ett hjul. Även en massiv balk som håller samman två hjul i bilens ena ände. En axel som även överför kraft till hjul kallas drivaxel.
Axialspel Rörelse i längdled mellan två delar. För vevaxeln är det den distans den kan röra sig framåt och bakåt i motorblocket.

B

Belastningskänslig fördelningsventil En styrventil i bromshydrauliken som fördelar bromseffekten, med hänsyn till bakaxelbelastningen.
Bladmått Ett tunt blad av härdat stål, slipat till exakt tjocklek, som används till att mäta spel mellan delar.

Bladmått

Bromsback Halvmåneformad hållare med fastsatt bromsbelägg som tvingar ut beläggen i kontakt med den roterande bromstrumman under inbromsning.
Bromsbelägg Det friktionsmaterial som kommer i kontakt med bromsskiva eller bromstrumma för att minska bilens hastighet. Beläggen är limmade eller nitade på bromsklossar eller bromsbackar.
Bromsklossar Utbytbara friktionsklossar som nyper i bromsskivan när pedalen trycks ned. Bromsklossar består av bromsbelägg som limmats eller nitats på en styv bottenplatta.

Bromsok Den icke roterande delen av en skivbromsanordning. Det grenslar skivan och håller bromsklossarna. Oket innehåller även de hydrauliska delar som tvingar klossarna att nypa skivan när pedalen trycks ned.
Bromsskiva Den del i en skivbromsanordning som roterar med hjulet.
Bromstrumma Den del i en trumbromsanordning som roterar med hjulet.

C

Caster I samband med hjulinställning, lutningen framåt eller bakåt av styrningens axialled. Caster är positiv när styrningens axialled lutar bakåt i överkanten.
CV-knut En typ av universalknut som upphäver vibrationer orsakade av att drivkraft förmedlas genom en vinkel.

D

Diagnostikkod Kodsiffror som kan tas fram genom att gå till diagnosläget i motorstyrningens centralenhet. Koden kan användas till att bestämma i vilken del av systemet en felfunktion kan förekomma.
Draghammare Ett speciellt verktyg som skruvas in i eller på annat sätt fästes vid en del som ska dras ut, exempelvis en axel. Ett tungt glidande handtag dras utmed verktygsaxeln mot ett stopp i änden vilket rycker avsedd del fri.
Drivaxel En roterande axel på endera sidan differentialen som ger kraft från slutväxeln till drivhjulen. Även varje axel som används att överföra rörelse.
Drivrem(mar) Rem(mar) som används till att driva tillbehörsutrustning som generator, vattenpump, servostyrning, luftkonditioneringskompressor mm, från vevaxelns remskiva.

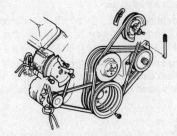

Drivremmar till extrautrustning

Dubbla överliggande kamaxlar (DOHC) En motor försedd med två överliggande kamaxlar, vanligen en för insugsventilerna och en för avgasventilerna.

E

EGR-ventil Avgasåtercirkulationsventil. En ventil som för in avgaser i insugsluften.
Elektrodavstånd Den distans en gnista har att överbrygga från centrumelektroden till sidoelektroden i ett tändstift.

Justering av elektrodavståndet

Elektronisk bränsleinsprutning (EFI) Ett datorstyrt system som fördelar bränsle till förbränningskamrarna via insprutare i varje insugsport i motorn.

Elektronisk styrenhet En dator som exempelvis styr tändning, bränsleinsprutning eller låsningsfria bromsar.

F

Finjustering En process där noggranna justeringar och byten av delar optimerar en motors prestanda.

Fjäderben Se MacPherson-ben.

Fläktkoppling En viskös drivkoppling som medger variabel kylarfläkthastighet i förhållande till motorhastigheten.

Frostplugg En skiv- eller koppformad metallbricka som monterats i ett hål i en gjutning där kärnan avlägsnats.

Frostskydd Ett ämne, vanligen etylenglykol, som blandas med vatten och fylls i bilens kylsystem för att förhindra att kylvätskan fryser vintertid. Frostskyddet innehåller även kemikalier som förhindrar korrosion och rost och andra avlagringar som skulle kunna blockera kylare och kylkanaler och därmed minska effektiviteten.

Fördelningsventil En hydraulisk styrventil som begränsar trycket till bakbromsarna vid panikbromsning så att hjulen inte låser sig.

Förgasare En enhet som blandar bränsle med luft till korrekta proportioner för önskad effekt från en gnistantänd förbränningsmotor.

G

Generator En del i det elektriska systemet som förvandlar mekanisk energi från drivremmen till elektrisk energi som laddar batteriet, som i sin tur driver startsystem, tändning och elektrisk utrustning.

Glidlager Den krökta ytan på en axel eller i ett lopp, eller den del monterad i endera, som medger rörelse mellan dem med ett minimum av slitage och friktion.

Gängskydd Ett täckmedel som minskar risken för gängskärning i bultförband som utsätts för stor hetta, exempelvis grenrörets bultar och muttrar. Kallas även antikärvningsmedel.

H

Handbroms Ett bromssystem som är oberoende av huvudbromsarnas hydraulikkrets. Kan användas till att stoppa bilen om huvudbromsarna slås ut, eller till att hålla bilen stilla utan att bromspedalen trycks ned. Den består vanligen av en spak som aktiverar främre eller bakre bromsar mekaniskt via vajrar och länkar. Kallas även parkeringsbroms.

Harmonibalanserare En enhet avsedd att minska fjädring eller vridande vibrationer i vevaxeln. Kan vara integrerad i vevaxelns remskiva. Även kallad vibrationsdämpare.

Hjälpstart Start av motorn på en bil med urladdat eller svagt batteri genom koppling av startkablar mellan det svaga batteriet och ett laddat hjälpbatteri.

Honare Ett slipverktyg för korrigering av smärre ojämnheter eller diameterskillnader i ett cylinderlopp.

Hydraulisk ventiltryckare En mekanism som använder hydrauliskt tryck från motorns smörjsystem till att upprätthålla noll ventilspel (konstant kontakt med både kamlob och ventilskaft). Justeras automatiskt för variation i ventilskaftslängder. Minskar även ventilljudet.

I

Insexnyckel En sexkantig nyckel som passar i ett försänkt sexkantigt hål.

Insugsrör Rör eller kåpa med kanaler genom vilka bränsle/luftblandningen leds till insugsportarna.

K

Kamaxel En roterande axel på vilken en serie lober trycker ned ventilerna. En kamaxel kan drivas med drev, kedja eller tandrem med kugghjul.

Kamkedja En kedja som driver kamaxeln.

Kamrem En tandrem som driver kamaxeln. Allvarliga motorskador kan uppstå om kamremmen brister vid körning.

Kanister En behållare i avdunstningsbegränsningen, innehåller aktivt kol för att fånga upp bensinångor från bränslesystemet.

Kanister

Kardanaxel Ett långt rör med universalknutar i bägge ändar som överför kraft från växellådan till differentialen på bilar med motorn fram och drivande bakhjul.

Kast Hur mycket ett hjul eller drev slår i sidled vid rotering. Det spel en axel roterar med. Orundhet i en roterande del.

Katalysator En ljuddämparliknande enhet i avgassystemet som omvandlar vissa föroreningar till mindre hälsovådliga substanser.

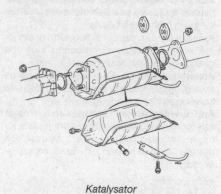

Katalysator

Kompression Minskning i volym och ökning av tryck och värme hos en gas, orsakas av att den kläms in i ett mindre utrymme.

Kompressionsförhållande Skillnaden i cylinderns volymer mellan kolvens ändlägen.

Kopplingsschema En ritning över komponenter och ledningar i ett fordons elsystem som använder standardiserade symboler.

Krockkudde (Airbag) En uppblåsbar kudde dold i ratten (på förarsidan) eller instrumentbrädan eller handskfacket (på passagerarsidan) Vid kollision blåses kuddarna upp vilket hindrar att förare och framsätespassagerare kastas in i ratt eller vindruta.

Krokodilklämma Ett långkäftat fjäderbelastat clips med ingreppande tänder som används till tillfälliga elektriska kopplingar.

Kronmutter En mutter som vagt liknar kreneleringen på en slottsmur. Används tillsammans med saxsprint för att låsa bultförband extra väl.

Krysskruv Se Phillips-skruv

Kronmutter

Kugghjul Ett hjul med tänder eller utskott på omkretsen, formade för att greppa in i en kedja eller rem.

Kuggstångsstyrning Ett styrsystem där en pinjong i rattstångens ände går i ingrepp med en kuggstång. När ratten vrids, vrids även pinjongen vilket flyttar kuggstången till höger eller vänster. Denna rörelse överförs via styrstagen till hjulets styrleder.

Kullager Ett friktionsmotverkande lager som består av härdade inner- och ytterbanor och har härdade stålkulor mellan banorna.

Kylare En värmeväxlare som använder flytande kylmedium, kylt av fartvinden/fläkten till att minska temperaturen på kylvätskan i en förbränningsmotors kylsystem.

Kylmedia Varje substans som används till värmeöverföring i en anläggning för luftkonditionering. R-12 har länge varit det huvudsakliga kylmediet men tillverkare har nyligen börjat använda R-134a, en CFC-fri substans som anses vara mindre skadlig för ozonet i den övre atmosfären.

L

Lager Den böjda ytan på en axel eller i ett lopp, eller den del som monterad i någon av dessa tillåter rörelse mellan dem med minimal slitage och friktion.

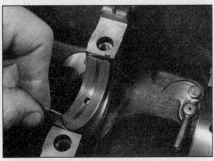
Lager

Lambdasond En enhet i motorns grenrör som känner av syrehalten i avgaserna och omvandlar denna information till elektricitet som bär information till styrelektroniken. Även kalla syresensor.

Luftfilter Filtret i luftrenaren, vanligen tillverkat av veckat papper. Kräver byte med regelbundna intervaller.

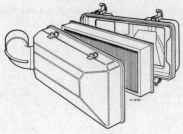
Luftfilter

Luftrenare En kåpa av plast eller metall, innehållande ett filter som tar undan damm och smuts från luft som sugs in i motorn.

Låsbricka En typ av bricka konstruerad för att förhindra att en ansluten mutter lossnar.

Låsmutter En mutter som låser en justermutter, eller annan gängad del, på plats. Exempelvis används låsmutter till att hålla justermuttern på vipparmen i läge.

Låsring Ett ringformat clips som förhindrar längsgående rörelser av cylindriska delar och axlar. En invändig låsring monteras i en skåra i ett hölje, en yttre låsring monteras i en utvändig skåra på en cylindrisk del som exempelvis en axel eller tapp.

M

MacPherson-ben Ett system för framhjulsfjädring uppfunnet av Earle MacPherson vid Ford i England. I sin ursprungliga version skapas den nedre bärarmen av en enkel lateral länk till krängningshämmaren. Ett fjäderben - en integrerad spiralfjäder och stötdämpare - finns monterad mellan karossen och styrknogen. Många moderna MacPherson-ben använder en vanlig nedre A-arm och inte krängningshämmaren som nedre fäste.

Markör En remsa med en andra färg i en ledningsisolering för att skilja ledningar åt.

Motor med överliggande kamaxel (OHC) En motor där kamaxeln finns i topplocket.

Motorstyrning Ett datorstyrt system som integrerat styr bränsle och tändning.

Multimätare Ett elektriskt testinstrument som mäter spänning, strömstyrka och motstånd.

Mätare En instrumentpanelvisare som används till att ange motortillstånd. En mätare med en rörlig pekare på en tavla eller skala är analog. En mätare som visar siffror är digital.

N

NOx Kväveoxider. En vanlig giftig förorening utsläppt av förbränningsmotorer vid högre temperaturer.

O

O-ring En typ av tätningsring gjord av ett speciellt gummiliknande material. O-ringen fungerar så att den trycks ihop i en skåra och därmed utgör tätningen.

O-ring

Ohm Enhet för elektriskt motstånd. 1 volt genom ett motstånd av 1 ohm ger en strömstyrka om 1 ampere.

Ohmmätare Ett instrument för uppmätning av elektriskt motstånd.

P

Packning Mjukt material - vanligen kork, papp, asbest eller mjuk metall - som monteras mellan två metallytor för att erhålla god tätning. Exempelvis tätar topplockspackningen fogen mellan motorblocket och topplocket.

Packning

Phillips-skruv En typ av skruv med ett korsspår, istället för ett rakt, för motsvarande skruvmejsel. Vanligen kallad krysskruv.

Plastigage En tunn plasttråd, tillgänglig i olika storlekar, som används till att mäta toleranser. Exempelvis så läggs en remsa Plastigage tvärs över en lagertapp. Delarna sätts ihop och tas isär. Bredden på den klämda remsan anger spelrummet mellan lager och tapp.

Plastigage

R

Rotor I en fördelare, den roterande enhet inuti fördelardosan som kopplar samman centrumelektroden med de yttre kontakterna vartefter den roterar, så att högspänningen från tändspolens sekundärlindning leds till rätt tändstift. Även den del av generatorn som roterar inuti statorn. Även de roterande delarna av ett turboaggregat, inkluderande kompressorhjulet, axeln och turbinhjulet.

S

Sealed-beam strålkastare En äldre typ av strålkastare som integrerar reflektor, lins och glödtrådar till en hermetiskt försluten enhet. När glödtråden går av eller linsen spricker byts hela enheten.

Shims Tunn distansbricka, vanligen använd till att justera inbördes lägen mellan två delar. Exempelvis sticks shims in i eller under ventiltryckarhylsor för att justera ventilspelet. Spelet justeras genom byte till shims av annan tjocklek.

Skivbroms En bromskonstruktion med en roterande skiva som kläms mellan bromsklossar. Den friktion som uppstår omvandlar bilens rörelseenergi till värme.

Skjutmått Ett precisionsmätinstrument som mäter inre och yttre dimensioner. Inte riktigt lika exakt som en mikrometer men lättare att använda.

Smältsäkring Ett kretsskydd som består av en ledare omgiven av värmetålig isolering. Ledaren är tunnare än den ledning den skyddar och är därmed den svagaste länken i kretsen. Till skillnad från en bränd säkring måste vanligen en smältsäkring skäras bort från ledningen vid byte.

Spel Den sträcka en del färdas innan något inträffar. "Luften" i ett länksystem eller ett montage mellan första ansatsen av kraft och verklig rörelse. Exempel, den sträcka bromspedalen färdas innan kolvarna i huvudcylindern rör på sig. Även utrymmet mellan två delar, exempelvis kolv och cylinderlopp.

Spiralfjäder En spiral av elastiskt stål som förekommer i olika storlekar på många platser i en bil, bland annat i fjädringen och ventilerna i topplocket.

Startspärr På bilar med automatväxellåda förhindrar denna kontakt att motorn startas annat än om växelväljaren är i N eller P.

Storändslager Lagret i den ände av vevstaken som är kopplad till vevaxeln.

Svetsning Olika processer som används för att sammanfoga metallföremål genom att hetta upp dem till smältning och sammanföra dem.

Svänghjul Ett tungt roterande hjul vars energi tas upp och sparas via moment. På bilar finns svänghjulet monterat på vevaxeln för att utjämna kraftpulserna från arbetstakterna.

Syresensor En enhet i motorns grenrör som känner av syrehalten i avgaserna och omvandlar denna information till elektricitet som bär information till styrelektroniken. Även kalla Lambdasond.

Säkring En elektrisk enhet som skyddar en krets mot överbelastning. En typisk säkring innehåller en mjuk metallbit kalibrerad att smälta vid en förbestämd strömstyrka, angiven i ampere, och därmed bryta kretsen.

T

Termostat En värmestyrd ventil som reglerar kylvätskans flöde mellan blocket och kylaren vilket håller motorn vid optimal arbetstemperatur. En termostat används även i vissa luftrenare där temperaturen är reglerad.

Toe-in Den distans som framhjulens framkanter är närmare varandra än bak-kanterna. På bakhjulsdrivna bilar specificeras vanligen ett litet toe-in för att hålla framhjulen parallella på vägen, genom att motverka de krafter som annars tenderar att vilja dra isär framhjulen.

Toe-ut Den distans som framhjulens bakkanter är närmare varandra än framkanterna. På bilar med framhjulsdrift specificeras vanligen ett litet toe-ut.

Toppventilsmotor (OHV) En motortyp där ventilerna finns i topplocket medan kamaxeln finns i motorblocket.

Torpedplåten Den isolerade avbalkningen mellan motorn och passagerarutrymmet.

Trumbroms En bromsanordning där en trumformad metallcylinder monteras inuti ett hjul. När bromspedalen trycks ned pressas böjda bromsbackar försedda med bromsbelägg mot trummans insida så att bilen saktar in eller stannar.

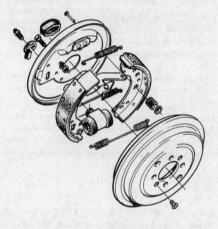

Trumbroms, montage

Turboaggregat En roterande enhet, driven av avgastrycket, som komprimerar insugsluften. Används vanligen till att öka motoreffekten från en given cylindervolym, men kan även primäranvändas till att minska avgasutsläpp.

Tändföljd Turordning i vilken cylindrarnas arbetstakter sker, börjar med nr 1.

Tändläge Det ögonblick då tändstiftet ger gnista. Anges vanligen som antalet vevaxelgrader för kolvens övre dödpunkt.

Tätningsmassa Vätska eller pasta som används att täta fogar. Används ibland tillsammans med en packning.

U

Universalknut En koppling med dubbla pivåer som överför kraft från en drivande till en driven axel genom en vinkel. En universalknut består av två Y-formade ok och en korsformig del kallad spindeln.

Urtrampningslager Det lager i kopplingen som flyttas inåt till frigöringsarmen när kopplingspedalen trycks ned för frikoppling.

V

Ventil En enhet som startar, stoppar eller styr ett flöde av vätska, gas, vakuum eller löst material via en rörlig del som öppnas, stängs eller delvis maskerar en eller flera portar eller kanaler. En ventil är även den rörliga delen av en sådan anordning.

Ventilspel Spelet mellan ventilskaftets övre ände och ventiltryckaren. Spelet mäts med stängd ventil.

Ventiltryckare En cylindrisk del som överför rörelsen från kammen till ventilskaftet, antingen direkt eller via stötstång och vipparm. Även kallad kamsläpa eller kamföljare.

Vevaxel Den roterande axel som går längs med vevhuset och är försedd med utstickande vevtappar på vilka vevstakarna är monterade.

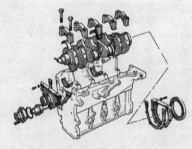

Vevaxel, montage

Vevhus Den nedre delen av ett motorblock där vevaxeln roterar.

Vibrationsdämpare En enhet som är avsedd att minska fjädring eller vridande vibrationer i vevaxeln. Enheten kan vara integrerad i vevaxelns remskiva. Kallas även harmonibalanserare.

Vipparm En arm som gungar på en axel eller tapp. I en toppventilsmotor överför vipparmen stötstångens uppåtgående rörelse till en nedåtgående rörelse som öppnar ventilen.

Viskositet Tjockleken av en vätska eller dess flödesmotstånd.

Volt Enhet för elektrisk spänning i en krets 1 volt genom ett motstånd av 1 ohm ger en strömstyrka om 1 ampere.

Reparationshandböcker för bilar

Reparationshandböcker på svenska

Titel	Bok nr.
AUDI 100 & 200 (82 - 90)	SV3214
Audi 100 & A6 (maj 91 - maj 97)	SV3531
Audi A4 (95 - Feb 00)	SV3717
BMW 3-Series 98 - 03	SV4783
BMW 3- & 5-serier (81 - 91)	SV3263
BMW 5-Serie (96 - 03)	SV4360
CHEVROLET & GMC Van (68 - 95)	SV3298
FORD Escort & Orion (90 - 00)	SV3389
Ford Escort (80 - 90)	SV3091
Ford Focus (01 - 04)	SV4607
Ford Mondeo (93 - 99)	SV3353
Ford Scorpio (85 - 94)	SV3039
Ford Sierra (82 - 93)	SV3038
MERCEDES-BENZ 124-serien (85 - 93)	SV3299
Mercedes-Benz 190, 190E & 190D (83 - 93)	SV3391
OPEL Astra (91 - 98)	SV3715
Opel Kadett (84 - 91)	SV3069
Opel Omega & Senator (86 - 94)	SV3262
Opel Vectra (88 - 95)	SV3264
Opel Vectra (95 - 98)	SV3592
SAAB 9-3 (98 - 02)	SV4615
Saab 9-3 (0 - 06)	SV4756
Saab 9-5 (97 - 04)	SV4171
Saab 90, 99 & 900 (79 - 93)	SV3037
Saab 900 (okt 93 - 98)	SV3532
Saab 9000 (85 - 98)	SV3072
SKODA Octavia (98 - 04)	SV4387
Skoda Fabia (00 - 06)	SV4789
TOYOTA Corolla (97 - 02)	SV4738
VOLVO 240, 242, 244 & 245 (74 - 93)	SV3034
Volvo 340, 343, 345 & 360 (76 - 91)	SV3041
Volvo 440, 460 & 480 (87 - 97)	SV3066
Volvo 740, 745 & 760 (82 - 92)	SV3035
Volvo 850 (92 - 96)	SV3213
Volvo 940 (91 - 96)	SV3208
Volvo S40 & V40 (96 - 04)	SV3585
Volvo S40 & V50 (04 - 07)	SV4757
Volvo S60 (01 - 08)	SV4794
Volvo S70, V70 & C70 (96 - 99)	SV3590
Volvo V70 & S80 (98 - 05)	SV4370
VW Golf & Jetta II (84 - 92)	SV3036
VW Golf III & Vento (92 - 98)	SV3244
VW Golf IV & Bora (98 - 00)	SV3781
VW Passat (88 - 96)	SV3393
VW Passat (dec 00 - maj 05)	SV4764
VW Passat (dec 96 - nov 00)	SV3943
VW Transporter (82 - 90)	SV3392

TechBooks på svenska

Titel	Bok nr.
Bilens elektriska och elektroniska system	SV3361
Bilens felkodssystem: Handbok för avläsning och diagnostik	SV3534
Bilens kaross - underhåll och reparationer	SV4763
Bilens Luftkonditioneringssystem	SV3791
Bilens motorstyrning och bränsleinsprutningssystem	SV3390
Dieselmotorn - servicehandbok	SV3533
Haynes Reparationshandbok för små motorer	SV4274

Service and Repair Manuals

Titel	Bok nr.
ALFA ROMEO Alfasud/Sprint (74 - 88) up to F *	0292
Alfa Romeo Alfetta (73 - 87) up to E *	0531
AUDI 80, 90 & Coupe Petrol (79 - Nov 88) up to F	0605
Audi 80, 90 & Coupe Petrol (Oct 86 - 90) D to H	1491
Audi 100 & 200 Petrol (Oct 82 - 90) up to H	0907
Audi 100 & A6 Petrol & Diesel (May 91 - May 97) H to P	3504
Audi A3 Petrol & Diesel (96 - May 03) P to 03	4253
Audi A4 Petrol & Diesel (95 - 00) M to X	3575
Audi A4 Petrol & Diesel (01 - 04) X to 54	4609
AUSTIN A35 & A40 (56 - 67) up to F *	0118
Austin/MG/Rover Maestro 1.3 & 1.6 Petrol (83 - 95) up to M	0922
Austin/MG Metro (80 - May 90) up to H	0718
Austin/Rover Montego 1.3 & 1.6 Petrol (84 - 94) A to L	1066
Austin/MG/Rover Montego 2.0 Petrol (84 - 95) A to M	1067
Mini (59 - 69) up to H *	0527
Mini (69 - 01) up to X	0646
Austin/Rover 2.0 litre Diesel Engine (86 - 93) C to L	1857
Austin Healey 100/6 & 3000 (56 - 68) up to G *	0049
BEDFORD CF Petrol (69 - 87) up to E	0163

Titel	Bok nr.
Bedford/Vauxhall Rascal & Suzuki Supercarry (86 - Oct 94) C to M	3015
BMW 316, 320 & 320i (4-cyl) (75 - Feb 83) up to Y *	0276
BMW 320, 320i, 323i & 325i (6-cyl) (Oct 77 - Sept 87) up to E	0815
BMW 3- & 5-Series Petrol (81 - 91) up to J	1948
BMW 3-Series Petrol (Apr 91 - 99) H to V	3210
BMW 3-Series Petrol (Sept 98 - 03) S to 53	4067
BMW 520i & 525e (Oct 81 - June 88) up to E	1560
BMW 525, 528 & 528i (73 - Sept 81) up to X *	0632
BMW 5-Series 6-cyl Petrol (April 96 - Aug 03) N to 03	4151
BMW 1500, 1502, 1600, 1602, 2000 & 2002 (59 - 77) up to S *	0240
CHRYSLER PT Cruiser Petrol (00 - 03) W to 53	4058
CITROËN 2CV, Ami & Dyane (67 - 90) up to H	0196
Citroën AX Petrol & Diesel (87 - 97) D to P	3014
Citroën Berlingo & Peugeot Partner Petrol & Diesel (96 - 05) P to 55	4281
Citroën BX Petrol (83 - 94) A to L	0908
Citroën C15 Van Petrol & Diesel (89 - Oct 98) F to S	3509
Citroën C3 Petrol & Diesel (02 - 05) 51 to 05	4197
Citroen C5 Petrol & Diesel (01-08) Y to 08	4745
Citroën CX Petrol (75 - 88) up to F	0528
Citroën Saxo Petrol & Diesel (96 - 04) N to 54	3506
Citroën Visa Petrol (79 - 88) up to F	0620
Citroën Xantia Petrol & Diesel (93 - 01) K to Y	3082
Citroën XM Petrol & Diesel (89 - 00) G to X	3451
Citroën Xsara Petrol & Diesel (97 - Sept 00) R to W	3751
Citroën Xsara Picasso Petrol & Diesel (00 - 02) W to 52	3944
Citroen Xsara Picasso (03-08)	4784
Citroën ZX Diesel (91 - 98) J to S	1922
Citroën ZX Petrol (91 - 98) H to S	1881
Citroën 1.7 & 1.9 litre Diesel Engine (84 - 96) A to N	1379
FIAT 126 (73 - 87) up to E *	0305
Fiat 500 (57 - 73) up to M *	0090
Fiat Bravo & Brava Petrol (95 - 00) N to W	3572
Fiat Cinquecento (93 - 98) K to R	3501
Fiat Panda (81 - 95) up to M	0793
Fiat Punto Petrol & Diesel (94 - Oct 99) L to V	3251
Fiat Punto Petrol (Oct 99 - July 03) V to 03	4066
Fiat Punto Petrol (03-07) 03 to 07	4746
Fiat Regata Petrol (84 - 88) A to F	1167
Fiat Tipo Petrol (88 - 91) E to J	1625
Fiat Uno Petrol (83 - 95) up to M	0923
Fiat X1/9 (74 - 89) up to G *	0273
FORD Anglia (59 - 68) up to G *	0001
Ford Capri II (& III) 1.6 & 2.0 (74 - 87) up to E *	0283
Ford Capri II (& III) 2.8 & 3.0 V6 (74 - 87) up to E	1309
Ford Cortina Mk I & Corsair 1500 ('62 - '66) up to D*	0214
Ford Cortina Mk III 1300 & 1600 (70 - 76) up to P *	0070
Ford Escort Mk I 1100 & 1300 (68 - 74) up to N *	0171
Ford Escort Mk I Mexico, RS 1600 & RS 2000 (70 - 74) up to N *	0139
Ford Escort Mk II Mexico, RS 1800 & RS 2000 (75 - 80) up to W *	0735
Ford Escort (75 - Aug 80) up to V *	0280
Ford Escort Petrol (Sept 80 - Sept 90) up to H	0686
Ford Escort & Orion Petrol (Sept 90 - 00) H to X	1737
Ford Escort & Orion Petrol (Sept 90 - 00) H to X	4081
Ford Fiesta (76 - Aug 83) up to Y	0334
Ford Fiesta Petrol (Aug 83 - Feb 89) A to F	1030
Ford Fiesta Petrol (Feb 89 - Oct 95) F to N	1595
Ford Fiesta Petrol & Diesel (Oct 95 - Mar 02) N to 02	3397
Ford Fiesta Petrol & Diesel (Apr 02 - 07) 02 to 57	4170
Ford Focus Petrol & Diesel (98 - 01) S to Y	3759
Ford Focus Petrol & Diesel (Oct 01 - 05) 51 to 05	4167
Ford Galaxy Petrol & Diesel (95 - Aug 00) M to W	3984
Ford Granada Petrol (Sept 77 - Feb 85) up to B	0481
Ford Granada & Scorpio Petrol (Mar 85 - 94) B to M	1245
Ford Ka (96 - 02) P to 52	3570
Ford Mondeo Petrol (93 - Sept 00) K to X	1923
Ford Mondeo Petrol & Diesel (Oct 00 - Jul 03) X to 03	3990
Ford Mondeo Petrol & Diesel (July 03 - 07) 03 to 56	4619
Ford Mondeo Diesel (93 - 96) L to N	3465
Ford Orion Petrol (83 - Sept 90) up to H	1009
Ford Sierra 4-cyl Petrol (82 - 93) up to K	0903
Ford Sierra V6 Petrol (82 - 91) up to J	0904
Ford Transit Petrol (Mk 2) (78 - Jan 86) up to C	0719
Ford Transit Petrol (Mk 3) (Feb 86 - 89) C to G	1468
Ford Transit Diesel (Feb 86 - 99) C to T	3019
Ford Transit Diesel (00-06)	4775
Ford 1.6 & 1.8 litre Diesel Engine (84 - 96) A to N	1172
Ford 2.1, 2.3 & 2.5 litre Diesel Engine (77 - 90) up to H	1606
FREIGHT ROVER Sherpa Petrol (74 - 87) up to E	0463

Titel	Bok nr.
HILLMAN Avenger (70 - 82) up to Y	0037
Hillman Imp (63 - 76) up to R *	0022
HONDA Civic (Feb 84 - Oct 87) A to E	1226
Honda Civic (Nov 91 - 96) J to N	3199
Honda Civic Petrol (Mar 95 - 00) M to X	4050
Honda Civic Petrol & Diesel (01 - 05) X to 55	4611
Honda CR-V Petrol & Diesel (01-06)	4747
Honda Jazz (01 - Feb 08) 51 - 57	4735
HYUNDAI Pony (85 - 94) C to M	3398
JAGUAR E Type (61 - 72) up to L *	0140
Jaguar MkI & II, 240 & 340 (55 - 69) up to H *	0098
Jaguar XJ6, XJ & Sovereign; Daimler Sovereign (68 - Oct 86) up to D	0242
Jaguar XJ6 & Sovereign (Oct 86 - Sept 94) D to M	3261
Jaguar XJ12, XJS & Sovereign; Daimler Double Six (72 - 88) up to F *	0478
JEEP Cherokee Petrol (93 - 96) K to N	1943
LADA 1200, 1300, 1500 & 1600 (74 - 91) up to J	0413
Lada Samara (87 - 91) D to J	1610
LAND ROVER 90, 110 & Defender Diesel (83 - 07) up to 56	3017
Land Rover Discovery Petrol & Diesel (89 - 98) G to S	3016
Land Rover Discovery Diesel (Nov 98 - Jul 04) S to 04	4606
Land Rover Freelander Petrol & Diesel (97 - Sept 03) R to 53	3929
Land Rover Freelander Petrol & Diesel (Oct 03 - Oct 06) 53 to 56	4623
Land Rover Series IIA & III Diesel (58 - 85) up to C	0529
Land Rover Series II, IIA & III 4-cyl Petrol (58 - 85) up to C	0314
MAZDA 323 (Mar 81 - Oct 89) up to G	1608
Mazda 323 (Oct 89 - 98) G to R	3455
Mazda 626 (May 83 - Sept 87) up to E	0929
Mazda B1600, B1800 & B2000 Pick-up Petrol (72 - 88) up to F	0267
Mazda RX-7 (79 - 85) up to C *	0460
MERCEDES-BENZ 190, 190E & 190D Petrol & Diesel (83 - 93) A to L	3450
Mercedes-Benz 200D, 240D, 240TD, 300D & 300TD 123 Series Diesel (Oct 76 - 85)	1114
Mercedes-Benz 250 & 280 (68 - 72) up to L *	0346
Mercedes-Benz 250 & 280 123 Series Petrol (Oct 76 - 84) up to B *	0677
Mercedes-Benz 124 Series Petrol & Diesel (85 - Aug 93) C to K	3253
Mercedes-Benz A-Class Petrol & Diesel (98-04) S to 54)	4748
Mercedes-Benz C-Class Petrol & Diesel (93 - Aug 00) L to W	3511
Mercedes-Benz C-Class (00-06)	4780
MGA (55 - 62) *	0475
MGB (62 - 80) up to W	0111
MG Midget & Austin-Healey Sprite (58 - 80) up to W *	0265
MINI Petrol (July 01 - 05) Y to 05	4273
MITSUBISHI Shogun & L200 Pick-Ups Petrol (83 - 94) up to M	1944
MORRIS Ital 1.3 (80 - 84) up to B	0705
Morris Minor 1000 (56 - 71) up to K	0024
NISSAN Almera Petrol (95 - Feb 00) N to V	4053
Nissan Almera & Tino Petrol (Feb 00 - 07) V to 56	4612
Nissan Bluebird (May 84 - Mar 86) A to C	1223
Nissan Bluebird Petrol (Mar 86 - 90) C to H	1473
Nissan Cherry (Sept 82 - 86) up to D	1031
Nissan Micra (83 - Jan 93) up to K	0931
Nissan Micra (93 - 02) K to 52	3254
Nissan Micra Petrol (03-07) 52 to 57	4734
Nissan Primera Petrol (90 - Aug 99) H to T	1851
Nissan Stanza (82 - 86) up to D	0824
Nissan Sunny Petrol (May 82 - Oct 86) up to D	0895
Nissan Sunny Petrol (Oct 86 - Mar 91) D to H	1378
Nissan Sunny Petrol (Apr 91 - 95) H to N	3219
OPEL Ascona & Manta (B Series) (Sept 75 - 88) up to F *	0316
Opel Ascona Petrol (81 - 88)	3215
Opel Astra Petrol (Oct 91 - Feb 98)	3156
Opel Corsa Petrol (83 - Mar 93)	3160
Opel Corsa Petrol (Mar 93 - 97)	3159
Opel Kadett Petrol (Nov 79 - Oct 84) up to B	0634
Opel Kadett Petrol (Oct 84 - Oct 91)	3196
Opel Omega & Senator Petrol (Nov 86 - 94)	3157
Opel Rekord Petrol (Feb 78 - Oct 86) up to D	0543
Opel Vectra Petrol (Oct 88 - Oct 95)	3158

* Classic reprint